Kötz · Wagner | Deliktsrecht

# Deliktsrecht

begründet von
Dr. Dr. h. c. mult. Hein Kötz, M. C. L.
Professor em., Direktor em. am Max-Planck-Institut
für ausländisches und internationales Privatrecht, Hamburg

fortgeführt von
Dr. Gerhard Wagner, LL. M.
Professor an der Humboldt-Universität zu Berlin

13., neu bearbeitete Auflage

Verlag Franz Vahlen München 2016

Zitiervorschlag: *Kötz/Wagner* DeliktsR Rn.

www.vahlen.de

ISBN 978 3 8006 5177 1

© 2016 Verlag Franz Vahlen GmbH
Wilhelmstraße 9, 80801 München
Druck: Druckhaus Nomos
In den Lissen 12, 76547 Sinzheim

Satz: Jung Crossmedia Publishing GmbH
Gewerbestraße 17, 35633 Lahnau
Umschlaggestaltung: Martina Busch, Grafikdesign, Homburg Saar

Gedruckt auf säurefreiem, alterungsbeständigem Papier
(hergestellt aus chlorfrei gebleichtem Zellstoff)

# Vorwort

Diesem Lehrbuch liegt das didaktische Anliegen zugrunde, das Deliktsrecht nicht allein als dogmatische Struktur, sondern als *law in action* zu präsentieren. Deshalb beschränkt sich die Darstellung nicht auf das Recht der Haftungsbegründung, sondern bezieht die Vorschriften über den Umfang der Haftung, das sog. Schadensersatzrecht, mit ein. Darüber hinaus wird der Blick auf das Sozial- und das Privatversicherungsrecht gerichtet. Schließlich sind es die Sozialversicherungsträger und die Versicherungsunternehmen, die die Deliktsrechtspraxis finanzieren; ihre Leistungen sind das »lifeblood of tort«.

Im Kernbereich des Deliktsrechts, dessen gesetzliche Grundlagen seit 1900 nur wenig verändert worden sind, ist die Rechtsprechung der Motor der Rechtsentwicklung. So ist über Jahre hinweg eine imposante Kathedrale des Richterrechts entstanden. Betrachtet man sie aus der Vogelperspektive, dann fällt auf, dass neue Türme und Zinnen vor allem in denjenigen Flügeln angebaut werden, in denen die Regeln zur Haftung wegen Verletzung des allgemeinen Persönlichkeitsrechts und wegen Verursachung reiner Vermögensschäden beheimatet sind. Dieser Sachlage tragen entsprechende Schwerpunktsetzungen Rechnung, ohne dass darüber die Brot-und-Butter-Fälle des Deliktsrechts vernachlässigt würden, in denen es um geschundene Glieder und verbeulte Kotflügel geht.

Das Buch ist vor allem für Studierende der Rechtswissenschaft geschrieben und so gestaltet worden, dass es ihren Erwartungen und Lesegewohnheiten entspricht. Soweit dies nicht gelungen ist, bin ich für entsprechende Kritik dankbar. Für die weiblichen Leser ist es hoffentlich kein Problem, dass auf eine geschlechtsbezogene Verdoppelung der Rollenbezeichnungen verzichtet worden ist. Im Deliktsrecht hat sich – genauso wie im Strafrecht – noch niemand daran gestört, dass der Schädiger (Dieb, Betrüger oder gar Mörder) stets als Mann angesprochen wird. Das Opfer ist zum Glück ein Neutrum, sodass sich beide Geschlechter gemeint fühlen dürfen.

Meinen Mitarbeiterinnen und Mitarbeitern, insbesondere Frau *Tatjana Holter*, danke ich herzlich für die umsichtige Betreuung des Manuskripts.

Berlin, im Juni 2016                                                                                                   *Gerhard Wagner*

# Inhaltsübersicht

| | |
|---|---|
| Vorwort | V |
| Inhaltsverzeichnis | XI |
| Abkürzungsverzeichnis | XVII |
| Literatur | XXIII |

| | |
|---|---|
| A. Der Gegenstand des Deliktsrechts | 1 |
|    I. Schadensausgleichung als Rechtsproblem | 1 |
|    II. Schadenszurechnungsgründe | 2 |
|    III. Haftungsersetzung durch Versicherungsschutz | 3 |
|    IV. Schadensausgleich durch Regeln des Vertragsrechts | 4 |
| B. Historische Entwicklung des Deliktsrechts | 7 |
|    I. Römisches Recht | 8 |
|    II. Der Einfluss des Naturrechts | 9 |
|    III. Die Entwicklung des Deliktsrechts im Common Law | 11 |
|    IV. Die Entwicklung des Deliktsrechts im 19. Jahrhundert | 12 |
| C. Unfallrecht im sozialen Rechtsstaat | 17 |
|    I. Die soziale Dimension des Unfallproblems | 17 |
|    II. Ausdehnung der Gefährdungshaftung | 18 |
|    III. Der Aufstieg der Haftpflichtversicherung | 19 |
|    IV. Überlagerung des Haftungsrechts durch die Sozialversicherung | 20 |
|       1. Schutzbereich und Leistungen der Krankenversicherung | 21 |
|       2. Schutzbereich und Leistungen der Gesetzlichen Rentenversicherung | 22 |
|       3. Regress der Sozialversicherungsträger | 23 |
|    V. Die Grenzen des Wohlfahrtsstaats | 24 |
|    VI. Die Renaissance privatrechtlicher Haftungs- und Versicherungslösungen | 26 |
| D. Ziele des Haftungsrechts | 29 |
|    I. Schadensausgleich | 29 |
|    II. Schadensvermeidung | 30 |
|       1. Ökonomische Analyse des Deliktsrechts | 30 |
|       2. Optimale Sorgfaltsanstrengungen | 32 |
|       3. Optimales Aktivitätsniveau | 34 |
|       4. Wirkungsgrenzen | 36 |
|    III. Schadensstreuung | 42 |
| E. Die Grundtatbestände der Verschuldenshaftung | 45 |
|    I. Grundlinien der §§ 823 ff. | 45 |
|       1. Der Schutzbereich des Deliktsrechts | 45 |
|       2. Rechtswidrigkeit | 49 |
|       3. Verschulden | 53 |
|       4. Verkehrspflichten | 57 |
|       5. Haftungsbegründung und Haftungsausfüllung | 59 |
|       6. Der Deliktsaufbau im Überblick | 60 |
|    II. Haftung für Verletzung subjektiver Rechte: § 823 I | 62 |
|       1. Die geschützten Rechte und Rechtsgüter | 62 |
|       2. Pflichtverletzung/Verkehrspflichtverletzung | 75 |
|       3. Haftungsbegründende Kausalität und Zurechnung | 82 |
|       4. Rechtswidrigkeit und Schuld | 89 |
|       5. Schaden und haftungsausfüllende Kausalität | 92 |
|    III. Haftung für Verletzung objektiven Rechts: § 823 II | 96 |

*Inhaltsübersicht*

|   |   |
|---|---|
| 1. Funktionen | 97 |
| 2. Überblick über die Haftungsvoraussetzungen | 97 |
| 3. Schutzgesetz I: Rechtsnormen | 97 |
| 4. Schutzgesetz II: Individualschutzzweck | 98 |
| 5. Rechtswidrigkeit und Verschulden | 104 |
| IV. Haftung für Verletzung von Vermögensinteressen: § 826 | 105 |
| 1. Funktion | 105 |
| 2. Überblick über die Haftungsvoraussetzungen | 106 |
| 3. Verstoß gegen die »guten Sitten« | 106 |
| 4. Vorsatz | 111 |
| **F. Haftung für pflichtwidriges Verhalten anderer** | **113** |
| I. Einleitung | 113 |
| II. Haftung bei Schädigung durch Gehilfen | 113 |
| 1. Grundprinzip | 114 |
| 2. Wer ist »Verrichtungsgehilfe«? | 115 |
| 3. Schädigung »in Ausführung der Verrichtung« | 116 |
| 4. »Widerrechtliche« Schädigung | 117 |
| 5. Entlastungsbeweis des Geschäftsherrn | 120 |
| 6. Arbeitnehmerhaftung | 122 |
| 7. Die Betriebshaftpflichtversicherung | 123 |
| 8. Ökonomische Analyse der Haftung für Hilfspersonen | 124 |
| 9. Exkurs: Von der Geschäftsherrn- zur Unternehmenshaftung | 125 |
| 10. Reform | 133 |
| III. Haftung bei Schädigung durch Minderjährige | 134 |
| 1. Einleitung | 134 |
| 2. Die Haftung der Eltern | 136 |
| 3. Die Haftung des Minderjährigen | 138 |
| 4. Reform | 144 |
| **G. Immaterielle Persönlichkeits- und reine Vermögensinteressen** | **147** |
| I. Einleitung | 147 |
| II. Das allgemeine Persönlichkeitsrecht | 148 |
| 1. Historische Entwicklung | 148 |
| 2. Schutzbereiche | 152 |
| 3. Rechtswidrigkeit | 166 |
| 4. Unterlassungs- und Beseitigungsansprüche | 167 |
| 5. Schadensersatz | 169 |
| III. Deliktischer Vermögensschutz | 177 |
| 1. Haftungsgrundlagen | 177 |
| 2. Fallgruppen des Vermögensschutzes | 181 |
| **H. Gefährdungshaftung** | **199** |
| I. Entwicklung und Begründung der Gefährdungshaftung | 199 |
| 1. Was ist Gefährdungshaftung? | 199 |
| 2. Verbreitung der Gefährdungshaftung | 200 |
| 3. Rechtspolitische und ökonomische Begründung der Gefährdungshaftung | 203 |
| 4. Analoge Anwendung der Gefährdungstatbestände? Rechtsvergleichung | 206 |
| II. Grundzüge der Gefährdungshaftung | 209 |
| 1. Haftung des »Halters«, »Inhabers« oder »Unternehmers« der Gefahrenquelle | 209 |
| 2. Haftung für spezifische Gefahren | 210 |
| 3. Haftungsausschluss, Haftungsminderung | 214 |
| 4. Art und Umfang der Haftung | 216 |
| III. Schadensausgleich bei Straßenverkehrsunfällen | 218 |
| 1. Haftung und Versicherung bei Straßenverkehrsunfällen | 218 |
| 2. Voraussetzungen der Haftung | 219 |
| 3. Haftungsausschluss bei »Schwarzfahrten« | 222 |
| 4. Mitverschulden | 222 |

5. Kfz-Haftpflichtversicherung .................................................. 227
6. Reform des Verkehrsunfallrechts ............................................. 228
IV. Schadensausgleich bei Arbeitsunfällen ........................................ 229
　1. Historische Entwicklung .................................................... 230
　2. Umfang des Versicherungsschutzes .......................................... 232
　3. Die Leistungen der Gesetzlichen Unfallversicherung ........................ 237
　4. Trägerschaft und Finanzierung der Gesetzlichen Unfallversicherung ........ 238
　5. Das Haftungsprivileg der Unternehmer und der Arbeitskollegen ............. 240

J. Verantwortlichkeit für fehlerhafte Produkte .................................... 245
　I. Ein Rechtsgebiet zwischen allen Stühlen .................................... 245
　　1. Vertrags- und Deliktshaftung ............................................ 245
　　2. Funktionen des Produkthaftungsrechts .................................... 247
　　3. Die deliktsrechtliche Lösung ............................................ 248
　　4. Die Haftung nach dem ProdHaftG als Gefährdungshaftung? .................. 249
　　5. Deliktische Haftung für Produktfehler ................................... 251
　II. Fehlertypen und Sorgfaltspflichten des Warenherstellers ................... 251
　　1. Konstruktionsfehler ..................................................... 251
　　2. Fabrikationsfehler ...................................................... 256
　　3. Instruktionsfehler ...................................................... 258
　　4. Verletzung der Produktbeobachtungspflicht ............................... 262
　III. Kreis der haftpflichtigen Personen ........................................ 264
　　1. Problemstellung ......................................................... 264
　　2. Zulieferer .............................................................. 264
　　3. Quasi-Hersteller ........................................................ 265
　　4. Händler ................................................................. 265
　IV. Haftungsumfang ............................................................ 266

K. Art und Umfang der Schadensersatzleistung ..................................... 269
　I. Grundlinien des Schadensrechts ............................................. 269
　II. Sachschäden ............................................................... 272
　　1. Unfallgeschehen und Regulierungspraxis .................................. 272
　　2. Reparatur vs. Ersatzbeschaffung ......................................... 273
　　3. Fiktive Schadensberechnung .............................................. 276
　　4. Zu- und Abschläge ....................................................... 279
　　5. Nutzungsausfall ......................................................... 280
　　6. Kein Schmerzensgeld ..................................................... 285
　III. Personenschäden .......................................................... 285
　　1. Grundlagen .............................................................. 285
　　2. Heilungskosten, Kosten vermehrter Bedürfnisse ........................... 286
　　3. Erwerbsschaden .......................................................... 287
　　4. Immaterialschadensersatz (Schmerzensgeld) ............................... 290
　　5. Ersatzansprüche bei tödlichen Verletzungen .............................. 298
　IV. Mitverschulden und Mitverursachung ........................................ 305
　　1. Grundlagen .............................................................. 305
　　2. Mitwirkung bei der Schadensentstehung ................................... 306
　　3. Unterlassung der Schadensabwendung oder -minderung ...................... 308
　　4. Schadensmitverursachung durch Hilfspersonen ............................. 309

L. Der Regress der Versicherungsträger ........................................... 313
　I. Grundgedanke ............................................................... 313
　II. »Kongruenz« zwischen Versicherungsleistung und Haftpflichtanspruch ........ 314
　III. Kein Regress gegen Haushaltsangehörige ................................... 315
　IV. Gestörter Gesamtschuldnerausgleich ........................................ 316
　V. Quotenvorrecht ............................................................. 317
　VI. Teilungsabkommen .......................................................... 319

Sachverzeichnis .................................................................. 321

# Inhaltsverzeichnis

| | |
|---|---|
| Vorwort | V |
| Inhaltsübersicht | VII |
| Abkürzungsverzeichnis | XVII |
| Literatur | XXIII |

| | |
|---|---|
| A. Der Gegenstand des Deliktsrechts | 1 |
|    I. Schadensausgleichung als Rechtsproblem | 1 |
|    II. Schadenszurechnungsgründe | 2 |
|    III. Haftungsersetzung durch Versicherungsschutz | 3 |
|    IV. Schadensausgleich durch Regeln des Vertragsrechts | 4 |
| B. Historische Entwicklung des Deliktsrechts | 7 |
|    I. Römisches Recht | 8 |
|    II. Der Einfluss des Naturrechts | 9 |
|    III. Die Entwicklung des Deliktsrechts im Common Law | 11 |
|    IV. Die Entwicklung des Deliktsrechts im 19. Jahrhundert | 12 |
| C. Unfallrecht im sozialen Rechtsstaat | 17 |
|    I. Die soziale Dimension des Unfallproblems | 17 |
|    II. Ausdehnung der Gefährdungshaftung | 18 |
|    III. Der Aufstieg der Haftpflichtversicherung | 19 |
|    IV. Überlagerung des Haftungsrechts durch die Sozialversicherung | 20 |
|        1. Schutzbereich und Leistungen der Krankenversicherung | 21 |
|        2. Schutzbereich und Leistungen der Gesetzlichen Rentenversicherung | 22 |
|        3. Regress der Sozialversicherungsträger | 23 |
|    V. Die Grenzen des Wohlfahrtsstaats | 24 |
|    VI. Die Renaissance privatrechtlicher Haftungs- und Versicherungslösungen | 26 |
| D. Ziele des Haftungsrechts | 29 |
|    I. Schadensausgleich | 29 |
|    II. Schadensvermeidung | 30 |
|        1. Ökonomische Analyse des Deliktsrechts | 30 |
|        2. Optimale Sorgfaltsanstrengungen | 32 |
|        3. Optimales Aktivitätsniveau | 34 |
|        4. Wirkungsgrenzen | 36 |
|            a) Ex ante: Entscheidungen in Risikosituationen | 36 |
|            b) Ex post: Entscheidungen der Gerichte | 38 |
|            c) Der Einfluss von Haftpflichtversicherungen | 39 |
|            d) Durchsetzungsdefizite | 41 |
|    III. Schadensstreuung | 42 |
| E. Die Grundtatbestände der Verschuldenshaftung | 45 |
|    I. Grundlinien der §§ 823 ff. | 45 |
|        1. Der Schutzbereich des Deliktsrechts | 45 |
|            a) Das Konzept des BGB | 45 |
|            b) Rechtsgüter und sonstige Interessen | 46 |
|            c) Ergänzungen und Korrekturen | 48 |
|        2. Rechtswidrigkeit | 49 |
|            a) Handlungs- und Erfolgsunrecht | 49 |
|            b) Stellungnahme | 50 |
|                aa) Funktionen der Rechtswidrigkeit | 50 |
|                bb) Unmittelbare und mittelbare Verletzungshandlungen | 51 |

|  |  |
|---|---|
| cc) Vorsatzdelikte | 52 |
| c) Die drei Grundelemente der unerlaubten Handlung | 53 |
| 3. Verschulden | 53 |
| a) Die Vorverlegung der Verschuldensprüfung | 53 |
| b) Objektiver Fahrlässigkeitsmaßstab | 54 |
| c) Äußere und innere Sorgfalt | 56 |
| d) Restbestände der Verschuldensprüfung | 57 |
| aa) Zurechnungsfähigkeit | 57 |
| bb) Verbotsirrtum | 57 |
| 4. Verkehrspflichten | 57 |
| a) Funktion der Verkehrspflichten | 58 |
| b) Verkehrspflichten und Fahrlässigkeit | 59 |
| 5. Haftungsbegründung und Haftungsausfüllung | 59 |
| 6. Der Deliktsaufbau im Überblick | 60 |
| II. Haftung für Verletzung subjektiver Rechte: § 823 I | 62 |
| 1. Die geschützten Rechte und Rechtsgüter | 62 |
| a) Leben, Körper, Gesundheit, Freiheit | 62 |
| b) Eigentum | 66 |
| c) »Sonstige Rechte« | 72 |
| d) Schutz »relativer« Rechte? | 73 |
| e) Schutz des Vermögens als solchem? | 74 |
| f) Das Recht am »eingerichteten und ausgeübten Gewerbebetrieb« | 74 |
| g) Das »allgemeine Persönlichkeitsrecht« | 75 |
| 2. Pflichtverletzung/Verkehrspflichtverletzung | 75 |
| a) Entstehungsgründe für Verkehrspflichten | 76 |
| aa) Historischer Ursprung: Verkehrsanlagen | 76 |
| bb) Sachgefahren | 77 |
| cc) Verhaltensgefahren | 79 |
| dd) Fürsorgepflichten | 80 |
| b) Umfang und Intensität deliktischer Sorgfaltspflichten | 80 |
| 3. Haftungsbegründende Kausalität und Zurechnung | 82 |
| a) Kausalität | 82 |
| aa) Grundsatz | 82 |
| bb) Mehrere Ursachen | 82 |
| cc) Beweislast | 83 |
| b) Zurechnung I: Die Lehre vom »adäquaten Kausalzusammenhang« | 84 |
| c) Zurechnung II: Die Lehre vom Schutzzweck der Haftungsnorm | 86 |
| 4. Rechtswidrigkeit und Schuld | 89 |
| a) Rechtfertigung | 89 |
| aa) Grundsätze | 89 |
| bb) Die Einwilligung | 90 |
| b) Entschuldigung | 92 |
| 5. Schaden und haftungsausfüllende Kausalität | 92 |
| a) Verkürzung des Zurechnungszusammenhangs | 92 |
| b) Adäquanz | 93 |
| c) Schutzzweck der Norm | 94 |
| III. Haftung für Verletzung objektiven Rechts: § 823 II | 96 |
| 1. Funktionen | 97 |
| 2. Überblick über die Haftungsvoraussetzungen | 97 |
| 3. Schutzgesetz I: Rechtsnormen | 97 |
| 4. Schutzgesetz II: Individualschutzzweck | 98 |
| a) Allgemeines | 98 |
| b) Schutzzwecklehre | 100 |
| aa) Persönlicher Schutzbereich | 100 |
| bb) Sachlicher Schutzbereich | 102 |
| cc) Modaler Schutzbereich | 103 |
| c) Amtspflichtverletzungen | 103 |
| 5. Rechtswidrigkeit und Verschulden | 104 |
| IV. Haftung für Verletzung von Vermögensinteressen: § 826 | 105 |

1. Funktion .................................................. 105
2. Überblick über die Haftungsvoraussetzungen ................ 106
3. Verstoß gegen die »guten Sitten« .......................... 106
   a) Grundlagen ............................................ 106
   b) Fallgruppen ........................................... 110
4. Vorsatz ................................................... 111

## F. Haftung für pflichtwidriges Verhalten anderer .............. 113
### I. Einleitung ............................................... 113
### II. Haftung bei Schädigung durch Gehilfen .................... 113
1. Grundprinzip .............................................. 114
2. Wer ist »Verrichtungsgehilfe«? ............................ 115
3. Schädigung »in Ausführung der Verrichtung« ................ 116
4. »Widerrechtliche« Schädigung .............................. 117
5. Entlastungsbeweis des Geschäftsherrn ...................... 120
6. Arbeitnehmerhaftung ....................................... 122
7. Die Betriebshaftpflichtversicherung ....................... 123
8. Ökonomische Analyse der Haftung für Hilfspersonen ........ 124
9. Exkurs: Von der Geschäftsherrn- zur Unternehmenshaftung .. 125
   a) Die Defizite des Verschuldensprinzips ................. 125
   b) Haftung für »verfassungsmäßig berufene Vertreter« ..... 126
   c) Haftung für »Organisationsverschulden« ................ 127
   d) Haftung auf vertraglicher Grundlage ................... 130
10. Reform ................................................... 133
### III. Haftung bei Schädigung durch Minderjährige ............... 134
1. Einleitung ................................................ 134
2. Die Haftung der Eltern .................................... 136
3. Die Haftung des Minderjährigen ............................ 138
   a) Zurechnungsfähigkeit und Pflichtverletzung ............ 138
   b) Billigkeitshaftung .................................... 140
4. Reform .................................................... 144

## G. Immaterielle Persönlichkeits- und reine Vermögensinteressen . 147
### I. Einleitung ............................................... 147
### II. Das allgemeine Persönlichkeitsrecht ...................... 148
1. Historische Entwicklung ................................... 148
   a) Der Standpunkt des BGB ................................ 148
   b) Das Aufkommen der Massenmedien ........................ 149
   c) Die Rechtsprechung des RG: Zwischen Rechtsfortbildung und Attentismus .......... 150
   d) Die Anerkennung des allgemeinen Persönlichkeitsrechts durch den BGH .......... 151
2. Schutzbereiche ............................................ 152
   a) Namensrecht ........................................... 152
   b) Recht am eigenen Bild ................................. 153
   c) Beleidigung und andere Ehrverletzungen, insbesondere im Internet ............. 156
   d) Verzerrung des Bildes einer Person in der Öffentlichkeit ..................... 161
   e) Verletzung der Privatsphäre ........................... 162
   f) Recht auf informationelle Selbstbestimmung ............ 163
   g) Aneignung kommerzialisierter Persönlichkeitsattribute . 164
3. Rechtswidrigkeit .......................................... 166
4. Unterlassungs- und Beseitigungsansprüche .................. 167
5. Schadensersatz ............................................ 169
   a) Vermögensschäden ...................................... 169
   b) Nichtvermögensschäden ................................. 171
6. Postmortaler Persönlichkeitsschutz ........................ 174
### III. Deliktischer Vermögensschutz ............................. 177
1. Haftungsgrundlagen ........................................ 177
   a) Der Standpunkt des BGB ................................ 177
   b) Das Recht am eingerichteten und ausgeübten Gewerbebetrieb ................... 178

| | |
|---|---|
| c) Sondergesetze des Vermögensschadensersatzes | 179 |
| d) Zwischenbilanz und Kritik | 180 |
| 2. Fallgruppen des Vermögensschutzes | 181 |
| a) Unberechtigte Verfahrenseinleitung | 181 |
| b) Öffentliche Kritik an gewerblichen und beruflichen Leistungen | 183 |
| aa) Überblick | 183 |
| bb) Schutz gegen unzutreffende Tatsachenbehauptungen gem. § 824 | 184 |
| cc) Schutz gegen geschäftsschädigende Kritik | 187 |
| c) Boykott und Streik | 190 |
| d) Insolvenzverschleppung und Gläubigergefährdung | 191 |
| e) Kapitalmarkthaftung | 194 |
| aa) Problemstellung | 194 |
| bb) Haftung des Emittenten | 194 |
| cc) Persönliche Haftung der Leitungsorgane | 195 |
| f) Haftung für falsche Auskünfte | 196 |
| **H. Gefährdungshaftung** | **199** |
| I. Entwicklung und Begründung der Gefährdungshaftung | 199 |
| 1. Was ist Gefährdungshaftung? | 199 |
| 2. Verbreitung der Gefährdungshaftung | 200 |
| 3. Rechtspolitische und ökonomische Begründung der Gefährdungshaftung | 203 |
| 4. Analoge Anwendung der Gefährdungstatbestände? Rechtsvergleichung | 206 |
| II. Grundzüge der Gefährdungshaftung | 209 |
| 1. Haftung des »Halters«, »Inhabers« oder »Unternehmers« der Gefahrenquelle | 209 |
| 2. Haftung für spezifische Gefahren | 210 |
| a) Allgemeines | 210 |
| b) Eisenbahnhaftung | 211 |
| c) Tierhalterhaftung | 213 |
| 3. Haftungsausschluss, Haftungsminderung | 214 |
| 4. Art und Umfang der Haftung | 216 |
| III. Schadensausgleich bei Straßenverkehrsunfällen | 218 |
| 1. Haftung und Versicherung bei Straßenverkehrsunfällen | 218 |
| 2. Voraussetzungen der Haftung | 219 |
| 3. Haftungsausschluss bei »Schwarzfahrten« | 222 |
| 4. Mitverschulden | 222 |
| a) Opfergruppe I: Fußgänger und Radfahrer | 222 |
| b) Opfergruppe II: Der motorisierte Unfallgegner | 224 |
| c) Opfergruppe III: Die Insassen des Unfallfahrzeugs | 227 |
| 5. Kfz-Haftpflichtversicherung | 227 |
| 6. Reform des Verkehrsunfallrechts | 228 |
| IV. Schadensausgleich bei Arbeitsunfällen | 229 |
| 1. Historische Entwicklung | 230 |
| 2. Umfang des Versicherungsschutzes | 232 |
| a) Persönlicher Schutzbereich | 233 |
| b) Sachlicher Schutzbereich | 233 |
| c) Modaler Schutzbereich | 233 |
| d) Das Zurechnungsprinzip des Unfallversicherungsrechts | 235 |
| e) Kasuistik | 235 |
| 3. Die Leistungen der Gesetzlichen Unfallversicherung | 237 |
| 4. Trägerschaft und Finanzierung der Gesetzlichen Unfallversicherung | 238 |
| 5. Das Haftungsprivileg der Unternehmer und der Arbeitskollegen | 240 |
| **J. Verantwortlichkeit für fehlerhafte Produkte** | **245** |
| I. Ein Rechtsgebiet zwischen allen Stühlen | 245 |
| 1. Vertrags- und Deliktshaftung | 245 |
| 2. Funktionen des Produkthaftungsrechts | 247 |
| 3. Die deliktsrechtliche Lösung | 248 |
| 4. Die Haftung nach dem ProdHaftG als Gefährdungshaftung? | 249 |
| 5. Deliktische Haftung für Produktfehler | 251 |

II. Fehlertypen und Sorgfaltspflichten des Warenherstellers . . . . . . . . . . . . . . . . . . . . . . . . 251
   1. Konstruktionsfehler . . . . . . . . . . . . . . . . . . . . . . . . . . . . . . . . . . . . . . . . . . . . . . . 251
   2. Fabrikationsfehler . . . . . . . . . . . . . . . . . . . . . . . . . . . . . . . . . . . . . . . . . . . . . . . . 256
   3. Instruktionsfehler . . . . . . . . . . . . . . . . . . . . . . . . . . . . . . . . . . . . . . . . . . . . . . . . 258
   4. Verletzung der Produktbeobachtungspflicht . . . . . . . . . . . . . . . . . . . . . . . . . . . 262
III. Kreis der haftpflichtigen Personen . . . . . . . . . . . . . . . . . . . . . . . . . . . . . . . . . . . . . . . 264
   1. Problemstellung . . . . . . . . . . . . . . . . . . . . . . . . . . . . . . . . . . . . . . . . . . . . . . . . . 264
   2. Zulieferer . . . . . . . . . . . . . . . . . . . . . . . . . . . . . . . . . . . . . . . . . . . . . . . . . . . . . . 264
   3. Quasi-Hersteller . . . . . . . . . . . . . . . . . . . . . . . . . . . . . . . . . . . . . . . . . . . . . . . . . 265
   4. Händler . . . . . . . . . . . . . . . . . . . . . . . . . . . . . . . . . . . . . . . . . . . . . . . . . . . . . . . 265
IV. Haftungsumfang . . . . . . . . . . . . . . . . . . . . . . . . . . . . . . . . . . . . . . . . . . . . . . . . . . . . 266

K. Art und Umfang der Schadensersatzleistung . . . . . . . . . . . . . . . . . . . . . . . . . . . . . . . . . . 269
  I. Grundlinien des Schadensrechts . . . . . . . . . . . . . . . . . . . . . . . . . . . . . . . . . . . . . . . . . 269
  II. Sachschäden . . . . . . . . . . . . . . . . . . . . . . . . . . . . . . . . . . . . . . . . . . . . . . . . . . . . . . . 272
     1. Unfallgeschehen und Regulierungspraxis . . . . . . . . . . . . . . . . . . . . . . . . . . . . . . 272
     2. Reparatur vs. Ersatzbeschaffung . . . . . . . . . . . . . . . . . . . . . . . . . . . . . . . . . . . . . 273
     3. Fiktive Schadensberechnung . . . . . . . . . . . . . . . . . . . . . . . . . . . . . . . . . . . . . . . 276
     4. Zu- und Abschläge . . . . . . . . . . . . . . . . . . . . . . . . . . . . . . . . . . . . . . . . . . . . . . 279
        a) Merkantiler Minderwert . . . . . . . . . . . . . . . . . . . . . . . . . . . . . . . . . . . . . . . 279
        b) Abzug »Neu für Alt« . . . . . . . . . . . . . . . . . . . . . . . . . . . . . . . . . . . . . . . . . . 279
     5. Nutzungsausfall . . . . . . . . . . . . . . . . . . . . . . . . . . . . . . . . . . . . . . . . . . . . . . . . . 280
        a) Kosten der Anmietung eines Ersatzfahrzeugs . . . . . . . . . . . . . . . . . . . . . . . 280
        b) Abstrakte Nutzungsentschädigung . . . . . . . . . . . . . . . . . . . . . . . . . . . . . . 282
     6. Kein Schmerzensgeld . . . . . . . . . . . . . . . . . . . . . . . . . . . . . . . . . . . . . . . . . . . . . 285
  III. Personenschäden . . . . . . . . . . . . . . . . . . . . . . . . . . . . . . . . . . . . . . . . . . . . . . . . . . . 285
     1. Grundlagen . . . . . . . . . . . . . . . . . . . . . . . . . . . . . . . . . . . . . . . . . . . . . . . . . . . . 285
     2. Heilungskosten, Kosten vermehrter Bedürfnisse . . . . . . . . . . . . . . . . . . . . . . . . . 286
     3. Erwerbsschaden . . . . . . . . . . . . . . . . . . . . . . . . . . . . . . . . . . . . . . . . . . . . . . . . 287
     4. Immaterialschadensersatz (Schmerzensgeld) . . . . . . . . . . . . . . . . . . . . . . . . . . . 290
        a) Grundlagen . . . . . . . . . . . . . . . . . . . . . . . . . . . . . . . . . . . . . . . . . . . . . . . . 290
        b) Funktionen . . . . . . . . . . . . . . . . . . . . . . . . . . . . . . . . . . . . . . . . . . . . . . . . 292
        c) Bemessung . . . . . . . . . . . . . . . . . . . . . . . . . . . . . . . . . . . . . . . . . . . . . . . . 293
        d) Schadensersatz wegen »Genussentbehrung«? . . . . . . . . . . . . . . . . . . . . . . 297
     5. Ersatzansprüche bei tödlichen Verletzungen . . . . . . . . . . . . . . . . . . . . . . . . . . . . 298
        a) Ansprüche mittelbar Geschädigter . . . . . . . . . . . . . . . . . . . . . . . . . . . . . . . 298
        b) Vermögensschäden . . . . . . . . . . . . . . . . . . . . . . . . . . . . . . . . . . . . . . . . . . 298
           aa) Beerdigungskosten und Unterhalt . . . . . . . . . . . . . . . . . . . . . . . . . . . . 298
           bb) Anspruchsberechtigte . . . . . . . . . . . . . . . . . . . . . . . . . . . . . . . . . . . . . 299
           cc) Ersatzumfang . . . . . . . . . . . . . . . . . . . . . . . . . . . . . . . . . . . . . . . . . . . 300
        c) (Kein) Angehörigenschmerzensgeld . . . . . . . . . . . . . . . . . . . . . . . . . . . . . . 302
        d) Der Verlust menschlichen Lebens . . . . . . . . . . . . . . . . . . . . . . . . . . . . . . . . 304
  IV. Mitverschulden und Mitverursachung . . . . . . . . . . . . . . . . . . . . . . . . . . . . . . . . . . . 305
     1. Grundlagen . . . . . . . . . . . . . . . . . . . . . . . . . . . . . . . . . . . . . . . . . . . . . . . . . . . . 305
     2. Mitwirkung bei der Schadensentstehung . . . . . . . . . . . . . . . . . . . . . . . . . . . . . . 306
     3. Unterlassung der Schadensabwendung oder -minderung . . . . . . . . . . . . . . . . . 308
     4. Schadensmitverursachung durch Hilfspersonen . . . . . . . . . . . . . . . . . . . . . . . . . 309

L. Der Regress der Versicherungsträger . . . . . . . . . . . . . . . . . . . . . . . . . . . . . . . . . . . . . . . . 313
  I. Grundgedanke . . . . . . . . . . . . . . . . . . . . . . . . . . . . . . . . . . . . . . . . . . . . . . . . . . . . . . 313
  II. »Kongruenz« zwischen Versicherungsleistung und Haftpflichtanspruch . . . . . . . . . . . 314
  III. Kein Regress gegen Haushaltsangehörige . . . . . . . . . . . . . . . . . . . . . . . . . . . . . . . . . 315
  IV. Gestörter Gesamtschuldnerausgleich . . . . . . . . . . . . . . . . . . . . . . . . . . . . . . . . . . . . 316
  V. Quotenvorrecht . . . . . . . . . . . . . . . . . . . . . . . . . . . . . . . . . . . . . . . . . . . . . . . . . . . . 317
  VI. Teilungsabkommen . . . . . . . . . . . . . . . . . . . . . . . . . . . . . . . . . . . . . . . . . . . . . . . . . 319

Sachverzeichnis . . . . . . . . . . . . . . . . . . . . . . . . . . . . . . . . . . . . . . . . . . . . . . . . . . . . . . . . . . 321

# Abkürzungsverzeichnis

| | |
|---|---|
| A.2d | Atlantic Reporter 2nd |
| aA | anderer Ansicht |
| ABGB | Allgemeines Bürgerliches Gesetzbuch (Österreich) |
| abgedr. | abgedruckt |
| abl. | ablehnend |
| ABl. | Amtsblatt der Europäischen Union |
| Abs. | Absatz |
| A.C. | The Law Reports, Appeal Cases |
| AcP | Archiv für die civilistische Praxis |
| AEUV | Vertrag über die Arbeitsweise der Europäischen Union |
| aF | alte Fassung |
| AfP | Zeitschrift für Medien- und Kommunikationsrecht |
| AG | Aktiengesellschaft, Amtsgericht |
| AKB | Allgemeine Bedingungen für die Kraftfahrtversicherung |
| AktG | Aktiengesetz |
| All E.R. | All England Law Reports |
| Allg. | Allgemein |
| Alt. | Alternative |
| AMG | Gesetz über den Verkehr mit Arzneimitteln (Arzneimittelgesetz) |
| Anh. | Anhang |
| Anm. | Anmerkung |
| AT | Allgemeiner Teil |
| AtG | Gesetz über die friedliche Verwendung der Kernenergie und den Schutz gegen ihre Gefahren (Atomgesetz) |
| Aufl. | Auflage |
| ausf. | ausführlich |
| | |
| BAG | Bundesarbeitsgericht |
| BB | Der Betriebsberater (Zeitschrift) |
| Bd. | Band |
| Begr. | Begründung |
| Beil. | Beilage |
| BG | Berufsgenossenschaft |
| BGB | Bürgerliches Gesetzbuch |
| BGE | Bundesgerichtsentscheidung |
| BGH | Bundesgerichtshof |
| BGHZ | Entscheidungen des Bundesgerichtshofs in Zivilsachen |
| BJagdG | Bundesjagdgesetz |
| BNotO | Bundesnotarordnung |
| BörsG | Börsengesetz |
| BSG | Bundessozialgericht |
| BSGE | Entscheidungen des Bundessozialgerichts |
| BT | Besonderer Teil |
| BT-Drs. | Drucksache des Deutschen Bundestages |
| BVerfG | Bundesverfassungsgericht |
| BVerfGE | Entscheidungen des Bundesverfassungsgerichts |
| | |
| Cal.L.Rev. | California Law Review |
| Cal.Rptr. | California Reporter (West's) |
| CC | Code Civil |
| Cir. | Circuit |
| Corp. | Corporation |

*Abkürzungsverzeichnis*

| | |
|---|---|
| DAR | Deutsches Autorecht (Zeitschrift) |
| DB | Der Betrieb (Zeitschrift) |
| DCFR | Draft Common Frame of Reference |
| DesignG | Gesetz über den rechtlichen Schutz von Design (Designgesetz) |
| DJT | Deutscher Juristentag |
| DRiZ | Deutsche Richterzeitung |
| Duke J Comp & Int'l L | Duke Journal of Comparative & International Law |
| EFZG | Gesetz über die Zahlung des Arbeitsentgelts an Feiertagen und im Krankheitsfall (Entgeltfortzahlungsgesetz) |
| EG | Vertrag zur Gründung der Europäischen Gemeinschaft |
| EGBGB | Einführungsgesetz zum Bürgerlichen Gesetzbuche |
| EGMR | Europäischer Gerichtshof für Menschenrechte |
| EMRK | Konvention zum Schutze der Menschenrechte und Grundfreiheiten |
| Eng. Rep. | English Reports |
| EU | Europäische Union |
| EuGH | Gerichtshof der Europäischen Gemeinschaften |
| EuZW | Europäische Zeitschrift für Wirtschaftsrecht |
| EWiR | Entscheidungen zum Wirtschaftsrecht |
| Exch. | Exchequer Chamber |
| F.2d | Federal Reporter 2nd |
| Fam | The Law Reports, Family Division |
| FamRZ | Zeitschrift für das gesamte Familienrecht |
| FAZ | Frankfurter Allgemeine Zeitung |
| f. | und folgende(r) Seite/Paragraph |
| ff. | und folgende Seiten/Paragraphen |
| FG | Festgabe |
| Fn. | Fußnote |
| frz. | französisch |
| FS | Festschrift |
| F.Supp.2d | Federal Supplement, Second Series |
| FZV | Verordnung über die Zulassung von Fahrzeugen zum Straßenverkehr (Fahrzeug-Zulassungsverordnung) |
| GDV | Gesamtverband der Deutschen Versicherungswirtschaft e. V. |
| GebrMG | Gebrauchsmustergesetz |
| gem. | gemäß |
| GenTG | Gesetz zur Regelung der Gentechnik (Gentechnikgesetz) |
| GewO | Gewerbeordnung |
| GG | Grundgesetz für die Bundesrepublik Deutschland |
| ggf. | gegebenenfalls |
| GmbH | Gesellschaft mit beschränkter Haftung |
| GmbHG | Gesetz betreffend die Gesellschaften mit beschränkter Haftung |
| GS | Gedächtnisschrift/Großer Senat |
| GRUR | Gewerblicher Rechtsschutz und Urheberrecht (Zeitschrift) |
| GWB | Gesetz gegen Wettbewerbsbeschränkungen |
| HIV | Humanes Immundefizienz-Virus |
| HPflG | Haftpflichtgesetz |
| HGB | Handelsgesetzbuch |
| hL | herrschende Lehre |
| hM | herrschende Meinung |
| HRR | Höchstrichterliche Rechtsprechung |
| idR | in der Regel |
| iE | im Einzelnen |

| | |
|---|---|
| i. e. | in example |
| iErg | im Ergebnis |
| iHv | in Höhe von |
| Inc. | Incorporation |
| insbes. | insbesondere |
| InsO | Insolvenzordnung |
| iSd | im Sinne des |
| iSv | im Sinne von |
| iVm | in Verbindung mit |
| | |
| JA | Juristische Arbeitsblätter (Zeitschrift) |
| JBl. | Justizblatt |
| J. Legal Stud. | Journal of Legal Studies |
| JO | Journal officiel |
| JR | Juristische Rundschau |
| J.Soc.WelfareL | Journal of Social Welfare Law |
| JURA | Juristische Ausbildung (Zeitschrift) |
| JuS | Juristische Schulung (Zeitschrift) |
| JW | Juristische Wochenschrift (Zeitschrift) |
| JZ | JuristenZeitung |
| | |
| KAGB | Kapitalanlagegesetzbuch |
| Kap. | Kapitel |
| Kfz | Kraftfahrzeug |
| KG | Kammergericht |
| krit. | kritisch |
| KTS | Zeitschrift für Insolvenzrecht |
| KUG | Gesetz betreffend das Urheberrecht an Werken der bildenden Künste und der Photographie |
| KunstUrhG | Gesetz betreffend das Urheberrecht an Werken der bildenden Künste und der Photographie |
| | |
| LFGB | Lebensmittel-, Bedarfsgegenstände- und Futtermittelgesetzbuch (Lebensmittel- und Futtermittelgesetzbuch – LFGB) |
| lit. | Buchstabe (litera) |
| Lkw | Lastkraftwagen |
| LM | Lindenmaier-Möhring, Kommentierte BGH-Rechtsprechung |
| LMBG | Gesetz über den Verkehr mit Lebensmitteln, Tabakerzeugnissen, kosmetischen Mitteln und sonstigen Bedarfsgegenständen (Lebensmittel- und Bedarfsgegenstän-degesetz) |
| LPartG | Gesetz über die Eingetragene Lebenspartnerschaft (Lebenspartnerschaftsgesetz) |
| LQR | Law Quarterly Review |
| LSG | Landessozialgericht |
| L.R. | Law Reports |
| L. Rev. | Law Review |
| ltd. | limited |
| LuftVG | Luftverkehrsgesetz |
| | |
| mAnm | mit Anmerkung |
| MarkenG | Gesetz über den Schutz von Marken und sonstigen Kennzeichen (Markengesetz) |
| MDR | Monatsschrift für Deutsches Recht |
| MLR | Modern Law Review |
| MMR | Multi Media & Recht (Zeitschrift) |
| Mot. | Motive zum Entwurf eines Bürgerlichen Gesetzbuches |
| MüKoBGB | Münchener Kommentar zum Bürgerlichen Gesetzbuch |
| mwN | mit weiteren Nachweisen |
| mWv | mit Wirkung vom |

*Abkürzungsverzeichnis*

| | |
|---|---|
| Nachw. | Nachweis |
| N.E. | North Eastern Reporter |
| NJW | Neue Juristische Wochenschrift |
| NJW-RR | Neue Juristische Wochenschrift – Rechtsprechungsreport |
| No. | numero |
| NZA | Neue Zeitschrift für Arbeitsrecht |
| NZLR | New Zealand Law Reports |
| NZV | Neue Zeitschrift für Verkehrsrecht |
| OLG | Oberlandesgericht |
| OLGZ | Entscheidungen der Oberlandesgerichte in Zivilsachen |
| P.2d | Pacific Reporter, Second Series |
| passim | überall/da und dort |
| PatG | Patentgesetz |
| PflVG | Gesetz über die Pflichtversicherung für Kraftfahrzeughalter |
| Pkw | Personenkraftwagen |
| PHI | Haftpflicht International (Zeitschrift) |
| PrivR | Privatrecht |
| ProdHaftG | Gesetz über die Haftung für fehlerhafte Produkte (Produkthaftungsgesetz) |
| ProdSG | Gesetz über die Bereitstellung von Produkten auf dem Markt (Produktsicherheitsgesetz) |
| Prot. | Protokoll(e) |
| Q.B. | The Law Reports, Queen's Bench Division |
| RabelsZ | Rabels Zeitschrift für ausländisches und europäisches Privatrecht |
| RegE | Regierungsentwurf |
| RG | Reichsgericht |
| RGZ | Entscheidungen des Reichsgerichts in Zivilsachen |
| RIW | Recht der Internationalen Wirtschaft (Zeitschrift) |
| RL | Richtlinie |
| Rn. | Randnummer |
| r+s | recht und schaden (Zeitschrift) |
| RGZ | Entscheidungen des Reichsgerichts in Zivilsachen |
| Rspr. | Rechtsprechung |
| RVO | Reichsversicherungsordnung |
| S. | Seite; Satz |
| s. | siehe |
| SavZRG | Zeitschrift der Savigny-Stiftung für Rechtsgeschichte, Germanistische Abteilung |
| SchuldR | Schuldrecht |
| SG | Sozialgericht |
| SGB | Sozialgesetzbuch |
| SozR | Sozialrecht |
| Sup.Ct.Rev. | Supreme Court Review |
| stRspr | ständige Rechtsprechung |
| StGB | Strafgesetzbuch |
| StVG | Straßenverkehrsgesetz |
| StVO | Straßenverkehrs-Ordnung |
| StVZO | Straßenverkehrs-Zulassungs-Verordnung |
| TMG | Telemediengesetz |
| U.Chi.L.Rev. | University of Chicago Law Review |
| UmweltHG | Umwelthaftungsgesetz |
| UrhG | Urhebergesetz |
| U.S. | United States/United States Reports |

| | |
|---|---|
| USchadG | Gesetz über die Vermeidung und Sanierung von Umweltschäden (Umweltschadensgesetz) |
| usw | und so weiter |
| uU | unter Umständen |
| UWG | Gesetz gegen den unlauteren Wettbewerb |
| | |
| v. | versus/von |
| VerkProspG | Wertpapier-Verkaufsprospektgesetz (Verkaufsprospektgesetz) |
| VermAnlG | Gesetz über Vermögensanlagen (Vermögensanlagengesetz) |
| VersR | Versicherungsrecht (Zeitschrift) |
| VRS | Verkehrsrechts-Sammlung |
| VVG | Gesetz über den Versicherungsvertrag |
| VwVfG | Verwaltungsverfahrensgesetz |
| | |
| WarnR | Warneyer, Rechtsprechung des Bundesgerichtshofs in Zivilsachen |
| WHG | Gesetz zur Ordnung des Wasserhaushalts (Wasserhaushaltsgesetz) |
| WHO | Welt-Gesundheitsorganisation |
| WLR | The Weekly Law Reports |
| WM | Wertpapier-Mitteilungen |
| WpHG | Gesetz über den Wertpapierhandel (Wertpapierhandelsgesetz) |
| WpPG | Gesetz über die Erstellung, Billigung und Veröffentlichung des Prospekts, der beim öffentlichen Angebot von Wertpapieren oder bei der Zulassung von Wertpapieren zum Handel an einem organisierten Markt zu veröffentlichen ist (Wertpapierprospektgesetz) |
| WPO | Gesetz über eine Berufsordnung der Wirtschaftsprüfer (Wirtschaftsprüferordnung) |
| WzS | Wege zur Sozialsicherung (Zeitschrift) |
| | |
| zB | zum Beispiel |
| ZEuP | Zeitschrift für Europäisches Privatrecht |
| ZfR | Zeitschrift für Europarecht, Internationales Privatrecht und Rechtsvergleichung |
| ZfS | Zeitschrift für Schadensrecht |
| ZGR | Zeitschrift für Unternehmens- und Gesellschaftsrecht |
| ZHR | Zeitschrift für das gesamte Handels- und Wirtschaftsrecht |
| ZIP | Zeitschrift für Wirtschaftsrecht und Insolvenzpraxis |
| ZivilR | Zivilrecht |
| ZPO | Zivilprozessordnung |
| ZRP | Zeitschrift für Rechtspolitik |
| ZStW | Zeitschrift für die gesamte Strafrechtswissenschaft |
| ZUM | Zeitschrift für Urheber- und Medienrecht |
| zust. | zustimmend |
| ZZP | Zeitschrift für Zivilprozeß |

Paragrafen ohne Gesetzesangaben sind solche des BGB.

# Literatur

*Brüggemeier, G.,* Haftungsrecht: Struktur, Prinzipien, Schutzbereich, 2006 (zit.: *Brüggemeier* HaftungsR)

*Deutsch, E.,* Allgemeines Haftungsrecht, 2. Aufl. 1996 (zit.: *Deutsch* AllgHaftungsR)

*Deutsch, E./Ahrens, H.-J.,* Deliktsrecht, 5. Aufl. 2009 (zit.: *Deutsch/Ahrens* DeliktsR)

*Lange H./Schiemann, G.,* Schadensersatz, 3. Aufl. 2003 (zit.: *Lange/Schiemann* Schadensersatz)

*Larenz K./Canaris, C.-W.,* Lehrbuch des Schuldrechts, Bd. II: Besonderer Teil, Halbband 2, 13. Aufl. 1994 (zit.: *Larenz/Canaris* SchuldR II 2)

*Looschelders, D.,* Schuldrecht, Besonderer Teil, 11. Aufl. 2016 (zit.: *Looschelders* SchuldR BT)

*Medicus, D./Lorenz, S.,* Schuldrecht II, Besonderer Teil, 16. Aufl. 2012 (zit.: *Medicus/Lorenz* SchuldR II BT)

*Mugdan, B.,* Die gesammten Materialien zum Bürgerlichen Gesetzbuch Gesetzbuch für das Deutsche Reich (zit.: *Mugdan* Bd.)

*MüKoBGB* Münchener Kommentar zum BGB, Bd. 5, 6. Aufl. 2013 (zit.: MüKoBGB/*Bearbeiter*)

*Palandt, O.,* Bürgerliches Gesetzbuch, 75. Aufl. 2016 (zit.: Palandt/*Bearbeiter*)

*Prölss, E. R./Martin, A.,* Versicherungsvertragsgesetz, 29. Aufl. 2015 (zit.: Prölss/Martin/*Bearbeiter*)

*Schäfer, H.-P./Ott, C.,* Lehrbuch der ökonomischen Analyse des Zivilrechts, 5. Aufl. 2012 (zit.: *Schäfer/Ott* Ökonomische Analyse ZivilR)

*Thomas, H./Putzo, H.,* Zivilprozessordnung, 37. Aufl. 2016 (zit.: Thomas/Putzo/*Bearbeiter*)

*Wagner, G.,* in Zimmermann (Hrsg.), Grundstrukturen des Europäischen Deliktsrechts, 2003, 189ff. (zit.: *Wagner* Grundstrukturen)

*Waltermann, R.,* Sozialrecht, 11. Aufl. 2015 (zit.: *Waltermann* SozR)

*Wandt, M.,* Versicherungsrecht, 6. Aufl. 2016 (zit.: *Wandt* VersR)

*Zweigert, K./Kötz, H.,* Einführung in die Rechtsvergleichung auf dem Gebiet des Privatrechts, 3. Aufl. 1996 (zit.: *Zweigert/Kötz* Rechtsvergleichung PrivR)

# A. Der Gegenstand des Deliktsrechts

## I. Schadensausgleichung als Rechtsproblem

Tagtäglich verwirklichen sich zahllose Schadensereignisse. Wenn bei einem Verkehrsunfall ein Fußgänger überfahren und ein Kraftfahrzeug beschädigt oder wenn in einer chemischen Fabrik durch die Explosion eines Gasbehälters Arbeiter getötet und Schäden an den Betriebsanlagen und benachbarten Wohnhäusern angerichtet werden, wenn jemand beim Umgang mit einer defekten Küchenmaschine durch die Wirkungen des elektrischen Stroms oder ein Kind durch den Sturz von einer **Schaukel** oder in der Schule durch eine herabstürzende Wandtafel verletzt werden, so führen in allen diesen Fällen bestimmte plötzlich eintretende Ereignisse – im Sprachgebrauch meist »**Unfälle**« genannt – zu **Personenschäden** (also zur Tötung, körperlichen Verletzung oder gesundheitlichen Beeinträchtigung eines Menschen) oder zu **Sachschäden**. Freilich kann es zu solchen Schäden auch auf andere Art als durch einen »Unfall« kommen: Wenn ein Haus durch Bauarbeiten auf dem Nachbargrundstück in Mitleidenschaft gezogen oder durch Feuer vernichtet wird oder wenn jemand durch den Verzehr bakteriell verunreinigter Lebensmittel oder an seinem Arbeitsplatz durch fortdauernde Einwirkungen von Lärm, Staub oder Hitze eine Gesundheitsschädigung erleidet, so liegt auch in diesen Fällen ein Personen- oder Sachschaden vor, ohne dass man hier im Allgemeinen die Schädigung auf einen »Unfall« zurückführen wird.

Schäden brauchen freilich nicht unbedingt am Körper oder an der Gesundheit eines Menschen oder an bestimmten (physisch greifbaren, real vorhandenen) Sachen einzutreten, sondern können auch die Form eines allgemeinen Vermögensnachteils – eines sog. »**reinen Vermögensschadens**« – annehmen. So liegt es etwa, wenn jemand aufgrund der unrichtigen Kreditauskunft einer Bank einem Schuldner Geld leiht und dieser sich später als von Anfang an zahlungsunfähig herausstellt. Ebenso, wenn eine Privatperson die hoch fliegenden Aktien einer börsennotierten Gesellschaft erwirbt, nachdem der Vorstand die Hereinnahme eines Großauftrags verkündet hatte, der sich später als Luftnummer entpuppte,[1] oder wenn ein Unternehmen durch die in einer Zeitschrift an seinen Produkten geübte Kritik Umsatzeinbußen erleidet oder wenn eine Bank durch die Unterschlagungen eines Mitarbeiters geschädigt wird, den sie im Vertrauen auf das von einem früheren Arbeitgeber ausgestellte unrichtige Zeugnis engagiert hat. In allen diesen Fällen tritt der Schaden des Betroffenen nicht dadurch ein, dass sein Körper verletzt oder seine Sachen beschädigt werden, sondern dadurch, dass sich seine allgemeine Vermögenslage verschlechtert, er also eine **wirtschaftliche Einbuße** in Gestalt eines reinen Vermögensschadens erleidet.

In allen bisher genannten Fällen sind den Betroffenen in erster Linie sog. »**materielle**« **Nachteile** entstanden, solche Schäden also, bei denen es gelegentlich zwar schwierig, idR aber doch ohne Weiteres möglich ist, einen Geldbetrag zu nennen, der – wenn man ihn dem Geschädigten in die Hand gibt – den ihm erwachsenen reinen Vermögensschaden ersetzt oder die wirtschaftlichen Nachteile ausgleicht, die ihm als Folge

---

1 BGH VersR 2004, 1279.

der Verletzung seines Körpers oder der Beschädigung seiner Sachen entstanden sind. So besteht der Schaden des Kaufmanns, der die ihm verkaufte, aber nicht gelieferte Ware sich zu höherem Preise von einem anderen beschaffen muss, in dem von ihm zu zahlenden Mehrbetrag. Ebenso kann der Schaden desjenigen, dessen Kraftfahrzeug bei einem Verkehrsunfall zerstört worden ist, durch die Zahlung des Wiederbeschaffungspreises ausgeglichen werden. Und erleidet jemand bei einem Unfall eine körperliche Verletzung, so kann auch hier ein Geldbetrag fixiert werden, der den materiellen Aufwand ausgleicht, der sich für den Verletzten daraus ergibt, dass er seinen Arzt honorieren, den Krankenhausaufenthalt und die Medikamente bezahlen muss und dass ihm in Fällen dauernder Minderung seiner Erwerbsfähigkeit ein Einkommensverlust entsteht. Freilich zeigt der Fall der Körperverletzung, dass als Folge eines Schadensereignisses nicht immer nur materielle, sondern auch immaterielle Schäden entstehen können. So mag eine Lehrerin, die bei einem Verkehrsunfall ein Bein verloren hat, einen Geldausgleich erhalten haben, der die Heilungskosten, die Beschaffung orthopädischer Hilfsmittel und die vermehrten Bedürfnisse deckt, die ihr infolge des Unfalls dadurch entstehen, dass sie jetzt auf die Benutzung eines Kraftfahrzeugs angewiesen ist. Es mag auch so sein, dass sie nach ihrer Gesundung durchaus zur Ausübung ihres Berufs wieder imstande ist, daher das alte Arbeitseinkommen erzielt und insoweit ein Vermögensschaden als Unfallfolge gar nicht eintritt. Gleichwohl können ihr durch die Unfallverletzungen starke Schmerzen entstanden sein, und es liegt auf der Hand, dass durch den Verlust des Beins, vielleicht auch durch entstellende Schnitte und Narben im Gesicht, ihre Fähigkeit zur Teilnahme am sozialen Leben erheblich vermindert sein kann. Auch dies sind Nachteile und Einbußen, die durch den Unfall entstanden sind, freilich nicht materielle, sondern immaterielle, die man auch »**Nichtvermögensschäden**« nennt.

4   Immaterielle Schäden brauchen sich nicht unbedingt als Folge einer Körperverletzung zu ergeben: Dies ist etwa dann nicht der Fall, wenn ein berühmter Sportler sich dadurch gekränkt fühlt, dass ohne seine Zustimmung sein Bild an allen Plakatsäulen im Zusammenhang mit der Werbung für ein Mittel zur Stärkung der sexuellen Potenz erscheint, oder das Privatleben einer Angehörigen des europäischen Hochadels ohne ihre Zustimmung in einem Boulevardblatt vor einer nach Millionen zählenden Leserschaft in sensationeller Aufmachung und reichlich bebildert ausgebreitet wird.

## II. Schadenszurechnungsgründe

5   In allen diesen Fällen stellt sich die grundsätzliche Frage, ob der eingetretene Schaden – es mag sich um materielle (Personen-, Sach- oder Vermögensschäden) oder auch um immaterielle Schäden handeln – von dem Betroffenen hingenommen werden muss oder ob er von einem Dritten die Wiedergutmachung des Schadens oder eine Linderung der Schadensfolgen soll verlangen können. Die Rechtsordnung geht davon aus, dass grundsätzlich jeder Schaden von demjenigen, der ihn erlitten hat, selbst getragen werden muss und dass dem Geschädigten ein Anspruch auf Schadensausgleich nur dann zu gewähren ist, wenn dafür **besondere Gründe bestehen:** »Sound policy lets losses lie where they fall except where a special reason can be shown for interference«.[2] Das erscheint auch vernünftig. Denn jeder Schaden bedeutet einen Verlust an Werten oder Gütern, der – vom gesamtgesellschaftlichen Standpunkt aus betrachtet – unwiederbringlich ist. Gibt man dem Betroffenen einen Anspruch auf Ausgleich des Scha-

---

2 *Holmes*, The Common Law, 1881, 50.

dens gegen irgendeinen Dritten, so wird dadurch für ihn der status quo ante wiederhergestellt, dies aber nur um den Preis, dass man den Ausgleichsbetrag dem Dritten weggenommen hat. Dadurch wird – aufs Ganze gesehen – nicht nur nichts gewonnen, sondern sogar etwas verloren, weil der Ausgleichsvorgang selbst – seine rechtliche Normierung ebenso wie seine tatsächliche Durchführung – einen weiteren Aufwand verursacht, der nur dann gerechtfertigt ist, wenn sich dafür »besondere Gründe« ins Feld führen lassen.

Mit diesen »besonderen Gründen« hat es das Deliktsrecht zu tun. Es enthält nämlich die Regeln, nach denen sich beurteilt, bei welchen der zahllosen, sich tagtäglich verwirklichenden Schadensereignisse der Betroffene, weil ein »besonderer Grund« gegeben ist, von einem anderen Wiedergutmachung des Schadens verlangen kann. Welche sind diese »besonderen Gründe«? Es liegt auf der Hand, dass die Rechtsordnung bei der Beantwortung dieser Frage wesentlich auf die Interessen desjenigen abstellen muss, der als Schädiger in Anspruch genommen werden soll. Sie tut dies in der Weise, dass sie ihn zum Schadensausgleich nur dann heranzieht, wenn der Schaden ihm auf irgendeine Weise »zugerechnet« werden kann. Anders gesagt: Das Deliktsrecht sieht einen »besonderen Grund«, der einen Schadensausgleich rechtfertigt, grundsätzlich nur dort als gegeben an, wo für den Schaden ein bestimmter anderer **verantwortlich** gemacht werden kann. 6

An erster Stelle ist der Zurechnungsgrund der rechtswidrigen **und schuldhaften Verursachung des Schadens** zu nennen. Die Verantwortlichkeit trifft danach denjenigen, der sich durch sein Verhalten in Widerspruch zu den Geboten oder Verboten gesetzt hat, welche die Rechtsordnung zum Schutze anderer aufgestellt hat: Ist durch ein solches gebots- oder verbotswidriges Verhalten ein Schaden verursacht worden, so ist derjenige für den Schaden verantwortlich und zu seiner Wiedergutmachung verpflichtet, der die Gebote und Verbote hätte befolgen und dadurch den Schaden hätte verhindern müssen. Das Bürgerliche Gesetzbuch bezeichnet ein solches Verhalten als »unerlaubte Handlung« (Delikt) und regelt die näheren Voraussetzungen der »deliktischen« Haftung in §§ 823 ff. **(Verschuldenshaftung)**. 7

Weiterhin wird in einigen gesetzlich geregelten Fällen derjenige für einen Schaden verantwortlich gemacht, der in seinem Interesse **eine bestimmte, mit besonderen Gefahren für andere verbundene Anlage oder Tätigkeit** betreibt: Verwirklichen sich diese besonderen Gefahren und kommt es dadurch zu einem Unfall, so ist derjenige, der die gefahrbringende Anlage oder Tätigkeit betreibt, für den Unfallschaden verantwortlich, ohne dass es darauf ankommt, ob die Schädigung durch ein rechtswidriges und schuldhaftes Verhalten herbeigeführt worden ist **(Gefährdungshaftung)**. 8

## III. Haftungsersetzung durch Versicherungsschutz

Nicht zum Deliktsrecht im engeren Sinne gehören diejenigen Rechtsnormen, durch die bei bestimmten Unfalltypen deliktische Schadensersatzansprüche gegen den verantwortlichen Schädiger ausgeschlossen werden und dem Geschädigten stattdessen ein Anspruch gegen einen Versicherungsträger gegeben wird, der seinen Aufwand durch Beiträge deckt, die er von der Gesamtheit der potentiellen Schädiger erhebt. 9

Man spricht hier auch von »Haftungsersetzung durch Versicherungsschutz«. In der Tat wird in diesen Fällen die deliktische Haftung durch den durch Versicherungsschutz bestimmten Umfang **verdrängt**, nämlich durch ein besonderes, idR vom Staat koordiniertes und beaufsichtigtes, nach dem Prinzip der Versicherung funktionierendes **Schadensverteilungssystem**. Hier kommt es für den Ersatzanspruch des Geschädigten nicht mehr auf die Haftung eines Schädigers an, sondern nur darauf, ob die in Rede stehende Schädigung diejenigen Merkmale aufweist, mit denen der Gesetzgeber den Kreis der in den Versicherungsschutz einbezogenen Schadensereignisse beschreibt. Im geltenden Recht ist das System der »Haftungsersetzung durch Versicherungsschutz« vor allem auf dem Gebiet der **Arbeitsunfälle** verwirklicht, und zwar durch die im Sozialgesetzbuch Teil VII geregelte »Gesetzliche Unfallversicherung« (→ Rn. 571 ff.).

## IV. Schadensausgleich durch Regeln des Vertragsrechts

10  Die Verantwortlichkeit desjenigen, der nach den Regeln des Deliktsrechts Schadensersatz zu leisten hat, beruht auf der Verletzung von Verhaltensregeln, die ihm die Rechtsordnung grundsätzlich zum Schutze von jedermann auferlegt. Im Unterschied dazu gibt es Situationen, in denen jemand nur **bestimmten einzelnen Personen** gegenüber zur Schadensabwendung verpflichtet ist und im Falle der Verletzung dieser Pflicht Schadensersatz zu leisten hat. In aller Regel werden solche Pflichten durch Vertrag begründet. Kann ein Geschädigter geltend machen, dass ein anderer ihm gegenüber eine solche Vertragspflicht übernommen und den Schaden durch eine Verletzung dieser Pflicht verursacht habe, so kann er einen Schadensersatzanspruch gegen den anderen auf den Tatbestand der **Vertragsverletzung** stützen. Hat der andere durch sein Verhalten nicht nur eine vertragliche Pflicht, sondern gleichzeitig auch eine ihm gegenüber jedermann – also auch gegenüber seinem Vertragspartner – obliegende Verpflichtung verletzt, so kann er sowohl aus dem Gesichtspunkt der Vertragsverletzung wie aus dem der unerlaubten Handlung für den Schaden verantwortlich sein. Im Gegensatz zum französischen Recht, das dem Prinzip des »*non-cumul*« folgt, kumuliert das deutsche Recht also vertragliche und außervertragliche Haftung, anstatt der Vertragsordnung den Vorrang einzuräumen.

11  **Beispiele:** So ist ein Taxifahrer gegenüber jedermann verpflichtet, sein Fahrzeug so sorgfältig zu führen, dass ein unvernünftig großes Risiko der Schädigung Dritter vermieden wird. Außerdem ist er seinen Fahrgästen gegenüber aufgrund des Beförderungsvertrages verpflichtet, sie wohlbehalten zum Ziel zu bringen. Kommt es durch ein sorgfaltswidriges Verhalten des Taxifahrers zu einem Unfall, bei dem sowohl ein Fußgänger als auch ein Fahrgast verletzt werden, so ist er dem Ersteren aus dem Gesichtspunkt der unerlaubten Handlung, dem Letzteren auch aus dem Gesichtspunkt der Verletzung des Beförderungsvertrages verantwortlich.
Hat ein Handwerker den Auftrag eines Wohnungsinhabers zur Anbringung einer Parabolantenne nachlässig ausgeführt und wird ein Fußgänger durch herabfallende Teile verletzt, so haftet ihm der Handwerker aus Delikt; der Wohnungsinhaber kann, soweit er selbst einen Schaden erlitten hat, den Ersatzanspruch auch auf eine Verletzung der von dem Handwerker übernommenen vertraglichen Pflichten stützen.

12  Die Regeln, nach denen sich beurteilt, ob jemand den Ausgleich eines Schadens aus dem Gesichtspunkt der Vertragsverletzung verlangen kann, gehören dem Vertragsrecht an und liegen deshalb grundsätzlich außerhalb des hier zu behandelnden Ge-

biets.[3] Immerhin gibt es typische Sachverhalte, in denen der deliktische Ersatzanspruch an rechtlichen Hindernissen scheitert, die einem auf Vertragsverletzung gestützten Anspruch nicht entgegenstehen. Insoweit wird auch auf vertragsrechtliche Regeln kurz einzugehen sein, weil sich nur dann die praktische Tragweite der entsprechenden Regeln des Deliktsrechts beurteilen lässt.

---

3 Eing. dazu *Kötz*, Vertragsrecht, 2. Aufl. 2012, Rn. 1023 ff.

# B. Historische Entwicklung des Deliktsrechts

> **Literatur:** *Benöhr,* Zur außervertraglichen Haftung im Gemeinen Recht, FS Kaser, 1976, 689 ff.; *Benöhr,* Die Redaktion der Paragraphen 823 und 826 BGB, in *Zimmermann* (Hrsg.), Rechtsgeschichte und Privatrechtsdogmatik, 1999, 499 ff., 523 ff.; *v. Gierke,* Der Entwurf eines bürgerlichen Gesetzbuchs und das deutsche Recht, 1889; *Kaser,* Das römische Privatrecht I/2, 1971, §§ 41, 118, 142 ff.; *Kaufmann,* Rezeption und Usus modernus der actio legis aquiliae, 1958; *Jansen,* Die Struktur des Haftungsrechts, 2003; *Ogorek,* Untersuchungen zur Entwicklung der Gefährdungshaftung im 19. Jahrhundert, 1975; *Schiemann,* Unerlaubte Handlungen, in Schmoeckel/Rückert/Zimmermann (Hrsg.), Historisch-kritischer Kommentar zum BGB, 2013; *Zimmermann,* The Law of Obligations, 1990/92, 902 ff.
>
> **Rechtsvergleichend:** *Coing,* Europäisches Privatrecht, Bd. I, 1985; Bd. II, 1989; *Horwitz,* The Transformation of American Law, 1780–1860, 1992; *Ibbetson,* A Historical Introduction to the Law of Obligations, 1999; *Zimmermann/Verse,* Die Reaktion des Reichsgerichts auf die Kodifikation des deutschen Deliktsrechts (1900–1914), in Falk/Mohnhaupt (Hrsg.), Das Bürgerliche Gesetzbuch und seine Richter, 2000, 319 ff.

Das moderne Deliktsrecht ist in allen Rechtsordnungen das Produkt einer langen historischen Entwicklung, die in verschiedenen Ländern unterschiedlich verlaufen ist und zu einer unterschiedlichen Struktur der heute geltenden Regeln beigetragen hat. Deliktsrechtliche Regeln sind in verschiedenen historischen Epochen und in verschiedenen Rechtsordnungen in sehr unterschiedlicher Weise systematisch geordnet und dogmatisch strukturiert worden, ohne dass dies dazu führte, dass der gleiche als problematisch empfundene Lebenssachverhalt heute anders als früher und in diesem Lande anders als in jenem gelöst werden müsste. Diese Einsicht erweist sich insbesondere in unserer Zeit als ebenso lehrreich wie wertvoll, in der die Beziehungen zu unseren europäischen Nachbarn immer enger werden und sich die Vision eines einheitlichen europäischen Zivilgesetzbuchs am Horizont der Geschichte abzuzeichnen beginnt. Die konkrete Gestalt des Deliktsrechts ist jedoch nicht nur von seinem jeweiligen dogmatischen »Überbau« abhängig, sondern wird genauso beeinflusst von seinem realen ökonomisch-technologischen »Unterbau«. So ist es, um ein einziges Beispiel zu nennen, nicht wirklich überraschend, dass das römische Recht die Problematik der Produkthaftung ignoriert hat, denn bis zu Beginn des 20. Jahrhunderts existierte kein breit gefächertes Angebot von Konsumgütern, die von wenigen Unternehmen in Massenproduktion hergestellt und deshalb für den Großteil der Bevölkerung erschwinglich waren (→ Rn. 605 ff.). 13

Gesetzt den Fall, jemand sei als juristischer Laie vor die Aufgabe gestellt, deliktsrechtliche Regeln für die Gesellschaft zu formulieren, in der er lebt. Vermutlich würde er dabei wie folgt verfahren: Er würde Schadensereignisse, die er in seiner Erfahrung oder aus der Beobachtung der ihn umgebenden Wirklichkeit kennengelernt hat, daraufhin prüfen, ob in ihnen dem Geschädigten ein Ausgleich gebührt. Für jedes der Schadensereignisse, für das diese Frage zu bejahen ist, würde er eine Regel aufstellen, die jenes Ereignis konkret beschreibt und für den Fall seiner erneuten Verwirklichung anordnet, dass ein bestimmter anderer zur Wiedergutmachung des Schadens verpflichtet sein soll. Zwar käme es auch in Betracht, eine allgemeine Regel zu formulieren, in der bestimmt wird, dass derjenige, der »Unrecht« getan hat, den dadurch verursachten 14

Schaden ausgleichen müsse. Aber ein vorsichtiger Gesetzgeber, der die Aufgabe der Umschreibung unrechten Verhaltens lieber selbst übernehmen und sie nicht auf den Richter abwälzen will, würde es vermutlich vorziehen, eine Vielzahl detaillierter Einzelregeln aufzustellen. Jedenfalls ist diese Regelungsmethode, die man – weil sie sich am regelungsbedürftigen Einzelfall orientiert – die »kasuistische« nennt, diejenige, deren sich alle Rechtsordnungen in der Frühzeit ihrer Entwicklung bedient haben.

## I. Römisches Recht

15 Besonders deutlich kann man dies am Beispiel des römischen Rechts verfolgen. Die **Zwölftafelgesetzgebung** – eine Aufzeichnung des altrömischen Rechts, die aus dem 5. Jahrhundert vor Christus und damit aus einer Zeit stammt, in der Rom eine bescheidene Rolle als mittelitalienisches Landstädtchen spielte – enthielt in archaisch einfacher Sprache eine große Zahl von Regeln, die an bestimmte, äußerlich sichtbare Schädigungshandlungen eine Bußpflicht des Schädigers knüpfte, die ihn sowohl als Strafe treffen als auch dem Verletzten eine Genugtuung verschaffen und das diesem nach ursprünglicher Ansicht zustehende Racherecht abgelten sollte. Wer etwa mit der Hand oder einem Knüppel einem anderen einen Knochen brach, musste, wenn der andere Sklave war, eine Buße von 150 As zahlen; war der andere ein Freier, so belief sich die Buße auf 300 As. Für geringere Verletzungen waren 25 As zu zahlen. Bei schweren Körperverletzungen, durch die ein wichtiges Glied unbrauchbar gemacht wurde, gestattete die Zwölftafelgesetzgebung es dem Verletzten noch, physische Vergeltung durch Zufügung eines gleich schweren Übels (Talion) zu üben, dies jedoch nur unter der Voraussetzung, dass sich die Beteiligten nicht über eine Geldbuße hatten einigen können. Wer fremde Stoffe in sein Haus einbaute, musste eine Buße in Höhe ihres doppelten Werts, wer fremde Bäume fällte, eine Buße von 25 As zahlen usw. Eine umfassendere Regelung brachte dann die **lex Aquilia** (vermutlich aus dem Jahr 286 vor Christus), die für das Gebiet der Sachbeschädigung die kasuistischen Einzelbestimmungen des Zwölftafelgesetzes durch eine relativ allgemein gehaltene Regelung ersetzte: Danach musste derjenige, der einen fremden Sklaven oder fremdes vierfüßiges Herdenvieh getötet hatte, eine Buße im Betrag des höchsten Werts, den der Gegenstand im letzten Jahr gehabt hatte, zahlen. Die sonstige Beschädigung fremder Sachen – begangen durch »urere, frangere, rumpere« (Brennen, Brechen, Zerreißen), also durch ein unmittelbares gewaltsames Einwirken auf den beschädigten Gegenstand – löste eine Verpflichtung zur Zahlung einer Buße aus, die sich nach dem Höchstwert des Gegenstandes in den letzten 30 Tagen bestimmte. Sowohl die Tötung von Sklaven oder Herdenvieh wie die Zerstörung oder Beschädigung anderer Sachgüter mussten »iniuria« begangen sein. Darunter verstand man, dass die schadenstiftende Handlung rechtswidrig sein musste, dh nicht durch Notwehr oder erlaubte Selbsthilfe gerechtfertigt sein durfte; ferner hat man, weil solche Schädigungen in der älteren Zeit typischerweise vorsätzlich begangen wurden, mit dem Begriff der »iniuria« zunächst wohl auch gemeint, dass der Schädiger mit dem Willen zur Herbeiführung des Schadens, also vorsätzlich, gehandelt haben müsse. Als aber das römische Gemeinwesen sich vergrößerte, die Menschen sich in Rom immer dichter zusammenballten und deshalb die Gefahr unabsichtlicher Schädigung fremder Güter zunahm, haben die römischen Juristen damit begonnen, auch bloße »culpa« als ausreichend anzusehen, sodass allmählich auch die fahrlässig begangene Tötung und Sachbeschädigung unter die lex Aquilia fielen.

Ebenso hat man nicht strikt daran festgehalten, dass der Schaden durch positives Tun vermittels einer unmittelbaren Einwirkung auf die Sache verursacht sein müsse; auch hier hat die spätere Zeit es genügen lassen, dass der Schädiger Maßnahmen zur Abwendung des Schadens unterlassen oder auf die Sache nur mittelbar schädigend eingewirkt hatte, etwa derart, dass er fremdes Vieh nicht mit eigener Hand tötete, sondern seinen Hund darauf gehetzt, oder ein Schiff nicht unmittelbar durch Inbrandsetzung, sondern mittelbar durch Kappen der Haltetaue zerstört hatte. Trotz dieser Ausweitungen der lex Aquilia ist es im klassischen römischen Recht nie dazu gekommen, dass an die Stelle der überlieferten kasuistisch verfestigten Haftungsregeln ein deliktsrechtliches Generalprinzip getreten wäre, welches denjenigen zum Ersatz verpflichtet hätte, der irgendeinen Schaden auf irgendeine Weise »schuldhaft« angerichtet hat.[1]

## II. Der Einfluss des Naturrechts

Die Ersetzung der überkommenen kasuistischen Betrachtungsweise durch einen einzigen deliktischen Haftungstatbestand von allerdings weitestem Zuschnitt ist in Europa das Werk der **Aufklärung** und des durch sie ausgelösten tiefgreifenden Wandels im Stil des juristischen Denkens. Die Aufklärung hatte sich zum Ziel gesetzt, durch kritische Überprüfung der überlieferten Autoritäten in Religion, Politik, Recht und Kultur das Individuum aus den mittelalterlichen Bindungen zu befreien und es instandzusetzen, sein Weltbild aus der Vernunft heraus neu aufzubauen. In der Jurisprudenz richtete sich die Kritik am Überkommenen vor allem gegen das römische Recht, das im 17. und 18. Jahrhundert in weiten Teilen Kontinentaleuropas in einer an die veränderten Verhältnisse mühsam angepassten Form in Geltung stand. Der Standpunkt, von dem aus sich die Kritik an der historisch gewachsenen und darum unübersichtlichen Vielfalt überlieferter Rechtseinrichtungen begründen ließ, war die Überzeugung, dass es Regeln gebe, die sich – wie man meinte – aus den Geboten natürlicher Vernunft ableiten ließen und deren Summe man deshalb »**Naturrecht**« nannte. Einen Eindruck von der ungeschichtlich-theoretisierenden Methode naturrechtlichen Denkens gibt die folgende Passage, in der *Hugo Grotius,* der Wegbereiter der Naturrechtsschule, sich mit dem Deliktsrecht beschäftigt:

»Es ist früher bemerkt worden, dass es für das, was uns geschuldet wird, drei Gründe gibt: Vertrag, Vergehen und Gesetz. Über Verträge ist das Nötige gesagt worden, und wir kommen nun zu den Verbindlichkeiten, welche nach dem Naturrecht aus unrechten Handlungen entstehen. Unrecht wird hier jede Schuld genannt, bestehe sie im Handeln oder Unterlassen, die dem widerspricht, was die Menschen überhaupt oder nach ihrer besonderen Eigenschaft zu tun haben. Aus einer solchen Schuld entspringt naturrechtlich die Verbindlichkeit, den verursachten Schaden zu ersetzen.«[2]

Eine wichtige geistige Leistung der Aufklärungszeit ist die **Kodifikationsidee,** die Vorstellung also, dass man den Wust des überkommenen, zersplitterten und unübersichtlichen Rechts vorwiegend römischer Provenienz ersetzen solle und ersetzen könne durch ein bewusst geplantes, rational und durchsichtig gestaltetes, umfassendes Gesetzgebungswerk. Auf dieser Idee beruhen die um die Wende vom 18. zum 19. Jahr-

---
1 Für den rechtshistorisch interessierten Leser sei hier zur Vertiefung empfohlen: *Kaser,* Das römische Privatrecht I/2, 1971, §§ 41, 118, 142 f.; *Jansen,* Die Struktur des Haftungsrechts, 2003, 185 ff.; *Zimmermann,* The Law of Obligations, 1990/92, 914 ff. (953 ff.).
2 De iure belli ac pacis libri tres [1625] Buch II, Kap. 17 [in der Übersetzung von Schätzel]; dazu HKK-*Schiemann* §§ 823–830 Rn. 46 ff.; ausf. *Jansen,* Die Struktur des Haftungsrechts, 2003, 328 ff.

hundert in Kraft getretenen Zivilgesetzbücher, von denen das französische von 1804 (**Code civil**) und das österreichische von 1811 (**Allgemeines Bürgerliches Gesetzbuch**, ABGB) noch heute gelten. In diesen Gesetzbüchern haben sich naturrechtliche Gedankengänge auch auf dem Gebiet des Deliktsrechts deutlich niedergeschlagen. Von der Kasuistik einzelner Haftungstatbestände rückte man ab; stattdessen trat überall an die Spitze der gesetzlichen Regelung eine deliktische Generalklausel. In dieser Generalklausel war als der entscheidende Grund der Schadenszurechnung das Verschulden genannt, wobei man gelegentlich zwischen verschiedenen Graden des Verschuldens unterschied und von ihnen den Umfang des jeweils zu ersetzenden Schadens abhängig machte (sog. Gradationssystem). So bestimmte das **Preußische Landrecht** (1794) in I 6 §§ 10 ff., dass »wer einen Andern aus Vorsatz oder grobem Versehen beleidigt, ... demselben vollständige Genugthuung leisten« müsse, während derjenige, der »nur aus mäßigem Versehen den Andern beleidigt«, lediglich »für den daraus entstandenen wirklichen Schaden« einzutreten habe; dabei ist unter »Beleidigung« gem. § 8 I 6 die rechtswidrige Zufügung eines Schadens zu verstehen. Auch das österreichische ABGB (1811) sieht in § 1295 vor, dass »jedermann ... berechtigt [ist], von dem Beschädiger den Ersatz des Schadens, welchen dieser ihm aus Verschulden zugefügt hat, zu fordern«; umgekehrt haftet gem. § 1306 ABGB grundsätzlich derjenige nicht, der einen Schaden »ohne Verschulden oder durch eine unwillkürliche Handlung verursacht hat«. Geradezu berühmt geworden ist schließlich die Generalklausel in Art. 1240 des französischen Code civil (früher Art. 1382 frz. CC): »Tout fait quelconque de l'homme, qui cause à autrui un dommage, oblige celui par la faute duquel il est arrivé, à le réparer«. Da unter »fait« hier vorsätzliches Handeln zu verstehen ist, fügt Art. 1241 frz. CC (früher Art. 1383 frz. CC) hinzu, dass jemand auch für denjenigen Schaden verantwortlich sei, »qu'il a causé non seulement par son fait, mais encore par sa négligence ou par son imprudence«.

**18** Freilich ist evident, dass ein Gesetzgeber, der sich darauf beschränkt, mit feierlichem Pathos Programmsätze vom Typ der Art. 1240f. frz. CC zu formulieren, die eigentlich schwierigen Aufgaben vollen Umfangs der Rechtsprechung überlässt, die Aufgabe nämlich, Sätze und Regeln herauszubilden, die dem doch nur umrissartig gekennzeichneten Deliktsanspruch Form und Abgrenzung geben. So äußert sich der Code civil zB mit keinem Wort zu der Frage, was er unter »dommage« iSd Art. 1240 frz. CC verstanden wissen will. Ob dazu auch der immaterielle Schaden gehört, ob nur Personen- und Sachschäden oder ob auch reine Vermögensschäden zu ersetzen sind, ob auch die Familienangehörigen eines Getöteten Ersatz verlangen können – diese und viele andere Fragen hat erst die Cour de cassation durch ihre Rechtsprechung entschieden. Das moderne französische Deliktsrecht ist daher im Grunde reines Richterrecht, dessen Regeln sich oft nur noch in einem höchst formalen Sinne an den Text des Code civil halten.[3] Auch deshalb denkt man in Frankreich gegenwärtig darüber nach, das Richterrecht zu kodifizieren – und die fünf klassischen Artikel des französischen Deliktsrechts durch weit über fünfzig Vorschriften zu ersetzen![4]

---

3 Vgl. *Rabel*, Die Grundzüge des Rechts der unerlaubten Handlungen, Deutsche Landesreferate zum internationalen Kongress für Rechtsvergleichung im Haag 1932, Sonderheft zu RabelsZ 6 (1932), 10 ff.; *v. Bar*, Gemeineuropäisches Deliktsrecht I, 1996, Rn. 13 ff.; *Wagner* Grundstrukturen 199 ff.
4 *Catala*, Avant-projet de réforme du droit des obligations et de la prescription, 2006, 159 ff.; deutsche Übersetzung in ZEuP 2007, 633 (678 ff.); konkurrierend *Terré*, Pour und réforme du droit de la responsabilité civile, 2011.

## III. Die Entwicklung des Deliktsrechts im Common Law

Im mittelalterlichen englischen Recht war der wichtigste Rechtsbehelf zum Ausgleich von Körper- und Sachschäden die »trespass«-Klage. Sie war dort gegeben, wo jemand gewaltsam und unter Bruch des Landfriedens – vi et armis contra pacem domini regis – einen anderen in seiner körperlichen Unversehrtheit (trespass to the person) oder in dem ungestörten Besitz an seinem Grundstück oder an seiner beweglichen Habe (trespass to land or chattels) beeinträchtigt hatte. Ob der Schädiger dabei vorsätzlich, fahrlässig oder schuldlos gehandelt hatte, blieb ursprünglich außerhalb der Betrachtung; erforderlich war aber ein direkter, gegen den Willen des Klägers vorgenommener, sich unmittelbar gegen seine Person oder seine Sachen richtender Angriff. Im Laufe des 14. Jahrhunderts begann man damit, die Lücken der »trespass«-Klage dadurch auszufüllen, dass man eine »action of trespass sur le case«, später einfach **action on the case** genannt, in Fällen gewährte, in denen der Schaden des Klägers nicht auf einem unmittelbaren Eingriff in die Person oder Sache beruhte, sondern sich als die nur mittelbare Folge eines bestimmten Tuns oder auch einer Unterlassung darstellte.

Mit diesen beiden Klagetypen, die sich nicht durch die subjektive Einstellung des Schädigers zu seiner Tat, sondern durch die äußere Art der Schadenverursachung unterscheiden, ist das Common Law, soweit es um den Ausgleich von Körper- und Sachschäden ging, bis in das 18. Jahrhundert hinein ausgekommen. Zwar wurde mithilfe der »action on the case« in einer Reihe von Falltypen Schadensersatz auch dann zugesprochen, wenn der Beklagte den Schaden unvorsätzlich verursacht hatte, dies insbesondere in Fällen, in denen er – etwa als Gastwirt oder Fuhrunternehmer – seine Dienstleistungen öffentlich angeboten und bei der Ausübung seines Berufes fahrlässig die Zerstörung oder Beschädigung von Sachen des Klägers verursacht hatte. Der Gedanke jedoch, dass diese verstreut umherliegenden Sachverhalte Anwendungsfälle eines allgemeinen Prinzips der Haftung für Fahrlässigkeit sein könnten, hat sich erst im Laufe des 19. Jahrhunderts entwickelt. Die zunehmende Verwendung von Maschinen in Verkehr und Industrie führte dazu, dass die Gerichte immer häufiger mit unvorsätzlich verursachten Schäden beschäftigt wurden, insbesondere bei Unfällen im Straßen- und Eisenbahnverkehr. Hier war zwar überall eine unmittelbar schädigende Einwirkung auf die Person oder die Sachen des Klägers gegeben, die Voraussetzung der »trespass«-Klage daher an sich erfüllt. Dass aber der Eisenbahnunternehmer oder der Eigner der Kutsche hier ohne Rücksicht auf Verschulden hätte haften sollen, erschien den Richtern nun nicht mehr angemessen. Allmählich verlangte man daher auch für die »trespass«-Klage die Feststellung einer Nachlässigkeit (negligence) des Beklagten oder seiner Leute. Mehr und mehr verloren die alten technischen Unterscheidungen zwischen trespass- und case-Klage ihre Bedeutung; immer deutlicher erkannte man, dass die Außerachtlassung der allgemein erforderlichen Sorgfalt als selbstständige Grundlage der Schadensersatzpflicht anzusehen sei: »It [negligence] was not simply a way of committing a tort; it was the tort«.[5] Zu dem allgemeinen Satz freilich, dass jeder fahrlässig verursachte Schaden ersatzpflichtig mache, hat sich das Common Law nicht bekannt. Es hat vielmehr im Laufe der Zeit ein Bündel an haftungseinschränkenden Doktrinen entwickelt, die im case law fixiert sind und deren Gesamtheit heute den als selbstständig gedachten Deliktstatbestand **»negligence«** bildet. Durch diesen Tatbe-

---

5 *Winfield* (1926) 166 LQR 184 (196).

stand ist nunmehr überall im Common Law der Schadensausgleich bei Unfällen davon abhängig gemacht, dass der Beklagte eine ihm dem Kläger gegenüber obliegende »**duty of care**« verletzt hat, die allerdings grundsätzlich nur zum Schutz von Leib, Leben und Eigentum verpflichtet, nicht auch zur Vermeidung reiner Vermögensschäden und schon gar nicht zum Respekt vor dem Privatleben.

## IV. Die Entwicklung des Deliktsrechts im 19. Jahrhundert

21 Um die Mitte des 19. Jahrhunderts hatte sich überall in Europa die Auffassung herausgebildet, dass derjenige, der durch einen Unfall verletzt worden war, einen Ausgleich des Schadens nur dann verlangen könne, wenn er imstande war, einem Schädiger nachzuweisen, dass dieser den Unfall vorsätzlich – das spielt in der Praxis keine Rolle – oder fahrlässig, dh unter Verletzung der im Verkehr erforderlichen Sorgfalt, verursacht hatte. In Frankreich sprach man davon, dass dem Schädiger eine »faute« gem. Art. 1240f. frz. CC (früher Art. 1382f. frz. CC) nur dann vorgeworfen werden könne, wenn er sich anders als ein »homme prudent place dans les mêmes circonstances exterieures« verhalten und dadurch den Unfall verursacht hatte. In England setzte die Haftung aus dem Deliktstatbestand »negligence« voraus, dass das schadenstiftende Verhalten des Schädigers von dem einer »reasonably prudent person« abgewichen war. Und auch in Deutschland, wo bis zum Inkrafttreten des Bürgerlichen Gesetzbuchs am 1.1.1900 in weiten Gebieten das »gemeine Recht« – also: das in jahrhundertelanger Arbeit an die veränderten Bedürfnisse angepasste römische Recht – in Geltung war, zweifelte niemand daran, dass bei Tötungen, Körperverletzungen und Sachbeschädigungen (also im Anwendungsbereich der lex Aquilia) jede Haftung entweder Vorsatz oder Fahrlässigkeit voraussetzte. Dabei wurde unter Fahrlässigkeit die Nichtbeachtung derjenigen Sorgfaltspflicht verstanden, an die sich ein »bonus pater familias« halten musste. Überall in Europa galt mithin der Grundsatz »Keine Haftung ohne Verschulden« oder – kurz gesagt – das Prinzip der »**Verschuldenshaftung**«. Ließ sich ein Unfall nicht auf ein fahrlässiges Verhalten des Beklagten zurückführen, waren also der durch eine Kesselexplosion verletzte Arbeiter oder das von einer Eisenbahn überfahrene Kind nicht imstande, dem Arbeitgeber oder der Bahn ein Verschulden nachzuweisen, so hatten die Verletzten und ihre Angehörigen den Schaden wie einen Zufall hinzunehmen: *casum sentit dominus*. Soweit ihnen nicht Mittel aufgrund privater Vorsorge zur Verfügung standen, war die Deckung der durch den Unfall verursachten Lebensbedürfnisse eine Sache der staatlichen oder kirchlichen Armenpflege.

22 Dieses System der Zurechnung von Unfallschäden ist tiefverwurzelt in bestimmten Anschauungen von der richtigen Ordnung des Soziallebens, die wir zusammenfassend als die **Weltanschauung des Liberalismus** bezeichnen. Sie beruht auf dem optimistischen Menschenbild der Aufklärung, geht also von der Idee des eigenverantwortlich handelnden Individuums aus, das mit ausreichenden Kräften der Vernunft und des Verstandes begabt ist, um sein Schicksal autonom – unabhängig von den überkommenen staatlichen, gesellschaftlichen und religiösen Autoritäten – zu gestalten. Auch auf ökonomischem Gebiet stellt der Liberalismus den einzelnen wirtschaftenden Menschen in den Vordergrund: Das Wirtschaftsleben ist für ihn die Summe des freien Spiels der Initiativen Einzelner, die zwar jeder für sich aus individuellem Gewinnstreben tätig werden, dies aber mit der Wirkung, dass jener Wettbewerb der Einzelinteressen automatisch zu größter Hebung des Wohls der Allgemeinheit führt. Der Staat hat sich des-

halb der Intervention möglichst zu enthalten; er muss umgekehrt dafür sorgen, dass der treibenden Kraft des wirtschaftlichen Geschehens, nämlich der Initiative und dem Unternehmungsgeist des einzelnen Bürgers möglichst großer Bewegungsspielraum bleibt.

Der gleiche Gedanke von der Sicherung individueller Bewegungsfreiheit und Verantwortungsfreude ist es, mit dem im Laufe des 19. Jahrhunderts das System der Verschuldenshaftung gerechtfertigt und insbesondere gegen die oft erhobene Forderung verteidigt wurde, es sollten daneben auch andere striktere Zurechnungsprinzipien in das geltende Recht aufgenommen werden, die in bestimmten Fällen eine Schadensersatzpflicht auch demjenigen auferlegt hätten, dem ein Verschulden **nicht** nachzuweisen war. Der von *Rudolf v. Jhering* mit Pathos aufgestellte Satz »Nicht der Schaden verpflichtet zum Schadensersatz, sondern die Schuld«[6] hat sich bei den Beratungen über den Entwurf des deutschen Bürgerlichen Gesetzbuchs auf breiter Front durchgesetzt.[7] Hier ist man den verschiedensten Anträgen auf Einführung begrenzter, vom Fahrlässigkeitserfordernis unabhängiger Haftungen stets mit dem Einwand entgegengetreten, dass dadurch »keineswegs der Entwicklung des Verkehrs gedient, wohl aber die Bewegungsfreiheit des Einzelnen übermäßig eingeschränkt« oder dass dadurch »die individuelle Freiheit mit einer unberechenbaren Verantwortlichkeit belastet und ihr kein Gebiet übrig gelassen würde, auf dem sie sich ungehemmt entfalten könnte«.[8] Das Ergebnis hat einer der schärfsten Kritiker des Ersten Entwurfs zum BGB mit den Worten beschrieben: »Nichts als Haftung durch eigenes Verschulden!«[9]

23

So hat man zB die Frage, ob ein Unternehmer für die Fehler seiner Leute ohne eigenes Verschulden haften solle, auch deshalb verneint, weil man befürchtete, es werde eine solche Haftung zu einer schweren finanziellen Belastung führen, von der man bezweifeln müsse, ob »manche der **Schonung bedürfenden industriellen Zweige** sowie die kleine Landwirtschaft« sie ertragen könnten.[10] Von der Reichstagskommission abgelehnt wurde damals auch der Vorschlag, die strikte Haftung der Eisenbahnen – wie sie im Reichshaftpflichtgesetz bereits geregelt war (→ Rn. 494) – in das BGB zu übernehmen und sie gleichzeitig auf Unfälle »in Folge von Dampfschifffahrt und anderen Unternehmungen auszudehnen, bei welchen ein Dampfkessel oder ein durch elementare Kraft bewegtes Triebwerk zur Verwendung kommt, oder Explosivstoffe hergestellt oder verbraucht werden«. Man hat die Ablehnung damit begründet, dass die Frage erst noch durch technische Sachverständige und aufgrund bislang fehlenden Materials geprüft werden müsse. Aber man geht wohl nicht fehl in der Annahme, dass das Festhalten an der Verschuldenshaftung auch hier entscheidend motiviert war von dem Bestreben, die Unternehmer von den finanziellen Lasten freizustellen, die – wie man befürchtete – mit einer strikten Haftung verbunden sein. Im Übrigen stellte man sich damals den Bürger als selbstverantwortlich handelnden, einsichtigen und urteilsfähigen Menschen vor. Es war ihm zuzumuten und bei einiger persönlicher Tüchtigkeit auch möglich, sich gegen jene Schicksalsschläge durch private Vorsorge – etwa durch Ansammlung privaten Vermögens oder durch Beschaffung von Versicherungsschutz – zu wappnen.[11]

24

Eine ähnliche Argumentation fand sich auch in Frankreich. Dort hatte der Kassationshof in einem sensationellen Urteil aus dem Jahre 1896 der Witwe eines durch Arbeitsunfall getöteten Arbeiters Schadensersatzansprüche zugebilligt, obwohl ein Verschulden des Unternehmers nicht feststellbar war. Im Anschluss an diese Entscheidung war

25

---

6 Das Schuldmoment im römischen Privatrecht, in *Rudolf v. Jhering,* Vermischte Schriften juristischen Inhalts, 1879, 199.
7 HKK/*Schiemann* §§ 823–830 Rn. 64, 66: »Überhöhung der Schuld zum zentralen Prinzip« bzw. zur naturwissenschaftlich sicheren Wahrheit.
8 Prot. II 1898, 569.
9 *v. Gierke,* Der Entwurf eines bürgerlichen Gesetzbuchs und das deutsche Recht, 1889, 270.
10 *Mugdan* II 1994.
11 *Ogorek,* Untersuchungen zur Entwicklung der Gefährdungshaftung im 19. Jahrhundert, 1975, 18 ff.

von einigen Autoren – besonders von *Saleilles* und *Josserand* – die Ansicht entwickelt worden, es müssten Unfälle ganz unabhängig von einem Verschulden allgemein demjenigen zugerechnet werden, der das in dem Unfall sich verwirklichende **Risiko** geschaffen habe. Diese Lehre – »théorie du risque créé« genannt – rief die klassische französische Zivilrechtswissenschaft auf den Plan, die sich zur **Verteidigung der Verschuldenshaftung** nachdrücklich auf das Argument stützte, dass sie – und nur sie – die individuelle Bewegungsfreiheit gewährleiste, welche für das Wohl und den Fortschritt der menschlichen Gesellschaft unerlässlich sei. *Planiol* hielt daher die erwähnte Entscheidung des Kassationshofs für »monstrueuse«:

»Si l'on réussissait à rendre l'homme responsable des pertes et des dommages qu'il peut causer sans avoir commis de faute, on aboutirait à la plus criante des injustices; on le condamnerait à la plus stupide immobilité, car il n'est peut-être pas un seul de ses actes, même inoffensif en apparence, qui ne puisse être ensuite pour quelqu'un l'origine d'un malheur. La vie humaine comporte toujours des risques ... La vie des sociétés est une lutte perpétuelle et universelle; toute action, tout travail est un fait de concurrence économique sociale ... Telle est la loi de la nature, et l'humanité n'a pas d'intérêt á s'y soustraire, parce qu'elle est le seul stimulant de son énergie. Il est manifestement impossible d'obliger celui qui triomphe au dépens d'autrui à indemniser ses concurrents malheureux.«[12]

26  Von diesem extrem liberalen Standpunkt aus war es nur konsequent, dass *Planiol* die kurz darauf in Kraft tretenden französischen Sozialversicherungsgesetze nicht als »inspirées par une raison d'ordre juridique«, sondern als einen bloßen Akt der Armenpflege, als »fondées sur un sentiment de charité« verstehen konnte.

27  Ähnliche Auffassungen findet man auch im anglo-amerikanischen Rechtskreis, hier freilich wegen der besonders stark ausgeprägten individualistischen Tradition noch zu einem Zeitpunkt, in dem auf dem europäischen Kontinent der ökonomische Liberalismus durch mancherlei sozialpolitische Tendenzen bereits temperiert und daher von Gesetzgebung oder Rechtsprechung das Bedürfnis nach strikterer Zurechnung von Unfallschaden in einigen Bereichen schon anerkannt war. Bereits in der ersten Hälfte des 19. Jahrhunderts »triumphierte« in den USA die Fahrlässigkeitshaftung über ältere Formen der **strict liability**.[13] In einer markanten New Yorker Entscheidung aus dem Jahre 1873 ging es um die Frage, ob die durch Explosion eines Dampfkessels verursachten Schäden von dem beklagten Unternehmer trotz fehlender Fahrlässigkeit zu ersetzen seien. Diese Frage wurde verneint:

»We must have factories, machinery, dams, canals and railroads. They are demanded by the manifold wants of mankind, and lie at the basis of all our civilization. If I have any of these upon my lands, and they are not a nuisance and are not so managed as to become such, I am not responsible for any damage they accidentally and unavoidably do my neighbor. He receives his compensation for such damage by the general good, in which he shares, and the right which he has to place the same things upon his lands.«[14]

28  In anderen amerikanischen Entscheidungen war zu prüfen, ob Gesetze verfassungsmäßig seien, durch die den Eisenbahnunternehmen eine Ersatzpflicht ohne Rücksicht auf Verschulden auferlegt wurde, falls Vieh auf die Bahngleise geraten und dort von einem Zug überfahren worden war. Viele Gerichte – besonders in Bundesstaaten des amerikanischen Westens – haben auch diese Gesetze für verfassungswidrig erklärt, weil die darin statuierte strikte Haftung eine unzulässige »Enteignung« der Eisenbahngesellschaf-

---

12 Rev.crit.lég.et jurispr. (1905) 34, 277 (289f.).
13 *Horwitz*, The Transformation of American Law, 1780–1860, 1992, 85ff.: »The Triumph of Negligence«.
14 *Losee v. Buchanan* (1873) 51 N. Y. 476 (484).

ten enthalte. Der Sache nach handelte es sich um »subsidization of economic growth through the legal system«, also um eine bewusste Begünstigung des Eisenbahnwesens, dem für die Erschließung der Siedlungsgebiete im Westen entscheidende Bedeutung zukam.[15]

---

15 Eing. dazu *Horwitz,* The Transformation of American Law, 1780–1860, 1992, 63 ff.

## C. Unfallrecht im sozialen Rechtsstaat

**Literatur:** *v. Bar*, Das »Trennungsprinzip« und die Geschichte des Wandels der Haftpflichtversicherung, AcP 181 (1981), 289; *Kötz*, Sozialer Wandel im Unfallrecht, 1976; *Stolleis*, Geschichte des Sozialrechts in Deutschland, 2003; *Wagner*, Haftung und Versicherung als Instrumente der Techniksteuerung, VersR 1999, 1441; *Wagner* (Hrsg.), Tort Law and Liability Insurance, 2005; *Weyers*, Unfallschäden, Praxis und Ziele von Haftpflicht- und Vorsorgesystemen, 1971; *D. Zöllner*, Landesbericht Deutschland, in Köhler/Zacher (Hrsg.), Ein Jahrhundert Sozialversicherung, 1981, 45 ff.; dort auch vergleichende Darstellungen der Entwicklungen in Frankreich, Großbritannien, Österreich und der Schweiz.

## I. Die soziale Dimension des Unfallproblems

In der modernen Gesellschaft werden Schadensfälle zu einem politisch relevanten Problem. Dies gilt jedenfalls für solche Schadensereignisse, bei denen der Körper oder die Gesundheit eines Menschen verletzt oder jemand getötet worden ist, in zweiter Linie auch für Sachschäden. Regelmäßig entstehen Körper- oder Sachschäden als Folge von Ereignissen, die man im Sprachgebrauch »**Unfälle**« nennt: Der Schaden ist darauf zurückzuführen, dass auf die Sache oder auf den menschlichen Körper durch ein plötzliches, von außen kommendes Ereignis schädigend eingewirkt wird. Unfälle hat es zu allen Zeiten gegeben, doch mit der Industrialisierung der Arbeitswelt, der Technisierung der Lebenswelt sowie der Standardisierung der Verhältnisse in der Massengesellschaft haben sie eine andere Qualität bekommen. Entgegen einer verbreiteten Vorstellung ist der springende Punkt nicht, dass die Unfallzahlen drastisch angestiegen wären, denn auch früher, in Antike und im Mittelalter, war das Leben für die meisten Menschen »poor, nasty, brutish, and short«, wie *Thomas Hobbes* mit Blick auf einen gedachten »Naturzustand« einmal formuliert hat.[1] Allerdings hat sich der Mensch im Zuge der Industrialisierung Kräfte dienstbar gemacht, die mitunter außer Kontrolle geraten und dann eine Vielzahl von Personen zugleich schädigen können. Der »**Massenschaden**« ist zwar kein modernes Phänomen in dem Sinne, dass es früher keine Naturkatastrophen gegeben hätte, die Tausende dahinrafften, wohl aber im Hinblick darauf, dass jetzt der Mensch selbst Schadensereignisse katastrophalen Ausmaßes auslösen kann. In diesen Fällen wird das Verlangen nach Entschädigung zur politischen Forderung an das Rechtssystem. 29

Wenn uns die politische Bedeutung des Unfallproblems heute kaum mehr bewusst wird, so allein deshalb, weil die maßgeblichen Kämpfe bereits zum Ende des 19. Jahrhunderts ausgefochten wurden, und zwar vor allem mit Blick auf Arbeitsunfälle. Für diesen Bereich werden auch heute noch genaue Statistiken geführt, die zwischen Arbeitsunfällen im engeren Sinne, Wegeunfällen und Berufskrankheiten unterscheiden. **Arbeitsunfälle im engeren Sinne** sind im wesentlichen diejenigen Unfälle, die ein aufgrund eines Arbeits-, Dienst- oder Lehrverhältnisses Beschäftig- 30

---

1 Leviathan, 1651, Ch. XVIII.

ter bei seiner Tätigkeit erleidet; dazu gehören Verkehrsunfälle, sofern der Arbeitnehmer im Zusammenhang mit seiner beruflichen Tätigkeit am Verkehr teilgenommen und dabei einen Unfall erlitten hat. **Wegeunfälle** sind Unfälle, die dem Arbeitnehmer auf den Wegen zwischen seiner privaten Wohnung und seinem Arbeitsplatz zustoßen; hier handelt es sich in aller Regel um Verkehrsunfälle. **Berufskrankheiten** sind solche Krankheiten, die sich der Arbeitnehmer aufgrund der besonderen, mit seinem Arbeitsplatz verbundenen gesundheitlichen Risiken zuzieht (im Einzelnen → Rn. 582 ff.).

**Arbeitsunfälle**[2]

|  | 2010 | 2013 | 2014 |
| --- | --- | --- | --- |
| Meldepflichtige Arbeitsunfälle (in 1.000) | 954 | 874 | 869 |
| Meldepflichtige Wegeunfälle (in 1.000) | 224 | 186 | 147 |
| Berufskrankheiten (in 1.000) | 69 | 73 | 75 |
| Tödliche Arbeitsunfälle | 519 | 455 | 483 |

Genaue statistische Angaben liegen auch für das Gebiet der Straßenverkehrsunfälle vor.

**Straßenverkehrsunfälle**[3]

|  | 2010 | 2013 | 2014 |
| --- | --- | --- | --- |
| Polizeilich erfasste Straßenverkehrsunfalle insgesamt | 2.411.271 | 2.414.011 | 2.406.685 |
| davon |  |  |  |
| mit Personenschaden | 288.297 | 291.105 | 302.435 |
| mit Sachschaden | 2.122.974 | 2.122.906 | 2.104.250 |
| Verunglückte insgesamt | 374.810 | 377.481 | 392.912 |
| davon |  |  |  |
| Getötete | 3.648 | 3.339 | 3.377 |
| Verletzte | 371.170 | 374.142 | 389.535 |

## II. Ausdehnung der Gefährdungshaftung

31 Die historisch älteste und sachlich nächstliegende Reaktion des Gesetzgebers auf die politische Dimension des Unfallproblems ist die **Zurückdrängung der Verschuldenshaftung** durch die Gefährdungshaftung. Als 1838 dampfgetriebene Eisenbahnen Teile der Bevölkerung in Angst und Schrecken versetzten, reagierte *v. Savigny* – damals Staatsrat in der preußischen Regierung – prompt mit dem Preußischen Eisenbahngesetz, das den Eisenbahn-Unternehmer einer strikten, verschuldensunabhängigen Haftung für sämtliche »beim Betrieb« der Eisenbahn verursachten Rechtsgutsverletzun-

---

[2] Geschäfts- und Rechnungsergebnisse der gewerblichen Berufsgenossenschaften und Unfallversicherungsträger der öffentlichen Hand, 2014, 6.
[3] Statistisches Bundesamt, Statistisches Jahrbuch für die Bundesrepublik Deutschland 2015, 597 Nr. 25.5.2.

gen unterwarf.⁴ Der Sache nach hat diese Entscheidung *v. Savignys* bis heute bestand; die Nachfolgerbestimmung findet sich in § 1 HPflG. Als im Gründerboom zum Ende des 19. Jahrhunderts die Dampfkessel reihenweise explodierten und sich ein Grubenunglück an das vorherige reihte, suchte der deutsche Kaiser Wilhelm I. durch das RHPflG aus dem Jahre 1871 die Lage der Arbeiter zu verbessern, indem er die Haftung des Arbeitgebers für Arbeitsunfälle teilweise von einer Pflichtverletzung bei der Auswahl und der Überwachung von Gehilfen abkoppelte (→ Rn. 277; zu § 831 → Rn. 275 ff.).⁵ Auch diese Vorschrift gilt noch heute in Gestalt des § 3 HPflG. Ihren eigentlichen **Siegeszug** hat die Gefährdungshaftung allerdings erst im 20. Jahrhundert angetreten, wobei ihr praktisch bedeutsamstes Anwendungsgebiet bis heute das Verkehrsunfallrecht darstellt (→ Rn. 491 ff.).

## III. Der Aufstieg der Haftpflichtversicherung

Man kann die Wirkung der Gefährdungshaftung so beschreiben, dass man sagt, der Geschädigte werde bei dem Betreiber der Gefahrenquelle »versichert«, denn Letzterer hat verschuldensunabhängig und insofern wie eine Versicherung für die erlittenen Nachteile aufzukommen. Mehr als dies bewirkt die Gefährdungshaftung indessen nicht; insbesondere nimmt sie dem Geschädigten nicht das Risiko ab, auf einen Schädiger zu treffen, der die Schadenskosten aus seinem Vermögen nicht aufbringen kann. Soll der Geschädigte auch insoweit noch geschützt werden, so muss dem potentiellen Schädiger der Abschluss einer **Haftpflichtversicherung zur Pflicht** gemacht werden. Eine solche Verpflichtung besteht in Deutschland, aber auch in den europäischen Nachbarländern, zulasten der **Halter von Kraftfahrzeugen** für die Deckung des Verkehrsunfallrisikos (→ Rn. 566 ff.). Wie jeder weiß, der entsprechendes einmal versucht hat, wird ein Kfz überhaupt erst zum Straßenverkehr zugelassen, wenn zumindest eine vorläufige Deckungszusage eines Haftpflichtversicherers vorliegt.

32

Im **gewerblichen Bereich** gilt ein gesetzlicher Versicherungszwang für **Pharmahersteller** (§ 94 AMG), **Kernkraftwerksbetreiber** sowie Betreiber **umweltgefährdender und gentechnischer Anlagen** (vgl. § 19 UmweltHG, § 36 GenTG, → Rn. 496). In diesen Fällen lässt sich der Eingriff in die Privatautonomie der Unternehmen im Hinblick auf die exorbitanten Schadensrisiken rechtfertigen: Zwar kommt es nur selten zu Unfällen in Kernkraftwerken und Chemieanlagen, und die Schädlichkeit eines Arzneimittels ist immer noch die Ausnahme. Wenn es jedoch zu einem solchen Unfall kommt, dann sind die Schadenskosten häufig so hoch, dass sie das betroffene Unternehmen nicht tragen kann. Zum Schutz potentieller Opfer ebenso wie zur Verhinderung von Plünderungsstrategien – der Schädiger zieht heute Gewinn aus einer Aktivität, die Jahre später massive Schäden verursacht – kann ein Versicherungszwang geboten sein. Darüber hinaus hat der Gesetzgeber in einer Reihe bunt zusammengewürfelter Fälle bestimmten Personen die Beschaffung von Haftpflichtversicherungsschutz vorgeschrieben, so etwa **Rechtsanwälten** (§ 51 BRAO), **Wirtschaftsprüfern** (§ 54 WPO), **Notaren** (§ 19a BNotO), **Grundstücksmaklern** und **Baubetreuern** (§ 34c GewO), **Schaustellern** (§§ 55 I Nr. 2, 55f GewO), **Bewachungsbetrieben** (insbesondere den Parkhaus- und Parkplatzunternehmern; § 34a GewO) sowie den **Jägern** (§ 17 I Nr. 4

33

---

4 Ausf. *Baums* SZGerm 104 (1987), 277.
5 *Barta*, Kausalität im Sozialrecht, 1983, 93 ff.

BJagdG). Vielfach besteht aber (nahezu) lückenloser Haftpflichtversicherungsschutz auch dort, wo es an einer entsprechenden gesetzlichen Verpflichtung fehlt. So etwa bei den **Ärzten**, die standesrechtlich zum Abschluss einer Haftpflichtversicherung gehalten sind (vgl. etwa § 21 Berufsordnung für die nordrhein-westfälischen Ärztinnen und Ärzte), und bei den **Architekten,** denen von ihren Auftraggebern der Abschluss einer Haftpflichtversicherung oft sogar vertraglich vorgeschrieben wird.

34 Auch soweit kein gesetzlicher Zwang zum Abschluss einer Haftpflichtversicherung besteht, ist diese Art der Risikovorsorge weit verbreitet. Im **privaten Bereich** ist die Haus- und Grundstücksbesitzer-Haftpflichtversicherung häufig anzutreffen; auch wird kaum ein Privatmann einen Öltank in Betrieb nehmen, ohne nicht das Risiko seiner Haftung für eine Gewässerschädigung durch Versicherung gedeckt zu haben. Durch eine **Privathaftpflichtversicherung** waren die meisten Haushalte in der Bundesrepublik geschützt,[6] die Familienmitglieder also zB gegen das Risiko geschützt, als Fußgänger oder Radfahrer schuldhaft einen Verkehrsunfall zu verursachen oder wegen einer Verletzung der elterlichen Aufsichtspflicht (§ 832) einem Dritten ersatzpflichtig zu werden. Die Unternehmen der gewerblichen Wirtschaft verfügen praktisch durchweg über eine sog. **Betriebshaftpflichtversicherung,** auch soweit keine Verpflichtung zum Abschluss besteht.

## IV. Überlagerung des Haftungsrechts durch die Sozialversicherung

35 Im Bereich der Arbeitsunfälle hat sich die durch das RHPflG bewirkte Reform als unzureichend erwiesen, was wohl auch daran lag, dass den Fabrikbesitzern damals ein funktionierender Haftpflichtversicherungsmarkt noch nicht zur Verfügung stand.[7] Deshalb hat sich hier eine andere Lösung durchgesetzt, die auf *Otto v. Bismarck* zurückgeht, der sich in den achtziger Jahren des 19. Jahrhunderts mit der »sozialen Frage« konfrontiert sah (ausführlich → Rn. 571 ff.).[8] Die Problemlösung über den Markt (Gefährdungshaftung und Haftpflichtversicherung) wird ersetzt durch eine verwaltungsrechtliche Lösung. Die Gesetzliche Unfallversicherung ist eine Institution sui generis, nämlich eine öffentlich-rechtliche Gefährdungshaftung des Arbeitgebers, die gekoppelt ist mit einer Art öffentlich-rechtlicher Zwangs-Haftpflichtversicherung für Arbeitsunfälle und Berufskrankheiten. Dieses Tandem tritt an die Stelle der privatrechtlichen Haftung der Unternehmer, die folgerichtig nahezu zur Gänze ausgeschlossen wird (→ Rn. 599).

36 Von den übrigen Zweigen der Sozialversicherung sind für das Haftungsrecht vor allem die Kranken- und die Rentenversicherung relevant. Beide sind **öffentlich-rechtliche Schadensversicherungen,** die nicht die Haftung des Schädigers, sondern die Nachteile des Geschädigten zum Gegenstand versicherungsmäßiger Deckungsversprechen machen. Ohne Übertreibung lässt sich sagen, dass heutzutage kaum ein Personenschaden

---

6 *GDV* (Hrsg.), Statistisches Taschenbuch der Versicherungswirtschaft 2015, 62: ca, 45 Mio. Haftpflichtversicherungsverträge, bei ca. 40 Mio. Haushalten (Statistisches Bundesamt, Statistisches Jahrbuch 2015, 49, Nr. 2.6.1.) und einer Bevölkerung von ca. 81 Mio. (Statistisches Bundesamt, Statistisches Jahrbuch 2015, 26, Nr. 2.1.1.).

7 Vgl. *v. Bar* AcP 181 (1981), 289 (296 ff.).

8 *Stolleis,* Geschichte des Sozialrechts in Deutschland, 2003, 52 ff.

vorkommt, bei dem nicht ein Träger der Sozialversicherung einspringt und Leistungen zu erbringen hat.

## 1. Schutzbereich und Leistungen der Krankenversicherung

Im Jahre 2011 genossen rund 86% der Gesamtbevölkerung der Bundesrepublik den Schutz der **Gesetzlichen Krankenversicherung** oder anderer staatlicher Krankenschutzeinrichtungen nach Maßgabe des Fünften Teils des Sozialgesetzbuches (SGB V). Kraft Gesetzes – also ohne eigenes Zutun – sind Pflichtmitglieder der GKV insbesondere alle Arbeiter, alle Angestellten (sofern ihr Jahresarbeitsverdienst nicht über einer bestimmten Höchstgrenze liegt; § 6 I Nr. 1 SGB V), Auszubildende, ferner Arbeitslose, Landwirte, Künstler und Rentner, seit 1971 auch die Studenten an staatlichen und staatlich anerkannten Hochschulen (vgl. den Katalog von § 5 I SGB V). Die Familienmitglieder der Pflichtversicherten sind in der GKV mitversichert (§ 10 SGB V). Bestimmten Personengruppen wird durch § 9 SGB V der Beitritt zur GKV freigestellt. 37

Eine anders geartete versicherungsmäßige Sicherung gegen das Krankheitsrisiko genossen im Jahre 2011 weiterhin rund 9 Mio. Bürger, die durch Verträge mit Unternehmen der **privaten Krankenversicherung** geschützt waren. Von den privat Krankenversicherten sind ein nennenswerter Teil Beamte und ihre Familienangehörigen, die daneben aufgrund beamtenrechtlicher Vorschriften eine Beihilfe zu den Kosten der Heilbehandlung von ihren Dienstherrn verlangen können. 38

Aus der folgenden Übersicht ergibt sich, dass der öffentliche und private Krankenversicherungsschutz beinahe die gesamte Bevölkerung der Bundesrepublik erfasst. 39

### Krankenversicherungsschutz der Bevölkerung – Stand 2015[9]

|  | Mio. | in Prozent |
| --- | --- | --- |
| Versicherte in der GKV insgesamt | 70,3 | 86,6 |
| davon als Familienangehörige mitversichert | 17,2 | 21,2 |
| Versicherte in der privaten Krankenversicherung | 8,8 | 10,9 |
| Sonstige[10] | 2,1 | 2,6 |
| Insgesamt | 81,2 | 100 |

Anspruch auf die **Leistungen der Gesetzlichen Krankenversicherung** hat jeder Versicherte, der infolge einer Krankheit einer ärztlichen Behandlung bedarf (§§ 11, 27 SGB V). Für die Leistungspflichten der Krankenkasse ist es unerheblich, wer die Krankheit verursacht bzw. verschuldet hat; insbesondere werden sie durch die Verantwortlichkeit eines Dritten nicht ausgeschlossen.[11] Nach dem sog. **Sachleistungsprinzip** hat der Versicherte (nur) Anspruch darauf, dass ihm von der Krankenkasse unentgeltlich eine ärztliche oder zahnärztliche Behandlung (ggf. im Krankenhaus) sowie Arzneien und Heilmittel zur Verfügung gestellt werden (§ 27 SGB V; vgl. aber auch § 13 SGB V).[12] 40

---

9 Verband der Ersatzkassen e.V. (vdek), Basisdaten des Gesundheitswesens 2015/2016, 11f.
10 Personen mit Anspruch auf Krankenversorgung als Sozialhilfeempfänger, Kriegsschadenrentner, Empfänger von Unterhaltshilfe aus dem Lastenausgleich, freie Heilfürsorge der Polizei und Bundeswehr, nicht krankenversicherte Personen.
11 BSG NJW 1986, 1572.
12 Eing. *Waltermann* SozR Rn. 190.

41 Soweit ein gegen Entgelt Beschäftigter **durch Krankheit arbeitsunfähig** wird, muss außerdem sichergestellt sein, dass sein Arbeitsverdienst während der Dauer der Arbeitsunfähigkeit in voller Höhe oder mindestens teilweise weitergezahlt wird. Bei den Beamten ergibt sich in diesem Falle die Verpflichtung des Dienstherrn zur Fortzahlung des Gehalts aus den beamtenrechtlichen Grundsätzen (Alimentationsprinzip); bei den Arbeitnehmern wird dies dadurch erreicht, dass ihnen für die ersten 6 Wochen ihrer krankheits- oder unfallbedingten Arbeitsunfähigkeit ein **Anspruch gegen ihren Arbeitgeber** auf Fortzahlung ihres Arbeitsverdienstes eingeräumt ist (§ 3 Entgeltfortzahlungsgesetz – EFZG; für Dienstverpflichtete genauso § 616). Nach Ablauf der sechs Wochen tritt an die Stelle des Arbeitsverdienstes ein von der Krankenkasse zu leistendes **Krankengeld**, das regelmäßig 70 % des Arbeitsverdienstes beträgt (§ 47 SGB V). Ein Krankengeld wird jedoch nicht auf unbeschränkte Zeit gewährt, sondern wegen derselben Krankheit für höchstens 78 Wochen innerhalb von drei Jahren (§ 48 SGB V).

## 2. Schutzbereich und Leistungen der Gesetzlichen Rentenversicherung

42 Verbleiben nach Abschluss der Heilbehandlung so schwerwiegende Unfallfolgen, dass die **Erwerbsfähigkeit des Unfallopfers auf Dauer gemindert** wird oder ganz wegfällt, kann sich der Geschädigte wegen der unfallbedingten Dauerfolgen an die **Gesetzliche Rentenversicherung** wenden. Verstirbt der Verletzte, gilt Entsprechendes für die Hinterbliebenen. Die einschlägigen Regelungen über Renten wegen Berufs- oder Erwerbsunfähigkeit finden sich im Sechsten Teil des Sozialgesetzbuchs (SGB VI). Versicherungspflichtig sind im Wesentlichen die wirtschaftlich unselbstständigen Arbeitnehmer. Außerdem ist eine Versicherungspflicht auch für wichtige Gruppen selbstständiger Unternehmer – so insbesondere für Landwirte und Handwerker und für bestimmte freie Berufe – eingeführt worden. Nicht versicherungspflichtig sind Beamte, denen freilich durch die Vorschriften des Beamtenrechts ein entsprechender Schutz eingeräumt ist.

43 Wesentlicher Zweck der Gesetzlichen Rentenversicherung ist die Alterssicherung, aber auch – was hier allein interessiert – die Sicherung vor den Folgen **vorzeitiger Invalidität**.[13] Wer als Versicherter vor Erreichung der Altersgrenze durch Krankheit oder durch Unfall erwerbsunfähig wird, hat Anspruch auf Zahlung einer den Verdienstausfall kompensierenden Rente (§ 43 SGB VI). **Erwerbsminderung** liegt vor, wenn ein Versicherter »auf nicht absehbare Zeit außerstande [ist], unter den üblichen Bedingungen des allgemeinen Arbeitsmarktes« erwerbstätig zu sein, und zwar für täglich mindestens drei Stunden (volle Erwerbsminderung) bzw. sechs Stunden (teilweise Erwerbsminderung). Bei voller Erwerbsminderung kann die Zahlung einer Rente verlangt werden, die sich genauso berechnet wie die Altersrente, in ihrer Höhe also maßgeblich von der Höhe des vormals erzielten Arbeitsverdienstes und der Dauer der Beitragszahlungen abhängt (vgl. §§ 63 ff. SGB VI). Regelmäßig werden Invaliditätsrenten nur gewährt, wenn der Versicherte die »Wartezeit« erfüllt, dh fünf Jahre lang Beiträge zur Rentenversicherung entrichtet hat (§ 43 SGB VI).

44 Im **Todesfall** werden die Renten zu bestimmten Bruchteilen (vgl. § 67 Nr. 5–8 SGB VI) an die Hinterbliebenen geleistet (§§ 46 ff. SGB VI).[14] Da die Rente wegen Erwerbsunfähigkeit definitionsgemäß vor Erreichen der Altersgrenze begehrt wird, die Höhe der

---

13 Eing. *Waltermann* SozR Rn. 413 ff.
14 *Waltermann* SozR Rn. 421.

Beiträge und der Altersrenten aber so aufeinander abgestimmt sind, dass erst nach Abschluss des Berufslebens die volle Rentenhöhe erreicht wird (vgl. im Einzelnen die §§ 64 ff. SGB VI), ist die Rente wegen Erwerbsminderung alles andere als eine »Rundumversorgung«. Je jünger der Verletzte bzw. je kürzer die vor dem Unfall liegende Zeit der Beitragszahlung und je höher die beruflichen Aspirationen, desto größer ist die Versorgungslücke. Wenn eine junge Frau mit 26 Jahren als Syndica in einem Unternehmen angestellt wird, ab diesem Zeitpunkt Beiträge zur gesetzlichen Rentenversicherung zahlt und kurz vor ihrem 34. Geburtstag in ihrem Badezimmer einen schweren Unfall erleidet, der eine weitere Erwerbstätigkeit ausschließt, vermag die GRV die dadurch aufgerissene klaffende Versorgungslücke nicht zu schließen. Diese Lücke bleibt in ihren Proportionen gleich, wenn die Erwerbsfähigkeit bloß teilweise gemindert ist, die Verletzte also noch zwischen drei und sechs Stunden täglich arbeiten kann, denn dann erhält sie bloß die Hälfte desjenigen Betrags, der als Altersrente gezahlt würde (§ 67 Nr. 2 SGB VI).

## 3. Regress der Sozialversicherungsträger

Wie der kurze Blick in das Sozialversicherungsrecht gezeigt hat, ist das private Haftungsrecht im Sozialstaat nur *ein* System zur Zurechnung und Verteilung von Schadenskosten unter mehreren, und nicht einmal das Wichtigste. Der Löwenanteil der Schadenskosten, nämlich die den Einzelnen besonders hart treffenden Personenschäden, werden heute von Sozialversicherungsträgern aufgefangen, ohne dass es auf die Zurechnungsprinzipien des Privatrechts noch ankäme. Ist das **Haftungsrecht** somit **obsolet?**  45

Die Sozialversicherungsträger finanzieren sich durchweg aus **Beiträgen,** die von den Arbeitgebern und den Arbeitnehmern jeweils zur Hälfte aufgebracht werden (vgl. §§ 220 ff. SGB V, §§ 157 ff. SGB VI). In der Gesetzlichen Rentenversicherung kommt ein Zuschuss des Bundes iHv ca. 25 % der Ausgaben hinzu (§§ 213 ff. SGB VI). Der für die Beiträge geltende Halbteilungsgrundsatz darf nicht darüber hinwegtäuschen, dass beide Hälften vom Arbeitgeber gezahlt und vom Arbeitnehmer durch entsprechend produktive Arbeit erwirtschaftet werden müssen. Schon deshalb geht es nicht an, einen Schädiger, der kraft Privatrechts für die einem Versicherten zugefügten Verletzungen verantwortlich ist, aus der Verpflichtung zur Ersatzleistung zu entlassen. Könnte sich der Schädiger durch Hinweis auf die Leistungen der Sozialversicherungsträger aus der Verantwortung stehlen, würden die **Schadenskosten sozialisiert** bzw. der Wirtschaft – Unternehmen und Arbeitnehmern – angelastet. Darüber hinaus würden die durch das Deliktsrecht generierten **Anreize zu sorgfältigem Verhalten verwässert** bzw. zerstört und damit dem Ziel der Schadensvermeidung ein Bärendienst erwiesen (→ Rn. 59 ff.).  46

Die Sozialisierung von Schadenskosten und die damit verbundene Aushebelung der Präventionseffekte des Haftungsrechts werden durch die Regelung des § 116 I SGB X vermieden, der den **Schadensersatzanspruch des Geschädigten auf den Sozialversicherungsträger überleitet,** soweit dieser durch eigene Leistungen denjenigen Schaden behoben hat, für den der Schädiger nach den Regeln des privaten Haftungsrechts Ersatz schuldet. Damit zeigt sich: Das Haftungsrecht hat zwar seine Bedeutung für den unmittelbaren Ausgleich von Personenschäden weitgehend verloren, doch diesem Verlust entspricht ein Bedeutungszuwachs als Instrument zur Refinanzierung der Sozialversicherungsträger durch Regress gegen den privatrechtlich verantwortlichen Schädiger. Einem  47 geflügelten Wort zufolge ist das Deliktsrecht des Sozialstaats in weitem Umfang zum **»Recht der Regressvoraussetzungen«** geworden.[15] Diese Funktionsverschiebung ist allerdings weniger dramatisch, als man auf den ersten Blick meinen möchte, denn soweit der Regress der Sozialversicherungsträger dem Zweck dient, die verhaltenssteuernde Wirkung des Haftungsrechts aufrechtzuerhalten, erfüllt er eine genuine Aufgabe des Deliktsrechts. Zu den – schwierigen – Einzelfragen des Regresses → Rn. 766 ff.

## V. Die Grenzen des Wohlfahrtsstaats

48  Arbeitsunfälle und Verkehrsunfälle sind heute keine Themen der Tagespolitik mehr – nicht, weil es sie nicht mehr gäbe, sondern weil die Problematik im Wesentlichen bewältigt ist. Im Fokus des öffentlichen Interesses stehen heute nicht die – durchaus vorzeigbaren – Erfolge des Sozialstaats, sondern seine **Defizite** und vor allem seine **Kosten**. Besorgniserregend ist weniger die absolute Höhe dieser Kosten, sondern vor allem der Umstand, dass sie zur Gänze an das Arbeitsverhältnis geknüpft und insofern »Lohnnebenkosten« sind, die der Arbeitnehmer in vollem Umfang mithilfe produktiver Arbeit für das Unternehmen zurückverdienen muss. Dieses Lösungsmuster mag für Arbeitsunfälle und Berufskrankheiten sachgerecht sein, denn diese Kosten werden durch den Betrieb des Unternehmens verursacht, und der Schadensumfang lässt sich durch den Unternehmer steuern. Die übrigen **Krankheits- und Invaliditätsrisiken** haben mit dem Arbeitsverhältnis indessen nichts zu tun, und ihre Zurechnung zum Arbeitsverhältnis wirkt wie eine Steuer auf die Arbeitsleistung.

49  Tatsächlich erscheint es erforderlich, die **Konstruktionsprinzipien unserer sozialen Sicherungssysteme** neu zu überdenken. Das »Sozialmodell« unserer Rechtsordnung hat sich in den letzten Jahrzehnten erneut tiefgreifend gewandelt.[16] An die Stelle des für das Industriezeitalter paradigmatischen Industriearbeiters, der mit rußgeschwärztem Gesicht einer gesundheitlich riskanten, körperlich fordernden Tätigkeit nachgeht, ist der hoch gebildete Kopfarbeiter der **Dienstleistungsgesellschaft** getreten, der seine mangelnde körperliche Auslastung in Fitness-Studios kompensieren muss, dann aber in den Genuss einer im historischen Vergleich einmaligen Lebenserwartung kommt, die wiederum die Rentenkassen vor große Probleme stellt.

50  Der **Ruf nach Reform** im Sinne einer **Konzentration des Sozialstaats auf die elementare Existenzsicherung** ist überall zu hören und hat bei unseren europäischen Nachbarn schon früher als hierzulande zu wesentlichen Änderungen und Umbauten geführt. In England hat man im Jahre 1948 das deutsche Modell der Arbeiterunfallversicherung endgültig verworfen, die medizinische Fürsorge um die Opfer von Arbeitsunfällen und Berufskrankheiten der Sozialfürsorge anheim gegeben und den deliktischen Schadensersatzanspruch des Arbeitnehmers gegen den Arbeitgeber aufrecht erhalten.[17] Diesem

---

15 *Weyers*, Unfallschäden, Praxis und Ziele von Haftpflicht- und Vorsorgesystemen, 1971, 401; *Kötz*, Sozialer Wandel im Unfallrecht, 1976, 26 f.
16 Zum Übergang von der bürgerlichen Gesellschaft zur Massengesellschaft vgl. *Wieacker*, Das Sozialmodell der klassischen Privatrechtsbücher und die Entwicklung der modernen Gesellschaft, 1953.
17 *Rogers*, Winfield & Jolowicz on Tort, 18. Aufl. 2010, Rn. 8.1; eing. zur Geschichte der Worksman's Compensation im Vereinigten Königreich von Großbritannien und Nordirland *Wikeley*, *Ogus & Barendt's*, The Law of Social Security, 5. Aufl. 2005/8, 713 ff.; *Lewis*, in Oliphant/Wagner (Hrsg.), Employers' Liability and Workers' Compensation, 2012, 137 ff.

Beispiel sind 1967 auch die Niederlande gefolgt.[18] Beide Länder setzen bei der Bewältigung der Folgen von Arbeitsunfällen und Berufskrankheiten somit nicht auf ein Solidarsystem Bismarckscher Prägung, sondern auf die privatrechtliche Haftung des einzelnen Arbeitgebers. Diese rechtspolitische Grundentscheidung ist durch die massenhafte Erkrankung von Arbeitnehmern infolge ihrer Exposition gegenüber **Asbeststaub** auf eine ernste Probe gestellt worden.[19] Nachdem das vormalige House of Lords (heute: Supreme Court) eine gesamtschuldnerische Haftung jedes möglicherweise kausalen Arbeitgebers abgelehnt hat,[20] sah sich das britische Parlament zu einem Einschreiten gegen das höchste Gericht genötigt.[21] Demgegenüber sind die Asbestopfer in Deutschland ganz überwiegend in den Genuss relativ großzügiger Leistungen der Berufsgenossenschaften gekommen, weshalb sich diese Fälle hierzulande nicht zu einem Politikum ausgewachsen haben.

Angesichts der klammen Situation der öffentlichen Haushalte und vor dem Hintergrund der demographischen Entwicklung ist nicht damit zu rechnen, dass der **Ausbau der Sozialversicherung** zulasten des Deliktsrechts noch weiter vorangetrieben werden wird. Die Forderung, das private Haftungsrecht zugunsten einer umfassenden Volksversicherung gegen Unfälle nach neuseeländischem Vorbild ad acta zu legen – Doing Away with Tort Law[22] – hat sich ihrerseits überlebt. Allerdings wird in einzelnen Bereichen noch über die Einführung von Versicherungslösungen diskutiert, etwa im Arzthaftungsrecht. An die Stelle des Schadensersatzanspruchs des Patienten gegen den pflichtwidrig handelnden Arzt träte dann ein Deckungsanspruch gegen eine **Patientenversicherung**.[23] Ob ein solcher **Systemwechsel** praktikabel und langfristig im Interesse der Geschädigten läge, muss nach den Erfahrungen mit umfassenden Versicherungslösungen bezweifelt werden.[24] Der Gesetzgeber jedenfalls setzt mit dem neuen **Patientenrechtegesetz** ganz auf die Individualhaftung des Arztes und hat von der Einführung einer Patientenversicherung ebenso Abstand genommen wie von Fondslösungen, die in Härtefällen ergänzend neben das Individualhaftungsrecht treten würden.[25] Die Gründe dafür hat einer der Väter von haftungsersetzenden Versicherungslösungen so zusammengefasst:

51

»[National compensation plans] involve massive bureaucratic extensions of the welfare state of a kind which have gone out of fashion with governments and electorates. And they have gone out of fashion not just because of normal swings of public opinion, but because experience of similar bureaucratic schemes has been uniformly unsatisfactory in the modern world. Their cost estimates nearly always prove to have been too optimistic, as indeed has happened in New Zealand where their legislation has recently been cut down partly for reasons of cost … They certainly encourage the public to think that it is someone else's responsibility to pick up the pieces after a misfortune has occurred.«[26]

---

18 *Lindenbergh*, in Oliphant/Wagner (Hrsg.), Employers' Liability and Workers' Compensation, 2012, 351ff.
19 Dazu eing. *Wagner* ZEuP 2007, 1122.
20 *Barker v. Corus UK Ltd* [2006] 2 A. C. 572; anders noch *Fairchild v. Glenhaven Funeral Services Ltd* [2002] UKHL 22 = [2003] 1 A. C. 32.
21 Art. 3 Compensation Act 2006. Dazu zuletzt *Sienkiewicz v. Greif* [2011] UKSC 10.
22 So die Lösung von *Sugarman* 73 Cal.L.Rev. (1985), 558.
23 Überblick über die Diskussion in Holland und Belgien bei *Faure* ZEuP 2000, 575; zu Österreich *Barta*, FS Gitter, 1995, 9ff.; zu Deutschland *Katzenmeier* VersR 2007, 137.
24 *Wagner* Grundstrukturen 324ff.; *Wagner* in Wagner (Hrsg.), Tort Law and Liability Insurance, 2005, 362ff.
25 Gesetz zur Verbesserung der Rechte von Patientinnen und Patienten, v. 20.2.2013, BGBl. I 277; dazu BT-Drs. 17/10488, 9; 17/11710; eing. *Wagner* VersR 2012, 789 (799f.); zum österreichischen Beispiel *Bernat*, in Rosenau/Hakeri (Hrsg.), Kodifikation der Patientenrechte, 2015, 179 (198ff.).
26 *P. S. Atiyah*, The Damages Lottery, 1997, 183f.

## VI. Die Renaissance privatrechtlicher Haftungs- und Versicherungslösungen

52   In dem Maße, wie das Sozialversicherungssystem des Wohlfahrtsstaats an seine Grenzen stößt bzw. zurückgeschnitten wird, wächst die Bedeutung des privaten Haftungsrechts und privatrechtlicher Versicherungslösungen. Dabei besteht heute schon ein breites **Angebot an Versicherungsprodukten.**

53   Die Versorgungslücken der Gesetzlichen Rentenversicherung bei schweren Verletzungen oder der Tötung relativ junger Arbeitnehmer können mithilfe verschiedener Versicherungsformen geschlossen werden. So deckt die weit verbreitete **Lebensversicherung** naturgemäß auch das Risiko des Todes durch Unfall; gerade für diesen Fall wird oft sogar die Zahlung einer erhöhten Versicherungssumme (durch Abschluss einer Unfall-Zusatzversicherung) vereinbart. Die Versicherungsdichte ist aber auch in der reinen **Unfallversicherung** erstaunlich hoch. So belief sich 2014 die Zahl der Verträge in der Allgemeinen Unfallversicherung auf rund 26,1 Mio.; allein dadurch waren rund 40% der über 14 Jahre alten Bevölkerung auch privat in einem allerdings nicht genau bekannten Umfang gegen das Risiko unfallbedingter Invalidität geschützt. Weiterhin war das besondere Risiko, als Kraftfahrzeuginsasse durch Unfall verletzt zu werden, 2014 durch etwa 3,6 Mio. Verträge erfasst.[27] Kaum einen Sportverein gibt es, der nicht das Sportunfallrisiko seiner Mitglieder durch den Abschluss einer Gruppen-Unfallversicherung deckt. Auch Wirtschaftsunternehmen – namentlich solche mit einer größeren Belegschaft – gehen in wachsendem Maße dazu über, das Unfallrisiko ihrer Mitarbeiter dadurch unter Versicherungsschutz zu bringen, dass sie zu ihren Gunsten Gruppen-Unfallversicherungsverträge abschließen.

54   Für **Sachschäden** ist die Sozialversicherung generell nicht zuständig, doch die private Versicherungswirtschaft steht bereit, um auch diese Lücke zu schließen. In welchem Umfang dieses Risiko durch freiwillige Schadensversicherungen gedeckt ist, ist nur in Umrissen bekannt. Immerhin sind Immobilien als das wesentliche Vermögensgut des Normalbürgers relativ gut gegen Verlust insbesondere durch Brand versichert, zumal in vielen Bundesländern ein gesetzlicher Zwang zum Abschluss eines **Feuerversicherungsvertrages** besteht. Auch andere hochwertige Wirtschaftsgüter sind weitgehend durch Versicherung gegen bestimmte Gefahren gedeckt, was natürlich vor allem auf das »liebste Kind« des »kleinen Mannes« zutrifft, nämlich sein Kraftfahrzeug. In diesem Marktsegment firmiert die Sachversicherung unter dem Namen »**Kaskoversicherung**«. Etwa 30% sämtlicher Kraftfahrzeughalter schließen eine »**Teilkaskoversicherung**« ab, welche alle Sachschäden deckt, die insbesondere durch den Diebstahl oder den Brand des versicherten Kraftfahrzeuges oder dadurch entstehen, dass es während der Fahrt mit einem Tier kollidiert. Darüber hinaus sind weitere rund 45% aller Kraftfahrzeuge durch »Vollkaskoversicherung« (mit bestimmten »Selbstbehalten«) gegen das Risiko jeglichen unfallbedingten Sachschadens gedeckt.[28] Generell ist der Abschluss einer Schadensversicherung sinnvoll, sofern die sofortige Wiederbeschaffung einer Sache oder Sachgesamtheit nach Verlust oder Zerstörung wirtschaftliche Schwierigkeiten bereiten würde. Empfehlenswert sind daher etwa Hausratsversicherungen,

---

27 Vgl. *GDV* (Hrsg.), Statistisches Taschenbuch der Versicherungswirtschaft 2015, 62.
28 Vgl. *GDV* (Hrsg.), Statistisches Taschenbuch der Versicherungswirtschaft 2015, 62: 61 Mio. Haftpflichtpolicen, 18,5 Mio. Teilkaskopolicen, 27,1 Mio. Vollkaskopolicen.

nicht aber die Versicherung von Handys und anderen Elektroartikeln, deren Verlust zwar schmerzt, aber zu keiner finanziellen Überforderung führt.

Das Verhältnis zwischen privaten Versicherungsträgern und dem haftungsrechtlich Verantwortlichen ist genauso geregelt wie im Sozialversicherungsrecht, nämlich im Sinne einer **Überleitung des Schadensersatzanspruchs** des Geschädigten auf das Versicherungsunternehmen nach Maßgabe des § 86 VVG. Auf diese Weise werden die **Präventionsanreize** des Haftungsrechts trotz Versicherung des Schadens erhalten, ohne dass es zu einer Doppelentschädigung des Opfers oder zu einer willkürlichen Entlastung des Schädigers kommt. Zum Regress der Versicherungsträger ausführlich → Rn. 766 ff.

55

## D. Ziele des Haftungsrechts

> Literatur: *Adams*, Ökonomische Analyse der Gefährdungs- und Verschuldenshaftung, 1985; *Deutsch*, Die Zwecke des Haftungsrechts, JZ 1971, 244; *Jansen*, Die Struktur des Haftungsrechts, 2003, 33 ff.; *Kötz*, Ziele des Haftungsrechts, FS Steindorff, 1990, 643; *Kötz/Schäfer* (Hrsg), Judex oeconomicus, 2003; *Koziol*, Grundfragen des Schadensersatzrechts, 2010; *Schiemann*, Argumente und Prinzipien bei der Fortbildung des Schadensrechts, 1981, 190; *Wagner*, Die Aufgaben des Haftungsrechts, JZ 1991, 175; *Wagner*, Prävention und Verhaltenssteuerung durch Privatrecht, AcP 206 (2006), 352; *Wagner*, Schadensersatz – Zwecke, Inhalte, Grenzen, Karlsruher Forum 2006, 18; weitere ökonomische Literatur in → Rn. 64.

### I. Schadensausgleich

Vor dem oben geschilderten historischen Hintergrund einer sozialstaatlichen Funktionalisierung des Deliktsrechts ist es verständlich, dass in der rechtswissenschaftlichen Literatur vielfach das wichtigste Ziel des Unfallrechts in seiner **Ausgleichs- oder Kompensationsfunktion** gesehen wird, also darin, dass es auf den Ausgleich des dem Unfallopfer entstandenen Schadens abzielt.[1]   56

Schaut man freilich näher hin, so zeigt sich, dass es nicht richtig sein kann, das Ziel des Unfallrechts in der Ausgleichung von Unfallschäden zu sehen. Zwar trifft es zu, dass der Verletzte, wenn ihm die Rechtsordnung einen Ersatzanspruch zubilligt, seinen Schaden kompensiert erhält. Aber die entscheidende Frage des Unfallrechts geht dahin, *ob überhaupt* dem Verletzten ein solcher Anspruch auf Ausgleich zugebilligt werden soll. Das Unfallrecht entscheidet deshalb nicht nur über die **Gewährung,** sondern genauso über die **Versagung von Ersatzansprüchen,** und wer behauptet, sein »Ziel« sei Kompensation, muss im gleichen Atemzug zugeben, dass gleichberechtigtes »Ziel« die Nichtkompensation ist. Ebenso wenig, wie der Zweck des Strafrechts im Strafen besteht, liegt der Zweck des Schadensersatzrechts in der Ausgleichung von Schäden. Worum es geht, ist vielmehr die **Bestimmung der Voraussetzungen,** unter denen Kompensation zu leisten oder auch nicht zu leisten ist. Die Zwecke des Unfallrechts sind maßgebend dafür, dass in bestimmten Fällen Schadensersatz bewilligt und in bestimmten anderen Fällen Schadensersatz versagt werden soll.[2]   57

Dem eben vorgetragenen Vorwurf der **Inhaltsleere des Ausgleichszwecks** lässt sich die Spitze abbrechen, indem man sagt, es gehe nicht um Schadensausgleich *tout court,* sondern um fairen oder **gerechten Schadensausgleich.**[3] Das klingt plausibel, doch muss man fragen, unter welchen Voraussetzungen die Fairness oder Gerechtigkeit des Ausgleichs zu bejahen ist. Aus sich selbst heraus sind diese abstrakten Begriffe jedenfalls nicht geeignet, den Gerichten bei der Unterscheidung zwischen kompensationslos hinzunehmenden Unglücksfällen und Dritten zurechenbaren Haftungsfällen eine   58

---

1 *Deutsch* AllgHaftungsR Rn. 17; *Larenz/Canaris* SchuldR II 2 § 75 I 2i, 354; Staudinger/*Hager*, 1999, Vor § 823 Rn 9.
2 Ausf. *Kötz*, FS Steindorff, 1990, 643; *Wagner* AcP 206 (2006), 451 ff.; MüKoBGB/*Wagner* Vor § 823 Rn. 32 ff.
3 So *Jansen*, Die Struktur des Haftungsrechts, 2003, 36 f.

Hilfe zu sein. Insofern kommt man nicht darum herum, die Frage nach den »eigentlichen« Zielen des Haftungsrechts zu stellen.

## II. Schadensvermeidung

### 1. Ökonomische Analyse des Deliktsrechts

59 Welche Ziele sind das? Um diese Frage zu beantworten, müssen wir uns zunächst vergegenwärtigen, dass **Unfälle (ebenso wie andere Schadensereignisse) grundsätzlich unerwünscht** sind, weil sie das Wohlergehen der Menschen beeinträchtigen. Wird jemand körperlich verletzt, so hat das zur Folge, dass er Verdienstausfälle erleidet, Arzt- und Krankenhausrechnungen bezahlen, Schmerzen erdulden, seinen Urlaub abbrechen und sonstige Verluste hinnehmen muss. Wird eine Sache beschädigt oder zerstört, so verliert ihr Eigentümer die Möglichkeit der Nutzung. Er muss, um die Nutzungsmöglichkeiten wiederzugewinnen, Geld für die Reparatur oder die Ersatzbeschaffung aufwenden. Es liegt auf der Hand, dass ein Interesse an der Verhütung solcher Nachteile besteht, und niemand wird bestreiten, dass von zwei sonst gleichen Gesellschaften diejenige vorzuziehen ist, in der es gelungen wäre, Schadensereignisse vollständig zu verhindern. Die zentrale Funktion des Deliktsrechts ist daher die Schadensvermeidung oder Prävention.[4]

60 Dass man Schadensereignisse verhindern soll, ist sicher, aber ebenso sicher ist, dass das **nicht um jeden Preis** geschehen darf. Man könnte die Zahl der Verkehrsunfälle erheblich reduzieren, wenn man auf allen Straßen die zugelassene Höchstgeschwindigkeit auf 30 km/h vermindern oder für jedes Auto den Einbau von ESP (Elektronisches Stabilitäts-Programm) bzw. der jeweils neuesten Sicherheitstechnik vorschreiben würde. Dass das nicht geschieht, beruht vermutlich auf dem Umstand, dass die Verluste, die den Autofahrern durch die landesweite Befolgung jener Geschwindigkeitsbeschränkung oder durch den generellen Einbau der neuesten technischen Sicherheitsvorkehrungen entstünden, stärker zu Buche schlagen als die Verluste derjenigen, die wegen Überschreitung jener Höchstgeschwindigkeit oder wegen des Fehlens technischer Sicherheitssysteme zum Opfer von Verkehrsunfällen werden. Ebenso könnte man die Zahl der von Fahranfängern verursachten Verkehrsunfälle verringern, wenn man die Mindestzahl der vor der Fahrprüfung zu absolvierenden Fahrstunden drastisch erhöhte. Aber dann würde der Erwerb des Führerscheins sich ebenso drastisch verteuern, und die Verluste, die dadurch den Fahrschülern entstehen, werden offenbar stärker gewichtet als diejenigen, die sich aus den – auf diese Weise vermeidbaren, aber tatsächlich nicht vermiedenen – Verkehrsunfällen ergeben. Würde man die Herstellung und den Vertrieb von Feuerwerkskörpern verbieten oder das Abbrennen nur noch auf polizeilich überwachten Plätzen zulassen, so würden sicherlich weniger Menschen alljährlich in der Neujahrsnacht zu Schaden kommen, und in gleicher Richtung würde es sich auswirken, wenn man den Herstellern eine verschuldensunabhängige Haftung für sämtliche, durch Feuerwerkskörper verursachte Unfälle auferlegte: Dies hätte nämlich zur Folge, dass jeder Hersteller die Haftungskosten in seine Preise einkalkulieren, wegen des Preisanstiegs der Absatz von Feuerwerkskörpern sinken und damit die Zahl der Unfälle abnehmen würde. Wenn wir solche Maßnahmen trotz des von ihnen

---

4 Wohlwollend zur Präventionsfunktion *Looschelders* SchuldR BT Rn. 1167.

zu erhoffenden wohltätigen Effekts nicht ergreifen, so offenbar deshalb, weil uns die erhoffte Wohltat weniger wert erscheint als der Nachteil, den wir um ihretwillen in Kauf nehmen müssten. Gesetzt den Fall, es kommt in einer Autowaschstraße zu einem »Auffahrunfall«, weil sich ein Fahrzeug aus der Führungsschiene gelöst hatte und stehen geblieben war, ohne dass dies jemand bemerkte: Wenn es das OLG Hamm[5] nicht als »fahrlässig« beanstandet, dass der Betreiber der Waschstraße auf die Installation von elektronischen Kontrollinstrumenten (Sensoren und Videokameras) verzichtet hat, dann deshalb, weil die Kosten dieser »technisch aufwendigen und personalintensiven Lösung« höher sind als diejenigen des einzigen Unfalls, der sich in 26 Betriebsjahren ereignet hat, zumal spekuliert werden kann, ob das Aufsichtspersonal die Gefahr überhaupt bemerkt und den Schaden verhindert hätte. Dass dabei die Richter nicht mit exakten Zahlen rechnen können, ist offensichtlich. Aber ebenso offensichtlich ist, dass die erforderliche **Abwägung der Nutzen und Kosten** auch dort sinnvoll ist, wo sie mit Schätzungen operieren muss, die auf richterlicher Intuition, Phantasie und gesundem Menschenverstand beruhen.

**Unfallverhütung ist also nie kostenlos.** Daraus muss man schließen, dass die Rechtsordnung überall dort (aber auch nur dort) ein bestimmtes unfallverhütendes Verhalten befehlen oder einen Anreiz zur Ergreifung bestimmter unfallverhütender Maßnahmen setzen sollte, wo die durch Unfallverhütung entstehenden Kosten geringer sind als die der verhüteten Unfälle selbst. Geschehen kann dies sowohl durch strafrechtliche Vorschriften wie durch sanktionsbewehrte Ge- und Verbote des Verwaltungsrechts, durch Regelungen des Versicherungsprivat- und des Versicherungsaufsichtsrechts ebenso wie durch steuerliche Belastungen oder Anreize. Aber auch die Regeln über die zivilrechtliche Haftung für Unfallschäden spielen hier eine wichtige Rolle. **61**

Die **Ökonomie** ist diejenige Disziplin, die sich in einer jahrhundertealten Tradition mit dem Problem beschäftigt hat, wie die Institutionen und Entscheidungsverfahren einer Gesellschaft beschaffen sein müssen, damit die Menschen mit den vorhandenen knappen Ressourcen ein Maximum an Befriedigung ihrer Bedürfnisse erreichen können. Erst in den letzten 30 Jahren haben Ökonomen ihr Augenmerk auf das Rechtssystem gerichtet und die Frage gestellt, wie und auf welche Weise **Rechtsnormen** einen Beitrag zur Steigerung der sozialen Wohlfahrt leisten können. **62**

Aus ökonomischer Sicht muss es das **primäre Ziel des Haftungsrechts** sein, Regeln über Voraussetzungen und Umfang der Schadensersatzpflicht aufzustellen, die geeignet sind, das **Verhalten der Bürger so zu steuern,** dass von ihnen alle Unfälle verhütet werden, die zu verhüten wegen des damit verbundenen Gewinns an gesamtgesellschaftlicher Wohlfahrt sinnvoll ist. Es geht daher im Unfallrecht stets um ein Denken in Ziel-Mittel-Relationen, also um eine Optimierungsaufgabe, und von zwei Gesellschaften ist vorzugswürdig nicht einfach diejenige, in der es zu weniger Unfällen kommt, sondern diejenige, in der jene Optimierungsaufgabe besser gelöst ist. **63**

In den Vereinigten Staaten von Amerika ist die »Economic Analysis of Law« inzwischen fest etabliert und wird in einer ständig wachsenden Reihe von Spezialzeitschriften gepflegt (unter anderem Journal of Legal Studies; Journal of Law, Economics and Organization; American Law and Economics Review). Für die wohlfahrtsökonomische Analyse des Haftungsrechts waren bahnbrechend das Buch von *Calabresi*, The Cost of Accidents, A Legal and Economic Analysis, 1970, und ein Aufsatz von *Posner*, A Theory of Negligence, J. Leg. Stud. 1, 1972, 28. Gesamtdarstellungen finden sich bei *Shavell*, Economic **64**

---

5 OLG Hamm NJW-RR 2002, 1459; vgl. auch BGH NJW 2005, 422.

Analysis of Accident Law, 1987; *Landes/Posner,* The Economic Structure of Tort Law, 1987; *Shavell,* Foundations of Economic Analysis of Law, 2004, 175. Auf Europa bzw. den internationalen Markt ausgerichtete Fachzeitschriften sind das European Journal of Law and Economics und die International Review of Law and Economics. Auch in Deutschland hat die ökonomische Analyse inzwischen Fuß gefasst, mit Schwerpunkten an den Universitäten Hamburg und Bonn und Literatur in deutscher Sprache: *Schäfer/Ott,* Lehrbuch der ökonomischen Analyse des Zivilrechts, 5. Aufl. 2012 und *Adams,* Ökonomische Analyse der Gefährdungs- und Verschuldenshaftung, 1985; vgl. auch MüKoBGB/*Wagner* Vor § 823 Rn. 45 ff.

## 2. Optimale Sorgfaltsanstrengungen

65 Welche Entscheidungen der Bürger sind es, die das Unfallrecht steuern will, und wie müssen sie ausfallen, damit die gesamtgesellschaftliche Wohlfahrt gefördert wird?

Die Zahl und Schwere der Unfälle und die Höhe der dadurch verursachten Kosten hängt einmal davon ab, **mit welcher Sorgfalt sich der einzelne im Verkehr bewegt,** ob also beim Autofahren die der jeweiligen Situation angemessene Geschwindigkeit eingehalten wird (§ 3 I StVO), ob der Hersteller einer Fahrradgabel Qualitätskontrollen durchführt, damit sie nicht bei der Fahrt ins Gelände bricht,[6] ob die Zugänge und Treppenhäuser von Mietshäusern des Nachts angemessen beleuchtet werden,[7] ob Autofahrer vor Straßenbaustellen durch Hinweisschilder gewarnt werden,[8] ob ein Hotel über eine hinreichende Anzahl funktionsfähiger Feuerlöscher und über einen Nachtportier verfügt, der weiß, was im Brandfall zu tun ist,[9] ob die Gemeinde den auf einem Kinderspielplatz vorhandenen »Drehpilz« regelmäßig fachmännisch wartet, damit er bei der Benutzung nicht abbricht[10] usw. Müsste der Einzelne nicht damit rechnen, für die von ihm verursachten Schäden zur Verantwortung gezogen zu werden, hätte er jedenfalls keinen *wirtschaftlichen Anreiz,* kostspielige Sicherheitsmaßnahmen zum Schutz der Rechtsgüter anderer zu ergreifen. Zugegeben, der Mensch ist zu altruistischem Handeln durchaus fähig, und viele würden auch ohne die Drohung, mit Ersatzansprüchen überzogen zu werden, die Verletzung anderer zu vermeiden suchen. Allein auf die Kraft altruistischer Motive wird man jedoch vernünftigerweise nicht setzen. Das bedeutet natürlich nicht, dass man sich bis zur Grenze des technisch Möglichen um die Verhinderung von Schäden bemühen sollte (→ Rn. 60), sondern es gilt, das optimale Sorgfaltsniveau zu finden. Das sei an einem Beispiel demonstriert.

66 Wir stellen uns einen Bürger vor, der eine Tätigkeit betreibt, die mit Unfallgefahren für Dritte verbunden ist. Diese Unfallgefahren lassen sich verringern, wenn der Bürger **Maßnahmen zur Unfallverhütung** ergreift, und zwar wollen wir annehmen, dass Häufigkeit und Schwere der Unfälle sich umso stärker reduzieren lassen, je mehr Sicherungsmaßnahmen getroffen werden. Solche Maßnahmen haben ihren Preis und führen damit für denjenigen, der sie trifft, zu Vermögenseinbußen. Ebenso führen aber auch Unfallschäden zu Verlusten, und auch für sie kann ein Preis gefunden werden, der sich aus dem Umfang der drohenden Schäden multipliziert mit der Wahrscheinlichkeit ihres Eintritts ergibt. Man kann das in einer Tabelle wie folgt darstellen:

---

6 BGH VersR 1956, 410.
7 BGH VersR 1963, 360.
8 BGH VersR 1960, 349.
9 OLG München VersR 1998, 326.
10 BGH NJW 1988, 48.

## Tabelle 1

| Kosten der Sicherungsmaßnahmen | Unfallschäden | Verluste beider Parteien |
|---|---|---|
| 0  | 60 | 60 |
| 5  | 30 | 35 |
| 10 | 20 | 30 |
| 15 | 17 | 32 |
| 20 | 15 | 35 |

Es zeigt sich, dass der (in der letzten Spalte ausgewiesene) Verlust dort der geringste ist, wo ein Sicherungsaufwand von 10 betrieben worden ist. Zwar kommt es auch dann noch zu Unfallschäden im Umfang von 20. Insgesamt belaufen sich aber in diesem Fall die Wohlfahrtsverluste nur auf 30, damit auf einen Betrag, der geringer ist als derjenige, der sich ergibt, wenn Sicherungsmaßnahmen zum Preis von weniger als 10 oder auch von mehr als 10 getroffen worden wären. Wenn das Haftungsrecht seiner Aufgabe gerecht werden will, den Unfallvermeidungsaufwand der Bürger auf das »richtige«, nämlich das gesamtgesellschaftlich optimale Niveau zu steuern, dann muss es einen Anreiz dafür setzen, dass der Bürger einen Sicherungsaufwand von mindestens 10 treibt. Das tut es, indem es eine Regelung trifft, die denjenigen, der Sicherungsmaßnahmen zum Preis von 10 (oder auch mehr) getroffen hat, von der Haftung für Unfallschäden freistellt, dagegen denjenigen haften lässt, der weniger als 10 in Unfallverhütung investiert hat. Geht man von einer solchen Haftungsregelung aus, so zeigt die folgende Tabelle, mit welchen Gesamtkosten der Bürger je nach dem Umfang der von ihm aufgewandten Sicherungskosten zu rechnen hat: 67

## Tabelle 2

| Sicherungskosten | Haftungskosten | Gesamtkosten |
|---|---|---|
| 0  | 60 | 60 |
| 5  | 30 | 35 |
| 10 | –  | 10 |
| 15 | –  | 15 |
| 20 | –  | 20 |

Das bedeutet: Trifft der Bürger keine Sicherungsmaßnahmen, so haftet er auf Ersatz der gesamten Schäden iHv 60. Besser steht er sich, wenn er für Unfallverhütung einen Betrag von 5 aufwendet. Dies ändert nichts an seiner Haftung. Aber die Unfallschäden belaufen sich jetzt auf nur noch 30, sodass sich sein Gesamtaufwand auf 35 stellt. Ein noch günstigeres Ergebnis lässt sich für ihn erreichen, wenn er seine Sicherungsmaßnahmen auf 10 steigert. Dann nämlich stellt ihn das Haftungsrecht von jeder Ersatzpflicht frei. Steigert er seinen Sicherungsaufwand weiter auf 15 oder gar 20, so bleibt er zwar auch von der Haftung verschont. Aber sein Gesamtaufwand liegt dann höher als 10, und deshalb wird er es bei Sicherungsmaßnahmen von 10 bewenden lassen. 68

Den **richtigen Anreiz** zur Wahl des für alle Beteiligten optimalen Verhütungsaufwands setzt das Haftungsrecht für den einzelnen Bürger somit dann, wenn es ihn so lange mit einer Ersatzpflicht belastet, wie er Sicherungsmaßnahmen **von weniger als 10** getroffen hat, ihn hingegen von der Haftung befreit, sobald seine Sicherungsinvesti- 69 tionen sich **auf mindestens 10** belaufen. Praktisch wird dieses Ergebnis vom Haftungsrecht dadurch bewerkstelligt, dass es denjenigen, der einen Unfallverhütungsaufwand von weniger als 10 betrieben hat, als »**fahrlässig**« bezeichnet (und damit haften lässt), hingegen demjenigen die Beachtung der »im Verkehr erforderlichen Sorgfalt« bescheinigt (und ihn damit aus der Haftpflicht entlässt), der Sicherungsmaßnahmen von 10 (oder mehr) getroffen hat.

70 Dass zur Konkretisierung des Begriffs der Fahrlässigkeit ein solcher Kalkül geboten ist, hat der amerikanische Richter *Learned Hand* schon 1947 in *United States v. Carroll Towing Co.*, 159 F. 2d 169, 173 (2d Cir. 1947) erkannt und die nach ihm benannte »**Learned-Hand-Formel**« erfunden. Er bezeichnete dort das Verhalten desjenigen als fahrlässig (»negligent«), der Sicherungsmaßnahmen unterlässt, deren Kosten kleiner sind als der Schaden multipliziert mit seiner Eintrittswahrscheinlichkeit: »if the probability be called P; the injury, L; and the burden, B; liability depends upon whether B is less than L multiplied by P: i. e., whether B [is less than] PL«.[11]

71 Zu bedenken ist ferner, dass Unfallverhütung nicht nur von demjenigen betrieben werden kann, der eine Unfallgefahr geschaffen hat, sondern auch von demjenigen, dem die Unfallgefahr droht: Er kann **Selbstschutzmaßnahmen** treffen und dadurch den Unfall von sich abwenden. Sind die Kosten, mit deren Hilfe das Unfallopfer den Unfall von sich hätte abwenden können, niedriger als die Kosten des Aufwands, den der Schädiger zu diesem Zweck hätte treiben müssen – ist also (wie man im amerikanischen Schrifttum manchmal sagt) das Unfallopfer »**cheapest cost avoider**« –, so besteht kein Anlass, ihm einen Schadensersatzanspruch zu gewähren. Täte man dies, so würde für ihn kein Anreiz mehr bestehen, Selbstschutzmaßnahmen zu treffen und damit den Unfall mit geringerem Aufwand zu verhüten, als dies dem Schädiger möglich gewesen wäre. Dies ist der Grund, warum demjenigen, der nachts auf freiem Feld ein Bahngleis überschreitet und dabei überfahren wird, ein Ersatzanspruch gegen die Bundesbahn versagt wird. In den meisten Fällen liegt es jedoch so, dass optimale Unfallverhütung Sicherungsmaßnahmen *beider* Beteiligter verlangt, und man kann in der Tat zeigen, dass die Regel des § 254, nach der die Haftung eines Schädigers reduziert wird, wenn das Unfallopfer die zum Selbstschutz erforderliche Sorgfalt verletzt hat (→ Rn. 745), auch hier die ökonomisch richtigen Handlungsanreize setzt.[12]

### 3. Optimales Aktivitätsniveau

72 Im Interesse der gesellschaftlichen Wohlfahrt reicht es allerdings nicht aus, wenn der einzelne optimale Sorgfalt walten lässt. Damit ist noch nicht gewährleistet, dass jede einzelne Aktivität es auch wert ist, unternommen zu werden. So mag es beispielsweise nicht oder nur zu exorbitanten Kosten möglich sein, einen alten und seit Jahrzehnten vernachlässigten Industriebetrieb an die heutigen Sicherheits- und Umweltschutzauflagen anzupassen. Die zentrale Frage in einem solchen Fall ist nicht, ob der Betreiber selbst unverhältnismäßige Kosten aufwenden muss, um einen Zuwachs an Sicherheit zu erzielen, sondern ob der Betrieb überhaupt weiterlaufen sollte bzw. in welchem

---

11 Vgl. dazu ausf. *Schäfer/Ott* Ökonomische Analyse ZivilR 145 ff. (215 ff.).
12 Vgl. dazu *Schäfer/Ott* Ökonomische Analyse ZivilR 247 ff.; *Adams,* Ökonomische Analyse der Gefährdungs- und Verschuldenshaftung, 1985, 26 ff.; *Shavell,* Economic Analysis of Accident Law, 1987, 9 ff.

Umfang dies wünschenswert ist. Es ist diese Fragestellung, die in der ökonomischen Literatur mit dem Begriff des »Aktivitätsniveaus« belegt wird. Hier geht es nicht um das »Wie«, um die Art und Weise der Durchführung einer gefährlichen Tätigkeit, sondern um das »Ob«, also um die **Ausführung oder Unterlassung dieser Aktivität.** Im Beispiel sollte der Unternehmer mit dem Anlagebetrieb nur fortfahren, wenn der dadurch generierte Nutzen größer ist als die Summe aus den Betriebs- und den Schadenskosten. Das Haftungsrecht wird in solchen Fällen benötigt, damit die Bilanz, die sich der Anlagebetreiber selbst vorlegt, vollständig ist, also alle mit dem Anlagebetrieb tatsächlich verbundenen Kosten auch wirklich ausweist.

Man darf sich die Aufgabe, das Aktivitätsniveau zu steuern, allerdings nicht als eine einfache Entscheidung zwischen Ausführung oder Unterlassung einer bestimmten Aktivität vorstellen. Solche Fallgestaltungen mögen vorkommen, doch normalerweise geht es um die **Menge einer bestimmten Aktivität,** und zwar im Vergleich zu möglichen Alternativaktivitäten, die als Substitute zur Verfügung stehen. 73

Das sei an einem Beispiel demonstriert: Wir stellen uns jemanden vor, der von Hamburg nach München reisen möchte und sich fragt, ob er mit dem Auto oder mit der Eisenbahn fahren soll. Die Kosten für einen Fahrschein betragen 400 EUR, und wir unterstellen der Einfachheit halber, dass die Gefahr eines Unglücks bei Einhaltung aller Sorgfaltsmaßnahmen von Seiten der Bahn praktisch ausgeschlossen, die mit der Bahnfahrt verbundenen residualen Schadenskosten also Null sind. Die Kosten der Autofahrt belaufen sich auf 380 EUR, doch kann hier nicht ausgeschlossen werden, dass auf den nahezu 900 km von Hamburg nach München trotz Beobachtung der im Verkehr erforderlichen Sorgfalt ein Schaden entsteht. Vielmehr wird mit einer Wahrscheinlichkeit von 1/1000 (1 Promille) ein Schaden im Umfang von 25.000 EUR eintreten. 74

|  | Bahn | Auto |
| --- | --- | --- |
| Fahrtkosten | 400 | 380 |
| Unfallkosten | 0 | 25.000/1.000 = 25 |
| Summe | 400 | 405 |

Müsste der Reisende für die von ihm verursachten Schäden nicht aufkommen, würde die Reise per Auto angetreten, denn die gesamten, von ihm zu tragenden Kosten belaufen sich in diesem Fall auf 380 EUR. In der Sprache der Ökonomie würde der Preis für Autofahren sinken. Das Resultat wäre eine Verschiebung des Gleichgewichts von Angebot und Nachfrage, denn zu dem niedrigeren Preis würden mehr Menschen das Gut »Autofahren« nachfragen. Unterstellt man jedoch die Haftung des Reisenden für sämtliche von ihm verursachten Schäden, würde er bei seiner Entscheidung auch den Erwartungswert der Residualschäden von 25 EUR in Rechnung stellen, sodass die Autofahrt um 5 EUR teurer wäre als die Bahnfahrt. Also würde die Bahn als Verkehrsmittel gewählt. Dieser Effekt ist gemeint, wenn gesagt wird, das Haftungsrecht steuere das Aktivitätsniveau. Im Grunde geht es nur darum, dass die Nachfrage nach einem Gut sinkt, wenn der Preis steigt, und umgekehrt. Und in den Preis eines Guts oder einer Aktivität gehen eben auch die Kosten von Schäden ein, die dem jeweiligen Akteur angelastet werden. Wie noch zu zeigen sein wird, ist nur die verschuldensunabhängige **Gefährdungshaftung** zur Steuerung des Aktivitätsniveaus in der Lage und hat des-

*D. Ziele des Haftungsrechts*

halb entscheidende Vorteile gegenüber der Verschuldenshaftung in Bereichen, in denen sich Schäden auch bei Einhaltung aller Sorgfalt nicht vollständig vermeiden lassen.[13]

## 4. Wirkungsgrenzen

75 Manchem Leser mag sich die Frage aufdrängen, **wie realistisch es eigentlich ist** anzunehmen, ein Autofahrer wähle seine Geschwindigkeit, nachdem er die jeweils zu erwartenden Schäden kalkuliert und gegen den Nutzen erhöhter Geschwindigkeit abgewogen hat. Hat jemals ein Autofahrer am Steuer überlegt, dass er bei Einhaltung der Höchstgeschwindigkeit von 50 km/h mit einer Wahrscheinlichkeit von 1 % einen Schaden von 1000 verursacht – was einem Erwartungswert von 10 entspricht –, dass aber bei Erhöhung der Geschwindigkeit auf 60 km/h die Eintrittswahrscheinlichkeit auf 1,5 % und der Erwartungswert auf 15 steigt?

### a) Ex ante: Entscheidungen in Risikosituationen

76 Viel kommt zunächst darauf an, **in welcher Situation** der Handelnde darüber zu entscheiden hat, ob er eine bestimmte Tätigkeit (oder statt ihrer eine andere) aufnehmen oder mit welchen auf Schadensverhütung abzielenden Maßnahmen er sie betreiben will. Gute Chancen für die präventive Wirkung der unterschiedlichen Sanktionen, die sich aus der jeweils getroffenen Wahl ergeben, bestehen jedenfalls dort, wo der Handelnde die Möglichkeit hat, die langfristigen Folgen seiner Entscheidung **planend zu überdenken:**[14] Wer zB als Eisenbahnunternehmer darüber entscheiden muss, nach welcher Laufleistung er die Radreifen eines Hochgeschwindigkeitszuges kontrolliert und wann sie auszuwechseln sind, dem bleibt gar nichts anderes übrig, als die Kosten solcher Inspektions- und Wartungsmaßnahmen zu taxieren und zu prüfen, ob sie den dadurch erzielbaren Gewinn an zusätzlicher Sicherheit aufwiegen. In genau derselben Situation ist auch eine Fluglinie im Hinblick auf die Wartung ihrer Flotte, obwohl sich die Öffentlichkeit nach jedem spektakulären Flugzeugabsturz aufs Neue überrascht davon zeigt, dass absolute Sicherheit nicht geboten wird, sondern die **Kosten von Sicherheitsmaßnahmen** ganz selbstverständlich kalkuliert und zu ihrem Ertrag in Beziehung gesetzt werden. Solide empirische Beweise für den verhaltenssteuernden Effekt ökonomischer Sanktionen sind freilich knapp.[15]

77 Anders liegt es dort, wo Entscheidungen über Verhaltensalternativen in Sekundenschnelle oder sonst unter Bedingungen fallen müssen, die einer **rationalen Abwägung ihrer Nutzen und Kosten nicht günstig** sind. Wer zB als Kraftfahrer blitzschnell entscheiden muss, ob er ein Überholmanöver riskieren soll, wird dabei wohl nicht primär an seine mögliche Haftung – realistischer: an den drohenden Verlust seines Schadensfreiheitsrabatts – denken, sondern allenfalls daran, dass er selbst Verletzungen erleiden, seinen Führerschein verlieren oder wegen eines Verkehrsdelikts bestraft werden könnte. In der Tat dürften die Wirkungen, die ökonomische Sanktionen auf mensch-

---

13 Grdl. *Shavell*, Strict Liability versus Negligence, (1980) 9 J. Legal Stud. 1; vgl. weiter *Shavell*, Economic Analysis of Accident Law, 1987, 21 ff.; *Schäfer/Ott* Ökonomische Analyse ZivilR 233 ff. (194 ff.); → Rn. 499 ff.
14 Dazu *Weyers*, Unfallschäden, Praxis und Ziele von Haftpflicht- und Vorsorgesystemen, 1971, 466 ff.; sehr skeptisch *Koziol*, Grundfragen des Schadensersatzrechts, 2010, 85 ff.
15 Vgl. immerhin die Nachw. bei *Dewees/Duff/Trebilcock*, Exploring the Domain of Accident Law, 1996 sowie *Kötz/Schäfer* AcP 189 (1989), 501.

liches Verhalten in Situationen akuter Unfallgefahr ausüben, eher geringer sein. Freilich muss man bedenken, dass auch Kraftfahrer »zweckrationale« Entscheidungen treffen, so etwa darüber, ob sie ein Auto mit einem großen oder geringen Maß an »eingebauter Sicherheit« erwerben, ob sie es mehr oder weniger regelmäßig durch einen Fachmann auf seine Verkehrssicherheit überprüfen lassen oder ob sie sich an Verkehrsregeln, insbesondere an Geschwindigkeitsbegrenzungen halten und allgemein einen mehr oder weniger riskanten Fahrstil pflegen wollen. Insofern ist auf die oben (→ Rn. 75) aufgeworfene Frage zu antworten: Selbstverständlich wird kein Autofahrer Berechnungen anstellen, bevor er auf das Gaspedal drückt, aber er wird sich möglicherweise einen Fahrstil angewöhnen, der auch auf das Ausmaß des Haftungsrisikos abgestimmt ist.

Schließlich wird die Annahme, Menschen verhielten sich wie rationale Nutzenmaximierer, von Seiten der Psychologie infrage gestellt. Eine Vielzahl von Experimenten aus dem Bereich der sog. **behavioral law and economics** hat ergeben, was Juristen immer schon zu wissen meinten, dass nämlich der Mensch nicht immer rationale – im Sinne von: den eigenen Nutzen maximierende – Entscheidungen trifft und mitunter nicht einmal treffen will.[16] Der reale Mensch unterschätzt das Risiko katastrophaler Verluste, die mit geringer Wahrscheinlichkeit eintreten **(probability neglect)**,[17] überschätzt die Wahrscheinlichkeit von Unfällen, die ihm erst kürzlich vor Augen geführt wurden **(availability heuristic),** er verteidigt das, was er hat, und zwar auch dann, wenn er es ursprünglich für diesen Preis gar nicht haben wollte **(endowment effect),** unterliegt allerlei anderen Präsentationseffekten **(framing),** er überschätzt seine eigenen Fähigkeiten, kritische Situationen zu meistern, und überhaupt das Maß der eigenen Kontrolle über den Lauf der Welt **(overoptimism, overconfidence).**[18] Nicht zuletzt haben reale Menschen eine **Präferenz für die faire Lösung** von Interessenkonflikten durch gerechte Teilung der Kooperationsdividende.

78

So richtig dies alles ist: **Was folgt daraus?** Sicher nicht, dass der Mensch wie ein Zufallsgenerator funktioniert, also beliebig aus einem Menü von Handlungsmöglichkeiten auswählt. Nur dann wäre es angebracht, die Steuerungsfunktion des Haftungsrechts ad acta zu legen. Die zitierte Forschung zeichnet jedoch nicht das Bild völliger Plan- und Regellosigkeit, sondern zeigt, wie der reale Mensch in einer von Unsicherheit geprägten Welt unter Zeitdruck und auf Basis unzureichender Informationen Entscheidungen trifft. Die Aufgabe der Rechtsordnung besteht somit darin, Entscheidungen zu erleichtern und zu unterstützen, die sich auch ex post, bei Berücksichtigung aller relevanten Informationen noch als »richtig« herausstellen. Dabei bleibt gar nichts anderes übrig, als vom ökonomischen Verhaltensmodell auszugehen, dann aber die verschiedenen psychologischen Faktoren, die menschliches Verhalten beeinflussen, einzukalkulieren.[19] So mag es sich beispielsweise empfehlen, für bestimmte Schadens-

---

16 Vgl. die Beiträge in *Sunstein* (Hrsg.), Behavioral Law and Economics, 2000; Überblicke bei *Eidenmüller* JZ 2005, 216; *Schäfer/Ott* Ökonomische Analyse ZivilR 65 ff.; speziell zum Deliktsrecht *Faure,* The Impact of Behavioural Law and Economics on Accident Law, 2009.
17 Eing. zu den Konsequenzen für die Delikthaftung *E. Posner* 11 Sup. Ct. Rev. (2003), 125.
18 Übersicht über die verschiedenen »heuristics and biases« bei *Korobkin/Ulen* 88 Cal.L.Rev. (2000), 1053; *Wagner* ZZP 121 (2008), 5 ff.
19 Ein Versuch in diese Richtung ist das Programm des »Libertarian Paternalism« von *Thaler/Sunstein,* Libertarian Paternalism Is Not an Oxymoron, 70 U.Chi.L.Rev. (2003), 1159; *Thaler/Sunstein,* Nudge, 2008.

risiken, die systematisch unterschätzt werden, eine gesetzliche Versicherungspflicht einzuführen (→ Rn. 566 ff.). Die Haftpflichtversicherungen haben nämlich einen Anreiz, ihre Versicherungsnehmer zu kontrollieren, sie auf drohende Schadensszenarien hinzuweisen und so den nachteiligen Effekten von Überoptimismus und der Verdrängung kleiner Wahrscheinlichkeiten entgegenzuwirken.

### b) Ex post: Entscheidungen der Gerichte

79 Damit sich die Steuerungswirkungen der Haftungsandrohung entfalten können, müssen sie nicht nur von dem einzelnen Akteur antizipiert werden, sondern auch die Gerichte müssen »richtig« funktionieren, dh es muss gewährleistet sein, dass der Sorgfaltsstandard auf das effiziente Niveau festgesetzt (Verschuldenshaftung) und der Schaden akkurat berechnet wird (Gefährdungshaftung). Doch können die Gerichte ihre Aufgabe im Bereich der Verschuldenshaftung eigentlich erfüllen, wenn ihnen die dafür erforderlichen **Informationen über Aufwand und Ertrag** von Sorgfaltsmaßnahmen nicht zur Verfügung stehen? Tatsächlich können Nutzen und Kosten auch dort sinnvoll gegeneinander abgewogen werden, wo es an genauem Zahlenwerk fehlt und man sich stattdessen mit plausiblen Annahmen und Näherungswerten begnügen muss, um zu *qualitativ* **tragfähigen Urteilen** zu gelangen. Ein Gericht, das beispielsweise über die Erforderlichkeit eines Plexiglaszaunes zum Schutz der Zuschauer von Eishockey-Spielen zu befinden hat, muss die Kosten eines solchen Zauns und den Umfang der dadurch zu vermeidenden Schäden nicht auf Heller und Pfennig exakt ausrechnen, sondern sich lediglich vergewissern, ob die Kosten der Sicherheitsmaßnahme pro Saison größer oder kleiner sind als die durch den Zaun in derselben Periode vermiedenen Schadenskosten. Ganz ähnlich werden solche Fälle in der gerichtlichen Praxis auch behandelt,[20] selbst wenn dies meist auf richterlicher Intuition beruht, selten ausdrücklich erwogen und noch seltener im Urteil offen ausgesprochen wird. Denn jeder Richter wird die Anforderungen an die »im Verkehr erforderliche Sorgfalt« umso höher schrauben, je wahrscheinlicher es ist, dass es ohne jene Sorgfalt zu einem Unfall kommt. Droht ein Personenschaden, wird er strenger sein, als wenn nur Sachschäden zu befürchten sind.

80 Gelegentlich lässt sich der Umfang der gebotenen Sorgfaltsmaßnahmen nicht bloß intuitiv, sondern durch rechnerische Überlegungen konkret bestimmen. In BGHZ 108, 273 = NJW 1989, 2808 war ein Kraftfahrer auf einer Kreisstraße mit Rehwild kollidiert. Er verlangte Schadensersatz vom Träger der Straßenverkehrssicherungspflicht mit der Begründung, dass die Kreisstraße an der Unfallstelle in hohem Maße durch Wildwechsel gefährdet sei und der Beklagte sich mit der Aufstellung eines Warnschildes begnügt, die **Anbringung eines Wildschutzzauns** aber fahrlässig unterlassen habe. Der BGH wies die Klage ab, weil jedenfalls auf Kreisstraßen die Aufstellung eines Schildes ausreiche, dies selbst dann, wenn im Bereich des Unfallorts »in den Jahren 1984 und 1985 etwa 50–60 Verkehrsunfälle durch Wild verursacht worden sind«. Hier hätte es nahe gelegen, die Kosten zu ermitteln, die dem Beklagten durch den Bau eines Wildschutzzauns entstanden wären. Setzt man diese Kosten auf 160.000 EUR an, so wären dadurch dem Beklagten bei einer zehnjährigen Lebensdauer des Zauns jährliche Kosten iHv 16.000 EUR sowie 9% Zinsen auf das eingesetzte Kapital von

---

20 Vgl. zum Eishockey-Schutzzaun BGH NJW 1984, 801 (802); *Kötz/Schäfer* in Kötz/Schäfer (Hrsg.), Judex oeconomicus, 2003, 13.

160.000 EUR = 14.400 EUR, insgesamt also 30.400 EUR entstanden. Die Kosten, die durch 50–60 Verkehrsunfälle pro Jahr entstehen, liegen um ein Vielfaches höher. Daher ist die Entscheidung nicht zu billigen.[21]

Allerdings ist der Rechtsprechung immer wieder vorgeworfen worden, sie **überspanne die Sorgfaltsgebote des Deliktsrechts** und lege dem Einzelnen Pflichten auf, die kein Mensch erfüllen könne bzw. ein vernünftiger Mensch angesichts der im Verhältnis zu den vermiedenen Schäden überproportionalen Kosten gar nicht erfüllen sollte.[22] Die wichtigste Triebfeder dieser Tendenz ist nicht die eine oder andere Eigenheit des jeweiligen nationalen Deliktsrechts, sondern eine allgemein-menschliche Eigenschaft, der sog. **Rückschaufehler (hindsight bias).** Darunter versteht man in der Verhaltenspsychologie die Eigenschaft des Menschen, die Wahrscheinlichkeit bestimmter Ereignisse deutlich zu überschätzen, wenn und weil sie bereits eingetreten sind.[23] Der Anschlag auf das World Trade Center am 11.9.2001 wäre wohl noch am Tag davor von der überwältigenden Mehrheit der Bevölkerung für gänzlich unwahrscheinlich und nahezu ausgeschlossen gehalten worden; rückblickend wird die Wahrscheinlichkeit eines solchen Anschlags ganz anders beurteilt. Es ist davon auszugehen, dass auch Gerichte dem *hindsight bias* unterliegen, die Wahrscheinlichkeit des Schadenseintritts rückblickend überschätzen und damit den Sorgfaltsstandard zu hoch ansetzen. Gegen diese Form der Selbsttäuschung gibt es kein dogmatisches Heilmittel, sondern es hilft wohl nur Selbstaufklärung: Richterinnen und Richter müssen sich bewusst sein, dass sich Schadensereignisse dem Beobachter ex post häufig als nachgerade unausweichlich darstellen, obwohl mit ihrem Eintritt aus der Sicht ex ante kaum zu rechnen war.

81

### c) Der Einfluss von Haftpflichtversicherungen

In Deutschland genießen sämtliche Halter von Kraftfahrzeugen,[24] die meisten Unternehmen und darüber hinaus die meisten Privatpersonen den Schutz einer Haftpflichtversicherung.[25] Das bedeutet, dass sie von ihrem Versicherer Freistellung von allen Ansprüchen verlangen können, die einem Dritten wegen eines durch den jeweiligen Versicherungsnehmer verursachten Schadens zustehen (§ 100 VVG). Was geschieht unter solchen Rahmenbedingungen mit den Anreizen des Haftungsrechts?

82

---

21 Vgl. zu diesem Fall die ausführliche Darstellung bei *Kötz/Schäfer,* Judex, calcula!, JZ 1992, 355; krit. dazu *Taupitz* AcP 196 (1996), 114 (158f.); zu den Einwänden *Kötz/Schäfer* in Kötz/Schäfer (Hrsg.), Judex oeconomicus, 2003, 10ff.
22 Vgl. *Esser* JZ 1953, 129; *v. Caemmerer,* FS DJT Bd. II, 1960, 49 (63f.); *Jansen,* Die Struktur des Haftungsrechts, 2003, 2ff. und passim.
23 Eingehende Darstellung im Zusammenhang mit dem Haftungsrecht bei *Rachlinsky,* A Positive Psychological Theory of Judging in Hindsight, in Sunstein (Hrsg.), Behavioral Law and Economics, 2000, 95 (99ff.); *Rachlinsky,* The Psychological Foundations of Behavioral Law and Economics, 2011 University of Illinois Law Review, 1675.
24 *GDV* (Hrsg.), Statistisches Taschenbuch der Versicherungswirtschaft 2015, 62: 61 Mio. Kfz-Haftpflichtpolicen, bei einem Bestand von ca. 53,7 Mio. Kfz und ca. 6.700 Anhängern (Statistisches Bundesamt, Statistisches Jahrbuch 2015, 596, Nr. 25.4.5).
25 *GDV* (Hrsg.), Statistisches Taschenbuch der Versicherungswirtschaft 2015, 62: ca. 45 Mio. Haftpflichtversicherungsverträge, bei ca. 40 Mio. Haushalten (Statistisches Bundesamt, Statistisches Jahrbuch 2015, 49, Nr. 2.6.1.) und einer Bevölkerung von ca. 81 Mio. (Statistisches Bundesamt, Statistisches Jahrbuch 2015, 26, Nr. 2.1.1.).

83  Es scheint, als brauche es den haftpflichtversicherten Halter oder Fahrer eines Kraftfahrzeugs, den Unternehmer oder Privatmann gar nicht zu interessieren, ob er für einen Schaden haftbar gemacht wird oder nicht. Denn selbst wenn eine solche Ersatzpflicht bestünde, würde nicht er, sondern statt seiner sein Haftpflichtversicherer für den Unfallschaden einzutreten haben. Damit scheint zunächst jeder **Anreiz zu sorgfältigem Verhalten** ebenso zu entfallen wie die Steuerung des Aktivitätsniveaus durch Verteuerung schadensträchtiger Aktivitäten. Zwar werden die Schadensaufwendungen der Versicherer über die Versicherungsprämie auf die Gesamtheit der Versicherungsnehmer verteilt, doch diese Maßnahme bleibt wirkungslos, solange die Verteilung gleichmäßig erfolgt: Wird beispielsweise ein Kraftfahrer, der besonders viel oder besonders gefährlich fährt, zur Durchschnittsprämie veranlagt, wird für ihn das Autofahren billiger, als es dies im Interesse der Steuerung der Unfallhäufigkeit auf das gesamtgesellschaftlich optimale Niveau eigentlich sein sollte. Diesen Effekt, dass ein Versicherungsnehmer, der eine Durchschnittsprämie entrichtet, mit seinen Sorgfaltsanstrengungen nachlässt, nennt die ökonomische Literatur »**moralisches Risiko**« (*moral hazard*).²⁶ Das Problem besteht darin, dass der Versicherer das Verhalten des Versicherungsnehmers nicht beobachten kann und deswegen außerstande ist, auf ein Nachlassen der Sorgfaltsanstrengungen mit einer Erhöhung der Prämie zu reagieren.

84  Ganz so hilflos wie eben suggeriert stehen die Versicherer dem moralischen Risiko allerdings nicht gegenüber. Sie haben nämlich eine Reihe von Instrumenten zur Verfügung, mit denen sich die durch das Haftungsrecht generierten Anreize partiell wiederherstellen lassen, beispielsweise **Selbstbehalte** und **Bonus/Malus-Regelungen**, wie sie in der Kraftfahrt-Haftpflichtversicherung üblich sind. Beim Selbstbehalt trägt der Schädiger einen gewissen Sockelbetrag der Haftungskosten – beispielsweise 500 EUR – selbst, und die Versicherung tritt erst jenseits dieses Betrags ein. Im Umfang des Selbstbehalts bleibt der Anreiz zur Sorgfalt in vollem Umfang erhalten, und im Übrigen erspart diese Vereinbarung Verwaltungskosten dort, wo sie besonders ins Gewicht fallen, nämlich bei Bagatellschäden. Bonus/Malus-Regelungen nach Art des in der Kraftfahrt-Haftpflichtversicherung geläufigen **Schadensfreiheitsrabatts** belassen dem Versicherungsnehmer die volle Deckung, passen jedoch die Prämie ex post – nach dem Eintritt eines Haftungsfalls – dieser Erfahrung an, setzen sie also herauf. Die Versicherer warten im Übrigen gar nicht erst das Unheil ab, sondern **taxieren die Unfallneigung ihrer Kunden ex ante**: Derjenige, der den Führerschein soeben erworben hat, muss als besonders schadensträchtiger Anfänger sogar eine Prämie zahlen, die sich auf 230 % des Normalpreises (Schadensfreiheitsrabatt-Stufe 0) beläuft. Schließlich nehmen die Haftpflichtversicherer auch auf das Verhalten der Versicherungsnehmer nach Eintritt des Schadens Einfluss, um **ex-post-moral-hazard** entgegen zu wirken. Im Bereich der Kraftfahrt-Haftpflichtversicherung versuchen die Versicherungsunternehmen beispielsweise, mit nicht-markengebundenen Reparaturwerkstätten Rahmenabkommen zu schließen, die die Instandsetzung beschädigter Fahrzeuge zu Sonderkonditionen erlauben (→ Rn. 670).²⁷

---

26 Vgl. *Adams*, Ökonomische Analyse der Gefährdungs- und Verschuldenshaftung, 1985, 226 ff.; *Wagner* in Simon/Ahrens (Hrsg.), Umwelthaftung, Risikosteuerung und Versicherung, 1996, 97 (104 f.); *Wagner* VersR 1999, 1441 (1444 ff.).
27 Vgl. dazu *Stancke* VersR 2016, 1043.

Darüber hinaus versucht die Versicherungswirtschaft, den unterschiedlichen Schadenswahrscheinlichkeiten ihrer Versicherungsnehmer bei der Kalkulation der Prämie auch jenseits des kruden Anfänger-Kriteriums Rechnung zu tragen. Beispielsweise wird das Ziel, besonders schadensträchtige Formen des Autofahrens mit einer gefahradäquaten Prämie zu belasten, auch dadurch angestrebt, dass die Prämien nach Motorstärke, Bauart und Verwendungszweck des Fahrzeugs (**objektive Gefahrenmerkmale**), ferner danach abgestuft sind, ob das betreffende Fahrzeug in einer relativ risikoarmen Region (»**Regionalklasse**«) oder von Beamten oder Angestellten im öffentlichen Dienst – einem offenbar risikoscheuen Menschenschlag – gefahren wird (»**Beamtentarif**«). Freilich zeigen ausländische Erfahrungen, dass die Versicherer die **Prämiendifferenzierung** noch erheblich verfeinern könnten, ohne dass ihnen dadurch ein unzumutbar großer administrativer Zusatzaufwand entstünde. In den USA beispielsweise zahlt man deutlich weniger Haftpflichtversicherungsprämie, wenn man verheiratet und nicht ledig ist, Kinder hat anstatt kinderlos zu sein oder einen Wagen blauer Farbe fährt und keinen roten, weil dieser Farbton offenbar besonders viele Personen mit unfallträchtigem Fahrstil anlockt. 85

### d) Durchsetzungsdefizite

Selbst wenn man akzeptiert, dass die durch Haftungsrecht vermittelten ökonomischen Anreize grundsätzlich verhaltenssteuernde Wirkungen haben können, lässt sich immer noch der Einwand erheben, dass diese Wirkungen nur insoweit greifen können, als der Geschädigte die ihm zustehenden Ansprüche auch durchzusetzen vermag. In der Praxis kommt es häufig aus verschiedensten Gründen nicht dazu. Insbesondere wird der Geschädigte auch bei besten Erfolgsaussichten gar nicht erst versuchen, seine Ansprüche einzuklagen, wenn der **Gegner insolvent bzw. nicht ausreichend finanzkräftig** ist, um ein entsprechendes Urteil auch zu erfüllen. Der Schädiger braucht sich dann um sein Haftungsrisiko nicht zu kümmern, denn er ist »judgment proof«.[28] Hier kann die Haftpflichtversicherung sogar einen positiven Präventionsbeitrag leisten, indem sie verhindert, dass der potentielle Schädiger das Insolvenzrisiko unterschätzt oder bewusst in Kauf nimmt. Letzteres kann bei Langzeitschäden, bei denen zwischen der schädlichen Aktivität und dem Eintritt des Schadens eine lange Latenzperiode liegt, eine attraktive Strategie sein. Deshalb ist es zu begrüßen, dass die Betreiber von Abfallbeseitigungsanlagen gem. § 19 UmweltHG einer Verpflichtung zum Abschluss einer Haftpflichtversicherung bzw. zur Deckungsvorsorge unterliegen: Auf diese Weise wird gewährleistet, dass die zukünftigen Schadenskosten dem Betreiber der Anlage über die Versicherungsprämie schon heute in Rechnung gestellt werden.[29] 86

Gleichwohl sind die relativ wenigen Fälle obligatorischer Haftpflichtversicherungen nicht dazu geeignet, das »Vollzugsdefizit« des Haftungsrechts vollständig zu beseitigen. Dies erklärt, warum die Haftungssanktionen des Zivilrechts nicht ausreichen, um die erforderliche Schadensprävention zu gewährleisten. Vielmehr müssen hier auch das **Strafrecht** und das **Verwaltungsrecht** ihren Part übernehmen. Sie tun dies, indem sie dem Bürger ein bestimmtes unfallverhütendes Verhalten unmittelbar befehlen und ihm für den Fall der Nichtbefolgung des Befehls Strafen, Geldbußen, den Widerruf von Erlaubnissen oder andere Sanktionen androhen. In der Tat kommt ja niemand auf den 87

---
28 *Shavell*, The Judgement Proof Problem, (1986) 6 International Review of Law and Economics, 45 f.
29 *Wagner* VersR 1999, 1441 (1448 ff.).

*D. Ziele des Haftungsrechts*

Gedanken, dass der Betreiber eines Kernkraftwerks schon deshalb alle erforderlichen Sicherungsmaßnahmen treffen wird, weil er dazu durch das Risiko seiner Haftung für Strahlenschäden angespornt wird; vielmehr erhält er eine Erlaubnis zum Betrieb des Kraftwerks erst dann, wenn er nachweislich bestimmte, verwaltungsrechtlich vorgeschriebene Sicherungsanforderungen beachtet hat. Ebenso wenig wird sich ein Kraftfahrzeughalter allein deshalb im Verkehr sorgfältig verhalten, weil ihm sonst eine Haftung für den Unfallschaden droht. Daneben sorgt auch das Verwaltungsrecht für Unfallverhütung, indem es zB zum Straßenverkehr von vornherein nur denjenigen zulässt, der ein behördlich genehmigtes und überprüftes Fahrzeug benutzt und im Besitz eines Führerscheins ist. In die gleiche Richtung wirken auch die Sanktionen des Strafrechts, so etwa dort, wo es mit Strafe denjenigen bedroht, der sich betrunken an das Steuer seines Autos gesetzt und dadurch andere Verkehrsteilnehmer in Gefahr gebracht hat (§ 315 c StGB).

88 Der Unterschied zwischen den Präventionswirkungen des Haftungsrechts und des Straf- und Verwaltungsrechts liegt in Folgendem: Das Haftungsrecht kann erst **ex post,** also nach Eintritt eines Schadens reagieren, und auch dies nur dann, wenn der Geschädigte die Initiative ergreift und Schadensersatz verlangt. Hoheitliche Ge- und Verbote können dagegen auch schon **ex ante** vor dem Schadensfall Sanktionen auslösen; ihre Verhängung setzt nicht eine private, sondern eine verwaltungsbehördliche Initiative voraus. Das Ziel beider Mechanismen bleibt dasselbe: Sie wollen durch Setzung von Anreizen menschliches Verhalten so steuern, dass alle Schadensereignisse verhütet werden, die zu verhüten unter dem Gesichtspunkt einer Steigerung der gesamtgesellschaftlichen Wohlfahrt sinnvoll ist.

89 **Beispiele** für Vorschriften, die aus diesen Gründen ein bestimmtes Verhalten ge- oder verbieten, finden sich in zahlreichen Vorschriften des Umweltschutzrechts, des Produktsicherheitsrechts, in den Bestimmungen der StVO und der StVZO, im Lebensmittelrecht usw. Besonders dort, wo die Präventionswirkungen des Haftungsrechts nicht ausreichen, ist die unmittelbare hoheitliche Verhaltenssteuerung besonders wichtig. Letztere wird allerdings um die Sanktionen des Deliktsrechts ergänzt, soweit § 823 II den Verstoß gegen eine einschlägige Norm des öffentlichen Sicherheitsrechts mit Schadensersatzpflichten bewehrt (→ Rn. 227).[30]

## III. Schadensstreuung

90 Wenn eine Flasche Mineralwasser in der Hand eines Kindes explodiert und dieses dadurch sein Augenlicht einbüßt, stellt sich die Frage, ob der Mineralbrunnen dafür einstehen muss. Der für die deliktische **Produkthaftung** erforderliche sog. Fehlerbereichsnachweis (→ Rn. 631) lässt sich regelmäßig nicht führen, weil sich nicht aufklären lässt, ob die Flasche bereits einen Haarriss oder sonstigen Defekt aufwies, als sie den Abfüllungsbetrieb verlassen hat. Gleichwohl haben sowohl die deutschen als auch die amerikanischen Gerichte Wege gefunden, den Abfüller verantwortlich zu machen, wenn auch die Begründungen weit auseinander gingen. Während der BGH eine »Befundsicherungspflicht« aus dem produkthaftungsrechtlichen Boden stampfte

---

30 Zu der Frage, wo die Stärken und die Schwächen der beiden Präventionsstrategien liegen und wie sie sich am besten ergänzen: *Shavell*, Economic Analysis of Accident Law, 1987, 277 ff. und *Shavell*, Liability for Harm versus Regulation of Safety, (1984) 13 J. Legal Stud. 357; *Wagner* VersR 1999, 1441 (1443 f.).

und dem Abfüller die Beweislast dafür auferlegte, dass die Flasche beim Verlassen der Betriebsstätte noch einwandfrei war,[31] sprach der kalifornische Richter *Traynor* ganz offen aus, was ihn dazu bewegt hatte, der Klage stattzugeben:

»The cost of an injury and the loss of time or health may be an overwhelming misfortune to the person injured, and a needless one, for the risk of injury can be insured by the manufacturer and distributed among the public as a cost of doing business.«[32]

Der Hersteller haftet danach nicht, weil er etwas falsch gemacht hat, sondern einfach deshalb, weil er die Kosten besser »versichern« kann. Das Haftungsrecht muss demnach nicht nur darauf bedacht sein, die richtigen **Anreize zur Vermeidung von Schäden** zu setzen, sondern trotz aller Anstrengungen **unvermeidbare Schadensrisiken** demjenigen **zuweisen**, der sie besser tragen kann. In dem genannten Beispiel sprechen gute Gründe für eine Haftung des Abfüllers auch dann, wenn er die Explosion der Flasche beim besten Willen nicht vermeiden konnte, denn den Geschädigten treffen die Verletzungsfolgen hart, während der Abfüller die Schadenskosten über den Produktpreis abwälzen kann. So werden die Schadenskosten am Ende über das Kollektiv sämtlicher Konsumenten kohlensäurehaltiger Getränke gestreut, und jeder einzelne genießt de facto Versicherungsschutz für den seltenen Fall, dass einmal eine solche Flasche in seiner Hand explodieren sollte. Dafür wäre wohl jedermann bereit, eine Prämie zu zahlen, die pro Flasche nur geringste Bruchteile eines Cents ausmachen würde. Seinen Grund hat dieses Phänomen in der Risikoaversion des Menschen: In einer Welt knapper Güter zieht der einzelne ein bescheideneres, aber sichereres Leben einem großzügigeren, aber unsichereren vor: Lieber den Spatz in der Hand, als die Taube auf dem Dach.

91

Echte **Versicherungsfunktion** kommt allerdings nur solchen Haftungen zu, die nicht vom Verschuldensnachweis abhängen, denn andernfalls hat der potentielle Schädiger allen Grund, sich sorgfältig zu verhalten und damit die Haftung abzuwenden. Die gleichwohl eintretenden Schäden bleiben beim Opfer liegen. In Deutschland ist die Einführung einer verschuldensunabhängigen Gefährdungshaftung dem Gesetzgeber vorbehalten, sodass die Frage nach dem besseren Risikoträger eigentlich in der Gerichtspraxis keine Rolle spielen dürfte (→ Rn. 492). Im Übrigen verfügen wir heute über entwickelte Versicherungsmärkte, sodass nahezu jedes Schadensrisiko entweder von dem Betroffenen selbst (sog. Sach- und Personenversicherung; *first party insurance*) oder von dem potentiell haftpflichtigen Dritten (Haftpflichtversicherung; *third party insurance*) bei einem **professionellen Risikoträger** zur Deckung gebracht werden kann (→ Rn. 54, 82).

92

Nach dem sog. **Trennungsprinzip** folgt die versicherungsmäßige Deckung der Haftung und nicht umgekehrt, sodass die Haftung nicht deshalb bejaht werden darf, weil der Schädiger versichert ist.[33] Gleichwohl kommt der Existenz von **Versicherungsschutz** in der gerichtlichen Praxis mitunter entscheidende Bedeutung für den Ausgang eines Ersatzprozesses zu. So nimmt der BGH einen konkludenten Haftungsverzicht an, wenn der Kunde eines Automobilhändlers eine Probefahrt mit einem Vorführwagen unternimmt, denn es sei Sache des Kfz-Händlers, das Schadensrisiko durch Abschluss einer Sach- bzw. Kaskoversicherung für den Vorführwagen auf einen professionellen Risikoträger zu transferieren.[34] Ähnliche Erwägungen dürften den BGH beeinflusst haben, als er den Halter eines Pferdes auch dann

93

---

31 BGHZ 104, 323 (333ff.) = NJW 1988, 2611.
32 *Escola v. Coca-Cola Bottling Co. of Fresno*, 150 P.2d 436, 440f.
33 BGHZ 117, 345 (350) = NJW 1992, 1509; BGH NJW 2010, 537 Rn. 14; vgl. auch *v. Bar* AcP 181 (1981), 289.
34 BGH NJW 1972, 1363f.; 1979, 643 (644); 1980, 1681 (1682).

zum Schadensersatz verpflichtete, wenn er das Pferd unentgeltlich einem anderen zur Verfügung gestellt hatte, der sich bei dem Ausritt verletzte.[35] Der altruistisch handelnde Pferdehalter wurde wohl nur deshalb so hart angefasst, weil hinter ihm in aller Regel eine Haftpflichtversicherung steht. Umgekehrt hat der BGH unter den Teilnehmern eines privaten Autorennens einen konkludenten Haftungsausschluss für fahrlässig verursachte Unfälle angenommen – dies aber nur insoweit, wie nicht die Haftpflichtversicherung des Unfallfahrzeugs für den Schaden aufzukommen hatte.[36]

---

35  BGH NJW 1992, 2474.
36  BGHZ 154, 316 (324) = NJW 2003, 2018; OLG Celle VersR 2009, 1236.

# E. Die Grundtatbestände der Verschuldenshaftung

**Literatur:** *v. Bar,* Verkehrspflichten – Richterliche Gefahrsteuerungsgebote im deutschen Deliktsrecht, 1980; *Brüggemeier,* Fahrlässigkeitshaftung, FS E. Schmidt, 2005, 33 ff.; *Canaris,* Grundstrukturen des deutschen Deliktsrechts, VersR 2005, 577; *Deutsch,* Fahrlässigkeit und erforderliche Sorgfalt, 2. Aufl. 1995; *U. Huber,* Zivilrechtliche Fahrlässigkeit, FS E. R. Huber, 1973, 253 ff.; *Kleindiek,* Deliktshaftung und juristische Person, 1997; *Koziol,* Grundfragen des Schadensersatzrechts, 2010, 171 ff.; *Larenz,* Rechtswidrigkeit und Handlungsbegriff im Zivilrecht, FS Dölle I, 1963, 169 ff.

**Rechtsvergleichend:** *v. Bar,* Gemeineuropäisches Deliktsrecht II, 1999, Rn. 211 ff.; *v. Caemmerer,* Das Verschuldensprinzip in rechtsvergleichender Sicht, RabelsZ 42 (1978), 5; *Koziol* (Hrsg.), Unification of Tort Law: Wrongfulness, 1998; *Zweigert/Kötz,* Einführung in die Rechtsvergleichung, 3. Aufl. 1996, § 40; *Wagner,* Grundstrukturen des Europäischen Deliktsrecht, in Zimmermann (Hrsg.), Grundstrukturen des Europäischen Deliktsrechts, 2003, 189 (213 ff.).

## I. Grundlinien der §§ 823 ff.

### 1. Der Schutzbereich des Deliktsrechts

#### a) Das Konzept des BGB

Die Väter des Bürgerlichen Gesetzbuchs haben lange geschwankt, ob sie nach dem Vorbild des französischen Code civil die Schadensersatzpflicht allgemein als die Folge widerrechtlich-schuldhafter Schadenszufügung ansehen und eine entsprechende »**Generalklausel**« aufstellen sollten (→ Rn. 17). Die Verfasser des ersten Entwurfs gingen noch davon aus, dass ein ausreichender Schutz gegen unerlaubte Handlungen nicht erreicht werden könne, solange man die Ersatzpflicht nur an einzelne bestimmte, möglicherweise nicht erschöpfend gestaltete Deliktstatbestände knüpfe. Aber im Laufe der Beratungen hat sich dann doch eine Mittellösung durchgesetzt, die sich zwar von der Kasuistik der bis dahin geltenden, aus dem römischen Recht überkommenen Deliktstypen distanzierte (→ Rn. 15), ohne aber den entscheidenden Schritt zur großen Generalklausel zu wagen. Eine solche Generalklausel – so meinte man – würde nur die vorhandenen Schwierigkeiten verdecken und deren Lösung auf den Richter abladen; das aber entspreche nicht der im deutschen Volke herrschenden Auffassung von der Stellung des Richteramts. Auch sei zu befürchten, dass die deutschen Richter, wenn man sie nicht an gesetzlich fixierte Maßstäbe binde, »zu ähnlichen Auswüchsen gelangen werden, welche zahlreiche Urteile der französischen Gerichte aufweisen«.[1]

94

Das Bürgerliche Gesetzbuch hat deshalb den Versuch gemacht, einen Teil der Unsicherheiten, zu denen eine deliktische Generalklausel führt, dadurch auszuräumen, dass es **drei allgemeine Deliktstatbestände** aufgestellt hat. Sie finden sich in den beiden Absätzen des § 823 und in § 826:

95

(1) Gemäß § **823 I** ist schadensersatzpflichtig, wer rechtswidrig und schuldhaft bestimmte Rechte oder Rechtsgüter eines anderen verletzt hat, und zwar entweder

---

1 Prot. II 1898, 571.

das Leben, den Körper, die Gesundheit oder die Freiheit des anderen oder aber sein Eigentum oder ein ihm zustehendes »sonstiges Recht«. – Haftung wegen Eingriffs in subjektive Rechte.

(2) Gemäß § 823 II trifft die gleiche Verpflichtung denjenigen, der schuldhaft »gegen ein den Schutz eines anderen bezweckendes Gesetz« verstößt. – Haftung wegen Verletzung objektiven Rechts.

(3) Gemäß § 826 muss jedermann den Schaden ersetzen, den er vorsätzlich in einer gegen die guten Sitten verstoßenden Weise einem anderen zugefügt hat.

Neben diese Grundtatbestände treten eine Reihe besonderer **Einzeltatbestände**, die für bestimmte, relativ eng umschriebene Sachverhalte die Voraussetzungen der Haftung des Schädigers näher präzisieren. So regelt zB § 824 die Voraussetzungen, unter denen jemand den Schaden ersetzen muss, den er durch die Behauptung unwahrer kreditschädigender Tatsachen einem anderen zugefügt hat (→ Rn. 446ff.), und § 825 erklärt denjenigen für schadensersatzpflichtig, der einen anderen auf anstößige Weise zur »Vornahme oder Duldung sexueller Handlungen bestimmt«. Weitere Spezialtatbestände finden sich in §§ 833f., 836ff., 839f., bevor dann die §§ 842ff. Vorschriften über die Haftungsausfüllung anschließen (→ Rn. 657ff.). Dass dieses Nebeneinander von Grund- und Einzeltatbeständen sich durch besondere Übersichtlichkeit und Klarheit auszeichne, wird gewiss niemand behaupten. Im akademischen Unterricht erscheint das Deliktsrecht des BGB deshalb mitunter als Anhäufung von Tatbeständen nach Art des Besonderen Teils des StGB, die im Rahmen einer Falllösung sämtlich und noch dazu in beliebiger Reihenfolge durchzumustern sind.

### b) Rechtsgüter und sonstige Interessen

96 Ganz so hoffnungslos ist die Lage freilich nicht. Die §§ 823ff. stehen durchaus in einem bestimmten systematischen Zusammenhang, dessen Kenntnis die Handhabung des Deliktsrechts ganz erheblich erleichtert. Die Grundidee, von der sich die Angehörigen der Zweiten Kommission leiten ließen, als sie die dreigeteilte Generalklausel des Ersten Entwurfs auf die drei Gattungstatbestände der §§ 823 I, II, 826 zurückstutzten, ist das **Anliegen, die Fahrlässigkeitshaftung für Verletzungen allgemeiner Persönlichkeits- und reiner Vermögensinteressen einzuschränken.** Selbstverständlich kann jedermann, dessen Körper, Gesundheit oder Eigentum durch sorgfaltswidriges Verhalten verletzt worden ist, gem. § 823 I von dem Schädiger Ersatz der erlittenen Nachteile erlangen. Vorbehaltlich eng definierter Rechtfertigungslagen gilt das Gebot des *neminem laedere* (verletze niemanden) umfassend und ist der Schutzbereich lückenlos. Die Rechtfertigungsgründe wiederum sind auf Ausnahmefälle zugeschnitten, in denen der Rechtsgutsträger selbst auf den Schutz des Deliktsrechts verzichtet hat oder der Eingriff im überwiegenden Interesse Dritter oder der Allgemeinheit hingenommen werden muss. Für diese anspruchsvollen Voraussetzungen trägt der Schädiger die Beweislast.

97 Die zentrale Frage bei der Bestimmung des Schutzbereichs des Deliktsrechts ist diese: Warum sollten die eben beschriebenen Prinzipien zum Schutz der Rechtsgüter anderer nicht verallgemeinert und auf sämtliche rechtlich schutzwürdigen Interessen erstreckt werden? Schließlich ist die Vertragshaftung ebenfalls nicht auf absolute Rechte fixiert, sondern schützt genauso auch »Rechtsgüter *und Interessen* des anderen Teils«, wie § 241 II jetzt ausdrücklich formuliert. Von der Diskriminierung betroffen sind einer-

seits **reine Vermögensinteressen,** also solche Vermögenseinbußen, die nicht ihrerseits Folgeschäden einer Rechtsgutsverletzung sind, und **immaterielle Persönlichkeitsinteressen,** also der Schutz der Person jenseits der in § 823 I aufgezählten physischen Belange: Körper, Gesundheit, Leben, Fortbewegungsfreiheit. Reine Vermögensinteressen und nicht-physische Persönlichkeitsbelange dürfen demnach fahrlässig und im Rahmen der guten Sitten sogar vorsätzlich beeinträchtigt werden (§ 826), ohne dass der Schädiger dafür einstehen müsste.

Wie ist eine solche, prima facie erstaunliche Regel zu rechtfertigen? Die Gründe dafür sind vielschichtig, doch vereinfacht lässt sich soviel sagen: Während Verletzungen von Körper und Eigentum generell unerwünscht sind, weil der von dem einzelnen erlittene Nachteil mit einem gesellschaftlichen Verlust einhergeht, lässt sich dies bei reinen Vermögensschäden und der Beeinträchtigung allgemeiner Persönlichkeitsinteressen nicht sagen. Die **Verursachung reiner Vermögensschäden** ist mitunter nachgerade **erwünscht.** Wir freuen uns beispielsweise darüber, wenn ein Unternehmen ein neues Produkt auf den Markt bringt, das seinen Nutzern wesentliche Vorteile verschafft, obwohl wir wissen, dass die Wettbewerber dieses Unternehmens unter seinem Erfolg schwer zu leiden haben, nämlich erhebliche Vermögenseinbußen hinnehmen müssen. Im Wettbewerb ist die – fahrlässige oder vorsätzliche – Zufügung von Vermögensschäden nur dann sanktionswürdig, wenn sie unter Verstoß gegen die Regeln und Prinzipien des fairen Leistungswettbewerbs erfolgt; so § 3 UWG. Schädigungen im Wettbewerb sind insofern symptomatisch für reine Vermögensschäden, als bei ihnen der von dem einzelnen erlittenen Einbuße nicht notwendig ein entsprechender volkswirtschaftlicher Verlust korrespondiert: Wenn ein Haus zum Einsturz gebracht wird, ist die Welt um den vorher vorhandenen Wohnraum ärmer, werden jedoch Plattenspieler durch CD-Player oder der Kassettenspieler durch MP3-Player aus dem Markt verdrängt, mag der gesellschaftliche Wohlstand sogar gesteigert worden sein, obwohl einige auf Platten- und Kassettenspieler spezialisierte Hersteller infolge dieser Innovation in Konkurs fallen.

98

Mit ähnlichen Überlegungen lässt sich die **Diskriminierung nicht-physischer Persönlichkeitsinteressen** rechtfertigen. Wiederum ist das bloße Faktum des Einbruchs in eine fremde Rechtssphäre kein zuverlässiges Indiz für dessen Rechtswidrigkeit. Wenn ein Journalist beispielsweise aufdeckt, dass ein hochrangiger Politiker seine Doktorarbeit aus anderen Quellen kompiliert hat, dann verursacht die Publikation zwar eine massive Beeinträchtigung der allgemeinen Persönlichkeitsinteressen des Betroffenen, dessen guter Ruf womöglich für immer ruiniert ist. Diese Beeinträchtigung wird im überwiegenden Allgemeininteresse aber gerne in Kauf genommen, wie die Verfassung in Art. 5 I GG zum Ausdruck bringt.

99

Die vom BGB getroffene **Unterscheidung zwischen Rechtsgutsverletzungen** einerseits, **Beeinträchtigungen allgemeiner Persönlichkeits- und reiner Vermögensinteressen** andererseits erweist sich nach allem als wohl begründet. Auf der anderen Seite wäre es verfehlt zu glauben, diese Interessen verdienten überhaupt keinen Schutz. Niemand wird auf den Gedanken kommen, einen Ausgleichsanspruch zu versagen, wenn jemand erpresst oder betrogen, ihm also durch Nötigung oder Täuschung ein Vermögensnachteil zugefügt worden ist, oder wenn unrichtige Tatsachen verbreitet werden, die den Achtungsanspruch des Betroffenen nachhaltig unterminieren. Die eigentliche Aufgabe besteht vielmehr darin, den Schutz vor Vermögensschädigungen und Ehrver-

100

letzungen *in jedem Einzelfall* bzw. mit Blick auf bestimmte Fallgruppen zu begründen – oder zu versagen. Diese Selektionsfunktion erfüllt zunächst § 823 II und die dort in Bezug genommenen Regeln der Rechtsordnung in ihrer Gesamtheit: Sofern bereits feststeht, dass der Schädiger rechtswidrig gehandelt, nämlich gegen eine Norm außerhalb des Deliktsrechts verstoßen hat, schuldet er Ersatz der erlittenen Nachteile, sofern die verletzte Rechtsnorm auch dem Schutz des Verletzten zu dienen bestimmt war. Damit werden gleichsam auf einen Schlag die differenzierten Tatbestände des Ehrenschutz- und Vermögensstrafrechts in das Deliktsrecht transformiert, und die oben bereits ausgedrückte Intuition bestätigt, dass Erpressung, Betrug und üble Nachrede auch privatrechtliche Schadensersatzansprüche auslösen müssen. Fehlt es auch am Verstoß gegen einen gesetzlichen und drittschützenden Verhaltensstandard, bleibt noch die allgemeine Regel des § 826, die allerdings auf vorsätzliches und zugleich sittenwidriges Handeln beschränkt ist. Sieht man von dem problematischen Vorsatzerfordernis ab (→ Rn. 266 ff.), funktioniert die Sittenwidrigkeit als Filter, um die schutzwürdigen von den nicht schutzwürdigen Verletzungen zu trennen bzw. diejenigen Verletzungsweisen auszuzeichnen, gegen die das Vermögen und allgemeine Persönlichkeitsinteressen Schutz genießen.

### c) Ergänzungen und Korrekturen

101 Ist dieses Grundgerüst einmal errichtet, fällt es nicht schwer, die notwendigen Verzierungen anzubringen. Im Bereich des Persönlichkeitsschutzes besteht die wichtigste Korrektur darin, dass die Nachkriegsrechtsprechung ein **allgemeines Persönlichkeitsrecht** anerkannt und zu einem nach § 823 I geschützten Rechtsgut promoviert hat. Dieser Schritt verstieß ohne Zweifel gegen den im Gesetz zum Ausdruck gebrachten Willen des historischen Gesetzgebers, war jedoch sachlich gut begründet und mit Rücksicht auf die verfassungsrechtlichen Vorgaben der Art. 1 I, III, Art. 2 GG legitimiert (→ Rn. 373 f.). Das deliktsrechtliche Grundproblem vermochte die richterliche Rechtsfortbildung allerdings nicht zu ändern, sondern es zeigt sich nunmehr innerhalb der Dogmatik des allgemeinen Persönlichkeitsrechts: Anders als bei den physischen Persönlichkeitsinteressen Leib und Leben ist es hier eben nicht so, dass *jeder* Eingriff in den Schutzbereich per se rechtswidrig ist, wenn nicht ausnahmsweise ein Rechtfertigungsgrund eingreift, sondern der Schutzbereich bedarf erst einer – mitunter mühsamen – Konturierung im Einzelfall bzw. im Hinblick auf bestimmte Fallgruppen (→ Rn. 409). Immerhin hat die Anerkennung des allgemeinen Persönlichkeitsrechts diesbezügliche Sondertatbestände nach Art des § 825 überflüssig gemacht. Gäbe es diese Vorschrift nicht, ließen sich auf dem Boden des § 823 I dieselben Ergebnisse erzielen.

102 Im Bereich des **Vermögensschutzes** ist die Lage insofern komplexer, als hier die Haftung nach §§ 823 II, 826 seit jeher ergänzt wird um den speziellen Tatbestand des § 824, der die Verbreitung unwahrer Tatsachen einer Fahrlässigkeitshaftung unterwirft (→ Rn. 446 ff.). Im Übrigen hat sich der Gesetzgeber bereits im Jahr 1909 selbst korrigiert und das Vorsatzerfordernis des § 826 aufgegeben, soweit der Vermögensschaden im Zuge des wirtschaftlichen Wettbewerbs zugefügt wird: Gemäß § 1 UWG aF = § 3 UWG nF kann auf Schadensersatz in Anspruch genommen werden, wer – vorsätzlich oder fahrlässig! – im geschäftlichen Verkehre zum Zwecke des Wettbewerbs Handlungen vornimmt, die gegen die guten Sitten verstoßen bzw. als unlauter zu gelten haben. Die damit anerkannte Fahrlässigkeitshaftung für die Verletzung solcher Vermögensinteressen, die in Unternehmen gebündelt sind, hat die Rechtsprechung de facto über

den Bereich des Wettbewerbs hinaus verallgemeinert, indem sie im Rahmen des § 823 I ein »**Recht am eingerichteten und ausgeübten Gewerbebetrieb**« anerkannt hat (→ Rn. 431 ff.). Man ist sich heute darüber einig, dass hier in Wahrheit unter dem Stichwort eines absoluten Rechts Deliktsschutz für reine Vermögensinteressen bereitgestellt wird. Die Rolle eines Filters, der die entschädigungswürdigen von den übrigen Verletzungsarten trennt, übernimmt im Kontext des Rechts am eingerichteten und ausgeübten Gewerbebetrieb das Merkmal der Betriebsbezogenheit des Eingriffs (→ Rn. 432).

## 2. Rechtswidrigkeit

### a) Handlungs- und Erfolgsunrecht

Seit den fünfziger Jahren des 20. Jahrhunderts ist das deutsche Deliktsrecht gezeichnet von einem Streit um die Haftungsvoraussetzungen der Rechtswidrigkeit und des Verschuldens, der auf abstrakt-theoretischer Ebene geführt wird und ganz erheblich zur Komplexität dieses Rechtsgebiets beigetragen hat: Der Streit um Handlungs- und Erfolgsunrecht. Diese Begriffe sind schon ihrerseits **missverständlich,** weil die Erfolgsunrechtslehre gerade nicht das eben vorgestellte Konzept der Schutzbereichsverletzung erläutert, sondern – genauso wie ihre Konkurrentin, die Lehre vom Handlungsunrecht – die Voraussetzungen umschreibt, unter denen **menschliches Verhalten** das Prädikat »rechtswidrig« verdient. Der Streit dreht sich um die Frage, ob die bloße Verursachung der Rechtsgutsverletzung ausreicht, um die Handlung als rechtswidrig zu qualifizieren – das ist der Standpunkt der Erfolgsunrechtslehre – oder ob das Rechtswidrigkeitsurteil *zusätzlich* voraussetzt, dass die Handlung auch pflichtwidrig zu nennen ist, der Schädiger also vorsätzlich oder fahrlässig gehandelt hat.[2]

103

Nach der **Erfolgsunrechtslehre** ist das Verhalten desjenigen, der als Kraftfahrer einen Fußgänger überfahren oder beim Hantieren mit feuergefährlichen Stoffen die Scheune seines Nachbarn in Brand gesetzt hat, schon deshalb als rechtswidrig anzusehen, weil es den »Erfolg« der Verletzung eines in § 823 I geschützten Rechts oder Rechtsguts gehabt, nämlich eine Körperverletzung oder Sachbeschädigung herbeigeführt hat. Dies gilt nur dann nicht, wenn ausnahmsweise besondere Umstände gegeben sind, die das Verhalten des Schädigers zu rechtfertigen vermögen.[3]

104

Nach der Gegenauffassung – der **Lehre vom Handlungsunrecht** – kann ein Verhalten nicht schon deshalb als rechtswidrig bezeichnet werden, weil es eine Rechtsgutsverletzung verursacht hat. Das treffe nur dort zu, wo der Schädiger vorsätzlich gehandelt habe, denn in der Tat verbiete die Rechtsordnung die vorsätzliche Herbeiführung von Rechtsgutsverletzungen schlechthin. Anders liege es aber dort, wo durch nicht vorsätzliches Handeln eines der in § 823 I genannten Rechte oder Rechtsgüter beeinträchtigt worden sei. Nichtvorsätzliches Verhalten sei nicht schon deshalb rechtswidrig, weil es zu einer Rechtsgutsverletzung geführt habe; hinzukommen müsse, dass der Handelnde die zur Vermeidung der eingetretenen Verletzung allgemein geforderte Sorgfalt nicht beachtet habe. Die nichtvorsätzliche Verursachung einer Rechtsgutsver-

105

---
2 Vgl. dazu eing. MüKoBGB/*Wagner* § 823 Rn. 5 ff. mwN.
3 *Jauernig/Teichmann*, Bürgerliches Gesetzbuch, 16. Aufl. 2015, § 823 Rn. 48; *Lehmann*, FS Hedemann, 1938, 177 (189); *Weitnauer*, Karlsruher Forum, 1961, 28 (30 f.); *Stoll* JZ 1958, 137 (141 ff.); *Bindokat* JZ 1958, 553.

letzung ist – kurz gesagt – rechtswidrig nach dieser Lehre grundsätzlich nur dann, wenn die Verletzungshandlung gleichzeitig einen Verstoß gegen allgemeine, im Verkehr geforderte Sorgfaltspflichten gem. § 276 II darstellt.[4]

### b) Stellungnahme

#### aa) Funktionen der Rechtswidrigkeit

106 Die Schwierigkeiten mit der Rechtswidrigkeit beruhen im Wesentlichen darauf, dass sie zwei grundverschiedene Funktionen wahrnehmen soll. Im Bauplan des Deliktsrechts hat die Rechtswidrigkeit die Aufgabe, den **Schutzbereich des Deliktsrechts** zu definieren, also die Interessen zu benennen, deren vorsätzliche oder fahrlässige Verletzung Ersatzansprüche auslöst. Eine zweite Aufgabe der Rechtswidrigkeit besteht darin, die Voraussetzungen zu bezeichnen, unter denen das Verhalten eines **Angreifers** durch Anrufung der Gerichte (§ 1004) oder sogar mittels privater Gewalt **abgewehrt** werden kann (§ 227). Bei den §§ 823 II, 826 fallen beide Funktionen im Wesentlichen zusammen, denn dort ist der Schutzbereich des Deliktsrechts von vornherein nur mit Rücksicht auf bestimmtes Verhalten definiert, nämlich durch den Verstoß gegen eine gesetzliche Verhaltensnorm (§ 823 II) oder durch die vorsätzlich-sittenwidrige Schädigung (§ 826). § 823 I ist hingegen erfolgsbezogen formuliert, denn sein Schutzbereich ist bei jedweder Rechtsgutsverletzung eröffnet, falls nicht ausnahmsweise ein Rechtfertigungsgrund eingreift (→ Rn. 96f.). Nur bei § 823 I stellt sich deshalb die Frage, ob die Abwehrfunktion der Rechtswidrigkeit der Schutzbereichsdefinition in dem Sinne akzessorisch ist, dass die Abwehrrechte bereits durch die bloße Verursachung einer Rechtsgutsverletzung bzw. der Gefahr einer solchen ausgelöst werden.

107 Diese – für die Praxis übrigens durchaus nebensächliche – Frage ist in Übereinstimmung mit der Lehre vom Handlungsunrecht zu verneinen, allerdings nicht nur für Fahrlässigkeitsdelikte, wie dies gelehrt wird, sondern genauso auch für Vorsatztaten. Im Grunde wird nirgends ernsthaft infrage gestellt, dass die **bloße Verursachung einer Rechtsgutsverletzung das Verhalten nicht rechtswidrig** macht, wenn man den Kreis der ursächlichen Verhaltensweisen so weit zieht, wie die conditio-sine-qua-non-Formel dies erlaubt. Nach einer strikt durchgeführten Erfolgsunrechtslehre wäre die Produktion von Küchenmessern, Automobilen und Rasenmähern ebenso rechtswidrig wie das bloße Inverkehrbringen von Waffen.

108 Diese Konsequenzen sind nie gezogen worden. Die Erfolgsunrechtslehre konnte nur ernsthaft vertreten werden, weil sie die **Kausalität massiv einschränkte,** nämlich diese Voraussetzung unter dem Stichwort der Adäquanz in einen Vorhersehbarkeitstest umdeutete und damit einen Teil der Fahrlässigkeitsprüfung vorwegnahm (→ Rn. 193). Darüber hinaus wurden dem Handlungsunrecht die für die Praxis wichtigen Fälle überlassen, indem das Unterlassungs- zulasten des Begehungsdelikts ausgedehnt wurde. Letzteres war möglich, weil die Differenzierung von Tun und Unterlassen große Spielräume lässt. Wird ein sicherheitstechnisch mangelhaftes Automobil in den Verkehr gebracht und kommt es in der Folge zu einem Unfall, lässt sich der Vorwurf ebenso darauf stützen, dass der Hersteller bei der Inverkehrgabe sorgfaltswidrig *gehandelt* hat, wie darauf, dass er die zum Schutz der Rechtsgüter Dritter gebotenen Maßnahmen *un-*

---

4 *Nipperdey,* Karlsruher Forum, 1959, 3 (6); *Wiethölter,* Der Rechtfertigungsgrund des verkehrsrichtigen Verhaltens, 1960, 60f.

*terlassen* hat. Beim Unterlassungsdelikt ist seit jeher anerkannt, dass die für einen Erfolg »kausale« Unterlassung nur dann das Prädikat rechtswidrig verdient, wenn eine Verpflichtung zum Handeln bestand, die von dem Schädiger außer Acht gelassen worden ist. Wird die Pflicht zum Handeln konkret bestimmt, gelangt man de facto zum Erfordernis der Sorgfaltspflichtverletzung und damit zum Handlungsunrecht.

**bb) Unmittelbare und mittelbare Verletzungshandlungen**

Nachdem einmal erkannt war, dass die Rechtswidrigkeit eines Verhaltens nicht von der Einordnung in die Kategorien Tun oder Unterlassen abhängen kann, ist die Differenzierung zwischen »unmittelbarem« und »mittelbarem« Verletzungsverhalten an diese Stelle getreten. Nach der heute herrschenden Meinung soll die Verursachung einer Rechtsgutsverletzung nur dann ohne Weiteres rechtswidrig sein, wenn der Eingriff entweder vorsätzlich erfolgte oder unmittelbar die Rechtsgutsverletzung bewirkte, während die Rechtswidrigkeit einen Verstoß gegen die allgemeine Sorgfaltspflicht voraussetzt, wenn die Handlung den Erfolg bloß mittelbar, über eine Reihe von Zwischenursachen herbeiführte.[5] Das Instrument zur Begründung des Handlungsunrechts bei den sog. mittelbaren Verletzungshandlungen sind die sog. **Verkehrspflichten,** von denen wiederum niemand so recht weiß, wo sie denn eigentlich hingehören: Zur Verletzungshandlung, zur Kausalität oder zur Rechtswidrigkeit.[6] Auf diese Weise gelangt die heute herrschende Lehre zu einem äußerst komplexen, weil dreigliedrigen Aufbau des § 823 I, der sich schematisch wie folgt abbilden lässt:[7]

109

| | Haftungstatbestand des § 823 I | |
|---|---|---|
| | I. Haftungsgrund | |
| Vorsatzhaftung | Fahrlässigkeitshaftung | |
| | (unmittelbare Verletzung) | (mittelbare Verletzung) |
| 1. Tatbestandsmäßigkeit | 1. Tatbestandsmäßigkeit | 1. Tatbestandsmäßigkeit |
| • Rechts(guts)verletzung | • Rechts(guts)verletzung | (a) Vorliegen einer Verkehrs-/ Schutzpflicht |
| • Verhalten | • Verhalten | |
| • Kausalität | • Kausalität | (b) Obj. Schutzpflichttatbestand |
| | | (c) Verletzung geschützten entf. Interesses |
| | | (d) Verhalten |
| | | (e) Kausalität |
| 2. Rechtswidrigkeit (indiziert) | 2. Rechtswidrigkeit (indiziert) | 2. Verkehrswidrigkeit = Verletzung der äußeren Sorgfalt |
| 3. Vorsatz (bezogen auf die Interessenverletzung) Unrechtsbewusstsein | 3. Fahrlässigkeit (§ 276 II) (äußere und innere Sorgfalt) | 3. Fahrlässigkeit = Verletzung der inneren Sorgfalt (indiziert bei Verletzung der äußeren Sorgfalt: BGH NJW 1986, 2757) |

---

[5] *Deutsch/Ahrens* DeliktsR Rn. 81 ff.; *Medicus/Lorenz* SchuldR II Rn. 1243.
[6] Vgl. *Medicus/Petersen,* Bürgerliches Recht, 25. Aufl. 2015, Rn. 642 ff.
[7] Quelle: *Schmidt/Brüggemeier,* Zivilrechtlicher Grundkurs, 6. Aufl. 2002, 298; vgl. auch *Brüggemeier* HaftungsR 56 ff., wo nicht nur Vorsatz- und Fahrlässigkeitsdelikte, sondern innerhalb der Fahrlässigkeitsdelikte drei verschiedene Typen unterschieden werden.

> **Haftungstatbestand des § 823 I**
>
> II. Haftungsausfüllung
>
> - Schaden
> - (haftungsausfüllende) Kausalität zwischen Rechts(guts)verletzung und Schaden
> - Bestimmung des Schadensumfangs

110  Die Komplexität der vorstehenden Darstellung verschleiert ein wenig den Umstand, dass das Zugeständnis der hL bei der »mittelbar-fahrlässigen« Rechtsgutsverletzung de facto dem Handlungsunrecht den Löwenanteil der Deliktsrechtspraxis überlässt. Wie aber kann für unmittelbare Verletzungshandlungen falsch sein, was für mittelbare richtig ist? An dieser Stelle wird häufig das Beispiel einer Krankenschwester genannt, die dabei ist, einem Patienten eine tödliche Injektion zu setzen, diese Gefahr jedoch nicht zu erkennen vermag, etwa weil die Ampulle vom Hersteller falsch etikettiert worden ist.[8] Auf die Rechtswidrigkeit des Verhaltens der Krankenschwester kommt es für die Delikthaftung indessen überhaupt nicht an, denn diese ist mangels Sorgfaltswidrigkeit glatt abzulehnen, unabhängig davon, ob man bereits die Rechtswidrigkeit oder erst das Verschulden verneint. Ergebnisrelevant wird der Streit allein im Rahmen der Notwehr (§ 227 II). Hier lautet die entscheidende Frage, ob das Notwehrrecht, als das schneidigste aller Abwehrrechte, die richtige Reaktion auf einen Angriff ist, den die angreifende Person gar nicht als solchen erkennt und auch nicht erkennen kann. In der heutigen Strafrechtslehre ist jedenfalls allgemein anerkannt, dass dem Angegriffenen gegenüber »schuldlos« Handelnden nicht die vollen Notwehrbefugnisse, einschließlich des Rechts zur »Trutzwehr« zustehen; nur um die dogmatische Begründung der Lösung, etwa durch offenen Übergang zum rechtfertigenden und entschuldigenden Notstand (§§ 34, 35 StGB, §§ 228, 904 BGB), wird gestritten.[9] Sofern nicht die extreme Situation vorliegt, dass sich der Angriff der Krankenschwester allein durch ihre Tötung abwenden lässt, bedarf es der Mobilisierung der Notwehr zur Rechtfertigung des Patienten nicht: Schlägt er ihr die Spritze aus der Hand, ist die darin liegende Körperverletzung jedenfalls als Notstandshandlung rechtmäßig. Aus diesen Gründen bleibt es **auch bei unmittelbaren Verletzungshandlungen** dabei, dass das Verhalten nur dann das Prädikat »rechtswidrig« verdient, wenn der Schädiger **pflichtwidrig** gehandelt, also die im Verkehr erforderliche Sorgfalt außer Acht gelassen hat. Damit ist im Zivilrecht genauso wie im Strafrecht das zivilrechtliche Fahrlässigkeitsdelikt einheitlich konstruiert.

### cc) Vorsatzdelikte

111  In einem letzten Schritt ist die Frage aufzuwerfen, ob es sich bei Vorsatzdelikten anders verhält, wie selbst die Anhänger des Handlungsunrechts lehren.[10] Wird bei Vorsatzdelikten daran festgehalten, dass die **bloße Verursachung einer Interessenverletzung** rechtswidrig ist, steht einem handlungsunrechtlich definierten Fahrlässigkeitsdelikt ein erfolgsunrechtlich gedachtes Vorsatzdelikt gegenüber. Das ist mehr als ein Schön-

---

[8] *Larenz/Canaris* SchuldR II 2 § 75 II 3b, 366; rechtsvergleichend *Koziol* (Hrsg.), Unification of Tort Law: Wrongfulness, 1998, Fall Nr. 13.
[9] Vgl. BSG JZ 2000, 96 (97f.) mAnm *Roxin*.
[10] *Brüggemeier* HaftungsR 32ff.; *Brüggemeier*, FS E. Schmidt, 2004, 44f.

heitsfehler. Im Strafrecht würde wohl niemand auf den Gedanken kommen, die Pflichtwidrigkeit beim Fahrlässigkeitsdelikt zum Unrechtstatbestand zu zählen, den Vorsatz jedoch im Rahmen des Verschuldens zu prüfen. Dies umso weniger, als man bei der Feststellung des Verletzungstatbestands eigentlich noch gar nicht wissen kann, ob der Schädiger vorsätzlich oder fahrlässig gehandelt hat. Doch ganz abgesehen von diesen konstruktiven Erwägungen: Die eben herausgearbeiteten Sachgründe verlieren nichts an Gewicht, wenn ein vorsätzlicher Eingriff droht. Die Vorstellung, beim Vorsatzdelikt sei die bloße Erfolgsverursachung ohne Weiteres rechtswidrig, ist zwar populär, aber falsch. Im Strafrecht ist allgemein anerkannt, dass die vorsätzliche Verursachung einer Rechtsgutsverletzung die strafrechtliche Verantwortung nur dann begründet, wenn der Täter das **erlaubte Risiko überschritten** hat.[11] Wer für seinen Erbonkel einen Flug bucht in der dringenden Hoffnung, er möge mit dem Flugzeug abstürzen, ist eben kein Mörder, wenn es ohne Weiteres Zutun des Täters zum Unfall kommt. Ein Grund, im Zivilrecht anders zu werten und vorsätzlich verursachte Rechtsgutsverletzungen unbedingt, ohne Rücksicht auf die Überschreitung des erlaubten Risikos zuzurechnen, besteht nicht.

### c) Die drei Grundelemente der unerlaubten Handlung

Die bisherigen Überlegungen führen zu einem Ergebnis, das die Dogmatik des Deliktsrechts **drastisch vereinfacht**. Es bedarf nicht mehr der Differenzierung zwischen vorsätzlichen, fahrlässig-unmittelbaren und fahrlässig-mittelbaren unerlaubten Handlungen, sondern der Deliktsaufbau ist immer derselbe. Genauso wie im Strafrecht zählt das Handlungsunrecht – Vorsatz und Fahrlässigkeit – zum Unrechtstatbestand und nicht erst zum Verschulden. Da zudem Vorsatz und Fahrlässigkeit im privaten Deliktsrecht gleichbehandelt werden, ergibt sich ein dreigliedriger Aufbau des Unrechtstatbestands, nämlich:

112

(1) Rechtsgutsverletzung
(2) Pflichtwidrigkeit, dh eine vorsätzliche oder fahrlässige Verletzungshandlung
(3) Kausalität zwischen der pflichtwidrigen Handlung und der Rechtsgutsverletzung.

Für einen **vollständigen Deliktsaufbau** → Rn. 132 ff.

## 3. Verschulden

### a) Die Vorverlegung der Verschuldensprüfung

Herkömmlich wird gelehrt, die §§ 823 ff. beruhten auf dem **Verschuldensprinzip**, setzten also schuldhaftes Verhalten des Schädigers voraus. Dies trifft in dem Sinne zu, dass die Haftung pflichtwidriges Handeln – Vorsatz oder Fahrlässigkeit – erfordert. Wird die Pflichtwidrigkeit mit der eben begründeten Auffassung als Bestandteil des Handlungsunrechts anerkannt, bleibt für die Verschuldensprüfung offenbar nichts mehr übrig. Im Strafrecht fällt das Auffüllen der Verschuldensprüfung nicht schwer,

113

---

11 Vgl. nur *Jakobs,* Strafrecht Allgemeiner Teil, 2. Aufl. 1993, 7. Abschnitt Rn. 35 ff.; vgl. auch *Dobbs,* The Law of Torts, 2000, 276.

denn neben der Feststellung der Schuldfähigkeit des Täters (§§ 20 f. StGB) bedarf es noch der Prüfung bestimmter »subjektiver« Schuldelemente, beim Fahrlässigkeitsdelikt insbesondere der Feststellung eines *subjektiven* Sorgfaltspflichtverstoßes und bei Vorsatztaten etwa der Feststellung des Unrechtsbewusstseins (§ 17 StGB). Damit ist für das Strafrecht der dreistufige Deliktsaufbau »gerettet«, wenn man auch einräumen muss, dass in praktischen Fällen die Würfel in aller Regel schon früher fallen.

### b) Objektiver Fahrlässigkeitsmaßstab

114 Im Zivilrecht definiert § 276 II die Fahrlässigkeit als Verstoß gegen die im Verkehr erforderliche Sorgfalt und legt damit grundsätzlich einen *objektiven* Standard an. Der auf Schadensersatz in Anspruch Genommene muss diejenige Sorgfalt prästieren, die von einem **normal veranlagten vernünftigen Menschen von durchschnittlicher Tüchtigkeit** erwartet wird. Ein Assistenzarzt, dem bei einer Geburt ein Behandlungsfehler unterläuft, hat dafür »auch dann haftungsrechtlich einzustehen, wenn dieses aus seiner persönlichen Lage heraus subjektiv als entschuldbar erscheinen mag, etwa weil er sich im gegebenen Behandlungsgeschehen als überfordert erwies und daher mit medizinisch falschen Mitteln helfen wollte«.[12] Obwohl sich der einzelne somit nicht mit Rücksicht auf persönliche Defizite entlasten kann, nimmt der objektive Sorgfaltsstandard doch in vielfältiger Weise auf individuelle Umstände Rücksicht. Die Gebote der verkehrserforderlichen Sorgfalt sind nämlich verschieden **je nach Verkehrskreis**, dem der Schädiger angehört: Von einem Allgemeinmediziner, der zufällig zu einer Unfallstelle kommt, wird nicht dasselbe Niveau an ärztlichem Können erwartet wie von einem Unfallarzt oder gar von einem auf Verletzungen der fraglichen Art spezialisierten Chirurgen. Darüber hinaus genießen Kinder und Senioren deliktsrechtliche Privilegien, weil ihnen nicht dasselbe Maß an Umsicht und Gewandtheit abverlangt wird wie einem Durchschnittserwachsenen.

115 Der objektive Sorgfaltsmaßstab ist wohl nie völlig unbestritten gewesen, doch in jüngerer Zeit ist er vor allem von den Anhängern des Handlungsunrechts infrage gestellt worden. Insbesondere *Nipperdey* und *v. Caemmerer* sind dafür eingetreten, die Deliktshaftung für Fahrlässigkeit durch das Erfordernis eines **subjektiven Sorgfaltspflichtverstoßes** zu moderieren. Es sei »falsch und ungerecht«, so ist geltend gemacht worden, einen mit dem Dienst an einer vielbefahrenen Bahnstrecke hoffnungslos überforderten Schrankenwärter für die Folgen eines Unfalls haftbar zu machen.[13]

116 Diese Auffassung versteht das Verschuldensprinzip des Deliktsrechts in einem ethischen Sinn dahingehend, dass das Fahrlässigkeitsurteil einen moralischen Vorwurf impliziere. Gegen ein solches Vorverständnis hat der berühmte amerikanische Richter *Oliver Wendell Holmes* eingewandt:[14] »The standards of the law are standards of general application. The law takes no account of the infinite varieties of temperament, intellect, and education which make the internal character of a given act so different in different men ... When men live in society, a certain average of conduct, a sacrifice of individual peculiarities going beyond a certain point, is necessary to the general welfare. If, for instance, a man is born hasty and awkward, is always having accidents and hurting himself or his neighbors, no doubt his congenital defects will be allowed for in the courts of Heaven, but his slips are no less troublesome to his neighbors than if they sprang from guilty neglect. His neighbors accordingly require him, at his proper peril, to come up to their standard, and the courts which they establish decline to take his personal equation into account.«

---

12 BGH NJW 2001, 1786 (1787); VersR 2001, 646.
13 *v. Caemmerer*, Karlsruher Forum, 1961, 19 (25); *Nipperdey* NJW 1957, 1777 (1780f.); *Koziol* AcP 196 (1996), 593.
14 The Common Law (1881), 108.

Die sachlichen Gründe dafür, dass die weltlichen Gerichte – in nahezu aller Herren Länder – die »persönliche Gleichung« des Einzelnen nicht berücksichtigen, sind sowohl pragmatischer als auch normativer Natur. In pragmatischer Hinsicht liegt auf der Hand, dass es die Gerichte vor **große Schwierigkeiten** stellen würde, wollten sie das individuelle Gefahrsteuerungspotential des einzelnen Beklagten ermitteln, zumal Letzterer allen Grund dazu hätte, seine eigenen Fähigkeiten herunterzuspielen. Wer will beurteilen, ob *dieser* Assistenzarzt in der Lage war zu erkennen, dass man nicht am Kopf des Säuglings ziehen darf, wenn es während der Geburt zu einer hartnäckigen Stockung (Schulterdystokie) kommt?[15] Vor allem aber: Kann es ihn entlasten, wenn sich herausstellt, dass er nicht über die Kenntnisse und Fähigkeiten verfügte, die der Verkehr von einem »erfahrenen Assistenzarzt« mit Recht erwartet? Die Frage stellen, heißt sie verneinen, denn wer den Anforderungen der eigenen beruflichen Rolle nicht gewachsen ist, der muss sich entweder fortbilden oder sich aus diesem Beruf zurückziehen, keinesfalls aber einfach weitermachen und darauf hoffen, es werde schon irgendwie gutgehen. Dieses Urteil lässt sich verallgemeinern: Der Mensch wird normalerweise nicht aus Zufall und aus heiterem Himmel in eine Gefahrenlage geworfen, sondern man hat es selbst in der Hand, welchen Situationen man sich aussetzt und welche Kenntnisse und Fähigkeiten man erwirbt, bevor man Gefahren auf sich nimmt. Wer beispielsweise an einem Sehfehler leidet, muss sich darauf einstellen und darf nicht ohne Weiteres am Straßenverkehr teilnehmen, um nach einem Unfall zu behaupten, ihm sei die eigene Schwäche unbekannt gewesen.[16] Dies ist der Grund dafür, warum sich selbst im Strafrecht die wenigsten Täter mit Rücksicht auf persönliche Defizite entlasten können, denn sofern ihnen Letztere erkennbar waren, haften sie wegen **Übernahmeverschuldens** – sie hätten die jeweilige Aufgabe niemals annehmen dürfen.

117

Auf der Grundlage dieser Überlegungen lassen sich auch die subjektiven Einschläge des zivilrechtlichen Fahrlässigkeitsmaßstabs zwanglos erklären: **Kinder und Senioren** können nichts dafür und vor allem nichts daran ändern, dass sie ihr bestes Alter noch nicht erreicht oder bereits überschritten haben, und sie sind den übrigen Teilnehmern des Verkehrs als Akteure mit verminderten Fähigkeiten erkennbar. In beiden Fällen geht mit der Absenkung der Sorgfaltsanforderungen auf der einen Seite eine Erhöhung der Forderungen an die andere Seite einher: Wer weiß, dass Kinder in der Nähe sind, muss seinen Gartenteich absichern,[17] wer einen älteren Menschen langsam die Straße überqueren sieht, darf nicht mit derselben Geschwindigkeit weiterfahren, die bei einem jugendlichen Passanten ausreichend wäre, um eine Kollision zu verhindern,[18] und wer ein kleines Provinzkrankenhaus aufsucht, darf keine High-Tech-Medizin erwarten, wie sie nur ein Großklinikum zu bieten vermag.[19] Schließlich wirkt sich die Objektivierung des Sorgfaltsmaßstabs niemals zugunsten des Schädigers aus: Wenn der Chefarzt einer Klinik aufgrund wissenschaftlicher Tätigkeit über Spezialkenntnisse verfügt, die ihm sonst fehlen würden und mit denen der Verkehr nicht rechnet, dann muss er sein Spezialkönnen auch im Interesse des Patienten einsetzen und darf sich nicht so verhalten, als sei er ein Generalist.[20]

118

---

15 Vgl. BGH NJW 2001, 1786 (1787); VersR 2001, 646.
16 BGH JZ 1968, 103 mAnm *Deutsch*.
17 BGH NJW 1997, 582 (583).
18 So ausdrücklich § 3 IIa StVO und BGH NJW 1994, 2829 (2830).
19 BGHZ 102, 17 (24f.) = NJW 1988, 763 (764f.).
20 BGH NJW 1987, 1487 (1480) mAnm *Deutsch*.

**119** Liegt es ausnahmsweise so, **dass einen erwachsenen Durchschnittsmensch unvorhersehbar und unvermeidbar die sonst vorhandenen Kräfte verlassen,** ist Fahrlässigkeit ebenfalls zu verneinen. Ein solcher Fall lag 1997 dem englischen Court of Appeal vor: Ein 38-Tonnen Sattelschlepper fuhr in einer scharfen Kurve geradeaus, krachte in das Ladengeschäft der Kläger und zerstörte dieses völlig. Das sonst unerklärliche Fahrverhalten des Wagens beruhte darauf, dass der Lkw-Fahrer einen Zuckeranfall erlitten hatte, der ihm zwar nicht das Bewusstsein raubte, es ihm aber unmöglich machte, sowohl den eigenen Zustand zu realisieren als auch auf Verkehrssituationen angemessen zu reagieren. Das Gericht verneinte die Haftung mit der Begründung, »to apply an objective standard in a way that did not take account of [the driver's] condition would be to impose strict liability. But that is not the law.«[21] Der BGH sieht die Dinge genauso, legt jedoch dem Schädiger die Beweislast dafür auf, dass seine Handlungsfähigkeit aufgrund plötzlich auftretender gesundheitlicher Ausfälle (»innerer Vorgänge«) ausgeschlossen war.[22]

### c) Äußere und innere Sorgfalt

**120** Eine weitere Variante der Differenzierung des Fahrlässigkeitsmaßstabs ist die Unterscheidung zwischen äußerer und innerer Sorgfalt, die ebenfalls viel zur Komplexität der deutschen Deliktsrechtsdogmatik beigetragen hat. Ihre Attraktivität dürfte zu einem nicht geringen Teil darauf beruhen, dass sie das Festhalten sowohl am dreistufigen Deliktsaufbau als auch an einem ethisch anspruchsvollen Konzept des Verschuldens erlaubt. Die äußere Sorgfalt beschreibt dabei das **äußerlich beobachtbare Verhalten,** wie es von der Rechtsordnung gefordert wird, während die innere Sorgfalt teilweise mit schillernden und kaum nachvollziehbaren Formulierungen umschrieben wird; ihr Kern ist jedenfalls die **Erkennbarkeit der Gefahrenlage und der rechtlichen Anforderungen an die äußere Sorgfaltspflicht.**[23] Das deliktsrechtliche Verschulden besteht dann darin, dass der Schädiger die Sorgfaltsanforderungen der Rechtsordnung zwar erkennen konnte, sie aber nicht erkannt oder sich gleichwohl nicht ihren Anforderungen entsprechend verhalten hat. Von Teilen der Literatur wird die Unterscheidung zwischen äußerer und innerer Sorgfalt abgelehnt bzw. die Kategorie der inneren Sorgfalt für gänzlich überflüssig bzw. irrelevant gehalten.[24] Der BGH greift zwar mitunter auf die Unterscheidung zurück, schließt jedoch im Wege des Anscheinsbeweises von der Verletzung der äußeren auf die Außerachtlassung der inneren Sorgfalt, sodass ihr keine praktische Relevanz zukommt.[25]

**121** Die Aufspaltung der Sorgfalt in ein äußeres und ein inneres Element geht zurück auf den Strafrechtler *Engisch,* der sie allerdings in rein deskriptiver Absicht entwickelte und keinerlei systematische Folgerungen daran knüpfte.[26] Auch in der heutigen Strafrechtslehre, die *Engischs* Konzeption zum Teil fortführt, kommt niemand auf den Gedanken, äußere und innere Sorgfalt voneinander zu trennen und verschiedenen Stufen des Deliktsaufbaus zuzuweisen.[27] Das ist kein Zufall, sondern hat einen sachlichen Grund: Die Handlungsgebote der im Verkehr erforderlichen Sorgfalt sind nur im Ausnahmefall (§ 823 II) kodifiziert, normalerweise aber anhand der konkreten Gefahrensituation ad hoc zu entwickeln, wobei die Perspektive eines verständigen Durchschnittsmenschen in der Position des Schädigers einzunehmen ist. Die Anforderungen der äußeren Sorgfalt fallen also nicht vom Himmel, um vom handelnden Subjekt bloß noch erkannt zu werden, sondern sie sind am Maßstab der »inneren Sorgfalt« zu entwickeln. Ist dies geschehen, gibt es nur noch ein einziges Sorgfaltsgebot, an dem das Verhalten des Schädigers zu messen ist. Wurden die so entwickelten Anforderungen nicht eingehalten, liegt Fahrlässigkeit vor, ohne dass es weiterer Prüfungen auf Verschuldensebene bedürfte. Eine neuere Untersuchung zum Thema kommt denn auch zu dem Ergebnis: »Da innere und äußere Sorgfalt nur in rein theoretischen Extrem-

---

21 *Mansfield v. Weetabix* (1998) 1 WLR 1263 (1268).
22 BGHZ 98, 135 (137f.) = NJW 1987, 121.
23 *Deutsch* AllgHaftungsR Rn. 385ff.; *Looschelders* SchuldR BT Rn. 1184.
24 *Brüggemeier,* FS E. Schmidt, 2004, 48f.
25 BGHZ 80, 186 (199) = NJW 1981, 1603.
26 Vgl. MüKoBGB/*Wagner* § 823 Rn. 35.
27 *Jescheck/Weigend,* Strafrecht Allgemeiner Teil, 5. Aufl. 1996, § 55 I, 578.

fällen trennbar sind, scheint eine weitere Verwendung der Begriffe ... eher irreführend zu sein. Die Unterscheidung sollte daher fallengelassen werden.«[28]

### d) Restbestände der Verschuldensprüfung

#### aa) Zurechnungsfähigkeit

Für das zivilrechtliche Verschulden als eigenständige Kategorie im Deliktsaufbau bleibt demnach vor allem die Zurechnungsfähigkeit der §§ 827f. Gemäß § 828 sind **Kinder** unter 7 bzw. bei Unfällen im Straßenverkehr Kinder unter 10 Jahren für die schädlichen Folgen ihres Verhaltens deliktsrechtlich generell nicht verantwortlich, während es im Übrigen darauf ankommt, ob der jugendliche Schädiger im Zeitpunkt seiner Handlung über die zur Erkenntnis seiner Verantwortlichkeit erforderliche Einsicht verfügte (→ Rn. 342ff.). Gleiches gilt nach § 827 S. 1 für **geistig Behinderte, Bewusstlose und Berauschte,** wobei allerdings das schuldhafte Sich-Berauschen gem. § 827 S. 2 die Haftung wiederum begründen kann. Es wäre durchaus möglich, auch diese Vorbehalte zugunsten von Personen, die konstitutionell und für sie unvermeidbar (§ 827 S. 2) nicht dazu in der Lage sind, die Sorgfaltsanforderungen des Verkehrs einzuhalten, in den Fahrlässigkeitsmaßstab des § 276 II zu integrieren. Immerhin hat sich eben gezeigt, dass sich dessen partielle Subjektivierung denselben Erwägungen verdankt, die auch den §§ 827f. zugrunde liegen (→ Rn. 118).

122

#### bb) Verbotsirrtum

Als Verbotsirrtum bezeichnet man einen Irrtum über die Rechtswidrigkeit des eigenen Verhaltens; vgl. § 17 StGB. Der Schädiger weiß hier genau, was er tut, er bewertet es nur anders als die Rechtsordnung, entweder, weil er glaubt, sein Verhalten bewege sich im Rahmen des erlaubten Risikos bzw. der Sorgfaltsgebote des Verkehrs, oder weil er davon ausgeht, die Abweichung von den allgemein geltenden Standards sei im Hinblick auf eine Rechtfertigungslage ausnahmsweise erlaubt. Ein solcher Irrtum spielt bei § 823 I nur dann eine Rolle, wenn er unvermeidbar war, denn im Fall seiner Vermeidbarkeit haftet der Täter jedenfalls für seine Fahrlässigkeit. Der BGH hat den Betreiber eines Skilifts von den Folgen eines Unfalls freigesprochen, bei dem sich der Skifahrer wegen der fehlenden Polsterung der im Abfahrtshang stehenden Metallstützen der Liftanlage schwer verletzt hatte.[29] Zwar bestehe eine Verkehrspflicht zur Anbringung von Schaumstoffpolsterungen, doch sei diese für den Liftbetreiber bei Anwendung verkehrserforderlicher Sorgfalt nicht erkennbar gewesen.

123

### 4. Verkehrspflichten

Die sog. Verkehrs- oder Verkehrssicherungspflichten sind für das Verständnis des heutigen Deliktsrechts ebenso zentral wie **für die Gerichtspraxis unverzichtbar,** leider aber auch eine Quelle großer Verwirrung. Zum Teil werden sie den Schutzgesetzen gleichgestellt und konsequenterweise § 823 II zugeschlagen, während die hM zwar an ihrer Verankerung in § 823 I festhält, sich jedoch nicht recht entscheiden kann, ob sie im Rahmen des Tatbestands oder der Rechtswidrigkeit zu prüfen sind (→ Rn. 109). Im

124

---

28 *Fabarius,* Äußere und innere Sorgfalt, 1991, 148.
29 BGH NJW 1985, 620; vgl. auch BGH NJW 1995, 2631 (2632); OLG Hamm VersR 1990, 913 (914); 1996, 1155f.; OLG Köln NJW-RR 2000, 692 (693).

Übrigen bleibt unklar, in welchem Verhältnis die Verkehrspflichten zum allgemeinen Fahrlässigkeitsmaßstab des § 276 II stehen.

### a) Funktion der Verkehrspflichten

125 Das RG hat die früher sog. Verkehrssicherungspflichten entwickelt, um die Haftung begründen zu können, wenn jemand das Opfer mangelhaft unterhaltener oder abgesicherter Sachen eines anderen wurde. Die ersten Entscheidungen des RG unter dem BGB betrafen Unfälle auf Verkehrsflächen, in denen ein morscher Baum auf eine öffentliche Straße gestürzt und einen Verkehrsteilnehmer verletzt hatte[30] bzw. ein Passant im Winter auf einer ungestreuten und mangelhaft instand gehaltenen Treppe gestürzt war.[31] Das Gericht hielt sich nicht lange mit dem Versuch auf, die **Haftung des Straßenverkehrssicherungspflichtigen** mithilfe der Dogmatik des Unterlassungsdelikts und der traditionellen Garantenpflichten aus Gesetz, Vertrag und vorangegangenem Tun zu begründen, sondern bekannte sich zu dem allgemeinen Grundsatz, dass »ein jeder für die Beschädigung durch seine Sachen insoweit aufkommen solle, als er dieselbe bei billiger Rücksichtnahme auf die Interessen des anderen hätte verhüten können«.[32] Diese breit angelegte Verantwortlichkeit des Einzelnen für den gefahrlosen Zustand der eigenen Sachen gilt gleichermaßen für Haus und Garten, für Geschäftsräume, Kaufhäuser und Supermärkte, für Gaststätten und Hotels, Sportanlagen, Schwimmbäder, Fahrgeschäfte auf Jahrmärkten usw.

126 Eine zweite Grundkonstellation der Verkehrspflichtverletzung lag ebenfalls bereits dem RG vor: In RGZ 102, 372 klagte ein Metzgermeister gegen einen Tierarzt. Beide hatten einem Bauern bei der Notschlachtung eines an Milzbrand erkrankten Rindes geholfen. Der Tierarzt hatte es versäumt, den Metzger vor einer Infektion zu schützen, obwohl dieser deutlich sichtbar eine Verletzung an der Hand mit sich trug, die ein Eindringen der Krankheitserreger in seinen Körper ermöglichte. Hier ging es nicht um den gefährlichen Zustand von Sachen, sondern um **gefährliches Verhalten:** Kraft seiner beruflichen Kompetenzen standen dem Tierarzt überlegene Möglichkeiten zur Gefahrsteuerung bzw. -abwendung zu Gebote, auf deren Wahrnehmung der Metzger mit Recht vertraute. Damit war erneut nur ein Beispiel für ein allgemeines Prinzip genannt, das sich auf die Haftung von Humanmedizinern für fehlerhafte Heileingriffe ebenso übertragen lässt wie auf das Inverkehrbringen fehlerhafter Produkte oder mangelhafter Dienstleistungen, wenn etwa ein Reiseveranstalter seine Gäste in Hotels unterbringt, bei denen elementare Sicherheitsvorkehrungen nicht getroffen worden sind.

127 An diesen Beispielen zeigt sich: Mit dem Straßenverkehr im eigentlichen Sinn oder mit der »Eröffnung eines Verkehrs« haben die Verkehrs- oder Verkehrssicherungspflichten gar nichts zu tun, und sie sind auch nicht auf diese Fallkonstellationen beschränkt. Vielmehr handelt es sich um gewöhnliche deliktische Sorgfaltspflichten.[33] Sie sind Instrumente der Haftungsbegründung in der Hand des Richters, keine extern, vom Gesetzgeber vorgegebenen Verhaltensstandards. Mit § 823 II haben sie folglich nichts zu tun, sondern sie bezeichnen die ureigene Aufgabe der Gerichte, im Rahmen des § 823 I

---

30 RGZ 52, 373.
31 RGZ 54, 53.
32 RGZ 52, 373 (379).
33 *Looschelders* SchuldR BT Rn. 1176.

von Fall zu Fall über die Haftung zu entscheiden und zu diesem Zweck die dem Einzelnen jeweils obliegenden Sorgfaltspflichten nach Grund und Umfang festzulegen.

### b) Verkehrspflichten und Fahrlässigkeit

Bezeichnen die Verkehrspflichten nichts anderes als Sorgfaltsgebote zum Schutz der Rechtsgüter anderer, liegt es nahe, sie mit den allgemeinen Sorgfaltsanforderungen des § 276 II zu identifizieren. Die **Verkehrspflichtverletzung ist** dann bloß ein anderer Name für **Fahrlässigkeit**. Diese Konsequenzen werden jedoch von Teilen der Literatur nicht gezogen, die stattdessen darauf insistieren, die beiden Kategorien voneinander zu trennen, um für die Haftung aus § 823 I beides zu verlangen: Verkehrspflichtverletzung und Fahrlässigkeit![34] Zu diesem Zweck wird die oben abgelehnte Differenzierung zwischen äußerer und innerer Sorgfalt wiederbelebt und die Verkehrspflichtverletzung als Verletzung der »äußeren Sorgfalt« nicht anhand des Maßstabs des § 276 II bestimmt, sondern auf die »Sorgfalt im Höchstmaß« bezogen. Wäre dies richtig, müsste ein Gericht zunächst feststellen, dass der Beklagte das Maximum an Sorgfalt außer Acht gelassen hat (Verkehrspflichtverletzung), um dann im Rahmen des Verschuldens zu prüfen, ob er diese extrem strengen Anforderungen auch erkennen konnte, wobei für diese Frage der inneren Sorgfalt der moderate Standard der im Verkehr erforderlichen Sorgfalt gelten würde. Heraus käme eine Haftung für die Verletzung der »Sorgfalt im Höchstmaß« unter der Voraussetzung ihrer Erkennbarkeit bei gewöhnlicher Anstrengung. Das widerspricht nun aber eindeutig den §§ 823 I, 276 II und ist auch in der Sache nicht zu begründen. Der Schädiger haftet für fahrlässiges Verhalten, verstanden als Außerachtlassung der im Verkehr erforderlichen Sorgfalt – nicht für weniger, aber auch nicht für mehr.

128

Nach allem bleibt es dabei: Die Verkehrspflichten sind nur ein anderer Name für die allgemeinen Sorgfaltsgebote des § 276 II, deren Außerachtlassung die Fahrlässigkeit ausmacht. Da letztere das Handlungsunrecht begründet, sind sie im Rahmen des Tatbestands des § 823 I zu prüfen.

129

### 5. Haftungsbegründung und Haftungsausfüllung

Die bisherigen Überlegungen galten ausschließlich der sog. Haftungsbegründung. Es ging um die Begründung der grundsätzlichen **Verantwortung des Täters für die beim Opfer eingetretenen Nachteile.** Die Art der Schäden und die Voraussetzungen ihrer Zurechnung konnten im Dunkeln bleiben, weil sie für die Haftungsbegründung irrelevant sind. Nach § 823 I hat der Täter für den Schaden bereits dann aufzukommen, wenn er die Rechtsgutsverletzung pflichtwidrig – vorsätzlich oder fahrlässig – verursacht hat, und die Haftung nach § 823 II ist begründet, wenn vorsätzlich oder fahrlässig gegen ein Schutzgesetz verstoßen wurde. Auf die Voraussehbarkeit und Vermeidbarkeit des Schadens kommt es also solange nicht an, wie die Rechtsguts- oder Gesetzesverletzung voraussehbar und vermeidbar war. Man drückt dies herkömmlich so aus, dass der **Folgeschaden vom Verschulden nicht umfasst** sein muss (eingehend → Rn. 210 f.).[35]

130

---

[34] *Deutsch* AllgHaftungsR Rn. 385, 237; *Looschelders* SchuldR BT Rn. 1184; vgl. auch *Larenz/Canaris* SchuldR II 2 § 75 II 3 d, 369 f.; § 76 III 3, 407.
[35] RGZ 148, 154 (165).

131 Die Unterscheidung zwischen Haftungsbegründung und Haftungsausfüllung ist auch im Zusammenhang mit dem **Schutzbereich des Deliktsrechts** zu beachten. Dieser ist zwar grundsätzlich auf Rechtsgutsverletzungen beschränkt (§ 823 I), doch wenn eine solche vorliegt, ist jeder Vermögensschaden zu ersetzen, §§ 249 ff. Im Rahmen der Haftungsausfüllung hört die Diskriminierung von Vermögensschäden also auf (→ Rn. 164), denn sie sind unproblematisch auszugleichen, wenn sie nur Folge einer Rechtsgutsverletzung sind. Stattdessen wird die Ersatzfähigkeit von Nichtvermögensschäden eingeschränkt, nämlich auf die Fälle des § 253 II beschränkt. Schließlich muss man sich einprägen, dass die auf der Ebene der Haftungsbegründung getroffene Unterscheidung zwischen Rechtsgutsverletzungen und reinen Vermögensschäden mit der im Rahmen der Haftungsausfüllung maßgeblichen Differenzierung zwischen Vermögens- und Nichtvermögensschäden nicht kongruent ist. Die Verletzung der (immateriellen) Rechtsgüter Körper und Gesundheit zieht in aller Regel sowohl Vermögensschäden (Heilungskosten, Verdienstausfall) als auch Nichtvermögensschäden (Schmerzen, Verlust an Lebensfreude) nach sich, die gem. §§ 249, 251, 253 auszugleichen sind. Teilweise anders liegt es bei Eigentumsverletzungen, denn der Eigentümer einer beschädigten Sache kann nur Ausgleich der vermögensmäßigen Folgen der Sachbeschädigung verlangen, nicht auch ein »Schmerzensgeld« zur Kompensation seines Affektionsinteresses.

## 6. Der Deliktsaufbau im Überblick

132 Der besseren Übersichtlichkeit wegen sollen die Ergebnisse abschließend zusammengefasst in eine systematische Reihenfolge gebracht werden, die sich am Beispiel des § 823 I orientiert.

(1) **Schutzbereichsverletzung:** Erste Voraussetzung der Haftung aus § 823 I ist die Eröffnung des Schutzbereichs des Deliktsrechts, also eine Beeinträchtigung eines der dort genannten oder von der Rechtsprechung zusätzlich entwickelten Rechtsgüter.

(2) **Pflichtverletzung:** Die Einstandspflicht des Schädigers setzt weiter voraus, dass ihm eine Pflichtverletzung anzulasten ist, sei es, dass er vorsätzlich und unter Überschreitung des erlaubten Risikos in das Rechtsgut eingegriffen hat, sei es, dass die Gebote der verkehrserforderlichen Sorgfalt (§ 276 II) außer Acht gelassen wurden. Sofern sich nicht von selbst versteht, dass dem Schädiger Sorgfaltspflichten im Interesse der Rechtsgüter anderer oblagen, sind diese anhand derjenigen Kriterien zu begründen, die für die sog. Verkehrspflichten entwickelt worden sind.

(3) **Haftungsbegründende Kausalität und Zurechnung:** Die Pflichtverletzung muss die Rechtsgutsverletzung verursacht haben. Wäre es auch bei pflichtgemäßem Verhalten – bei Unterlassung des vorsätzlichen Eingriffs bzw. bei Ergreifung aller im Einzelfall gebotenen Sicherheitsmaßnahmen – zu der Rechtsgutsverletzung gekommen, scheidet die Haftung aus.

(4) **Rechtfertigung:** Der an sich pflichtwidrige Eingriff in ein geschütztes Rechtsgut löst ausnahmsweise dann keine Haftung aus, wenn sich der Täter auf einen Rechtfertigungsgrund berufen kann, wofür er selbst die Beweislast trägt.

(5) **Entschuldigung:** Die pflichtwidrige, nicht gerechtfertigte Beeinträchtigung der Interessen anderer bleibt folgenlos, wenn der Schädiger wegen geringen Alters (§ 828) oder psychischer Leiden oder Defizite (§ 827) nicht dazu in der Lage war,

verantwortlich zu handeln oder wenn er einem unvermeidbaren Verbotsirrtum erlag.

(6) **Schaden und haftungsausfüllende Kausalität:** Im Rahmen des § 823 I ersatzfähig sind sämtliche Vermögensschäden, die als adäquate Folgen der Rechtsgutsverletzung eingetreten sind. Bei Nichtvermögensschäden kommt es darauf an, dass eines der in § 253 II aufgezählten Rechtsgüter verletzt ist.

(7) **Mitverschulden:** Der Ersatzanspruch ist herabzusetzen, wenn dem Geschädigten ein Mitverschulden anzulasten ist, entweder, weil er die Rechtsgutsverletzung mitverursacht hat (§ 254 II) oder weil er nicht in dem geforderten Umfang dazu beigetragen hat, die drohenden Nachteile auf ein Mindestmaß zu beschränken (§ 254 I).

Verglichen mit dem traditionellen Wirrwarr an Aufbauschemata für verschiedene Deliktstypen innerhalb des § 823 I (→ Rn. 109) und den Unklarheiten über die dogmatische Rolle des für die Praxis zentralen Erfordernisses der Verkehrspflichtverletzung hat dieser Aufbau die Vorzüge der Einfachheit und Klarheit für sich. Wenn die Verkehrspflichtverletzung in der Fahrlässigkeit aufgeht und die unerlaubte Handlung konsequent nach Maßgabe der Lehre vom Handlungsunrecht rekonstruiert wird, lässt sich offenbar eine ganze Reihe von komplexen Begriffen einsparen, ohne dass in der Sache etwas verloren geht. Der Haftungstatbestand lässt sich auf **drei Elemente zurückführen: Rechtsgutsverletzung, Pflichtverletzung, Kausalität** (→ Rn. 112). Für am traditionellen Deliktsrecht geschulte Juristen mag dies ungewohnt sein, doch das dreiteilige Delikt entspricht der haftungsrechtlichen Praxis der deutschen Gerichte. Nach der Rechtsprechung muss der haftungsbegründende **Kausalzusammenhang** nämlich **zwischen der Pflichtverletzung und der Rechtsgutsverletzung** bestehen, nicht zwischen irgendeinem »Verhalten« und der Rechtsgutsverletzung.[36] Wenn der Pflichtverstoß die Rechtsgutsverletzung nicht verursacht hat, muss der Handelnde auch nicht für den Schaden aufkommen. Die Rechtswidrigkeit eines Verhaltens lässt sich demnach gar nicht feststellen, ohne den Verstoß gegen Sorgfaltspflichten bzw. – beim Vorsatzdelikt – das Überschreiten des erlaubten Risikos zu berücksichtigen. Solange die Pflichtwidrigkeit des Verhaltens nicht feststeht, ist die Kausalitätsprüfung ohne Sinn. Diese Rechtslage wird durch den hier vorgeschlagenen Deliktsaufbau akkurat reflektiert.

133

Der dreiteilige Deliktsaufbau entspricht schließlich auch dem sich abzeichnenden **europäischen Standard.** Unter der französischen Generalklausel besteht die unerlaubte Handlung aus den Elementen *dommage, faute* und *lien de causalité*, wobei der Kausalzusammenhang zwischen dem pflichtwidrigen Verhalten (faute) und dem Schaden (dommage) bestehen muss.[37] Der wichtigste Haftungstatbestand des englischen Rechts – negligence – besteht ausdenselben drei Elementen: *breach of duty, damage, causation.*[38] Dieser einfachen und einleuchtenden Grundstruktur haben sich auch die europäischen Rechtsvereinheitlichungsprojekte angeschlossen. So wird die Verschuldenshaftung in Art. 1:101 (2) (a) der Principles of European Tort Law und in Art. VI.–

134

---

36 BGH NJW 2008, 3778 Rn. 18 ff.; 2009, 3787 Rn. 33; *Hanau*, Die Kausalität der Pflichtwidrigkeit, 1971, 83 ff.
37 *Terré/Simler/Lequette*, Droit civil, Les obligations, 11. Aufl. 2013, no. 696; *Flour/Aubert/Savaux*, Les obligations, Bd. 2, 14. Aufl. 2011, no. 96.
38 *Rodgers*, Winfield & Jolowicz on Tort, 18. Aufl. 2010, Rn. 5–91.

1:101 (1) DCFR daran geknüpft, dass der Schaden »durch schuldhaftes Verhalten verursacht« wurde.[39]

## II. Haftung für Verletzung subjektiver Rechte: § 823 I

135   Gemäß § 823 I hängt die Verpflichtung zum Schadensersatz zunächst davon ab, dass der Schaden, um dessen Ersatz es geht, in der Verletzung eines der in dieser Vorschrift genannten Rechte und Rechtsgüter besteht oder durch eine solche Verletzung als weitere Folge hervorgerufen wird. Im Prozess muss die Rechtsgutsverletzung zur Überzeugung des Gerichts festgestellt werden; der bloße Verdacht, dass eine Verletzung vorliegt, löst keine Haftung aus.[40]

### 1. Die geschützten Rechte und Rechtsgüter

**Literatur:** *v. Caemmerer*, Wandlungen des Deliktsrechts, Hundert Jahre deutsches Rechtsleben, FS zum 100-jährigen Bestehen des Deutschen Juristentages II, 1960, 49ff., abgedr. in *v. Caemmerer*, Gesammelte Schriften I, 1968, 452ff.; *Koziol*, Die Beeinträchtigung fremder Forderungsrechte, 1967; *Löwisch*, Der Deliktsschutz relativer Rechte, 1970; *Mertens*, Deliktsrecht und Sonderprivatrecht, Zur Rechtsfortbildung des deliktischen Schutzes von Vermögensinteressen, AcP 178 (1978), 227.

#### a) Leben, Körper, Gesundheit, Freiheit

136   § 823 I nennt zunächst vier personengebundene Rechtsgüter, deren Verletzung eine Schadensersatzpflicht auslösen kann:

Mit Verletzung des **Lebens** hat der Gesetzgeber die Tötung eines Menschen gemeint. Schadensersatzansprüche, die durch den Tod eines Menschen entstehen, können nach der (keineswegs selbstverständlichen) Auffassung des BGB nur demjenigen erwachsen, der durch den Tod Unterhaltsansprüche gegen den Getöteten verliert (vgl. §§ 844–846 und → Rn. 725). Hat eine körperliche Verletzung erst nach einer gewissen Zeit zum Tode geführt, so können dem Verletzten eigene Schadensersatzansprüche (etwa auf Ausgleich der Kosten seiner ärztlichen Behandlung oder auf Leistung eines Schmerzensgeldes) entstanden sein, die dann mit seinem Tode auf seine Erben übergehen (§ 1922 → Rn. 735).

137   Eine Verletzung des **Körpers oder der Gesundheit** liegt vor, wenn jemand in seiner körperlichen Unversehrtheit beeinträchtigt ist oder innere (körperliche oder geistige) Lebensvorgänge derart gestört sind, dass eine medizinische Behandlung erforderlich ist. Das »Stechen« eines **Tattoos** ist eine rechtswidrige Körperverletzung, wenn es nicht mit Einwilligung des zu Tätowierenden erfolgt, die wiederum nur die lege artis

---

39 Vgl. Art. VI.–1:101 (1) des Entwurfs eines Europäischen Zivilgesetzbuchs; *v. Bar/Clive/Schulte-Nölke* (Hrsg.), Principles, Definitions and Model Rules of European Private Law: Draft Common Frame of Reference (DCFR), 2009, 395; dazu eing. *Wagner* in Wagner (Hrsg.), The Common Frame of Reference: A View from Law & Economics, 2009, 225 (228ff.); Art. 1:101 (2) (a) Grundsätze eines Europäischen Deliktsrechts, in European Group on Tort Law (Hrsg.), Principles of European Tort Law, 2005, 19ff., 209.
40 BGH VersR 2013, 1406 Rn. 8.

vorgenommene Eingriffe rechtfertigt (→ Rn. 205 ff.).⁴¹ Eine Minderjährige bedarf dafür allerdings der Zustimmung ihrer Eltern.⁴² An der Qualifikation der **Beschneidung** als Körperverletzung besteht kein Zweifel, ebenso wenig daran, dass Säuglinge und kleine Kinder nicht selbst wirksam in ihre Beschneidung einwilligen können. Die zuvor umstrittene Befugnis der personensorgeberechtigten Eltern, in die Beschneidung ihres Kindes einzuwilligen,⁴³ wird in § 1631d anerkannt.⁴⁴ Bei gemeinsamer Sorge ist die Einwilligung beider Elternteile erforderlich, sodass sich ein Vater haftbar macht, wenn er die Beschneidung eines sechsjährigen Jungen gegen den Willen der Mutter veranlasst.⁴⁵ Erforderlich ist die Einwilligung beider sorgeberechtigter Elternteile Im Rahmen des § 823 I gilt nicht etwa die **Gesundheitsdefinition der Welt-Gesundheitsorganisation** (WHO), die Gesundheit nicht als Normal-, sondern als Idealzustand vollständigen körperlichen und psychischen Wohlbefindens versteht (so die Präambel der WHO: »Health is a state of complete physical, mental and social wellbeing and not merely the absence of desease or infirmity.«). Körperverletzungen und Gesundheitsstörungen werden idR durch Unfälle, können aber auch auf andere Weise verursacht werden, etwa durch Ansteckung mit einer Infektionskrankheit,⁴⁶ durch verbale Auseinandersetzungen, die einen an Bluthochdruck Leidenden derart provozieren, dass er einen Schlaganfall erleidet,⁴⁷ durch Ausdünstungen chemischer Stoffe, die sich in Konsumgütern oder in Holzschutzmitteln befinden⁴⁸ oder durch fortgesetzte Einwirkung von Immissionen, insbesondere von Lärm und Gerüchen.⁴⁹

Zweifelhaft ist, unter welchen Voraussetzungen eine Verletzung der Gesundheit angenommen werden kann, wenn jemand einen **Schock** erleidet, weil er den tödlichen Unfall eines Angehörigen aus der Nähe miterlebt hat. Dass Gefühle der Trauer oder der Verzweiflung keine Gesundheitsverletzung darstellen, ist sicher. Anders liegt es, wenn es zu medizinisch relevanten Auswirkungen und zu einer fassbaren und ärztlicher Behandlung bedürfenden Störung der physiologischen Abläufe gekommen ist. Der BGH nimmt allerdings seit BGHZ 56, 163 = NJW 1971, 1883 in stRspr an, dass medizinisch durchaus relevante gesundheitliche Störungen, sofern sie psychisch vermittelt sind, erst dann eine Gesundheitsverletzung iSd § 823 I darstellen, wenn sie in einer »traumatischen« Schädigung, in »gewichtigen psychopathologischen Ausfällen von einiger Dauer« bestehen.⁵⁰ Begründet wird diese restriktive Auffassung vor allem damit, dass die Angehörigen eines tödlich Verletzten nur die in §§ 844f. bezeichneten Vermögensschäden ersetzt verlangen könnten; diese Entscheidung des Gesetzgebers dürfe nicht unterlaufen werden. Das leuchtet nicht ein: Wenn der Gesetzgeber den Hinterbliebenen einen Anspruch auf Ersatz des Schadens zubilligt, den sie durch den Wegfall ihres Versorgers erlitten haben, so will er damit nichts zu der ganz anderen Frage sagen, ob

138

---

41 OLG Karlsruhe NJW-RR 2009, 743; LG Coburg NJW-RR 2012, 1379 (1381f.); LG Kassel NJW-RR 2009, 1685.
42 *Spickhoff* NJW 2012 1773 (1774); aA AG München NJW 2012, 2452.
43 Verneinend LG Köln NJW 2012, 2128.
44 Gesetz über den Umfang der Personensorge bei einer Beschneidung des männlichen Kindes v. 20.12.2012 (BGBl. 2012 I 2749); dazu BT-Drs. 17/11295.
45 OLG Karlsruhe NJW 2015, 257 (258).
46 BGHZ 114, 284 = NJW 1991, 1948 – Infektion mit HI-Virus.
47 BGHZ 107, 359 (363) = NJW 1989, 2616.
48 OLG Düsseldorf NJW-RR 1999, 32 (33f.); OLG Stuttgart VersR 2001, 465 (468).
49 BGH MDR 1971, 37f.; NJW 1997, 2748 (2749).
50 So zuletzt BGH NJW 1989, 2317 (2318); BGHZ 172, 263 Rn. 14 = NJW 2007, 2764.

der Hinterbliebene Schadensersatz wegen einer Gesundheitsverletzung verlangen kann, die er selbst erlitten hat; auch passt dieses Argument von vornherein nicht, wenn der Schockgeschädigte ein Bruder oder ein Freund des Getöteten war und ihm deshalb nicht einmal die Ansprüche nach §§ 844f. zustehen.[51] Es ist auch schwer zu erklären, warum die Anerkennung als Gesundheitsverletzung maßgeblich davon abhängen soll, ob der Schock bei Beobachtung des Unfallgeschehens selbst eingetreten ist oder erst aufgrund einer Benachrichtigung von dem Unfall durch einen Polizeibeamten oder Nachbarn.[52] Erst recht lässt sich aus dem Rechtsgüterbezug des § 823 I nicht der Schluss ziehen, dass der Schockschaden eines **Hundebesitzers**, der zusehen musste, wie die Kreatur von einem Traktor zermalmt wird, nicht als ersatzfähig anerkannt werden darf.[53] Zum **Angehörigenschmerzensgeld** → Rn. 733ff.

139 Wie steht es, wenn der primär Verletzte den selbst verschuldeten Unfall überlebt und nun von einem nahen Angehörigen auf Ersatz von dessen Schockschaden in Anspruch genommen wird? In einem englischen Fall war ein Jugendlicher in betrunkenem Zustand Auto gefahren und hatte durch grob verkehrswidriges Verhalten einen Verkehrsunfall verursacht. Sein Vater war Angehöriger der lokalen Berufsfeuerwehr und als solcher zu der Unfallstelle gerufen worden, wo er im Angesicht seines verletzten Sohnes ein »post-traumatic stress disorder« erlitt. Der High Court hat die Klage des Vaters gegen den Sohn abgewiesen und sich zur Begründung unter anderem auf BGHZ 56, 163 (170f.) = NJW 1971, 1883 gestützt, wo es heißt, es bestehe keine Rechtspflicht, »das eigene Leben und die eigene Gesundheit deshalb zu schonen, weil sonst eine seelische Fehlverarbeitung des Todes oder Unfalls durch Angehörige gewärtigt werden muss«, denn: »durch die Anerkennung einer solchen Rechtspflicht würde die persönliche Selbstbestimmung in einer der Rechtsordnung fremden Weise eingeschränkt«.[54]

140 Zweifelhaft kann sein, ob eine Verletzung des Körpers oder der Gesundheit nur dann anzunehmen ist, wenn der Verletzte im Zeitpunkt der schädigenden Einwirkung bereits geboren ist. Trotz des Schlagworts vom »**Kind als Schaden**« wird heute nicht mehr in Abrede gestellt, dass ein Kind bereits im Mutterleib geschädigt werden kann, wenn etwa die Mutter bei einem Autounfall körperlich verletzt wird[55] oder dies dem Vater widerfährt und die Mutter bei der Benachrichtigung einen schweren Schock davonträgt.[56] Gleiches gilt für die gesundheitliche Schädigung des Embryos durch ärztliches Fehlverhalten, insbesondere während des Geburtsvorgangs.[57] Einem an Syphilis erkrankten Kind sind Ersatzansprüche zuerkannt worden, obwohl das beklagte Krankenhaus seiner Mutter luetisch infiziertes Blut zu einem Zeitpunkt transfundiert hatte, in dem das Kind noch gar nicht gezeugt war.[58] Die Regelung des § 1 – Rechtssubjektivität erst mit Vollendung der Geburt – steht dieser Judikatur nicht entgegen, denn daraus ergibt sich bloß der Beginn der Rechtsfähigkeit, nicht aber derjenige der Verletzungsfähigkeit von Rechtsgütern.

141 Besonders kontrovers werden im In- und Ausland Fälle diskutiert, in denen das Kind, hätte der Beklagte sich pflichtgemäß verhalten, nicht etwa gesund, sondern **überhaupt nicht** geboren worden wäre. Wie ist es beispielsweise zu beurteilen, wenn sich die Eltern eines schwerbehinderten Kindes an ein Universitätsklinikum wenden, um den Verdacht einer entsprechenden genetischen Disposition klären zu lassen, eine vererb-

---

51 Vgl. dazu auch MüKoBGB/*Wagner* § 823 Rn. 142 mwN.
52 So BGHZ 172, 263 Rn. 14 = NJW 2007, 2764; BGH NJW 2015, 2246 Rn. 19; VersR 2015, 501 Rn. 10.
53 So aber BGH NJW 2012, 1730 Rn. 10ff.
54 *Greatorex v. Greatorex* (2000) 1 WLR 1970 (1984).
55 BGHZ 58, 48 (49ff.) = NJW 1972, 1126.
56 BGHZ 93, 351 (354ff.) = NJW 1985, 1390.
57 BGHZ 106, 153 (155f.) = NJW 1989, 1538.
58 BGHZ 8, 243 = NJW 1953, 417.

bare Störung von dem leitenden Abteilungsarzt als äußerst unwahrscheinlich bezeichnet wird, sie sich daraufhin für ein zweites Kind entscheiden, das indessen mit den gleichen geistigen und körperlichen Behinderungen geboren wird wie das erste? Darüber ist es zu einer heftigen **Kontroverse** zwischen BGH und BVerfG gekommen. Nachdem der Zweite Senat des BVerfG in seinem zweiten Abtreibungsurteil ausgesprochen hatte, der Schutz der Menschenwürde (Art. 1 I GG) verbiete es, die Unterhaltspflicht für ein Kind als Schaden zu begreifen,[59] hat der BGH gleichwohl im Grundsatz an seiner seit BGHZ 86, 240 = NJW 1983, 1371 stRspr festgehalten, nach der zwar nicht das Kind selbst, wohl aber die Belastung mit Unterhaltspflichten ein restitutionsfähiger Vermögensschaden sein kann.[60] Der gegen dieses Urteil von den Beklagten angerufene Erste Senat des BVerfG qualifizierte die Erwägungen des Zweiten Senats im Abtreibungsurteil – gegen dessen ungefragt erklärten Willen[61] – als obiter dictum und sah sich deshalb nicht gehindert, die Rechtsprechung des BGH verfassungsrechtlich für unbedenklich zu erklären.[62] Nach aktuellem Stand setzt die Ersatzfähigkeit des Unterhaltsschadens voraus, dass die Vermeidung von Unterhaltsbelastungen zum Schutzbereich der vertraglichen Leistungspflichten des Arztes gehörte.[63] Schließlich ist die Verletzung nur solcher Vertragspflichten zur Begründung der Haftung geeignet, deren Erfüllung rechtmäßig gewesen wäre. Bei **fehlgeschlagener Sterilisation** oder **falscher genetischer Beratung** ist dies unproblematisch zu bejahen,[64] während es bei pflichtwidrig unterlassener oder fehlerhaft durchgeführter **pränataler Diagnostik** darauf ankommt, ob im Fall zutreffender Diagnose eine Abtreibung rechtmäßig iSd § 218a II, III StGB war – und nicht bloß »straffrei« gem. § 218a I StGB gewesen wäre.[65] Da aber diejenigen Fälle, in denen früher eine soziale Indikation bejaht wurde, nunmehr unter die Fristenlösung gem. § 218a I StGB fallen, sodass die Abtreibung bloß straffrei, nicht aber gerechtfertigt ist, sind sie von der Entschädigung ausgeschlossen.[66] In der haftungsrechtlichen Praxis der Zivilgerichte dreht sich jetzt alles um die medizinische Indikation gem. § 218a II StGB, die nach dem Willen des Gesetzgebers allerdings die embryopathische einschließt, ohne dass dies im Gesetzestext zum Ausdruck käme.[67] Werden die Voraussetzungen der medizinischen Indikation von dem Arzt pflichtwidrig verkannt, sodass der Schwangerschaftsabbruch zunächst unterbleibt, und begeht die Schwangere daraufhin einen (erfolglosen) **Selbstmordversuch,** kommt ein Schmerzensgeldanspruch wegen Körperverletzung in Betracht.[68]

Noch heftiger umstritten sind eigene **Ersatzansprüche des Kindes wegen »wrongful life«** infolge unterbliebener Abtreibung. In Frankreich hat der Kassationshof dem infolge einer Röteln-Infektion der Schwangeren behinderten Kind in seinem berühmten »arrêt Perruche« zwar einen eigenen Schadensersatzanspruch zuerkannt,[69] ist aber

---

59 BVerfGE 88, 203 (296).
60 BGHZ 124, 128 (136) = NJW 1994, 788.
61 BVerfGE 96, 409ff. = NJW 1998, 523.
62 BVerfGE 96, 375 (396ff., 403ff.) = NJW 1998, 519.
63 BGHZ 143, 389 (393) = NJW 2000, 1782.
64 Vgl. etwa den Fall BGH NJW 2008, 2846.
65 BGHZ 151, 133 (138) = NJW 2002, 2636; OLG Stuttgart VersR 2010, 909.
66 OLG Oldenburg VersR 2015, 242.
67 Krit. *Spickhoff* NJW 2002, 1758 (1764); instruktive Darstellung der Rspr. bei *G. Müller* NJW 2003, 697; grds. anders *Stürner* JZ 1998, 318.
68 KG NJW-RR 2008, 1557.
69 D. 2001, 332; eing. *Sonnenberger* IPRax 2001, 1414.

prompt von der Nationalversammlung korrigiert worden, die durch Gesetzesdekret Schadensersatzansprüche wegen unterlassener Abtreibung ausgeschlossen hat: »Nul ne peut se prévaloir d'un préjudice du seul fait de sa naissance«.[70] Der BGH hat diesen Satz schon immer akzeptiert und dem Kind das Recht abgesprochen, den Arzt für die Folgekosten seiner Behinderung verantwortlich zu machen, etwa weil er es versäumt hatte, seine Mutter auf die Möglichkeit einer Abtreibung hinzuweisen.[71] Praktisch hat dies zur Folge, dass die Deckung des Kindesunterhalts über die Haftpflichtversicherung des Arztes mit dem Tod der Eltern entfällt, weil dann die Unterhaltspflicht endet (§ 1615 I). Regressansprüche der Krankenkassen und Rentenversicherungsträger gegen den Arzt scheiden trotz § 116 SGB X gleichfalls aus, weil das Kind keinen eigenen Ersatzanspruch hat, der auf die Sozialversicherungsträger übergehen könnte.[72] Damit gilt auch in Deutschland die Regel: »La compensation de ce [handicap] relève de la solidarité nationale«.[73] Für das behinderte Kind bleibt zu hoffen, dass diese Verantwortung wirksam wahrgenommen wird. Im Übrigen ist der Eindruck nicht von der Hand zu weisen, dass die Fragen der Arzthaftung im Bereich der Fortpflanzungsmedizin und Pränataldiagnostik keine eigenständige Würdigung erfahren, sondern die unterschiedlichen Auffassungen über die Zulässigkeit der Abtreibung auch die Haltung zum Schadensersatzrecht determinieren. Diese haben indessen eine eigenständige Würdigung verdient.

143 Verletzung der **Freiheit** bedeutet nach allgemeiner Ansicht ausschließlich eine Beeinträchtigung der körperlichen Bewegungsfreiheit. Dagegen ist weder die allgemeine Handlungsfreiheit noch die Freiheit von Nötigung zu einer Handlung durch Drohung, Zwang oder Täuschung geschützt.[74] Letzterem wird bereits durch § 240 StGB iVm § 823 II genüge getan. Wer also durch eine falsche Anzeige dafür sorgt, dass jemand in Untersuchungshaft genommen wird, erfüllt damit den Tatbestand einer Freiheitsverletzung iSd § 823 I. Wer dagegen – angeregt durch eine auf Tiefenschichten der Persönlichkeit abzielende Werbung – das Waschmittel X gekauft hat, das teurer, aber nicht wirksamer ist als Y, kann nicht den Anspruch auf Ersatz des ihm in Höhe der Preisdifferenz entstandenen Schadens auf § 823 I stützen. Zwar mag er durch jene Werbung in seiner Freiheit zu rationaler Bildung seiner Kaufentscheidungen beeinträchtigt worden sein, aber dies ist nicht die Freiheit, die § 823 I meint.[75]

### b) Eigentum

144 § 823 I schützt neben den genannten persönlichen Rechtsgütern weiterhin das Eigentum und »sonstige Rechte«.

145 Die Eigentumsverletzung ist gleichsam ein Negativabdruck der dem Eigentümer durch § 903 S. 1 verliehenen Befugnis, mit der Sache nach Belieben zu verfahren und andere von jeder Einwirkung auszuschließen. Zum Kernbereich des Tatbestands zählt der **Schutz der Sachsubstanz** vor Beschädigung oder Zerstörung, etwa infolge eines der zahllosen Straßenverkehrsunfälle, in denen Sachschäden an Kraftfahrzeugen,

---

70 Art. 1 I Gesetz v. 4.3.2002, JO 2002, 4118.
71 BGHZ 86, 240 (250 ff.) = NJW 1983, 1371.
72 BGH VersR 2002, 192.
73 Gesetz v. 4.3.2002, JO 2002, 4118.
74 Palandt/*Sprau* § 823 Rn. 6; aA *Eckert* JuS 1994, 625.
75 Vgl. *Deutsch*, FS F. Hauß, 1978, 43 ff.; aA *Eckert* JuS 1994, 625.

Transportgütern, Straßenlaternen usw entstehen. Eine Eigentumsverletzung liegt auch dort vor, wo in die Substanz der Sache nicht eingegriffen, sie vielmehr ohne Zustimmung des Eigentümers von einem anderen weggenommen oder in Gebrauch genommen wird oder wo ein anderer den Eigentümer **in der Verwendung seiner Sachen behindert oder belästigt.** Wer also fremdes Heizmaterial verbrennt, sein Vieh auf fremder Weide grasen oder den Papagei eines anderen fliegen lässt, seinen **Wagen auf einem fremden Parkplatz unberechtigt abstellt,**[76] die Programmierung eines fremden Computers oder die Ordnung eines fremden Archivs durcheinanderbringt[77] oder den Eigentümer eines Nachbargrundstücks durch übermäßige Zuführung von Gasen, Dämpfen, Rauch usw beeinträchtigt, erfüllt damit den Tatbestand der Eigentumsverletzung gem. § 823 I (vgl. § 906).

**Abgrenzungsprobleme** ergeben sich dort, wo die Beeinträchtigung des Eigentums lediglich darin besteht, dass der Berechtigte seine Sache nicht wie gewohnt und geplant nutzen kann, wenn also beispielsweise schuldhaftes Verhalten ein Verkehrsmittel festsetzt oder den Zugang zu einem Grundstück unmöglich macht: Liegt darin eine Verletzung des Eigentums an dem Verkehrsmittel oder dem Grundstück? 146

**Beispiele:** In BGHZ 55, 153 = NJW 1971, 886 war die **Ufermauer eines Stichkanals** (Fleets) infolge mangelhafter Unterhaltung eingestürzt und der Kanal daraufhin gesperrt worden, wodurch ein Schiff (sog. Schute) des Klägers für acht Monate vor der durch den Kanal erschlossenen Verladestelle eingesperrt wurde, während seine übrigen Schiffe nicht mehr dorthin konnten. Der BGH hat in diesem Fall eine Eigentumsverletzung an dem eingesperrten Schiff bejaht, an den ausgesperrten jedoch verneint. Abgewiesen wurde auch die Klage des Betreibers des **Lüneburger Hafens,** der ebenfalls wegen eines mangelhaft unterhaltenen Stichkanals für längere Zeit von der über das Wasser erschlossenen Außenwelt abgeschlossen war, während eine Eigentumsverletzung dort angenommen wurde, wo aufgrund behördlicher Anordnung das Fabrikgrundstück eines Unternehmers wegen eines Brandes, der durch Verschulden seines Nachbarn auf dessen Grundstück entstanden war, für zwei Stunden geräumt werden musste[78] und wo Demonstranten über mehrere Tage hinweg die Zufahrt zu einem Bauhof blockiert und so den Einsatz der dort abgestellten Baumaschinen verhindert hatten.[79] 147
In einem weiteren Fall war eine **Autobahnbrücke** durch einen Sattelschlepper so schwer **beschädigt** worden, dass der betroffene Autobahnabschnitt für mehrere Tage gesperrt werden musste. Die Haftung des Lkw-Halters und des -Fahrers für den Schaden an der Brücke stand außer Frage. Kann auch der Betreiber einer Autobahnraststätte, die wegen der Sperrung nicht mehr angefahren werden konnte und deshalb zeitweilig geschlossen wurde, unter dem Gesichtspunkt der Eigentumsverletzung Ersatz seiner Umsatzeinbußen verlangen? Der BGH hat den Anspruch zu Recht abgelehnt.[80] Das liegt allerdings nicht daran, dass es an einer unmittelbaren Einwirkung auf die Raststätte fehlte,[81] denn so lag es auch im Fleet-Fall und in den übrigen Fällen reiner Nutzungsbeeinträchtigungen. Entscheidend ist vielmehr, dass dem privaten Schaden des Tankstellenbetreibers kein volkswirtschaftlicher Schaden korrespondiert.[82] Seine hypothetischen Kunden, die infolge der Sperrung ausbleiben, werden ihren

---

76 Der BGH löst diese Fälle über § 823 II iVm § 858 I (BGHZ 181, 233 Rn. 13 ff. = NJW 2009, 2530; BGH NJW 2012, 528 Rn. 6 ff.), doch was der Besitzer abwehren kann, das verletzt auch und erst recht den Eigentümer.
77 BGHZ 76, 216 = NJW 1980, 1518.
78 BGH NJW 1977, 2264.
79 BGHZ 137, 89 (97 f.) = NJW 1998, 377.
80 BGH NJW 2015, 1174 Rn. 15 ff. mit Bespr. *Picker* NJW 2015, 2304 = VersR 2015, 250 = JZ 2015, 680 mit Bespr. *Wagner.*
81 BGH JZ 2015, 680 Rn. 18.
82 *Wagner* JZ 2015, 682, 683 f.

Kraftstoff woanders kaufen sowie Hunger und Durst anderswo stillen. Die Einbußen des einen Tankstellenbetreibers sind die Zusatzgewinne seiner Konkurrenten, und diesen Umverteilungsschaden braucht das Deliktsrecht nicht erneut umzuverteilen.

148 Nach den gleichen Grundsätzen sind auch die vielerörterten »**Kabelbruchfälle**« zu entscheiden, in denen ein Unternehmer einen Schaden dadurch erlitten hat, dass sein Betrieb durch die Unachtsamkeit eines anderen für bestimmte Zeit von der Energiezufuhr abgeschnitten worden ist.[83] Wenn ein Bauunternehmer bei Baggerarbeiten versehentlich eine elektrische Leitung durchtrennt hat, so kann das Versorgungsunternehmen gem. § 823 I Ersatz des Schadens verlangen, der durch die Beschädigung des ihm gehörenden Kabels entstanden ist.[84] Ausgleich kann auch ein Geflügelzüchter verlangen, wenn in seinem Betrieb durch die Unterbrechung der Stromversorgung Eier in den elektrisch beheizten Brutapparaten verdorben sind.[85] Wenn sich jedoch im Zeitpunkt der Unterbrechung der Stromzufuhr keine Eier in den Brutapparaten befanden und der Schaden des Züchters lediglich darin besteht, dass er infolge der Betriebsunterbrechung eine Umsatzminderung erleidet, so fehlt es an einer Verletzung des Eigentums iSd § 823.[86]

149 Dieses Ergebnis wird bestätigt, wenn man darauf abstellt, welcher der Beteiligten mit geringeren Kosten als der andere das Risiko eines Betriebsstillstandes durch Unterbrechung der Stromzufuhr *abwenden* und sich gegen die Schadensfolgen eines solchen Stillstands *versichern* kann. Was die Prävention anlangt, so liegt zwar auf der Hand, dass es allein der Bauunternehmer in der Hand hat, die Beschädigung von Stromkabeln zu vermeiden. Allein dadurch entsteht den Stromkunden jedoch noch kein Schaden, sondern nur unter der weiteren Voraussetzung, dass sie nicht ihrerseits (ex ante) Vorsorge gegen Stromausfälle getroffen, etwa ein Notstromaggregat angeschafft haben oder sich (ex post) anderweitig behelfen, indem etwa eine Rechtsanwältin die Zeit nicht am Computer verbringt, sondern in anderer Weise produktiv ist, etwa eine Akte durcharbeitet. Ob die eine oder die andere Strategie verfolgt oder ein Mix beider Instrumente angewandt wird, dies wird im Einzelfall ganz davon abhängen, wie groß die Einbußen sind, die einem Unternehmen im Fall eines unverhofften Stromausfalls drohen. Eine Haftung des Bauunternehmers jedoch würde den Anreiz selbst für einfachste Selbstschutzmaßnahmen zunichte machen und jedermann erlauben, sich so zu verhalten, als seien Stromausfälle gänzlich ausgeschlossen. Zwar könnten die Gerichte mithilfe des § 254 gegensteuern, doch wer will beurteilen, ob eine Rechtsanwältin in der konkreten Stunde ihre Arbeitskraft anderweitig hätte einsetzen können und ob sich für einen Fertigungsbetrieb die Anschaffung eines Notstromaggregats gelohnt hätte oder nicht?

Weiter ist zu berücksichtigen, dass der Stromkunde verbleibende Nachteile nicht einfach hinnehmen muss, sondern sie bei einem professionellen Risikoträger zur Deckung bringen kann, indem er eine **Betriebsunterbrechungsversicherung** abschließt. Zugegeben, diese Möglichkeit besteht auch für den Bauunternehmer, der seinerseits **Haftpflichtversicherungsschutz** einkaufen könnte. Insgesamt dürfte die Betriebsunterbrechungsversicherung jedoch günstiger sein als die Haftpflichtversicherung, weil ein Unternehmen, das von Stromausfällen besonders hart getroffen würde, einer solchen Versicherung ohnehin bedarf; schließlich werden nicht alle Stromausfälle von fahrlässig grabenden Baggerführern verursacht. Auch kann der Unterbrechungsschaden von dem Stromkunden besser abgeschätzt werden als das Haftpflichtrisiko von dem Bauunternehmer; daher kann das Deckungslimit, das in jedem Versicherungsvertrag vereinbart zu werden pflegt, im ersteren Falle genauer fixiert werden als im letzteren. Schließlich ist die **Betriebsunterbrechungsversicherung** in ihrer Abwicklung billiger, weil es für die Eintrittspflicht des Versicherers nicht auf die juristisch komplizierten Fragen der Haftung ankommt und der Fabrikant außerdem über die Schadenregulierung mit »seinem« Versicherer, nicht mit einem ihm bis dahin fremden Haftpflichtversicherer verhandeln muss.

---

83 Umfassender rechtsvergleichender Überblick über die Lösung solcher Fälle in den verschiedenen Rechtsordnungen bei *Bussani/Palmer*, Pure Economic Loss in Europe, 2003, 171 ff.
84 BGH NJW 1971, 1313.
85 BGHZ 41, 123 = NJW 1964, 720.
86 Vgl. BGHZ 29, 65 = NJW 1959, 479; gegen diese Differenzierung und jede Haftung abl. *Picker* JZ 2010, 541 (548 Fn. 53).

Fehlt es an jedweden Selbstschutzmaßnahmen, sollte man das Diktum von *Lord Denning* in einem englischen Stromkabel-Fall berücksichtigen: »But most people are content to take the risk on themselves. When the supply is cut off, they do not go running around to their solicitor. They do not try to find out whether it was anyone's fault. They just put up with it. They try to make up the economic loss by doing more work next day. This is a healthy attitude which the law should encourage.«.[87]

Sehr umstritten ist die Frage, ob Werkunternehmer und Verkäufer, sofern sie mangelhafte Sachen in Umlauf bringen, ihren Vertragspartnern (oder auch einem sonstigen Dritten, in dessen Hand die Sache gelangt ist) aufgrund von § 823 I wegen »Eigentumsverletzung« für den Schaden haften, der **an der Sache selbst** dadurch entsteht, dass sie später infolge des ihr von Anfang an anhaftenden Mangels *als ganze* zerstört wird, und zwar zu einem Zeitpunkt, in dem der Geschädigte bereits ihr Eigentümer geworden war. 150

In BGHZ 67, 359 = NJW 1977, 379 hatte ein Verkäufer eine Maschine geliefert, die, weil sie einen defekten »**Schwimmerschalter**« aufwies, später in Brand geraten war. Hier hat der BGH eine Eigentumsverletzung bejaht: Es habe zunächst nur ein »**funktionell begrenzter**« Mangel der Maschine vorgelegen, der erst nach ihrer Übereignung an den Käufer zu dem Brand geführt und dadurch einen zusätzlichen Schaden an der »im Übrigen mangelfreien Sache« hervorgerufen und sich daher gleichsam in die fehlerfreien Teile der Maschine »weitergefressen« habe. In BGHZ 86, 256 = NJW 1983, 810 ist das Abgrenzungskriterium modifiziert worden: Wegen eines defekten »**Gaszugs**« ging das Gaspedal eines Autos nicht von allein in die Ruhestellung zurück, sodass es zu einem Unfall kam, bei dem das Auto selbst und ein Gartenzaun beschädigt worden waren. Hier hat der BGH den Hersteller nach § 823 I nicht nur für den Schaden am Zaun, sondern auch für den Schaden am Auto haften lassen, freilich nicht, weil der defekte »Gaszug« als ein lediglich »funktionell begrenzter Mangel« angesehen worden wäre, sondern deshalb, weil der Schaden am Auto nicht »stoffgleich« sei mit dem »Unwert«, der dem Auto von Anfang an wegen des defekten »Gaszugs« angehaftet habe; infolgedessen sei durch den Schaden nicht das **Nutzungs- und Äquivalenzinteresse** des Käufers, sondern das (deliktsrechtlich geschützte) **Integritätsinteresse** verletzt worden.[88] Ein Hauptmotiv der Kritik ist seit jeher[89] der Einwand, der BGH mobilisiere das Deliktsrecht, um Defizite des Vertragsrechts zu beheben, die besser durch dessen Fortbildung ausgeglichen worden wären. Diese Fortbildung hat mittlerweile in Gestalt der Schuldrechtsreform stattgefunden, die eine allgemeine Fahrlässigkeitshaftung des Verkäufers eingeführt (§§ 437 Nr. 3, 280) und die für Gewährleistungsansprüche geltenden Verjährungsfristen ganz erheblich verlängert hat (§ 438). 151

Ob die Schuldrechtsreform dem BGH Anlass geben wird, sich von seiner Rechtsprechung zu distanzieren, wie viele meinen,[90] steht derzeit in den Sternen. Er sollte es tun, wenn auch nicht wegen der Neuregelung des Gewährleistungsrechts, sondern ganz unabhängig davon (auch → Rn. 632 f.).[91] Die Länge der Verjährungsfrist für Sachmängel ist für die Lösung der Problematik in der Tat gleichgültig. Die **Achillesferse der Weiterfresser-Judikatur** besteht jedoch seit jeher darin, dass das vertragliche Äquiva- 152

---

87 *Spartan Steel & Alloys Ltd. v. Martin & Co.* (1973) 1 Q.B. 27 (38).
88 Vgl. auch BGH NJW 1983, 812 und NJW 1985, 2420.
89 Vgl. zB *Lieb* JZ 1977, 342; *Reinicke/Tiedtke* NJW 1986, 10 (13 f.); mit Recht anders *Brüggemeier* VersR 1983, 501 (507).
90 *Mansel* NJW 2002, 89 (95); *Foerste*, FS v. Westphalen, 2010, 161 (167 ff.).
91 Eing. Dauner-Lieb/Konzen/K. Schmidt/*Wagner*, Das neue Schuldrecht in der Praxis, 2003, 203 (211 ff.).

lenzinteresse nur insoweit von dem Integritätsinteresse unterschieden werden kann, als es um die sonstigen Rechtsgüter des Geschädigten geht, nicht aber mit Blick auf den Vertragsgegenstand, also die Kaufsache selbst. Das **Äquivalenzinteresse** besteht schließlich darin, für den aufgewendeten Preis einen Gegenwert in Gestalt der Kaufsache zu bekommen. Wer für 20.000 EUR einen Neuwagen erwirbt, der zahlt den Preis doch vor allem für diesen Gegenstand, und dieser Gegenwert wird zunichte gemacht, wenn der Wagen infolge eines Defekts an einem Baum zerschellt. Diese Überlegungen sind keine begriffliche Spielerei: Das Äquivalenzinteresse geht das Deliktsrecht nämlich deshalb nichts an, weil es die Domäne der vertragsrechtlichen Risikoallokation ist, die entweder von den Vertragsparteien vereinbart (§§ 434, 444) oder durch traditionell dispositives, heute jedoch weitgehend zwingendes Recht bereitgestellt wird (§§ 434ff.). Nicht zuletzt wird der von dem Verkäufer geforderte Preis davon abhängen, für welchen Zeitraum, in welchem Umfang und unter welchen Voraussetzungen er die Haftung für die Haltbarkeit und Mangelfreiheit der Kaufsache übernimmt. Deliktsansprüche können darauf keine Rücksicht nehmen und zerstören insofern das Äquivalenzverhältnis, wie es von den Parteien vereinbart worden ist. Obwohl das deutsche Schuldrecht Vertrags- und Deliktsrecht an sich kumuliert, also nebeneinander anwendet, ist dem Vertragsrecht im Hinblick auf Schäden an der Kaufsache selbst der Vorrang einzuräumen, wie es dem in Frankreich herrschenden Prinzip des »**noncumul**« entspricht (→ Rn. 10).

153  Auch nach **U.S.-amerikanischem Bundesrecht** ist die Deliktshaftung mit Blick auf Schäden an der Kaufsache selbst ausgeschlossen, weil insoweit dem Gewährleistungsrecht (warranty protection) der Vorrang eingeräumt und der Schaden des Käufers als reine Vermögensbeeinträchtigung (pure economic loss) qualifiziert wird. Sonst realisierte sich die Gefahr, die der Richter *Blackmun* in einer Entscheidung zu einem **Weiterfresser-Fall** so umschrieben hat: »if this development were allowed to progress too far, contract law would drown in a sea of tort«.[92] Die Frage, ob Zubehörteile, die der Ersterwerber der Kaufsache eingebaut hatte, als »other property« den Schutz des Deliktsrechts genießen, stellte sich in dem Fall *Saratoga Fishing Co. v. J. M. Martinac & Co.*:[93] Ein Thunfischfangschiff, dessen Hydrauliksystem von Anfang an fehlerhaft war, hatte auf offener See Feuer gefangen und war gesunken. Der Supreme Court erlaubte die Deliktsklage mit Blick auf das Beiboot, das Fangnetz sowie Navigations- und Kommunikationsgeräte, mit denen der Ersterwerber das Boot ausgerüstet hatte, bevor er es an den Zweiterwerber veräußerte.

154  Anders als bei beweglichen Sachen entscheidet der BGH bei **Bauwerken**: Wird ein Gebäude fehlerhaft hergestellt, so haftet der Bauunternehmer dem Besteller zwar aus Vertragsverletzung (§§ 633ff.), aber nicht aus unerlaubter Handlung: »Die Verschaffung eines mit Mängeln behafteten Bauwerks zu Eigentum ist aber keine Verletzung schon vorhandenen Eigentums«.[94] In BGHZ 146, 144 = NJW 2001, 1346 war ein mit Elektroofenschlacke verfülltes Grundstück veräußert worden und vom Erwerber mit umfangreichen Aufbauten versehen worden, die klaffende Risse bekamen, nachdem sich die Reststoffe mit Wasser angereichert und ausgedehnt hatten. Der Gerichtshof lehnte eine Eigentumsverletzung an den Gebäuden ab, weil der Mangel »die Bebaubarkeit des Grundstücks von vornherein und in tief greifender Weise beeinträchtigt und sich [der] Gesamtsache von Anfang an mitgeteilt hat«. Tatsächlich dürfte der Fall im Kosmos des Richterrechts eher der häufig nicht klar von den Weiterfresserschäden getrennten Fallgruppe der Produktionsschäden zuzuordnen sein.

155  **Produktionsschäden** erleiden Unternehmer bei der Warenproduktion aus Rohstoffen und Halbfertigprodukten, wenn einer der Produktionsfaktoren sich als mangelhaft herausstellt und damit neben dem Endprodukt auch die übrigen Zutaten entwertet.

---

92 *East River Steamship Corp. v. Transamerica Delaval, Inc.* (1986) 476 U.S. 858 (866).
93 *East River Steamship Corp. v. Transamerica Delaval, Inc.* (1997) 520 U.S. 875 (879ff.).
94 BGHZ 39, 366 = NJW 1963, 1827.

**Beispiel:** In BGHZ 138, 230 = NJW 1998, 1942 hatte ein Zulieferer in die Steuergeräte der von 156
ihm hergestellten Automobil-Zentralverriegelungsanlagen Transistoren eingebaut, die von
dem beklagten Elektrotechnik-Unternehmen gefertigt worden waren. Diese Produkte wiesen
einen Fehler auf, der dazu führte, dass sie »im Laufe der Zeit«, unter dem Einfluss von Temperatur und Feuchtigkeit, ihre Funktionsfähigkeit verloren. Rund 75 % der Zentralverriegelungsanlagen fielen schließlich aus; den daraus entstandenen Schaden iHv über 2 Mio. DM
musste der Zulieferer dem Automobilhersteller ersetzen. Wegen dieses Betrags nahm er den
Hersteller der Transistoren in Regress. Der BGH verneinte eine Eigentumsverletzung zwar
mit Blick auf die Steuergeräte, denn insoweit habe »sich der von der Klägerin der Beklagten
angelastete Produktfehler lediglich auf das Nutzungs- und Äquivalenzinteresse der Klägerin
an gebrauchstauglichen Steuergeräten ausgewirkt, nicht aber das Integritätsinteresse der Klägerin am Bestand unbeschädigten Eigentums beeinträchtigt«. Bejaht wurde eine Eigentumsverletzung jedoch an den übrigen Einzelteilen, aus denen das – sich als fehlerhaft erweisende –
Steuergerät zusammengesetzt worden war: Einwandfreie Bauteile, die untrennbar mit fehlerhaften Teilen verbunden würden, seien sowohl in ihrer Verwendbarkeit als auch in ihrem Wert
beeinträchtigt.

Tatsächlich steht bei den Produktionsschäden nicht das durch den Kaufvertrag über 157
die mangelhafte Zutat geschützte Äquivalenzinteresse, sondern das **Integritätsinteresse** an den mangelfreien Zutaten zur Debatte, die der Geschädigte selbst hergestellt
oder von anderen Zulieferern bezogen hat. Die entscheidende Frage lautet daher: Ist
das Integritätsinteresse an den übrigen Rechtsgütern des Käufers deshalb aus dem
Schutzbereich der Deliktshaftung auszuklammern, weil das Verwendungsrisiko in Bezug auf die Kaufsache nach dem Kaufvertragsrecht *(caveat emptor!)* dem Käufer zugewiesen ist?

Die Frage ist zu verneinen, wie ein Vergleich mit den Fällen der Gesundheitsverletzung
zeigt, bei der an der Deliktshaftung wohl kaum gezweifelt würde, wenn sich ein Herzschrittmacher nach seinem »Einbau« in den Körper eines Patienten als mangelhaft herausstellte. Bei der Eigentumsverletzung muss man die unversehrten »Bauteile« nur
hinreichend groß machen, um sofort einleuchtende Ergebnisse zu erzielen: Wenn ein
Bauer 100 Liter schadstoffkontaminierte Milch liefert, die in den mit 10.000 Liter einwandfreier Milch befüllten Tank einer Molkerei geschüttet werden, kann ein Eingriff
in das Eigentum an der einwandfreien Milch kaum bestritten werden. Wie kann sich
etwas ändern, wenn nicht kontaminierte und einwandfreie Milch, sondern ein defektes
und eine Vielzahl einwandfreier elektronischer Bauteile untrennbar miteinander vermischt bzw. verbunden werden?

Allerdings ist nicht von der Hand zu weisen, dass die Deliktshaftung bei Produktions- 158
schäden das Zeug dazu hat, die **vertragsrechtliche Risikoallokation** in komplexen
Zulieferer-Endhersteller-Beziehungen aus den Angeln zu heben.[95] Wohl deshalb hat der
BGH in diesen Fällen den Haftungsumfang begrenzt und im Transistoren-Fall dem
geschädigten Zulieferer nicht für sämtliche durch die Ausmusterung der fehlerhaften
Steuergeräte entstandenen Schäden Ersatz gewährt, sondern den Ausgleich auf den
Wert der nicht mangelbehafteten Bauteile begrenzt.[96]

---

95 Dazu *Hinsch* VersR 1998, 1353 (1354 f.).
96 BGHZ 138, 235 = NJW 1998, 1942; ähnlich auch BGHZ 117, 183 (190) = NJW 1992, 1225. Vgl. zu
  dieser kontroversen Frage auch Dauner-Lieb/Konzen/K. Schmidt/*Wagner*, Das neue Schuldrecht in
  der Praxis, 2003, 203 (216 ff.); *Kullmann* PHI 1999, 16 ff.; *Kullmann* NJW 1999, 96 (97); aA *Foerste*
  NJW 1998, 2877; *Foerste*, FS v. Westphalen, 2010, 161 (177 ff.); *Brüggemeier* JZ 1999, 99; *Brüggemeier/Herbst* JZ 1992, 802. Zur Entwicklung in England vgl. die Leitentscheidung *Murphy v. Brent-*

## c) »Sonstige Rechte«

**159** Unter »sonstigen Rechten« sind zunächst solche »**absoluten**« Rechte zu verstehen, kraft deren ihr jeweiliger Inhaber (ähnlich wie der Eigentümer der Sache) von jedem anderen verlangen kann, dass er ihn in der Verwertung des Rechts oder in der Ausübung der aus ihm fließenden Befugnisse nicht beeinträchtige. So kann derjenige, dem der **Nießbrauch** an einem fremden Grundstück zusteht, von jedermann (auch von dem Eigentümer) verlangen, dass er ihn nicht in seinem Recht störe, die Nutzungen des Grundstücks zu ziehen, es also zu vermieten, zu verpachten, ein Kiesvorkommen auszubeuten oder es als öffentlich zugänglichen Zeltplatz zu verwerten (§§ 1030, 1065). Ähnliche Rechte gegenüber jedermann stehen dem Inhaber einer **Dienstbarkeit**[97] (§ 1090) oder eines sonstigen dinglichen Rechts, ferner dem Inhaber »**Geistigen Eigentums**«, etwa eines Patents (vgl. § 47 PatG), eines Urheberrechts oder einer Marke zu (§§ 14, 15 MarkenG), sowie dem Träger eines Namens (§§ 12 BGB, 37 HGB) und dem Inhaber eines »Rechts am eigenen Bilde« (§§ 22ff. KUG), endlich auch demjenigen, der zwar nicht Eigentümer einer Sache ist, sie jedoch berechtigterweise in Besitz hat (§§ 854ff.). Werden die Inhaber dieser Rechte von irgendeinem anderen in ihrer Position gestört, so liegt darin die Verletzung eines »sonstigen Rechts«, wobei die genannten Spezialgesetze allerdings regelmäßig selbst die gebotene Sanktion verhängen und insoweit der Rückgriff auf § 823 I ausgeschlossen ist.

**160** Zweifelhaft ist, ob auch Rechtspositionen des Familienrechts als »sonstige Rechte« Deliktsschutz genießen. Anerkannt ist, dass das Recht der **elterlichen Sorge** als »sonstiges Recht« zu schützen ist, etwa dann, wenn die allein sorgeberechtigte Mutter von dem Vater, der ihr das Kind vorenthält, Ersatz der Detektivkosten verlangt, die ihr durch die Ermittlung seines Aufenthaltsorts entstanden sind,[98] oder wenn die Eltern dem Liebhaber ihrer minderjährigen Tochter den Umgang mit ihr verbieten wollen.[99] Auch das Umgangsrecht des nicht sorgeberechtigten Elternteils gehört zu den »sonstigen Rechten«.[100]

**161** Sehr streitig ist die Frage, ob einem Ehegatten ein als »sonstiges Recht« anzuerkennendes **Recht auf Achtung der ehelichen Lebensgemeinschaft** zusteht. Nach der Rechtsprechung ist die Ehe kein sonstiges Recht iSd § 823 I und der Ehebruch folglich kein Delikt, sondern ein innerehelicher Vorgang, dessen Folgen allein nach dem Familienrecht zu bestimmen sind.[101] Allein das Recht eines Ehegatten am »**räumlich-gegenständlichen Ehebereich**« wurde als »sonstiges Recht« anerkannt, mit dem verhindert werden kann, dass der andere Ehegatte den Partner des Ehebruchs in die Ehewohnung aufnimmt.[102] Tatsächlich dürfte in einem solchen Fall das allgemeine Persönlichkeitsrecht verletzt sein, was sich sofort zeigt, wenn man sich dasselbe Geschehen im Rahmen einer nichtehelichen Lebensgemeinschaft vorstellt. Müsste ein Mann es hinnehmen, dass seine langjährige Partnerin ihren Geliebten in die gemeinsame Wohnung

---

wood District Council 3 WLR (1990), 414; dazu *Hutchison/Zimmermann*, Murphy's Law, ZVglRWiss 94 (1995), 42; *v. Bar*, Gemeineuropäisches Deliktsrecht I, 1996, Rn. 442ff.
97 BGH NJW-RR 2012, 1048 Rn. 8: Dienstbarkeit zum Betreiben einer Ferngasleitung.
98 BGHZ 111, 168 = NJW 1990, 2060.
99 OLG Frankfurt NJW 1979, 2052.
100 BGH JZ 2003, 46 (47).
101 BGHZ 196, 207 Rn. 15 = NJW 2013, 2108; *Dethloff*, Familienrecht, 31. Aufl. 2015, § 4 Rn. 14.
102 BGHZ 6, 361 = NJW 1952, 975; BGHZ 34, 80 = NJW 1961, 504.

aufnimmt oder umgekehrt?[103] Rechtliche Grundlage für den Unterlassungsanspruch ist die Vorschrift des § 1004, die nicht nur auf Fälle der Beeinträchtigung des Eigentums, sondern (analog als sog. »**actio quasi negatoria**«) auch dort angewandt wird, wo Rechte oder Rechtsgüter bedroht sind, denen in §§ 823 ff. Deliktsschutz zuerkannt wird. (Vgl. auch noch → Rn. 410 ff.)

In der **Ablehnung einer Sanktionierung des Ehebruchs** ist dem BGH zu folgen,[104] denn spätestens nach der Liberalisierung des Scheidungsrechts steht jede Ehe de facto unter dem Vorbehalt, dass beide Teile ihre Fortsetzung wollen. Ein Dritter kann die eheliche Lebensgemeinschaft folglich nicht verletzen, wenn er einverständliche sexuelle Beziehungen zu einem Ehegatten aufnimmt. Soweit allerdings der Schaden eines hintergangenen Ehemannes darin liegt, dass er für das von seiner Frau während der Ehe geborene, aber von einem Dritten stammende Kind Unterhalt geleistet und die Kosten der Ehelichkeitsanfechtung bezahlt hat, kann er vom Ehestörer Ersatz verlangen, zwar nicht aufgrund des § 823, wohl aber aufgrund des § 1607 III und ggf. auch gem. § 826.[105] Seine (ehemalige) Frau kann der Ehemann in einem solchen Fall nur nach § 826 in Regress nehmen, nämlich wenn sie ihm arglistig vorgespiegelt hat, nur er könne der Vater des von ihr erwarteten Kindes sein.[106] Die **Regressansprüche gegen den Erzeuger und die Ehefrau** setzen gem. § 1600d IV grundsätzlich nicht nur die erfolgreiche Vaterschaftsanfechtung durch den Ehemann, sondern auch die verbindliche Feststellung der Vaterschaft des Dritten voraus.[107] Dies gilt indessen nicht, wenn die Mutter und der vermeintliche Vater es ablehnen, die zur Klärung der Abstammung notwendigen Schritte einzuleiten.[108]

162

### d) Schutz »relativer« Rechte?

Keinen Deliktsschutz im Rahmen des § 823 I genießen die sog. »relativen Rechte«, solche Rechte also, die sich – anders als die »absoluten Rechte« – nicht gegen jedermann, sondern nur gegen eine bestimmte Person richten. Wer also die Rückzahlung eines Darlehens oder die Übereignung eines ihm verkauften Rubens verlangen kann, hat ein Forderungsrecht nur gegen seinen Schuldner, also gegen den Darlehensnehmer oder den Verkäufer. Erreicht es ein Dritter, dass der Darlehensnehmer die Schuldsumme an ihn zurückzahlt und dass dadurch – was unter bestimmten Voraussetzungen möglich ist (§ 816 II) – die Rückzahlungsforderung des Gläubigers erlischt, oder erreicht es der Dritte, dass der Rubens ihm übereignet wird und dass infolgedessen der Übereignungsanspruch des ursprünglichen Käufers vereitelt wird, so liegt darin nicht die Verletzung eines »sonstigen Rechts«, und es können daher weder der Darlehensgläubiger noch der Käufer des Rubens den ihnen entstandenen Schaden auf der Grundlage des § 823 I ersetzen verlangen. Hat freilich der Dritte den Schaden vorsätzlich und in einer

163

---

103 Vgl. auch MüKoBGB/*Wagner* § 823 Rn. 232; *Dethloff*, Familienrecht, 31. Aufl. 2015, § 4 Rn. 15.
104 Vgl. BGHZ 23, 215 = NJW 1957, 670 (Anspruch gegen den Ehegatten); BGHZ 23, 279 = BeckRS 1957, 31389092; BGHZ 26, 217 = NJW 1958, 544; BGHZ 57, 229 = NJW 1972, 199; BGH NJW 1973, 991 (Anspruch gegen den Ehestörer); aA und für Ansprüche gegen Ehegatten und Ehestörer *Gernhuber/Coester-Waltjen*, Familienrecht, 6. Aufl. 2010, § 17 Rn. 24 ff.; rechtsvergleichend *Hosemann* FamRZ 2015, 2101.
105 LG Saarbrücken NJW-RR 2008, 1604; zu § 1607 III vgl. BGHZ 57, 229 = NJW 1972, 199.
106 BGHZ 80, 235 = NJW 1981, 1445 und BGH JZ 1990, 438 mzustAnm von *Schwenzer*; vgl. auch *Deutsch*, FS Gernhuber, 1993, 581 (594 ff.); *Battes*, FS Gerhardt, 2004, 1 ff.
107 BGHZ 121, 299 = NJW 121, 299.
108 BGH NJW 2008, 2433 (2435) Rn. 29.

gegen die guten Sitten verstoßenden Weise herbeigeführt, so haftet er aus § 826 (→ Rn. 263).

Ob wenn schon nicht die Forderung als solche, so doch die Inhaberschaft eines relativen Rechts, die sog. »Forderungszuständigkeit«, den Schutz des § 823 I genießt, ist umstritten.[109] Der BGH lehnt dies ab und verneint in der Folge insbesondere den **Deliktsschutz für Domainnamen.** Durch Registrierung eines Domainnamens bei der zuständigen Stelle (DENIC) erwerbe der Berechtigte zwar »ein relativ wirkendes vertragliches Nutzungsrecht, das dem Inhaber des Domainnamens ebenso ausschließlich zugewiesen ist wie das Eigentum an einer Sache«, aber keine »absolute, gegenüber jedermann wirkende Rechtsposition«.[110] Der Umstand, dass die DENIC den Namen nicht ein zweites Mal vergeben könne, sei nämlich »allein technisch bedingt.« In diesem Sinne »technisch bedingt« ist es allerdings auch, dass ein Pkw nicht gleichzeitig von zwei verschiedenen Personen gefahren werden kann.

### e) Schutz des Vermögens als solchem?

164  Keinen Deliktsschutz im Rahmen des § 823 I genießt weiterhin das Vermögen als solches. Vermögensschäden kann man auf der Grundlage des § 823 I zwar ersetzt verlangen, wenn sie als weitere Folge einer Verletzung der in dieser Vorschrift genannten Rechtsgüter eingetreten sind (→ Rn. 131), ist hingegen durch schuldhaftes Verhalten eines anderen dem Geschädigten von vornherein nur ein »reiner« Vermögensschaden zugefügt worden, so ist ein Anspruch aus § 823 I nicht gegeben (→ Rn. 430 ff.). Hat also jemand ein Darlehen gegeben, weil ihm sein Freund den Empfänger als kreditwürdig geschildert hat, so kann der Darlehensgeber, wenn der Empfänger von Anfang an vermögenslos war und das Darlehen nicht zurückgezahlt hat, seinen Schadensersatzanspruch gegen den Freund nicht auf § 823 I stützen, weil der eingetretene Schaden »reiner Vermögensschaden« ist oder – anders gesagt – nicht durch die Verletzung eines der in dieser Vorschrift genannten Rechte oder Rechtsgüter eingetreten ist und auch nicht als weitere Folge einer solchen Verletzung angesehen werden kann. Hat der Freund freilich bei der Erteilung seines Ratschlags in sittenwidriger Weise den Schaden herbeiführen wollen, so kommt eine Haftung aus § 826 in Betracht (→ Rn. 250 ff.), und lässt sich den Umständen entnehmen, dass die Ratserteilung aufgrund eines zwischen Darlehensgeber und Freund bestehenden Vertrages erfolgte, so lässt sich der Schadensersatzanspruch auf Vertragsverletzung stützen. Zu den Gründen für die Diskriminierung reiner Vermögensschäden → Rn. 96 ff.

### f) Das Recht am »eingerichteten und ausgeübten Gewerbebetrieb«

165  Die Diskriminierung von »reinen Vermögensschäden« durch § 823 I, die Verengung des § 826 auf Vorsatzdelikte und die dadurch bedingte Ablehnung einer allgemeinen Fahrlässigkeitshaftung für reine Vermögensschäden ist geradezu die Pointe des deutschen Deliktsrechtssystems (→ Rn. 96 ff.). So richtig es im Ausgangspunkt auch ist, Rechtsguts- und Vermögensverletzungen nicht generell auf eine Stufe zu stellen, so

---

109  Ausf. zum Streitstand MüKoBGB/*Wagner* § 823 Rn. 223 ff.; sowie jeweils entgegengesetzt *Canaris* und *Medicus*, FS Steffen, 1995, 85 ff., 333 ff.

110  BGHZ 192, 204 Rn. 23 = NJW 2012, 2034 = BGH GRUR 2012, 417; genauso BVerfG NJW 2005, 589 unter Hinweis auf BVerfG NJW 1977, 2024; zur Pfändung und Verwertung einer Internet-Domain gem. § 857 ZPO BGH NJW 2005, 3353.

hat sich das geltende Recht doch als übermäßig restriktiv erwiesen. Diesem Missstand hat der Gesetzgeber immer wieder abzuhelfen versucht, erstmals durch das UWG von 1909, das die Fahrlässigkeitshaftung für reine Vermögensschäden im Gebiet des **Wettbewerbsrechts** dann doch eingeführt hat. Die Rechtsprechung wiederum hat dem Unternehmen auch dann Schutz vor deliktischen Beeinträchtigungen gewährt, wenn die Schädigung außerhalb des Wettbewerbs erfolgte und zwar unter dem Gesichtspunkt des »Rechts am eingerichteten und ausgeübten Gewerbebetrieb«.

So sicher es ist, dass Unternehmen in bestimmtem Umfang des Schutzes vor fahrlässig zugefügten reinen Vermögensschäden bedürfen, so dogmatisch verfehlt war es von Anfang an, diesen Schutz dadurch zu gewähren, dass man dem Unternehmer ein eigentumsähnliches Herrschaftsrecht zuerkannte. Heute ist man sich im Grunde darüber einig, dass unter der Überschrift des Rechts am eingerichteten und ausgeübten Gewerbebetrieb **de facto reine Vermögensinteressen geschützt** werden. In diesem Zusammenhang wird die Problematik darzustellen sein; → Rn. 431 ff. 166

### g) Das »allgemeine Persönlichkeitsrecht«

Während § 823 I das Interesse der Person an physischer Integrität in den Rechtsgütern Leben, Körper, Gesundheit und Fortbewegungsfreiheit umfassend vor vorsätzlichen wie auch fahrlässigen Eingriffen schützt, sollten Beeinträchtigungen immaterieller Persönlichkeitsinteressen – Ehre und Privatsphäre – nach dem Willen der Gesetzesverfasser außen vor bleiben. Die Haftung sollte sich auf die Fälle der Verletzung eines Schutzgesetzes (§ 823 II BGB, § 185 ff. StGB) und des vorsätzlich-sittenwidrigen Eingriffs (§ 826) beschränken. Auch diese Restriktion des Schutzbereichs der Fahrlässigkeitshaftung ist im Ansatz gut begründet, schießt jedoch über das berechtigte Anliegen, der Meinungsfreiheit Raum zu gewähren, weit hinaus. Der BGH hat sich deshalb ein Herz gefasst, das »allgemeine Persönlichkeitsrecht« aus der Taufe gehoben und als »sonstiges Recht« iSd § 823 I deklariert. 167

So richtig diese Erweiterung der Deliktshaftung auch ist, so stellte die Gleichstellung des allgemeinen Persönlichkeitsrechts mit dem Eigentum und anderen Herrschaftsrechten allenfalls eine Notlösung dar. Heute hat sich das Recht des deliktischen Persönlichkeitsschutzes gegenüber § 823 I weitgehend **verselbstständigt** und folgt eigenen Regeln, die im Zusammenhang darzustellen sind (→ Rn. 365 ff.). 168

## 2. Pflichtverletzung/Verkehrspflichtverletzung

**Literatur:** *v. Bar,* Verkehrspflichten – Richterliche Gefahrsteuerungsgebote im deutschen Deliktsrecht, 1980; *v. Bar,* Entwicklungen und Entwicklungstendenzen im Recht der Verkehrs(sicherungs)pflichten, JuS 1988, 169; *Canaris,* Schutzgesetze – Verkehrspflichten – Schutzpflichten, FS Larenz, 1983, 27 ff.; *Esser,* Die Zweispurigkeit unseres Haftungsrechts, JZ 1953, 129; *Kleindiek,* Deliktshaftung und juristische Person, 1997, 20 ff.; *Mertens,* Verkehrspflichten und Deliktsrecht, VersR 1980, 397; *Stoll,* Das Handeln auf eigene Gefahr, Eine rechtsvergleichende Untersuchung, 1961; *Stoll,* Richterliche Fortbildung und gesetzliche Überarbeitung des Deliktsrechts, 1984.

**Rechtsvergleichend:** *v. Bar,* Gemeineuropäisches Deliktsrecht I, 1996, Rn. 97 ff.; *Widmer* (Hrsg.), Unification of Tort Law: Fault, 2005.

169 § 823 I knüpft die Haftung nicht an die bloße Verursachung einer Rechtsgutsverletzung, sondern daran, dass ein Rechtsgut »vorsätzlich oder fahrlässig ... verletzt« wird. Nach richtigem Verständnis machen Vorsatz und Fahrlässigkeit – wie im Strafrecht – bereits das Handlungsunrecht aus und begründen nicht erst die Schuld (→ Rn. 106 ff.). Im Rahmen von § 823 I kommt es zudem auf die Unterscheidung von Vorsatz und Fahrlässigkeit nicht an, weil die Haftung in beiden Fällen dieselbe ist; das BGB hat das noch im gemeinen Recht verbreitete sog. Gradationssystem, nach dem der Haftungsumfang vom Grad der »Schuld« abhing, gerade nicht übernommen.[111] Zudem macht auch die vorsätzliche Verursachung einer Rechtsgutsverletzung nur haftbar, wenn der Täter die Grenzen des erlaubten Risikos überschritten hat (→ Rn. 111). Damit spitzt sich alles auf die Frage zu, welche Risiken gelaufen werden dürfen und welche Gefährdungen der Rechtsgüter Dritter sanktionslos hinzunehmen sind, **welches Verhalten also der im Verkehr erforderlichen Sorgfalt entspricht (§ 276 II)**. Ob der Sorgfaltspflichtverstoß bewusst (Vorsatz) oder unbewusst (Fahrlässigkeit) geschieht, ist gleichgültig.

170 Rechtsprechung und Literatur thematisieren diese Problematik herkömmlich unter dem Stichwort der Verkehrspflichten oder Verkehrssicherungspflichten (→ Rn. 124 ff.). Dabei handelt es sich jedoch lediglich um eine – historisch zu erklärende – Bezeichnung für diejenigen Sorgfaltspflichten, die von den Gerichten in tagtäglicher Anwendung des Deliktsrechts herausgearbeitet worden sind und sich in der Kommentarliteratur in umfangreichen Katalogen abgelagert haben.[112] Diese werden manchmal sogar alphabetisch geordnet, sodass man unter den Rubriken »Abfall« bis »Wochenmarkt« nachlesen kann,[113] welche Sicherungsmaßnahmen die Rechtsprechung in diesem oder jenem Lebensbereich für nötig erachtet hat, damit der Einzelne den Geboten der »im Verkehr erforderlichen Sorgfalt« genügt. In diesem Sinn sind die Verkehrspflichten nichts anderes als Konkretisierungen des allgemeinen deliktsrechtlichen Sorgfaltsgebots.[114]

### a) Entstehungsgründe für Verkehrspflichten

#### aa) Historischer Ursprung: Verkehrsanlagen

171 Historisch sind die Verkehrspflichten zuerst in Fällen entwickelt worden, in denen es um die Haftung für Unfallschäden ging, die der Kläger bei der **Benutzung von Wegen, Durchgängen, Treppenhäusern, Geschäftsräumen, Sportanlagen und vor allem bei der Benutzung von Straßen** aller Art erlitten hatte (→ Rn. 125). Hier ist der allgemeine Grundsatz aufgestellt worden, dass gem. § 823 I der Körper- und Sachschaden ersetzt werden muss, der dadurch entsteht, dass die Anlage mangelhaft instand gehalten wurde oder Verkehrshindernisse nicht beseitigt wurden.[115] Dieser Herkunft verdankt sich die auch heute noch mitunter gebrauchte Bezeichnung als »Verkehrssicherungspflicht«.

172 **Beispiele:** Die die Straße verwaltende Behörde ist verpflichtet, ihren baulichen Zustand so zu gestalten und zu erhalten, dass die Verkehrsteilnehmer keinen für sie unerkennbaren Gefahren ausgesetzt werden. In räumlicher Hinsicht gilt dies nicht nur für die eigentliche Fahrbahn, sondern auch für die Seitenstreifen und die dort stehenden Bäume.[116] Maßnahmen zur Beruhi-

---

111 Dazu *v. Gierke*, Der Entwurf eines bürgerlichen Gesetzbuchs und das deutsche Recht, 1889, 266.
112 Vgl. MüKoBGB/*Wagner* § 823 Rn. 442–616.
113 Etwa bei Palandt/*Sprau* § 823 Rn. 186 ff.
114 MüKoBGB/*Wagner* § 823 Rn. 311 ff.
115 Vgl. ausf. zur Entwicklungsgeschichte *v. Bar*, Verkehrspflichten – Richterliche Gefahrsteuerungsgebote im deutschen Deliktsrecht, 1980, §§ 1, 2.
116 BGH NJW 2004, 1381.

gung und Verlangsamung des Straßenverkehrs, wie etwa Blumenkübel, müssen so angeleuchtet werden, dass sie von nächtlichen Autofahrern rechtzeitig erkannt werden können.[117] Bodenschwellen müssen auch von Fahrzeugen mit geringer Bodenfreiheit überwunden werden, wobei als schutzwürdig auch die Belange solcher Fahrer angesehen werden, die ihr Kfz – im zulässigen Rahmen – »tiefergelegt« haben.[118] Bei Glatteis oder Schneefall sind jedenfalls die wichtigen innerörtlichen Straßen zu streuen, während der Winterdienst außerhalb geschlossener Ortschaften ein Service der zuständigen Verwaltungsträger im Interesse der Leichtigkeit des Verkehrs ist.[119] Werden solche überobligatorischen Leistungen erbracht, dann müssen sie selbstverständlich sorgfältig ausgeführt werden, sodass der Verwaltungsträger der Bundesfernstraße haftet, wenn etwa eine Brücke nicht ordnungsgemäß abgestreut wird.[120]

Die **Straßenverkehrssicherungspflicht** der Straßenbehörden war im Ursprung eine privatrechtliche Sorgfaltspflicht, die das Reichsgericht im Rahmen von § 823 I entwickelt hat.[121] Inzwischen haben aber alle Bundesländer in ihren Straßen- und Wegegesetzen von der Möglichkeit Gebrauch gemacht, sie in eine öffentlich-rechtliche Pflicht zu transformieren (vgl. nur § 9a I 2 StrWG NRW; § 5 HambWG), für deren Verletzung nach § 839, Art. 34 GG gehaftet wird. Dadurch hat sich am Inhalt der Verkehrssicherungspflicht nichts geändert. Denn es ist anerkannt, »dass die öffentlich-rechtlich ausgestaltete Amtspflicht zur Sorge für die Sicherheit im Straßenverkehr inhaltlich der Räum- und Streupflicht entspricht, wie sie auch aus der allgemeinen Straßenverkehrssicherungspflicht abgeleitet wird«.[122] Die Ersetzung des § 823 durch § 839, Art. 34 GG bleibt auch insoweit folgenlos, als es der BGH ablehnt, die Subsidiaritätsklausel des § 839 I 2 auf Verletzungen der Straßenverkehrssicherungspflicht anzuwenden.[123] Der Ersatzanspruch des Geschädigten wird also weder durch Ansprüche gegen sonstige Unfallbeteiligte noch durch kongruente Ersatzleistungen von Versicherungen und Sozialversicherungsträgern ausgeschlossen. 173

### bb) Sachgefahren

Die Sorgfaltsgebote des Deliktsrechts sind selbstverständlich nicht auf Verkehrsanlagen beschränkt, sondern gelten auch für sonstige Sachen. Einen Ausschnitt der sachbezogenen Sicherungspflichten regeln die §§ 836–838. Es ist dies der Fall, wenn »durch den Einsturz eines Gebäudes oder eines anderen mit einem Grundstück verbundenen Werkes oder durch die Ablösung von Teilen des Gebäudes oder Werkes« ein Mensch getötet oder verletzt oder eine Sache beschädigt worden ist. Kann der Kläger in einem solchen Falle beweisen, dass der Einsturz des Gebäudes oder Werkes oder die Ablösung seiner Teile eine Folge **objektiv fehlerhafter Errichtung oder objektiv mangelhafter Unterhaltung** ist, so ist der Besitzer des Grundstücks zum Schadensersatz verpflichtet, es sei denn er kann beweisen, dass er alle Maßnahmen getroffen hat, die »zum Zwecke der Abwendung der Gefahr« von einem sorgfältigen Menschen verlangt werden. 174

**Beispiele:** § 836 ist zB anzuwenden, wenn ein Baugerüst einstürzt, ein Firmenschild sich aus seiner Verankerung löst, ein in die Wand eingelassener Spiegel oder eine in der Wand verankerte Schultafel herabstürzt oder die Glasscheibe einer fest eingebauten Duschkabine zerbirst.[124] Das gleiche gilt, wenn Dachpfannen, Schornsteine, Simse oder Fensterläden sich von einem Gebäude lösen und herabfallen. § 836 ist hingegen nicht anwendbar, wenn Schnee von dem steil geneigten Dach eines Hauses abrutscht und als »Dachlawine« zu Schäden der Passanten oder der vor dem Haus geparkten Kraftfahrzeuge führt. Hier ist der Ersatzanspruch auf § 823 zu stüt- 175

---

117 OLG Nürnberg NZV 1991, 353.
118 BGH NJW 1991, 2824 (2825).
119 BGH VersR 1995, 721 (722).
120 Vgl. BGHZ 31, 73 (75f.) = NJW 1960, 32; zum Ganzen ausf. *Rinne* NJW 1996, 3303.
121 RGZ 52, 373 (374); vgl. auch RGZ 54, 53 (59).
122 BGHZ 112, 74 (80) = NJW 1991, 33; dazu aber krit. *Koch* Die Verwaltung 30 (1997), 1.
123 BGHZ 75, 134 (136ff.) = NJW 1979, 2043; BGHZ 118, 368 (370ff.) = NJW 1992, 2476.
124 Dazu BGH NJW 1985, 2588.

zen, und die Haftung ist zu bejahen, wenn der beklagte Gebäudebesitzer diejenigen Maßnahmen versäumt hat, die ein sorgfältiger Mensch in gleicher Lage zum Schutz der Passanten und Kraftfahrer treffen würde. Welches diese Maßnahmen sind, ob also Schneegitter anzubringen oder Hinweisschilder aufzustellen sind oder ob der Gebäudebesitzer untätig bleiben darf, hängt unter anderem vom Neigungswinkel des Daches, von der Häufigkeit erheblicher Schneefälle, von der Breite des Bürgersteigs und von den sonstigen örtlichen Verhältnissen ab.[125]

176 § 836 wird verbreitet als gesetzliche Ausprägung des allgemeinen Gedankens angesehen, nach dem jedermann, der in seinem Verantwortungsbereich eine **Gefahrenlage schafft oder andauern lässt**, insbesondere die Herrschaft über eine gefahrenträchtige Sache ausübt, die nach den Umständen zumutbaren Maßnahmen und Vorkehrungen zum Schutz der Rechtsgüter anderer treffen muss.[126] Diese Formulierung ist insoweit missverständlich, als man nicht erst eine Gefahrenlage schaffen muss, um sie anschließend wieder beseitigen oder abschirmen zu müssen. Das zeigt sich gerade auch am Beispiel des § 836, denn ein Bauwerk lässt sich wohl kaum als eine »Gefahrenquelle« darstellen, die zu besonderen Sicherungsmaßnahmen verpflichtet. Anders herum wird vielmehr ein Schuh daraus: Der Eigentümer oder Besitzer eines Gebäudes hat dieses so in Ordnung zu halten, dass es erst gar nicht zur Gefahrenquelle für Dritte wird. Es ist dieser Satz, der sich verallgemeinern lässt: Jeder ist verpflichtet, die eigene Sphäre, insbesondere die eigenen Sachen, so in Ordnung zu halten, dass Gefahren für Dritte erst gar nicht verursacht werden.

177 **Beispiele:** So ist der Eigentümer des an einer öffentlichen Straße liegenden **Waldgrundstücks** verpflichtet, »schädliche Einwirkungen auf die Verkehrsteilnehmer durch umstürzende Bäume zu vermeiden«. Er muss deshalb den Baumbestand so anlegen, »dass er im Rahmen des nach forstwirtschaftlicher Erkenntnis Möglichen gegen Windbruch und Windwurf gesichert ist; er muss ihn auch in angemessenen Zeitabständen auf Krankheitsbefall überwachen«.[127] Für **Wander-, Forst- und Waldwege** sind diese Sorgfaltspflichten stark reduziert soweit es um »typische Waldrisiken« geht, mit denen jeder vernünftige Spaziergänger rechnet, wie etwa offen liegendes Wurzelwerk und umgestürzte Bäume.[128] Insoweit handelt jeder, der den Wald betritt, gem. § 14 I 3 BWaldG auf eigene Gefahr. **Keller- und Lichtschächte** auf Grundstücken, die dem Publikumsverkehr offen stehen, müssen abgedeckt und die Abdeckungen gegen unbefugtes Entfernen gesichert werden;[129] in Supermärkten dürfen keine Obst- und Gemüsereste auf dem Boden herumliegen;[130] ein Gastwirt muss seinen Parkplatz beleuchten und bei winterlicher Witterung regelmäßig abstreuen, damit seine womöglich alkoholisierten Gäste nicht stürzen;[131] er darf den **Billardtisch** nicht so nah an Sitzgelegenheiten heranrücken, dass Gäste bei Ausholbewegungen mit dem Queue verletzt werden;[132] Flure in Krankenhäusern sind so zu dimensionieren, dass ein Krankenpfleger, der eine Zimmertür schwungvoll aufstößt, damit nicht einen auf dem Flur gehenden Patienten erschlagen kann;[133] in **Schwimmbädern** dürfen nicht mitten im Becken und unter Wasser Mauern gezogen werden, an denen sich ein Gast bei einem Kopfsprung schwer verletzten kann;[134] ein **Segelflugverein** darf für das Hochziehen der Flugzeuge keine Motorwinde ohne Tankuhr verwenden, so-

---

125 Vgl. BGH NJW 1955, 300.
126 BGH NJW-RR 2002, 525 (526); BGHZ 136, 69 (77) = NJW 1997, 2517.
127 BGH MDR 1974, 217; vgl. auch BGH NJW 1965, 815.
128 BGH NJW 2013, 48 Rn. 10 ff.
129 BGH NJW 1990, 1236 (1237).
130 OLG Köln VersR 1999, 861 f.
131 BGH NJW 1985, 482 (483).
132 RGZ 85, 185 (187).
133 OLG Schleswig VersR 1997, 69 (70).
134 OLG Karlsruhe VersR 2000, 1420 (1422).

dass der Motor nicht plötzlich ausfällt und das Flugzeug abstürzt.[135] **Kraftfahrzeuge** sind nicht nur mit der gebotenen Vorsicht und unter Beachtung der Verkehrsregeln zu benutzen (§§ 1 ff. StVO), sondern auch gegen unbefugte Benutzung durch einen Dieb oder Schwarzfahrer zu sichern (§ 14 II 2 StVO). Deshalb muss der Halter nicht nur den Zündschlüssel des geparkten Wagens abziehen, sondern auch die Wagentür abschließen und die Fenster verriegeln, dies selbst dann, wenn er den Wagen nicht am Straßenrand, sondern auf seinem Privatgrundstück abgestellt hat,[136] und wer einen jungen Mann »ziellos umherirren« sieht, darf den Zündschlüssel nicht stecken lassen, während er die Matten des Fahrzeugs sortiert.[137]

Das Gebot, die eigenen Sachen – Grundstücke, Bauwerke, aber auch Mobilien – in einem gefahrlosen Zustand zu erhalten, trifft zwar regelmäßig, aber nicht notwendig den jeweiligen Eigentümer. Verpflichtet ist vielmehr derjenige, der die **tatsächliche Verfügungsgewalt** über die Sache ausübt und insofern am besten zur Gewährleistung ihrer Sicherheit in der Lage ist.[138] Immerhin ist auch ein gesetzlich geregelter Spezialfall der Verkehrspflicht, nämlich die Gebäudehaftung gem. §§ 836 ff. nicht an den Eigentümer, sondern an den Besitzer bzw. den Gebäudeunterhaltspflichtigen adressiert. Darüber hinaus hat das RG schon in seiner ersten Entscheidung zu den Verkehrssicherungspflichten nicht nur den die tatsächliche Sachherrschaft ausübenden Eigentümer eines morschen Baums, sondern genauso auch dessen Besitzer für den durch dessen Fall verursachten Schaden verantwortlich gemacht.[139] Die Straßenverkehrssicherungspflicht trifft dementsprechend denjenigen Verwaltungsträger, der die Straße faktisch betreut.[140]  178

### cc) Verhaltensgefahren

Der zweite große Bereich deliktischer Sorgfaltspflichten betrifft nicht die eigenen Sachen, sondern das eigene Verhalten: Jeder muss sein eigenes Verhalten in der jeweiligen konkreten Handlungssituation so einstellen, dass Dritte nicht mehr als nach den Umständen unvermeidbar gefährdet werden.  179

Das gilt nicht nur mit Blick auf Selbstverständlichkeiten wie diejenige, dass man beim **Autofahren** die eigene Geschwindigkeit den Verkehrs- und Umgebungsverhältnissen anpassen und in der Nähe von Kindern besonders vorsichtig sein muss, sondern ganz genauso auch beim **Fußballspiel**,[141] beim **Skifahren**[142] und bei der **Jagdausübung**.[143] Der Veranstalter eines **Rock-Konzerts** hat darauf zu achten, dass die Besucher nicht übermäßigen Lautstärken ausgesetzt werden, um die Gefahr von Gehörschäden zu bannen;[144] ein **Abbruchunternehmer** muss darauf Bedacht nehmen, dass Nachbargebäuden durch seine Arbeiten nicht die erforderliche Stütze entzogen wird.[145] Auch derjenige, der ein **rechtsstaatliches Verfahren** gegen einen anderen anstrengt, etwa eine Leistungsklage erhebt oder einen Insolvenzantrag stellt, unterliegt bestimmten Sorgfaltsanforderungen. Diese sind allerdings im Sinne eines »Rechts auf Irrtum« reduziert, weil der Schutz des Gegners vor subjektiv redlicher, objektiv aber unberechtigter Verfahrenseinleitung bereits durch das jeweilige Prozess- und Kostenrecht gewährleistet wird.[146]  180

---

135 OLG Hamm VersR 1997, 328 (329).
136 Vgl. BGH VersR 1964, 300.
137 OLG Jena VersR 2004, 879.
138 BGHZ 9, 373 (383 f.) = NJW 1953, 1297; BGH NJW 1984, 801.
139 RGZ 52, 373 (375 f.).
140 BGHZ 108, 273 (274) = NJW 1989, 2808.
141 BGH NJW 1986, 957 f.; vgl. auch *Fleischer* VersR 1999, 785.
142 BGHZ 58, 40 = NJW 1972, 627.
143 BGH VersR 2000, 1419; 2011, 546 Rn. 12 ff.
144 BGH NJW 2001, 2019 (2020).
145 BGH NJW 1960, 1116.
146 BGH NJW 2004, 446 (447); für Klageabweisung mangels Rechtsschutzbedürfnis BGH NJW 2012, 1659 Rn. 7 ff.; eing. *Wagner* ZIP 2005, 49.

*E. Die Grundtatbestände der Verschuldenshaftung*

181 Die verhaltensbezogenen Sorgfaltspflichten des Deliktsrechts erfassen auch den Vertrieb von Gütern und Dienstleistungen: Der Warenhersteller ist im Rahmen der sog. **Produkthaftung** (→ Rn. 605ff.) dafür verantwortlich, dass die von ihm produzierten Güter auch dann keinen Schaden stiften, wenn er sie längst in den Verkehr gebracht und aus der eigenen Verfügungsgewalt entlassen hat.[147] **Apotheker** und Drogisten dürfen Kindern keine gefährlichen Chemikalien überlassen, aus denen sie einen »Raketenantrieb« basteln können,[148] und ein **Reiseveranstalter** darf seine Kunden nicht in Hotels verfrachten, wo ihnen schwerwiegende Gefahren drohen, etwa weil die Balkongeländer morsch und lose sind,[149] oder in Länder schicken, wo für den Reisenden unerkennbare Terrorgefahren drohen.[150]

### dd) Fürsorgepflichten

182 Wenn jedermann verpflichtet ist, seine eigenen Sachen so zu gestalten und zu unterhalten und sein eigenes Verhalten so einzurichten, dass Rechtsgüter Dritter nicht gefährdet werden, so begründet dies keine »Allzuständigkeit« des Einzelnen für die öffentliche Sicherheit und Ordnung. Ein Bauer, auf dessen Kuhweide ein Unbekannter Giftmüllfässer abgestellt hat, ist jedenfalls zivilrechtlich nicht verpflichtet, die Gefahrstoffe zu beseitigen, damit sie nicht ins Grundwasser eindringen; und ein Passant, der in einem U-Bahnhof einen Drogensüchtigen dabei beobachtet, wie er sich einen »Schuss« setzt, ist nicht gehalten, ihm in den Arm zu fallen, um ihn zum Arzt zu bringen. **Fürsorgepflichten im Interesse Dritter setzen eine einverständliche Übernahme voraus,** wenn beispielsweise ein suizid-gefährdeter **Patient** in eine geschlossene Anstalt eingeliefert wird. Eine solche Einrichtung ist nicht nur dazu verpflichtet, ihr Treppenhaus mit einem Geländer und den sonst üblichen Sicherungsvorkehrungen zu versehen, sondern sie muss zusätzlich zu verhindern suchen, dass sich ein lebensmüder Patient von den oberen Stockwerken in die Tiefe stürzt.[151]

### b) Umfang und Intensität deliktischer Sorgfaltspflichten

183 Auf den ersten Blick könnte man meinen, wenn eine Sorgfaltspflicht bestehe, dann sei der Betreffende gehalten, den Eintritt von Schäden schlichtweg zu verhindern. Wer wollte etwas einwenden, wenn ein möglichst umfassender und weitreichender Schutz jedenfalls von Leib und Leben gefordert wird? Bei näherer Überlegung sagt einem jedoch schon der common sense, dass **absolute Sicherheit** in dieser Welt nicht zu haben ist. Ein Pkw etwa lässt sich einfach nicht so konstruieren, dass Unfälle völlig ausgeschlossen sind, sondern die menschlichen Handlungsmöglichkeiten sind darauf beschränkt, ihren Eintritt immer unwahrscheinlicher zu machen und, für den Fall, dass es doch zu Unfällen kommt, ihre Folgen zu lindern. Darüber hinaus ist die Einsicht unausweichlich, dass längst nicht immer bzw. nur in Ausnahmefällen die vorhandenen technischen Möglichkeiten auch wirklich ausgeschöpft werden, ohne dass deshalb ein Fahrlässigkeitsvorwurf erhoben wird. So ist es beispielsweise deliktsrechtlich unbedenklich, wenn ein Autohersteller ein auch sicherheitstechnisch spartanisch ausgestattetes Fahrzeug zu einem günstigen Preis auf den Markt bringt. Müssten stets sämtliche Errungenschaften der Sicherheitstechnik eingebaut werden, dürften nur schwere Limousinen bzw. Hochsicherheitswagen in den Verkehr gebracht werden. Doch wer

---

147 BGHZ 51, 91 = NJW 1969, 269.
148 RGZ 152, 325 (328f.).
149 BGHZ 103, 298 (303ff.) = NJW 1988, 1380; vgl. auch OLG Frankfurt a. M. NJW-RR 1994, 560 (561).
150 Vgl. OLG Köln NJW-RR 2000, 61f.
151 BGHZ 96, 98 (100) = NJW 1986, 775.

wollte dies bezahlen? Intuition und Alltagserfahrung lehren also, dass das Maß der geforderten Sorgfalt eine Funktion der jeweils vorhandenen technischen Möglichkeiten und der Kosten von Sicherheitsmaßnahmen ist.

Die Rechtsprechung sieht dies nicht anders und arbeitet mit der Formel, jedermann sei dazu verpflichtet, die ihm **möglichen und zumutbaren Sicherheitsvorkehrungen** zu ergreifen. Eine Pflicht, den Eintritt von Schäden völlig auszuschließen, besteht demnach nicht, denn: »Ein allgemeines Verbot, andere nicht zu gefährden, wäre utopisch«.[152] Vielmehr kann sich der Sicherungspflichtige auf solche Maßnahmen beschränken, »die ein verständiger und umsichtiger, in vernünftigen Grenzen vorsichtiger Mensch für notwendig und ausreichend hält, um andere vor Schaden zu bewahren«.[153] Der Rekurs auf den umsichtigen Durchschnittsmenschen, auf den *bonus pater familias* des römischen und gemeinen Rechts (→ Rn. 21), ist zunächst nicht mehr als eine Leerformel, denn auf die Vorstellungen, die sich die betroffen Verkehrskreise von dem notwendigen Sorgfaltsmaß gemacht haben, kommt es gerade nicht an: Die Rechtsprechung ist seit jeher zum Einschreiten bereit, um einen im Rechtsverkehr »eingerissenen Schlendrian« zu korrigieren.[154] Wie § 276 II erkennen lässt und oben bereits erläutert wurde (→ Rn. 114 ff.), nimmt der zivilrechtliche Fahrlässigkeitsmaßstab auch auf individuelle Defizite des Handelnden nur begrenzt Rücksicht, sondern verpflichtet die Rechtssubjekte gleichermaßen. Privilegiert sind lediglich Personen, die konstitutionell und für Dritte erkennbar nur zu reduzierten Sorgfaltsanstrengungen in der Lage sind, also Kinder, Senioren und behinderte Menschen.

**184**

Die bisher vermisste normative Orientierung bietet das oben (→ Rn. 59 ff.) näher erläuterte **ökonomische Konzept der Fahrlässigkeit:** Ein vernünftiger Mensch würde den Sicherheitsaufwand an dem Umfang und der Eintrittswahrscheinlichkeit möglicher Schäden ausrichten und um so mehr in die Sicherheit investieren, je schwerwiegender die Schäden sind, um deren Vermeidung es geht, und je höher die Wahrscheinlichkeit ist, dass sie eintreten, sollte eine bestimmte Sicherheitsmaßnahme unterbleiben. Der BGH hat sich zwar gelegentlich gegen die **Orientierung der Fahrlässigkeit an einem wirtschaftlichen Kalkül** gewandt,[155] und niemand wird behaupten wollen, dass jede einzelne Entscheidung mit diesem kompatibel ist. Andererseits lässt sich nicht von der Hand weisen, dass auch die deutschen Gerichte in aller Regel so verfahren, wie es eben dargelegt wurde, nämlich zunächst der Frage nachgehen, ob es eine Sicherheitsmaßnahme gegeben hätte, mit der der Schaden zu vermeiden gewesen wäre, sodann die Kosten dieser Maßnahme ermitteln und letztere schließlich ins Verhältnis zur Schwere des Schadens und der Wahrscheinlichkeit seines Eintritts setzen. Wie dies im Einzelnen vonstattengeht, ist oben bereits demonstriert worden (→ Rn. 65 ff.).

**185**

---

152 BGH NJW 2008, 3775 Rn. 9; VersR 2011, 546 Rn. 9; NJW 2013, 48 Rn. 7.
153 BGH NJW 1990, 1236 (1237); 2010, 1967 Rn. 5.
154 RGZ 105, 80 (83); BGHZ 8, 138 (140) = NJW 1953, 257.
155 BGH NJW 1984, 801 (802).

## 3. Haftungsbegründende Kausalität und Zurechnung

**Literatur:** *v. Bar,* Gemeineuropäisches Deliktsrecht II, 1999, 433 ff.; *v. Caemmerer,* Das Problem des Kausalzusammenhanges im Privatrecht, 1956, abgedruckt in *v. Caemmerer,* Gesammelte Schriften I, 1968, 395 ff.; *v. Caemmerer,* Das Problem der überholenden Kausalität im Schadensersatzrecht, 1962, abgedruckt in *v. Caemmerer,* Gesammelte Schriften I, 1968, 411 ff.; *U. Huber,* Normzwecktheorie und Adäquanztheorie, JZ 1969, 677; *U. Huber,* Verschulden, Gefährdung und Adäquanz, FS Wahl, 1973, 301 ff.; *Stoll,* Kausalzusammenhang und Normzweck im Deliktsrecht, 1968; *Stoll,* Adäquanz und Zurechnung bei der Gefährdungshaftung, 25 Jahre Karlsruher Forum, Beiheft VersR 1983, 184 ff.; *Weitnauer,* Zur Lehre vom adäquaten Kausalzusammenhang, FS Oftinger, 1969, 321 ff.; *J. G. Wolf,* Der Normzweck im Deliktsrecht, 1962.

**Rechtsvergleichend:** *Honoré,* Causation and Remoteness of Damage, in International Encyclopedia of Comparative Law, Vol. XI, Chapter 7, 1971; *Spier* (Hrsg.), Unification of Tort Law: Causation, 2000.

### a) Kausalität

#### aa) Grundsatz

186 Als **haftungsbegründende** Kausalität bezeichnet man den Ursachenzusammenhang zwischen der pflichtwidrigen Handlung und der Rechtsgutsverletzung (→ Rn. 130). Wenn durch Fahrlässigkeit eines Dachdeckers Ziegel auf die Straße fallen und um dieselbe Zeit vor demselben Haus ein Passant auf Glatteis zu Fall kommt und sich ein Bein bricht, so wird niemand verlangen, dass der Dachdecker für den Beinbruch des Passanten aufzukommen habe. Es liegt dies daran, dass das fahrlässige Hantieren mit den Dachziegeln gar nicht Ursache des Schadens ist, den der Passant erlitten hat. In der Tat kann man sagen, dass der als notwendig empfundene Zusammenhang zwischen sorgfaltswidrigem Verhalten und Rechtsgutsverletzung jedenfalls dann nicht gegeben ist, wenn das erstere nicht zu einer Ursache des letzteren geworden ist oder – anders gesagt – wenn es an einem Kausalzusammenhang zwischen beidem gefehlt hat. Ursächlich für einen Erfolg sind diejenigen Umstände, die jeder für sich condicio sine qua non für den Erfolg sind, also nicht hinweggedacht werden können, ohne dass nicht auch der Erfolg wegfiele oder jedenfalls in einer signifikant anderen Weise einträte. Zur haftungsausfüllenden Kausalität → Rn. 210 ff.

#### bb) Mehrere Ursachen

187 Das Erfordernis eines ursächlichen Zusammenhanges zwischen Sorgfaltsverstoß und Rechtsgutsverletzung führt dort zu einem ungereimten Ergebnis, wo zwei (oder mehr) Schädiger unabhängig voneinander zu einer einzigen Rechtsgutsverletzung derart beigetragen haben, dass jeder, hätte er allein gehandelt, den Schaden auch allein verursacht hätte. Eigentlich müsste hier jeder Schädiger sagen können, dass sein Verhalten deshalb für den Schaden nicht ursächlich geworden sei, weil – denkt man es sich weg – der Schaden ebenso eingetreten wäre. Das Ergebnis wäre absurd: Keiner würde haften. Paradigmatisch ist der Fall, dass zwei Jäger im Wald auf ein Stück Wild schießen, das sich als Jagdgast entpuppt. Lässt sich hier auch nach Ausschöpfung aller Erkenntnisse der modernen Ballistik nicht feststellen, wer den tödlichen Schuss abgegeben hat, haften beide Jäger als sog. **Alternativtäter** auf der Grundlage von § 830 I 2. Auf derselben Grundlage wird die Haftung auch bei sog. **Anteilszweifeln** bejaht, wenn beispielsweise zwei chemische Fabriken unabhängig voneinander so viele Schadstoffe in einen Fluss

leiten, dass schon der Beitrag jeder einzelnen ein Fischsterben verursacht und damit das Fischereirecht des Geschädigten entwertet hätte. Die kumulative Haftung mehrerer Schädiger bedeutet selbstverständlich nicht, dass der Geschädigte mehrfach Ersatz bekommt, sondern lediglich, dass er sich aus dem Kreis der verantwortlichen Schädiger denjenigen heraussuchen kann, dem gegenüber die Rechtsverfolgung am meisten Erfolg verspricht, etwa weil er über die beste finanzielle Ausstattung verfügt oder am besten versichert ist. Diese Rechtsfolge ergibt sich aus § 840 I, nach dem mehrere deliktisch Verantwortliche als **Gesamtschuldner** haften. Die Aufteilung des Gesamtschadens in individuelle Anteile ist erst im Innenverhältnis der mehreren Schädiger vorzunehmen (§ 426).

**cc) Beweislast**

Dieser Grundsatz – keine Haftung ohne Ursachenzusammenhang zwischen Normübertretung und Schaden – mag trivial klingen, doch seine Anwendung führt in der Praxis nicht selten zu Schwierigkeiten. Sie liegen darin, dass in manchen Fällen nicht mit Sicherheit geklärt werden kann, ob der Schaden, dessen Ersatz verlangt wird, auch dann eingetreten wäre, wenn man sich den Sorgfaltsverstoß des Beklagten wegdenkt. Der Ausgang des Rechtsstreits hängt dann davon ab, welcher Partei eine solche **Ungewissheit** zum Nachteil gereicht, anders gesagt: welche Partei die »Beweislast« für den ursächlichen Zusammenhang zwischen Sorgfaltsverstoß und Rechtsgutsverletzung trägt. 188

Hier kommt die Rechtsprechung dem Geschädigten mit dem sog. **Beweis des ersten Anscheins (prima-facie-Beweis)** zur Hilfe: Ist ein Sachverhalt bewiesen, der nach allgemeiner Lebenserfahrung den Schluss auf einen bestimmten Geschehensablauf nahelegt, so darf der Richter von diesem Geschehensablauf so lange ausgehen, wie der Beklagte nicht plausibel gemacht hat, dass der Geschehensablauf sich im konkreten Fall eben doch anders als gewöhnlich zugetragen haben könnte.[156] Die Tatsachen sprechen gewissermaßen für sich selbst *(res ipsa loquitur)*. 189

Besonders häufig bereitet die Kausalität in **Arzthaftpflichtprozessen** Schwierigkeiten, in denen dem Beklagten vorgeworfen wird, dass er seinen Patienten fehlerhaft behandelt und dadurch dessen schlechten Gesundheitszustand oder sogar dessen Tod verursacht habe. Hier wendet der beklagte Arzt oft ein, dass auch bei richtiger Diagnose oder richtiger Therapie der Patient nicht mehr zu retten oder der Gesundheitsschaden, für den Ersatz begehrt wird, nicht zu vermeiden gewesen wäre. Der prima-facie-Beweis versagt regelmäßig, weil es im Bereich der Gesundheitsversorgung in der Regel an typischen Geschehensabläufen fehlt: Führt eine komplizierte Herzoperation, auch wenn sie lege artis ausgeführt wurde, nur in 50 % der Fälle zum Erfolg, dann lässt sich mit Blick auf einen einzelnen Misserfolgsfall eben nicht prima facie annehmen, dass der Schaden auf dem Kunstfehler beruht, der dem Arzt unterlaufen ist. Um die Arzthaftung in diesem Bereich nicht völlig leerlaufen zu lassen, wird die **Beweislast gegen den Arzt gekehrt,** wenn feststeht, dass er einen **groben Behandlungsfehler** begangen hat. Nach einer stehenden Formulierung des BGH liegt ein solcher Fehler vor, wenn der Arzt gegen bewährte Behandlungsregeln oder gesicherte medizinische Erkenntnisse in einer Weise verstoßen hat, die aus objektiver Sicht nicht mehr verständlich er- 190

---

156 BGH NJW-RR 2010, 1331 Rn. 16; NJW 1994, 945 (946); zu Dogmatik, Fallgruppen und Widerlegung des Anscheinsbeweises Thomas/Putzo/*Reichold* § 286 Rn. 12 ff.

scheint.[157] Diese Schwelle ist überschritten, wenn einfachste Befunde (Blutbild oder Urinuntersuchung) nicht erhoben wurden,[158] wenn der Arzt bei der Interpretation erhobener Befunde einem »fundamentalen Irrtum« erlegen[159] oder er eine falsche Therapie gewählt und dabei Standardwissen der medizinischen Lehrbuchliteratur missachtet hat.[160] Diese Rechtsprechung ist mit dem Patientenrechtegesetz für die vertragliche Haftung des Arztes in § 630h V kodifiziert worden (→ Rn. 51).[161] Kumulativ dazu bleibt der Arzt der deliktischen Haftung ausgesetzt, für die weiterhin die richterrechtlich entwickelten Beweiserleichterungen gelten.[162]

### b) Zurechnung I: Die Lehre vom »adäquaten Kausalzusammenhang«

191 Wie wir gesehen haben, fällt es dem Geschädigten oft nicht leicht, die Kausalität der Pflichtverletzung für die Rechtsgutsverletzung nachzuweisen. In anderen Konstellationen fällt dies nur zu leicht, und es fragt sich, ob die Kausalität nicht eingeschränkt werden muss. Schaut man nämlich genau hin, so zeigt sich, dass jede Rechtsgutsverletzung auf einer **Vielzahl von »Ursachen«** beruht. Gesetzt den Fall, jemand verunglückt um 13.30 Uhr im Baustellenbereich einer Autobahn schwer, weil ein anderer die Kontrolle über sein Fahrzeug verloren hat und auf die Gegenfahrbahn geraten war, dann liegt die Ursächlichkeit des Verhaltens des Unfallgegners auf der Hand. Letzterer hat aber keineswegs die einzige Ursache gesetzt: Genauso kausal ist das Unfallopfer geworden, denn wäre es nicht zu dieser Zeit an dieser Stelle gewesen, wäre es auch nicht zu diesem Zusammenstoß gekommen. Ursächlich werden kann selbst die Tochter des Opfers, die ihren Vater mit einer morgendlichen Frage eine Minute lang aufgehalten hat, der Nachbar, der dicht an dem Fahrzeug des Verletzten geparkt hatte, sodass dieses länger als sonst für das Ausparken brauchte usw. Radikal lässt sich sogar behaupten, der Hersteller des Unfallwagens oder gar die Eltern des Opfers seien »kausal« für den Unfall geworden. In diesem Beispiel mag man sich mit der Erwägung beruhigen, niemand außer dem Unfallverursacher habe sorgfaltswidrig gehandelt. Das ist anders in dem Fall eines Ausflugsdampfers, der von der Schiffsführung nicht mit einer genügenden Zahl von Rettungsbooten ausgerüstet worden ist: Wenn dieser Mangel einem der Passagiere auffällt und er aus diesem Grunde – durch einen aufziehenden Sturm beunruhigt – sich beim Kapitän beschweren will und auf dem Wege zu ihm in der Eile über einen Deckstuhl stolpert und sich ein Bein bricht, so lässt sich nicht bestreiten, dass es im Falle des Vorhandenseins von Rettungsbooten zu diesem Unfall nicht gekommen wäre, mithin ein ursächlicher Zusammenhang zwischen dem Fehler der Schiffsführung und dem Beinbruch des Passagiers durchaus gegeben ist. Gleichwohl will uns die Zurechnung des eingetretenen Schadens doch zweifelhaft erscheinen, und RG und BGH haben denn auch wiederholt darauf hingewiesen, dass die Haftung eines Schädigers leicht ein unübersehbares Maß erreichen könne, würde man ihm alle diejenigen Schäden zurechnen, die sich »im naturwissenschaftlichen Sinn« als eine Folge seines Verhaltens darstellen.[163]

---

157 BGHZ 138, 1 (6) = NJW 1998, 1780.
158 BGHZ 85, 212 (217f.) = NJW 1983, 336.
159 BGH NJW 1996, 1589 (1590).
160 OLG Celle VersR 2002, 854 (855).
161 Vgl. den Regierungsentwurf eines Patientenrechtegesetzes, BT-Drs. 17/10488, 6.
162 *Wagner* VersR 2012, 789 (801).
163 Vgl. zB RG HRR 1933, 498; BGHZ 3, 261 = BeckRS 1951, 31400385.

So sicher es mithin ist, dass es zur Begrenzung der Haftung zusätzlicher einschränken- 192
der Kriterien bedarf, so lebhaft ist der Streit um die Frage, welche diese Kriterien sind.
Die Rechtslehre und – ihr folgend – das RG haben angenommen, es müsse das haftbar-
machende Verhalten des Schädigers und der eingetretene Schaden (nicht bloß durch
einen »naturwissenschaftlichen«, sondern außerdem) durch einen besonderen, **juristisch relevanten Kausalzusammenhang** miteinander verknüpft sein. Ein solcher juristisch relevanter Kausalzusammenhang zwischen einer Tatsache und einem Erfolg
liege vor, wenn die Tatsache den Erfolg »in adäquater Weise« verursacht habe, und das
sei der Fall, wenn die Tatsache »im Allgemeinen und nicht nur unter ganz besonders
eigenartigen, ganz unwahrscheinlichen und nach dem regelmäßigen Lauf der Dinge
außer Betracht zu lassenden Umständen zur Herbeiführung des eingetretenen Erfolges geeignet gewesen ist«.[164]

Es ist offensichtlich, dass die Lehre vom »adäquaten Kausalzusammenhang« mit **Kau-** 193
**salität im naturwissenschaftlichen Sinne** nichts zu tun hat.[165] Natürlich bedarf es
wertender Einschränkungen, doch stellt sich die Frage, ob die Adäquanzformel die
Richtung weist. Immerhin muss man berücksichtigen, dass die Kausalität auf der
Ebene der *Haftungsbegründung* ohnehin nur dann eine Rolle spielt, wenn der Schädiger pflichtwidrig gehandelt, insbesondere die im Verkehr erforderliche Sorgfalt nicht
beachtet hat. Bei der Bemessung des gebotenen Sicherheitsstandards kommt es nun
aber ohnehin auf die Vorhersehbarkeit und Wahrscheinlichkeit des Schadenseintritts
an, sodass schon deshalb kein Anlass besteht, diesen Gesichtspunkt im Rahmen der
Kausalität erneut zu prüfen. Wenn der Eintritt eines Verletzungserfolgs »nach dem
gewöhnlichen Lauf der Dinge« gänzlich unwahrscheinlich ist, dann reduziert sich automatisch auch der Sorgfaltsstandard. Ist aber selbst das danach verbleibende Sicher-
heitsniveau nicht eingehalten, darf die Haftung nicht wegen der relativen Unwahr-
scheinlichkeit des Erfolgseintritts verneint werden. Kurzum: Auf der Ebene der
haftungsbegründenden Kausalität besteht kein Bedürfnis für Zurechnungsbeschrän-
kungen unter dem Gesichtspunkt mangelnder Adäquanz.[166]

**Beispiel:** Im Jahre 1917 wurde in Casablanca ein Schiff entladen, das unter anderem Benzinka- 194
nister geladen hatte. Da einige der Kanister undicht waren, hatte sich der Laderaum mit Ben-
zindämpfen gefüllt. Beim Stauen von Ladung stießen die Hafenarbeiter eine Holzplanke um,
die in den Laderaum fiel, einen Funken schlug und die Benzindämpfe entzündete. Das Schiff
brannte aus. Der englische Court of Appeal bejahte die Haftung, obwohl die Charterer geltend
gemacht hatten, der Schaden sei »too remote«, also keine adäquate Folge des fahrlässigen Verhaltens der Arbeiter. Dabei hat das Gericht klargestellt, dass die Vorhersehbarkeit der Rechtsgutsverletzung nur im Rahmen des Fahrlässigkeitsurteils relevant ist, nicht hingegen eine einmal begründete Fahrlässigkeitshaftung beschränken kann: »Where there is no direct evidence
of negligence, the question what a reasonable man might foresee is of importance in conside-
ring the question whether there is negligence [...] or not [...]; but when it has been determined
that there is evidence of negligence, the person guilty of it is equally liable for its consequences,
whether he could have foreseen them or not«.[167] Der BGH (NJW 1981, 983) hat einmal treffend formuliert, die Adäquanz sei »untrennbar mit dem Inhalt der konkreten Sorgfaltspflicht

---

164 RGZ 158, 34 (38).
165 BGHZ 79, 259 (261) = NJW 1981, 983: »überholte Rechtsdogmatik«.
166 AA MüKoBGB/*Oetker* § 249 Rn. 112ff. mit umf. Nachw. zum Streitstand.
167 *Re Polemis* K.B. 3 (1921), 560 per *Warrington*, L. J., unter Berufung auf *Smith v. London and South
Western Rail Co.*, C. P. LR 6 (187014). In deutscher Sprache genauso *U. Huber*, FS Wahl, 1973, 301
(307).

(allgemeiner: der der Haftungsfolge zugrunde liegenden Verhaltensnorm) verbunden«. Genau so ist es, und deshalb kann auf die Adäquanz als selbstständiges Element der Haftungsbegründung getrost verzichtet werden.

### c) Zurechnung II: Die Lehre vom Schutzzweck der Haftungsnorm

195 Die Zurückweisung der Adäquanzlehre bedeutet nicht, dass auf normative Einschränkungen der haftungsbegründenden Kausalität gänzlich zu verzichten wäre. Das oben geschilderte Beispiel des Ausflugdampfers (→ Rn. 191) harrt einer Lösung, die die Intuition mit der Rechtslage in Einklang bringt, indem sie das »richtige« normative Kriterium für die Begrenzung der Haftung auf bestimmte Verletzungserfolge liefert. Die Lösung bietet die von *Rabel* entwickelte und dann namentlich durch *v. Caemmerer* zu allgemeinem Bewusstsein gebrachte Lehre, nach der für die Zurechenbarkeit eines Schadens auf den **Schutzzweck der die Ersatzpflicht begründenden Norm** abzustellen ist. Es gilt also nicht der aus dem kanonischen Recht stammende Satz *»versanti in re illicita imputantur omnia, quae sequuntur ex delicto«* – wer sich auf verbotenem Terrain bewegt, der muss sich sämtliche Folgen seines Fehlverhaltens zurechnen lassen[168] –, sondern es liegt anders herum: Hat der Schädiger eine bestimmte Verhaltensnorm nicht beachtet, so sind die sich daraus ergebenden Schäden ihm nur insoweit zuzurechnen, als die verletzte Norm nach ihrem Sinn und Zweck den Eintritt gerade dieser Schäden verhindern wollte.

196 Seit langem unstreitig ist, dass es für die Schadenszurechnung immer auf den Schutzzweck der verletzten Verhaltensnorm ankommt, wenn diese Norm gesetzlich fixiert und als »**Schutzgesetz**« iSd § 823 II anzusehen ist (dazu → Rn. 228 ff. mit vielen Beispielen). Hat nämlich jemand »gegen ein den Schutz eines anderen bezweckendes Gesetz« verstoßen, so schuldet er anerkanntermaßen Schadensersatz nur solchen Geschädigten, deren Schutz jenes Gesetz im Auge hat, und er braucht ihnen den entstandenen Schaden auch nur insoweit zu ersetzen, als sich in ihm gerade diejenige Gefahr verwirklicht hat, die zu vermeiden das Schutzgesetz bezweckt (dazu → Rn. 230).

197 Die Schadenzurechnung muss sich aber auch dort nach dem Schutzzweck der von dem Schädiger verletzten Verhaltensnorm richten, wo diese Norm auf den **Schutz der in § 823 I genannten Rechtsgüter** abzielt.[169] Auch die Haftung desjenigen, der nur die **allgemeine Sorgfaltspflicht des § 823 I** – eine sog. **Verkehrspflicht** – verletzt hat, ist auf diejenigen Rechtsgutsverletzungen begrenzt, die sich als Verwirklichung gerade derjenigen Gefahr darstellen, die hintanzuhalten mit der Aufstellung einer Verkehrspflicht beabsichtigt war.[170] Anders herum formuliert: Die **Realisierung eines allgemeinen Lebensrisikos** führt auch dann nicht zur Haftung, wenn sie »zufällig« durch einen Sorgfaltspflichtverstoß ausgelöst worden ist. Es ist richtig, dass insoweit – anders als in § 823 II – die Verhaltensnormen unter Berücksichtigung der Eigenart des in Rede stehenden Rechtsguts von Fall zu Fall für jeweils bestimmte Situationen erst noch konkretisiert werden müssen. Aber auf diesen Umstand kann es für die Frage nach dem Umfang der Schadenszurechnung nicht entscheidend ankommen, dies schon deshalb nicht, weil es oft vom Zufall abhängt, ob die Verpflichtung zu einem bestimmten sorg-

---

168 Dazu *Kollmann* ZStW 35 (1914), 46.
169 BGH VersR 2012, 905 Rn. 13 ff.
170 BGHZ 201, 263 Rn. 10 = NJW 2014, 2190.

faltsgemäßen Tun oder Unterlassen durch Schutzgesetz statuiert oder ob sie von der Rechtsprechung in einer ungeschriebenen Regel niedergelegt worden ist.[171]

**Beispiele:** Hat jemand die Vorfahrt verletzt und gerät der andere Unfallbeteiligte bei der folgenden **Auseinandersetzung am Unfallort** in so heftige Erregung, dass er einen Schlaganfall erleidet, so kann er dafür Schadensersatz nicht verlangen, weil die Verpflichtung zur Beachtung der Vorfahrtsregel nicht solche Schäden verhindern will, die durch die psychologischen Belastungen verursacht werden, welche durch eine (aus Anlass der Vorfahrtsverletzung geführte) Auseinandersetzung unter den Unfallbeteiligten entstehen.[172] Dieses Resultat ist unabhängig davon, ob die Haftung auf eine Schutzgesetzverletzung gem. § 823 II BGB iVm § 8 StVO gestützt oder im Rahmen des § 823 I die Pflichtwidrigkeit des Verhaltens mit Rücksicht auf die Verletzung der Vorfahrtsregel begründet wird. 198

Ein Arzt, der der geschiedenen Ehefrau seines Patienten mitteilt, dass dieser an einer **unheilbaren Erbkrankheit** leidet, die sich mit einer Wahrscheinlichkeit von 50 % auf die gemeinsamen Kinder übertragen hat, setzt damit eine Ursache für die reaktive Depression der Mutter. Allerdings hat der BGH diese Gesundheitsverletzung dem Arzt nicht zugerechnet, weil die Erlangung der Kenntnis über erbliche Dispositionen der eigenen Kinder zu denjenigen Schäden zähle, »die der Betroffene in seinem Leben auch sonst üblicherweise zu gewärtigen hat«.[173]

Der pharmazeutische Unternehmer, der ein **Insektenschutzmittel** vertreibt, muss die Nutzer vor möglichen allergischen Reaktionen warnen. Wird dies versäumt, so besteht die Haftung nur gegenüber Allergikern, nicht aber gegenüber solchen Nutzern des Präparats, bei denen sonstige Nebenwirkungen aufgetreten sind.[174] Der Betreiber eines »Erlebnisparks« muss die Besucher mit Schutzhelmen ausstatten, bevor er sie mit sog. **Quads**, das ist eine Art vierrädriges Motorrad, ins Gelände fahren lässt. Tut er dies nicht, stürzt eine Besucherin mit dem Fahrzeug um und zieht sich Kopfverletzungen zu, so scheint die Haftung begründet. Gleichwohl hat der BGH die Klage abgewiesen, weil der Beklagte lediglich verpflichtet war, offene Schutzhelme vorzuhalten, die von der Klägerin erlittenen Verletzungen im Gesicht (Nasenbein- und Septumfraktur) jedoch nur durch Anlegen eines Integralhelms vermieden worden wären.[175] Verfüttert ein Fischzuchtbetrieb kontaminiertes **Fischfutter,** so ist der Schadensersatzanspruch gegen den Futtermittelhersteller nicht deshalb ausgeschlossen, weil es sich um Forellenfutter handelte, dieses jedoch an Äschen verfüttert worden war.[176] 199

Besondere Schwierigkeiten werfen in der Praxis Fälle sog. »**psychischer Kausalität**« auf, in denen A durch Verletzung der im Verkehr erforderlichen Sorgfalt eine Situation geschaffen hat, in der B sich zu einem bestimmten Verhalten entschließt, durch das schließlich er selbst oder C verletzt wird. Muss A auch unter diesen Umständen – also trotz des von B selbstständig gefassten Entschlusses zum Tätigwerden – für den Schaden haften, der B oder C durch jenes Tätigwerden entstanden ist? Eine gewisse Berühmtheit hat in diesem Zusammenhang ein Falltyp erlangt, in dem das sorgfaltswidrige Verhalten des Beklagten zu einem **Verkehrsunfall** führt, **durch den eine Straße oder Autobahn blockiert wird:** Haftet hier der Beklagte auf Ersatz des Sachschadens, der der Straßenverwaltung dadurch entsteht, dass andere Autofahrer, um an der Unfallstelle vorbeizukommen, den Radweg, den Bürgersteig oder den Grünstreifen einer Autobahn befahren und dabei beschädigen?[177] 200

---

171 BGH NJW-RR 2006, 965.
172 BGHZ 107, 359 (364f.) = NJW 1989, 2616.
173 BGHZ 201, 263 Rn. 10 = VersR 2014, 891 mAnm *John* VersR 2014, 1139 = JZ 2014, 898 mAnm *Katzenmeier/Voigt;* aA OLG Koblenz VersR 2012, 861 mablAnm *Jaeger;* aA auch *Damm* MedR 2012, 705 (708f.).
174 OLG Köln NJW-RR 1994, 91 (92).
175 BGH NJW 2008, 3778 (3779) Rn. 21.
176 BGHZ 105, 346 (351) = NJW 1989, 707.
177 Vgl. LG Düsseldorf NJW 1955, 1031 und dazu *Larenz* NJW 1955, 1009; OLG Bremen VersR 1970, 424; BGHZ 58, 162 = NJW 1972, 904 und dazu *Deutsch* JZ 1972, 551; *Lange* JuS 1973, 280.

Die Beantwortung dieser Frage hängt davon ab, welchen Schutzzweck die konkreten Sorgfaltspflichten haben, die der für den Unfall verantwortliche Fahrer verletzt hat. Dass durch sie die Rechtsgüter der durch den Unfall unmittelbar gefährdeten anderen Verkehrsteilnehmer geschützt werden, steht außer Zweifel. Wer also ein infolge überhöhter Geschwindigkeit aus der Kurve getragenes Auto auf sich zurasen sieht und sich bei einem in panischer Angst unternommenen Ausweichversuch verletzt, kann Schadensersatz von dem Autofahrer verlangen. Das muss auch dann gelten, wenn der Verletzte objektiv gar nicht gefährdet war, also getrost hätte stehenbleiben können, aber sich nach den Umständen gefährdet *glauben* durfte und deshalb den Ausweichversuch unternahm. Keinen Unterschied macht es auch, wenn nicht der Gefährdete selbst, sondern erst der von ihm bei dem Ausweichversuch über den Haufen gerannte *Dritte* den Schaden erleidet. Anders aber in dem Ausgangsfall, in dem ungeduldige Autofahrer an der blockierten Unfallstelle vorbeifahren und dabei den Bürgersteig, den Radweg oder den Grünstreifen beschädigen: Denn die Gebote und Verbote, die der für den Unfall verantwortliche Fahrer verletzt hat, »schützen nur insoweit auch die Interessen derer, die mit ihrem Eigentum dem Verkehrsraum nahe waren, als der Fahrer nicht mit seinem Lkw auf den Bürgersteig geraten und nicht Anlass dafür geben durfte, dass andere Fahrzeuge, um nicht mit ihm zusammenzustoßen, auf das Gelände neben der Straße ausweichen mussten. In seinen Pflichtenkreis fällt aber nicht mehr das, was sich, nachdem das Unfallgeschehen beendet war, dadurch ereignete, dass die nachfolgenden, schon zum Halten gelangten Kraftfahrer über den Rad- und Gehweg fuhren, um schneller vorwärts zu kommen«.[178] Freilich wäre auch dieser Fall anders zu beurteilen, wenn man unterstellt, dass der Fahrer seinen verunglückten Wagen ohne vernünftigen Grund stundenlang an der Unfallstelle hat stehenlassen: Jeden Kraftfahrer trifft eine **Verkehrspflicht zu umgehender Räumung einer Unfallstelle**; und zu den Schäden, deren Vermeidung diese Pflicht bezweckt, gehören auch diejenigen, die von ungeduldigen Kraftfahrern an Radwegen usw angerichtet werden.[179]

201 In einer anderen Fallgruppe, mit der die Rechtsprechung sich schon oft zu beschäftigen hatte, liegt es so, dass jemand sich aufgrund der besonderen, von einem anderen herbeigeführten Situation zu einem bestimmten eigenen Verhalten »**herausgefordert**« fühlt und dabei selbst zu Schaden kommt. Einen klassischen **Rettungsfall** hat der Court of Appeals des Staates New York im Jahre 1921 entschieden: Aus einem überfüllten Eisenbahnwaggon war ein Passagier während der Überquerung einer Brücke auf die Gleise gestürzt und sein Cousin zu seiner Rettung hinterher gesprungen, mit dem Erfolg, dass am Ende sowohl das primäre Opfer als auch sein Retter schwer verletzt unter der Brücke lagen. Den Grund dafür, dass sich die Eisenbahn auch die Verletzung des Helfers zurechnen lassen musste, hat der berühmte amerikanische Richter *Benjamin Cardozo* in *Wagner v. International Railway* auf den Punkt gebracht:

»Danger invites rescue. The cry of distress is the summons to relief. The law does not ignore these reactions of the mind in tracing conduct to its consequences. It recognizes them as normal. It places their effects within the range of the natural and probable. The wrong that imperils life is a wrong to the imperilled victim; it is a wrong also to his rescuer«.[180]

Mit nicht ganz so eleganter Begründung hat der BGH einer Mutter einen eigenen Schadensersatzanspruch aus § 823 I zugebilligt, die ihrem Kind eine Niere gespendet hatte, nachdem dessen einzige Niere durch ein Versagen des Arztes entfernt worden war.[181] Die Mutter durfte sich in der durch den Arztfehler hervorgerufenen Notlage ihres Kindes zu einer Organspende »herausgefordert« fühlen.

202 Ähnlich liegen die »**Verfolgerfälle**«, in denen sich jemand durch Flucht einer Feststellung seiner Personalien oder einer Verhaftung oder Festnahme entziehen will und daraufhin ein Polizeibeamter oder auch ein sonstiger Dritter sich zur Verfolgung des Flüchtigen »herausgefordert« fühlt: Kann der Verfolger

---

178 BGHZ 58, 162 (168) = NJW 1972, 904.
179 Vgl. BGHZ 58, 162 (169) = NJW 1972, 904.
180 133 N.E. (1921), 437.
181 BGHZ 101, 215 = NJW 1987, 2925.

von dem Flüchtigen den Schaden ersetzt verlangen, den er im Zuge der Verfolgung erleidet? Die Rechtsprechung bejaht diese Frage unter drei Voraussetzungen.[182]

(1) Erstens muss die Verfolgung für das spätere Opfer ein **gesteigertes Verletzungsrisiko** begründet haben, sodass eine Haftung für die Realisierung allgemeiner Lebensrisiken nicht in Betracht kommt. Wer also seine Flucht so einrichtet, dass der verfolgende Polizeibeamte »einen feuchten, frisch geschnittenen Rasen« überqueren muss, haftet nicht, wenn der Beamte auf dem Rasen ausgleitet und sich verletzt; anders jedoch, wenn der Fluchtweg eine steile **Treppe** herabführt und der Verfolger dort zu Fall kommt.

(2) Der Entschluss zur Aufnahme der Fährte muss auf **redlichen Motiven** beruhen und muss sich im Lichte der Verfolgungsrisiken als vernünftige bzw. **verhältnismäßige Reaktion** darstellen. Daher hat, »wer sich etwa der Verantwortung für einen geringfügigen Parkschaden dadurch zu entziehen sucht, dass er kopflos mit weit übersetzter Geschwindigkeit davonfährt, ... für den Schaden eines ganz unverständig handelnden Verfolgers nicht einzustehen«.[183] Dabei wurden die Gerichte immer wieder mit der Frage konfrontiert, ob der Sprung aus einem 4 m über dem Erdboden liegenden Fenster noch verhältnismäßig ist.[184]

(3) Schließlich rechnet die Rechtsprechung die Schäden des Verfolgers dem Flüchtigen nur dann zu, wenn er **erkannt hat oder erkennen musste,** dass die Verfolgung aufgenommen werden und **gesteigerte Schadensrisiken** hervorrufen würde.[185]

In den Verfolgerfällen geht es traditionell um **Personenschäden**, die der Verfolger bei dem Versuch erlitten hat, den Fliehenden wieder einzufangen. Doch ist der Schutzbereich dieser Fallgruppe nicht darauf beschränkt, sondern schließt **Sachschäden** ein. In einem spektakulären Fall hatte sich ein Autofahrer einer Verkehrskontrolle in Baden-Württemberg entzogen, dabei eine Polizeibeamtin verletzt und sich anschließend eine heiße Verfolgungsjagd mit der Polizei über die Autobahn A 5 geliefert.[186] Die zu Hilfe geeilte hessische Polizei blockierte mit zwei Polizeifahrzeugen die Fahrbahn während ein drittes Polizeifahrzeug den Wagen des Fliehenden von hinten zwischen die beiden anderen hindurchschob. Der BGH bejahte die Haftung des Autofahrers für den erheblichen Sachschaden an den Polizeifahrzeugen: Da von dem rücksichtslosen Verhalten des Flüchtigen eine erhebliche Gefahr für andere Verkehrsteilnehmer ausgegangen sei, könne die Art und Weise, mit der die Polizei die Jagd beendet habe, nicht als unverhältnismäßig gelten. Dass der Fliehende erkennen konnte und de facto auch erkannt hatte, dass er verfolgt wurde und dass die Verfolgungsfahrt mit massiven Gefahren für die Polizisten und für dritte Verkehrsteilnehmer verbunden war, verstand sich in diesem Fall von selbst.

## 4. Rechtswidrigkeit und Schuld

### a) Rechtfertigung

Nach dem hier zugrunde gelegten Deliktsaufbau macht die Verursachung einer Rechtsgutsverletzung durch eine (Verkehrs-)Pflichtverletzung den Unrechtstatbestand des § 823 I aus (→ Rn. 132). Erst damit ist die Rechtswidrigkeit indiziert.

203

### aa) Grundsätze

Die Rechtfertigungsgründe bezeichnen Situationen, in denen der Schutzbereich des Deliktsrechts im Einzelfall zurückgenommen und damit die – vorsätzliche oder fahrlässige – Verletzung der Rechtsgüter anderer erlaubt wird. Da es sich um Ausnahmen

204

---

182 Zusf. BGHZ 132, 164 = NJW 1996, 1533; vgl. weiter BGHZ 57, 25 (28 ff.) = NJW 1971, 1980; BGHZ 63, 189 (191 ff.) = NJW 1975, 168; BGHZ 70, 374 (376) = NJW 1978, 1005; ausf. *Zimmermann* JZ 1980, 10 ff.; *Strauch* VersR 1992, 932.
183 BGH WarnR 1964 Nr. 108; vgl. auch BGH JZ 1967, 639 mAnm *Deutsch;* OLG Düsseldorf NJW 1973, 1929.
184 Vgl. BGH VersR 1976, 540 (541); BGHZ 132, 164 (168 f.) = NJW 1996, 1533; dazu ausf. *Zimmermann* JZ 1980, 10 ff.; *Strauch* VersR 1992, 932.
185 BGH NJW 1990, 2885.
186 BGHZ 192, 261 = NJW 2012, 1951.

von dem allgemeinen Deliktsschutz handelt, trifft die **Beweislast** für die tatsächlichen Voraussetzungen einer Rechtfertigungslage den beklagten Schädiger. Anders als im Strafrecht (in dubio pro reo) ist im Zweifel also davon auszugehen, dass *kein* Rechtfertigungsgrund eingreift. Die herkömmlichen Rechtfertigungsgründe sind dem Juristen schon vom Strafrecht her geläufig und bedürfen hier keiner eingehenden Darstellung. Immerhin soll nicht verschwiegen werden, dass eine Rechtfertigung von Rechtsgutsverletzungen unter drei verschiedenen Gesichtspunkten in Betracht kommt, nämlich:

(1) Wegen **Verwirkung des Deliktsschutzes** durch den Geschädigten. Paradebeispiel ist Notwehr gem. §§ 227 BGB, 32 StGB. Weitere Beispiele sind Selbsthilfe gem. § 229 BGB und das Festnahmerecht des § 127 StPO.

(2) Mit Rücksicht auf **überwiegende Interessen des Schädigers**, unbeteiligter Dritter oder der **Allgemeinheit**. Die allgemeine Regelung dieses Rechtfertigungsgrundes findet sich in § 34 StGB. Das Privatrecht enthält ergänzende Notstandsbestimmungen in den §§ 228, 904. Die Rechtfertigung von Beeinträchtigungen mit Rücksicht auf überwiegende Interessen Dritter hat auch das Nachbarrecht zum Gegenstand. Soweit der Grundstückseigentümer gem. § 906 zur Duldung von Immissionen verpflichtet ist, ist die Eigentumsbeeinträchtigung gerechtfertigt und ein Anspruch aus § 823 I scheidet aus.[187] Entsprechendes gilt gem. § 14 BImSchG für staatlich konzessionierte Anlagen.[188]

(3) Wie die Parömie des *volenti non fit iniuria* zum Ausdruck bringt, geschieht dem Einwilligenden kein Unrecht, wenn er selbst auf den Schutz seiner Rechtsgüter verzichtet hat. Die **Einwilligung** spielt vor allem im Bereich der Arzthaftung eine überragende Rolle, die im Folgenden kurz erläutert werden soll.

### bb) Die Einwilligung

205 Die Einwilligung in die Verletzung deliktisch geschützter Rechtsgüter ist **kein Rechtsgeschäft**, sodass Geschäftsfähigkeit iSd §§ 104ff. nicht erforderlich ist. Entsprechend dem Rechtsgedanken des § 828 III kommt es vielmehr darauf an, ob der Betroffene die Kompetenz hat, Nutzen und Risiken des Eingriffs rational einzuschätzen.[189] Dabei gilt die Regel: Je schwerwiegender der Eingriff und je höherrangiger das betroffene Rechtsgut, desto schärfere Voraussetzungen sind an die Einwilligungsfähigkeit zu stellen. Ist die Einwilligungsfähigkeit eines Erwachsenen nach diesen Grundsätzen zu verneinen, muss die Zustimmung seines Betreuers gem. §§ 1901, 1903, wegen § 1904 uU zusätzlich die Genehmigung des Betreuungsgerichts eingeholt werden. Soweit allerdings ein einwilligungsfähiger Mensch seine Präferenzen zum Ausdruck gebracht hat, ist diesem Willen auch dann Folge zu leisten, wenn er dem behandelnden Arzt, den Angehörigen oder »der Allgemeinheit« **unvernünftig** erscheint. Eine **Pflicht zum Weiterleben** unter Ausschöpfung aller Potentiale der modernen Medizin gibt es genauso wenig wie ein Recht des Arztes zur **paternalistischen Fürsorge** um einen Patienten, der diese Fürsorge zurückweist.

206 **Beispiel:** Ein Arzt, der seiner Patientin erklärt, er wolle durch einen kleinen Eingriff eine »harte Stelle« entfernen, der bewusstlosen Frau dann aber die gesamte Brust amputiert, handelt nicht

---

187 BGHZ 90, 255 (257f.) = NJW 1984, 2207; BGHZ 117, 110 (111) = NJW 1992, 1389.
188 *Wagner*, Öffentlich-rechtliche Genehmigung und zivilrechtliche Rechtswidrigkeit, 1989, 262ff.; vgl. auch BGH VersR 2008, 648 Rn. 10ff.
189 BGH NJW 1978, 1206.

gerechtfertigt, auch wenn er nur »das beste« für sie gewollt hat.[190] Wegen der verfassungsrechtlich in Art. 1 I, 2 I GG garantierten Autonomie des Einzelnen ist es hinzunehmen, wenn eine Zeugin Jehovas die Durchführung einer Bluttransfusion ablehnt, mit der ihr Leben gerettet werden könnte.[191]

Sog. **Patientenverfügungen,** in denen ein Mensch erklärt, im Falle eines Unfalls nicht künstlich am Leben gehalten werden zu wollen, sind von den behandelnden Ärzten zu befolgen.

> **Beispiel:** In BGHZ 154, 205 = NJW 2003, 1588 hatte ein Patient in einer schriftlichen Erklärung lebensverlängernde Maßnahmen, wie Intensivbehandlung und künstliche Ernährung, abgelehnt und später einen Herzinfarkt und dadurch einen irreversiblen, sein Bewusstsein auslöschenden Gehirnschaden erlitten. Nachdem er über anderthalb Jahre hinweg durch eine Magensonde künstlich ernährt worden war, verlangte sein zum Betreuer bestellter Sohn die Einstellung der künstlichen Ernährung. Der BGH hat sich diesem Ansinnen nicht in den Weg gestellt, dem in der Verfügung geäußerten Willen des damals noch einwilligungsfähigen Patienten jedoch auch keine unmittelbare Verbindlichkeit zuerkannt, sondern es in die Hände des Betreuers gelegt, diesen Willen gegenüber Arzt und Pflegepersonal durchzusetzen.[192]

Mit der Einfügung der §§ 1901a–1901c und der Reform des § 1904 im Jahr 2009 hat der Gesetzgeber diese Rechtsprechung kodifiziert und den Vorrang der Patientenautonomie anerkannt. Der Betreuer ist verpflichtet, dem in einer Patientenverfügung geäußerten Willen des Patienten Geltung zu verschaffen (§ 1901a I 2). Der Abbruch lebensverlängernder Maßnahmen bedarf der Zustimmung des Betreuungsgerichts nur dann, wenn sich Arzt und Betreuer nicht einig sind (§ 1904 II, IV).

207

Herrscht wie im Bereich der Arzthaftung zwischen dem Eingreifenden und dem Betroffenen eine **Informationsasymmetrie** in dem Sinne, dass nur der Eingreifende, nicht aber der Betroffene Nutzen und Risiken des Eingriffs einzuschätzen vermag, muss die Differenz durch **Aufklärung** ausgeglichen werden.[193] Ein Mediziner, der einen körperlichen Eingriff an einem Patienten vornehmen will, muss ihn zuvor über Nutzen und Risiken des Eingriffs aufkären.[194] Der Patient muss wissen, worin er einwilligt, also wie hoch die Chance ist, durch die anvisierte Maßnahme einen Heilerfolg zu erzielen, welche Risiken mit dem Eingriff verbunden sind, welche alternativen Behandlungsmaßnahmen zur Verfügung stehen und wie bei diesen die Erfolgschancen und Schadensrisiken einzuschätzen sind.[195] Ist der Patient nicht in der gebotenen Weise aufgeklärt worden, ist eine erteilte **Einwilligung** unwirksam. Die Beweislast für eine wirksame Aufklärung des Patienten trägt der behandelnde Arzt, weil es sich bei der Einwilligung um einen Rechtfertigungsgrund handelt. Diese Grundsätze sind mit dem **Patientenrechtegesetz** in den §§ 630d, 630e für die Vertragshaftung kodifiziert worden.[196] Selbst eine wirksame Einwilligung deckt übrigens nur die Behandlung lege artis, sodass die Haftung wegen Behandlungsfehlern selbstständig neben die Haftung wegen sog. **Aufklärungsfehler tritt.**

208

---

190 RGZ 163, 129.
191 OLG München NJW-RR 2002, 811.
192 BGHZ 154, 205 (221) = NJW 2003, 1588.
193 BGHZ 166, 336 (339) Rn. 5f. = NJW 2006, 2108.
194 Eing. dazu MüKoBGB/*Wagner* § 823 Rn. 808ff.
195 BGHZ 90, 103 (106) = NJW 1984, 1397; BGHZ 106, 391 (394) = BGH NJW 2011, 375 Rn. 7.
196 BGBl. 2013 I 277; BT-Drs. 17/10488, 5f.; dazu *Wagner* VersR 2012, 789 (793).

## b) Entschuldigung

209 Da nach dem hier vertretenen Deliktsaufbau Vorsatz und Fahrlässigkeit bereits den Unrechtstatbestand ausmachen, bleibt für die Verschuldenshaftung im Wesentlichen nur die Prüfung der **Zurechnungsfähigkeit** (→ Rn. 113 ff.). Die §§ 827, 828 schützen Minderjährige und unzurechnungsfähige Erwachsene vor deliktischer Verantwortlichkeit für die von ihnen verursachten Schäden. Ebenso wie bei den Rechtfertigungsgründen trifft die Beweislast für die tatsächlichen Voraussetzungen dieser Ausnahmetatbestände den beklagten Schädiger. Wie sich aus § 827 S. 2 ergibt, gereicht Erwachsenen die eigene Unzurechnungsfähigkeit nur dann zur Entlastung, wenn sie es nicht selbst waren, die sich durch Alkohol- oder Drogenmissbrauch in einen solchen Zustand versetzt haben. Anders als bei der strafrechtlichen *actio libera in causa* kommt es auf die Voraussehbarkeit der späteren deliktischen Handlung nicht an.[197] Zur Haftung von Minderjährigen → Rn. 342 ff.

## 5. Schaden und haftungsausfüllende Kausalität

### a) Verkürzung des Zurechnungszusammenhangs

210 Hat der Schädiger pflichtwidrig – vorsätzlich oder fahrlässig – eine Rechtsgutsverletzung verursacht und fehlt es an Rechtfertigungs- und Entschuldigungsgründen, ist der Haftungstatbestand erfüllt. Jetzt geht es also nicht mehr um das »Ob« der Haftung, sondern um das »Wie« bzw. das »Wieviel«. Es ist dies die Frage, in welchem Umfang der Schädiger, wenn er den Tatbestand des § 823 I erfüllt hat und seine Haftung daher dem Grunde nach gegeben ist, für die daraus entstehenden Schadensfolgen einzutreten hat. Sicher kommt es für die Schadenzurechnung nicht darauf an, dass der Schädiger den Eintritt jener Schadensfolgen hätte voraussehen können und müssen (→ Rn. 130). Die Pflichtwidrigkeit des Schädigers braucht sich vielmehr nur auf die durch sein Verhalten verursachte Rechtsgutsverletzung selbst – die sog. »**Erstverletzung**« – zu beziehen, nicht dagegen auf die »**Folgeverletzungen**«, die sich erst aus der Verwirklichung eines durch die »Erstverletzung« geschaffenen zusätzlichen Risikos ergeben. Vorausgesetzt ist lediglich, dass der Folgeschaden durch die Rechtsgutsverletzung verursacht worden ist.

211 Darin liegt eine vom Gesetzgeber ganz bewusst angestrebte Begünstigung des Geschädigten, ähnlich dem sog. »**egg-shell skull principle**« des englischen Rechts, das besagt: »The tortfeasor takes his victim as he finds him«.[198] Denn »human bodies are too fragile and life too precarious to permit a defendant nicely to calculate how much injury he might inflict«.[199] Wer einem anderen vorsätzlich oder fahrlässig eine Wunde zufügt, haftet gem. § 823 I somit auch für besonders schwere Folgen, die deshalb eintreten, weil das Opfer vorher schon nicht bei voller Gesundheit war, etwa an der Bluterkrankheit litt,[200] und wer fahrlässig einen Leistenbruch verursacht, kann sich nicht mit dem Hinweis entlasten, der Betroffene habe von vornherein eine entsprechende Disposi-

---

197 Im Detail MüKoBGB/*Wagner* § 827 Rn. 13.
198 *Smith v. Leech Brain & Co. Ltd.* Q.B. 2 (1962), 405 (414); *Rogers* in Winfield & Jolowicz on Tort, 18. Aufl. 2010, Rn. 6–32.
199 *Fleming*, The Law of Torts, 9. Aufl. 1988, 235.
200 OLG Koblenz VRS 72 (1987), 403 (404f.).

tion gehabt.²⁰¹ Damit gilt auch im deutschen Recht: »Wer einen gesundheitlich schon geschwächten Menschen verletzt, kann nicht verlangen, so gestellt zu werden, als wäre der Betroffene gesund gewesen«.²⁰² Allerdings bedarf dieser Grundsatz der Korrektur in Ausnahmefällen, in denen die eingetretenen Schadensfolgen trotz festgestellter Kausalität nur mehr oder weniger zufällig mit der Rechtsgutsverletzung verbunden sind.

## b) Adäquanz

Auch im Rahmen der Haftungsausfüllung wird in Rechtsprechung und Literatur das Adäquanzkritierium herangezogen, um die Ersatzpflicht in vernünftigen Grenzen zu halten (→ Rn. 191 ff.). 212

**Beispiele:** In dem Fall RGZ 119, 204 war der Verletzte von einem Pferdefuhrwerk überfahren worden und hatte ein Bein eingebüßt. 22 Jahre nach dem Unfall kam er in seinem Zimmer zu Fall und erlitt einen Schulterblattbruch, der zur Lähmung des rechten Armes führte. Das RG bejahte die Adäquanz, denn es sei »nach allgemeiner menschlicher Erfahrung« damit zu rechnen gewesen, dass der Kläger infolge seiner verminderten Standsicherheit »eher als andere Menschen und in schwererer Weise zu Falle kommen und sich dabei neue Verletzungen zuziehen werde«.²⁰³ Trotzdem lehnte der BGH den Ersatzanspruch der Hinterbliebenen eines Verletzten ab, der bei einem Verkehrsunfall ein Bein verloren hatte und wegen dieser Behinderung acht Jahre später – im Zweiten Weltkrieg – mit dem Versuch scheiterte, sich rechtzeitig vor plötzlich einsetzendem Artilleriebeschuss in Sicherheit zu bringen.²⁰⁴ Die Ersatzpflicht wegen einer Körperverletzung erstreckt sich grundsätzlich auch auf die Schadensfolgen, die erst durch eine fehlerhafte ärztliche Behandlung ausgelöst werden, dies jedenfalls dann, wenn das Versehen des Arztes sich innerhalb der erfahrungsgemäß vorkommenden ärztlichen Fehler hält, nicht dagegen dann, wenn der Arzt gegen elementare Grundregeln seiner Kunst gröblich verstößt.²⁰⁵ Auf dieser Grundlage kann etwa auch ein Arzt, der sich einen Behandlungsfehler hat zuschulden kommen lassen, für weitere Behandlungsfehler eines Kollegen verantwortlich gemacht werden, der die Anschlussbehandlung übernommen hat.²⁰⁶ Ebenso haftet der Schädiger, wenn der Verletzte in ein Krankenhaus überführt wird und einer dort ausbrechenden Grippeepidemie zum Opfer fällt.²⁰⁷ 213

Die **Defintion des Adäquanzkriteriums** ist uneinheitlich: Herkömmlich wird auf die Wahrscheinlichkeit abgestellt und die Haftung für ganz unwahrscheinliche, nach dem regelmäßigen Verlauf der Dinge außer Betracht zu lassende Kausalverläufe ausgeschlossen.²⁰⁸ Daneben findet sich das wesentlich stärker normativ gefärbte Kriterium der **Risikoerhöhung:** Der Beklagte soll nicht für solche Schadensfolgen haften, deren Eintrittswahrscheinlichkeit durch die Rechtsgutsverletzung nicht wesentlich erhöht worden ist.²⁰⁹ Wird die Adäquanzlehre so formuliert, verschmilzt sie mit ihrer Konkurrentin, nämlich der Lehre vom Schutzzweck der Haftungsnorm.²¹⁰ Wie sogleich 214

---
201 RGZ 6, 1 (3).
202 RGZ 155, 38 (41 f.); 169, 117 (120); BGHZ 132, 341 (345) = NJW 1996, 2425; BGH NJW 2012, 2964 Rn. 8; VersR 1966, 737 (738); Staudinger/*Schiemann*, 2005, § 249 Rn. 32.
203 RGZ 119, 204 (207).
204 BGH NJW 1952, 1010; krit. dazu *Kirchberger* NJW 1952, 1000.
205 RGZ 102, 230; RG JW 1937, 990.
206 BGH NJW 1989, 767 (768).
207 Vgl. RGZ 105, 264.
208 So etwa RGZ 119, 204 (207); vgl. auch schon → Rn. 192.
209 So BGH NJW 1952, 1010 (1011).
210 AA *Stoll*, 25 Jahre Karlsruher Forum, Beiheft VersR 1983, 184 (186).

zu zeigen sein wird, ist diese auch im Rahmen der Haftungsausfüllung wesentlich leistungsfähiger als die Adäquanzlehre, weil sie das entscheidende Differenzierungskriterium anzugeben vermag. Damit erweist sich die Adäquanz sowohl im Bereich der haftungsausfüllenden Kausalität als auch im Bereich der haftungsbegründenden Kausalität (→ Rn. 193) als überflüssig – wenn auch aus unterschiedlichen Gründen.

### c) Schutzzweck der Norm

215 Nach der Rechtsprechung des BGH besteht eine Haftung nur für diejenigen Schadensfolgen, »die aus dem Bereich der Gefahren stammen, zu deren Abwendung die verletzte Norm erlassen« wurde.[211] Demgegenüber wird in der Literatur geltend gemacht, die Lehre vom Schutzzweck der Norm sei zur Begrenzung des Haftungsumfangs ungeeignet: »Wie soll etwa ergründet werden, ob der Gesetzgeber bei Erlass der Straßenverkehrsordnung außer der Unfallverhütung den Zweck verfolgt haben könnte, die Grippe-Infektion der Opfer im Krankenhaus zu verhindern?«.[212] Folgeverletzungen seien dem Schädiger vielmehr immer dann zuzurechnen,

> »wenn sie sich als Verwirklichung eines Risikos darstellen, dem der Verletzte infolge der ihm zugefügten Erstverletzung und mit der durch sie geschaffenen Lage zusätzlich ausgesetzt wird. Den Gegensatz zu den ›zusätzlichen‹ Risiken in dem hier gemeinten Sinne bilden die **allgemeinen Lebensrisiken**, die der Verletzte ohnehin tragen müsste. Es ist nicht der Sinn der zivilrechtlichen Haftung, den Verletzten auch gegen solche Risiken zu sichern und ihm dadurch einen Schutz zu verschaffen, den er ohne den Deliktsfall nicht hätte. Dieser Gedanke ist von der Eigenart der vom Täter übertretenen Verhaltensnorm unabhängig.«[213]

216 In der Tat leuchtet es ein, dass die Haftung für Folgeverletzungen dort ihre Grenze finden muss, wo diese Verletzungen sich für den Betroffenen als die Verwirklichung eines **»allgemeinen Lebensrisikos«** darstellen. Aber das spricht nicht gegen die Normzwecklehre, sondern für sie. Danach kommt es darauf an, ob es sich bei dem erlittenen Folgeschaden

> »um eine Verwirklichung der besonderen Gefahr handelt, in die der Geschädigte durch die Verletzung seines Rechtsguts versetzt worden ist. Wenn dagegen zufällig im Zusammenhang mit dem Unfall eines der allgemeinen Lebensrisiken sich verwirklicht, denen der Verletzte so und so ausgesetzt ist, dann ist der Schädiger nicht mehr ausgleichspflichtig. Eine Ausgleichspflicht auch für solche Schäden wäre mit dem Zweck der die Schadensersatzpflicht begründenden Norm nicht mehr vereinbar, der eben darin besteht, dass dem Geschädigten die **besonderen Risiken** vom Schädiger abgenommen werden sollen, die ihm durch den Eingriff in sein Rechtsgut auferlegt sind.«[214]

217 Die Unterscheidung zwischen allgemeinen Lebensrisiken, die den Geschädigten so oder so getroffen hätten und denjenigen Folgeschäden, in denen sich das fortwirkende Schadensrisiko der Erstverletzung realisiert hat, ermöglicht eine **überzeugende Lösung** der oben unter dem Gesichtspunkt der Adäquanz aufgeführten Fallgestaltungen (→ Rn. 213), ohne dass es der Spekulation über Wahrscheinlichkeiten bedürfte.

218 **Beispiele:** Die Normzwecklehre liefert eine zwanglose Erklärung für diejenigen Konstellationen, in denen die Rechtsprechung von der »egg-shell skull rule« (→ Rn. 211) abgewichen ist und die Zurechnung bestimmter Schadensfolgen verneint hat. So etwa, wenn jemand einem anderen vor den Anprobekabinen eines Bekleidungshauses »aus Versehen« auf den Fuß tritt,

---

211 BGH VersR 2012, 905 Rn. 14.
212 *Stoll*, Kausalzusammenhang und Normzweck im Deliktsrecht, 1968, 27.
213 *Stoll*, Kausalzusammenhang und Normzweck im Deliktsrecht, 1968, 26f.
214 *Huber* JZ 1969, 681.

also eine Körperverletzung zufügt, in der Folge aber das gesamte Bein amputiert werden muss, weil das Opfer – für den Täter unerkennbar – an schweren arteriellen Durchblutungsstörungen litt.[215] Hier ist die Erwägung maßgebend, dass die Rechtsgutsverletzung das Schadensrisiko nicht in erheblicher Weise erhöht hat, was in dem geschilderten Fall dadurch bestätigt wurde, dass der Kläger kurze Zeit später wegen derselben Krankheit auch das andere Bein einbüßte.

Wird das Unfallopfer operiert und entdeckt der Chirurg bei dieser Gelegenheit eine angeborene Darmanomalie, die er – was medizinisch sinnvoll ist – gleich mit entfernt, so braucht der Schädiger nicht auch diejenigen Schäden zu ersetzen, die durch die Entfernung jener Anomalie entstanden sind.[216]

Dem Verursacher eines Verkehrsunfalls dürfen nicht die Mehrkosten einer Krankenhausbehandlung aufgebürdet werden, die dadurch verursacht wurden, dass das Opfer alkoholabhängig war und wegen des Alkoholverbots im Krankenhaus an schweren Entzugserscheinungen litt.[217]

Verabreden zwei Komplizen, eine Handelsvertreterin einzuladen, sie zu betäuben und auszurauben, und vergeht sich der eine Mittäter sexuell an ihr, so haftet die andere Mittäterin für diese »Exzesstat« zwar nicht nach § 830 I 1, wohl aber nach § 823 I, weil sich in der Folgetat »das fortwirkende Schadensrisiko der Erstbeschädigung verwirklicht hat«.[218]

Hat jemand einen Verkehrsunfall zu verantworten, durch den ein Geldtransporter in den Straßengraben geraten ist, seine Fahrer das Bewusstsein verloren und die Verriegelungen der Fahrzeugtüren sich gelöst haben, so haftet der Verursacher, wenn Dritte die »Gunst der Stunde« nutzen und Geldkoffer aus dem Unfallfahrzeug entwenden. Anders, wenn es zu dem Diebstahl erst gekommen ist, nachdem das Unfallfahrzeug in polizeilichen Gewahrsam genommen war, denn nur in dem zuerst genannten Fall hat sich das »fortwirkende Schadensrisiko« der Erstschädigung realisiert.[219] Deshalb konnte auch der Fahrer eines Porsche nicht mit der Klage auf Ersatz von 150.000 DM durchdringen, die ihm – angeblich – aus dem Handschuhfach des ordnungsgemäß abgestellten und verschlossenen Unfallfahrzeugs entwendet worden waren.[220]

Im Einzelfall kann es **sehr schwierig sein zu entscheiden**, ob ein bestimmter Folgeschaden auf das besondere, durch die Erstverletzung geschaffene Zusatzrisiko zurückzuführen ist oder ob sich darin lediglich das »allgemeine Lebensrisiko« verwirklicht hat, das der Verletzte ohnehin trägt. 219

**Beispiele:** Die Rechtsprechung hat wiederholt Klagen abgewiesen, mit denen der Verursacher eines Verkehrsunfalls dafür verantwortlich gemacht wurde, dass der Geschädigte infolge psychischer Aufregung einen Herz- oder Schlaganfall erlitten hat, der häufig zum Tode führte (→ Rn. 198).[221] Im Ergebnis genauso hat der BGH entschieden, als sich ein Eigentümer über das Betreten seines Grundstücks durch Unbefugte und die von diesen begangenen Provokationen (»kleiner Scheißer«) derart aufregte, dass er eine Gehirnblutung erlitt.[222] Das OLG Karlsruhe[223] hat einem Hundehalter Ersatz für die Folgen eines Herzinfarkts verweigert, den er infolge des bloßen Anblicks einer Rauferei zwischen seinem Hund und dem Tier des Beklagten erlitten hatte. Andererseits hat das OLG Düsseldorf[224] nicht gezögert, die Mutter dreier Kinder für den Infarkttod eines Autofahrers verantwortlich zu machen, weil sie es auf 220

---

215 OLG Karlsruhe VersR 1966, 741 (742).
216 BGHZ 25, 86 = NJW 1957, 1475 und dazu *Larenz* NJW 1958, 627.
217 OLG Braunschweig VersR 1996, 715.
218 BGH NJW 1992, 1381 (1382).
219 BGH NJW 1997, 865 (866).
220 KG NZV 2002, 41 (42).
221 BGHZ 107, 359 (364 ff.) = NJW 1989, 2616; KG VersR 1987, 105.
222 BGH NJW 1976, 1143 (144).
223 OLG Karlsruhe MDR 1993, 29.
224 OLG Düsseldorf VersR 1992, 1233.

dem Rückweg von einem Gottesdienst nicht verhindert hatte, dass ihr jüngstes Kind vom Bürgersteig auf die Fahrbahn lief und einen »Beinahe-Unfall« verursachte, dessen psychische Folgen den Infarkt auslösten. Diese Entscheidung ist womöglich dadurch motiviert gewesen, dass die Mutter Haftpflichtversicherungsschutz genoss, worauf es im Rahmen der Schadenszurechnung allerdings nicht ankommen darf.

221 Besondere Abgrenzungsprobleme stellen sich, wenn der Verursacher einer Körper- oder Gesundheitsverletzung für **psychische Folgeschäden des Opfers** verantwortlich gemacht wird. Im Ausgangspunkt steht allerdings fest, dass der Schädiger für Schadensfolgen in Form psychischer Beeinträchtigungen genauso aufzukommen hat wie für physische Nachteile. Dies gilt für Depressionen, Aktual- und Unfallneurosen genauso wie für Konversionsneurosen.[225] Schließlich macht es für das Opfer gar keinen Unterschied, ob es eine Tiefgarage nicht mehr betreten kann, weil es an den Rollstuhl gefesselt ist oder weil es die sonst eintretenden panikartigen Angstzustände vermeiden will. Die eigentlichen Schwierigkeiten rühren daher, dass bei psychischen Beeinträchtigungen mitunter schwer zu beurteilen ist, ob sie überwunden werden können, und ob man dem Betroffenen wirklich einen Gefallen tut, wenn man ihn in seiner Opferhaltung bestärkt.

222 Die einschlägigen Fälle firmieren in Rechtsprechung und Literatur unter dem Stichwort der **»Begehrensneurose«**. Damit will man ausdrücken, dass sich der Geschädigte unbewusst in sein Leid flüchtet, um eine Versorgung auf Kosten des Schädigers bzw. von dessen Versicherung zu erlangen und so den wirtschaftlichen Alltagssorgen weithin ledig zu werden.[226] Diese Voraussetzungen waren in dem Fall BGHZ 132, 341 = NJW 1996, 2425 nicht erfüllt, denn dort hatte sich der Kläger bereits bei acht Verkehrsunfällen Verletzungen zugezogen, bevor ihn der neunte Unfall traf. Die dabei davon getragenen Prellungen und Traumata – also relativ leichte Verletzungen – führten zu andauernden Schmerzen und schließlich zur völligen Arbeitsunfähigkeit des Klägers. Der VI. Zivilsenat bejahte die Einstandspflicht des Verursachers des neunten und letzten Verkehrsunfalls. Maßgebend war hier vor allem das oben zitierte Prinzip, nach dem es dem Schädiger nicht zur Entlastung gereicht, wenn er auf einen gesundheitlich geschwächten Menschen trifft (→ Rn. 211). Letzteres gilt eben auch für psychische Folgeschäden. Anders liegt es nach der Rechtsprechung nur dann, wenn der Geschädigte Bagatellverletzungen erlitten hat und diese zum Anlass für unverhältnismäßige psychische Reaktionen nimmt.[227]

## III. Haftung für Verletzung objektiven Rechts: § 823 II

**Literatur:** *Canaris*, Schutzgesetze – Verkehrspflichten – Schutzpflichten, FS Larenz, 1983, 27ff.; *Dörner*, Zur Dogmatik der Schutzgesetzverletzung, JuS 1987, 522; *Honsell*, Der Verstoß gegen Schutzgesetze im Sinne des § 823 Abs. 2 BGB, JA 1983, 101; *Karollus*, Funktion und Dogmatik der Haftung aus Schutzgesetzverletzung, 1992; *Peters*, Zur Gesetzestechnik des § 823 Abs. 2 BGB, JZ 1983, 913; *Spickhoff*, Gesetzesverstoß und Haftung, 1998.

---

225 BGHZ 132, 341 (344, 345 f.) = NJW 1996, 2425.
226 BGH NJW 2012, 2964 Rn. 10.
227 BGHZ 132, 346 = NJW 1996, 2425; vgl. dazu auch den Fall BGHZ 137, 142 = NJW 1998, 810.

## 1. Funktionen

Gemäß § 823 II ist derjenige zum Schadensersatz verpflichtet, der schuldhaft »gegen ein den Schutz eines anderen bezweckendes Gesetz verstößt«. Die **Funktionen** dieses Haftungstatbestands sind:

(1) **Vorverlagerung des Schutzes der bereits in § 823 I anerkannten Rechtsgüter** dadurch, dass bereits der schuldhafte Verstoß gegen eine gesetzliche *Verhaltensnorm* die Haftung auslöst, nicht erst die fahrlässige *Rechtsgutsverletzung*;

(2) **Ausdehnung des Schutzbereichs** der allgemeinen Fahrlässigkeitshaftung auf **reine Vermögensschäden,** sofern Vermögensinteressen in Rechtsnormen als schutzwürdig anerkannt sind. Wie man leicht sieht, ist die an zweiter Stelle genannte Funktion des § 823 II wesentlich wichtiger als die erstgenannte. Bei Inkrafttreten des BGB spielte die Vorschrift auch noch eine dritte Rolle, nämlich der – ebenfalls selektive, weil an die Schutzgesetzverletzung geknüpfte – Schutz immaterieller Persönlichkeitsinteressen, etwa vor Beleidigungen (§§ 185 ff. StGB) oder dem Verrat von Geheimnissen (heute §§ 201 ff. StGB). Diese Funktion des § 823 II hat sich mit der Anerkennung des allgemeinen Persönlichkeitsrechts als Schutzgut des § 823 I erledigt (→ Rn. 373 ff.).

223

## 2. Überblick über die Haftungsvoraussetzungen

(1) Schutznorm: Der Schädiger muss gegen ein Verhaltensgebot verstoßen haben, das
    (a) von einer Rechtsnorm aufgestellt wird, und
    (b) dem Schutz des Einzelnen zu dienen bestimmt ist.
(2) Verstoß gegen das Verhaltensgebot der Schutznorm.
(3) Verschulden: Soweit das Schutzgesetz eine bestimmte Schuldform vorschreibt (Vorsatz), muss diese erfüllt sein. Andernfalls ist Fahrlässigkeit ausreichend, aber auch erforderlich (§ 823 II 2).

224

## 3. Schutzgesetz I: Rechtsnormen

Als **Schutzgesetze** iSd § 823 II kommen nur Rechtsnormen in Betracht. Dieser Begriff wird in Art. 2 EGBGB weit gefasst, indem Normen untergesetzlicher Stufe, insbesondere solche in Rechtsverordnungen und Satzungen, einbezogen werden. Der Normbegriff hat aber durchaus Grenzen; Verwaltungsakte beispielsweise sind das glatte Gegenteil abstrakt-genereller Regelungen (vgl. § 35 VwVfG), also keine Normen und deshalb auch keine Schutzgesetze. Am oberen Ende der Normenhierarchie kommen auch Vorschriften des **Europarechts** als Schutzgesetze in Betracht, und zwar sowohl solche des Primär- als auch solche des Sekundärrechts. Beispielhaft zu nennen sind das EU-Wettbewerbsrecht (→ Rn. 235) und das beihilferechtliche Durchführungsverbot des Art. 108 III 3 AEUV.[228]

225

Die unter dem Begriff der **Verkehrspflichten** geläufigen Sorgfaltsgebote, die von den Gerichten bei der Anwendung des Deliktsrechts auf den Einzelfall entwickelt werden, sind entgegen einer mitunter vertretenen Ansicht ebenfalls keine Gesetze, und zwar

226

---

228 BGHZ 188, 326 Rn. 17, 19 = EuZW 2011, 440; OLG Hamburg NJW-RR 2015, 293 Rn. 52.

weder begrifflich noch funktional, denn der Zweck des § 823 II besteht nicht darin, die Gerichte zur rechtsfortbildenden Konkretisierung des Deliktsrechts zu ermächtigen, sondern darin, ihnen die Anknüpfung an *gesetzliche* Wertungen zu ermöglichen, die außerhalb des Deliktsrechts getroffen worden sind. Bei § 823 I ist es also der *Richter*, der die Sorgfaltsgebote entwickelt, im Falle des § 823 II ist es der *Gesetzgeber*, der dem Richter die Verhaltensstandards vorgibt. Folgerichtig ist die Rechtsprechung auch nicht ermächtigt, durch Anerkennung von »**Verkehrspflichten zum Schutze fremden Vermögens**« im Rahmen von § 823 II den Schutzbereich der Deliktshaftung sozusagen eigenmächtig und unabhängig von gesetzlichen Wertungen zu erweitern.[229]

227 Es ist gleichgültig, in welcher Teilrechtsordnung die Rechtsnorm angesiedelt ist, sodass insbesondere auch **straf- und verwaltungsrechtliche Vorschriften** als Schutzgesetze in Betracht kommen. Das klingt banal, ist aber von großer praktischer Bedeutung. Wirtschaft und Gesellschaft sind von einem engmaschigen Netz verwaltungsrechtlicher Verhaltensstandards überzogen, die jedes technische Produkt, jeden synthetischen Stoff, Nahrungs- und Genussmittel sowie Verhaltensweisen in sämtlichen Lebensbereichen regulieren. Da sich solche Standards als Hindernis für den grenzüberschreitenden Handel auswirken, arbeitet die EU schon lange an ihrer Harmonisierung. § 823 II ist dazu geeignet, die Massen des Ordnungsrechts jeweils um **zivilrechtliche Schadensersatzansprüche zu ergänzen**. Die Vorschrift wirkt damit wie ein Transmissionsriemen, der die Verhaltensstandards des Bauordnungsrechts, des Gewerberechts, des Lebensmittelrechts, des Umweltrechts usw in das private Deliktsrecht überführt und für letzteres nutzbar macht. Wer gegen Ordnungsrecht verstößt, riskiert also immer auch die zivilrechtliche Haftung. Zentrale Voraussetzung ist insoweit, ob es sich bei der verletzten Verhaltensnorm um ein *Schutz*gesetz handelt.

### 4. Schutzgesetz II: Individualschutzzweck

#### a) Allgemeines

228 Als Schutzgesetz bezeichnet man eine Rechtsnorm, die nicht bloß die Interessen der Allgemeinheit im Auge hat, sondern die **Belange des einzelnen Bürgers schützen** will.[230] Der Zweck einer Norm lässt sich entweder mit Rücksicht auf den Willen ihrer Urheber oder aber unter dem Gesichtspunkt ihres vernünftigen Inhalts ermitteln. Für den zuerst genannten, subjektiven Ansatz kommt alles auf die Gesetzesmaterialien an, die sich zu der Frage, ob die zu erlassende Norm als Schutzgesetz gemeint ist, indessen regelmäßig ausschweigen. Zwingend ist dies indessen nicht:

> **Beispiel:** Gemäß § 15 VI 1 WpHG aF, § 15 III 1 WpHG nF sind Emittenten, die gegen ihnen gemäß § 15 Abs. 1 WpHG, Art. 17 Abs. 1 Marktmissbrauchsverordnung Nr. 596/2014 verstoßende Pflicht zur **Ad-hoc-Publizität** verstoßen, »einem anderen nur unter den Voraussetzungen der §§ 37b und 37c zum Ersatz des daraus entstandenen Schadens verpflichtet«. Ausweislich von S. 2 der genannten Vorschriften sollen allerdings Ersatzansprüche, die auf anderen Rechtsgrundlagen beruhen, »unberührt« bleiben. Wie ist der offensichtliche Widerspruch zwischen »nur« und »unberührt« aufzulösen? In der Begründung zu § 15 VI 1

---

229 So aber *v. Bar,* Verkehrspflichten – Richterliche Gefahrsteuerungsgebote im deutschen Deliktsrecht, 1980, 157f.; *v. Bar* JuS 1988, 169 (171); ausf. dazu MüKoBGB/*Wagner* § 823 Rn. 290ff.
230 BGHZ 12, 146 (148) = NJW 1954, 675; BGHZ 100, 13 (15) = NJW 1987, 1818; BGHZ 106, 204 (206) = NJW 1989, 974.

WpHG aF (§ 15 III 1 WpHG nF) heißt es ausdrücklich: »Die Neuregelung unterstreicht, dass es sich bei § 15 nicht um ein Schutzgesetz iSd § 823 Abs. 2 BGB handelt. Schutzgut des § 15 ist die Sicherung der Funktionsfähigkeit des Kapitalmarkts.« Über diese Aussage dürfen sich die Gerichte nicht hinwegsetzen und an den Verstoß gegen § 15 WpHG Haftungsfolgen nach § 823 II knüpfen.[231] Entsprechendes gilt für Verstöße gegen Art. 17 der Marktmissbrauchsverordnung Nr. 596/2014, der § 15 WpHG weitgehend ersetzt hat. Nach einer Entscheidung des EuGH zu einer Bestimmung der RL 2004/39/EG über Märkte für Finanzinstrumente (MIFID I)[232] sind die Mitgliedstaaten nicht verpflichtet, Verstöße gegen das EU-Kapitalmarktrecht durch zivilrechtliche Schadensersatzansprüche – und nicht bloß mit den Mitteln des Verwaltungs-, Ordnungswidrigkeiten- und Strafrechts – zu sanktionieren.[233] Diese Wertung hat der BGH auf § 20a WpHG übertragen und auch insoweit die Schutzgesetzeigenschaft verneint (→ Rn. 480).[234]

Jenseits dieser Ausnahmefälle ist die **Suche nach dem gesetzgeberischen Willen** nur allzu oft »looking for what is not there«.[235] Ohne dies explizit zu sagen, folgt die Rechtsprechung daher zu Recht der objektiven Lehre, fragt nach dem vernünftigen Sinn des Gesetzes und achtet dabei darauf, dass sich das Resultat in das System des Deliktsrechts einfügt, weil es »im Lichte des haftpflichtrechtlichen Gesamtsystems tragbar erscheint«.[236] Insbesondere darf die Differenzierung zwischen Rechtsgutsverletzungen und reinen Vermögensschäden, die für das Deliktsrecht des BGB kennzeichnend ist, nicht durch großzügige Anerkennung der Schutzgesetzeigenschaft x-beliebiger Vorschriften faktisch eingeebnet werden.

So hat es der BGH beispielsweise abgelehnt, die Urkundsdelikte der §§ 267 ff. StGB als Schutzgesetze zugunsten fremden Vermögens anzuerkennen.[237] Der durch die Urkundsdelikte bewirkte Vermögensschutz ist nämlich »so schwach und so undeutlich, dass nicht angenommen werden kann, dass § 267 StGB direkt auch auf den Schutz von Vermögensinteressen der beim Gebrauchmachen gefälschter Urkunden getäuschten Personen ausgerichtet ist«. Das ungeschriebene Erfordernis der »**Tragbarkeit im haftungsrechtlichen Gesamtsystem**« ist also ein heuristisches Instrument zur Ermittlung des Individualschutzzwecks in Fällen, in denen sich der Gesetzgeber nicht klar geäußert hat.

229

Auf den systematischen und normativen Zusammenhang des Deliktsrechts kommt es an, wenn die Schutzgesetzeigenschaft des § 323c StGB zur Debatte steht. Der BGH hat sie anerkannt, weil die Bestrafung **unterlassener Hilfeleistung** auch dem Schutz des Einzelnen zu dienen bestimmt sei.[238] Und in der Tat: Wer wollte das bestreiten? Die entscheidende Frage hätte jedoch sein sollen, ob es jenseits der anerkannten Fälle strafrechtlicher Garantenstellungen sowie den Verantwortungszuschreibungen durch

---

231 BVerfG NJW 2003, 501 (502 f.).
232 RL 2004/39/EG des Europäischen Parlaments und des Rates über Märkte für Finanzinstrumente, zur Änderung der Richtlinien 85/611/EWG und 93/6/EWG des Rates und der Richtlinie 2000/12/EG des Europäischen Parlaments und des Rates und zur Aufhebung der Richtlinie 93/22/EWG des Rates v. 21.4.2004, ABl. 2004 L 145, 1.
233 EuGH EuZW 2013, 557 – Genil 48 SL v. Bankinter SA.
234 BGH ZIP 2012, 318 Rn. 26 = JZ 2012, 571 – IKB mAnm *Bachmann*.
235 So mit Blick auf den englischen Paralleltatbestand des »breach of statutory duty« G. Williams 23 MLR 233 (244).
236 BGHZ 66, 388 (390) = NJW 1976, 1740; BGHZ 106, 204 (207) = NJW 1989, 974.
237 BGHZ 100, 13 (17 ff.) = NJW 1987, 1818.
238 BGHZ 197, 225 Rn. 7 ff. = NJW 2014, 64 = JZ 2014, 303 mit Bespr. *Loyal*.

zivilrechtliche Verkehrspflichten gerechtfertigt ist, andere zur Hilfe in Notlagen zu verpflichten. Soll der Einzelne dazu verpflichtet sein, den Schaden zu tragen, wenn er einen Mitbürger nicht aus einer Notlage rettet, in die er durch einen Dritten, durch eigenes Verhalten oder durch einen Zug der Natur gebracht wurde? – Diese Frage ist zu verneinen. Das allgemeine Rechtsverhältnis unter Bürgern begründet keine wechselseitigen haftungsbewehrten Hilfspflichten, was im englischen Deliktsrecht seit jeher anerkannt ist.[239] In einer Entscheidung des Court of Appeal wurde dieser Grundsatz in die drastischen Worte gekleidet: »Two persons can stand aside and watch a third jump to his death: there is no legal duty to rescue«.[240]

### b) Schutzzwecklehre

230  Scheidet nach diesen Kriterien eine Rechtsnorm als Schutzgesetz aus, ist der Fall erledigt. Ist die Schutzgesetzeigenschaft hingegen zu bejahen, liegt es nicht ganz so einfach. Es reicht nämlich nicht aus, den Individualschutzzweck des Gesetzes zu bejahen, um die Haftung für sämtliche durch den Normverstoß verursachten Schadensfolgen zu begründen. Im Rahmen des § 823 II ist die **Lehre vom Schutzbereich der Norm** von kaum zu unterschätzender Bedeutung, nach der strikt darauf zu achten ist, dass der vom Geschädigten erlittene Nachteil eben derjenige ist, zu dessen Vermeidung die übertretene Norm erlassen wurde (→ Rn. 195 ff.). Dieser Grundgedanke lässt sich nun in mehrfacher Hinsicht auffächern: Der Verstoß gegen eine Rechtsnorm begründet eine Schadensersatzpflicht nur dann, wenn sie auf den Schutz gerade desjenigen Personenkreises abzielt, zu dem der Geschädigte gehört (**persönlicher Schutzbereich**), wenn der Schaden, für den ein Ausgleich verlangt wird, gerade von der Art ist, wie ihn das Schutzgesetz verhindern sollte (**sachlicher Schutzbereich**) und wenn weiter der Schaden gerade auf diejenige Art herbeigeführt wurde, der sich das Schutzgesetz entgegen stellen wollte (**modaler Schutzbereich**).[241]

### aa) Persönlicher Schutzbereich

231  Um sich in den persönlichen Schutzbereich des in Rede stehenden Schutzgesetzes zu bringen, muss der Geschädigte dartun, dass es nach seinem Zweck und Inhalt gerade *ihn* schützen will oder dass er gerade demjenigen Personenkreis angehört, um dessen Schutz es dem Gesetz zu tun ist. Diese Frage ist oft nicht leicht zu beurteilen. Einige Beispiele mögen dies veranschaulichen.

232  **Beispiele:**

(1) Gemäß § 12 I StVO besteht an bestimmten Stellen der Fahrbahn für Kraftfahrzeuge ein Halteverbot, so zB »an engen und unübersichtlichen Straßenstellen«, »im Bereich von scharfen Kurven«, ferner dort, wo ein Verkehrszeichen aufgestellt ist, das ein »absolutes« Halteverbot anzeigt oder ein Halten nur für höchstens drei Minuten oder für das Ein- und Aussteigen oder das Ent- und Beladen gestattet (»eingeschränktes Halteverbot«). Diese **Halteverbote** wollen in erster Linie den Ablauf des fließenden Verkehrs gewährleisten, dienen also der Leichtigkeit und nicht der Sicherheit des Verkehrs. Zweifelhaft ist aber, ob mit ihnen auch der Zweck verfolgt wird, den Verkehrsteilnehmern, insbesondere den die

---

239 *Winfield & Jolowicz* on Tort, 19. Aufl. 2014, Rn. 5-039.
240 *Vellino v. Chief Constable of Greater Manchester* [2002] 1 WLR 218 Rn. 13, per *Schiemann* LJ.
241 BGH NJW-RR 2006, 965; vgl. dazu *Honsell* JA 1983, 102 ff.; eing. *Spickhoff*, Gesetzesverstoß und Haftung, 1998, 237 ff.

*III. Haftung für Verletzung objektiven Rechts: § 823 II*

Fahrbahn überquerenden Fußgängern, eine bessere Übersicht über den Verkehrsablauf zu ermöglichen. Davon hängt es ab, ob ein Fußgänger, dessen Sicht auf den fließenden Verkehr durch ein im Halteverbot stehendes Kraftfahrzeug behindert war, von seinem Fahrer gem. § 823 II iVm § 12 I StVO Ersatz desjenigen Schadens verlangen kann, der ihm dadurch entstanden ist, dass er hinter dem verbotswidrig haltenden Fahrzeug auf die Straße gegangen und dort mit einem anderen Fahrzeug kollidiert ist. Die Frage ist von der Rspr. sowohl bejaht[242] als auch verneint worden.[243]

(2) **Unfallverhütungsvorschriften** sind Verhaltensstandards im Interesse der Arbeitssicherheit, die von den Trägern der gesetzlichen Unfallversicherung – den Berufsgenossenschaften (→ Rn. 596) – als Satzung erlassen werden. Ihre Schutzwirkung zugunsten des einzelnen Arbeitnehmers liegt auf der Hand. Doch wie steht es um betriebsexterne Dritte? Kann sich ein Verbraucher, der eine Kettensäge in einem Baumarkt erworben und sich bei deren Benutzung schwer verletzt hat, auf § 823 II berufen und geltend machen, die Maschine widerspreche einer Unfallverhütungsvorschrift der landwirtschschaftlichen Berufsgenossenschaften (vgl. § 123 SGB VII)? Die Frage ist zwar zu verneinen, der Inhalt der Unfallverhütungsvorschrift aber bei der Konkretisierung der allgemeinen deliktischen Sorgfaltspflichten des § 823 I zu berücksichtigen.[244] 233

(3) In den **Bauordnungen** mancher Bundesländer ist vorgeschrieben, dass bei Tiefbauarbeiten für einen ausreichenden Schutz unterirdisch verlegter Energieversorgungsleitungen Sorge zu tragen ist. Kann der Eigentümer eines Fabrikbetriebes – gestützt auf § 823 II iVm der erwähnten Regelung einer Landesbauordnung – von einem Bauunternehmer Ersatz des Vermögensschadens verlangen, der ihm dadurch entstanden ist, dass der Unternehmer bei Baggerarbeiten ein Stromkabel beschädigt und dadurch eine Betriebsunterbrechung verursacht hat (→ Rn. 148)? Der BGH hat ursprünglich den Schutzgesetzcharakter einer solchen baurechtlichen Vorschrift bejaht und der Klage stattgegeben;[245] mehrere OLG haben die gleiche Frage in bezug auf verschiedene Landesbauordnungen verneint.[246] Dem hat sich dann auch der BGH unter Aufgabe seiner früheren Rechtsprechung angeschlossen.[247] 234

(4) Bei einem Verstoß gegen **Normen des EU-Rechts** verstoßen, wird die Dogmatik des § 823 II durch die Prärogativen des Europarechts überlagert. Den Vorgaben des EuGH entsprechend[248] hat der BGH die Art. 101, 102 AEUV als Schutzgesetze anerkannt und den personalen Schutzbereich weit gezogen: Die Kartellbeteiligten können nicht nur von ihren direkten Vertragspartnern – den sog. Erstabnehmern – sondern auch von sämtlichen Folgeabnehmern bis hin zu den Verbrauchern auf Schadensersatz in Anspruch genommen werden.[249] Für Wettbewerbsverstöße, die nach dem 7.7.2005 begangen wurden, stellt § 33 III GWB eine besondere Anspruchsgrundlage bereit, die auf das Erfordernis eines Schutzgesetzverstoßes verzichtet bzw. klarstellt, dass die Normen des nationalen und europäischen Kartellrechts durchweg Schutzgesetze darstellen.[250] 235

---

242 Vgl. BGH NJW 1983, 1326; OLG München NJW 1985, 981.
243 Vgl. OLG Schleswig VersR 1992, 719; ähnlich OLG Koblenz VersR 2005, 1408.
244 MüKoBGB/*Wagner* § 823 Rn. 360 ff. mwN.
245 BGH NJW 1968, 1279.
246 Vgl. zB OLG Karlsruhe NJW 1975, 221 mwN.
247 BGHZ 66, 388 = NJW 1976, 1740.
248 EuGH EuZW 2001, 715 Rn. 27 – Courage/Crehan; EuGH EuZW 529 Rn. 28 f. – Manfredi.
249 BGHZ 190, 145 Rn. 14 ff. = NJW 2012, 928 – ORWI.
250 BGHZ 190, 145 Rn. 13 = NJW 2012, 928 – ORWI.

### bb) Sachlicher Schutzbereich

**236** Die bisher wiedergegebenen Entscheidungen haben alle das Problem behandelt, welche Personen durch die jeweilige Norm geschützt werden sollten. Eine Schadensersatzpflicht nach § 823 II setzt aber weiterhin voraus, dass der der geschützten Person entstandene Nachteil in die Gruppe gerade derjenigen Schäden fällt, deren Eintritt das Schutzgesetz zu verhindern trachtete. Dabei gilt als Grundregel: Bezweckt das Gesetz den Schutz von **Körper, Gesundheit** und **Eigentum,** ist davon auszugehen, dass es die durch § 823 I bewirkte Diskriminierung **reiner Vermögensinteressen** (→ Rn. 164) nicht beseitigen will, letztere also aus dem Schutzbereich herausfallen.

**237** **Beispiele:**

(1) Ein Bauunternehmer stellt aufgrund entsprechender Ermächtigung **Halteverbotsschilder** auf, um dort eine Straßenbaustelle einzurichten. Diese werden von den Anwohnern ignoriert und der für die Baustelle benötigte Raum zugeparkt. Der Bauunternehmer erleidet einen Vermögensschaden, weil er mit den Bauarbeiten nicht wie geplant beginnen kann, gleichwohl aber seinen Arbeitern den versprochenen Lohn schuldet. Kann er den Falschparker auf Ersatz in Anspruch nehmen?

Der Falschparker hat gegen § 12 I Nr. 6a StVO verstoßen. Die StVO insgesamt dient nicht nur der Leichtigkeit des Verkehrs, sondern auch dessen Sicherheit und damit der Vermeidung von Schäden an Leben, Körper und Eigentum. All dies nützt dem Bauunternehmer hier aber nichts, denn er ist allein in seinen Vermögensinteressen beeinträchtigt. Diese liegen nach Ansicht des BGH außerhalb des sachlichen Schutzbereichs der StVO.[251]

**238** (2) Die beklagte Geschäftsfrau hatte zusammen mit ihrem Ehemann eine Vermögensverwaltungs-Gesellschaft mbH gegründet und selbst die alleinige Geschäftsführung übernommen. Für die Gesellschaft wurde indessen de facto nur der Ehemann tätig, dem Prokura erteilt worden war. Die von ihm für die GmbH eingeworbenen Gelder von Anlegern wurden zum großen Teil verbrannt. Eine enttäuschte Anlegerin nimmt nunmehr die Beklagte persönlich auf Schadensersatz in Anspruch und scheiterte damit in allen Instanzen. Eine für den Ausgang des Rechtsstreits zentrale Frage war die nach der Schutzeigenschaft des § 43 I GmbHG, nach dem der **Geschäftsführer einer GmbH in den Angelegenheiten der Gesellschaft die Sorgfalt eines ordentlichen Geschäftsmannes** anzuwenden hat. Diese Verpflichtung hatte die Beklagte gröblich verletzt. Soweit dadurch die Gesellschaft selbst geschädigt wird, ergibt sich ein entsprechender Ersatzanspruch unmittelbar aus § 43 II GmbHG. Der geschädigten Anlegerin wurde indessen die Berufung auf die Gesetzesverletzung versagt, die Schutzgesetzeigenschaft des § 43 I GmbHG also verneint.[252] Das Sorgfaltsgebot verpflichte die Geschäftsführerin nur im *Innenverhältnis* zur Gesellschaft, nicht aber auch im Außenverhältnis zu den Gesellschaftsgläubigern. Zwar kommt eine persönliche Außenhaftung des Leitungsorgans in Betracht, soweit aus einer juristischen Person heraus Rechtsgutsverletzungen Dritter verursacht werden,[253] doch dieses Ergebnis lässt sich auf reine Vermögensschäden nicht übertragen, denn sonst würde der »Grundsatz, wonach die Organisationspflichten der Organmitglieder nur der Gesellschaft gegenüber bestehen, praktisch aus den Angeln gehoben«.[254] Daran vermag auch der Umstand nichts zu ändern, dass § 130 OWiG die Sorgfaltspflichtverletzungen der »Inhaber eines Betriebes oder Unternehmens« in einem bestimmten Umfang als Ordnungswidrigkeit ausgestaltet.

---

251 BGH NJW 2004, 356 (357f.); LG München I NJW 1983, 288; aA AG Waiblingen NJW-RR 2002, 895f.
252 BGHZ 125, 366 (371ff.) = NJW 1994, 1801.
253 BGHZ 109, 297 (302ff.) = NJW 1990, 976.
254 BGHZ 125, 366 (376) = NJW 1994, 1801; *Mertens* AcP 178 (1978), 227 (241).

### cc) Modaler Schutzbereich

Selbst wenn der Geschädigte zu dem von der Norm geschützten Personenkreis gehört und der Schaden von der Art ist, zu dessen Vermeidung die Norm erlassen wurde, ist die Haftung gleichwohl abzulehnen, wenn die **Art und Weise der Schadensverursachung** nichts mit der Normverletzung zu tun hat und deshalb aus dem Schutzbereich der Norm herausfällt. 239

> **Beispiele:** 240
>
> (1) Im Jahr 1909 wurde ein noch nicht 14 Jahre altes Kind verletzt, das in der Gastwirtschaft des Beklagten als sog. **Kegeljunge** gearbeitet hatte. Der Unfall war nach 20 Uhr abends passiert. Ein Kegler hatte eine Kugel geworfen, als der Junge noch mit der Aufstellung der Kegel beschäftigt war, sodass er an der Hand getroffen wurde. Der Geschädigte nahm den Gastwirt aus § 823 II in Anspruch, weil die Beschäftigung eines Kindes unter 14 Jahren über 20 Uhr hinaus nach §§ 5, 7 des Gesetzes über die Kinderarbeit in gewerblichen Betrieben aus dem Jahre 1903 verboten war. Das Landgericht Hannover lehnte den Ersatzanspruch ab, obwohl das genannte Gesetz nun zweifellos dem Schutz der Kinder dient und diese gerade davor bewahren will, einen Gesundheitsschaden zu erleiden. Das Gericht hielt aber dafür, es gehe der Norm allein um die Vermeidung von Gesundheitsbeeinträchtigungen, die durch Übermüdung oder Überanstrengung verursacht werden, nicht aber auch um die Abwehr von Körperverletzungen, die das Kind durch Verschulden Dritter erleidet.[255] Der Unfall hätte sich eben genauso gut um 19.55 Uhr ereignen können.
>
> (2) Wenn ein Kapitän **Rinder an Deck seines Schiffes** befördert und dabei unter Verletzung einer Vorschrift versäumt, die Rinder durch Gatter voneinander zu trennen, so haftet er, wenn die Rinder infolge des Fehlens der Gatter bei einem Sturm über Bord gespült werden, für den darin liegenden Schaden nur dann, wenn die Vorschrift die Gefahr des Überbordgehens von Viehladungen vermeiden will, nicht aber dann, wenn sie lediglich aus seuchenpolizeilichen Gründen erlassen ist und auf die Verminderung der Ansteckungsgefahr unter den Rindern abzielt.[256] 241
>
> (3) Wer **gewerbsmäßig Bankgeschäfte** betreiben oder Finanzdienstleistungen erbringen will, bedarf dafür gemäß § 32 I KWG (Kreditwesengesetz) einer staatlichen Erlaubnis. Der Verstoß dagegen verpflichtet den Anbieter gemäß § 823 II zum Schadensersatz gegenüber Anlegern, die infolge mangelnder Liquidität des erlaubnispflichtigen Kreditinstituts ihre Einlage verlieren. Nach der Rechtsprechung soll § 32 I KWG hingegen nicht verhindern, dass von dem Einlagenkonto des Bankkunden aus verlustbringende Anlagegeschäfte getätigt oder verlustträchtige Verträge erfüllt werden.[257] 242

### c) Amtspflichtverletzungen

Wie wir gesehen haben, ist sowohl die Haftung wegen Gesetzesverletzung aus § 823 II als auch diejenige wegen Verletzung subjektiver Rechte gem. § 823 I nach Maßgabe der Lehre vom Schutzzweck der Norm zu begrenzen. Doch selbst im Bereich der Staatshaftung für Amtspflichtverletzungen hat sie Fuß gefasst und ist heute aus der Dogmatik der § 839, Art. 34 GG nicht mehr weg zu denken.[258] Ist also zB die Sicherung des Verkehrs auf einer Bundesstraße Gegenstand einer Amts- 243

---

255 LG Hannover Recht 1910, 36 f.
256 *Gorris v. Scott* (1874), L.R. 9 Exch. 125.
257 BGH NJW-RR 2015, 1144 Rn. 30.
258 MüKoBGB/*Papier* § 839 Rn. 227 ff.

pflicht, bei deren Erfüllung die Bediensteten eines Landes in Ausübung öffentlicher Gewalt tätig werden, so kann der Geschädigte, wenn für die Sicherheit des Straßenverkehrs nicht genügend gesorgt war, gem. § 839 zwar Ersatz des ihm dadurch entstandenen Körper- und Sachschadens, nicht aber Ersatz des Vermögensschadens verlangen, den er »zB dadurch erleidet, dass er infolge Verletzung der Straßenverkehrssicherungspflicht in einen dadurch verursachten Verkehrsstau gerät und deshalb eine geschäftliche Verabredung versäumt, sodass ihm ein gewinnbringendes Geschäft entgeht«.[259]

## 5. Rechtswidrigkeit und Verschulden

244 Auch für die Haftung aus § 823 II wird ein rechtswidrig-schuldhaftes Verhalten des Schädigers vorausgesetzt, dies auch dann, wenn gegen das Schutzgesetz ohne Verschulden verstoßen werden kann (§ 823 II 2). Das Verschulden des Schädigers braucht sich nach herrschender – auch vom BGH vertretener – Ansicht nur auf den Verstoß gegen das Schutzgesetz zu beziehen; hingegen braucht der Schädiger nicht vorhergesehen zu haben, dass es aufgrund jenes Verstoßes zu dem im konkreten Fall eingetretenen Schaden kommen werde.[260] Vor allem dieser »**Vorverlagerung**« des **Verschuldensbezugs** verdankt § 823 II seine praktische Bedeutung im Bereich der Verletzung der in § 823 I enumerierten Rechtsgüter.

245 So trifft die Haftung für Körperverletzungen im Zuge einer **Schlägerei** gem. § 823 II iVm § 231 StGB jedermann, der vorsätzlich an der Schlägerei teilgenommen hat, ohne dass es des Nachweises bedarf, dass der Beklagte die Körperverletzung selbst verursacht oder Beihilfe (§§ 830 II, 27 StGB) dazu geleistet hat.[261] Allerdings hielt es der BGH[262] nicht für angemessen, dem Teilnehmer der Schlägerei die Möglichkeit des Entlastungsbeweises gänzlich aus der Hand zu schlagen; ihm bleibt die Möglichkeit, sich durch Nachweis der Nicht-Ursächlichkeit des eigenen Tatbeitrags für die Körperverletzung von der Haftung zu befreien.

246 Ein weiteres Privileg des Geschädigten im Rahmen des § 823 II betrifft die **Beweislast** für das Verschulden. Stützt der Kläger seinen Ersatzanspruch auf § 823 I, so obliegt es ihm, das Verschulden des Beklagten zu beweisen. Anders verhält es sich, wenn er seinen Anspruch auf Abs. 2 stützt. In diesem Falle braucht der Kläger nur zu beweisen, dass der Beklagte den objektiven Tatbestand eines Schutzgesetzes verletzt hat. Ist dieser Beweis geführt, so spricht nach stRspr eine Vermutung dafür, dass den Beklagten auch ein Verschulden an der Verletzung trifft. Diese Vermutung ist widerlegbar: Der Beklagte muss dann Umstände dartun und beweisen, die geeignet sind, die Annahme seines Verschuldens auszuschließen. Diesen Beweis hat er solange nicht geführt, »als eine mögliche Ursache ungeklärt geblieben ist, die in der Sphäre seiner Verantwortlichkeit liegt und ein schadensursächliches Verschulden enthalten würde«.[263]

247 Allzu große Bedeutung hat diese Regel allerdings nicht, denn im Bereich der Fahrlässigkeitshaftung nach § 823 I kommt es ohnedies auf einen Verstoß gegen einen objektiven Sorgfaltsstandard an, und das Maß der im **Verkehr erforderlichen Sorgfalt** wird

---
259 BGH NJW 1973, 463; vgl. auch BGHZ 39, 358.
260 BGHZ 37, 375 (381) = NJW 1962, 1862; BGHZ 103, 197 (200) = NJW 1988, 1383.
261 BGHZ 103, 197 (200) = NJW 1988, 1383.
262 BGHZ 103, 197 (200) = NJW 1988, 1383.
263 BGHZ 51, 91 (103f.) = NJW 1969, 269; BGH NJW 1968, 1279; 1985, 1774 (1775).

im Rahmen von § 823 II gleichsam durch das Schutzgesetz definiert. Insofern bleibt für die Verschuldensprüfung kaum etwas übrig (→ Rn. 122 f.).

Diese Überlegungen gelten allerdings nur, wenn der Tatbestand des Schutzgesetzes auch wirklich eine Verkehrspflicht statuiert, also das in einer spezifischen Situation geforderte, zum Schutz der Rechtsgüter Dritter erforderliche Verhalten mit hinreichender Präzision umschreibt. Liest sich das Schutzgesetz hingegen **wie ein Erfolgsverursachungsverbot** nach dem Muster von § 823 I, beschränkt es sich also lediglich darauf, die Herbeiführung von Rechtsgutsverletzungen zu verbieten, muss gem. § 823 II 2 noch der Vorwurf sorgfaltswidrigen Verhaltens hinzukommen, um die Haftung zu begründen. Der Nachweis der Sorgfaltswidrigkeit obliegt in diesem Fall – genauso wie bei § 823 I – dem Geschädigten. 248

> **Beispiel:** In BGHZ 116, 104 = NJW 1992, 1039 waren mehrere Personen einer Hochzeitsgesellschaft nach dem Festessen an einer Salmonellenvergiftung erkrankt, doch es ließ sich nicht nachweisen, ob die Küchenhelfer des Gastwirts zuvor schon Salmonellenausscheider waren oder sich wie die Gäste selbst an kontaminierten Eiern infiziert hatten. Die Haftung aus § 823 I musste mangels Nachweises eines Sorgfaltspflichtverstoßes scheitern, und nicht anders beurteilte der BGH die Sache im Licht des § 823 II.[264] Zwar stand fest, dass die Schutznorm des § 8 LMBG aF (vgl. nunmehr Art. 14 Lebensmittel-Basis-VO[265], § 5 LFGB) verletzt worden war, wonach die Herstellung und das Inverkehrbringen gesundheitsschädlicher Lebensmittel verboten ist. Für die Haftung nach § 823 II reichte dies jedoch – ausnahmsweise – nicht aus, weil § 8 LMBG aF (Art. 14 Lebensmittel-Basis-VO, § 5 LFGB) keine konkreten Sorgfaltspflichten statuiert, sondern bloß einen zu vermeidenden Erfolg umschreibt. Sähe man dies anders, mutierte die Vorschrift zur strikten Haftung, dh zu einer Einstandspflicht ohne Pflichtwidrigkeit. 249

## IV. Haftung für Verletzung von Vermögensinteressen: § 826

> **Literatur:** *Deutsch*, Entwicklung und Entwicklungsfunktion der Deliktstatbestände, JZ 1963, 385; *Köhler/Bornkamm*, Gesetz gegen den unlauteren Wettbewerb, 34. Aufl. 2016; *Harte-Bavendamm/Henning-Bodewig*, UWG, 3. Aufl. 2013; *Mayer-Maly*, Was leisten die guten Sitten? AcP 194 (1994), 105; *K. Simitis*, Gute Sitten und ordre public, Ein kritischer Beitrag zur Anwendung des § 138 I BGB, 1960; *Teubner*, Standards und Direktiven in Generalklauseln, Möglichkeiten und Grenzen der empirischen Sozialforschung bei der Präzisierung der Gute-Sitten-Klauseln im Privatrecht, 1971; *Wieacker*, Rechtsprechung und Sittengesetz, JZ 1961, 337.
>
> **Rechtsvergleichend:** Vgl. die Angaben zum Vermögensschutz (→ Rn. 429).

### 1. Funktion

Gemäß § 826 ist derjenige, der »in einer gegen die guten Sitten verstoßenden Weise einem anderen vorsätzlich Schaden zufügt«, dem anderen zum Ersatze des Schadens verpflichtet. Dieser **dritte Grundtatbestand** des Deliktsrechts ist nach der 250

---
264 BGHZ 116, 104 (114 ff.) = NJW 1992, 1039.
265 VO (EG) Nr. 178/2002 des Europäischen Parlaments und des Rates zur Festlegung der allgemeinen Grundsätze und Anforderungen des Lebensmittelrechts, zur Errichtung der Europäischen Behörde für Lebensmittelsicherheit und zur Festlegung von Verfahren zur Lebensmittelsicherheit v. 28.1.2002, ABl. 2001 L 31, 1.

Vorstellung der Väter des BGB als »Auffangtatbestand« gedacht gewesen, der den Schutz reiner Vermögens- und immaterieller Persönlichkeitsinteressen jenseits der Schutzgesetze des geschriebenen Rechts (§ 823 II) gewährleisten sollte. Der eine Hauptteil dieser Funktion hat sich mit der Anerkennung des allgemeinen Persönlichkeitsrechts als Schutzgut des § 823 I erledigt (→ Rn. 369 ff.). Heutzutage erscheint § 826 als **Zentralnorm des deliktischen Vermögensschutzes,** die beispielsweise mobilisiert werden kann, wenn es um die Durchgriffshaftung der Gesellschafter einer GmbH geht[266] oder um die Haftung von Vorstandsmitgliedern einer börsennotierten AG für Schäden von Anlegern, die im Vertrauen auf falsche ad hoc-Mitteilungen Aktien erworben und in der Folge das eingesetzte Kapital verloren haben.[267]

251 Aus dieser Funktionsbestimmung ergibt sich für die Rechtsanwender einschließlich der **Bearbeiter juristischer Prüfungsarbeiten** folgendes: Liegt eine Rechtsgutsverletzung vor und lässt sich die Haftung bereits auf der Grundlage von § 823 I begründen, dann ist es müßig, auch noch auf § 826 einzugehen. Die Prüfung dieses Tatbestands ist praktisch sinnlos, weil die Haftung aus § 826 von anspruchsvolleren Voraussetzungen abhängig ist als diejenige aus § 823 I, und sie ist dogmatisch schwierig, weil Kriterien dafür, wann eine Verletzung des Körpers oder des Eigentums »sittenwidrig« ist, nicht existieren. Die gesamte Kasuistik zu § 826 betrifft reine Vermögensschäden; nur wenn ein solcher vorliegt, hat die Untersuchung der Voraussetzungen dieser Haftungsnorm einen sicheren Bezugspunkt und einen vernünftigen Sinn. Im Mittelpunkt der Prüfung muss § 826 stehen, wenn sich auch kein Schutzgesetz iSd § 823 II finden lässt, das die Haftung für den in Rede stehenden Vermögensschaden begründet.

## 2. Überblick über die Haftungsvoraussetzungen

252 (1) Vermögensschaden: Der Geschädigte muss einen reinen Vermögensschaden erlitten haben, der nicht Folge einer vom Schädiger zu verantwortenden Rechtsgutsverletzung ist.
(2) Sittenwidrigkeit: Die Zufügung des Vermögensschadens muss sittenwidrig in dem Sinne sein, dass der konkret erlittene Vermögensschaden in den Schutzbereich des Deliktsrechts einbezogen ist.
(3) Vorsatz: Der Schädiger muss die Interessenverletzung vorhergesehen und in Kauf genommen haben.

## 3. Verstoß gegen die »guten Sitten«

### a) Grundlagen

253 Für die Haftung gem. § 826 kann es **nicht ausreichen, dass jemand einen Schaden vorsätzlich verursacht hat.** Wer etwa als Kaufmann einen Kunden durch ein günstiges Angebot zu gewinnen sucht, ist sich klar darüber, dass der Konkurrent,

---
[266] BGH ZIP 2004, 2138 (2139).
[267] BGH NJW 2004, 2971.

bei dem der Kunde bisher gekauft hat, einen Schaden erleidet, falls der Kunde auf das Angebot eingeht. Auch wer sich um eine gutbezahlte Stelle bewirbt und dabei seine Fähigkeiten ins beste Licht setzt, zielt darauf ab, den Mitbewerber aus dem Felde zu schlagen. In beiden Fällen haben Kaufmann und Stellenbewerber den Schaden ihrer Konkurrenten (bedingt) vorsätzlich verursacht, und doch denkt niemand daran, sie für den Schaden ersatzpflichtig zu machen. Auch wenn es zunächst merkwürdig klingen mag: Dem § 826 liegt die Einsicht zugrunde, dass reine Vermögensschäden selbst dann, wenn sie bewusst und gewollt zugefügt werden, nicht ohne Weiteres zu kompensieren sind (→ Rn. 94 ff.). Nichts anderes soll gesagt sein, wenn das Gesetz kumulativ zum Vorsatz die Sittenwidrigkeit verlangt.

**254** Rechtsprechung und Literatur sind sich dieses Zusammenhangs nicht in vollem Umfang bewusst oder sprechen ihn jedenfalls nicht deutlich aus. Folgerichtig wird mit Hingabe an immer neuen **Leerformeln** gearbeitet, die dem Begriff der Sittenwidrigkeit Inhalt und Form geben sollen. In der Rechtsprechung heißt es herkömmlich, mit den »guten Sitten« werde auf die Sittlichkeit, auf das allgemeine Sittengesetz, auf das geläuterte durchschnittliche Sittlichkeitsempfinden des anständigen Bürgers oder – wie das RG in zahllosen Entscheidungen gesagt hat – auf das **»Anstandsgefühl aller billig und gerecht Denkenden«** verwiesen. Während des Dritten Reiches wurden andere Formeln benutzt: Schon drei Jahre nach Hitlers Machtübernahme wusste das RG zu melden, dass nunmehr der Inhalt der guten Sitten »durch das seit dem Umbruch herrschende Volksempfinden, die nationalsozialistische Weltanschauung« geprägt sei.[268] Der Bundesgerichtshof hat wieder die alten Wendungen hervorgezogen: »Durch § 826 BGB« – so heißt es zB in BGHZ 17, 327 (332) = NJW 1955, 1274 – »macht sich das Gesetz Vorschriften der Moral zu eigen, indem es Rechtshandlungen auch dann missbilligt, wenn sie einen Verstoß gegen das Rechts- und Sittlichkeitsbewusstsein des Volkes, das Anstandsgefühl aller billig und gerecht Denkenden enthalten. Insoweit dient § 826 der Verwirklichung eines Rechts höherer Ordnung und gestattet die Beachtung der Forderung wahrer innerer Gerechtigkeit«.

**255** Diese Formeln sind im **Schrifttum** vielfach und zu Recht kritisiert worden,[269] ohne dass allerdings die **Funktion des Sittenwidrigkeitsurteils** – Unterscheidung zwischen kompensationswürdigen und entschädigungslos hinzunehmenden reinen Vermögensschäden – klar herausgearbeitet worden und sein Inhalt entsprechend konkretisiert worden wäre. Stattdessen wird verbreitet gelehrt, mit der Bezugnahme auf die Sittenwidrigkeit öffne sich das Deliktsrecht gegenüber den in der Gesellschaft **faktisch vorhandenen und allgemein konsentierten Moralvorstellungen**.[270] Gegenüber solchen Versuchen hat der 3. Strafsenat des BGH treffend ausgeführt, dass sich »die Ermittlung von allgemein gültigen moralischen Maßstäben […] in einer pluralistischen Gesellschaft als nicht unproblematisch [erweist]«.[271] Dies gilt zumal auf dem schwierigen Gebiet des Deliktsschutzes für reine Vermögensinteressen. Genauso wenig überzeugt es, § 826 unter dem Stichwort der »Entwicklungsfunktion« als Einfallstor für die richter-

---

268 RGZ 150, 1 (4).
269 Vgl. etwa *Teubner*, Standards und Direktiven in Generalklauseln, 1971, 13 ff.
270 So *Fuchs/Pauker*, Delikts- und Schadensersatzrecht, 12. Aufl. 2012, 159; Staudinger/*Oechsler*, 2014, § 826 Rn. 31; wohl auch *Mayer-Maly* AcP 194 (1994), 105 (113 f.).
271 BGHSt 60, 166 Rn. 41 = NJW 2015, 1540, zu § 228 StGB.

liche Rechtsfortbildung zu bezeichnen,²⁷² denn die Definition des Schutzbereichs des Deliktsrechts im Bereich reiner Vermögensschäden ist eine zeitlose Aufgabe und kein Rechtsfortbildungsauftrag.

256 Verlässlichen Boden bekommt man nur unter die Füße, wenn man sich völlig von der Vorstellung löst, das Sittenwidrigkeitsurteil des § 826 habe irgendetwas mit derjenigen Sittenwidrigkeit gemein, die § 138 I meint, wenn er eine Schranke für die Wirksamkeit von Rechtsgeschäften definiert. In Wahrheit muss die Sittenwidrigkeit des § 826 ausschließlich mit Rücksicht auf die **Funktion der Norm** konkretisiert werden, reine Vermögensschäden anders als subjektive Rechte nicht umfassend vor schuldhaften Verletzungen abzuschirmen, sondern uU sogar den vorsätzlichen Eingriff in fremde Vermögensinteressen zuzulassen. Wie also lässt sich die Geringschätzung des Gesetzgebers für reine Vermögensinteressen erklären? Leider lässt sich diese Frage nicht in einem Satz beantworten, denn es sind vier verschiedene Punkte zu nennen:

257 (1) Dem historischen Gesetzgeber ging es bei der Formulierung des § 826 vor allem um die **Kanalisierung der Schadensersatzansprüche auf die unmittelbar Betroffenen,** dh auf diejenigen Personen, die eine Rechtsgutsverletzung erlitten haben. Die körperliche Verletzung eines anderen führt häufig zu einer Fülle von Vermögensbeeinträchtigungen bei Dritten, etwa bei Ehegatten und Kindern, Arbeitgebern, Krankenversicherungen, privaten Vereinen und schließlich auch dem Steuern erhebenden Staat. Anstatt nun jedem Einzelnen dieser mittelbar Betroffenen einen eigenen Ersatzanspruch gegen den Schädiger einzuräumen, wird der unmittelbar Geschädigte wirtschaftlich so gestellt, als sei er nicht verletzt worden, sodass er nun seinerseits seinen Unterhaltspflichten gegenüber Angehörigen nachkommen kann. Bildlich gesprochen soll mit der Diskriminierung reiner Vermögensschäden verhindert werden, dass sich ein Schadensereignis wie beim Steinwurf ins Wasser kreisförmig auf immer mehr Personen auswirkt. Folgerichtig hat die Rechtsprechung stets daran festgehalten, dass Folgeschäden Drittbetroffener, die auf der Rechtsgutsverletzung eines anderen beruhen, nicht aufgrund von § 826 liquidiert werden können.²⁷³

258 (2) Der Schutz von Vermögensinteressen ist primär die Domäne der **Vertragshaftung.** Wäre es so, dass jede Vermögensbeeinträchtigung einen deliktischen Schadensersatzanspruch auslöste, stünden die Risikoverteilungen und -beschränkungen des Vertragsrechts nur noch auf dem Papier. Wozu bedürfte es beispielsweise noch des Gewährleistungsrechts beim Kaufvertrag mit seinen Haftungsvoraussetzungen (vgl. §§ 437, 280ff.), Verjährungsregelungen (§ 438) und Haftungsausschlüssen (§§ 442, 444), wenn der Verkäufer dem Käufer bereits aus Delikt für Vermögensschäden aufzukommen hätte? Daraus folgt: Im Bereich des Vertragsrechts ist von § 826 nur sehr zurückhaltend Gebrauch zu machen; eine vorsätzliche Vertragsverletzung reicht für sich allein genommen nicht aus, um die Sittenwidrigkeit zu begründen.²⁷⁴

259 (3) Häufig entspricht dem Vermögensschaden des einen ein entsprechender Vermögenszuwachs des anderen. Liegt es so, korrespondiert dem **privaten Schaden kein volkswirtschaftlicher Schaden,** sondern aus der Makroperspektive hat lediglich eine Umverteilung stattgefunden. Brennt ein Wohnhaus ab, ist nicht nur der Eigentümer, sondern auch die Volkswirtschaft um dieses Vermögensgut ärmer, doch wenn ein Warenhauskonzern Filialen schließen muss, weil er Umsatz an Online-Händler verloren hat, dann ist die Volkswirtschaft per Saldo nicht schlechter, sondern besser dran – sonst würden die Kunden sich nicht entsprechend verhalten. Dieses Beispiel lässt sich verallgemeinern: Im wirtschaftlichen Wettbewerb ist die Verfolgung eigener Umsatz- und Gewinninteressen selbst dann zulässig bzw. sogar erwünscht, wenn sie auf Kosten der Einnahmen von Konkurrenten geht und deren Verluste vom Schädiger vorausgesehen und billigend in Kauf genommen werden. Im Wettbewerbsrecht ist heute anerkannt, dass die Konkretisierung

---

272 So *Deutsch* JZ 1963, 385 (389f.); Staudinger/*Oechsler*, 2014, § 826 Rn. 33f.
273 Vgl. BGH NJW 1979 (1599); *Medicus/Lorenz* SchuldR II Rn. 1234f.
274 BGHZ 12, 308 (317f.) = NJW 1954, 1159.

der Sittenwidrigkeit (§ 1 UWG aF) bzw. Unlauterkeit (§ 3 UWG nF) primär mit Rücksicht auf den **Zweck des Wettbewerbsrechts** zu erfolgen hat. Eine Umschreibung dieses Zwecks findet sich jetzt in § 1 UWG, und sie lässt sich auf die Kurzformel bringen, dass im Interesse der Mitbewerber, der Verbraucher und der Allgemeinheit ein fairer Leistungswettbewerb gewährleistet werden soll.[275] Eine Patentlösung bietet die Formel vom fairen Leistungswettbewerb zwar nicht, doch sie liefert immerhin einen normativen Rahmen, innerhalb dessen die Argumente für und gegen die Sanktionierung eines bestimmten Verhaltens verankert und bewertet werden können. Mit einer Interessenabwägung im eigentlichen Sinne des Ausgleichs konfligierender Belange hat dies nichts zu tun.[276]

(4) Schließlich dient das Sittenwidrigkeitserfordernis auch dazu, Ansprüche wegen diffuser, schwer zu verifizierender und in ihrer Entschädigungswürdigkeit zweifelhafter Schäden von den Gerichten fernzuhalten. Überall auf der Welt treibt die das Deliktsrecht praktizierenden Richter die Sorge um, sie könnten mit einer unbedachten Entscheidung die »**floodgates**« öffnen und in der daraufhin einströmenden Flut von Ansprüchen auf Ersatz reiner Vermögensschäden ertrinken. Diese Haltung wird verständlich, wenn man sich vor Augen führt, was es bedeuten würde, schuldhaft verursachte Vermögensschäden ohne Weiteres zu entschädigen: Der Verursacher eines Verkehrsunfalls auf einer viel befahrenen Straße hätte dann allen Autofahrern, die in dem nachfolgenden Stau festsitzen und beispielsweise einen Geschäftstermin, eine Theateraufführung, ein Flugzeug, einen Zug usw verpassen, die daraus entstandenen Vermögensschäden zu ersetzen. Die Wertung des geltenden Rechts ist hingegen, dass diese Unsicherheiten zum alltäglichen Leben dazugehören und dass man selbst Vorsorge treffen muss, wenn man besonders hart getroffen würde: Wer sein Flugzeug nicht verpassen will, der muss eben entsprechend früher losfahren oder gleich auf Schienenfahrzeuge umsteigen. Wenn nicht alles trügt, dann haben sich die meisten Menschen auf diese Risikoverteilung eingestellt und kommen damit gut zurecht. **260**

Das Desiderat der vorstehenden Überlegungen für die Bestimmung der Sittenwidrigkeit lautet: Die Zufügung eines reinen Vermögensschadens ist als »sittenwidrig« iSv § 826 zu qualifizieren, wenn der Vermögensschaden nicht erst als Folge der Verletzung eines anderen eingetreten ist, sondern dem Geschädigten unmittelbar zugefügt wurde, wenn keine Gefahr besteht, dass vertragsrechtliche Risikoallokationen oder die Wertungen anderer Rechtsbereiche über den Haufen geworfen werden, wenn es sich nicht lediglich um eine Vermögensumverteilung zwischen zwei gleichermaßen unschuldigen Privatpersonen handelt (vgl. das Beispiel → Rn. 147) und schließlich auch kein Schaden geltend gemacht wird, von viele Personen jeweils bloß geringfügig betroffen werden. Dabei kommen die Gerichte nicht umhin, auch rechtspolitische Erwägungen über die sozialen Folgen der Qualifikation eines Verhaltens als sittenwidrig und über die daran angeschlossene Haftung anzustellen. In diesem Rahmen ist auch der Präventionszweck der Haftungsordnung zu berücksichtigen (→ Rn. 59 ff.). **261**

---

275 BGHZ 147, 296 (303) = GRUR 2001, 1178; BGHZ 158, 174 (179) = NJW 2004, 2080; Harte-Bavendamm/Henning-Bodewig/*Podszun* § 3 Rn. 108; MüKoLauterkeitsR/*Sosnitza*, 2014, UWG § 3 Rn. 36.
276 Anders *Beater*, Unlauterer Wettbewerb, 2002, § 12 Rn. 36 ff.

## b) Fallgruppen

**262** Die Fallgruppen des § 826 sind vielgestaltig und ändern sich im Zeitablauf. Das hat seinen Grund darin, dass neu aufkommende Problemstellungen zuerst die Gerichte erreichen, um mithilfe des § 826 gelöst zu werden, nach einer gewissen Experimentierphase dann aber häufig der Gesetzgeber auf den Plan tritt und eine **sektorale Sonderregelung** trifft. So war es im Wettbewerbsrecht, das heute samt den Haftungsfragen im UWG und im GWB gesondert geregelt ist. Die wichtigsten Anwendungsfälle des § 826 betreffen Vermögensschäden im gewerblichen Verkehr, auf die im Zusammenhang einzugehen ist (→ Rn. 431 ff.). Materien des allgemeinen Zivilrechts sind mit folgenden Fallgruppen angesprochen:

**263** (1) Nach deutschem Recht bewirkt der **Abschluss des Kaufvertrags** über eine Sache noch nicht den Übergang des Eigentums auf den Erwerber (sog. Trennungsprinzip). Der Verkäufer ist nicht daran gehindert, ein weiteres Veräußerungsgeschäft mit einem Zweiterwerber abzuschließen und diesem die Sache zu übereignen. Aus diesen Wertungen ergibt sich zusammen mit dem Grundsatz der Relativität der Schuldverhältnisse, also der Verpflichtungswirkung des ersten Kaufvertrags nur für die an ihm beteiligten Vertragsparteien, dass der Erwerb einer Sache, die zuvor einem anderen verkauft, aber eben noch nicht übereignet wurde, keine sittenwidrige Schädigungshandlung des Zweitkäufers ist, und zwar auch dann nicht, wenn letzterer den Sachverhalt kannte. Es müssen weitere Umstände hinzukommen, um der »Verleitung zum Vertragsbruch« den Stempel der Sittenwidrigkeit aufzudrücken, nämlich das dem Verkäufer gegebene Versprechen, ihn von Herausgabe- und Schadensersatzansprüchen des Erstkäufers aus den §§ 285, 281 freizustellen.[277]

**264** (2) Bei der Anwendung des § 826 im Bereich des **Familienrechts** übt der BGH größte Zurückhaltung. Aus verständlichen Gründen widerstrebt es den Richtern, die Details der Vorgänge in den Schlafzimmern der Parteien und rund um das Auseinanderbrechen ehelicher oder außerehelicher Beziehungen aufzuklären (→ Rn. 161 f.).[278] Deshalb gilt: Ein Ehebruch mag umgangssprachlich als »sittenwidrig« bezeichnet werden, die Haftung aus § 826 löst ein solches Verhalten nicht aus. Wieder muss ein »Mehr« hinzukommen, etwa die arglistige Täuschung des Ehemanns über die Abstammung des mit einem Dritten gezeugten Kindes, sodass der Ehemann treu und naiv für dessen Unterhalt aufkommt (→ Rn. 162).[279]

**265** (3) Im **Zivilprozessrecht** fungiert § 826 als **Korrektiv** wenn es um die Vollstreckung von Urteilen geht, die der materiellen Rechtslage widersprechen. Im Ausgangspunkt bleibt festzuhalten, dass die inhaltliche Richtigkeit eines Urteils nach Eintritt der Rechtskraft nicht mehr infrage gestellt werden darf, denn sonst hätten die Prozesse nie ein Ende. Das Problem besteht darin, dass die §§ 578 ff. ZPO die Wiederaufnahme rechtskräftig abgeschlossener Verfahren zur Korrektur falscher Urteile nur unter denkbar restriktiven Voraussetzungen erlauben (vgl. insbesondere §§ 581, 586 I 2 ZPO). Es ist deshalb verständlich, wenn sich bereits das RG einen anderen Weg zur Korrektur eklatanter und offensichtlicher Ungerechtigkeiten gesucht und ihn in Gestalt des § 826 auch gefunden hat.[280] Gleichwohl ist die Vollstreckung eines materiell unrichtigen Urteils nicht schon per se sittenwidrig«; erforderlich sind vielmehr »besondere Umstände«, nämlich entweder die arglistige Erschleichung des Urteils, entweder durch Vortrag falscher Tatsachen oder durch Manipulation der Beweislage, oder die Ausnutzung eines unrichtigen Urteils, das der Titelgläubiger selbst als unrichtig erkannt hat.[281]

---

277 BGH NJW 1991, 2184 (2185).
278 BGHZ 23, 215 (217f.) = NJW 1957, 670; BGHZ 80, 235 (237f.) = NJW 1981, 1445; BGHZ 196, 207 Rn. 16 = NJW 2013, 2108.
279 BGHZ 196, 207 Rn. 18 = NJW 2013, 2108; BGH JZ 1990, 438 mAnm *Schwenzer;* zu Details und Kritik MüKoBGB/*Wagner* § 826 Rn. 171.
280 StRspr seit RGZ 36, 249 (254); vgl. etwa BGHZ 112, 54 (57) = NJW 1991, 30.
281 Zu den Einzelheiten MüKoBGB/*Wagner* § 826 Rn. 179 ff.

## 4. Vorsatz

Im Ersten Entwurf zum BGB fehlte in der Vorgängernorm des heutigen § 826 das Vorsatzerfordernis.[282] Offenbar war man der Auffassung, sich mit der Filterwirkung der Sittenwidrigkeit begnügen zu können, um eine uferlose Haftung für reine Vermögensschäden zu verhindern. Leider konnte die Zweite Kommission diesen Standpunkt nicht teilen, sondern folgte statt dessen ihrem frankophoben Vorurteil über angebliche Haftungsexzesse der französischen Gerichte sowie der naiven Vorstellung, reine Vermögensschäden würden nur selten fahrlässig verursacht.[283]

266

Die Rechtsprechung legt das **Vorsatzerfordernis** dieser Vorschrift **großzügig aus,** wie dies auch im Strafrecht üblich ist. Die wichtigsten Punkte sind:

267

(1) Vorsätzliches Handeln setzt **nicht** voraus, dass es **dem Schädiger auf den Nachteil des Dritten ankommt,** sondern die bloße Kenntnis des (sicheren) Eintritts des schädlichen Erfolges reicht aus. Es schadet nicht einmal, wenn ein Gehilfe es »innerlich ablehnt, dem Täter zu helfen.«[284]

268

(2) Für § 826 reicht **dolus eventualis,** also das Bewusstsein, dass die Schädigung im Bereich des Möglichen liegt, sowie das billigende Inkaufnehmen des Schädigungsrisikos. Die Grenze zwischen Eventualvorsatz **und bewusster Fahrlässigkeit** ist schwer zu ziehen, zumal Vorsatz als sog. »innere Tatsache« im Prozess ohnehin nicht direkt bewiesen werden kann, sondern aus anderen Tatsachen erschlossen werden muss. Die Rechtsprechung löst dieses Problem, indem sie aus dem Umstand, dass der Schädiger sein Vorhaben trotz starker Gefährdung der Vermögensinteressen anderer durchgeführt hat, darauf schließt, dass er nicht auf einen glücklichen Ausgang vertraut, sondern es dem Zufall überlassen hat, ob sich die von ihm erkannte Gefahr verwirklicht.[285] Folgerichtig kann auch leichtfertiges Handeln den Schluss auf einen entsprechenden Vorsatz rechtfertigen.[286] Wer sich in rücksichtsloser Manier über die Vermögensinteressen anderer hinwegsetzt und deren Beeinträchtigung sehenden Auges in Kauf nimmt, kann sich nicht mit dem Hinweis entlasten, er habe die Möglichkeit des Schadenseintritts zwar erkannt, aber gehofft, es werde schon gut gehen. Dies hat praktisch wichtige Konsequenzen für die Haftung von Sachverständigen, Steuerberatern und Wirtschaftsprüfern (→ Rn. 483 ff.).

269

(3) Herkömmlich wird gelehrt, im Rahmen des § 826 müsse sich der **Vorsatz** auf den gesamten Haftungstatbestand und damit auch **auf den Schaden beziehen.** Bei § 823 I genügt es hingegen, dass der Täter die Rechtsgutsverletzung verschuldet hat; der Folgeschaden muss weder vorausehbar noch vermeidbar gewesen sein (→ Rn. 210). Schaut man genauer hin, schmilzt dieser Unterschied dahin. Selbstverständlich setzt § 826 voraus, dass der Schädiger die *Interessenverletzung* vorausgesehen und gleichwohl gehandelt hat. Genauso wenig wie bei § 823 I ist jedoch die Voraussehbarkeit und Vermeidbarkeit jedes Folgeschadens zu verlangen.[287]

270

---

282 Vgl. MüKoBGB/*Wagner* Vor § 823 Rn. 10 f.
283 Prot. II 571, 576.
284 BGHZ 184, 365 Rn. 34 = MMR 2010, 582.
285 BGH NJW-RR 2002, 740; NJW 2004, 446 (448); VersR 2012, 454 Rn. 11.
286 BGH NJW 1987, 1758; 1992, 2080 (2083); VersR 2002, 72 (76).
287 MüKoBGB/*Wagner* § 826 Rn. 24 mwN.

271 **Beispiel:** Der Geschäftsführer einer insolvenzreifen GmbH, der den Todeskampf des Unternehmens hinauszögert und dabei die Schädigung der Gläubiger in Kauf nimmt, handelt vorsätzlich, auch wenn er weder jeden einzelnen Gläubiger kennt noch die Höhe der Forderungen noch die Quote, zu dem ein einzelner Gläubiger im Insolvenzverfahren ausfällt.[288] Vorstandsmitglieder börsennotierter Kapitalgesellschaften haben für falsche ad hoc-Meldungen auch dann aufzukommen, wenn ihnen – wie regelmäßig – nicht bewusst ist und auch nicht bewusst sein kann, welche Individuen auf die unrichtige Meldung reagieren und Aktien zu einem überhöhten Preis zeichnen werden.[289]

---

288 BGHZ 175, 58 Rn. 15f. = VersR 2008, 495.
289 BGH NJW 2004, 2971 (2973).

# F. Haftung für pflichtwidriges Verhalten anderer

## I. Einleitung

Die bisherigen Überlegungen sind davon ausgegangen, dass der Geschädigte seinen Ersatzanspruch gegen denjenigen geltend macht, der *selbst* durch rechtswidrig-schuldhaftes Verhalten den Schaden verursacht hat. Hat also jemand eine Verletzung dadurch erlitten, dass er beim Besuch eines Einkaufszentrums von einem Gabelstapler angefahren worden oder dass ihm beim Passieren eines Baugerüsts das Arbeitsgerät eines Bauarbeiters auf den Kopf gefallen ist, so haben wir bisher vor allem den deliktischen Ersatzanspruch im Auge gehabt, der dem Verletzten gegen den Fahrer des Gabelstaplers oder gegen den Bauarbeiter zusteht. Es liegt nun auf der Hand, dass der Verletzte in solchen Fällen regelmäßig nicht so sehr an den Ansprüchen gegen den Schuldigen als vielmehr an der Frage interessiert ist, ob er von dessen **Arbeitgeber** Ersatz verlangen kann. Daran hat er vor allem deshalb ein Interesse, weil der Schuldige selbst meist nicht zahlungsfähig ist, denn auch für Schulden aus unerlaubter Handlung haftet der Schädiger nur im Rahmen der Pfändungsgrenzen der §§ 850 ff. ZPO. Bei Durchschnittsverdienern mit Familie, die womöglich noch mit besicherten Schulden aus Konsumenten- oder Immobilienkrediten belastet sind, bleibt für den Deliktsgläubiger in aller Regel nichts zum Pfänden übrig.

272

Die eben angestellten Überlegungen gelten in noch stärkerem Maße bei der Schädigung durch **Kinder,** Jugendliche oder Erwachsene, die nicht (mehr) Herr ihrer Sinne sind (§§ 827, 828, →Rn. 209). Diese Personen sind zwar keineswegs notwendiger-, aber doch typischerweise einkommens- und vermögenslos und insoweit als Schuldner gänzlich uninteressant. Zudem liegt es auf der Hand, dass Kinder und geistesschwache Menschen nicht bzw. nicht in vollem Umfang für die Folgen ihrer Handlungen verantwortlich gemacht werden können. Die für die Praxis zentrale Frage lautet deshalb, unter welchen Voraussetzungen die **Eltern bzw. sonstige Aufsichtspersonen** für den Schaden aufzukommen haben, den ihre Schutzbefohlenen angerichtet haben.

273

Das BGB widmet den eben aufgeworfenen Problemstellungen die §§ 831, 832, die einem **identischen dogmatischen Regelungsmuster** folgen. In der Rechtswirklichkeit haben sich die beiden Tatbestände jedoch auseinander entwickelt, denn § 831 ist im Zusammenhang mit der Problematik der Unternehmenshaftung zu sehen, während es bei § 832 darum geht, die Schadenskosten im Dreiecksverhältnis zwischen Geschädigtem, Kind und Erziehungsberechtigten zuzuweisen.

274

## II. Haftung bei Schädigung durch Gehilfen

**Literatur:** *Brüggemeier,* Organisationshaftung – Deliktsrechtliche Aspekte innerorganisatorischer Funktionsdifferenzierung, AcP 191 (1991), 33; *v. Caemmerer,* Reformprobleme der Haftung für Hilfspersonen, ZfRvgl 1973, 241; *v. Caemmerer,* Verschulden von Erfüllungsgehilfen, FS Hauß, 1978, 33 ff.; *Diederichsen,* Zum Entlastungsbeweis für Verrichtungsgehilfen, ZRP 1968, 60; *Jakobs,* Über die Notwendigkeit einer Reform der Geschäftsherrnhaftung, VersR 1969, 1061; *Kleindiek,* Deliktshaftung und juristische Person, 1997, 284 ff.; *Otto/Schwarze,* Die Haftung des Arbeitnehmers, 4. Aufl. 2014; *Spindler,* Unternehmensorganisationspflichten, 2001.

**Rechtshistorisch:** *Seiler,* Die deliktische Gehilfenhaftung in historischer Sicht, JZ 1967, 525; *Wicke,* Respondeat Superior: Haftung für Verrichtungsgehilfen im römischen, römisch-holländischen, englischen und südafrikanischen Recht, 2000.

**Rechtsvergleichend:** *v. Bar,* Gemeineuropäisches Deliktsrecht I, 1996, Rn. 179 ff.; *Baums,* Haftung für Verrichtungsgehilfen nach deutschem und schweizerischem Recht, FS Lukes, 1989, 623 ff.; *Spier* (Hrsg.), Unification of Tort Law: Liability for Damage Caused by Others, 2003; *Wagner,* Grundstrukturen des Europäischen Deliktsrechts, in Zimmermann (Hrsg.), Grundstrukturen des Europäischen Deliktsrechts, 2003, 189 (294 ff.); *Zweigert/Kötz,* Einführung in die Rechtsvergleichung, 3. Aufl. 1996, § 41.

## 1. Grundprinzip

275 Legte man das Problem des Einstehenmüssens für das Fehlverhalten anderer einem Gesetzgeber vor, so kämen **zwei** verschiedene **Lösungen** in Betracht, wie sich an einem einfachen Beispiel demonstrieren lässt: Wird ein Fußgänger auf dem Gehsteig durch eine herabfallende Maurerkelle verletzt, so besteht die eine Lösung offensichtlich darin, dass man zunächst prüft, ob der Arbeiter selbst rechtswidrig-schuldhaft den Schaden verursacht hat und daher gem. § 823 I ersatzpflichtig wäre; kann diese Frage bejaht werden, so würde man alsdann ohne Weiteres den Bauunternehmer für die Schadensfolgen der von dem Arbeiter begangenen unerlaubten Handlung einstehen lassen. Die andere Lösung besteht darin, dass man auf das rechtswidrig-schuldhafte Verhalten (nicht des Arbeiters, sondern) des Unternehmers abhebt, diesen also nur dann haften lässt, wenn er selbst fahrlässig gehandelt und dadurch zur Entstehung des Unfallschadens beigetragen hat. Das wäre etwa dann der Fall, wenn der Unternehmer den Arbeiter in Kenntnis seiner Unzuverlässigkeit auf dem Gerüst hätte arbeiten lassen oder wenn er ihn bei Ausführung seiner Tätigkeit nicht genügend angeleitet oder überwacht hätte.

276 Die meisten Rechtsordnungen folgen dem erstgenannten Prinzip des *respondeat superior,* rechnen also das Delikt des Gehilfen dem Geschäftsherrn zu. Bei der Vorbereitung des BGB hat sich dieses Regelungsmodell jedoch nur für die Vertragshaftung durchsetzen können (§ 278), während man sich im Bereich der außervertraglichen Haftung für die zweite Lösung entschieden hat. Gemäß § 831 haftet derjenige, der einen anderen **zu einer Verrichtung bestellt** hat, für die von dem anderen **in Ausführung der Verrichtung widerrechtlich** verursachten Schäden nur dann, wenn festgestellt werden kann, dass ihm persönlich oder – wenn es sich bei dem Geschäftsherrn um eine juristische Person handelt – ihren verfassungsmäßig berufenen Vertretern (§ 31) bei der Auswahl des Verrichtungsgehilfen oder bei seiner Anleitung und Überwachung ein **Verschulden** – eine Pflichtverletzung – zur Last fällt. Zwar besteht nach § 831 eine Vermutung dafür, dass ein solches Verschulden vorgelegen habe und für den Schaden ursächlich geworden sei, aber der Geschäftsherr kann diese Vermutung widerlegen: Gelingt ihm ein solcher **Entlastungsbeweis,** so haftet er nicht.

277 An versteckter Stelle – nämlich in § 3 **HPflG** – findet sich eine Regelung, die die Haftung des Arbeitgebers für einen bestimmten Bereich ein wenig strenger als in § 831 ausgestaltet: Betreibt jemand »ein Bergwerk, einen Steinbruch, eine Gräberei (Grube) oder eine Fabrik« und ist der Schaden des Verletzten durch das Verschulden eines An-

gestellten herbeigeführt worden, der leitende Funktionen in diesem Betrieb ausübte, so ist der Betriebsinhaber ohne Weiteres ersatzpflichtig; anders als in § 831 ist ihm der Entlastungsbeweis hinsichtlich jenes leitenden Angestellten versagt (→ Rn. 31).

## 2. Wer ist »Verrichtungsgehilfe«?

Gemäß § 831 setzt die Haftung des Geschäftsherrn für den von einem Dritten angerichteten Schaden voraus, dass der Dritte jemand ist, den der Geschäftsherr »zu einer Verrichtung bestellt« hat. Nach der Rechtsprechung ist Verrichtungsgehilfe, »**wer von den Weisungen seines Geschäftsherrn abhängig ist**«. Jedoch braucht das Weisungsrecht »nicht ins einzelne zu gehen. Es genügt, dass der Geschäftsherr die Tätigkeit des Handelnden jederzeit beschränken oder entziehen oder nach Zeit und Umfang bestimmen kann«.[1]

278

Verrichtungsgehilfen sind danach vor allem die **Arbeiter** und **Angestellten,** die für den Geschäftsherrn in dessen Betrieb oder Haushalt tätig werden. Auf die Dauer der Tätigkeit kommt es dabei nicht an: Wer als Werkstudent für kurzfristige Aushilfsarbeiten eingesetzt wird, ist ebenso Verrichtungsgehilfe wie Angehörige der regulären Belegschaft. Ebenso wenig ist es von Bedeutung, ob es sich um eine einfache oder eine qualifizierte Tätigkeit handelt. Auch hochspezialisierte Fachleute – wie zB angestellte Ärzte oder Kapitäne – können daher Verrichtungsgehilfen des Reeders oder Krankenhausträgers sein. Zwar sind sie in Bezug auf ihre beruflichen Entscheidungen Weisungen ihres Arbeitgebers nicht unterworfen, wohl aber sind sie in seinen Betrieb organisatorisch eingegliedert. Und das genügt in diesen Fällen, um sie zu Verrichtungsgehilfen ihres Arbeitgebers zu machen.

279

Keine Verrichtungsgehilfen sind diejenigen, die zwar ebenfalls für einen anderen tätig werden, dabei aber als **selbstständige Unternehmer** handeln. Die Deutsche Post AG kann zwar Erfüllungsgehilfe des Verkäufers im Rahmen einer Bringschuld sein, mit der Folge, dass sich ein kleiner Einzelhändler das »Verschulden« – gemeint ist die Sorgfaltspflichtverletzung – dieses »Gehilfen« gem. § 278 zurechnen lassen muss. Als Verrichtungsgehilfe im Rahmen der deliktischen Haftung kommt sie aber nicht in Betracht. Deshalb muss sich ein Reiseveranstalter die Pflichtverletzungen der örtlichen Leistungserbringer nur im Rahmen der Vertragshaftung, nicht aber der Deliktshaftung zurechnen lassen,[2] und deshalb haftet gem. §§ 831, 823 II, 909 für Vertiefungsschäden am Nachbargrundstück weder der Bauherr für den Bauunternehmer noch der Generalunternehmer für seinen Subunternehmer.[3] Dies gilt auch dann, wenn sich der Auftraggeber die Oberleitung vorbehalten hat und berechtigt sein soll, dem Unternehmer in gewissem Umfang Weisungen zu erteilen. Innerhalb von **Konzernen** lässt sich eine Haftung der Muttergesellschaft für Delikte der Tochtergesellschaft nicht über § 831 begründen, denn »die Übertragung von Aufgaben auf ein bestimmtes Unternehmen innerhalb eines Konzerns dient regelmäßig gerade dem Zweck, durch die selbständige – nicht weisungsgebundene – Erledigung der Aufgaben andere Teile des Konzerns zu entlasten«.[4]

280

---
1 BGHZ 45, 311 (313).
2 BGHZ 103, 298 (303) = NJW 1988, 1380.
3 BGH NJW 1994, 2756 (2757).
4 BGH VersR 2013, 203 Rn. 16; ähnlich auch das englische Recht: *Lubbe et al. v. Cape plc,* (1998) EWCA Civ. 1351 Rn. 40. Eing. *Wagner* RabelsZ 80 (2016), 717.

281 Ist der Schaden durch einen selbstständigen Unternehmer (oder dessen Verrichtungsgehilfen) verursacht worden, so haftet der Auftraggeber nicht gem. § 831. Wenn er jedoch eine gefährliche Tätigkeit einem Unternehmer anvertraut hat, dessen Unzuverlässigkeit er kannte oder kennen musste, oder wenn er ihn bei der Ausführung eines solchen Auftrags nicht genügend überwacht hat, so haftet der Auftraggeber wegen **sorgfaltswidriger Delegation von Verkehrspflichten** gem. § 823. Daneben wird der Dritte im Außenverhältnis zum Geschädigten selbst verantwortlich. Der primär Sicherungspflichtige hat richtiger Ansicht nach auch dafür Sorge zu tragen, dass die Übernehmerhaftung nicht bloß auf dem Papier steht. Der Übernehmer ist nur dann richtig ausgewählt, wenn er das ihm zugeschobene Haftungsrisiko auch wirtschaftlich tragen kann, entweder, weil er über genug Eigenkapital verfügt oder weil er eine Betriebshaftpflichtversicherung mit angemessener Deckungsobergrenze abgeschlossen hat.[5]

282 Die **Intensität der Auswahl-, Anleitungs- und Überwachungspflichten bei Delegation** von Tätigkeiten auf selbstständige Unternehmer hängt davon ab, mit welchen Gefahren für die Rechtsgüter anderer die übertragene Tätigkeit verbunden ist. Wer zB Arbeiten auf seinem Grundstück ausführen lässt, die Gefahren für das Nachbargrundstück mit sich bringen, darf sich nicht einfach damit begnügen, dass er die Arbeiten einem bewährten Architekten und einem zuverlässigen Bauunternehmer überträgt. Vielmehr muss er sich darüber vergewissern, dass die ihm selbst obliegenden Pflichten zur Rücksichtnahme auf die Interessen des Nachbarn von dem beauftragten Unternehmer auch wirklich erfüllt werden, und das bedeutet auch, dass er im Prozess »darlegen muss, wie er sich diese Gewissheit verschafft hat«.[6] Zeigen sich bei einer solchen Stichprobe Versäumnisse, muss der Bauherr einschreiten.

Ein krasser Fall lag dem BGH in NJW 1976, 46 vor: Hier hatte eine chemische Fabrik die Beseitigung hochgradig gefährlicher Mineralölabfälle, die in ihrem Betrieb in großen Mengen anfielen, nicht selbst übernommen, sondern einem Entsorger übertragen, dessen Betrieb aus vier Öfen und elf Ölfässern bestand, die er auf dem Gelände einer ehemaligen Kiesgrube aufgestellt hatte. Die Abfallproduzentin wurde gem. § 823 I für verpflichtet gehalten, den durch unsachgemäße Abfallbeseitigung entstandenen Schaden zu ersetzen, weil sie nicht die gebotene Sorgfalt bei der Auswahl des Unternehmers hatte walten lassen. Dieser Entscheidung liegt der Gedanke zugrunde, dass der Betrieb nicht nur für die gefährliche Beschaffenheit der von ihm hergestellten Produkte einzustehen hat (dazu → Rn. 605ff.), sondern genauso auch für gefahrlose Beseitigung der anfallenden Reststoffe sorgen muss. Auch diese deliktische Sorgfaltspflicht muss nicht höchstpersönlich erfüllt werden, sondern kann Dritten übertragen werden. Hier war jedoch die Auswahl des Abfallentsorgers grob pflichtwidrig, weil offen zutage lag, dass das betreffende Unternehmen nicht zur gefahrlosen Beseitigung des Sondermülls in der Lage sein würde.

### 3. Schädigung »in Ausführung der Verrichtung«

283 Eine weitere Voraussetzung der Haftung des Geschäftsherrn besteht darin, dass der Gehilfe den Schaden »in Ausführung der ihm übertragenen Verrichtung«, **nicht bloß »bei Gelegenheit«** dieser Verrichtung herbeigeführt haben muss. Dafür ist es nicht erforderlich, dass die für den Schaden ursächlich gewordene Handlung als solche dem Gehilfen aufgetragen war; vielmehr genügt es, dass diese Handlung »noch in den Kreis der Maßnahmen fällt, welche die Ausführung der dem [Gehilfen] zustehenden Verrichtungen darstellen«.[7]

---

5 Str.; vgl. MüKoBGB/*Wagner* § 823 Rn. 381.
6 BGH NJW 1960, 335.
7 BGHZ 49, 19 (23) = NJW 1968, 391.

Den gleichen Gedanken sucht man auch dadurch auszudrücken, dass man sagt, es **284** müsse ein »**unmittelbarer**« **innerer Zusammenhang** zwischen der aufgetragenen Verrichtung und der schädigenden Handlung vorliegen.[8] Anerkannt ist jedenfalls, dass dieser Zusammenhang auch dort noch gegeben sein kann, wo der Gehilfe sich bewusst und eigenmächtig über die Anordnung des Geschäftsherrn hinweggesetzt und dadurch den Schaden herbeigeführt hat, denn sonst bräuchte der Geschäftsherr seinem Gehilfen nur nachzurufen »Handele stets sorgfältig und umsichtig!«, um sich der Haftung aus § 831 zu entledigen. Hat etwa der Fahrer eines Lastzugs einen anderen Verkehrsteilnehmer dadurch geschädigt, dass er unvorsichtig abgebremst und dadurch den Anhänger ins Schleudern gebracht hat, so hat er dabei »in Ausführung der Verrichtung« auch dann gehandelt, wenn ihm sein Arbeitgeber die Mitnahme des Anhängers ausdrücklich verboten hatte.[9] Ebenso liegt es, wenn der Fahrer den Unfall zu einem Zeitpunkt verursacht hat, in dem er das Fahrzeug seines Arbeitgebers in verbotswidriger Weise benutzt hat.[10] Der Geschäftsherr muss sogar für **vorsätzlich begangene Delikte** seiner Hilfspersonen einstehen, soweit diese erst durch die Verrichtung die Möglichkeit zum Eingriff in die Rechtsgüter anderer erhalten haben, wenn etwa ein Gepäckarbeiter der Bundesbahn einen in seine Obhut gegebenen Reisekoffer unterschlägt.[11] Ist diese Voraussetzung noch erfüllt, wenn der Fahrer einer von dem beklagten Möbelhaus mit der Auslieferung beauftragten Spedition sich mithilfe des Lieferscheins Zutritt zur Wohnung der Käuferin verschafft, um sie zu vergewaltigen?[12] In allen diesen Fällen sollte es für die Haftung darauf ankommen, ob die Übertragung der Aufgabe zu einer **Risikoerhöhung** geführt, also die Rechtsgüter Dritter einer erhöhten Gefahr ausgesetzt hat, insbesondere weil diese ihre Rechtsgüter gegenüber dem Gehilfen exponiert haben.

Ist die Schädigungshandlung von dem Verrichtungsgehilfen nur »**bei Gelegenheit**« der ihm übertragenen **285** Arbeiten« begangen worden, so kann die Haftung des Geschäftsherrn nicht auf § 831 gestützt werden. Freilich lässt sich dieses Ergebnis auch hier oft dadurch korrigieren, dass man die Haftung aus § 823 herleitet. Es kann nämlich nach den Umständen des Falles so liegen, dass dem Geschäftsherrn insofern ein »**Organisationsverschulden**« (→ Rn. 315 ff.) zur Last fällt, als er es sorgfaltswidrig unterlassen hat, durch geeignete Maßnahmen zu verhindern, dass seine Gehilfen »bei Gelegenheit« der ihnen übertragenen Arbeiten Dritte schädigen. So BGHZ 11, 151 (155 f.) = BeckRS 1953, 30378129 in einem Fall, in dem die Leute eines Bauunternehmers »bei Gelegenheit« von Abbrucharbeiten das Zinkdach des abgebrochenen Hauses entwendet hatten.

### 4. »Widerrechtliche« Schädigung

Gemäß § 831 wird für die Haftung des Geschäftsherrn weiter vorausgesetzt, dass der **286** Verrichtungsgehilfe den Schaden des Dritten, zu dem es bei Ausführung der Verrichtung gekommen ist, widerrechtlich zugefügt hat. Was aber heißt »widerrechtlich«? An dieser Stelle wirkt sich der deliktsrechtliche Grundlagenstreit zwischen **Erfolgsunrechtslehre und Handlungsunrechtslehre** aus, der im Rahmen von § 823 I nur dogmatisch-konstruktive Bedeutung hat, während die Entscheidung für eine der konkurrierenden Ansichten im Rahmen von § 831 auf das Ergebnis durchschlägt (→ Rn. 103 ff.).

---

[8] So zB BGH NJW 1971, 31.
[9] BGH NJW 1971, 31.
[10] BGH VersR 1966, 1074.
[11] BGHZ 24, 188 (196 f.) = NJW 1957, 1150.
[12] Vgl. dazu den amerikanischen Fall *Lyon v. Carey* 533 F.2d 649 (D. C. Cir. 1976); aus der deutschen Rspr. (§ 831 abl.) OLG Hamm NJW 2010, 454.

287 Auf dem Boden der Erfolgsunrechtslehre ist ein Schaden schon dann widerrechtlich zugefügt, wenn das Verhalten des Gehilfen in adäquater Weise für den Schadenserfolg ursächlich geworden ist (→ Rn. 104). Dadurch wird § 831 zu einer eigenartigen **Mischung aus Gehilfen- und Geschäftsherrndelikt**: Eine Sorgfaltspflichtverletzung des Gehilfen ist nicht vorausgesetzt, weil die bloße »Widerrechtlichkeit« des Verhaltens genügt, während das Verschulden des Geschäftsherrn vermutet wird bzw. dieser sich von der Vermutung pflichtwidrigen Verhaltens entlasten muss, obwohl er selbst gar nicht deliktisch gehandelt hat. Diese dogmatischen Weichenstellungen haben zur Folge, dass der Geschäftsherr für ein Verhalten seines Verrichtungsgehilfen zur Rechenschaft gezogen wird, das weder vorsätzlich noch sorgfaltswidrig gewesen zu sein braucht, sondern die Rechtsgutsverletzung einfach nur verursacht hat. Entscheidend ist bloß, dass der Prinzipal die Vermutung einer Verletzung von Auswahl- oder Überwachungspflichten nicht widerlegen kann.

288 Macht man hingegen mit der **Lehre vom Handlungsunrecht** bereits die Widerrechtlichkeit des Gehilfenhandelns von einem Sorgfaltspflichtverstoß abhängig, dann abstrahiert § 831 nur von einer eventuell gegebenen Zurechnungsunfähigkeit des Gehilfen. Der Geschäftsherrnhaftung steht es danach nicht entgegen, wenn der Gehilfe geisteskrank, sinnlos und schuldlos betrunken (§ 827) oder minderjährig und nicht einsichtsfähig (§ 828 III) gewesen ist (→ Rn. 122). Im Übrigen bleibt es jedoch auch im Rahmen von § 831 dabei: Die Delikthaftung des BGB setzt den Nachweis pflichtwidrigen Verhaltens voraus, also vorsätzliches Handeln außerhalb des erlaubten Risikos oder die Außerachtlassung der im Verkehr erforderlichen Sorgfalt.[13] Lassen sich diese Voraussetzungen mit Blick auf den Gehilfen nicht nachweisen, scheidet nicht nur dessen persönliche Haftung aus § 823 I aus, sondern gleichermaßen auch die Geschäftsherrnhaftung aus § 831.

289 Die eben geschilderte Problematik war Gegenstand der Entscheidung des Großen Senats für Zivilsachen in BGHZ 24, 21 = NJW 1957, 785: Der Kläger war beim Einsteigen in eine **Straßenbahn** verletzt worden, ohne dass geklärt werden konnte, ob der Unfall auf ein voreilig erteiltes Abfahrtssignal des Schaffners oder auf die Alkoholisierung des Klägers und damit auf sein eigenes Verschulden zurückzuführen war. Nach dem hier vertretenen Standpunkt hätte die Klage abgewiesen werden müssen, weil der Kläger nicht hatte beweisen können, dass eine Sorgfaltspflichtverletzung des Schaffners für den Unfall ursächlich geworden war. Nach der Lehre vom Erfolgsunrecht hingegen lag ein widerrechtlicher Eingriff einfach deshalb vor, weil der Schaffner durch das Abfahrsignal eine Rechtsgutsverletzung verursacht hatte, mochte das Abfahrtssignal pflichtgemäß erteilt worden sein oder nicht. Damit wäre die Klage schlüssig und die beklagte Straßenbahngesellschaft zu verurteilen gewesen, sofern sie den Entlastungsbeweis nach § 831 I 2 nicht führen konnte.
Der Große Zivilsenat wollte sich weder der einen noch der anderen Auffassung anschließen, sondern beiden gerecht werden. Einerseits hielt er es wohl für untragbar, das Verhalten des Straßenbahnschaffners allein wegen seiner Ursächlichkeit für den Unfall als »widerrechtlich« auszuzeichnen, andererseits hielt er sich an die in § 831 I vorgenommene Beweislastverteilung gebunden. In der Lesart der Erfolgsunrechtslehre erspart die Vorschrift dem Geschädigten den Nachweis pflichtwidrigen Verhaltens des Gehilfen, und daran wollte der Große Senat festhalten. Der dogmatische Trick, der dies ermöglichte, war der damals spontan erfundene **»Rechtfertigungsgrund verkehrsrichtigen Verhaltens«**. Anstatt den Sorgfaltspflichtverstoß offen als Bestandteil des Unrechtstatbestands und Voraussetzung des Rechtswidrigkeitsurteils anzuerkennen, wurde umgekehrt die Sorgfaltsgemäßheit des Verhaltens zum Rechtfertigungsgrund erhoben, für den dann der beklagte Geschäftsherr die Beweislast trägt. Da dieser Nachweis im Straßenbahnfall nicht zu führen war, war die Haftung der Straßenbahngesellschaft zu bejahen.

---

13 Eing. MüKoBGB/*Wagner* § 831 Rn. 28 ff.

Mit diesem Versuch, es allen recht zu machen, hat sich der Große Zivilsenat mehr Kritik zugezogen, als ihm lieb sein konnte. In der Tat muss man sich dazu durchringen, den Sorgfaltspflichtverstoß zum Unrechtstatbestand zu zählen anstatt die Sorgfaltsmäßigkeit als Rechtfertigungsgrund auszugeben (→ Rn. 112). Zu diesem einfachen Grundsatz hat wohl auch der BGH wieder zurückgefunden, denn er ist nicht mehr auf den »Rechtfertigungsgrund verkehrsrichtigen Verhaltens« zurückgekommen.[14]

**290** Woran der BGH allerdings bis zum heutigen Tag festhält, ist die in BGHZ 24, 21 = NJW 1957, 785 bestätigte **Beweislastverteilung** in Bezug auf den Sorgfaltspflichtverstoß des Gehilfen, die allerdings im Zusammenhang mit dem Entlastungsbeweis gem. § 831 I 2 gesehen werden muss. Sodann ergeben sich folgende Entscheidungsregeln, an denen sich die Rechtsprechung orientiert:[15]

(1) Ist dem **Geschäftsherrn der Entlastungsbeweis** nach § 831 I 2 gelungen, scheidet seine Haftung aus.
(2) Steht fest, dass der **Gehilfe nicht sorgfaltswidrig gehandelt** hat, haftet der Geschäftsherr ebenfalls nicht. Dies wird dadurch erreicht, dass man annimmt, es sei in einem solchen Fall das Auswahl- und Überwachungsverschulden des Geschäftsherrn, selbst wenn es vorliegt, für den Schaden nicht ursächlich geworden. Ist etwa ein angestellter Kraftfahrer durch einen auf dunkler Straßenoberfläche unerkennbaren Ölfleck ins Schleudern geraten und hat er dadurch einen Passanten verletzt, ohne dass ihm daraus der leiseste Fahrlässigkeitsvorwurf gemacht werden kann, so ist der Schaden nach der herkömmlichen Lehre widerrechtlich zugefügt; gleichwohl wird auch von dieser Lehre (trotz des Wortlauts von § 831) anerkannt, dass der Geschäftsherr nicht haftet, ohne dass es auf einen Entlastungsbeweis ankommt: Auch ein sorgfältig ausgewählter Kraftfahrer hätte diesen Unfall ja nicht vermeiden können.
(3) Vermag der Geschäftsherr allerdings **weder den Entlastungsbeweis** hinsichtlich seiner Aufsichts- und Überwachungspflichten gem. § 831 I 2 zu führen **noch** nachzuweisen, dass sich der Verrichtungsgehilfe **sorgfaltsgemäß verhalten** hat, dann verbleibt es bei BGHZ 24, 21 = NJW 1957, 785, sodass der Geschäftsherr für den Schaden aufkommen muss.[16] In BGH NJW-RR 1992, 533 war der Kläger als Einweiser bei der Verladung eines Förderbandes auf einem Lkw tätig; der Verrichtungsgehilfe des Beklagten bediente den Kranwagen. Nach den Feststellungen der Tatsacheninstanzen war das Förderband während des Verladevorgangs in eine Schieflage geraten und hatte den Kläger rücklings von der Ladefläche gestoßen, der bei dem Unfall eine Querschnittslähmung erlitt. Nicht geklärt werden konnte, ob die Schieflage des Förderbandes auf einer Pflichtverletzung des Gehilfen – zu schnelles Fahren mit dem Autokran – beruhte oder nicht. Der BGH verurteilte den beklagten Geschäftsherrn gleichwohl aus § 831.

**291** Diese **Beweislastverteilung überzeugt nicht.** Sie führt zu dem ungereimten Ergebnis, dass bei ungeklärtem Hergang eines Unfalls die Rechtsposition des Verletzten günstiger ist, wenn der Schaden durch einen Gehilfen (und nicht durch den Geschäftsherrn selbst) verursacht wurde. Hätte der beklagte Verkäufer des Förderbandes den Autokran selbst bedient, wäre die Klage des Einweisers aus § 823 I mangels Nachweises pflichtwidrigen Verhaltens abzuweisen gewesen. Wie kann sich daran etwas ändern,

---
14 Vgl. BGH NJW 1981, 570 (571); NJW-RR 1987, 1048 (1049).
15 BGH NJW 1980, 392; ebenso RG JW 1936, 2394; BGH VersR 1957, 247; MüKoBGB/*Wagner* § 831 Rn. 29 mwN.
16 BGH NZV 1991, 114 (115); NJW 1996, 3205 (3207).

wenn statt des Prinzipals ein Verrichtungsgehilfe die Hebel des Krans bedient hat? Es muss dem BGH zu denken geben, wenn die Untergerichte die **durch § 831 bewirkte beweismäßige Privilegierung des Geschädigten** immer wieder übersehen, denn sie ist intuitiv kaum nachzuvollziehen. § 831 will lediglich verhindern, dass der Geschäftsherr durch Einschaltung von Gehilfen das eigene Haftungsrisiko vermindert; eine Haftungsverschärfung zulasten des Prinzipals ist weder gewollt noch gerechtfertigt. Folglich sollte der Geschäftsherr immer dann – aber auch nur dann – haften, wenn das Verhalten des Gehilfen, als dasjenige des Prinzipals gedacht, sorgfaltswidrig gewesen wäre. Die Beweislast dafür trägt der Geschädigte.[17]

### 5. Entlastungsbeweis des Geschäftsherrn

292  Steht fest, dass der Gehilfe »Verrichtungsgehilfe« war und den Schaden »in Ausführung der Verrichtung« »widerrechtlich« – dh in der Regel: durch sorgfaltswidriges Verhalten – verursacht hat, so ist der beklagte Geschäftsherr haftbar. Er kann der Haftung nur dadurch entgehen, dass er einen **Entlastungsbeweis** führt, also Tatsachen vorträgt und – wenn sie bestritten werden – nachweist, aus denen sich ergibt, dass er »bei der Auswahl der bestellten Person und, sofern er Vorrichtungen oder Gerätschaften zu beschaffen oder die Ausführung der Verrichtung zu leiten hat, bei der Beschaffung oder der Leitung die im Verkehr erforderliche Sorgfalt beobachtet, oder wenn der Schaden auch bei der Anwendung dieser Sorgfalt entstanden sein würde«. Diese sprachlich denkbar komplizierte Formulierung soll ausdrücken, dass der Geschäftsherr zur Beachtung der im Verkehr erforderlichen Sorgfalt (§ 276 II) bei der Auswahl und Anleitung des Gehilfen verpflichtet ist, dass aber die Verletzung dieser Pflichten im Streitfall vermutet wird, also vom Geschädigten nicht nachgewiesen werden muss. In diesem Sinne ist § 831 eine Haftung für vermutetes Eigenverschulden des Geschäftsherrn (→ Rn. 276).

293  Obwohl in § 831 nur von den Verpflichtungen zu sorgfältiger Auswahl, Anleitung und Ausrüstung mit Arbeitsgeräten die Rede ist, nimmt man heute ganz selbstverständlich an, der Geschäftsherr müsse den **Gehilfen** auch sorgfaltsgemäß **überwachen.** Das RG hat die Überwachungspflicht mit der Erwägung begründet, der Gehilfe müsse bei der Bestellung zu der konkreten, für den erlittenen Schaden ursächlichen Verrichtung sorgfältig ausgewählt gewesen sein.[18] Für die Entlastung des Geschäftsherrn reicht also der Nachweis nicht aus, dass die Einstellung des jeweiligen Mitarbeiters nicht zu beanstanden gewesen sei, sondern die Frage ist, ob es sich im Zeitpunkt der Verletzungshandlung um einen sorgfältig ausgewählten Gehilfen gehandelt hat oder nicht.

294  Die Rechtsprechung stellt an den Nachweis mangelnden Auswahl- und Überwachungsverschuldens **strenge Anforderungen,** wobei die Intensität der Sorgfaltspflichten wie stets von der Größe des drohenden Schadens – und darüber hinaus von der Eintrittswahrscheinlichkeit – abhängt.[19] Je höherrangig das durch die übertragene Verrichtung bedrohte Rechtsgut, je tiefgreifender seine Beeinträchtigung und je wahrscheinlicher der Schadenseintritt ist, desto intensiver muss der Geschäftsherr den Gehilfen prüfen, bevor er ihn mit der Verrichtung betraut.

---

17 So schon RG JW 1911, 584; 1913, 35 (35); *v. Caemmerer,* FS DJT Bd. II, 1960, 49, 120ff.; *Larenz/Canaris* SchuldR II 2 § 79 III 2c, 479f.
18 RGZ 53, 53 (57); genauso BGHZ 8, 239 (243) = NJW 1953, 584.
19 BGH VersR 2003, 75 (76).

So wird etwa von größeren **Verkehrsbetrieben** verlangt, dass sie ihr Fahrpersonal – besonders wenn es sich um erst kürzlich eingestellte oder auch unerfahrene Leute handelt – regelmäßig durch unvermutete Stichproben unauffällig überwachen, indem eine Kontrollperson hinter den Fahrern herfährt und sich von ihrer sorgfältigen Fahrweise überzeugt.[20] Diese strengen Maßstäbe gelten etwa für Fahrer von Lkw[21] oder Schulbussen.[22] Ein **Elektrizitätsunternehmen** muss bei der Auswahl und Überwachung der bei ihm beschäftigten Schaltwärter, denen die Bewältigung von Störungen und Kabelbrüchen obliegt, besondere Sorgfalt walten lassen, »weil die Tätigkeit, die dem Gehilfen übertragen wird, mit Gefahren für die öffentliche Sicherheit [und] mit gravierenden Risiken für Leben, Gesundheit und Eigentum Dritter verbunden ist«.[23] Der Geschäftsherr muss sich deshalb nicht nur im Zeitpunkt der Einstellung der fachlichen Qualifikation und der charakterlichen Eignung des Gehilfen vergewissern, sondern er muss darüber hinaus für den Gehilfen nicht vorhersehbare Kontrollen durchführen, um bei festgestellten Mängeln sofort zu reagieren. 295

Ist der Geschäftsherr Inhaber eines größeren Betriebes, so ist ihm »nicht zuzumuten, dass er das gesamte Personal auswähle und beaufsichtige«.[24] Hier hat es die ältere Rechtsprechung für die Entlastung genügen lassen, wenn »der Sorgfaltsbeweis des Geschäftsherrn auf Auswahl und Beaufsichtigung des von ihm ausgewählten höheren Angestellten« gerichtet wird und insoweit erfolgreich ist (»**dezentralisierter Entlastungsbeweis**«). Kann der Besitzer eines landwirtschaftlichen Gutes nachweisen, dass er seinen Verwalter tadellos ausgewählt und überwacht hat, braucht er für das Fehlverhalten nachgeordneter Mitarbeiter, die ihrerseits von dem Verwalter ausgewählt wurden und zu überwachen waren, nicht einzustehen. Es ist oft gerügt worden, dass dieser Grundsatz auf eine **Haftungsprivilegierung für Großbetriebe** hinausläuft, bei denen regelmäßig zwischen der Unternehmensleitung und dem schadenstiftenden Gehilfen ein Zwischenglied eingeschaltet ist. Freilich hat der BGH in dem erwähnten Urteil gleich selbst das Instrument mitgeliefert, mit dessen Hilfe der »dezentralisierte Entlastungsbeweis« praktisch wieder bedeutungslos gemacht werden kann und heute weithin auch gemacht wird: In jedem Falle bleibe es – so heißt es in dem Urteil – Aufgabe des Geschäftsherrn (bei einer juristischen Person: ihrer verfassungsmäßig berufenen Vertreter), »allgemeine Aufsichtsanordnungen zu treffen, die die Gewähr für eine ordentliche Betriebsführung bieten. Sollte ein [solcher] Mangel der Organisation vorliegen, so ist der Geschäftsherr wegen Vernachlässigung der allgemeinen Aufsicht aus § 823 I haftbar«.[25] Hier wird die Haftung wegen »**Organisationsverschuldens**« zur Korrektur unbilliger Ergebnisse benutzt, die sich bei Anwendung des § 831 ergeben (→ Rn. 315ff.). 296

Kann der Geschäftsführer die Vermutung eines Auswahl- und Überwachungsverschuldens nicht widerlegen, so kann er sich auch noch auf andere Weise entlasten: er kann den Beweis dafür erbringen, dass der Schaden **selbst dann** entstanden wäre, wenn er bei der Auswahl und Überwachung des Gehilfen **die gebotene Sorgfalt beachtet hätte** (§ 831 I 2, Alt. 2). 297

Wird festgestellt oder kann jedenfalls nicht ausgeschlossen werden, dass der Geschäftsherr sich bei der Einstellung des Fahrers den **Führerschein** nicht hat vorlegen lassen, so kann er sich immer noch durch den Beweis entlasten, dass der Fahrer ihm auf Anforderung einen perfekt gefälschten Führerschein vorgelegt hätte. Zweifelhaft ist, ob der Geschäftsherr sich auch durch den Beweis entlasten kann, dass der 298

---

20 Vgl. BGH VersR 1966, 364; 1969, 519; vgl. auch KG NJW 1966, 2365.
21 BGH NJW 1997, 2756 (2757).
22 OLG Karlsruhe VersR 2000, 863.
23 BGH VersR 2003, 75 (76).
24 BGHZ 4, 1 (2).
25 BGHZ 4, 1 (2f.); vgl. auch BGH VersR 1964, 297.

Fahrer zwar einen Führerschein nicht besessen, jedoch viele Jahre tadelloser Fahrpraxis hinter sich gebracht hat, mithin das Fehlen des Führerscheins für den Unfall offenbar nicht ursächlich geworden ist. Die Rechtsprechung verneint diese Frage.[26] Und in der Tat lässt sich nicht leugnen, dass dem Fahrer, wenn sein Arbeitgeber die gebotene Sorgfalt beachtet und ihn nicht eingestellt hätte, das Fahrzeug gar nicht erst anvertraut worden und es infolge dessen zu dem Unfall nicht gekommen wäre. Gleichwohl muss ein solcher Beweis aber als statthaft angesehen werden.[27] Wenn die Rechtsordnung den Geschäftsherrn dazu verpflichtet, bei der Einstellung von Mitarbeitern darauf zu achten, dass sie die Eigenschaften besitzen, die zur ordentlichen Ausführung ihrer Verrichtung erforderlich sind, so richtet sich der Schutzzweck dieser Pflicht auf die Verhinderung solcher Schäden, die durch das Fehlen der erforderlichen Eigenschaften verursacht werden. Hat ein Bankier sorgfaltswidrig einen wegen Unterschlagung Vorbestraften als Filialleiter eingestellt, so muss ihm der Entlastungsbeweis gelingen können, wenn der Filialleiter den Schaden (nicht durch Veruntreuung von Kundengeldern, sondern) dadurch verursacht hat, dass er es unterließ, für die Aufstellung eines Warnschildes zu sorgen, das auf die Glätte des frisch gewichsten Schalterraums hinwies.

## 6. Arbeitnehmerhaftung

299 Die bisherigen Überlegungen konzentrierten sich ganz auf die **Außenhaftung des Geschäftsherrn,** also seine Verantwortlichkeit gegenüber dem Dritten, der von seinem Gehilfen geschädigt worden ist. Sofern der Gehilfe jedoch deliktisch gehandelt hat, haftet er dem Geschädigten auch persönlich aus § 823 oder § 826. Hier sind zwei Fragen zu stellen, deren Beantwortung eng miteinander verknüpft ist: In welchem Verhältnis stehen die Ansprüche gegen den Gehilfen und gegen den Prinzipal zueinander? Und weiter: Kann es eigentlich dabei bleiben, den Gehilfen persönlich für einen Schaden verantwortlich zu machen, den er im Zuge der ihm übertragenen Tätigkeit und im Rahmen seines Arbeitsverhältnisses verursacht hat?

300 Das BGB behandelt diese beiden Fragen in § 840 I und II. Aus § 840 I ergibt sich, dass der Geschädigte wahlweise den Gehilfen und den Prinzipal auf vollen Schadensersatz in Anspruch nehmen kann, weil beide als **Gesamtschuldner** haften (§§ 421 ff.). § 840 II regelt die Verteilung der Schadenskosten im **Innenverhältnis** der beiden Gesamtschuldner, und zwar in der Weise, dass der Verrichtungsgehilfe mit den vollen Kosten belastet wird! Nach dem BGB könnte der Arbeitgeber also wegen sämtlicher Zahlungen, die er auf der Grundlage von § 831 an den Geschädigten erbracht hat, bei seinem Arbeitnehmer Regress nehmen. Diese Regelung ist wirtschaftlich sinnlos, denn der Gehilfe wird kaum einmal über hinreichend Vermögen und Einkommen verfügen, um das Haftungsinteresse des Arbeitgebers ausgleichen zu können (→ Rn. 272). Darüber hinaus erscheint es sozialpolitisch problematisch, dem Arbeitnehmer das mit der ihm übertragenen Aufgabe verbundene Haftungsrisiko aufzuerlegen, während der Nutzen der Arbeitsleistung dem Arbeitgeber zugute kommt (dazu eingehend → Rn. 304 ff.). Fehler des Arbeitnehmers, die – für sich allein betrachtet – zwar jedes Mal vermeidbar sind, mit denen aber als einem typischen Abirren jeder menschlichen Leistung erfahrungsgemäß zu rechnen ist, gehören zum Betriebsrisiko des Arbeitgebers, sodass die Schadensfolgen von ihm zu tragen sind.

301 Solche Überlegungen sind es gewesen, die die Zivil- und Arbeitsgerichte dazu gebracht haben, mit § 840 II zu brechen, die dort angeordnete Risikoverteilung auf den Kopf zu stellen und dem Arbeitnehmer einen »**Freistellungsanspruch**« gegen den Arbeitgeber

---

26 Vgl. BGH VersR 1960, 322 und 1961, 848; NJW 1978, 1681 f.
27 Anders die stRspr; vgl. BGH VersR 1961, 848 (849); Bamberger/Roth/*Spindler,* 3. Aufl. 2012, § 831 Rn. 44; krit. MüKoBGB/*Wagner* § 831 Rn. 47.

in Höhe der Haftungskosten einzuräumen.[28] Hat ein angestellter Kraftfahrer bei einer betrieblich veranlassten Fahrt den ihm überlassenen Firmenwagen fahrlässig beschädigt, so trifft ihn dafür keine Haftung. Wird bei demselben Unfall ein Dritter in seinen Rechtsgütern Körper und Eigentum verletzt, hat ihm der Arbeitnehmer dafür zwar gem. § 823 einzustehen, denn die Risikoallokation im Innenverhältnis zwischen Arbeitgeber und Arbeitnehmer schlägt nicht auf das Außenverhältnis zum geschädigten Dritten durch.[29] Von seinem Arbeitgeber kann der Arbeitnehmer aber verlangen, dass dieser ihn von den Schadensersatzansprüchen des Dritten ganz oder teilweise freistellt, sodass im Verhältnis der Arbeitsvertragsparteien zueinander die Schadenskosten dem Arbeitgeber zur Last fallen.[30] Gleiches gilt beispielsweise, wenn aufgrund gewöhnlicher Fahrlässigkeit ein Baggerführer bei seiner Arbeit ein Elektrokabel beschädigt. Soweit der Freistellungsanspruch gegen den Arbeitgeber reicht, wird nicht nur die Regel des § 840 II in ihr Gegenteil verkehrt, sondern de facto auch § 831 ausgeschaltet: Was nützt es dem Arbeitgeber, wenn er sich dem Geschädigten gegenüber gem. § 831 I 2 durch Nachweis seiner Auswahl- und Überwachungsanstrengungen entlasten kann, er aber seinem Verrichtungsgehilfen gegenüber verpflichtet bleibt, ihm das gesamte Haftungsrisiko abzunehmen?

Früher wurden diese Grundsätze über den sog. »**innerbetrieblichen Schadensausgleich**« nur angewendet, wenn die betrieblich veranlasste Tätigkeit »**gefahrengeneigt**« war; dieses Erfordernis hat die Rechtsprechung aber inzwischen fallenlassen.[31] Die Frage, wie sich das Haftungsprivileg bei unterschiedlichen Verschuldensgraden verhält, scheint demgegenüber ständig im Fluss zu sein. Sicher ist nur, dass ein Mitarbeiter, der vorsätzlich einem Dritten Schaden zufügt, die Haftungsbeschränkung nicht geltend machen kann, während sie für den leicht fahrlässig handelnden Arbeitnehmer gerade entwickelt worden ist. Bei grober Fahrlässigkeit kommt es nach dem derzeitigen Stand der Rechtsprechung wohl meist zu einer Aufteilung der Schadenskosten zwischen Arbeitgeber und Arbeitnehmer im Rahmen von dessen Leistungsfähigkeit.[32]

302

## 7. Die Betriebshaftpflichtversicherung

Bekanntlich wird heute das Haftpflichtrisiko weithin – **sei es aufgrund freier Entscheidung des Risikoträgers, sei es auch aufgrund gesetzlichen Zwanges** – unter Versicherungsschutz gebracht. Das gilt insbesondere dort, wo das Risiko sich aus der gewerblichen Tätigkeit eines Unternehmens ergibt; hier spricht man von einer Betriebshaftpflichtversicherung. Im hier interessierenden Zusammenhang ist von Bedeutung, dass die Haftpflichtversicherung nicht nur die Haftpflicht des Versicherungsnehmers persönlich deckt, sondern auch für Schäden aufkommt, die **durch Gehilfen des Versicherungsnehmers verursacht** worden sind. Für die Betriebshaftpflichtversicherung gilt zunächst die Regel des § 102 I VVG, nach der sich ihr Schutz auch erstreckt auf »die Haftpflicht der zur Vertretung des Unternehmens berufenen Personen sowie

303

---

28 Vgl. etwa BGHZ 16, 111 (116f.) = NJW 1955, 458; *Brüggemeier* HaftungsR 151ff.; eing. *Waltermann*, Arbeitsrecht, 17. Aufl. 2014, Rn. 238ff.; *Otto/Schwarze*, Die Haftung des Arbeitnehmers, 13ff.
29 BGHZ 157, 9 (17) = NJW 2004, 951; BGH VersR 1989, 1197 (1198).
30 Vgl. *Waltermann*, Arbeitsrecht, 17. Aufl. 2014, Rn. 264.
31 BAG GS NJW 1995, 210 und BGH NJW 1994, 856.
32 BAG NZA 1998, 140f.

der Personen, die in einem Dienstverhältnis zu dem Unternehmen stehen«. Diese auf leitendes Personal gemünzte Vorschrift wird ergänzt durch Allgemeine Geschäftsbedingungen der Versicherungswirtschaft, die die Mitversicherung umstandslos erstrecken auf die Haftpflicht »sämtlicher übrigen Betriebsangehörigen für Schäden, die sie in Ausführung ihrer dienstlichen Verrichtungen für den Versicherungsnehmer verursachen«.[33] Die **Kfz-Haftpflichtversicherung** schützt selbstverständlich nicht bloß Halter und Eigentümer, der schließlich auch eine GmbH sein kann, sondern auch den **Fahrer** des versicherten Fahrzeugs, sowie seinen **Beifahrer**, sofern es sich bei diesem um einen Verrichtungsgehilfen des Halters handelt (vgl. Nr. A.1.2.d AKB 2008 und →Rn. 566ff.). Die Haftpflichtversicherung bezieht Verrichtungsgehilfen also durchweg ein; ihre Deckungspflicht hängt nach dem VVG und der Vertragsgestaltung der Versicherungswirtschaft nicht davon ab, dass das Unternehmen aufgrund von § 831 als Geschäftsherr haftbar gemacht werden kann. Das Versicherungsvertragsrecht begnügt sich vielmehr mit einem Delikt des Gehilfen und behandelt dieses ganz so, als sei es zugleich ein Delikt des Unternehmens. Daraus ergibt sich, dass für den Geschäftsherrn das Gelingen oder Misslingen des Entlastungsbeweises jedenfalls insoweit bedeutungslos ist, als er für die Schadensfolgen der Fehler seiner Leute allemal (nämlich durch Zahlungen der Prämien) aufzukommen hat. Man kann den Eindruck kaum von der Hand weisen, dass die Versicherungspraxis dem bürgerlichen Recht vorauseilt ist.

## 8. Ökonomische Analyse der Haftung für Hilfspersonen

304    Eine strikte Haftung des Geschäftsherrn für Delikte sämtlicher Mitarbeiter gleich welcher Hierarchiestufe ist ein **Gebot ökonomischer Vernunft**. Für die ökonomische Legitimation dieser Regel grundlegend ist die Einsicht, dass ein Gehilfe mithilfe der Produktionsmittel des Prinzipals zwar enorme Schäden verursachen kann, jedoch regelmäßig nur wenig wirtschaftliche Mittel hat, die für die Deckung solcher Schäden zur Verfügung stehen. Dies führt zur Verzerrung der Anreize des Gehilfen zu sorgfältigem Verhalten.

305    **Beispiel:** Könnte der Gehilfe durch einen Sorgfaltsaufwand von 80 die Wahrscheinlichkeit des Eintritts eines Schadens von 10.000 um 1% mindern, so sollte die Sorgfaltsmaßnahme im Interesse der gesellschaftlichen Wohlfahrt ergriffen werden, weil der Erwartungswert des Schadens von 100 (1% von 10.000) die Kosten der Sorgfaltsmaßnahme übersteigt. Wird der Gehilfe für den Schaden haftbar gemacht, hat er einen Anreiz, die Sorgfaltsmaßnahme zu ergreifen. Wie aber, wenn der Gehilfe nur über Vermögen im Wert von 2.500 verfügt, sodass er nur für 1/4 des Schadens aufkommen könnte? In seiner individuellen Rechnung wird der Gehilfe den Sorgfaltskosten von 80 nicht den Wert der vermiedenen Schäden von 100 gegenüberstellen, sondern diesen Wert entsprechend der durch sein Vermögen gesetzten faktischen Obergrenze herabsetzen, also auf 25% von 100, das sind 25. Unter Berücksichtigung seiner begrenzten Mittel »spart« der Gehilfe durch das Ergreifen der Sorgfaltsmaßnahme also nicht 100, sondern nur noch 25 an erwarteten Schadenskosten ein. Folgerichtig hat er keinen Anreiz, die Sorgfaltsmaßnahme zu ergreifen.[34]

---

33 Nr. 7.1.2.4 Betriebshaftpflichtversicherung Mustertarif 2007, vgl. Prölss/Martin/*Lücke* 1508ff. und BGH NJW 1959, 243; BGHZ 41, 327 = NJW 1964, 1899.
34 Vgl. *Shavell,* Economic Analysis of Accident Law, 1997, 170f.

Die Einführung einer Geschäftsherrnhaftung zusätzlich zur Schadensersatzpflicht des **306** Gehilfen **bezieht dessen Vermögen in die Haftungsmasse mit ein** und gibt dem Prinzipal damit einen Anreiz, auf den Gehilfen einzuwirken, um ihn zu sorgfältigem Verhalten anzuhalten.

In dem eben geschilderten Beispiel würde ein Prinzipal, dessen Vermögen ausreicht, um den drohenden **307** Schaden von 10.000 auszugleichen, auf den Gehilfen einwirken, um ihn dazu zu veranlassen, solche Sorgfaltsmaßnahmen zu ergreifen, deren Kosten geringer sind (80) als der Wert der durch sie vermiedenen Schäden (100). Erst die Geschäftsherrnhaftung gewährleistet also, dass im Rahmen einer arbeitsteiligen Organisation von sämtlichen Gliedern diejenigen Sorgfaltsmaßnahmen realisiert werden, die aus der Sicht des Unternehmens insgesamt wie auch vom Standpunkt der Gesellschaft aus geboten sind.

Ein weiterer Legitimationsgrund für eine strikte Gehilfenhaftung besteht aus ökono- **308** mischer Sicht darin, dass nur so **allokative Effizienz** hergestellt werden kann. Insoweit ist daran zu erinnern (→ Rn. 72 ff.), dass eine strikte Haftung auch das Aktivitätsniveau des potentiellen Schädigers zu steuern vermag, weil Letzterem – anders als bei einer Verschuldenshaftung – sämtliche Schäden zugerechnet werden, die die jeweilige Aktivität verursacht. Die von einem Unternehmen zu tragenden Gesamtkosten reflektieren somit die Summe sämtlicher Schäden, die Dritten im Zuge der Güterproduktion zugefügt werden. Die auf dieser Grundlage festgesetzten Preise für die von dem Unternehmen angebotenen Güter und Dienstleistungen sind daher ökonomisch »richtig« und nicht zu niedrig, weil sie sämtliche Produktionskosten, einschließlich der externen Effekte in Gestalt der Kosten von Arbeitsunfällen und Berufskrankheiten, berücksichtigen. In diesem Sinne gilt für die Gehilfenhaftung dasselbe wie für die Haftung für Arbeitsunfälle: »the cost of the production should bear the blood of the workman«.[35] Zur Haftung für Arbeitsunfälle, die auch in Deutschland strikt ausgestaltet ist, → Rn. 571 ff., 586.

Der ökonomische Nachteil einer Haftung des Prinzipals für die Delikte des Gehilfen **309** besteht in der Gefahr, dass die **Anreize des Gehilfen, von sich aus die gebotenen Sorgfaltsmaßnahmen zu ergreifen,** verwässert werden. Dieser Gefahr – in der Ökonomie nennt man sie plastisch »**moralisches Risiko**« – begegnen in gewissem Umfang die Einschränkungen des innerbetrieblichen Schadensausgleichs (→ Rn. 301 f.): Bei groben Pflichtverletzungen verliert der Arbeitnehmer den arbeitsrechtlichen Freistellungsanspruch gegen seinen Arbeitgeber, sodass die Schadenskosten beim Gehilfen liegen bleiben. Im Bereich der leichten Fahrlässigkeit schließlich hält das Arbeitsrecht Instrumente bereit, die eine schuldangemessene und damit verhältnismäßige Reaktion auf die Pflichtverletzung erlauben, etwa die Verhängung von Vertragsstrafen und Betriebsbußen.[36] All dies dient dazu, den Anreiz des Gehilfen zu sorgfältigem Verhalten am Leben zu erhalten.

## 9. Exkurs: Von der Geschäftsherrn- zur Unternehmenshaftung

### a) Die Defizite des Verschuldensprinzips

§ 831 setzt ein eigenes Verschulden des Geschäftsherrn voraus und folgt damit nicht **310** dem im Bereich des common law, aber auch in Frankreich dominierenden Prinzip des *respondeat superior*, nach dem das Delikt des Gehilfen dem Geschäftsherrn zuzurech-

---

35 *W. Page Keeton,* Prosser and Keeton on Torts, 5. Aufl. 1984, 573; eing. dazu *Wagner* 23 Duke J Comp & Int'l L 1 (2012), 15.
36 *Otto/Schwarze,* Die Haftung des Arbeitnehmers, 322 ff.

nen ist. Zwar wird das Verschulden des Geschäftsherrn vermutet, und es ist auch richtig, dass die Rechtsprechung die **Anforderungen an den Entlastungsbeweis** nicht selten **sehr hoch** geschraubt hat.[37] So wird es sich, um ein Beispiel zu geben, für eine Spedition nicht empfehlen, den Forderungen des BGH[38] nachzukommen und ihren Lkw-Fahrern Kontrolleure hinterherzuschicken, die getarnt und somit unerkannt bleibend den Fahrer überwachen könnten. Die Kosten dieser in regelmäßigen Abständen zu wiederholenden Sicherheitsmaßnahme werden sicherlich über dem Wert derjenigen Schäden liegen, die sich mithilfe solcher Kontrollen tatsächlich vermeiden lassen. Gleichwohl ist nicht zu bestreiten, dass die Haftung des Geschäftsherrn, wenn es keine Möglichkeiten zur Umgehung des § 831 gäbe, in vielen Fällen verneint und der Geschädigte mit dem (meist wertlosen) Ersatzanspruch gegen den Gehilfen abgespeist werden müsste. Dies ist ein Ergebnis, das vom rechtspolitischen Standpunkt aus **bedenklich** erscheint.[39]

311 Auch die Rechtsprechung hat erkannt, dass die Regelung des § 831 – vom rechtspolitischen Standpunkt aus gesehen – **missglückt** ist. Der frühere Vorsitzende des zuständigen (VI.) Zivilsenats des BGH hat die Vorschrift einmal als »ständiges Ärgernis« bezeichnet.[40] Anders lässt es sich auch nicht erklären, dass die Gerichte eine ganze Fülle von Regeln und Grundsätzen entwickelt haben, die es gestatten, den Geschäftsherrn für die von seinen Leuten angerichteten Schäden auch dann haftbar zu machen, wenn er sie ordnungsgemäß ausgewählt, angeleitet und überwacht hat. Wie sich zeigen wird, sind dabei Wege beschritten worden, die man nicht ohne Weiteres mit der Gehilfenhaftung in Zusammenhang bringen würde. Die Defizite des § 831 werden besonders spürbar, wenn der Geschäftsherr kein aristokratischer Landwirt oder Grandseigneur großbürgerlichen Lebenszuschnitts, sondern eine juristische Person, genauer: ein als Gesellschaft verfasstes Unternehmen ist. Mit der für eine klare Aussage mitunter nötigen Portion Übertreibung lässt sich sagen, dass § 831 gerade an der Unternehmenshaftung gescheitert ist – ein Schicksal, das der Vorschrift bereits 1886 von einem Gutachter des Deutschen Juristentags vorhergesagt worden ist.[41]

### b) Haftung für »verfassungsmäßig berufene Vertreter«

312 **Juristische Personen des Privatrechts** – Vereine, Aktiengesellschaften, Gesellschaften mit beschränkter Haftung (GmbH) und Genossenschaften – müssen sich das Handeln zurechnen lassen, das ihr Vorstand bzw. ihre Geschäftsführung oder ein anderer »verfassungsmäßig berufener Vertreter« durch sorgfaltswidriges Verhalten einem Dritten zugefügt hat. Das ergibt sich aus § 31 und – soweit es sich um juristische Personen des öffentlichen Rechts handelt – aus § 89. Dogmatisch versteht man § 31 nicht als Zurechnungsnorm, sondern als notwendiges Korrelat des Konzepts einer juristischen Person, die nur durch Organe handeln kann. In diesem Sinne »ist« das Verhalten des Vorstands oder Geschäftsführers das Verhalten der AG oder GmbH, ohne dass irgendetwas »zuzurechnen« wäre. Gleichwohl verwirklicht § 31 im praktischen Ergebnis das Prinzip

---

37 Vgl. etwa OLG Hamm NJW 2009, 2685.
38 BGH NJW 1997, 2756 (2757).
39 *v. Caemmerer* ZfR vgl. 1973, 249; eing. zur Entwicklung der Unternehmenshaftung *Brüggemeier* HaftungsR 117 ff.
40 *Hauß*, Verhandlungen des 46. DJT, Bd. II (1962), C 43.
41 *Petersen*, Verhandlungen des 18. DJT, Bd. I (1886), 275, 293; vgl. auch MüKoBGB/*Wagner* § 831 Rn. 1.

des *respondeat superior,* also der strikten Einstandspflicht des Geschäftsherrn (der Gesellschaft) für seine Mitarbeiter (für das Verhalten ihrer Vorstände und Geschäftsführer).

Legt man nun die beiden **Vorschriften des § 31 und des § 831 nebeneinander**, so ergibt sich, dass die Gesellschaft für das Verhalten ihrer »verfassungsmäßigen Vertreter« unbedingt einzustehen hat, sich aber der Haftung für Delikte aller übrigen Mitarbeiter durch den Nachweis sorgfältiger Auswahl und Überwachung entledigen kann. Die Gesellschaft hat es also offenbar selbst in der Hand, den Kreis der Personen, für den sie unbedingt haftet, klein zu halten – indem sie wenig Vorstände und kaum verfassungsmäßig berufene Vertreter bestellt und somit selbst große Teile des Managements zu Verrichtungsgehilfen »degradiert«. Um zu verhindern, dass die Gesellschaft de facto selbst über den Umfang ihrer unbedingten Haftung entscheiden kann, hat sich die Rechtsprechung über den Wortlaut der §§ 31, 30 hinweg gesetzt, das Erfordernis einer Verankerung des Vertreters in der Gesellschaftssatzung aufgebrochen und den **Kreis der »verfassungsmäßig berufenen Vertreter«** sehr weit gezogen. Danach kann ein Gehilfe selbst dann »verfassungsmäßig berufener Vertreter« sein, wenn von seiner Tätigkeit in der Satzung nicht die Rede ist und er auch keine rechtsgeschäftliche Vertretungsmacht besitzt; ausreichend sei es, wenn dem Gehilfen »durch die allgemeine Betriebsregelung und Handhabung bedeutsame, wesensmäßige Funktionen der juristischen Person zur selbstständigen, eigenverantwortlichen Erfüllung zugewiesen sind«. Denn auch in einem solchen Falle »wäre es unangemessen, der juristischen Person den Entlastungsbeweis nach § 831 zu eröffnen«.[42] Auf dieser Grundlage hat die Rechtsprechung etwa Filialleiter,[43] angestellte Chefärzte[44] und leitende Ingenieure[45] unter § 31 gebracht und damit den Anwendungsbereich des § 831 samt der dort gewährten Möglichkeit des Entlastungsbeweises entsprechend eingeengt.

313

Ließ sich der Mitarbeiter, der den Schaden verursacht hatte, beim besten Willen nicht als »verfassungsmäßig berufener Vertreter« ausgeben, ist die Rechtsprechung gelegentlich auf den Trick verfallen, den übergeordneten Leitungsorganen den Vorwurf zu machen, dass die **Bestellung zum verfassungsmäßig berufenen Vertreter unterblieben** ist, um an diesen Pflichtverstoß dann die Haftung der Gesellschaft gem. § 31 zu knüpfen. In einer gut organisierten juristischen Person – so wurde gesagt – wäre ein solcher Gehilfe zum »verfassungsmäßig berufenen Vertreter« bestellt worden; sei das unterblieben, so liege darin ein sog. **»korporativer Organisationsmangel«**, für den die juristische Person gem. §§ 823, 31, 89 einzutreten habe.[46] Im Ergebnis wird damit der dezentralisierte Entlastungsbeweis (→ Rn. 296) wieder rückgängig gemacht.[47]

314

### c) Haftung für »Organisationsverschulden«

In vielen Fällen, in denen es an den Anspruchsvoraussetzungen des § 831 fehlt oder dem Unternehmen der Entlastungsbeweis gelungen ist, ist die Haftung darauf gestützt worden, dass ihr verfassungsmäßig berufener Vertreter in dem eben beschriebenen,

315

---

42 BGHZ 49, 19 (21) = NJW 1968, 391.
43 RGZ 91, 1 (3f.); BGH NJW 1977, 2259 (2260).
44 BGHZ 77, 74 (78f.) = NJW 1980, 1901.
45 BGH VersR 1978, 538 (540).
46 Vgl. BGHZ 24, 200 (212ff.) = NJW 1957, 1315; *Kleindiek,* Delikthaftung und juristische Person, 1997, 335ff.
47 MüKoBGB/*Wagner* § 823 Rn. 80f.

weiten Sinne es unterlassen habe, den Ablauf der Betriebsvorgänge und die Tätigkeit der Verrichtungsgehilfen durch geeignete organisatorische Vorkehrungen so einzurichten und zu überwachen, wie das zur Vermeidung von Schädigungen Dritter nach Sachlage geboten gewesen sei. Hier wird dann die Haftung des Geschäftsherrn nicht aus § 831, sondern wegen »**Organisationsverschuldens**« aus § 823 I hergeleitet, wobei sich das korporativ verfasste Unternehmen das Organisationsverschulden seiner Organe über §§ 31, 89 zurechnen lassen muss, **ohne** dass ein **Exkulpationsbeweis** möglich wäre.[48]

316 In Wahrheit geht es beim Organisationsverschulden gar nicht um Verschuldensfragen, sondern um die **deliktischen Sorgfaltspflichten** (Verkehrspflichten) des Unternehmens, deren Verletzung im Rahmen von § 823 I das Handlungsunrecht ausmacht (→ Rn. 106 ff.). Die Verankerung der Organisationspflichten außerhalb von § 831 hat zur Folge, dass sie ihrerseits nicht mit haftungsbefreiender Wirkung auf Verrichtungsgehilfen delegiert werden können: »Ein Entlastungsvorbringen, das darauf hinausläuft, die gesamte Geschäftsführung sei einem zuverlässigen Geschäftsführer überlassen, ist von vornherein unzureichend«.[49] Wie diese Formulierung belegt, hat die Nachkriegsrechtsprechung dem im Rahmen von § 831 entwickelten **dezentralisierten Entlastungsbeweis die Spitze genommen:** Der Geschäftsherr mag zur Entlastung gem. § 831 I 2 geltend machen, er habe seinen ersten nachgeordneten Mitarbeiter sorgfältig ausgewählt und überwacht, und damit auch durchdringen; an seiner Haftung aus § 823 I wegen des Versäumnisses, den eigenen Betrieb so organisiert und kontrolliert zu haben, dass Verletzungen der Rechtsgüter Dritter möglichst vermieden werden, ändert dies nichts. Die Regelung des § 831 über die Haftung für deliktisches Handeln Dritter wird ausgehebelt durch Anknüpfung der Haftung an ein Eigenverschulden des Prinzipals bei der Organisation seines Betriebs. In den heute relevanten Bereichen des Unternehmens-Deliktsrechts, etwa in der Produkt- und in der Umwelthaftung, spielt § 831 überhaupt keine Rolle mehr. Die Haftung für Dritte ist gleichsam auf die Eigenhaftung des Unternehmens verschmolzen worden.

317 **Beispiele:** Wer eine Pauschalreise nach Gran Canaria bei einem **Reiseveranstalter** gebucht und wegen eines Baumangels der dortigen Hotelanlage einen Unfall erlitten hat, kann den Veranstalter zwar nicht aus § 831 in Anspruch nehmen, weil der Betreiber der Hotelanlage als selbstständiger Unternehmer nicht den Weisungen des Veranstalters unterliegt und daher nicht sein Verrichtungsgehilfe ist. Wohl aber haftet der Reiseveranstalter selbst nach § 823, sofern er es schuldhaft unterlassen hat, sich über die Verkehrssicherheit der Hotelanlage zu vergewissern.[50] In BGH NJW 1956, 1106 hatte der Kläger infolge einer **Heilbehandlung,** über deren Risiken er von den behandelnden Krankenhausärzten nicht genügend aufgeklärt worden war, einen Körperschaden erlitten, dessen Ersatz er von dem beklagten Krankenhausträger verlangte. Zwar hatte der Beklagte den Entlastungsbeweis hinsichtlich der behandelnden Ärzte geführt. Aber für eine Klageabweisung genügte das nicht. Vielmehr hat der BGH die Haftung deshalb bejaht, weil der Vorstand des Beklagten es schuldhaft unterlassen habe, die angestellten Ärzte durch allgemeine Anweisungen darüber zu belehren, wie sie generell der ihnen obliegenden **ärztlichen Aufklärungspflicht** gegenüber den Patienten zu genügen hätten (Rn. 208). Vgl. auch BGH NJW 1971, 1313: Die Leute des beklagten **Tiefbauunternehmers** hatten bei Ausschachtungsarbeiten ein Gasrohr beschädigt, sodass es kurz darauf zu einer Explosion ge-

---

48 Eing. MüKoBGB/*Wagner* § 823 Rn. 78 f.; *Kleindiek,* Deliktshaftung und juristische Person, 1997, 314 ff.
49 BGH VersR 1964, 297; 1978, 722 (723).
50 BGHZ 103, 298 = NJW 1988, 1380.

kommen war, die das Haus des Klägers vollständig zerstörte. Das Berufungsgericht hatte den Entlastungsbeweis gem. § 831 als geführt angesehen, weil die örtlichen Bauleiter des Beklagten gut ausgebildete, hocherfahrene und bestens bewährte Kräfte gewesen seien, von denen der eine seinen Dienst seit 27 Jahren tadellos versehen habe. Der BGH ließ sich jedoch auf die Frage des Entlastungsbeweises nicht ein, sondern bejahte die Haftung des Beklagten deshalb, weil er es unterlassen habe, durch eine »klare eindringliche Anweisung« seine örtlichen Bauleiter und aufsichtführenden Poliere allgemein darüber zu informieren, »wann und wie sie sich über Lage und Verlauf der Versorgungsleitungen, einschließlich der Hausanschlüsse, anhand zuverlässiger Unterlagen der in Betracht kommenden Versorgungsunternehmen zu vergewissern haben«.[51]

Beide Haftungsgrundlagen können in demselben Fall gegeben sein. So zB in BGHZ 17, 214 = NJW 1955, 1314: Hier hatte die Bundesbahn einen **Waggon, in dem Blei befördert** worden war, nicht ordentlich gereinigt und ihn gleichwohl einer Zuckerfabrik zur Beförderung von Rübenschnitzeln zur Verfügung gestellt. An den vergifteten Schnitzeln waren die Kühe des Klägers eingegangen, der nunmehr die Bahn auf Ersatz verklagte. Der BGH führte dazu aus: »**Die Beklagte hat für ihre Bediensteten als Verrichtungsgehilfen nach § 831 einzustehen, da sie einen Entlastungsbeweis nicht angetreten hat:** Das Berufungsgericht hält aber ohne Rechtsverstoß die Schadensersatzpflicht der Beklagten nicht nur aufgrund der §§ 823, 831, sondern auch aufgrund der §§ 823, 89, 31 für gegeben, da die Organe der Beklagten deren Bedienstete bei Bleifrachtentladungen nicht zu gehöriger Sorgfalt bei der Überprüfung der Reinigung angehalten haben. Die Beklagte hat nicht dargelegt, dass sie durch entsprechende Dienstvorschriften der ihr in dieser Richtung obliegenden Pflicht genügt hat«.[52]

Die Ausdehnung der deliktischen Unternehmenshaftung mithilfe der Organisationspflichten hat zur Folge, dass sich die **persönliche Haftung des Geschäftsleiters** entsprechend erweitert. Schließlich setzt die Unternehmenshaftung im außervertraglichen Bereich gem. § 31 stets ein Delikt des Geschäftsleiters voraus (→ Rn. 312), für das dieser selbstverständlich auch persönlich einzustehen hat. Diese Konsequenz hat der BGH in seiner berühmten Entscheidung im Baustoff-Fall auch gezogen.[53] 318

In BGHZ 109, 297 = NJW 1990, 976 hatte es der Geschäftsführer einer als GmbH organisierten Bauunternehmung pflichtwidrig an den organisatorischen Maßnahmen fehlen lassen, um sicherzustellen, dass die der GmbH unter verlängertem Eigentumsvorbehalt gelieferten Baustoffe nicht in das Eigentum Dritter übergehen, ohne dass der Lieferant der Sachen Inhaber der dadurch gegen den Dritten begründeten Werklohnforderungen wird. Aus diesem Grund haftete die GmbH dem Lieferanten auf Schadensersatz; das Organisationsverschulden des Geschäftsführers war ihr gem. § 31 zuzurechnen. Darüber hinaus machte der BGH jedoch den **Geschäftsführer persönlich** für den Schaden verantwortlich, und zwar gem. § 823 I wegen durch Organisationsverschulden verursachter Eigentumsverletzung.
In BGH VersR 2001, 381 hatte der Kläger im Säuglingsalter schwerste Zahnschäden davongetragen, weil seine Eltern den Konsum gesüßten Kindertees aus einer Plastikflasche in unverantwortlichen Mengen zugelassen hatten. Der Schadensersatzanspruch gegen das Hersteller-Unternehmen war schon längst verjährt (vgl. heute §§ 195, 199 I), da nahm der Kläger fünf (ehemalige) Angehörige der Geschäftsleitung des Hersteller-Unternehmens persönlich auf Ersatz in Anspruch. Der BGH folgte der Regel des § 425 II und lehnte es ab, die Verjährung des Anspruchs gegen den Hersteller kurzerhand auf die Ansprüche gegen die leitenden Mitarbeiter zu erstrecken. Damit ist eine »zweite Spur« der Produkthaftung eröffnet.

In einer aktuellen Entscheidung zur persönlichen **Außenhaftung** von Geschäftsleitern **für reine Vermögensschäden** Dritter hat der BGH einen restriktiveren Standpunkt eingenommen, doch es erscheint zweifelhaft, diesen Ansatz auf den Rechtsgüterschutz nach § 823 I zu übertragen.[54]

---

51 NJW 1971, 1313 (1315).
52 BGHZ 17, 214 (220f.) = NJW 1955, 1314.
53 Ausf. zum Folgenden MüKoBGB/*Wagner* § 823 Rn. 112ff.
54 BGH ZIP 2012, 1552 Rn. 24; vgl. dazu *Schirmer* NJW 2012, 3398.

### d) Haftung auf vertraglicher Grundlage

319 Ein weiteres Instrument mit dem sich die von § 831 aufgerissenen Haftungslücken schließen lassen, ist die vertragliche Haftung. Gemäß § 278 haftet ein »Schuldner« für das **Verschulden seines »Erfüllungsgehilfen«** gerade so, als habe er selbst sich schuldhaft verhalten. Das bedeutet, dass dem »Schuldner«, wenn der Schaden durch einen schuldhaft begangenen Fehler seines »Erfüllungsgehilfen« verursacht ist, ein Entlastungsbeweis, wie ihn § 831 vorsieht, abgeschnitten ist. Darüber hinaus wird der Kreis der Erfüllungsgehilfen wesentlich weiter gezogen als derjenige der Verrichtungsgehilfen, denn Erfüllungsgehilfe können auch selbstständige Unternehmer sein, die nicht den Weisungen des »Schuldners« unterliegen (→ Rn. 280). Im Haftungsumfang hinkte die Vertrags- der Deliktshaftung allerdings lange hinterher, weil Ersatz für immaterielle Schäden – das sog. Schmerzensgeld – nur unter den Voraussetzungen der §§ 823 ff. verlangt werden konnte.[55] Diese Schwäche der Vertragshaftung ist mit dem Zweiten Schadensersatzrechtsänderungsgesetz von 2002 beseitigt worden.[56] Damit wird sich die Tendenz, das Vertragsrecht für die Zwecke des Deliktsschutzes einzuspannen und die Schutzlücken des Deliktsrechts mithilfe des Vertragsrechts zu schließen, nochmals verstärken.

320 Die Mobilisierung des Vertragsrechts zum Schutz von Körper und Eigentum ist bei bestimmten Vertragstypen eine bare Selbstverständlichkeit. So begeht der **Arzt,** der einen Patienten entgegen den Regeln der ärztlichen Kunst behandelt, nicht nur eine Körperverletzung iSd § 823 I, sondern er verletzt gemäß § 630a II auch seine Pflichten aus dem ärztlichen **Behandlungsvertrag.**[57] Beruht der Kunstfehler auf dem Versagen von Hilfspersonal, etwa eines von dem Arzt beschäftigten Krankenpflegers, der es beispielsweise versäumt hat, ein Instrument zu sterilisieren, so hat der Arzt dafür gem. § 278 einzustehen. Genauso selbstverständlich ist seit jeher die Verantwortlichkeit des Transportunternehmers beim **Personenbeförderungsvertrag.** Kommt jemand in der Eisen- oder Straßenbahn, im Bus oder im Flugzeug durch pflichtwidriges Verhalten eines Angestellten zu Schaden, haftet der Transportunternehmer wegen »positiver Vertragsverletzung« (§ 280) iVm § 278. Seit RGZ 55, 335 (336 f.) erstreckt sich die Vertragshaftung des Eisenbahnunternehmers sogar auf Unfälle auf dem Bahnsteig.

321 Die eigentliche Karriere der Vertragshaftung im Bereich des Rechtsgüterschutzes verdankt sie den sog. **»Schutzpflichten«,** mit deren Hilfe die Vertragshaftung auf Kosten des Deliktsrechts ausgedehnt worden ist. Nach dem in Deutschland herrschenden Verständnis ist der Schuldner jedweden Vertrags nicht nur dazu verpflichtet, die versprochenen Leistungen zu erbringen und im Fall der Nichterfüllung Schadensersatz zu leisten, sondern ihm obliegen darüber hinaus umfassende Verpflichtungen zum Schutz der Rechtsgüter des anderen Teils (§ 241 II). Dies gilt völlig unabhängig davon, ob der Vertrag den Schuldner zur Sorge um Körper und Eigentum des anderen Teils verpflichtet – wie dies bei Arzt- und Beförderungsverträgen der Fall ist – oder ob es sich um eine Vereinbarung x-beliebigen Inhalts handelt, wie etwa um einen Kaufvertrag über Pferdefutter. So hat das RG den Verkäufer von Pferdefutter, das giftige Rizinussamenkörner enthielt und die Pferde des Zweitkäufers verenden ließ, für diesen »Mangelfolgeschaden« aufgrund von § 276 haftbar gemacht.[58] Heute ergibt sich der Anspruch aus §§ 437 Nr. 3, 280; ob die kurze Verjährung des § 438 auch insoweit eingreift, ist umstritten.[59] Die Schutzpflichten dienen gerade nicht der Durchsetzung

---

55 RGZ 69, 17 (21).
56 *Wagner* NJW 2002, 2049 (2055 f.).
57 *Wagner* VersR 2012, 789.
58 RGZ 66, 289 (291); eing. zu dieser Entscheidung *Leenen* JURA 1993, 534.
59 Vgl. *Wagner* JZ 2002, 475 mit Erwiderung *Gsell* JZ 2002, 1089 und Schlusswort *Wagner* JZ 2002, 1092; bejahend *Looschelders* SchuldR BT Rn. 162; *Medicus/Lorenz* SchuldR BT Rn. 211.

## II. Haftung bei Schädigung durch Gehilfen

des vertraglichen Leistungsprogramms – streng genommen haben sie mit diesem nichts zu tun –, sondern sie dienen der Verstärkung des Deliktsschutzes. Diese Verstärkung besteht in der Ausschaltung des § 831 zugunsten des § 278, der einen Entlastungsbeweis nicht zulässt.

In vielen Fällen kommt der Vertragspartner nicht erst durch die gelieferte Ware zu Schaden, sondern bereits im **Vorfeld des Vertragsabschlusses.** Hier lässt sich nicht so leicht wie in der Pferdefutter-Entscheidung behaupten, der Geschädigte könne seine Ersatzansprüche nicht nur auf das Deliktsrecht, sondern darüber hinaus auch auf die Vertragshaftung stützen. 322

Eine berühmte Leitentscheidung ist RGZ 78, 239: Die Klägerin war, als sie sich in einem Warenhaus von einem Angestellten einen **Linoleumteppich** zur Ansicht hatte vorlegen lassen, dadurch verletzt worden, dass eine von dem Angestellten nachlässig beiseite gestellte Teppichrolle umgestürzt war: »Antrag auf Vorlegung des Teppichs und Annahme des Antrags bezweckten die Hervorbringung eines Kaufs, also eines rechtsgeschäftlichen Erfolges. Dies war kein bloß tatsächlicher Vorgang, wie ihn etwa eine reine Gefälligkeitshandlung darstellen würde, sondern es entstand ein den Kauf vorbereitendes Rechtsverhältnis zwischen den Parteien, das einen vertragsähnlichen Charakter trägt und insofern rechtsgeschäftliche Verbindlichkeiten erzeugt hat, als dem Verkäufer wie dem Kauflustigen die Pflicht erwuchs, bei der Vorlegung und der Besichtigung der Ware die gebotene Sorgfalt für die Gesundheit und das Eigentum des andern Teiles zu beobachten … Die Beklagte hat sich [des Angestellten] zur Erfüllung der bezeichneten Verbindlichkeit dem Kauflustigen gegenüber bedient, ist daher [gem. § 278] für sein Verschulden verantwortlich … Es würde dem allgemeinen Rechtsempfinden widerstreiten, wenn in Fällen, wo der Geschäftsangestellte beim Vorzeigen oder beim Vorlegen von Waren … den Kauflustigen durch Unvorsichtigkeit schädigt, der Geschäftsinhaber – mit dem der Kauflustige den Kauf hat abschließen wollen – nur nach Maßgabe des § 831 und nicht unbedingt haftete, der Verletzte also beim Gelingen des Entlastungsbeweises an den zumeist mittellosen Angestellten verwiesen würde«.[60] Deutlicher kann man das rechtspolitische Programm der Schutzpflichtlehre kaum zum Ausdruck bringen. 323

In diesem Fall erreichte das RG die vertragliche Einfärbung dadurch, dass es annimmt, es entstehe nicht erst mit dem Abschluss des Vertrages, sondern schon mit dem Eintritt in Verhandlungen eine gegenseitige Verpflichtung zu Sorgfalt und Rücksicht, deren Verletzung den Händler aus dem Gesichtspunkt der **»culpa in contrahendo«** nach vertraglichen Regeln haftbar mache (vgl. § 311 II). Hat etwa der Angestellte eines Kraftfahrzeughändlers vergessen, durch ein Schild im Ausstellungsraum auf die Glätte des frisch gewichsten Fußbodens hinzuweisen, so kann der Kunde, der dort ausgerutscht ist und sich verletzt hat, stets den Unfallschaden von dem Händler auf vertraglicher Grundlage ersetzt verlangen: Erschien der Kunde nämlich in dem Geschäft, um die Einzelheiten eines bereits geschlossenen Kaufvertrags zu besprechen, so war der Händler nach der Rechtsprechung dem Kunden gegenüber (nicht nur kraft Vertrages zur Lieferung des Autos, sondern) kraft Vertrages auch zur Erhaltung der Verkehrssicherheit in seinen Verkaufsräumen verpflichtet; und die Nichterfüllung dieser Verkehrssicherungspflicht ist (nicht nur eine unerlaubte Handlung, sondern zugleich) eine Vertragsverletzung. Nicht anders liegt es, wenn es an vertraglichen Beziehungen zwischen den Parteien fehlt und der Kunde das Geschäft nur deshalb betrat, weil er sich als Kaufinteressent die neuen Modelle anzusehen wünschte. Seit der Schuldrechtsreform findet sich eine gesetzliche Grundlage für die Haftung wegen Schutzpflichtverletzungen im Rahmen von Vertragsverhandlungen in den §§ 311 II, 241 II. 324

Den eben genannten Rechtsgrundlagen fügt § 311 III 1 eine weitere Klarstellung hinzu, nach der »ein Schuldverhältnis mit Pflichten nach § 241 II […] auch zu solchen 325

---

[60] RGZ 78, 239 (240f.).

Personen entstehen [kann], die nicht selbst Vertragspartei werden sollen«. Mit dieser Regel betritt der Gesetzgeber kein Neuland, sondern kodifiziert allenfalls den Stand der Rechtsprechung im Jahre 2002 zum sog. **Vertrag mit Schutzwirkung zugunsten Dritter.**[61]

326 Paradigmatisch ist der »**Gasbadeofenfall**«:[62] Hier hatte ein Mieter mit einem Unternehmer einen Werkvertrag über die Reparatur eines in der Mietwohnung angebrachten Gasbadeofens geschlossen. Infolge eines dem Monteur unterlaufenen Fehlers explodierte der Ofen, wodurch eine bei dem Mieter angestellte Putzhilfe verletzt wurde. Ihr wurden – obwohl sie am Abschluss des Werkvertrages selbst nicht beteiligt war – eigene »vertragliche« Schadensersatzansprüche gegen den Unternehmer zuerkannt, mit der Folge, dass dieser sich hinsichtlich seines Monteurs nicht nach § 831 entlasten konnte, vielmehr gem. § 278 für das Verschulden des Monteurs wie für eigenes einzustehen hatte. Vgl. auch BGH NJW 1965, 1757: Ein Verein hatte von der beklagten Hotelgesellschaft einen Saal zwecks Abhaltung seines Stiftungsfestes gemietet. Der Kläger, ein Mitglied des Vereins, rutschte während des Festes auf dem Fußboden des Saales aus und verletzte sich, weil der Hauswart der Beklagten es unterlassen hatte, eine durch Zerbrechen einer Flasche Salatöl plötzlich aufgetretene Bodenglätte zu beseitigen. Auch hier haftet die Beklagte gem. § 278 für den Fehler des Hauswarts, ohne dass ihr ein Entlastungsbeweis offengestanden hätte. Vgl. schließlich noch BGHZ 66, 51:[63] Einem Kind, das seine Mutter beim Einkauf in einen Selbstbedienungsladen begleitet und sich dort bei einem Sturz über ein Salatblatt verletzt hat, können unter dem Gesichtspunkt eines Vertrags mit Schutzwirkung für Dritte Schadensersatzansprüche aus Verschulden bei Vertragsschluss gegen den Ladeninhaber zustehen.

327 Jeder, der noch nicht gänzlich betriebsblind geworden ist, wird sich ein gewisses Staunen darüber nicht versagen können, wie verwegen die Brücken konstruiert werden, um die deliktsrechtliche Fallabwicklung zu vermeiden und **das gelobte Land des Vertragsrechts** zu erreichen. Die beiden großen Teilgebiete des Schuldrechts – das Vertragsrecht und das Deliktsrecht – verhalten sich offenbar zueinander wie kommunizierende Röhren. Dieser Zusammenhang ist gemeint, wenn mit Blick auf das englische Vertragsrecht bemerkt worden ist: »An Expanding Tort Law – the Price of a Rigid Contract Law«.[64] Dort, wo die Vertragshaftung restriktiv ausgestaltet ist, wie im englischen common law, das den Vertrag zugunsten Dritter bis vor kurzem nicht kannte und vertragliche Schutzwirkungen zugunsten Dritter bis heute nicht anerkennt, dehnt sich das Deliktsrecht aus und füllt die Lücken. In Deutschland, wo das Deliktsrecht jedenfalls im Bereich der Gehilfenhaftung – und darüber hinaus auch beim Schutz reiner Vermögensinteressen – zu eng geführt worden ist, explodiert die Vertragshaftung. Die »Vertragspflichten« des Schuldners werden von dem vereinbarten Leistungsprogramm so weit gelöst, dass die Schutzpflichten von *Canaris*[65] bereits in einem »gesetzlichen Schuldverhältnis« verankert werden, das den Vertrag von der Wiege bis zur Bahre begleitet. Sieht man die Dinge so, ist es in der Tat kein Problem, auch noch Dritte in den Schutzbereich einzubeziehen, die mit dem Vertrag an sich gar nichts zu tun haben. Damit mutiert der Vertrag bzw. das daneben herlaufende gesetzliche Schuldverhältnis endgültig zu einer **allgemeinen Haftungsordnung,** die jedermann verpflichtet, der mit anderen in »Kontakt« gerät, und die traditionelle Kernaufgabe des Deliktsrechts – Rechtsgüterschutz gegenüber jedermann – wird vom Vertragsrecht usurpiert. Für das

---

61 Vgl. zu der umstrittenen Frage, ob § 311 III als Rechtsgrundlage für den Vertrag mit Schutzwirkung zugunsten Dritter in Betracht kommt MüKoBGB/*Gottwald* § 328 Rn. 166 mwN.
62 RGZ 127, 218.
63 = JZ 1976, 776 mAnm *Kreuzer*.
64 *Markesinis* (1987) 103 LQR 354; vgl. auch *Wagner* Grundstrukturen 235 ff.; *v. Bar,* Gemeineuropäisches Deliktsrecht I, Rn. 459 ff.
65 JZ 1965, 475 (479).

deutsche Recht lässt sich die oben zitierte Aussage folglich herumdrehen: »Inflation of Contract Law – the Price of a Rigid Tort Law«.[66]

## 10. Reform

Nach unserem Durchgang durch die verschiedenen Problemkreise der Einstandspflicht für Gehilfenhandeln wird wohl niemand die Behauptung wagen wollen, dieser Bereich des deutschen Haftungsrechts befinde sich in einem ansprechenden Zustand. Tatsächlich wird eine **Fülle dogmatischer Verrenkungen** in Kauf genommen, damit sich das bürgerliche Recht der Versicherungspraxis wenigstens annähert und das Delikt des Gehilfen dem Geschäftsherrn zurechnet, als sei es sein eigenes. Wird dieser Schritt einmal vollzogen, dann – so zeigt die rechtsvergleichende Erfahrung – verschwinden die in Deutschland so wichtigen **»Organisationspflichten«** sofort von der Bildfläche und die persönliche Außenhaftung von Leitungsorganen kann sachgerecht begrenzt werden, ohne dass gleichzeitig auch die Unternehmenshaftung eingeschränkt werden müsste.[67] Weiter ließe sich der **Hypertrophie vertraglicher Schutzpflichten** ein Ende bereiten, wenn bereits das Deliktsrecht einen angemessenen Schutz von Körper und Eigentum gewährleisten könnte. Alle diese Wohltaten könnte der Gesetzgeber mit einem einzigen Federstrich einfahren, indem er den Entlastungsbeweis gem. § 831 I 2 abschaffen und den Geschäftsherrn ohne Weiteres für deliktisches Verhalten seiner Verrichtungsgehilfen verantwortlich machen würde. 328

Ein im Jahre 1967 vom Bundesjustizministerium vorgelegter Gesetzentwurf sah die **Streichung der Exkulpationsmöglichkeit des Geschäftsherrn** und damit die Harmonisierung der deliktischen und vertraglichen Gehilfenhaftung (§ 278) vor. In der vorgeschlagenen Fassung sollte § 831 lauten: »Wer einen anderen zu einer Verrichtung bestellt, ist, wenn der andere in Ausführung der Verrichtung durch eine vorsätzliche oder fahrlässig begangene unerlaubte Handlung einem Dritten einen Schaden zufügt, neben dem anderen zum Ersatz des Schadens verpflichtet«. Dagegen ist vor allem geltend gemacht worden, der Entlastungsbeweis sei jedenfalls für Haushalte und kleinere Unternehmen unverzichtbar.[68] Diese Bedenken haben sich durchgesetzt und letztlich dazu geführt, dass die Jahre später in einem vorbereitenden Gutachten zur Schuldrechtsreform erhobene Forderung, in § 831 den Entlastungsbeweis zu streichen,[69] erneut ungehört verhallt ist. Das »Zweite Gesetz zur Änderung schadensersatzrechtlicher Vorschriften« aus dem Jahr 2002 hat sich an § 831 nicht herangewagt,[70] sondern den früher auf das Deliktsrecht beschränkten Anspruch auf Ersatz immaterieller Schäden (§ 847 aF) in § 253 II auch für die Vertragshaftung zur Verfügung gestellt. Damit wurde § 831 gleichsam auf kaltem Wege reformiert, weil bei Verletzung vertraglicher Schutzpflichten (§ 241 II; → Rn. 307 ff.) durch Gehilfen, für deren Verhalten der Geschäftsherr gem. § 278 strikt haftet, der Rückgriff auf das Deliktsrecht gar nicht mehr nötig ist. 329

Nicht nur im anglo-amerikanischen Rechtskreis, sondern auch in Frankreich, Italien und den anderen Ländern der romanischen Rechtsfamilie, ferner auch in den meisten skandinavischen Ländern gilt der Grundsatz, dass der Geschäftsherr ohne jede Entlastungsmöglichkeit und ohne Rücksicht auf eigenes Verschulden für die Schäden einzustehen hat, die sein Gehilfe in Ausführung der ihm übertragenen Verrichtung durch eine unerlaubte Handlung Dritten zugefügt hat. 330

---

66 *Wagner* Grundstrukturen 236.
67 *Wagner* Grundstrukturen 290 ff.
68 *Diederichsen* ZRP 1968, 60; *Jakobs* VersR 1969, 1061; *Larenz/Canaris* SchuldR II 2 § 79 III 6, 484; vgl. aber *v. Caemmerer* ZfR vgl. 1973, 241; *Zweigert/Kötz* Rechtsvergleichung PrivR § 41, 647 f.
69 *v. Bar* in Gutachten und Vorschläge zur Überarbeitung des Schuldrechts II, 1982, 1762 (1776 f.).
70 Dazu *Wagner* NJW 2002, 2049 (2053 ff.).

331 Es nimmt deshalb nicht wunder, dass auch die **europäischen Rechtsvereinheitlichungsprojekte** dem Prinzip des *respondeat superior* folgen: Nach Art. VI.–3:201 des Entwurfs eines Gemeinsamen Referenzrahmens des Europäischen Privatrechts[71] wie auch gem. Art. 6:102 der Grundsätze eines Europäischen Deliktsrechts haftet der Geschäftsherr für deliktisches Verhalten seiner Gehilfen ohne die Möglichkeit eines Entlastungsbeweises.[72]

## III. Haftung bei Schädigung durch Minderjährige

**Literatur:** *Deutsch*, Zurechnungsfähigkeit und Verschulden, Ein Beitrag zum Anwendungsbereich des § 829 BGB, JZ 1964, 86; *Geilen*, Beschränkte Deliktsfähigkeit, Verschulden und Billigkeitshaftung (§ 829 BGB), FamRZ 1965, 401; *Goecke*, Die unbegrenzte Haftung Minderjähriger im Deliktsrecht, 1997; *v. Hippel*, Zur Haftung Aufsichtspflichtiger für durch Kinder verursachte Schäden, Ein Ruf nach Reform, FamRZ 1968, 574; *E. Lorenz*, Einfluss der Haftpflichtversicherungen auf die Billigkeitshaftung nach § 829 BGB, FS Medicus, 1999, 353 ff.; *Rauscher*, Haftung der Eltern für ihre Kinder, JuS 1985, 757; *Scheffen*, Schadensersatzansprüche bei Beteiligung von Kindern und Jugendlichen an Verkehrsunfällen, VersR 1987, 116; *Scheffen*, Zur Reform der (zivilrechtlichen) Deliktsfähigkeit von Kindern, ZRP 1991, 458; *Schmid*, Die Aufsichtspflicht nach § 832 BGB, VersR 1982, 22.

**Rechtsvergleichend:** *v. Bar*, Gemeineuropäisches Deliktsrecht I, 1996, Rn. 131 ff.; *Martin-Cassals* (Hrsg.), Children in Tort Law, Bd. I, 2006, Bd. II, 2007; *Niboyet*, Die Haftung Minderjähriger und ihrer Eltern nach deutschem und französischem Deliktsrecht zwischen Dogmatik und Rechtspolitik, 2001; *Nießen*, »Eltern haften für ihre Kinder«, 2005; *Rambach*, Die deliktische Haftung Minderjähriger und ihrer Eltern im französischen, belgischen und deutschen Deliktsrecht, 1994; *Stürner*, Zivilrechtliche Haftung junger Menschen – fortbestehender Reformbedarf im deutschen Recht?, GS Lüderitz, 2000, 789 ff.

### 1. Einleitung

332 Schäden, die durch Minderjährige verursacht werden, spielen in der Praxis eine große Rolle. Eine wichtige Fallgruppe betrifft »**Spielunfälle**«, bei denen Kinder ihre Spielkameraden beim Spiel mit Pfeil und Bogen, Stöcken, Katapulten, Wurfpfeilen oder harten Bällen körperlich verletzen. Nicht selten werden auch **Sachgüter** von hohem Wert durch Minderjährige beschädigt oder zerstört: so etwa, wenn ein Kind beim Spielen mit Streichhölzern eine Scheune oder einen Wald in Brand setzt. Vor allem gehört die große Gruppe der durch Minderjährige verursachten **Straßenverkehrsunfälle** hierher: Man denke daran, dass ein Kind auf die Straße läuft und ein Kraftfahrer bei einem dadurch veranlassten Ausweichmanöver zu Schaden kommt oder daran, dass Minderjährige als Dreirad-, Fahrrad- oder Mopedfahrer Verkehrsunfälle verursachen. In allen diesen Fällen sind zwei Fragen zu unterscheiden: Unter welchen Voraussetzungen ist der **Minderjährige selbst** zum Ersatz des von ihm verursachten Schadens verpflichtet (darüber → Rn. 342 ff.)? Unter welchen Voraussetzungen kann sich der Geschädigte an die **Eltern** des Schädigers oder an andere Personen halten, die zur Beaufsichtigung des Minderjährigen verpflichtet sind (darüber → Rn. 337 ff.)?

---

71 *v. Bar/Clive/Schulte-Nölke* (Hrsg.), Principles, Definitions and Model Rules of European Private Law: Draft Common Frame of Reference (DCFR), 2009; dazu eing. *Wagner* in Wagner (Hrsg.), The Common Frame of Reference: A View from Law & Economics, 2009, 225 (250 ff.).
72 European Group on Tort Law (Hrsg.), Principles of European Tort Law, 2005, 115 ff.

**333** Beide Fragen stellen sich in ähnlicher Weise dort, wo der Schädiger zwar minderjährig ist, seine deliktische Verantwortlichkeit aber aus anderen Gründen – etwa wegen einer geistigen Erkrankung oder Behinderung – zweifelhaft ist. An die Stelle der Eltern tritt dabei der Betreuer iSd §§ 186 ff.

**334** Der maßgebliche **Grund für das Haftungsprivileg von Minderjährigen** liegt darin, dass bei diesem Personenkreis die Frage nach pflichtwidrigem Verhalten – Vorsatz und Fahrlässigkeit – erst dann gestellt werden kann, wenn die vorrangige Frage bejaht ist, ob der in Rede stehende Minderjährige überhaupt dazu in der Lage war, das Verbotensein eines bestimmten Verhaltens einzusehen. Bei Erwachsenen ist das im Allgemeinen unproblematisch, keineswegs aber bei Kindern. Soweit der einzelne zu rationalem Verhalten in gefährlichen Situationen nicht in der Lage ist, laufen die durch das Deliktsrecht vermittelten Anreize zu sorgfältigem Verhalten ins Leere (→ Rn. 63). Statt dieses Faktum zu ignorieren, ist es im gesamtgesellschaftlichen Interesse besser, die Anforderungen an Kinder und Behinderte abzusenken, um stattdessen dem Rechtsverkehr im Übrigen gesteigerte Sorgfaltspflichten aufzuerlegen, die den Ausfall so gut es geht kompensieren. Dementsprechend ist anerkannt, dass Inhaber von Gartenteichen, die Betreiber von Feuerstellen oder die Bahn mit ihren Hochspannungsleitungen erhöhte Sicherheitsstandards einzuhalten haben, wann immer mit der Präsenz von Kindern und Jugendlichen zu rechnen ist.[73]

**335** Der eben skizzierte Mechanismus, dass sich die **Sorgfaltsstandards wie kommunizierende Röhren** verhalten, sodass der privilegierten Behandlung Minderjähriger eine Verschärfung der von den übrigen Verkehrsteilnehmern zu beobachtenden Anforderungen entspricht, funktioniert nur dann, wenn der Geschädigte besser zur Gefahrsteuerung in der Lage ist als der Minderjährige und zudem erkennen kann, dass er es mit einer nur eingeschränkt steuerungsfähigen Person zu tun hat. Daran fehlt es typischerweise bei den Spielunfällen, denn hier ist das Opfer genauso »schuldlos« wie der Täter – die Politik des Minderjährigenschutzes dreht sich hier im Kreis. In anderen Fällen hatte der Geschädigte nie eine realistische Chance, den Schaden durch eigene erhöhte Sorgfalt abzuwenden: So wird ein Landwirt, dessen Gehöft bis auf die Grundmauern abgebrannt ist, nicht einsehen oder doch jedenfalls eine stichhaltige Begründung dafür erwarten, warum er den ihm entstandenen Schaden nur deshalb von dem Schädiger nicht ersetzt erhalten sollte, weil es ein Heranwachsender war, der das Anwesen in Brand gesteckt hat.

**336** Das Ersatzinteresse des Geschädigten erhält zusätzliches Gewicht, wenn man berücksichtigt, dass der **Schaden** zwar möglicherweise nicht von dem Minderjährigen selbst, wohl aber von seinen **Eltern hätte vermieden werden können.** Den Eltern sollte das Verhalten ihrer Kinder in Gefahrsituationen nicht gleichgültig sein, sondern sie sollten einen Anreiz haben, ihre Kinder zu sorgfältigem Verhalten zu erziehen (→ Rn. 339 f.). Zudem müssen die Eltern mit der Leistung von Schadensersatz häufig gar kein eigenes finanzielles Opfer bringen, da die meisten Haushalte über Privat-Haftpflichtversicherungsverträge verfügen, durch die das Risiko aller Mitglieder einer Familie, einem Dritten gegenüber schadensersatzpflichtig zu werden, gegen Zahlung einer Jahresprämie von durchschnittlich 70 EUR von einem Versicherer übernommen wird (→ Rn. 82). Man geht sicherlich nicht fehl in der Annahme, dass in der ganz überwiegenden Zahl der von der Rechtsprechung entschiedenen einschlägigen Fälle der »wahre« Beklagte gar nicht der Minderjährige oder seine Eltern, sondern ihr Haftpflichtversicherer war.

---

73 BGH VersR 1973, 621; NJW 1995, 2631 (2632); 1997, 582 (583).

## 2. Die Haftung der Eltern

337 Ist jemand durch das Verhalten eines Minderjährigen geschädigt worden, so kann gem. § 832 der Geschädigte Ersatz auch von demjenigen verlangen, der zur Führung der Aufsicht über den Minderjährigen verpflichtet war. Diese Haftung des Aufsichtspflichtigen ist ähnlich wie in § 831 als eine **Haftung für vermutetes Aufsichtsverschulden** ausgestaltet. Der Geschädigte braucht daher vor Gericht lediglich Tatsachen vorzutragen und – soweit sie bestritten werden – zu beweisen, aus denen sich ergibt, dass ihm durch das Verhalten des Minderjährigen in rechtswidriger Weise ein Schaden zugefügt worden ist und dass der Beklagte zur Aufsicht über den Minderjährigen verpflichtet war; dabei kann sich die Aufsichtspflicht des Beklagten sowohl aus einer gesetzlichen Vorschrift (so insbesondere für die Eltern aus §§ 1626, 1627, 1631 und für den Vormund aus § 1800) wie auch aus einer vertraglichen Vereinbarung ergeben.[74] Dass der Beklagte die ihm obliegende Aufsichtspflicht verletzt hat, wird »vermutet«.[75] Der Richter muss also ein solches Aufsichtsverschulden als gegeben ansehen und den Beklagten verurteilen, solange dieser nicht in der Lage ist, die Vermutung zu widerlegen, also Tatsachen vorzutragen und zu beweisen, aus denen sich ergibt, dass »er seiner Aufsichtspflicht genügt« hat oder dass »der Schaden auch bei gehöriger Aufsichtsführung entstanden« wäre. Ist allerdings der Schaden auf ein Verhalten des Minderjährigen zurückzuführen, das – denkt man sich an seiner Stelle einen voll Zurechnungsfähigen – weder als vorsätzlich noch als fahrlässig bezeichnet werden könnte, so greift die Vermutung eines Aufsichtsverschuldens nicht ein, und der Aufsichtspflichtige haftet nicht, ohne dass es auf den Entlastungsbeweis ankäme (vgl. die entsprechenden Überlegungen zu § 831 → Rn. 289 f.).

338 Die Beweislastumkehr zulasten der Eltern mag auf den ersten Blick als eine schwerwiegende Belastung der Erziehungsberechtigten erscheinen, doch dieser Schein trügt. Schwerpunkt der gerichtlichen Auseinandersetzung um § 832 ist regelmäßig nicht, welche Aufsichtsmaßnahmen die Eltern tatsächlich ergriffen oder unterlassen haben, sondern zu welchen Aufsichtsmaßnahmen sie *rechtlich verpflichtet* waren. Gestritten wird also nicht um die Erfüllung der Aufsichtspflicht – dies ist eine beweisbedürftige Tatfrage –, sondern um das **geforderte Maß an Aufsicht** und damit um eine dem Beweis nicht zugängliche Rechtsfrage *(iura novit curia)*. Das zuständige Gericht muss im Streitfall entscheiden, wieviel an Aufsicht und Kontrolle es den Eltern abverlangen will; in diesem Punkt darf es nichts offen lassen und schon gar nicht nach Beweislastgrundsätzen entscheiden.

339 Wie hoch sind nun die Anforderungen, die in der Praxis an die Aufsichtspflicht gestellt werden? – Die Antwort darauf fällt schwer, weil § 832 einem völlig **antiquierten Erziehungsideal** huldigt. Der Gesetzgeber des Jahres 1900 stellte sich die Aufgabe der Eltern offenbar analog derjenigen eines Aufsehers vor, der es durch Überwachung und Bestrafung verhindert, dass die »Gefahrenquelle Kind« außer Kontrolle gerät. Heute wissen wir, dass die eigentliche Aufgabe der Eltern im Interesse der Schadensvermeidung nicht die Überwachung des Kindes, sondern dessen **Erziehung** zu einem verantwortungsbewussten, rücksichtsvollen und umsichtigen Menschen ist. Zur Errei-

---

[74] So etwa bei dem Leiter eines Kinderheims; vgl. § 832 II und BGH VersR 1965, 48 und BGH NJW 1968, 1874.
[75] BGH NJW 2009, 1952 (1953) Rn. 8.

chung dieses Ziels ist sicher auch ein gewisses Maß an Beaufsichtigung nötig, aber diese ist nur ein Instrument unter mehreren und sicher nicht das wichtigste, denn das Kind muss im Laufe eines langfristigen Lernprozesses an die Welt der Erwachsenen herangeführt, mit Gefahrenquellen vertraut gemacht und zu sicherheitsbewusstem Verhalten erzogen werden. Dabei dürfen die Eltern das Kind nicht Gefahrensituationen aussetzen, die es überfordern; wer ein fünfjähriges Kind durch den innerstädtischen Verkehr allein mit dem Fahrrad zum Kindergarten fahren lässt, handelt ohne Weiteres sorgfaltswidrig. Andererseits kann die Devise aber auch nicht lauten, das Kind möglichst von allen gefährlichen Situationen fernzuhalten und im Wolkenkuckucksheim der eigenen vier Wände aufwachsen zu lassen. Wie jeder weiß, muss das sachgemäße Verhalten im Alltag erlernt und das Erlernte sodann eingeübt werden, was nicht möglich ist, wenn das Kind von der Außenwelt isoliert wird. Zudem sind die Eltern auch kraft Familienrechts zwar dazu verpflichtet, das Kind zu beaufsichtigen (§ 1631 I), doch sie haben diese Aufgabe so wahrzunehmen, dass die Entfaltung der Persönlichkeit des Kindes nicht beeinträchtigt wird (§ 1626 II 1). Das Maß der Überwachung muss also in einem vernünftigen Verhältnis zu dem Reifegrad des Kindes stehen: Ständige Aufsicht, Kontrolle und Überwachung können der Entwicklung des Kindes zu einem selbstverantwortlichen Bürger eher hinderlich als förderlich sein.

Die Gerichte haben sich durch den Wortlaut des § 832 nicht daran gehindert gesehen, die »Aufsichtspflicht« der Eltern zur »**Pflicht zur sorgfältigen Erziehung zum eigenverantwortlichen Menschen**« fortzubilden. In der modernen Rechtsprechung ist anerkannt, dass die **Intensität der Aufsichtspflicht** nicht nur von der Gefährlichkeit der tatsächlichen Situation bestimmt wird[76] – was für die Bemessung des Sorgfaltsstandards allgemein gilt – sondern darüber hinaus auch von der »Gefährlichkeit« des Kindes.[77] Die Rechtsprechung formuliert dies so, dass das Maß der gebotenen Aufsicht über Minderjährige sich nach Alter, Eigenart und Charakter des Kindes bestimme, wobei sich die Grenze der erforderlichen und zumutbaren Maßnahmen danach richtet, was verständige Eltern nach vernünftigen Anforderungen in der konkreten Situation tun müssen, um Schädigungen Dritter durch ihr Kind zu verhindern.[78] Das bedeutet: Ein umsichtiges und verantwortungsbewusstes Kind bedarf entsprechend geringer Beaufsichtigung, während die Aufsichtspflichten bei Kindern, die zu unbeherrschtem und unüberlegtem Verhalten neigen, streng zu bemessen sind. Bei schwer verhaltensgestörten Kindern kann sogar eine Überwachung »auf Schritt und Tritt« geboten sein.[79]

340

**Beispiele:** Kinder können und müssen nicht bis zum Erreichen der Volljährigkeit vom **Straßenverkehr** ferngehalten werden, sondern sind langsam an diesen heranzuführen, indem ihnen die Verkehrsregeln nahe gebracht und verkehrsgerechtes Verhalten mit ihnen eingeübt wird. Folglich ist es zwar sorgfaltswidrig, wenn Erstklässler allein zur Schule geschickt werden,[80] doch müssen Eltern nicht einschreiten, wenn ihre älteren und entsprechend unterwiesenen Kinder mit dem Fahrrad am Straßenverkehr teilnehmen.[81] Das wichtigste Instrument, um zu verhindern, dass Kinder mithilfe von gefährlichen Gegenständen – **Zündmitteln, Feuer-**

341

---

76 BGH NJW 2013, 1441 Rn. 27 f.; VersR 2012, 865 Rn. 17.
77 OLG Düsseldorf NJW-RR 2002, 235; OLG Frankfurt NJW-RR 2002, 236; OLG Hamm VersR 2001, 386; NJW-RR 2002, 236 (237); zur Altersrelativität der Aufsicht → Rn. 27.
78 BGHZ 111, 282 (285 f.) = NJW 1990, 2553; BGH NJW 2009, 1952 Rn. 9 ff.
79 BGH NJW 1995, 3385 (3386); 1996, 1404 (1405); 1997, 2047 (2048).
80 LG Osnabrück VersR 1975, 1135 (1136).
81 BGH VersR 1965, 606.

werkskörpern, **Chemikalien, Waffen** – andere verletzen, ist nicht die Beaufsichtigung der Kinder, sondern das Wegsperren der Gegenstände. Die Eltern eines 14-jährigen Jungen, der täglich große Mengen gewaltverherrlichender Videofilme konsumiert, dürfen es nicht zulassen, dass er in seinem Zimmer eine Axt und ein Buschmesser aufbewahrt.[82] Streichhölzer und Feuerzeuge sind im Haushalt an Stellen aufzubewahren, zu denen Kinder keinen ungehinderten Zugang haben.[83] Wenn nach den Umständen gleichwohl nicht ausgeschlossen werden kann, dass Kinder in Kontakt mit gefährlichen Gegenständen kommen, was bei Zündmitteln durchweg der Fall ist, müssen sie zusätzlich über den sorgfältigen Umgang mit solchen Gegenständen und die bestehenden Schadensrisiken belehrt werden.[84] Die Aufsichtspflichten der Eltern über ihre Kinder in Bezug auf **die Nutzung des Internets** hat der BGH in der *Morpheus*-Entscheidung zurückhaltend bemessen.[85] Die Eltern sind nach § 832 nicht dazu verpflichtet, die Verletzung von Urheberrechten und anderen Rechten des geistigen Eigentums durch das im Internet surfende Kind im Wege technischer Schutzmaßnahmen, etwa durch beschränkte Nutzerkonten, zu verhindern und das Kind bei der Nutzung des Internets fortlaufend zu überwachen. Es genügt vielmehr eine Belehrung über den gebotenen Respekt vor den Rechten Dritter; eine Pflicht zu stichprobenartigen Kontrollen besteht nicht. Erst dann, wenn sich konkrete Anhaltspunkte für rechtswidriges Verhalten des Kindes ergeben, sind die Eltern zum Einschreiten verpflichtet.

## 3. Die Haftung des Minderjährigen

### a) Zurechnungsfähigkeit und Pflichtverletzung

342 Genauso wenig wie § 831 die Haftung des Arbeitnehmers schließt § 832 die Haftung des Minderjährigen aus, die jedoch gem. § 828 zusätzlich von seiner Zurechnungsfähigkeit abhängt. Ob jemand »zurechnungsfähig« ist oder nicht, kann – streng genommen – nur von Fall zu Fall, also nur aufgrund genauer Kenntnisse der charakterlichen und intellektuellen Entwicklung des in Rede stehenden Individuums entschieden werden. Um die damit verbundenen praktischen Schwierigkeiten wenigstens in gewissem Umfange zu reduzieren, hat der Gesetzgeber starre **Altersgrenzen** festgelegt, jenseits deren die Zurechnungsfähigkeit stets zu verneinen oder stets zu bejahen ist. Ist der Minderjährige noch keine sieben Jahre alt, so ist er gem. § 828 I stets nicht zurechnungsfähig, mag er im Einzelfall auch noch so aufgeweckt, einsichtig und verantwortungsbewusst sein. Umgekehrt wird jeder als zurechnungsfähig angesehen, der 18 Jahre alt oder älter ist, dies selbst dann, wenn er im Einzelfall die Einsichtsfähigkeit und das Verantwortungsbewusstsein eines 14-Jährigen besitzt. Anders liegt es nur dann, wenn der Betreffende den Schaden »im Zustande der Bewusstlosigkeit oder in einem die freie Willensbestimmung ausschließenden Zustande krankhafter Störung der Geistestätigkeit« angerichtet hat (§ 827).

343 Ist der **Minderjährige sieben Jahre alt oder älter, aber noch nicht 18 Jahre alt,** so gilt er als zurechnungsfähig, es sei denn, er kann im Einzelfall beweisen, dass er »bei der Begehung der schädigenden Handlung nicht die zur Erkenntnis der Verantwortlichkeit erforderliche Einsicht« besessen hat, § 828 III. Diese Einsicht besitzt, wer – so die in der Rechtsprechung ständig verwandte Formel – »diejenige geistige Entwicklung er-

---

[82] OLG München ZfS 2002, 170 (171).
[83] BGH NJW 1983, 2821.
[84] BGHZ 111, 282 (285) = NJW 1990, 2553.
[85] BGH NJW 2013, 1441 Rn. 20 ff. = VersR 2013, 865; bestätigt durch BGHZ 200, 76 Rn. 26 = NJW 2014, 2360 – BearShare.

reicht hat, die ihn befähigt, das Unrechtmäßige seiner Handlung und zugleich die Verpflichtung zu erkennen, in irgendeiner Weise für die Folgen seines Tuns einstehen zu müssen«. Darüber lässt sich häufig nur unter Heranziehung psychologisch ausgebildeter Sachverständiger entscheiden.

Die vorstehenden Überlegungen sind nach der Rechtsprechung auch dort anzustellen, wo es nicht um die Frage der Haftung des Minderjährigen, sondern darum geht, ob der Minderjährige als Geschädigter sich seinen Ersatzanspruch **gem. § 254** mindern lassen muss. Ist also ein Kind durch fahrlässiges Verhalten eines anderen verletzt worden, so kann der andere, wenn das Kind noch nicht volle sieben Jahre alt ist, den Einwand aus § 254 keinesfalls erheben;[86] ist das Kind sieben Jahre alt oder älter, so kann § 254 zulasten des Kindes nur dann angewandt werden, wenn es zurechnungsfähig war und schuldhaft gehandelt hat.   **344**

Es war dieses Spiegelbildprinzip im Verhältnis von Verschulden und Mitverschulden, das den Gesetzgeber dazu bewogen hat, die **Altersgrenze** von sieben Jahren durch den 2002 eingefügten § 828 II **auf zehn Jahre anzuheben,** wenn der Minderjährige in einen »Unfall mit einem Kraftfahrzeug, einer Schienenbahn oder einer Schwebebahn« verwickelt wird. Soweit es den Unfall nicht vorsätzlich verursacht hat, haftet ein Kind unter zehn Jahren wegen § 828 II nicht für den Schaden des Unfallgegners, und gem. §§ 254, 828 II wird der Ersatzanspruch des Kindes auch nicht um die Mitverursachungsquote gekürzt. Damit wollte der Gesetzgeber den Erkenntnissen der Entwicklungspsychologie Rechnung tragen, nach denen Kinder unter zehn Jahren nicht dazu in der Lage sind, die Geschwindigkeit und die Entfernung von Fahrzeugen zutreffend einzuschätzen und ihr eigenes Verhalten darauf einzustellen.[87] Dazu eingehend → Rn. 555 ff.   **345**

Ist die **Zurechnungsfähigkeit** festgestellt, so schließt sich daran die weitere Frage an, ob dem (zurechnungsfähigen) Minderjährigen in casu tatsächlich eine **Pflichtverletzung** (ein Verschulden) zur Last fällt, insbesondere: ob er fahrlässig gehandelt, also die im Verkehr erforderliche Sorgfalt verletzt hat (§ 276 II). Insoweit liegt die Beweislast – anders als bei der Zurechnungsfähigkeit – wie üblich beim Geschädigten. Anerkannt ist, dass an Minderjährige nicht die gleiche Messlatte angelegt werden darf wie an Erwachsene. Vielmehr hat ein Minderjähriger fahrlässig nur dann gehandelt, wenn er das von einem **Angehörigen seiner Altersklasse** zu erwartende Maß an Sorgfalt außer Acht gelassen hat. Kinder und im Übrigen auch Senioren kommen also in den Genuss eines reduzierten Sorgfaltsmaßstabs, der darauf abgestellt ist, was ein vernünftiger Durchschnittsmensch *der jeweiligen Altersklasse* an Sicherheitsmaßnahmen für erforderlich gehalten hätte.   **346**

> **Beispiel:** In BGH VersR 1964, 385 hatte ein zehnjähriges Mädchen einige in einem Straßengraben spielende Jungen – darunter den elfeinhalbjährigen Beklagten – durch Bewerfen mit Sand geärgert. Auf die Aufforderung eines Verwandten hatte es zwar damit aufgehört, hatte aber den Beklagten, als er einige Zeit später – zufällig einen Katapult in der Hand tragend – aus dem Straßengraben hervorgekommen war, mit einer Hagebutte beworfen. Der Beklagte fing die Hagebutte in der Luft auf, legte sie in seinen Katapult, schoss sofort zurück und traf ein Auge des Mädchens so unglücklich, dass es später operativ entfernt werden musste. Gestützt auf Sachverständigengutachten bejahte der BGH die Zurechnungsfähigkeit des beklagten Jun-   **347**

---

86 Vgl. BGH NJW 1975, 133 (135).
87 Begr. des RegE, BT-Drs. 14/7752, 16 (26).

gen, weil dieser »nicht nur die Gefährlichkeit des Katapults kannte, sondern auch die notwendigen seelisch-geistigen Voraussetzungen dafür besessen [habe], das Unrechtmäßige seines Handelns zu erkennen und sich seiner Verantwortlichkeit für die Folgen bewusst zu werden«. Damit war die erste Hürde überwunden, und es stellte sich nunmehr die Frage nach dem Verschulden. Auch sie wurde vom BGH bejaht, weil ihm die Gefährlichkeit des Katapultschießens einsichtig gewesen und »die Zumutbarkeit sich der Einsicht gemäß (zu) verhalten, … zwar erheblich vermindert, aber nicht ausgeschlossen gewesen sei«. Freilich war der Fall auch damit noch nicht ausgestanden. Denn jetzt erhob sich die weitere Frage, ob nicht die Klägerin, da sie mit dem Hagebuttenwurf den Jungen zu dem Schuss mit dem Katapult gleichsam »herausgefordert« hatte, ein Mitverschulden traf und sie sich deshalb gem. § 254 eine Minderung ihres Ersatzanspruchs gefallen lassen musste. Auch ein Mitverschulden der Klägerin setzt nun aber – wie gesagt – voraus, dass sie zurechnungsfähig ist und in casu schuldhaft gehandelt hat, und damit begann das Spiel von Neuem. Hier hat der BGH dem Mädchen allerdings schon die Zurechnungsfähigkeit abgesprochen: Sie habe als Zehnjährige »nicht die Einsicht besessen, dass der Beklagte ihren Hagebuttenwurf mit einem Katapultschuss erwidern könne und dass ihr daraus eine Gefahr drohe«.

### b) Billigkeitshaftung

348 Ist ein Minderjähriger gem. § 828 für den von ihm verursachten Schaden nicht verantwortlich – sei es, weil er noch keine sieben bzw. zehn Jahre alt ist, sei es, weil er bei einem Alter zwischen sieben bzw. zehn und 18 Jahren nicht die zur Erkenntnis der Verantwortlichkeit erforderliche Einsicht besitzt –, so trifft ihn gleichwohl gem. **§ 829** eine »Billigkeitshaftung«, sofern der Geschädigte nicht einen Schadenausgleich von einem aufsichtspflichtigen Dritten erlangen kann. Dies gilt entsprechend zulasten desjenigen, dessen Haftung nur deshalb ausgeschlossen ist, weil er den Schaden in einem Zustande der Bewusstlosigkeit oder der krankhaften geistigen Störung angerichtet hat (§ 827).

349 Die »Billigkeitshaftung« greift nach dem Wortlaut des § 829 nur dann ein, wenn das Verhalten des Minderjährigen – von der Zurechnungsfähigkeit abgesehen – **alle Voraussetzungen erfüllt,** unter denen er gem. §§ 823–826 für den angerichteten Schaden verantwortlich wäre. Ganz so genau nimmt die Rechtsprechung den Wortlaut des § 829 freilich nicht. So hat der BGH entschieden, dass die Vorschrift sinngemäß auch dann anzuwenden sei, wenn der Jugendliche zwar die gem. § 828 III erforderliche Einsicht besitzt, also zurechnungsfähig ist, er aber wegen des altersgemäß reduzierten Sorgfaltsmaßstabs (→ Rn. 118, 334) im konkreten Fall nicht schuldhaft gehandelt hat.[88] Auch in Fällen des § 827 hält man die Billigkeitshaftung ohne Rücksicht darauf für gegeben, ob die »Bewusstlosigkeit« oder die »Störung der Geistestätigkeit« im Einzelfall zum Ausschluss der Zurechnungsfähigkeit, zum Ausschluss des Verschuldens oder gar dazu geführt hat, dass der Betreffende sein Verhalten überhaupt nicht mehr willensmäßig hat steuern können: § 829 ist also auch dort anwendbar, wo ein Kraftfahrer am Lenkrad seines Wagens durch eine Gehirnblutung schlagartig bewusstlos wird, der Wagen infolgedessen auf den Gehweg gerät und dort Passanten überfahren werden.[89]

350 § 829 greift sinngemäß auch dann ein, wenn es nicht um die Haftung des Minderjährigen, sondern um die »spiegelbildliche« Frage geht, ob er, wenn er der Geschädigte ist,

---

[88] BGHZ 39, 281 = NJW 1963, 1609 und dazu *Deutsch* JZ 1964, 86; *Geilen* FamRZ 1965, 401; *Böhmer* MDR 1964, 278 und *Teichmann* JZ 1970, 617.
[89] BGHZ 23, 90 (98) = NJW 1957, 674; BGHZ 98, 135 (137) = NJW 1987, 121.

sich gem. § 254 eine Minderung seines Ersatzanspruches gefallen lassen muss. Wenn also durch Fahrlässigkeit eines Radfahrers ein Kind verletzt wird, so ist zunächst zu prüfen, ob nicht der Ersatzanspruch des Kindes deshalb reduziert werden muss, weil es an dem Unfall ein **Mitverschulden** trifft (§ 254). Fehlt es an einem Mitverschulden des Kindes – sei es, weil es gem. § 828 III nicht zurechnungsfähig war, sei es, weil es nicht schuldhaft gehandelt hat –, so muss immer noch die Frage geprüft werden, ob nicht eine Reduzierung seines Ersatzanspruchs entsprechend § 829 durch die Billigkeit gefordert ist.[90]

Ob und in welchem Umfang eine Billigkeitshaftung des Minderjährigen gegeben oder ein ihm zustehender Ersatzanspruch entsprechend § 829 zu mindern ist, hängt davon ab, inwieweit dies »die Billigkeit nach den Umständen, insbesondere nach den Verhältnissen der Beteiligten« erfordert;[91] keinesfalls dürfen dem Minderjährigen dadurch »die Mittel entzogen werden, deren er zum angemessenen Unterhalte sowie zur Erfüllung seiner gesetzlichen Unterhaltspflichten bedarf«. Alles dies gilt auch für solche Personen, die gem. § 827 nicht verantwortlich sind. 351

Zu den »**Umständen**«, auf die es im Rahmen des § 829 ankommt, kann es zB gehören, dass der Minderjährige, mag ihm auch die Zurechnungsfähigkeit gefehlt haben, doch immerhin über ein so großes Maß an Einsichtsfähigkeit verfügte, dass ihm aus seinem Verhalten wenigstens ein gewisser Vorwurf im Sinne einer »natürlichen Schuld« gemacht werden kann. Auch die Schwere der Verletzungen, die der Geschädigte erlitten hat, ist in die Abwägung einzubeziehen, ebenso der Umstand, dass die Tätigkeit, bei der es zu dem Unfall gekommen ist, für den Verletzten oder den Minderjährigen von vornherein mit gewissen erkennbaren Gefahren verbunden war. Von entscheidender Bedeutung sind entsprechend der Funktion des § 829 aber die **Vermögensverhältnisse** der Beteiligten. Wenn in § 829 auf die »Verhältnisse der Beteiligten« Bezug genommen wird, dann sind damit die wirtschaftlichen Verhältnisse gemeint. Die Billigkeitshaftung soll eingreifen, wenn der Schädiger »reich«, der Geschädigte aber »arm« ist. Gelegentlich hat man deshalb § 829 geradezu als »**Millionärsparagraphen**« bezeichnet und als Zurechnungsprinzip das Motto »*richesse oblige*« genannt.[92] Allerdings muss man sich vor Augen halten, dass § 829 nur zum Zuge kommt, wenn der Schaden weder vom Schädiger (wegen §§ 827, 828) noch vom Geschädigten (wegen § 254) zu verantworten ist. In dieser Situation zweier schuldloser Parteien ist es nicht unvernünftig, für die Schadensverteilung darauf abzustellen, welche der Parteien der bessere Risikoträger ist, wer also die Schadenskosten besser tragen kann.[93] Soweit die verhaltenssteuernde Wirkung des Deliktsrechts aus den in §§ 827, 828 genannten Gründen leerläuft, wird die Funktion der Verhaltenssteuerung durch diejenige der effizienten Risikozuweisung ersetzt (→ Rn. 334, 91). Die Billigkeitshaftung erfordert die Feststellung des Vermögensstatus beider Parteien und weiter die Prüfung, ob zwischen den Beteiligten ein »**wirtschaftliches Gefälle**« besteht. Das gilt gleichermaßen im Rahmen der Haftungsbegründung wie auch des Mitverschuldens. 352

Der **historische Gesetzgeber** des Jahres 1900 hatte bei § 829 Fälle vor Augen, in denen übermütige Kinder reicher ostelbischer Gutsbesitzer den auf dem Land ihrer Eltern ar- 353

---
90 BGHZ 37, 102 = NJW 1962, 1199; BGH VersR 1964, 385 und stRspr.
91 Und nicht bloß erlaubt; BGHZ 127, 187 (192) = NJW 1995, 452.
92 Vgl. *Deutsch* AllgHaftungsR Rn. 477.
93 MüKoBGB/*Wagner* § 829 Rn. 1.

beitenden Hintersassen böse Streiche spielten. Entscheidend waren hier nicht die Vermögensverhältnisse des Minderjährigen, sondern der relative Reichtum seiner Eltern. Diese Fälle spielen heute keine Rolle mehr. Der Grund dafür liegt nicht darin, dass sich die Vermögensverhältnisse der Bürger völlig angeglichen hätten, denn die Unterschiede bestehen fort. Entscheidend ist vielmehr, dass der an Körper und Gesundheit Geschädigte in aller Regel den Schutz einer Versicherung genießt, insbesondere der sozialen oder privaten Krankenversicherung. Auf der anderen Seite ist ein Großteil der minderjährigen Schädiger haftpflichtversichert, und zwar entweder im Rahmen der von ihren Eltern freiwillig abgeschlossenen Familien-Haftpflichtversicherung oder im Rahmen der Kfz-Haftpflichtversicherung, die auch für motorgetriebene Zweiräder wie Mopeds und Mofas obligatorisch ist. Vor diesem Hintergrund lassen sich die heutigen Zentralprobleme der Billigkeitshaftung in folgenden zwei Fragen umreißen:

(1) Ist die Feststellung eines »wirtschaftlichen Gefälles« und damit die Billigkeitshaftung ausgeschlossen, wenn der Schaden durch eine entsprechende Versicherung des Geschädigten aufgefangen wird?

(2) Lässt sich ein »wirtschaftliches Gefälle« zulasten des Schädigers allein damit begründen, dass Letzterer den Schutz einer Haftpflichtversicherung genießt?

354  Wir wenden uns zunächst der zweiten Frage zu: Gehört die Tatsache, dass der **Minderjährige durch eine Haftpflichtversicherung geschützt** ist, zu den »Umständen«, die bei der Billigkeitsabwägung eine Rolle spielen dürfen? Gemäß § 100 VVG ist bei einer Haftpflichtversicherung der Versicherer dazu verpflichtet, »den Versicherungsnehmer von Ansprüchen freizustellen, die von einem Dritten aufgrund der Verantwortlichkeit des Versicherungsnehmers ... geltend gemacht werden, und unbegründete Ansprüche abzuwehren.« Demnach kommt es darauf an, ob und inwieweit sich der Versicherungsnehmer – unabhängig vom Bestehen einer Haftpflichtversicherung – einem Dritten gegenüber ersatzpflichtig gemacht hat. Erst wenn und soweit eine solche Ersatzpflicht festgestellt ist, tritt die Haftpflichtversicherung auf den Plan; keineswegs – so kann man argumentieren – deckt sie Ansprüche, soweit diese ihre Entstehung oder ihren Umfang ihr selbst verdanken. Dieser strikten Trennung von Haftung und Haftpflichtversicherung (**»Trennungsprinzip«**) wird entgegengehalten, dass der Minderjährige, der von einem Haftpflichtversicherer Freistellung von etwaiger Haftung verlangen kann, wirtschaftlich günstiger dasteht; gerade darauf komme es für § 829 aber an.

355  Niemand bezweifelt, dass bei der Abwägung gem. § 829 derjenige als »vermögend« angesehen werden müsste, der imstande gewesen ist, für sich allein zur Deckung des ihn treffenden Risikos künftiger Haftung eine bestimmte **Rücklage** zu bilden. Soll es für den Geschädigten einen Unterschied machen, wenn der gleiche ökonomische Erfolg von mehreren in der Weise erreicht wird, dass sie jene Rücklage gemeinsam bilden, indem sie einen Versicherer gegen Zahlung eines Entgelts mit der Berechnung und dem Einzug von Prämien und mit der Bildung und Verwaltung eines Haftungsfonds beauftragen? Die Frage ist zu verneinen. Dagegen lässt sich auch nicht einwenden, dass der Haftungsfonds auf diese Weise zum Ausgleich von Risiken herangezogen würde, deren Deckung die Versicherungsnehmer bei Vertragsabschluss nicht gewünscht haben oder die bei der Prämienkalkulation zu berücksichtigen dem Versicherer nicht möglich ist. Die Versicherungsnehmer wollen durch den Abschluss der Versicherungsverträge eine Rücklage zur Deckung des Risikos ihrer künftigen Haftung bilden; damit ist von

ihnen auch die Haftung gemeint, soweit sie auf Billigkeitserwägungen beruht und deshalb die Existenz des Haftungsfonds in Rechnung stellt. Aus der Sicht des Versicherers führt diese Auffassung zwar zu einer Erhöhung der von ihm zu leistenden Schadenaufwendungen; das ist aber ein Umstand, den er bei der Kalkulation seiner Prämien ohne größere Schwierigkeiten berücksichtigen kann.

Auch der BGH ist der Ansicht, dass bei der Abwägung nach § 829 das Bestehen einer **Haftpflichtversicherung** auf der Seite des Schädigers zu den Umständen gehört, auf die bei der Beurteilung seiner wirtschaftlichen Verhältnisse Bedacht zu nehmen ist. Allerdings differenziert das Gericht in mehrfacher Hinsicht: Grundsätzlich soll die Frage, **ob** der Schädiger überhaupt nach § 829 haftet, unabhängig von der Existenz des Haftpflichtversicherungsschutzes zu beurteilen sein. Erst wenn die Einstandspflicht in dieser Weise festgestellt ist, darf bei der Bestimmung ihres **Umfangs** die Haftpflichtversicherung insoweit in Rechnung gestellt werden, »als die Grenzen des dem Schädiger mit Rücksicht auf seinen notwendigen Lebensbedarf noch Zumutbaren weiter ausgedehnt werden, weil dieser Lebensbedarf wegen des Versicherungsschutzes nicht beeinträchtigt wird«.[94] Besteht hingegen eine **gesetzliche Verpflichtung** zur Haftpflichtversicherung, wie dies vor allem im Bereich des Straßenverkehrs der Fall ist, soll die Existenz dieses Versicherungsschutzes dem Geschädigten zugute kommen, und zwar sowohl bei der **Haftungsbegründung**, also im Rahmen der Frage, ob die Haftung nach § 829 überhaupt besteht, als auch bei der Bestimmung des **Haftungsumfangs**, also der Bemessung der Entschädigungshöhe.[95] Tatsächlich kann die Differenzierung zwischen dem Ob und dem Wieviel der Haftung auch für die **freiwillige Haftpflichtversicherung** nicht überzeugen, weil die Billigkeit ausweislich des § 829 »insbesondere nach den Verhältnissen der Beteiligten« zu bestimmen ist, womit vor allem die wirtschaftlichen Verhältnisse gemeint sind. Letztere lassen sich, wie das Gericht schon in BGHZ 76, 279 (287) = NJW 1980, 1623 eingeräumt hat, aber nicht unabhängig von der Existenz einer Haftpflichtversicherung beurteilen. Diese muss also nicht deshalb berücksichtigt werden, weil die Haftpflichtversicherung einen »Funktionswandel« hin zu einem Instrument des Geschädigtenschutzes erfahren hätte, was bei der Kfz-Pflichtversicherung in der Tat der Fall ist, sondern einfach deshalb, weil § 829 auf die wirtschaftlichen Verhältnisse des Schädigers Bezug nimmt und eine Versicherung nur eine besondere Form der Schadensvorsorge durch Rücklagenbildung darstellt.[96]

356

Wenden wir uns nun der ersten der oben aufgeworfenen Fragen zu: Ist der Schadensersatzanspruch aus § 829 ausgeschlossen, wenn das Interesse des Geschädigten bereits durch eine **Schadensversicherung** ausgeglichen wird? Beispielhaft zu nennen sind Leistungen einer Krankenkasse oder einer privaten Kranken- oder Unfallversicherung. Für eine Antwort ist zu differenzieren. Zunächst ist die Fallgruppe ins Auge zu fassen, dass ein erwachsener Geschädigter in den Genuss von Versicherungsleistungen kommt, der minderjährige Schädiger aber nicht haftpflichtversichert ist. Hier würde die Bejahung der Billigkeitshaftung dazu führen, dass der betroffene Versicherungsträger aufgrund der § 116 SGB X, § 86 VVG bei dem nicht versicherten Minderjährigen

357

---

94 BGHZ 76, 279 (287) = NJW 1980, 1623; genauso BGH NJW 1958, 1630; 1962, 2201; krit. *Hanau* VersR 1969, 291 (292); vgl. auch *Knütel* JR 1980, 18 und 459.
95 BGHZ 127, 186 (191 f.) = NJW 1995, 452.
96 *E. Lorenz*, FS Medicus, 1999, 360 f. (364 f.); → Rn. 355.

Regress nehmen könnte (→ Rn. 769f.). Dies sollte schon deshalb ausgeschlossen sein, weil dann die auf ein Kollektiv verlagerten Schadenskosten auf ein Individuum zurückgewälzt würden, das weder den Schaden verschuldet hat noch ein geeigneter Risikoträger für die entstandenen Kosten ist.[97] In einer zweiten Fallgruppe trifft ein nach allgemeinen Grundsätzen (§ 823 BGB, § 7 StVG) haftpflichtiger und auch haftpflichtversicherter Schädiger auf einen minderjährigen sozialversicherten Geschädigten. Hier wird § 829 im Zusammenhang mit einer Anrechnung des **Mitverschuldens** relevant: Gesetzt den Fall, der Minderjährige müsste sich wegen § 828 oder mit Blick auf den altersgemäß reduzierten Sorgfaltsstandard kein Mitverschulden anrechnen lassen, lässt sich diese Anrechnung dann mithilfe einer analogen Anwendung des § 829 begründen? Der BGH hat die Frage im Zusammenhang mit einem Anspruch gegen einen pflichtversicherten Autofahrer verneint und treffend formuliert, es sei »gerade der Sinn dieser vom Gesetz vorgeschriebenen Versicherung, die Ersatzansprüche der Verkehrsopfer sicherzustellen, dabei nicht zuletzt Ansprüche verletzter Kinder oder Jugendlicher«.[98] Diese, ganz auf die Interessen des Minderjährigen zugeschnittene Formulierung hat den BGH allerdings nicht daran gehindert, die Anwendung des § 829 im Rahmen des § 254 auch dann zu verneinen, wenn es um den **Regress der Krankenversicherung** ging, die den Schaden des Minderjährigen durch entsprechende Leistungen ausgeglichen hatte.[99] Die Krankenkasse kann also auf der Grundlage von § 116 SGB X in vollem Umfang bei dem haftpflichtversicherten Autofahrer Rückgriff nehmen, denn die Autofahrer bzw. die von ihnen finanzierte Kfz-Haftpflichtversicherung ist hier der »richtige« Risikoträger, nicht dagegen die aus Beiträgen der gewerblichen Wirtschaft gespeiste soziale Krankenversicherung. Diese Überlegung muss auch dort gelten, wo der Schädiger sich den **Versicherungsschutz freiwillig** beschafft hat: Auch in einem solchen Falle will er durch den Abschluss des Vertrages nicht nur sich selbst schützen, sondern stets seine Zahlungsfähigkeit auch im Interesse der eventuell Geschädigten sicherstellen.

### 4. Reform

358 Über die **Reform der Minderjährigenhaftung** wird seit Langem diskutiert. Insbesondere eine Erhöhung der Altersgrenze von sieben auf zehn oder gar 14 Jahre ist gefordert worden.[100] Diesen Vorschlägen ist der Gesetzgeber in § 828 II nachgekommen, allerdings nur für den Bereich der Verkehrsunfälle (→ Rn. 555ff.). Das Thema wird deshalb auf der Tagesordnung bleiben. Eine rechtsvergleichende Umschau ergibt allerdings, dass sich die Rechtspolitik nicht allein der Haftung des Minderjährigen annehmen darf, sondern die Elternhaftung ebenso einbeziehen muss wie die **Deckung des Haftpflichtrisikos bei einer Versicherung.** Der Vorschlag, die Familien kraft Gesetzes zum Abschluss einer entsprechenden Police zu verpflichten,[101] würde alle Probleme mit einem Schlag lösen, allerdings die Aufgabe einer sicherheitsbewussten Erziehung von Kindern und Jugendlichen zunächst bei den Versicherungen abladen, die dann

---

97 MüKoBGB/*Wagner* § 829 Rn. 22.
98 BGHZ 73, 190 (192f.) = NJW 1979, 973; BGH NJW 1969, 1762 (1763).
99 BGH NJW 1973, 1795.
100 *Scheffen* ZRP 1991, 458; eing. zu den rechtspolitischen Fragen *Wagner* in Martin-Cassals (Hrsg.), Children in Tort Law, Bd. II, 285ff.
101 *v. Hippel* FamRZ 1968, 574; zuletzt *Schwintowski* ZRP 2003, 391.

ihrerseits über Selbstbehalte, Deckungsausschlüsse für Vorsatzdelikte und Bonus/Malus-Regelungen versuchen müssten, Kindern und Eltern die notwendigen Anreize zu sorgfaltsgemäßem Verhalten zu vermitteln.

Klammert man die Risikoverlagerung auf Versicherungen aus, spricht viel für ein **anhand des Kindesalters gestuftes System,** etwa nach niederländischem Vorbild, das folgende drei Haftungsregelungen aneinander staffelt: 359

(1) Kinder unter 14 Jahren sind zurechnungsunfähig, doch ihre Eltern unterliegen einer strikten Haftung für die von ihnen verursachten Schäden. In diesem Bereich ist die Elternhaftung von einem Sorgfaltspflichtverstoß unabhängig, doch wird vorausgesetzt, dass das Verhalten des Kindes, als das eines Erwachsenen gedacht, sorgfaltswidrig gewesen wäre.
(2) Kinder im Alter zwischen 14 und 16 Jahren haften für die Verletzung des altersgemäßen Sorgfaltsstandards. Im Gegenzug wird die Elternhaftung reduziert auf Verschulden, wobei die Beweislast wie nach § 832 I zulasten der Eltern umgekehrt ist.
(3) Kinder über 16 Jahren unterliegen der allgemeinen Fahrlässigkeitshaftung bei altersgemäß reduzierten Sorgfaltsanforderungen. Die Eltern haften für Delikte ihrer noch nicht volljährigen Kinder ebenfalls nur bei Verschulden, sodass in diesem Bereich dem Geschädigten der Nachweis des Aufsichtspflichtverstoßes obliegt.[102]

Man wird trefflich darüber streiten können, ob die Altersgrenzen hier richtig gesetzt worden sind, insbesondere ob es nicht zu weit geht, Kinder unter 14 Jahren von jeder Verantwortung frei zu stellen. Im Grundsatz aber vermag das niederländische Modell zu überzeugen, weil es Minderjährigen- und Elternhaftung in einen Zusammenhang stellt und beide Bereiche einer wechselseitig abgestimmten Lösung zuführt. Mit zunehmendem Alter des Kindes erhöht sich seine Eigenverantwortung, während sich die Einstandspflicht der Eltern entsprechend reduziert. Das dürfte den sozialen und pädagogischen Ausgangsdaten am besten entsprechen.[103]

Die aktuelle Diskussion in Deutschland kreist um die **Vermeidung einer existenzvernichtenden Ersatzpflicht des Minderjährigen,** die seit einer Entscheidung des BVerfG zur Minderjährigenhaftung bei Fortführung eines erebten Handelsgeschäfts durch die Eltern als Verfassungsfrage formuliert wird.[104] Ist § 828 III mit dem Grundgesetz vereinbar, wenn »ein fahrlässiges Verhalten eines Kindes oder Jugendlichen, das eine typische Jugendverfehlung darstellt, zu einer existenzvernichtenden Haftung führen würde und die Befriedigung des Opfers von dritter Seite gewährleistet ist?«.[105] Das BVerfG hat es wegen der vorkonstitutionellen Herkunft des § 828 III zwar abgelehnt, auf die Richtervorlage gem. Art. 100 GG zu antworten, aber gleichwohl zur Sache festgestellt, die unbegrenzte Haftung Minderjähriger begegne unter dem Gesichtspunkt der Art. 1 I, 2 I GG »verfassungsrechtlichen Bedenken«.[106] Wie das Gericht mit Recht herausgestellt hat, kann diesen Bedenken schon de lege lata durch eine auf die Belange des Minderjährigen Rücksicht nehmende Erlasspraxis im Rahmen von § 76 II Nr. 3 360

---

102 *Stürner,* GS Lüderitz, 2000, 789 (803 f.); *van Boom* in Martin-Cassals (Hrsg.), Children in Tort Law, Bd. I, 295 ff.
103 Ebenso *v. Bar,* Gemeineuropäisches Deliktsrecht I, Rn. 133.
104 Vgl. BVerfG NJW 1986, 1859 und dazu jetzt § 1629a. Das LG Dessau hat dem BVerfG die Frage vorgelegt (VersR 1997, 242); vgl. auch OLG Celle JZ 1990, 294 mit Bespr. *Canaris* JZ 1990, 679 = VersR 1989, 709 mAnm *E. Lorenz.*
105 Vgl. im gleichen Sinne *Canaris* JZ 1990, 679.
106 BVerfG NJW 1998, 3557.

SGB IV Rechnung getragen werden. Nach dieser Vorschrift können Sozialversicherungsträger, insbesondere Krankenkassen und Rentenversicherungsträger, auf ihnen zustehende Regressforderungen aus § 116 SGB X zur Vermeidung unbilliger Härten verzichten. Darüber hinaus auch die Schadensersatzansprüche des Geschädigten selbst unter Berufung auf § 242 im Umfang zu reduzieren oder gar gänzlich auszuschließen, wie dies dem BVerfG offenbar vorschwebt,[107] dürfte hingegen das Feld zulässiger richterlicher Rechtsfortbildung überschreiten. Es ist auch alles andere als sachgerecht, etwa bei Spielunfällen dem geschädigten Minderjährigen den Ersatzanspruch zu versagen oder drastisch zu kürzen, um die wirtschaftliche Entfaltungsfreiheit des für die Verletzung verantwortlichen Minderjährigen zu bewahren.[108] Bei einer maßvoll eingestellten Minderjährigenhaftung könnte man den Schutz vor Schulden überfordernden Ausmaßes wohl der insolvenzrechtlichen Restschuldbefreiung überlassen.[109]

---

107 BVerfG NJW 1998, 3557 (3558); mögliche Konsequenzen bei *Goecke* NJW 1999, 2305 (2307).
108 OLG Celle VersR 2002, 241.
109 *Wagner*, Das neue Schadensersatzrecht, 2002, Rn. 65; *Stürner*, GS Lüderitz, 2000, 789 (807); *Piekenbrock* KTS 2008, 307 (333 ff.).

# G. Immaterielle Persönlichkeits- und reine Vermögensinteressen

## I. Einleitung

Bisher haben wir uns mit den Ersatzansprüchen beschäftigt, die bei Verletzungen von **Leben, Körper, Gesundheit und Eigentum** gegeben sind. In diesem Bereich war das soziale Bedürfnis nach Schadensausgleich am größten, und deshalb lag hier der erste Schwerpunkt der Entwicklung des Deliktsrechts im industriellen Zeitalter. Mit der immer umfassender werdenden Absicherung der Risiken für Leib, Leben und Eigentum und wachsendem Wohlstand traten indessen auch die Schutzlücken des BGB deutlicher hervor. Natürlich will auch heute niemand auf den haftungsrechtlichen Schutz seiner elementaren Rechtsgüter sowie deren Einbettung in ein engmaschiges Netz sozialer Sicherung verzichten (→ Rn. 29 ff.), doch andererseits will man sich auch nicht mehr damit zufrieden geben. Der Mensch lebt eben nicht vom Brot allein, sondern hat über die Sicherung der körperlichen und wirtschaftlichen Existenz hinaus weitere Bedürfnisse.

361

Diese richten sich zum einen auf die immateriellen Interessen der Person jenseits der Bewahrung ihrer physischen Integrität, insbesondere auf die Anerkennung durch die Mitmenschen. Dieses **Bedürfnis nach Anerkennung** wird verletzt, wenn jemand in seiner Ehre oder seinem Ruf durch beleidigende oder verleumderische Äußerungen eines anderen herabgesetzt wird, wenn die Person in der Öffentlichkeit in ein falsches Licht gesetzt wird oder Vorgänge aus ihrem Privatleben ausgespäht werden, um sie dem gierig interessierten Publikum mitzuteilen, oder wenn auf andere Weise in **schutzwürdige Bereiche der privaten menschlichen Existenz** eingedrungen wird. Die Anerkennung dieser Interessen durch die Rechtsprechung des BGH in der zweiten Hälfte des 20. Jahrhunderts (→ Rn. 373) kann man allerdings nicht oder jedenfalls nicht nur damit erklären, dass die allgemeine Empfindlichkeit gewachsen sei und daher heute Eingriffe für sanktionswürdig gehalten würden, die eine frühere robustere Zeit noch ohne viel Aufhebens hingenommen hätte. Allenfalls das Gegenteil trifft zu, dass sich nämlich für das Bürgertum des 19. Jahrhunderts, dessen geistiges Kind das BGB ist, die Moral noch weithin von selbst verstand. Doch nicht nur die Erosion des bürgerlichen Verhaltenskodex im 20. Jahrhundert, sondern vor allem wichtige Veränderungen der sozialen Wirklichkeit haben dazu geführt, dass die Frage nach dem zivilrechtlichen Persönlichkeitsschutz neu gestellt wird, nämlich das Aufkommen der Massenmedien (→ Rn. 368).

362

Zum Zweiten geht es um den Schutz von **Vermögensinteressen**, die nicht zu Eigentumsrechten geronnen sind und insoweit nicht den Schutz des § 823 I genießen (→ Rn. 164). Zum Ende des 19. Jahrhunderts war der Großteil des Volksvermögens noch in Grund und Boden gebunden. Heute sind die Immobilienmärkte lediglich *ein* Segment eines differenzierten Kapitalmarktes, und beileibe nicht sein wichtigstes. Wegen der steigenden Lebenserwartung und der degressiven demographischen Entwicklung ist jeder einzelne zugleich mehr denn je gehalten, durch Bildung von Vermögensanlagen Vorsorge für das Alter zu treffen. Die Entwertung dieser Anlagen hätte

363

ernste Konsequenzen für den Betroffenen und bei entsprechender Breitenwirkung auch für die Gesellschaft insgesamt. So werden im Zuge krisenhafter Entwicklungen an den Börsen nicht nur Aktienwerte in Milliardenhöhe vernichtet, sondern auch ein Teil der Altersversorgung der Bevölkerung hinweggespült. Letzte Zweifel daran hat die Finanzkrise der Jahre 2008/2009 beseitigt.

364 Beide Entwicklungen zusammengenommen erklären, warum das »Wachstum« des Deliktsrechts in den letzten hundert Jahren nicht auf den Ausbau der Gefährdungshaftung bei Verletzungen von Körper und Eigentum beschränkt geblieben ist (→ Rn. 31), sondern insbesondere die Haftung für Verletzungen immaterieller Persönlichkeits- und reiner Vermögensinteressen erfasst hat. Anders als dort vollzog sich diese Entwicklung allerdings im Rahmen der Verschuldenshaftung. Die treibende Kraft der Rechtsfortbildung war auch nicht der Gesetzgeber – dem im Bereich der Gefährdungshaftung für Rechtsgutsverletzungen ein Rechtsschöpfungsmonopol zuerkannt wird (→ Rn. 92) – sondern die Rechtsprechung, die versuchen musste, mithilfe der §§ 823, 826 und mancher Sondertatbestände, den neuen Herausforderungen gerecht zu werden.

## II. Das allgemeine Persönlichkeitsrecht

**Literatur:** *v. Caemmerer*, Der privatrechtliche Persönlichkeitsschutz nach deutschem Recht, FS v. Hippel, 1967, 27 ff.; *Ehmann*, Zur Struktur des Allgemeinen Persönlichkeitsrechts, JuS 1997, 193; *Ehmann*, Das Allgemeine Persönlichkeitsrecht, FS 50 Jahre BGH I, 2000, 613 ff.; *Schlechtriem*, Inhalt und systematischer Standort des allgemeinen Persönlichkeitsrechts, DRiZ 1975, 65; *Schwerdtner*, Das Persönlichkeitsrecht in der deutschen Zivilrechtsordnung, 1977; *Steindorff*, Persönlichkeitsschutz im Zivilrecht, 1983; *Stürner*, Empfiehlt es sich, die Rechte und Pflichten der Medien präziser zu regeln und dabei den Rechtsschutz des einzelnen zu verbessern?, Verhandlungen DJT 58, 1990 Gutachten A.

**Rechtshistorisch:** *S. Gottwald*, Das allgemeine Persönlichkeitsrecht, 1996; *Klippel/Lies-Benachib*, Der Schutz von Persönlichkeitsrechten um 1900, in Falk/Mohnhaupt, Das Bürgerliche Gesetzbuch und seine Richter, 2000, 343 ff.; *Walter*, Actio iniuriarum, 1996; *Zimmermann*, Law of Obligations, 1990/92, 1050 ff.; *Zimmermann/Verse*, Die Reaktion des Reichsgerichts auf die Kodifikation des deutschen Deliktsrechts (1900–1914), in Falk/Mohnhaupt (Hrsg.), Das Bürgerliche Gesetzbuch und seine Richter, 2000, 319 ff.

**Rechtsvergleichend:** *v. Bar*, Gemeineuropäisches Deliktsrecht II, 1999, Rn. 81 ff.; *Koziol/Warzilek* (Hrsg.), Persönlichkeitsschutz gegenüber Massenmedien, 2005; *Wagner*, Geldersatz für Persönlichkeitsverletzungen, ZEuP 2000, 200; *Zweigert/Kötz* Rechtsvergleichung PrivR § 43.

### 1. Historische Entwicklung

#### a) Der Standpunkt des BGB

365 Das **Deliktsrecht des BGB enthält keine Bestimmungen,** die die menschliche Persönlichkeit als solche gegen verletzende Eingriffe schützen. Zwar gewährt § 823 I Schadensersatzansprüche bei schuldhaften Verletzungen des Körpers, der Gesundheit, des Lebens und der Freiheit. Damit sind aber nur die physischen Voraussetzungen individueller Existenz gesichert; gegen Angriffe auf die Ehre und gegen das Eindringen in die Privatsphäre schützt die Vorschrift nicht. Diese Entscheidung war bei den Gesetzesberatungen alles andere als unumstritten, zumal das im Rheinland geltende fran-

zösische Recht eine Beschränkung der allgemeinen Deliktshaftung auf physisch fassbare Rechtsgüter nicht kannte. Darüber hinaus haben viele namhafte Gelehrte – so zB *Josef Kohler* und *Otto v. Gierke* – schon während des 19. Jahrhunderts den Standpunkt vertreten, dass »die allgemeinmenschlichen Persönlichkeitsrechte«, insbesondere das »Recht auf Ehre« und das »Recht an der eigenen Geheimsphäre« deliktischen Schutz verdienten.[1]

Der 1. Entwurf zum BGB ist diesen Auffassungen noch gefolgt (§ 704 II des 1. Entwurfs und Mot. II U 728), doch die 2. Kommission hat es abgelehnt, eine allgemeine Fahrlässigkeitshaftung für Ehrverletzungen einzuführen.[2] Darüber hinaus wurde auch die Gewährung einer Geldentschädigung für Verletzungen immaterieller Persönlichkeitsinteressen ausgeschlossen. Zur Begründung berief man sich auf angebliche Missstände der gemeinrechtlichen Ehrschutzklage *(actio iniuriarum aestimatoria)*, und man hielt es für unanständig, wegen einer Verletzung immaterieller Persönlichkeitsinteressen eine Geldentschädigung zu verlangen: »Nach der allgemeinen Volksansicht sei es nicht ehrenvoll, sich Beleidigungen durch Geld abkaufen zu lassen, und derjenige habe wenig Ehre zu verlieren, der die Verletzung derselben durch eine Klage auf Geld zu reparieren suche«.[3] 366

Immerhin enthält das BGB eine Vorschrift über den Schutz der Person jenseits ihrer physischen Integritätsinteressen: Gemäß § 12 kann derjenige, dessen **Name** von einem anderen unbefugt verwendet wird, von dem anderen Unterlassung verlangen; dieses Namensrecht ist als »sonstiges Recht« iSd § 823 I anerkannt, sodass der Namensträger, wenn der andere schuldhaft gehandelt hat, auch Ersatz des dadurch entstehenden Schadens verlangen kann. Der in diesem Zusammenhang häufig genannte § 824 ist hingegen ein Deliktstatbestand zum Schutz reiner Vermögensinteressen (→ Rn. 446 ff.). Statt auf das Zivilrecht setzte die 2. Kommission ganz auf das Strafrecht mit den in den §§ 185 ff. StGB geregelten Tatbeständen der Beleidigung und der üblen Nachrede. Mithilfe des § 823 II wurden diese in privatrechtliche Anspruchsgrundlagen umgemünzt, sodass insbesondere Klagen auf Unterlassung und Widerruf erhoben werden konnten.[4] Eine Geldentschädigung wiederum sollte nur nach Maßgabe der damaligen Regeln über die sog. Geldbuße geleistet werden, die der Strafrichter in Ergänzung zur Kriminalstrafe zugunsten des Geschädigten anordnen konnte.[5] 367

### b) Das Aufkommen der Massenmedien

Die Beleidigungstatbestände des Strafrechts sind auf Ehrverletzungen im sozialen Nahbereich zugeschnitten. Wie das auf den Schutz elementarer Rechtsgüter bezogene Kernstrafrecht überhaupt zielt es auf die Sanktionierung und Abschreckung eklatanter Interessenverletzungen. Folgerichtig setzt sowohl die Beleidigung als auch die üble Nachrede vorsätzliches Handeln des Schädigers voraus, für das der Geschädigte im Rahmen von § 823 II die Beweislast trägt. Dieses Regelungsregime war denkbar ungeeignet, um mit dem Phänomen der Massenmedien fertig zu werden, 368

---

1 *Kohler* JheringsJb 18 (1880), 129 (251 ff.); *Gierke*, Deutsches Privatrecht I, 1895, § 81, 702 ff.
2 Prot. II 573 f.; nicht nachvollziehbar deshalb *Klippel/Lies-Benachib* in Falk/Mohnhaupt (Hrsg.), Das Bürgerliche Gesetzbuch und seine Richter, 2000, 343 (351 ff.).
3 Prot. II 640 f.; Kommissionsbericht, Mugdan II 1297.
4 Prot. II 641.
5 Eing. *Wagner* ZEuP 2000, 200 (203).

das sich bereits Ende des 19. Jahrhunderts abzuzeichnen begann, um sich im 20. Jahrhundert voll zu entfalten. **Neue Technologien des Kommunikations-, Nachrichten- und Informationswesens** haben sich entwickelt, denen zwar als Mittler des öffentlichen Informations- und Meinungsaustauschs im demokratischen Verfassungsstaat eine große Bedeutung zukommt, die aber auch die Grenzen des guten Geschmacks immer weiter hinausgeschoben – und mitunter auch überschritten haben. Ein Teil der Massenmedien beschäftigt sich ganz unverhohlen mit dem Verhalten und den persönlichen Lebensumständen einzelner Bürger und scheut nicht davor zurück, in die schützenswerte Zone ihrer privaten Existenz einzudringen. Zwar ist nicht zu leugnen, dass die Massenmedien selbst dort, wo sie nicht bloß zerstreuen und unterhalten, sondern aufklären und unterrichten wollen, das breite Publikum nur dadurch zu erreichen vermögen, dass sie den Stoff vor dem Hintergrund bestimmter Einzelschicksale darstellen und ihn auf diese Weise konkret und anschaulich machen. Daraus ergibt sich aber, dass das allgemeine Interesse an Unterhaltung, Unterrichtung und öffentlicher Diskussion früher oder später in Konflikt geraten muss mit den Interessen desjenigen, der seine persönlichen Angelegenheiten vor der Öffentlichkeit ausgebreitet findet oder der feststellen muss, dass die ihn betreffenden Angaben sachlich nicht zutreffen oder lückenhaft sind oder ihn in einem falschen Licht erscheinen lassen oder ihn auf sonstige Weise in seiner Selbstachtung oder in dem Respekt beeinträchtigen, der ihm von seiner sozialen Umwelt entgegengebracht wird. Während das U.S.-amerikanische Recht diesen Wandel zeitnah zur Kenntnis und zum Anlass für die Entwicklung eines »right of privacy« nahm,[6] erwies sich das BGB auch insoweit als rückwärtsgewandte Kodifikation. Die Entwicklung des Persönlichkeitsschutzes unter dem BGB ist deshalb die Geschichte eines quälend langsamen Abschieds vom Regelungskonzept des Gesetzes.

### c) Die Rechtsprechung des RG: Zwischen Rechtsfortbildung und Attentismus

369 Am Vorabend des BGB im Jahre 1899 hatte das RG die Frage zu entscheiden, ob die Erben Bismarcks von den beklagten Fotografen die Vernichtung von Blitzlichtaufnahmen verlangen könnten, die diese von der Leiche Bismarcks hergestellt hatten, nachdem sie zu nächtlicher Zeit heimlich in dessen Sterbezimmer eingestiegen waren. Das RG hat diese Frage mit recht gezwungener Begründung bejaht,[7] zu deren Wiederholung freilich bald kein Anlass mehr bestand, weil das »**Recht am eigenen Bild**« durch den Gesetzgeber im Kunsturhebergesetz v. 9.1.1907 (KUG) anerkannt und im Einzelnen geregelt wurde. Dieses Gesetz bestimmt in §§ 22ff. – diese Vorschriften sind nach dem Inkrafttreten des Urheberrechtsgesetzes v. 9.9.1965 als einzige auch heute noch in Kraft –, dass »Bildnisse« nur mit Einwilligung des Abgebildeten und, wenn er verstorben ist, mit Einwilligung seiner Angehörigen verbreitet oder öffentlich zur Schau gestellt werden dürfen. Vgl. dazu im Einzelnen → Rn. 378ff.

370 Das RG gewährte Rechtsschutz auch gegen die unbefugte Veröffentlichung **privater Briefe,** wenn auch nur in beschränktem Umfang, nämlich nur dort, wo der in Rede stehende Brief sich als »eine originale geistige Schöpfung« darstellte und damit unter den Begriff des »Schriftwerkes« im Sinne der Literatururhebergesetze gebracht werden konnte. Die Briefe Nietzsches wurden daher gegen Veröffentlichung geschützt, weil

---

6 *Wagner* ZEuP 2000, 200 (218ff. mwN).
7 Vgl. RGZ 45, 170; eines dieser Fotos ist abgedruckt in FAZ v. 30.11.2005, Nr. 279, N 3.

ihr Verfasser sich in ihnen »als Briefkünstler« betätigt habe,[8] Richard Wagners Briefe hingegen nicht, weil sie lediglich »geschäftlicher Natur« waren.[9] Dass freilich auch die Veröffentlichung von Briefen bloß »geschäftlicher Natur« die Persönlichkeitssphäre ihres Autors verletzen kann, sollte nicht bestritten werden.

Mitunter nahm das RG **bei § 826 Zuflucht,** um ein Mindestmaß an Persönlichkeitsschutz zu gewährleisten.[10] In RGZ 115, 416 wurde es als vorsätzlich-sittenwidrige Schädigung angesehen, dass eine Auskunftei die fast 20 Jahre zurückliegende strafgerichtliche Verurteilung des Klägers wahrheitsgemäß und in allen Einzelheiten in ihren Auskünften geschildert hatte. Allgemeine Menschenpflicht sei es, einem anderen die vor langer Zeit erlittene Bestrafung nicht lebenslang nachzutragen; vielmehr müsse ihm dazu verholfen werden, die Verfehlung durch einwandfreies soziales Verhalten wiedergutzumachen, sich ein neues wirtschaftliches Leben aufzubauen und sein gesellschaftliches Ansehen wiederzuerwerben. Die Auskunft dürfe deshalb nur ganz allgemein dahin erteilt werden, dass der Kläger »in jungen Jahren« sich in Geschäfte habe verwickeln lassen, die ihn mit dem Strafgesetz in Konflikt gebracht hätten. Die heute gerichtsnotorischen Online-Archive werfen ganz ähnliche Probleme auf (→ Rn. 391). 371

In der Zeit zwischen den beiden Weltkriegen ist oft darauf hingewiesen worden, dass die in der Rechtsprechung geübte Praxis des deliktischen Schutzes der Persönlichkeit wenig befriedige und lückenhaft sei; man hat deshalb vorgeschlagen, einen umfassenden Schutz der Persönlichkeit in der Weise zu gewährleisten, dass man ein »**allgemeines Persönlichkeitsrecht**« anerkennt und es in den Rang eines »sonstigen Rechts« iSd § 823 I erhebt.[11] Das RG hat sich in der Zeit bis zur nationalsozialistischen Machtergreifung nicht dazu durchringen können, diesen Forderungen nachzugeben.[12] 372

### d) Die Anerkennung des allgemeinen Persönlichkeitsrechts durch den BGH

Der Umschwung hat sich nach dem zweiten Weltkrieg vollzogen. Durch die Erfahrungen mit der Nazi-Diktatur war die Notwendigkeit wirksamen Schutzes der menschlichen Würde und der Freiheit der Persönlichkeit jedermann vor Augen geführt, und das Grundgesetz hatte, wie noch keine deutsche Verfassung zuvor, diesen Rechtsgütern **in Art. 1 und 2 GG** eine ganz zentrale Bedeutung und Stellung eingeräumt. Damit war der Boden für die grundlegende Entscheidung des BGH vorbereitet, in der er im Jahre 1954 erstmalig das »allgemeine Persönlichkeitsrecht« als »sonstiges Recht« iSd § 823 I anerkannt hat. 373

BGHZ 13, 334 = NJW 1954, 1404: Die beklagte Wochenzeitschrift hatte einen Artikel veröffentlicht, in dem sie sich kritisch damit auseinandersetzte, dass der ehemalige Präsident der Reichsbank und Wirtschaftsminister der Hitlerzeit, **Hjalmar Schacht,** ein Bankgeschäft gegründet habe. Der Kläger, ein Rechtsanwalt, sandte daraufhin im Auftrage von Schacht ein Schreiben an die Beklagte, in dem er sie im Namen seines Mandanten zu gewissen Berichtigungen des Artikels aufforderte. Die Beklagte veröffentlichte dieses Schreiben in der Rubrik »Leserbriefe« und veränderte es durch Auslassungen dergestalt, dass der Eindruck entstehen 374

---
8 RGZ 69, 401.
9 RGZ 41, 43.
10 Vgl. auch *Zimmermann/Verse* in Falk/Mohnhaupt (Hrsg.), Das Bürgerliche Gesetzbuch und seine Richter, 2000, 319, 330f. mwN.
11 Vgl. OLG Kiel JW 1930, 78 (80); retrospektiv *Gottwald,* Das allgemeine Persönlichkeitsrecht, 1996, 44f., jeweils mwN.
12 Kurz davor war RG HRR 1933 Nr. 1319.

musste, es habe sich der Kläger als *Privatmann* aus eigenem Antrieb für die Belange des Schacht eingesetzt. Der Kläger verlangte, dass die Beklagte durch eine entsprechende Veröffentlichung die Irreführung ihrer Leser korrigiere. Diesem Verlangen wurde in erster Instanz stattgegeben. Dabei wandelte das Gericht in seiner Begründung noch ganz in den Bahnen des RG: Die Beklagte habe den Kläger durch die Art und Weise der Veröffentlichung seines Briefes verächtlich gemacht und in der öffentlichen Meinung herabgesetzt; sie habe daher den Straftatbestand der Verleumdung (§ 187 StGB) erfüllt. Das Berufungsgericht hingegen vermochte in der Veröffentlichung des Briefes nichts für den Kläger Ehrenrühriges zu erkennen und wies die Klage ab. Für den BGH kam es auf die Frage der Strafbarkeit des Verhaltens der Beklagten nicht mehr an. Unter Berufung auf Art. 1 und 2 GG entschied er, dass das allgemeine Persönlichkeitsrecht als solches zivilrechtlich zu schützen sei. Die veränderte Wiedergabe des Briefes verletze hier die »persönlichkeitsrechtliche Eigensphäre des Verfassers«, weil durch sie ein »falsches Persönlichkeitsbild« vermittelt werde.

375 Seither ist der deliktische Persönlichkeitsschutz durch eine Fülle von Entscheidungen zu einem hoch differenzierten System ausgebaut worden, wobei sich einige Schutzbereiche bereits wieder zu »besonderen Persönlichkeitsrechten« verdichtet haben.

## 2. Schutzbereiche

### a) Namensrecht

376 Das Namensrecht ist das einzige vom BGB anerkannte besondere Persönlichkeitsrecht. § 12 schützt sowohl vor **Namensbestreitung** als auch vor **Namensanmaßung**. Im erstgenannten Fall bestreitet ein Dritter dem Berechtigten die Befugnis zum Gebrauch des eigenen Namens, was in der Praxis kaum einmal vorkommt. Auch die zweite Alternative des § 12, die Namensanmaßung, war ursprünglich auf den unbefugten Namensgebrauch im sozialen Nahbereich gemünzt. Die heutige Bedeutung der Vorschrift verdankt sich vor allem dem Umstand, dass die Rechtsprechung den Tatbestand der Namensanmaßung auch dann annimmt, wenn der Schädiger den Namen einer berühmten Person nicht zur Bezeichnung der eigenen Person benutzt, sondern zur Kennzeichnung von Waren zu Reklamezwecken.

377 **Beispiele:** In der Leitentscheidung RGZ 74, 308, hatte ein Tabakwarenhersteller Zigarren mit dem Namen (und dem Konterfei) von **Graf Zeppelin** versehen und dafür entsprechende Warenzeichen eintragen lassen, während der Graf einem konkurrierenden Zigarrenhersteller eine entsprechende Lizenz erteilt hatte. Die auf Löschung der Warenzeichen gerichtete Klage begründete der Graf unter anderem mit dem Hinweis, »es könne ihm nicht gleichgültig sein, mit welchen Waren sein Name in Verbindung gebracht werde«. Das RG gab der Klage mit der Erwägung statt, § 12 schütze nicht nur familien- und vermögensrechtliche Interessen, sondern »auch ein ideales und selbst ein Affektionsinteresse«.[13]
80 Jahre später kam ein ähnlicher Fall vor den BGH: Die **Universität Heidelberg** hatte die gewerblichen Nutzungsrechte an ihrem Namen, Wappen und Siegel einem Unternehmen übertragen, das nun gegen einen Konkurrenten vorging, der seit vielen Jahren Sweat-Shirts mit Abbildungen von Namen, Wappen und Siegel der Universität Heidelberg vertrieb. Auch diese Klage aus übertragenem Recht der Universität Heidelberg hatte Erfolg.[14]
In BGHZ 110, 196 = NJW 1990, 1106, hatte das beklagte Textil-Unternehmen T-Shirts und Sweat-Shirts auf den Markt gebracht, die **aufgebügelte Motive** mit dem Bild eines berühmten Tennisspielers sowie schriftliche Zusätze wie »Boris Becker Superstar«, »Bum-Bum-Boris«,

---

13 RG HRR 1933 Nr. 1319, 310f.
14 BGHZ 119, 237 (245ff.) = NJW 1993, 918.

»I love Boris« zeigten. Die Beklagte hatte zu keinem Zeitpunkt behauptet, sie selbst sei ein berühmter Tennisspieler, wohl aber den Eindruck erzeugt, Boris Becker habe die von ihr vertriebenen Textilien autorisiert. Dies reichte aus, um der Klage zum Erfolg zu verhelfen. Anders liegt es indessen, wenn der Name einer berühmten Künstlerin in einem Werbespot bloß erwähnt und nicht der Eindruck erweckt wird, die prominente Person identifiziere sich mit den beworbenen Produkten.[15]

### b) Recht am eigenen Bild

Ein spezialgesetzlich anerkanntes besonderes Persönlichkeitsrecht ist das Recht am eigenen Bild. Gemäß § 22 KunstUrhG dürfen Bildnisse **nur mit Einwilligung des Abgebildeten verbreitet** oder **öffentlich zur Schau gestellt** werden, wobei die Einwilligung im Zweifel als erteilt gilt, wenn das Bild gegen Honorar angefertigt wurde. Die bloße **Anfertigung von Lichtbildern** und das **Innehaben von Fotonegativen und Bilddateien** fallen zwar nicht unter § 22 KunstUrhG, verletzen aber den Schutzbereich des allgemeinen Persönlichkeitsrechts und bedürfen daher grundsätzlich ebenfalls der Zustimmung des Betroffenen.

378

> **Beispiele:** Einer Patientin steht ein Anspruch aus § 823 I gegen einen Krankenpfleger zu, der während einer Operation zur **Brustvergrößerung** mit seinem Mobiltelefon Fotos von ihr geschossen hat.[16] Hier kann die Löschung der Bilddateien verlangt werden. Patientinnen, die von einem **Gynäkologen** während der Untersuchung heimlich an intimen Stellen fotografiert wurden, haben dafür eine Geldentschädigung von jeweils EUR 1.000 erhalten.[17] Werden innerhalb einer – ehelichen oder außerehelichen – Liebesbeziehung intime Bildaufnahmen angefertigt, besteht nach dem Zerbrechen der Beziehung ein **Anspruch auf Löschung derjenigen Bilddateien,** die einen der Partner unbekleidet oder in sexuell expliziten Posen und Situationen zeigen.[18] Die Einwilligung in die Anfertigung und den Besitz der Bilder war von vornherein auf die Dauer der Beziehung beschränkt, und das Interesse des anderen Partners daran, die Bilder als Erinnerung an die verflossene Beziehung behalten zu dürfen, muss hinter dem Interesse des einen am Schutz seiner Intimsphäre zurücktreten.

Eine schrankenlose Geltung des Einwilligungserfordernisses für die Verbreitung von Bildern würde die Bildberichterstattung über Ereignisse von öffentlichem Interesse praktisch unmöglich machen. Um dies zu vermeiden, normiert § 23 KunstUrhG eine Reihe von Ausnahmetatbeständen, die den **Abdruck von Bildern auch ohne Zustimmung** des Abgebildeten zulassen. Dies gilt etwa dann, wenn die Personen nur Beiwerk für die Präsentation einer Landschaft oder eines Gebäudes sind (§ 23 Nr. 2 KunstUrhG)[19] oder Personen als Teilnehmer von Versammlungen oder Demonstrationen abgebildet werden. Schließlich dürfen gem. § 23 Nr. 1 KunstUrhG auch »Bildnisse aus dem Bereich der Zeitgeschichte« ohne Einwilligung verbreitet werden. Innerhalb der Bildnisse aus dem Bereich der Zeitgeschichte, deren Verbreitung der Abgebildete hinnehmen muss, wird zwischen sog. **relativen und absoluten Personen der Zeitgeschichte** differenziert. Relative Personen der Zeitgeschichte verdanken das Interesse der Öffentlichkeit an ihrer Person allein dem Umstand, dass sie bei Ereignissen zugegen waren, an denen ein öffentliches Interesse besteht. Beispielhaft zu nennen sind Zuschauer, die neben einem Politiker oder Sportstar stehen, während dieser eine Ehrung

379

---

15 BGHZ 30, 7 (9f.) = NJW 1959, 1269.
16 LG Aschaffenburg NJW 2012, 787 (788).
17 OLG Zweibrücken VersR 2013, 915f.
18 BGH VersR 2016, 199 Rn. 32ff.
19 Vgl. dazu etwa BGH NJW 2015, 2500 Rn. 23ff.

erhält oder – only bad news are good news – ein Attentat auf ihn verübt wird. Die berühmte Person selbst, der die Ehrung verliehen oder auf die das Attentat verübt wird, verdankt ihre Popularität nicht diesem Ereignis, sondern umgekehrt, sie macht das Ereignis erst zu einem Gegenstand öffentlichen Interesses. Diese Fähigkeit kommt **absoluten Personen der Zeitgeschichte** zu.

380 Personen der Zeitgeschichte sind kein Freiwild für die Medien, sondern das berechtigte **Informationsbedürfnis der Öffentlichkeit hat Grenzen.** So ist die Bildberichterstattung über den Absturz einer Concorde über einem Pariser Vorort sicher zulässig, nicht dagegen die Veröffentlichung von Leichenfotos der dabei ums Leben gekommenen Menschen.[20] Genauso wenig darf das Bildnis einer berühmten Person ohne deren Zustimmung für kommerzielle Zwecke, etwa im Rahmen der Produktwerbung, eingesetzt werden.[21] Der Status als absolute Person der Zeitgeschichte färbt nicht auf deren Kinder ab, die sich ungenehmigte Bildveröffentlichungen nicht gefallen lassen müssen, weil sie besonders schutzbedürftig sind.[22] Schließlich haben auch Prominente, wie Spitzenpolitiker, -sportler und -musiker sowie Leiter von Großkonzernen, ein Recht auf Privatsphäre. Folgerichtig heißt es in § 23 II KunstUrhG, die Befugnis (zur Veröffentlichung ohne Einwilligung) erstrecke sich nicht auf eine Verbreitung, durch die ein berechtigtes Interesse des Abgebildeten verletzt werde. Diese Grenze ist sicher überschritten, wenn das Bildnis eines Fußballspielers verbreitet wird, dem gerade an einer unpassenden Stelle die Hose aufgeplatzt ist.[23]

381 Die Ausbalancierung von Pressefreiheit und Persönlichkeitsschutz bei der Bildberichterstattung über Prominente ist eine komplexe Aufgabe, die weiter dadurch kompliziert wird, dass **drei Gerichtshöfe miteinander konkurrieren.** Die letztinstanzlichen Entscheidungen des BGH werden regelmäßig zum Gegenstand von Verfassungsbeschwerden gemacht, über die das BVerfG entscheidet, und wer dort unterliegt, wendet sich an den Europäischen Gerichtshof für Menschenrechte (EGMR). Der BGH und ihm folgend das BVerfG nahmen die Abwägung der Persönlichkeitsinteressen des Einzelnen mit den Informationsinteressen der Öffentlichkeit anhand *räumlicher Kriterien* vor: Solange sich der Abgebildete in einer Sphäre örtlicher Privatheit und Abgeschiedenheit bewegte, war das öffentliche Interesse an der Bildberichterstattung zu verneinen;[24] hingegen musste es die prominente Person hinnehmen, in der Öffentlichkeit fotografiert zu werden, und zwar auch bei privaten Verrichtungen – Essen, Einkaufen, Sonnenbaden.[25] Der Persönlichkeitsschutz Prominenter endete gewissermaßen »an der Haustür«.[26]
Der **EGMR** hat die Rechtsprechung der deutschen Gerichte zur Abwägung zwischen dem Schutz des Privat- und Familienlebens (Art. 8 EMRK) und der Meinungsfreiheit (Art. 10 EMRK) in der Entscheidung **Caroline von Hannover** korrigiert und bekannt, er könne dem »Begriff der ›absoluten Person der Zeitgeschichte‹ nur schwer folgen«.[27] Der Gerichtshof verwarf den an räumlichen Kriterien – Öffentlichkeit/Abgeschiedenheit – orientierten Ansatz der deutschen Gerichte zugunsten eines *inhaltlichen Kriteriums:* Das Privileg des Art. 10 EMRK stehe nur für solche Beiträge zur Verfügung, deren Inhalt von Bedeutung für die politische Diskussion innerhalb eines demokratischen Gemeinwesens sei, nicht aber für die Befriedigung purer Neugier am Privatleben von Prominenten.[28]

---

20 Vgl. Erman/*Klass,* 13. Aufl. 2011, Anh. § 12 Rn. 185.
21 BGHZ 20, 345 (350) = NJW 1956, 1554; BGHZ 143, 214 (229) = NJW 2000, 2195; auch → Rn. 401.
22 BGH VersR 1996, 341; 2004, 863; vgl. auch BVerfG NJW 2000, 1021 (1023).
23 OLG Hamburg AfP 1972, 150.
24 BGHZ 131, 332 (338ff.) = NJW 1996, 1128; BVerfGE 101, 361 (382, 393f.) = NJW 2000, 1021.
25 BVerfGE 101, 361 (384) = NJW 2000, 1021; BVerfG NJW 2000, 2192.
26 BGH NJW-RR 1995, 790 (792).
27 EGMR NJW 2004, 2647 Rn. 72.
28 EGMR NJW 2004, 2647 Rn. 63.

Obwohl der BGH an die Vorgaben des EGMR nicht strikt gebunden ist,[29] hat er seine Rechtsprechung **382** modifiziert. Die Bildberichterstattung über das Privatleben von absoluten Personen der Zeitgeschichte ist in den Grenzen des § 23 II KunstUrhG nicht mehr ohne Weiteres zulässig, sondern erst nach einer **Abwägung zwischen den Persönlichkeitsinteressen der abgebildeten Person und dem Informationsbedürfnis der Öffentlichkeit** im konkreten Einzelfall.[30] Bei Bildnissen aus dem Privatleben Prominenter ist ein Überwiegen des Informationsbedürfnisses der Öffentlichkeit zwar nicht von vornherein ausgeschlossen, doch kommt der Befriedigung von Neugier und dem Bedürfnis nach Unterhaltung im Rahmen der Abwägung ein geringeres Gewicht zu.[31] Immerhin soll auch ein unterhaltender »Beitrag über das Privat- oder Alltagsleben prominenter Person […] Anlass zu sozialkritischen Überlegungen sein [können]«.[32] Dabei ist zu berücksichtigen, ob sich der Abgebildete selbst in die Öffentlichkeit begeben oder ob er »konsistent und situationsübergreifend zum Ausdruck gebracht hat, dass seine Privatsphäre nicht Gegenstand der Berichterstattung durch die Presse sein soll«.[33] Die damit vollzogene Annäherung an den für die Presse restriktiveren Standpunkt des EGMR hat das BVerfG gutgeheißen.[34] Dagegen hat Caroline von Hannover erneut den EGMR angerufen und den deutschen Gerichten vorgeworfen, sie hätten die alten, vom EGMR beanstandeten Kriterien nur in andere Worte gefasst, ohne inhaltlich den Persönlichkeitsinteressen ein größeres Gewicht einzuräumen.[35] Dem ist der EGMR nicht gefolgt; der Gerichtshof hat vielmehr anerkannt, dass die Erkrankung einer »absoluten Person der Zeitgeschichte« (des Fürsten von Monaco) ein Ereignis von öffentlichem Interesse ist, über das die Presse berichten darf, und dass solche Berichte auch mit Fotos aus dem Privatleben illustriert werden dürfen, sofern sie ohne nennenswerte technische Hilfsmittel in der Öffentlichkeit gemacht wurden.[36]
Auf der Grundlage dieser Kriterien hat der BGH die Veröffentlichung von Fotos erlaubt, die **Heide Simonis** kurz nach ihrem Ausscheiden als Ministerpräsidentin von Schleswig-Holstein beim Einkaufsbummel zeigen,[37] nicht aber die Bildberichterstattung über einen Einkaufsbummel, den **Sabine Christiansen** mit ihrer Putzfrau in einem mallorquinischen Fischerdorf unternommen hat.[38] Für zulässig gehalten wurde auch eine bebilderte Reportage über die Konditionen, zu denen man eine in Kenia gelegene Villa von Caroline und Ernst August von Hannover anmieten kann.[39] Ein Skiurlaub der **Eheleute von Hannover** in Zürs am Arlberg darf nach Auffassung des BGH nicht durch eine Fotostrecke dokumentiert werden, wenn in dem beigefügten Artikel wiederum bloß dieser Skiurlaub oder gar der »Rosenball« in Monte Carlo thematisiert wird, wohl aber dann, wenn die begleitende Wortberichterstattung der Erkrankung des Fürsten von Monaco gewidmet ist.[40] Das BVerfG hingegen sah eine Reportage über die Skiregion Arlberg als von Art. 5 GG gedeckt an, obwohl es darin maßgeblich um die Urlaubsgewohnheiten von Caroline und Ernst August von Hannover ging, was mit entsprechenden Bildern belegt wurde.[41] Nach Auffassung der Kammer hat die Öffentlichkeit ein legitimes Interesse daran zu erfahren, »welche Gäste die Urlaubsregion besuchen«.[42] Zu derart minutiösen Differenzierungen und Haarspaltereien sind die Gerichte gezwungen, weil der EGMR die menschenrechtliche Zulässigkeit der Bildberichterstattung von ihrem Wert für eine öffentliche Diskussion im konkreten Einzelfall abhängig gemacht hat. Nun steht die Presse vor der unlösbaren Aufgabe, ex ante abschätzen zu müssen, welche Informationen ein Gericht ex post als nützlich für die Diskussion in einem demokratischen Gemeinwesen ansehen wird, zumal die Berichterstattung über Aspekte des Privatlebens von Personen des öffentlichen Lebens »unter besonderen Umständen« gerechtfertigt sein kann.[43] Bemerkenswerterweise hat der EGMR nicht einmal beanstandet, dass ein Klatschmagazin die aus großer Entfernung mit einem Teleobjektiv geschossenen

---

29 Vgl. dazu BVerfG NJW 2004, 3407 (3411); 2005, 1105 (1107).
30 Grdl. BGHZ 171, 275 Rn. 15 ff. = NJW 2007, 1977; vgl. weiter BGH NJW 2008, 749 Rn. 9 ff.
31 BGHZ 171, 275 Rn. 21, 28 = NJW 2007, 1977; BGH NJW 2007, 3440 Rn. 19, 22; 2012, 762 Rn. 9.
32 BGH NJW 2012, 762 Rn. 10.
33 BGH NJW 2005, 594.
34 BVerfGE 120, 180 (201 ff.) = JZ 2008, 627 mAnm *Starck*.
35 EGMR NJW 2012, 1053 Rn. 116.
36 EGMR NJW 2012, 1053 Rn. 118 ff.
37 BGH NJW 2008, 3134.
38 BGH NJW 2008, 3138.
39 BGH VersR 2008, 1411.
40 BGHZ 171, 275 Rn. 24 ff. = NJW 2007, 1977.
41 BVerfG NJW 2012, 756 Rn. 21 ff.
42 BVerfG NJW 2012, 756 Rn. 24.
43 EGMR NJW 2004, 2650 Nr. 64; BGHZ 171, 275 Rn. 17 = NJW 2007, 1977.

Aufnahmen von der Hochzeit eines norwegischen Musikers veröffentlicht hat.[44] In der Urteilsbegründung klingt an, der Caroline-Fall sei nur deshalb anders entschieden worden, weil die dortige Klägerin **fortwährend von Paparazzi belästigt** wurde.[45] Aber um den Schutz vor persönlichen Belästigungen geht es beim Recht am eigenen Bild überhaupt nicht. Von dem vom BGH mit Recht beschworenen Postulat, die Presse müsse selbst entscheiden können, welche Informationen von öffentlichem Interesse sind,[46] bleibt unter diesen Umständen nicht viel übrig: »But a freedom which is restricted to what judges think to be responsible or in the public interest is no freedom«.[47]

### c) Beleidigung und andere Ehrverletzungen, insbesondere im Internet

383 Da das Deliktsrecht in Gestalt des § 823 II einen Mechanismus zur Transformation von Straftatbeständen in Haftungsgründe zur Verfügung hat, ist der strafrechtliche Ehrenschutz gem. §§ 185 ff. StGB zugleich auch der deliktsrechtliche Standard. Dieser enthält allerdings Lücken, weil das Strafrecht, seiner Aufgabe des Schutzes der ethischen Minima entsprechend, nur **vorsätzliche Ehrverletzungen** unter Strafe stellt. Diese Beschränkung erweist sich vor allem dort als defizitär, wo der deliktische Ehrenschutz unter modernen Bedingungen seine Bewährungsprobe bestehen muss, nämlich in Bezug auf den Schutz der Person vor Massenmedien. Natürlich kommt es vor, dass Zeitschriften der Yellow Press ehrenrührige Geschichten aus dem Privatleben Prominenter schlicht und einfach erfinden, um die Auflage zu steigern. Mit der Sanktionierung derart eklatanter Rechtsverletzungen kann sich das Deliktsrecht jedoch nicht begnügen, sondern es muss dem Journalisten auch Anreize dazu vermitteln, sorgfältig zu recherchieren und nicht bedenkenlos Informationen zu verbreiten, die dem Ansehen des Betroffenen Schaden zufügen, sich aber später als haltlos erweisen. Hierfür bieten die §§ 823 II BGB, 185 ff. StGB keinerlei Handhabe, sondern es bedarf des Schutzes vor fahrlässig zugefügten Ehrverletzungen.

384 Die **Domäne des Ehrenschutzes** durch das allgemeine Persönlichkeitsrecht liegt nach allem im Bereich der **Mediendelikte**. Mit Blick auf die grundrechtlichen Garantien der Presse- und der Informationsfreiheit in **Art. 5 I GG/Art. 10 EMRK** darf der Persönlichkeitsschutz gemäß **Art. 2 I GG/Art. 8 EMRK** nicht maximiert werden, sondern er bedarf der Ausbalancierung mit diesen Gewährleistungen, was eine **Interessenabwägung** in jedem Einzelfall erfordert. Nachdem sowohl der BGH als auch das diesen kontrollierende BVerfG in jahrzehntelanger Arbeit Urteil auf Urteil getürmt haben (→ Rn. 404),[48] lassen sich Leitlinien für die Interessenabwägung angeben, die den Vorgang weitgehend strukturieren und in bestimmten Standardkonstellationen auch das Ergebnis zu präjudizieren vermögen.

385 Die erste grundlegende Unterscheidung ist diejenige zwischen **Tatsachenbehauptungen und Werturteilen**.[49] Bei Tatsachenbehauptungen erhebt der Erklärende einen Wahrheitsanspruch, und die entscheidende Frage ist, ob dieser eingelöst werden kann oder sich als haltlos erweist. Folgerichtig kommen als Tatsachenbehauptungen nur solche Erklärungen in Betracht, die dem Beweis zugänglich sind, über die also ein intersubjektiver Konsens hergestellt werden kann. In relevanter Hinsicht anders verhält es sich bei Werturteilen; bei diesen wird vom Sprecher gerade kein Wahrheitsanspruch er-

---

44 EGMR NJW 2014, 3291 Rn. 37 ff.
45 EGMR NJW 2014, 3291 Rn. 40.
46 BGHZ 171, 275 Rn. 22 = NJW 2007, 1977.
47 *R v. Central Independent Television plc* (1994) Fam 192, 203 f., C. A., per Lord Hoffmann.
48 Vgl. BGHZ 199, 237 Rn. 23 mwN = NJW 2014, 2029.
49 Vgl. etwa BGH VersR 1997, 325 (326); MüKoBGB/*Wagner* § 824 Rn. 14 ff. mwN.

hoben, sondern sie sind geprägt vom subjektiven Meinen und Dafürhalten. Ein Wahrheitsbeweis ist hier von vornherein unmöglich. Da nun jedermann weiß, wie unterschiedlich die Meinungen häufig sind, sind Werturteile, auch solche ehrenrührigen Inhalts, für den Betroffenen weniger gefährlich als Tatsachenbehauptungen: Wer im Sinne einer Tatsachenbehauptung erklärt, ein bestimmter Politiker sei ein »Betrüger«, gefährdet dessen Reputation ungleich massiver, als wenn ein entsprechendes Werturteil aufgestellt wird, etwa um den »Bruch« von »Wahlkampfversprechen« zu geißeln.

Die Qualifikation einer Erklärung als Tatsachenbehauptung oder als Werturteil erfordert ihre **Auslegung im Horizont der Erklärungsadressaten.** Wer einem ehemaligen Mitglied der Geschäftsleitung eines Unternehmens »Kollusion« mit einem anderen Unternehmen vorwirft, behauptet keine Tatsache, sondern wertet.[50] Gleiches gilt, wenn die Beteiligung eines Flughafenbetreibers an einem Infrastrukturprojekt als »Sumpf an Lügen, Täuschung, Vertuschung, Vetternwirtschaft, Polit-Kumpanei und Korruption« bezeichnet wird.[51] Hingegen hat das Bundesverfassungsgericht die Behauptung, die Unternehmen der grünen Gentechnik veruntreuten Fördergelder und betrieben Geldwäsche mit Rücksicht auf einen – unrichtigen – »Tatsachenkern« untersagt.[52] Wer im Kontext einer politischen Agitation gegen Wehrdienst und Bundeswehrmanöver die Behauptung aufstellt »Soldaten sind Mörder«, der behauptet nicht, dass Soldaten strafrechtlich relevante Schwerverbrechen begingen oder generell zu niederträchtigem Verhalten fähig wären, sondern macht eine wertende Aussage über die Verteidigungspolitik.[53] Mit Blick auf diesen und andere Fälle wird im Schrifttum die Auffassung vertreten, das BVerfG sei mit seiner Verteidigung der Meinungsfreiheit auf Kosten des Ehrenschutzes viel zu weit gegangen.[54] Mit Recht heißt es hingegen in einer berühmten amerikanischen Entscheidung »that debate on public issues should be uninhibited, robust and wide open«.[55]

386

Speziell bei Tatsachenbehauptungen wird die Interessenabwägung maßgeblich von der Frage bestimmt, ob sich die **Behauptung** als **wahr oder** als **falsch** erweist oder ob die Wahrheitsfrage nicht geklärt werden kann.[56] Sicher ist, dass der Informationsauftrag der Massenmedien von vornherein ins Leere stößt, wenn die verbreitete Tatsache falsch ist und der Journalist dies auch weiß. Ein öffentliches Interesse an der Irreführung der Öffentlichkeit besteht nicht. Nicht ganz so einfach liegt es, wenn die verbreitete Tatsache der Wahrheit entspricht. Richtigerweise sollte man im Sinne der englischen Maxime »**truth is an absolute defence**« davon ausgehen,[57] dass die Verbreitung der Wahrheit nicht unter dem Gesichtspunkt des Ehrenschutzes untersagt werden kann.[58] In Betracht kommt jedoch eine andere Teilgewährleistung des allgemeinen Persönlichkeitsrechts, nämlich der Schutz der Privatsphäre: Auch wahre Tatsachen dürfen nicht verbreitet werden, wenn sie der schützenswerten Privatsphäre des Betroffenen zugehören und die Öffentlichkeit nichts angehen (→ Rn. 395ff.). Der Umstand, dass eine Person **Straftaten oder andere Verfehlungen** begangen hat, ist allerdings keine reine Privatangelegenheit, die niemanden etwas anginge. Vielmehr zählt es zu den wichtigsten Aufgaben der Medien, die Öffentlichkeit über Straftaten zu informieren, und zwar unter **Nennung der Namen** derjenigen, die sie

387

---

50 BVerfG NJW-RR 2001, 411.
51 BGH VersR 2009, 555 Rn. 15 ff.
52 BVerfG NJW 2012, 1643 Rn. 41 ff.
53 BVerfG NJW 1994, 2943; 1995, 3303 (3305 ff.).
54 Vgl. *Larenz/Canaris* SchuldR II § 80 V; *Ehmann*, FS 50 Jahre BGH I, 2000, 640 f.; dagegen *Grimm* NJW 1995, 1697 (1702), und *Soehring* NJW 1994, 2926.
55 *New York Times Co. v. Sullivan* (1964), 376 U.S. 254 (270), per Brennan, J.
56 BGHZ 199, 237 Rn. 23 = NJW 2014, 2029.
57 *Spring v. Guardian Assurance plc* (1995) 2 A.C. 296; *Bell-Booth Group Ltd. v. A-G*, (1989), 3 NZLR 148 (156 f.).
58 BVerfGE 99, 185 (196) = NJW 1999, 1322; BGHZ 31, 308 (318) = NJW 1960, 476; BGHZ 90, 113 (116) = NJW 1984, 1607; BGHZ 138, 311 (320) = NJW 1998, 2141; BGH VersR 2010, 359 Rn. 13.

tatsächlich begangen haben.⁵⁹ Dies gilt selbstverständlich auch zulasten von Prominenten, die es hinnehmen müssen, wenn beispielsweise über von ihnen begangene Drogendelikte berichtet wird, und dies besonders dann, wenn die jeweilige Person vor allem für ihre Darstellung eines Tatort-Kommissars bekannt ist.⁶⁰ Gegenüber der Aufklärung von **Sexualdelikten** versagt sogar der Schutz der Intimsphäre (→ Rn. 396).

**388** Häufig lässt sich nicht auf Anhieb klären, ob gegen eine prominente Person vorgebrachte Anschuldigungen zutreffen oder nicht. In diesen Fällen müssen die Medien nicht bis zum rechtskräftigen Abschluss eines Strafverfahrens abwarten, sondern dürfen eine sog. **Verdachtsberichterstattung** betreiben.⁶¹ Auf bloße Gerüchte dürfen sie diese allerdings nicht gründen, sondern es besteht eine Verpflichtung zur sorgfältigen Recherche über den Wahrheitsgehalt der Anschuldigungen und zu einer ausgewogenen Berichterstattung über die Beweislage und den Fortgang des Ermittlungs- und Gerichtsverfahrens.⁶² Wird der anfangs bestehende Verdacht später ausgeräumt, ist das Medienorgan zur Berichtigung verpflichtet (→ Rn. 408).
Ausnahmsweise kann auch die Verbreitung der Wahrheit über tatsächlich begangene Straftaten ein unzulässiger Eingriff in die Persönlichkeitssphäre des Betroffenen sein, wie die Lebach-Entscheidung des BVerfG belegt. Das Zweite Deutsche Fernsehen hatte ein Dokumentarspiel über den »**Soldatenmord von Lebach**« produziert, bei dem Anfang 1969 während eines Überfalls auf ein Munitionsdepot der Bundeswehr vier Soldaten der Wachmannschaft getötet worden waren. Zwei Täter sind zu lebenslanger Freiheitsstrafe, der Kläger wegen Beihilfe zu sechs Jahren Freiheitsstrafe verurteilt worden. Kurz vor seiner Entlassung aus der Strafhaft beantragte er, dem ZDF im Wege einer einstweiligen Verfügung die Ausstrahlung der Sendung zu verbieten, weil darin eine rechtswidrige Verletzung seines Persönlichkeitsrechts, seines Namensrechts und seines Rechts am eigenen Bild liege. Das OLG Koblenz wies diesen Antrag zurück;⁶³ auf die Verfassungsbeschwerde des Klägers wurde das OLG-Urteil jedoch vom BVerfG aufgehoben und die einstweilige Verfügung gegen das ZDF antragsgemäß erlassen.⁶⁴ Maßgeblich für diese Entscheidung war die Überlegung, dass die Ausstrahlung der Fernsehsendung wegen der Intensität, mit der sie vom Publikum erlebt wird, die Wiedereingliederung des kurz vor der Haftentlassung stehenden Klägers in die Gesellschaft erheblich erschweren würde.⁶⁵ Über 25 Jahre später produzierte ein privater Fernsehsender erneut einen dem Lebach-Fall gewidmeten Film, dessen Ausstrahlung vom OLG Koblenz auf Antrag eines noch inhaftierten und eines inzwischen wieder in Freiheit befindlichen Tatbeteiligten wiederum untersagt wurde.⁶⁶ Das BVerfG billigte diese Entscheidung nicht: Das allgemeine Persönlichkeitsrecht vermittle Straftätern keinen absoluten Anspruch darauf, nie wieder mit ihrer Tat konfrontiert zu werden.⁶⁷ Wegen des zeitlichen Abstands zur Tat sowie der geringen Eingriffsintensität – anders als in der früheren ZDF-Produktion wurden weder die Namen der Täter genannt noch ihr Bild gezeigt und die Spielhandlung mehrfach durch Erläuterungen von Fachleuten unterbrochen – ging die Abwägung diesmal zugunsten der Rundfunkfreiheit aus; der Film durfte gesendet werden.⁶⁸ Zur fortdauernden Bereithaltung ursprünglich rechtmäßiger Berichte über Straftaten und deren Urheber in **Online-Archiven** → Rn. 391.
Zur Frage, ob eine erwachsene Frau in der Öffentlichkeit unter Nennung ihres Namens darüber berichten darf, dass und wie sie in ihrer Kindheit von ihrem **Vater sexuell missbraucht worden** ist, vgl. BVerfGE 97, 391 (401 ff.) = NJW 1998, 2889 ff.

---

59 BVerfGE 97, 391 (404 f.) = NJW 1998, 2889; BVerfG NJW 2009, 350 Rn. 12 ff.; 2012, 1500 Rn. 39 ff.; BGH VersR 2013, 63 Rn. 12.
60 EGMR NJW 2012, 1058 Rn. 100 ff.
61 BGHZ 199, 237 Rn. 25 ff. = NJW 2014, 2029; BGHZ 203, 239 Rn. 14 ff. = NJW 2015, 778; BGH VersR 2016, 606 Rn. 22 ff.; eing. *Lehr* AfP 2013, 7; *Lehr* NJW 2013, 728 (730 ff.).
62 BGH VersR 2013, 722 Rn. 19.
63 OLG Koblenz NJW 1973, 251.
64 BVerfGE 35, 202 = GRUR 1973, 541.
65 Vgl. zu diesem Urteil ausf. *Hoffmann-Riem/Kohl/Lüscher* in Kübler (Hrsg.), Medienwirkung und Medienverantwortung, Überlegungen und Dokumente zum Lebach-Urteil, 1975.
66 OLG Koblenz AfP 1998, 328.
67 Genauso BGH VersR 2010, 359 Rn. 16 – Sedlmayr-Mord.
68 BVerfG NJW 2000, 1859 (1860 f.); vgl. auch OLG Saarbrücken NJW-RR 1998, 745.

Was schließlich den **Schutz vor Werturteilen** anlangt, so gebietet die Bedeutung, die 389
die freie Diskussion gegensätzlicher Standpunkte für die **Willensbildung in einer demokratischen Gesellschaft** hat, die Gewährung erheblicher Freiräume. Der privatrechtliche Ehrenschutz gibt dem politischen Diskurs folglich nur den äußersten Rahmen vor. Die Meinungsäußerungsfreiheit findet ihre Grenze erst dort, wo die sog. »Schmähkritik« beginnt.[69] Darunter werden Werturteile verstanden, denen es nicht mehr um sachliche, wenn auch polemisch geführte Auseinandersetzung, sondern allein um die persönliche Herabsetzung und Verächtlichmachung des Gegners geht. Das Bundesverfassungsgericht sieht die Domäne der Schmähkritik im Bereich der »Privatfehde« und untersagt scharf formulierte Äußerungen politischer Natur nur ausnahmsweise.[70] Speziell bei Verbalinjurien unter Spitzenpolitikern folgt die Rechtsprechung zudem dem alten Weistum »Wer austeilt, muss auch einstecken können« und billigt dem Angegriffenen ein »Recht zum Gegenschlag« zu.[71]

So muss es sich ein Rechtsanwalt, der Texte über »die schleichende Revolution der Kosmokraten« und 390
den bestimmenden Einfluss jüdischer Familien auf das Wirtschaftsgeschehen veröffentlicht, gefallen lassen, dass er in einem Internet-Forum als rechtsradikal bezeichnet und seine Schriften als »**rechtslastiger Dreck**« bezeichnet werden.[72] Überschritten ist die **Grenze zur Schmähkritik jedoch**, wenn eine bekannte Fernsehansagerin von einer Illustrierten als »ausgemolkene Ziege« bezeichnet wird, die »in ein zweitklassiges Tingeltangel auf der Reeperbahn« gehöre, weil bei ihrem Anblick den Zuschauern »die Milch sauer« werde.[73] Das BVerfG hat es zudem beanstandet, dass eine ehemalige bayerische Landrätin als »durchgeknallte Frau« bezeichnet wurde.[74]
**Satire** kann zwar die in Art. 5 III GG vorbehaltlos gewährleistete Kunstfreiheit für sich in Anspruch nehmen, doch dies bedeutet nicht, dass alles erlaubt ist. Vielmehr gebührt dem Persönlichkeitsschutz der Vorrang, wenn ein 16-jähriges Mädchen, das an einem Schönheitswettbewerb teilgenommen hat, in einer Fernsehsendung mit der Pornobranche in Verbindung gebracht wird.[75]

Die Zuordnung von Persönlichkeitsschutz und Informationsfreiheit ist grundsätzlich 391
in der physischen Welt und im **Internet** dieselbe, sodass die online-Verbreitung von Nachrichten keinen anderen Grundsätzen folgt als die Berichterstattung durch Printmedien. Dementsprechend hat es der BGH nicht untersagt, dass Presseartikel, die in rechtmäßiger Weise über aktuelle Kapitalverbrechen unter Nennung des Namens der verurteilten Täter berichteten, in sog. **Online-Archive** eingestellt werden, wo sie noch nach Jahr und Tag aufgefunden werden können.[76] Es bestehe »ein anerkennenswertes Interesse der Öffentlichkeit nicht nur an der Information über das aktuelle Zeitgeschehen, sondern auch an der Möglichkeit […], vergangene zeitgeschichtliche Ereignisse zu recherchieren«,[77] und zwar »anhand der unveränderten Originalberichte in den Medien«.[78] Umgekehrt dürften Berichte über angebliche Straftaten, die den richterrechtlichen Regeln zur Verdachtsberichterstattung von Anfang an nicht genügt haben

---

69 BVerfGE 82, 272 (283f.) = NJW 1991, 95; BVerfG NJW 2012, 1643 Rn. 40; BGH VersR 2009, 1545 Rn. 17.
70 BVerfG NJW 2012, 3712 Rn. 30.
71 BVerfGE 12, 113 (130) = NJW 1961, 819; BVerfGE 24, 278 (282) = NJW 1969, 227; BVerfGE 66, 116 (150) = NJW 1984, 1741.
72 BVerfG NJW 2012, 3712 Rn. 32ff.
73 BGHZ 39, 124 (127ff.) = NJW 1963, 902.
74 BVerfG NJW 2014, 764 Rn. 23ff.
75 OLG Hamm VersR 2005, 129 (130f.).
76 Vgl. außer den in den folgenden Fußnoten zitierten Entscheidungen noch BGH VersR 2013, 63 Rn. 22ff. – Gazprom.
77 BGHZ 183, 353 Rn. 20 = NJW 2010, 757 – Onlinearchiv I.
78 BGH VersR 2013, 114 Rn. 18 – Appolonia.

(→ Rn. 388), erst recht nicht in einem Online-Archiv bereitgehalten und die Rechtsverletzung dadurch perpetuiert werden.[79] Darüber hinaus bejaht der EuGH ein »**Recht auf Vergessenwerden**« des Einzelnen gegenüber Google: Der Betreiber einer Suchmaschine sei zur Löschung von Einträgen aus der Trefferliste verpflichtet, wenn die damit erschlossenen Informationen die Persönlichkeitsrechte Dritter beeinträchtigten.[80] Dies soll gerade dann gelten, wenn die durch die Suchmaschine zugänglich gemachten Informationen wahr sind und an dem jeweiligen Speicherort – im konkreten Fall das Online-Archiv einer Tageszeitung – *rechtmäßig* bereitgehalten werden. Der Gerichtshof schätzt also das Gefährdungspotential einer Suchmaschine für die Persönlichkeitsrechte Dritter als (viel) höher ein als dasjenige aller anderen Medienunternehmen und Internet-Dienstleister.[81]

392 Die besonderen deliktsrechtlichen Probleme des Internets liegen darin begründet, dass die eigentlichen Urheber der inkriminierten Äußerungen häufig schwer zu finden, nur mit großen Mühen im Ausland zu verfolgen und darüber hinaus mitunter auch insolvent sind. Die Betroffenen wenden sich daher in der Regel an die großen **Informationsintermediäre** des Internets, die problemlos im Inland verklagt werden können und deren Solvenz in der Regel über jeden Zweifel erhaben ist. Im Kern geht es immer wieder um dieselbe Frage, nämlich ob ein Intermediär für rechtswidrige Inhalte Dritter die Verantwortung übernehmen muss. Die Antwort darauf gibt zunächst das auf der E-Commerce-RL 2000/31/EG[82] beruhende Telemediengesetz (TMG), das sog. **Zugangsanbieter,** die nur die Leitung ins Netz zur Verfügung stellen, sowie **Speicherplatzanbieter,** die lediglich Netzseiten »hosten«, weitgehend vor der zivilrechtlichen Haftung aus Delikt abschirmt.[83] **Inhaltsanbieter** haben die von ihnen selbst auf Websites bereit gestellten Informationen allerdings selbstverständlich zu verantworten und daher kein Haftungsprivileg verdient (§ 7 I TMG). Zu den Speicherplatzanbietern zählen auch die Betreiber von **Online- Marktplätzen.**[84] Obwohl die Haftungsbeschränkungen des TMG gem. § 10 S. 1 TMG nicht für Unterlassungsansprüche gelten, sind sie nach der Rechtsprechung nicht zur präventiven Überprüfung der Rechtmäßigkeit fremder Inhalte ex ante, sondern lediglich zum Einschreiten gegen solche Rechtsverletzungen verpflichtet, auf die sie von der betroffenen Person hingewiesen worden sind oder die von ihnen mittels zumutbarer Prüftechniken erkannt werden konnten.[85] Diese Maßstäbe gelten auch für den Betreiber eines Informationsportals, der mitttels sog. RSS-Feeds fremde Nachrichten über das Internet verbreitet, ohne sich diese zu eigen zu machen.[86] Hingegen hat der VI. Zivilsenat es **Google** als einen von diesem Unternehmen selbst zu verantwortenden, eigenen Inhalt zugerechnet, dass die sog. Autocomplete-Funktion der Suchmaschine Begriffe vorschlägt, die die Persönlich-

---

79 BGH VersR 2016, 606 Rn. 31 – Fussballspieler.
80 EuGH = JZ 2014, 1009 mit Bespr. *Spindler* JZ 2014, 981.
81 EuGH = JZ 2014, 1009 mit Bespr. *Spindler* JZ 2014, 981.
82 RL 2000/31/EG des Europäischen Parlaments und des Rates über bestimmte rechtliche Aspekte der Dienste der Informationsgesellschaft, insbesondere des elektronischen Geschäftsverkehrs, im Binnenmarkt (»Richtlinie über den elektronischen Geschäftsverkehr«) v. 8.6.2000, ABl. 2000 L 178, 1.
83 Eing. MüKoBGB/*Wagner* § 823 Rn. 579ff.
84 EuGH EuZW 2011, 754; BGHZ 191, 19 Rn. 22 = GRUR 2011, 1038.
85 BGHZ 158, 236 (251) = JZ 2005, 33 mAnm *Spindler*; BGHZ 185, 330 Rn. 13 = NJW 2010, 2061; BGH NJW 2012, 2345 Rn. 16ff.; 2012, 3443 Rn. 18; zur negatorischen Haftung im Internet *Wagner,* FS Medicus, 1999, 589 (596ff.); *Leistner* GRUR 2010, Beil. 1.
86 BGH NJW 2012, 2345 Rn. 18f.

keitsrechte Dritter verletzen, obwohl diese Begriffe mit Hilfe einer Software aus den Suchanfragen der Google-Nutzer generiert werden.[87]

Besondere Zurechnungsprobleme werfen **Foren** und andere sog. »**social media**« auf, über die Nutzer miteinander in Kontakt treten können. Dass derjenige, der in Facebook oder StudiVZ üble Nachrede gegenüber seinem Nachbarn oder Kommilitonen übt, dem Betroffenen nach § 823 I haftet, ist unproblematisch, häufig aber auch wirkungslos. Aber wie steht es mit dem Betreiber des Forums selbst? Kann eine Lehrerin, deren Leistungen in einem Schülerportal herabgewürdigt werden, das dahinter stehende Unternehmen auf Unterlassung und Schadensersatz in Anspruch nehmen (für Professoren stellt sich dieselbe Frage: www.meinprof.de)? Der BGH hat die Klage der Lehrerin in Sachen »spickmich.de« abgewiesen, die Bewertungen der Schüler als Werturteile qualifiziert, das Vorliegen von Schmähkritik verneint und die Möglichkeiten zur Manipulation der Bewertungen gering geschätzt.[88] In der Abwägung mit den Persönlichkeitsinteressen der Klägerin hielt der BGH den Betreibern des Forums zugute, sie befriedigten »das Informationsinteresse von Schülern, Eltern und Lehrern der Schule, indem sie den Meinungsaustausch unter den Schülern über ihre Erfahrungen mit der Klägerin vereinfachen und anregen«. Der Klägerin eröffne »spickmich.de« die »Möglichkeit eines Feedback über ihre Akzeptanz bei den Schülern«.[89] – Da bleibt nur zu hoffen, dass der BGH die Dinge nicht zu optimistisch gesehen hat. Mit Blick auf das Ärztebewertungsportal »Jameda« hat das Gericht genauso entschieden, allerdings betont, der betroffene Arzt könne sich gegen falsche Tatsachenbehauptungen sowie beleidigende Bewertungen zur Wehr setzen.[90]

#### d) Verzerrung des Bildes einer Person in der Öffentlichkeit

Für die deutsche Variante dessen, was das amerikanische Recht unter »placing somebody in a false light« versteht, steht der Fall BGHZ 30, 7 = NJW 1959, 1269: Hier hatte ein Hersteller von Präparaten zur Reinigung und Befestigung von Zahnprothesen (Kukident) in einer Werbeanzeige die Erlebnisse einer fiktiven Sängerin geschildert, die von sich behauptete, dass sie zwar nicht so berühmt geworden sei wie **Caterina Valente**, ihre Karriere jedoch eine durchaus verheißungsvolle Entwicklung genommen habe, bis sich eines Abends bei einem Konzertauftritt unversehens ihre Zahnprothese vom Gaumen gelöst und damit ihre künstlerische Existenz ein jähes Ende gefunden habe. Der BGH gab der Klage von Caterina Valente statt. Auf eine Verletzung ihres Namensrechts könne sie sich zwar nicht stützen, weil nicht der Eindruck erweckt worden sei, die Klägerin unterstütze den Hersteller von Kukident (dazu → Rn. 377), und ebenso wenig ließ sich die Haftung der beklagten Firma – obwohl der BGH dies nicht geprüft hat – auf eine Beleidigung iSd § 185 StGB oder eine sonstige Ehrverletzung stützen, denn das Tragen einer Zahnprothese ist nicht ehrenrührig. Nach Ansicht des BGH war vielmehr das allgemeine Persönlichkeitsrecht der Klägerin verletzt: Die Klägerin brauche es nicht hinzunehmen, dass sie in der Öffentlichkeit als eine Frau präsentiert werde, die sämtliche natürlichen Zähne verloren hat und sich bei ihren Auftritten die Zahnprothese mithilfe von Kukident in den Gaumen klebt.[91]

393

---

87 BGHZ 197, 213 Rn. 20 = NJW 2013, 2348.
88 BGHZ 181, 328 Rn. 31, 34, 37 = NJW 2009, 2888.
89 BGHZ 181, 328 Rn. 40 = NJW 2009, 2888; krit. *Ladeur* JZ 2009, 966.
90 BGHZ 202, 242 Rn. 9 ff., 36 = NJW 2015, 489.
91 BGHZ 30, 7 (12) = NJW 1959, 1269.

394 Eine weitere berühmte Leitentscheidung betrifft den sog. **Ginseng-Fall.**[92] Ein Professor für Völker- und Kirchenrecht an der Universität Graz hatte einem befreundeten Kollegen der Pharmakologie von einer Korea-Reise eine Ginseng-Wurzel mitgebracht. Der Pharmakologe veröffentlichte in einer wissenschaftlichen Fachzeitschrift einen Artikel über die heilende Kraft von Ginseng und dankte seinem Kollegen eingangs der Arbeit für die gewährte Unterstützung. Die Beklagte vertrieb ein Ginseng enthaltendes Kräftigungsmittel und berief sich in ihrem Werbeprospekt wegen dessen aufbauender Wirkung bei »Drüsen- und Potenzschwäche« auf das Zeugnis der beiden Professoren. Deren Namen tauchten auch in einer von der Beklagten geschalteten Werbeanzeige in verschiedenen Zeitschriften auf, was ein Professor für Völker- und Kirchenrecht selbstverständlich nicht auf sich sitzen lassen konnte. Der BGH gab seiner Klage mit der treffenden Begründung statt, die Werbetexte seien dazu geeignet, »den Kläger in der Gesellschaft lächerlich zu machen und seinen wissenschaftlichen Ruf zu mindern«.[93]

### e) Verletzung der Privatsphäre

395 Die Verbreitung von Informationen über eine Person kann deren Persönlichkeitsrecht schließlich auch dann verletzen, wenn die Information weder falsch und ehrenrührig ist (→ Rn. 383 ff.) noch den Betreffenden in ein falsches Licht taucht (→ Rn. 393 f.), sondern im Gegenteil zwar voll und ganz der Wahrheit entspricht, diese **Wahrheit die Öffentlichkeit aber nichts angeht.** Nun hat jede Person ein verständliches Interesse an der Geheimhaltung sämtlicher Informationen, die ihrem guten Ruf abträglich sind, während Teile der Öffentlichkeit offenbar danach lechzen, die intimsten Details aus dem Privatleben ihrer Idole kennen zu lernen. Die Grenzziehung ist deshalb hier besonders schwer. Wertvolle Anhaltspunkte für die Definition des Schutzbereichs im Einzelfall bieten die Strafnormen der §§ 201 ff. StGB, die allerdings als Schutzgesetze iSd § 823 II fungieren und insoweit den Rückgriff auf das allgemeine Persönlichkeitsrecht überflüssig machen.

396 Im Rahmen des Persönlichkeitsschutzes nach § 823 I wird ähnlich einer »Stufentheorie« danach differenziert, ob die ans Licht der Öffentlichkeit gezerrten Tatsachen die **Intimsphäre,** die **Privatsphäre** oder lediglich die sog. **Sozialsphäre** betreffen.[94] Während die Verbreitung von Tatsachen aus der Intimsphäre idR ohne Weiteres zu untersagen ist, dürfen Umstände aus dem Bereich der Sozialsphäre umgekehrt regelmäßig publiziert werden.[95] Anders liegt es nur dann, wenn dem Betroffenen durch die Verbreitung der wahren Tatsachen Stigmatisierung, soziale Ausgrenzung oder eine öffentliche Prangerwirkung droht.[96] Im Bereich der zwischen Intim- und Sozialsphäre liegenden Stufe der Privatsphäre kommt viel darauf an, ob ein berechtigtes Informationsinteresse der Öffentlichkeit anzuerkennen ist.[97]

397 **Beispiele:** Zur absolut geschützten Intimsphäre gehören grundsätzlich sämtliche Ausdrucksformen der **Sexualität.**[98] Auch ungewöhnliche sexuelle Vorlieben eines prominenten Sportfunktionärs rechtfertigen es nicht, detailliert und unter Abdruck heimlich aufgenommener Fotos über sog. Sexparties zu berichten, an der die prominente Person teilgenommen hat.[99] Wer sich allerdings selbst exponiert und in Filmen des Pornogenres mitgewirkt hat, kann sich anschließend nicht beschweren, wenn darüber auch berichtet wird.[100] Genauso wenig hilft das

---

92 BGHZ 35, 363 = NJW 1961, 2059.
93 BGHZ 35, 363 (365) = NJW 1961, 2059.
94 BGHZ 181, 328 Rn. 30 = NJW 2009, 2888.
95 BGH NJW 2009, 2888 Rn. 30 f.
96 BGH NJW 2012, 771 Rn. 14.
97 BGH NJW 2012, 763 Rn. 29.
98 BGH VersR 2013, 722 Rn. 23.
99 EGMR NJW 2012, 747 Rn. 71, 130 ff. – Max Mosley.
100 BGH NJW 2012, 767 Rn. 13 ff.; vgl. auch BVerfGE 80, 367 (374) = NJW 1990, 563; BVerfGE 101, 361 (385) = NJW 2000, 1021.

allgemeine Persönlichkeitsrecht gegenüber dem Vorwurf, eine **Sexualstraftat** begangen zu haben, denn die Verletzung der Rechte anderer ist nicht als Bestandteil der eigenen Intimsphäre geschützt.[101]

Im **Fall »Esra«** ging es um einen **Schlüsselroman,** in dem der Autor seine Beziehung mit einer Schauspielerin und deren Mutter, einer Umweltaktivistin und Trägerin des alternativen Nobelpreises, verarbeitet hatte. Das BVerfG gab dem Unterlassungsanspruch der Schauspielerin insoweit statt, als in dem Roman intimste Details aus ihrem Sexualleben und aus der Krankheitsgeschichte ihrer Tochter ausgebreitet wurden.[102] In dem Sondervotum der Richter *Hohmann-Dennhardt* und *Gaier* wird die Frage aufgeworfen, ob nach diesen Maßstäben nicht auch Goethes »Werther« hätte verboten werden müssen.[103] Mit dem Anspruch auf Immaterialschadensersatz ist die Klägerin indessen vor dem BGH gescheitert; das Gericht sah den Autor durch das Publikationsverbot und den Verlust des Honoraranspruchs als »genug bestraft« an.[104]

Das berechtigte Informationsinteresse der Öffentlichkeit an einem privaten Vorgang gibt den Medien **keinen Freibrief.** Vielmehr ist die Art und Weise der Berichterstattung so zu wählen, dass die Persönlichkeitsrechte der Betroffenen möglichst geschont werden. So darf eine Tageszeitung über einen spektakulären Sorgerechtsstreit um einen achtjährigen Jungen durchaus berichten, doch ist es dafür nicht nötig und daher auch nicht gerechtfertigt, den vollen Namen des Kindes zu nennen und auch noch ein Foto von ihm zu veröffentlichen.[105] Die Veröffentlichung von **Außenaufnahmen der Berliner Villa** von Joschka Fischer ist kein rechtswidriger Eingriff in seine Privatsphäre.[106] Zu weit geht es allerdings, wenn auch noch eine Wegbeschreibung abgedruckt wird, damit das neugierige Publikum seinem Idol auf die Pelle rücken kann.[107]

Das Eindringen in die Privatsphäre eines anderen kann auch dann rechtswidrig sein, wenn die dadurch erhaltenen Informationen nicht publiziert werden, so etwa wenn das Vorstandsmitglied eines Verlagshauses die von einem Chefredakteur geführten **Dienstgespräche heimlich mithört,** darin Beleidigungen entdeckt und darauf die fristlose Kündigung des Chefredakteurs stützt.[108] Nicht rechtswidrig ist es hingegen, wenn eine Versicherungsgesellschaft einen Anspruchsteller von einer **Privatdetektei** beim Mopedfahren **filmen** lässt, nachdem dieser von ihr Schadensersatz mit der Begründung verlangt hatte, er leide einer Angstneurose, die ihn daran hindere, ein Fahrzeug zu steuern.[109]

### f) Recht auf informationelle Selbstbestimmung

Eng verwandt mit dem Schutz der Privatsphäre ist das Recht auf informationelle Selbstbestimmung, das in der heutigen digitalen Welt eine immer größere Bedeutung erlangt. Vom BVerfG im Volkszählungsurteil aus der Taufe gehoben,[110] gibt es dem Einzelnen ein Recht darauf, **selbst über die Preisgabe, Speicherung und Verwendung seiner personenbezogenen Daten zu bestimmen.** Diesem Zweck dient auf einfachgesetzlicher Ebene des **Bundesdatenschutzgesetz** (BDSG), das nicht nur für den Datenschutz im Verhältnis Bürger/Staat gilt, sondern auch Regelungen zum Recht auf informationelle Selbstbestimmung im Verhältnis Bürger/Bürger enthält (§§ 27 ff.

398

---

101 BGHZ 199, 237 Rn. 17 = NJW 2014, 2029; BGH VersR 2013, 722 Rn. 24.
102 BVerfGE 119, 1 Rn. 102 f. = NJW 2008, 39 (44); vgl. auch BGH NJW 2005, 2844; 2008, 2587.
103 BVerfG NJW 2008, 39 Rn. 117.
104 BGHZ 183, 227 Rn. 14 ff. = NJW 2010, 763.
105 EGMR NJW 2013, 3501 Rn. 55 ff.
106 BGH VersR 2009, 1241; vgl. auch BGH NJW 2004, 762 (763 ff.) – Sabine Christiansen.
107 BGH VersR 2009, 1241 (1242); NJW 2004, 762 (765).
108 BVerfG NJW 1992, 815; ferner BGHZ 27, 284 = NJW 1958, 1344; BGH NJW 1987, 2667; vgl. auch § 201 I StGB.
109 EGMR NJW 2015, 1079 Rn. 36 ff.
110 BVerfGE 65, 1 (49) = NJW 1984, 419.

BDSG).¹¹¹ Der Einzelne hat beispielsweise Ansprüche gegen Datenverarbeitungsunternehmen wie die Schufa auf Auskunft darüber, welche personenbezogenen Daten in deren Kreditbewertung eingeflossen sind (§ 34 IV BDSG),¹¹² sowie einen Anspruch auf Löschung solcher Daten, deren Speicherung unzulässig ist (§ 35 II Nr. 1 BDSG).¹¹³ Wird gegen die Bestimmungen des BDSG verstoßen, kommen Schadensersatzansprüche nach § 823 II in Betracht. Gleiches gilt für Verstöße gegen die im Mai 2016 in Kraft getretene **Datenschutz-Grundverordnung** (EU) 2016/679.

**399** Das Recht auf informationelle Selbstbestimmung ist darüber hinaus als besondere **Ausprägung des allgemeinen Persönlichkeitsrechts** im Rahmen von § 823 I geschützt.¹¹⁴ Genauso wenig wie die übrigen Dimensionen des allgemeinen Persönlichkeitsrechts ist das Recht auf informationelle Selbstbestimmung schrankenlos gewährleistet, denn »innerhalb der sozialen Gemeinschaft [...] stellt die Information [...] einen Teil der sozialen Realität dar, der nicht ausschließlich dem Betroffenen allein zugeordnet werden kann«.¹¹⁵ Es kommt somit wieder auf eine Abwägung des Persönlichkeitsschutzes gemäß Art. 2 I GG/Art. 8 EMRK mit den Informationsfreiheiten der Art. 5 GG/Art. 10 EMRK an.¹¹⁶

**400** **Beispiele:** Wird der **Laptop** eines amtierenden Finanzministers eines Bundeslandes **gestohlen** und finden sich darauf E-Mails, aus denen hervorgeht, dass sich der Minister über Jahre der finanziellen Verantwortung für ein nichteheliches Kind zu Lasten des Steuerzahlers entzogen hat, überwiegt das Informationsinteresse der Öffentlichkeit das Interesse des Betroffenen am Schutz der Vertraulichkeit der E-Mail-Kommunikation.¹¹⁷

In BGHZ 198, 346 = GRUR 2014, 200 ging es um eine Zeitschrift mit dem vielsagenden Titel »Viel Spaß«, die anlässlich der Verleihung der Goldenen Kamera an den bekannten Fernsehmoderator Günther J. über eine angebliche »Ehekrise« im Hause J. berichtete. Dabei wurden auch der **Name und das Alter einer Adoptivtochter** genannt, die gerade nicht als Tochter von Günther J. erkannt werden wollte. Der BGH bejahte zwar einen Eingriff in das Recht der Tochter auf informationelle Selbstbestimmung, verneinte aber dessen Rechtswidrigkeit in Abwägung mit der Meinungs- und Medienfreiheit der beklagten Zeitschrift. Maßgebend für diese Wertung war der Umstand, dass bereits einige Jahre vorher über die Adoption mit voller Namensnennung berichtet worden war. Wurde der Name des Mädchens in die Suchmaschine Google eingegeben, antwortete diese mit über 2.400 Treffern. Vor diesem Hintergrund lehnte es der BGH ab, der Klägerin Anonymitätsschutz für Informationen zu gewähren, »die von jedermann mithilfe gängiger Systeme problemlos recherchiert werden können«.¹¹⁸

### g) Aneignung kommerzialisierter Persönlichkeitsattribute

**401** Eine Verletzung rechtlich geschützter Persönlichkeitsinteressen kann schließlich auch darin liegen, dass die Persönlichkeitsattribute einer berühmten Person ohne deren Zustimmung wirtschaftlich verwertet werden. Dieser Schutzbereich schneidet insofern über die bisher geschilderten hinweg, als der kommerzielle Wert der fremden Persönlichkeit **auf verschiedenste Weise** angeeignet werden kann, nämlich durch unbefugte

---

111 BGHZ 202, 242 Rn. 10ff. = NJW 2015, 489.
112 BGH VersR 2014, 461.
113 BGH VersR 2014, 962.
114 BGHZ 181, 328 Rn. 28ff. = NJW 2009, 2888.
115 BGHZ 198, 346 Rn. 11 = GRUR 2014, 200.
116 BGH JZ 2015, 303 Rn. 16.
117 BGH JZ 2015, 303 Rn. 18ff.
118 BGHZ 198, 346 Rn. 19 = GRUR 2014, 200.

Verwendung des berühmten Namens, eines Bildes der berühmten Person, durch Publikation privater Tatsachen oder auch durch Verfälschung des Persönlichkeitsbildes in der Öffentlichkeit. Die meisten praktischen Fälle betreffen die Appropriation von Namens- und Bildnisrechten, doch dies ist kein hinreichender Grund, die Möglichkeit der Aneignung sonstiger, herkömmlich allein im allgemeinen Persönlichkeitsrecht zusammengefasster Schutzpositionen zu leugnen.

**Beispiele:** In BGH GRUR 1987, 128, hatte die unter dem Künstlernamen **Nena** auftretende Schlagersängerin das Recht zur kommerziellen Ausbeutung ihres Bildnisses auf die Klägerin übertragen, die sich nunmehr gegen eine Konkurrentin zur Wehr setzte, die Fanartikel mit dem Konterfei der Künstlerin anbot, ohne sich auf eine entsprechende Einwilligung berufen zu können. Der BGH gab der Klage auf Zahlung einer hypothetisch vereinbarten Lizenzgebühr statt. 402
Genauso entschied das Gericht in einem Fall, in dem ein Optikerverband seinen Mitgliedern ein Foto überließ, das den Fernsehmoderator **Joachim Fuchsberger** zusammen mit dem Inhaber eines bekannten Brillenherstellers zeigte. In dem guten Glauben, dazu berechtigt zu sein, hatte einer der Optiker unter Verwendung dieses Fotos Werbeanzeigen für diese Brillen in einer Lokalzeitung geschaltet. Die Klage Fuchsbergers auf Zahlung einer hypothetischen Lizenzgebühr hatte Erfolg.[119]
Den Durchbruch zur Anerkennung des kommerziellen Charakters des allgemeinen Persönlichkeitsrechts brachten zwei Entscheidungen, die die Schauspielerin **Marlene Dietrich** betrafen und von ihrer Tochter und Alleinerbin, Maria Riva, erstritten wurden.[120] Der Beklagte hatte nicht nur Name und Vita von Marlene Dietrich für ein entsprechendes Musical ausgebeutet, sondern zusätzlich unter anderem der FIAT Automobil AG Rechte zur Produktion eines mit dem Schriftzug »Marlene« versehenen Sondermodells eingeräumt. In der Parallelsache ging es um die Verwendung eines Fotos aus dem Film »Der blaue Engel« für Werbezwecke. In beiden Fällen erkannte der BGH die kommerzielle Natur der Persönlichkeitsrechte von Marlene Dietrich an: »Das allgemeine Persönlichkeitsrecht und seine besonderen Erscheinungsformen dienen in erster Linie dem Schutz ideeller Interessen, insbesondere dem Schutz des Wert- und Achtungsanspruchs der Persönlichkeit ... Darüber hinaus schützen das allgemeine Persönlichkeitsrecht und seine besonderen Ausprägungen aber auch vermögenswerte Interessen der Person«.[121]
Die eigenmächtige Nutzung des Konterfeis einer prominenten Person, zum Beispiel von **Angela Merkel** oder von **Oskar Lafontaine**, für die Werbung einer Autovermietung ist nach der Rechtsprechung nicht per se rechtswidrig, denn solche Art der Werbung genießt ein Privileg, weil und soweit sie eine politische Stellungnahme in Form der Satire enthält. In diesen Fällen kommt es auf eine Abwägung zwischen der gem. Art. 5 I GG gewährleisteten Meinungsäußerungsfreiheit, die auch sog. commercial speech umfasst, und dem durch Art. 2 I GG geschützten Allgemeinen Persönlichkeitsrecht an.[122] Ist dem Bildnis keine politische oder künstlerische Stellungnahme beigegeben, sondern dient das Wort-Beiwerk lediglich dazu, die Aneignung des Fotos zu bemänteln, ist ein rechtswidriger Eingriff zu bejahen.[123]

Bei Verletzungen der **Persönlichkeitsrechte von Normalbürgern** durch Massenmedien hält der VI. Zivilsenat des BGH hingegen am Ausschluss von Schadensersatzan- 403

---

119 BGH NJW 1992, 2084 (2085).
120 BGHZ 143, 214 (218ff.) = GRUR 2000, 709 mzustAnm *Wagner* = JZ 2000, 1056 mablAnm *Schack*; BGH NJW 2000, 2201.
121 BGHZ 143, 214 (218, 219) = NJW 2000, 2195. Diese richterliche Rechtsfortbildung verstößt auch nicht gegen Art. 20 III GG; vgl. BVerfG NJW 2006, 3409; krit. *Brüggemeier* HaftungsR 311ff.
122 BGHZ 169, 340 (346) Rn. 18ff. = NJW 2007, 689; BGH NJW 2008, 3782 (3783f.) Rn. 15ff.; eing. und krit. *Brüggemeier*, FS Teubner, 2009, 231 (242ff.).
123 BGH NJW 2009, 3032 (3034) Rn. 26ff.

sprüchen fest. Der bloße Umstand, dass die Persönlichkeitsattribute – also private Informationen oder Fotos – zur Auflagensteigerung eingesetzt worden sind, reicht dem Gericht nicht aus, um eine »kommerzielle Verwertung« anzunehmen und einen Anspruch auf Schadensersatz zu bejahen.[124] Erforderlich sei vielmehr ein Einsatz von Bildnissen oder Namen für den Absatz von Waren oder Dienstleistungen.[125] Zu den wichtigen Konsequenzen dieser Rechtsprechung für die Schadensberechnung → Rn. 416.

### 3. Rechtswidrigkeit

404  Die vorstehende Erläuterung der verschiedenen Schutzbereiche des allgemeinen Persönlichkeitsrechts hat bereits deutlich hervortreten lassen, was jetzt nur noch der Erinnerung und Zusammenfassung bedarf, dass nämlich die Feststellung einer Schutzbereichsverletzung noch **nicht die Rechtswidrigkeit des Eingriffs indiziert.** Dieser Umstand wird herkömmlich durch die Bezeichnung des allgemeinen Persönlichkeitsrechts als **Rahmenrecht** zum Ausdruck gebracht.[126] In einer offenen Gesellschaft ist es gar nicht zu vermeiden, dass es ständig zu »Verletzungen« fremder Persönlichkeitsrechte kommt, weil sich andere beleidigt, in ein falsches Licht getaucht, ausspioniert oder belästigt fühlen – und dieses Gefühl auch objektiver Prüfung standhält. Ein weit ausgebauter und vorbehaltloser Persönlichkeitsschutz würde besonders die Informationsgrundrechte des Art. 5 I GG, Art. 10 EMRK und überdies die in Art. 5 III GG gewährleistete Kunstfreiheit massiv zurückschneiden. Da auch das allgemeine Persönlichkeitsrecht verfassungsrechtlich (Art. 2 I GG) und menschenrechtlich (Art. 8 EMRK) legitimiert ist, erfordert die Prüfung der Rechtswidrigkeit von Eingriffen stets eine verfassungsrechtlich informierte Güterabwägung zwischen den Gewährleistungen der Art. 2 I GG/Art. 8 EMRK und Art. 5 GG/Art. 10 EMRK.[127] Sind noch weitere Gewährleistungen im Spiel, wie etwa die Religionsfreiheit gem. Art. 4 GG, ist auch insoweit eine Abwägung vorzunehmen. Dabei ist stets darauf Bedacht zu nehmen, dass es um die Abstimmung der Freiheitssphären von Privatrechtssubjekten geht – und nicht um die Frage der Zulässigkeit staatlicher Eingriffe in Freiheit und Eigentum. Der aus dem preußischen Polizeirecht stammende **Grundsatz der Verhältnismäßigkeit** ist hier folglich **fehl am Platz**. Im Übrigen darf die verfassungsrechtliche Abwägung nicht im luftleeren Raum stattfinden, sondern sie muss in die einfachgesetzlichen Strukturen eingepasst werden. Bei Eingriffen in das Recht am eigenen Bild sind dementsprechend die Rechtfertigungsgründe des § 23 KunstUrhG mit Blick auf Art. 2 I, 5 GG auszulegen (→ Rn. 378 ff.).

---

124  BGH NJW 2012, 1728 Rn. 28.
125  So etwa in dem Fall BGHZ 169, 340 = NJW 2007, 689 – Lafontaine, in dem eine Autovermietung mit dem Bildnis des zurückgetretenen Finanzministers geworben hatte. Der BGH lehnte eine Schadensersatzpflicht gleichwohl wegen § 23 I Nr. 1 KunstUrhG ab.
126  BGH NJW 2012, 765 Rn. 13; 2012, 3645 Rn. 15; VersR 2016, 199 Rn. 29.
127  BGHZ 156, 206 (210) = NJW 2004, 596; BGHZ 199, 237 Rn. 23 = NJW 2014, 2029; BVerfGE 101, 361 (388) = NJW 2000, 1021; EGMR NJW 2013, 3501 Rn. 51.

## 4. Unterlassungs- und Beseitigungsansprüche

Steht fest, dass das Persönlichkeitsrecht des Berechtigten rechtswidrig verletzt worden ist, so stehen diesem zunächst **negatorische Rechtsbehelfe** zur Verfügung, mit denen zukünftige Eingriffe verhindert und andauernde Beeinträchtigungen beseitigt werden können. Diese Ansprüche sind nicht speziell geregelt, sondern werden auf eine analoge Anwendung des § 1004 gestützt.[128] Eine Klage auf bloße **Feststellung der Rechtswidrigkeit** einer Persönlichkeitsverletzung ist dagegen unzulässig, weil § 256 ZPO die richterliche Feststellung bloßer Vorfragen, die für das Rechtsverhältnis der Parteien von Bedeutung sein mögen, verbietet; für eine solche Klage besteht nach Ansicht des BGH auch kein Rechtsschutzbedürfnis.[129]

405

Der **Unterlassungsanspruch** erfordert kein Verschulden des Täters, sondern setzt lediglich die Rechtswidrigkeit des drohenden Eingriffs voraus. Bedeutung hat diese Einschränkung vor allem für die **Abwehr unwahrer Tatsachenbehauptungen**: Selbst wenn der Schädiger, beispielsweise ein Journalist, die Unwahrheit der Tatsache ex ante nicht erkennen konnte, weil die verfügbaren Indizien das Gegenteil nahelegten, hat die Unterlassungsklage gleichwohl Erfolg, wenn nur im Zeitpunkt der letzten mündlichen Verhandlung die Unwahrheit erwiesen ist. Ist sie erwiesen, besteht kein rechtlich schutzwürdiges Interesse an der *Weiterverbreitung* der Tatsache.[130] Obwohl § 1004 I 2 den Unterlassungsanspruch nur zur Abwehr *weiterer* Eingriffe gewährt, also eine Erstverletzung voraussetzt, wird er heute auch dann anerkannt, wenn eine Rechtsverletzung noch gar nicht stattgefunden hat, sondern unmittelbar bevorsteht; der in seinen Persönlichkeitsinteressen Bedrohte kann sich auch gegen die erstmalige Gefährdung zur Wehr setzen.[131]

406

Der Beseitigungsanspruch aus § 1004 I 1 spielt in der Praxis vor allem als Anspruch auf **Widerruf ehrenrühriger Tatsachenbehauptungen** eine Rolle; er kann sich aber auch **auf Richtigstellung** eines Vorwurfs oder **auf Ergänzung** einer an sich richtigen, aber lückenhaften und deshalb den Kläger in ein falsches Licht setzenden Erklärung richten.[132] Ist die inkriminierte Tatsachenbehauptung im **Internet** auf eigenen und fremden Seiten abrufbar, richtet sich der Abwehranspruch darauf, die inkriminierten Äußerungen von den eigenen Seiten zu löschen und darüber hinaus auf die **Löschung** durch die Inhaber der fremden Internetseiten hinzuwirken.[133] Bei ehrverletzenden Werturteilen hilft kein Widerruf, sondern allenfalls eine Entschuldigung, die allerdings freiwillig erfolgen muss und deshalb nicht erzwungen werden kann.

407

Genauso wie der Unterlassungsanspruch nicht voraussetzt, dass der Schädiger bei der erstmaligen Behauptung der Tatsache deren Unwahrheit erkennen konnte, genauso wenig wird der Anspruch auf Widerruf dadurch ausgeschlossen, dass die Äußerung in **Wahrnehmung berechtigter Interessen** erfolgte. Dieser Tatbestand, der in § 193 StGB für strafrechtlich relevante Beleidigungen eigens geregelt ist, modifiziert den Fahrlässigkeitsmaßstab für die Aufstellung von Tatsachenbehauptungen, deren Wahr-

408

---

128 Vgl. MüKoBGB/*Wagner* Vor § 823 Rn. 34 ff.
129 BGHZ 68, 331 = NJW 1977, 1288.
130 BVerfGE 97, 125 (149) = NJW 1998, 1381; BVerfGE 99, 185 (197) = NJW 1999, 1322.
131 BGHZ 2, 394 = NJW 1951, 843.
132 BGHZ 203, 239 Rn. 13 ff. = NJW 2015, 778.
133 BGH NJW 2016, 56 Rn. 39 ff.; dazu *Peifer* NJW 2016, 23.

heitsgehalt sich ex ante nicht mit letzter Sicherheit feststellen lässt.[134] Auf die Fahrlässigkeit der Erstäußerung kommt es nun aber für den Widerrufsanspruch überhaupt nicht an, denn der Erklärende darf die als falsch erwiesene Äußerung selbst dann nicht aufrechterhalten, wenn er im Zeitpunkt ex ante redlich war. Hat sich ergeben, dass nach Ausschöpfung aller einem Journalisten zur Verfügung stehenden Erkenntnisquellen das Informationsinteresse der Allgemeinheit das Schutzinteresse des Betroffenen überwog, war die Publikation der Tatsachenbehauptung pflichtgemäß.[135] Stellt sich anschließend ihre Unwahrheit heraus, muss eine **Berichtigung** erfolgen (→ Rn. 388).[136]

409 Nicht selten bleibt auch nach Abschluss der Beweisaufnahme ungeklärt, ob die Tatsachenbehauptung, um deren Widerruf es geht, zutreffend ist oder nicht. Wer soll hier die **Beweislast** tragen? Bürdet man sie dem Beklagten auf, so müsste er widerrufen, obwohl er möglicherweise die Wahrheit gesagt hat. Trägt der Kläger die Beweislast, so müsste er nachweisen, dass er eine weiße Weste hat, und es bliebe uU eine ehrverletzende Behauptung im Raume stehen, obschon der Wahrheitsbeweis für sie nicht erbracht werden kann.

410 **Beispiel:** In BGHZ 37, 187 = NJW 1962, 1438 verlangte der Kläger von der Beklagten den Widerruf der Behauptung, er habe ihr die Ehe versprochen, obwohl er bereits verheiratet war. Im Prozess konnte, weil alle relevanten Vorgänge sich unter den vier Augen der beiden Parteien abgespielt hatten, nicht festgestellt werden, ob die Behauptung der Beklagten zutraf oder nicht. Der BGH wies die Klage ab: Eine Verurteilung zum Widerruf einer ehrverletzenden Behauptung setze voraus, dass ihre **Unwahrheit** feststeht. »Denn der Widerruf einer Tatsachenbehauptung wird dahin verstanden und soll nach der Absicht des Klägers dahin verstanden werden, dass die beklagte Partei die aufgestellte Behauptung als unrichtig erklärt. Das Recht kann es aber nicht zulassen, dass jemand durch Richterspruch verpflichtet wird, etwas als unrichtig zu bezeichnen, was möglicherweise wahr ist.« Allerdings hat die Rechtsprechung in anderen Fällen einer ungeklärten Beweislage damit geholfen, dass sie den Beklagten zu einem »eingeschränkten« Widerruf verurteilt hat, nämlich dazu, eine Erklärung des Inhalts abzugeben, dass er die Behauptung (zwar nicht als unrichtig widerrufe, aber sie doch immerhin) nach dem Ergebnis der Beweisaufnahme des Rechtsstreits nicht aufrecht erhalten könne.[137] Davon wollte der BGH aber in der eingangs erwähnten Entscheidung nichts wissen: Wenn sich die entscheidenden Vorgänge – wie hier – zwischen den Parteien persönlich abgespielt hätten, würde die Beklagte auch bei einer Verurteilung zu »eingeschränktem« Widerruf möglicherweise in einen Gewissenskonflikt geraten. Das ist nicht überzeugend. Es ist nicht einzusehen, worin der Gewissenskonflikt der Beklagten bestehen sollte, wenn sie nicht zu erklären braucht, dass ihre Behauptung falsch sondern nur, dass sie unbeweisbar sei und deshalb von ihr nicht aufrechterhalten werden könne.[138] Der BGH hat indessen an seiner Rechtsprechung festgehalten; er will die Verurteilung zu einem »eingeschränkten« Widerruf nur dann zulassen, wenn die Beweisaufnahme ergeben hat, dass »ernstliche Anhaltspunkte« für die Wahrheit der Behauptung fehlen.[139]

411 Was die Art und Weise des Widerrufs anlangt, so gilt das **Prinzip der Waffengleichheit:** Genau so, wie die (falsche) Tatsachenbehauptung gestaltet worden ist, genau so

---
134 Vgl. MüKoBGB/*Wagner* § 824 Rn. 41 ff. zur Parallelproblematik bei § 824 II BGB.
135 BGH NJW 1977, 1288 (1289).
136 BGHZ 203, 239 Rn. 28 ff. = NJW 2015, 778.
137 Vgl. BGH JZ 1960, 701 (703) und NJW 1966, 647 (649).
138 Vgl. dazu treffend *Helle* NJW 1962, 1813; *Erdsiek* NJW 1963, 1965; vgl. auch *Schlosser* JZ 1963, 309 und *M. Rehbinder* JZ 1963, 314.
139 BGHZ 69, 181 = NJW 1977, 1681.

muss auch der Widerruf gestaltet werden. Veröffentlicht eine Illustrierte ein von Anfang bis Ende frei erfundenes »Exklusiv-Interview« mit Caroline von Monaco als Titelgeschichte, so muss auch der Widerruf auf dem Titel platziert werden.[140]

Neben den zivilrechtlichen Beseitigungsanspruch aus § 1004 I 1 tritt uU der sog. **Gegendarstellungsanspruch,** wie ihn die Landes-Presse-, Rundfunk- und Mediengesetze gewähren. Sind in einer Zeitung oder Zeitschrift Tatsachen mitgeteilt worden oder werden durch Hörfunk und Fernsehen Tatsachen verbreitet, so kann der davon Betroffene von dem Presse-, Hörfunk- oder Fernsehunternehmen bzw. einer entsprechenden Anstalt die Publikation einer Gegenvorstellung verlangen.[141] Letztere muss demselben Publizitätsgrad entsprechen wie die ursprüngliche Meldung, also etwa ebenso aufgemacht sein und im gleichen Teil der Zeitung oder Zeitschrift abgedruckt werden wie die ursprüngliche Meldung. Der Anspruch ist ohne Rücksicht darauf gegeben, ob die ursprünglich gemeldeten Tatsachen zutrafen oder nicht; die Wahrheit der ursprünglichen Meldung ist irrelevant.[142] Die Zeitung oder Zeitschrift kann den Abdruck der Gegendarstellung also nicht deshalb verweigern, weil ihrer Meinung nach die ursprüngliche Meldung richtig oder die Gegendarstellung unrichtig ist; allerdings darf der Gegendarstellung ein »Redaktionsschwanz« hinzugefügt werden, in dem dargestellt wird, warum die Zeitung ihre Meldung nach wie vor für zutreffend und die Gegendarstellung für unzutreffend hält. Für Werturteile steht der Gegendarstellungsanspruch hingegen nicht zur Verfügung.[143]

412

## 5. Schadensersatz

### a) Vermögensschäden

Soweit dem Betroffenen durch den Eingriff in sein Persönlichkeitsrecht ein Vermögensschaden entsteht, ist dieser auszugleichen. Auf den ersten Blick möchte man meinen, dass Ehrverletzungen und andere Eingriffe in die Persönlichkeitssphäre gar keine Vermögensnachteile verursachen können, doch ausgeschlossen ist dies keineswegs. Bei dem Sondertatbestand des § 824 liegt auf der Hand, dass die **Verbreitung einer wahrheitswidrigen Tatsache,** die die Kreditwürdigkeit eines anderen in Zweifel zieht, die Gefahr eines Vermögensschadens heraufbeschwört (→ Rn. 446). So verhielt es sich etwa in dem Fall OLG Köln ZUM 1993, 34, in dem der Kläger, der im Inland Designertaschen aus Reptilleder herstellte, fälschlicherweise mit ähnlichen Artikeln in Verbindung gebracht wurde, die in der dritten Welt unter Verstoß gegen Arten- und Tierschutzrecht hergestellt und bei der Einfuhr nach Deutschland mitunter beschlagnahmt werden. Aber auch die Verbreitung von unwahren Tatsachen aus der nichtwirtschaftlichen Sphäre des Verletzten **kann** einen **Vermögensschaden auslösen,** wenn der Betroffene beispielsweise wegen der Verleumdung nicht zum hauptamtlichen Verbandsvorsteher eines kommunalen Abfallentsorgungsverbands gewählt wird,[144] wenn die Staatsanwaltschaft in einer Presseerklärung mitteilt, sie ermittle gegen einen Rechtsanwalt, dessen Praxis daraufhin Umsatzeinbußen erleidet[145] oder das Opfer einer Beleidigung infolge der Erregung über den Vorfall erkrankt und verstirbt.[146] Auch die Ausspähung und Publikation privater Informationen aus der Intim-

413

---

140 BGHZ 128, 1 (7) = NJW 1995, 861; BVerfG NJW 1998, 1381 (1384); OLG Hamburg NJW-RR 1999, 1701 (1702).
141 Zur Verfassungsmäßigkeit des Gegendarstellungsrechts BVerfG NJW 1998, 1381 (1382 ff.).
142 Vgl. zu den Einzelheiten *Ricker/Weberling,* Handbuch des Presserechts, 6. Aufl. 2012, Kap. 28 Rn. 9 ff.
143 Vgl. BVerfG NJW 2014, 766 (767).
144 BVerfG NJW 2001, 1639 (1640).
145 BGH NJW 1994, 1950 (1953).
146 RGZ 148, 154 (164 ff.).

sphäre des Betroffenen – etwa über Krankheiten, persönliche Defizite oder sexuelle Neigungen – kann schwerwiegende Konsequenzen im beruflichen Bereich haben.

414 **Beispiel:** In BGHZ 66, 182 = GRUR 1976, 651 hatte der Kläger die Persönlichkeitsverletzung, die ihm durch eine Fernsehsendung zugefügt worden war, dadurch auszugleichen versucht, dass er in 15 Zeitungen **doppelseitige Anzeigen veröffentlicht** hatte, in denen er den Behauptungen der Fernsehsendung entgegengetreten war. Die dafür aufgewandten rund 150.000 EUR sah er als Aufwand an, der zum Zweck der Schadensbeseitigung und -minderung »erforderlich« gewesen sei; ihn verlangte er von der beklagten Fernsehanstalt ersetzt. Der BGH wies die Klage ab: Dem Kläger habe das Recht zugestanden, eine berichtigende Gegendarstellung von der Beklagten zu verlangen (→ Rn. 412). So lange dieses Recht auf Gegendarstellung durchsetzbar sei und die betroffene Zeitung, Hörfunk- oder Fernsehanstalt sich gegen die Durchsetzung nicht unangemessen sträube, könnte der Verletzte – von Ausnahmefällen abgesehen – nicht kurzerhand zur Selbsthilfe schreiten und auf Kosten der Zeitung oder Rundfunkanstalt eine (wesentlich teurere) Anzeigenaktion starten.[147]

415 Vermögensschadensersatz kann der Betroffene nur verlangen, wenn es ihm gelingt, den Eintritt entsprechender Nachteile nachzuweisen. Dabei stehen ihm zwar die **Beweismaßreduktionen der §§ 252 BGB, 287 ZPO** zur Verfügung (→ Rn. 698), doch die nicht weiter substantiierte Behauptung, infolge der inkriminierten Behauptung Vermögenseinbußen erlitten zu haben, genügt nicht.[148] Nur allzu oft findet sich das Opfer von Persönlichkeitsrechtsverletzungen somit in einer Lage, die schon lange aus dem Recht des Geistigen Eigentums bekannt ist: Der Eintritt eines Vermögensschadens ist hoch wahrscheinlich, doch seine konkrete Darlegung schwierig oder gar unmöglich. Bei Verletzung von Patenten, Marken- und Urheberrechten hatte bereits das RG Abhilfe geschaffen und dem Verletzten **drei verschiedene Arten der Schadensberechnung** zur Wahl gestellt: Der Inhaber des Immaterialgüterrechts kann entweder die ihm entstandenen Nachteile – einschließlich des entgangenen Gewinns – konkret beziffern und ersetzt verlangen, er kann statt dessen einen abstrakten Wertausgleich verlangen, der sich an der für die Verletzungshandlung hypothetisch zu erzielenden Lizenzgebühr orientiert,[149] und er kann schließlich alternativ dazu den vom Schädiger durch die Rechtsverletzung erzielten Gewinn beanspruchen, wobei ihm zu diesem Zweck Auskunfts- und Rechnungslegungsansprüche zustehen.[150] Entgegen §§ 687 II, 681 S. 2, 667 verlangt der immaterialgüterrechtliche Gewinnabschöpfungsanspruch lediglich Fahrlässigkeit, setzt also keinen vorsätzlichen Eingriff voraus.[151] Diese richterrechtlichen Grundsätze sind in § 97 I 2 UrhG, § 42 II DesignG, § 24 II GebrMG, § 139 II PatG kodifiziert worden.

416 Wie bereits erwähnt (→ Rn. 402), hat der I. Zivilsenat des BGH in den zwei mit Marlene Dietrich in Zusammenhang stehenden Entscheidungen eine vermögensrechtliche Dimension des allgemeinen Persönlichkeitsrechts anerkannt, letzteres damit einem Immaterialgüterrecht gleichgestellt und folgerichtig die Grundsätze der **dreifachen**

---

147 Vgl. auch BGH NJW 1986, 981, wo sich der Kläger durch seine Anzeigenaktion gegen kreditschädigende Tatsachenbehauptungen (§ 824 und → Rn. 446 ff.) zur Wehr gesetzt hatte.
148 Vgl. BGH NJW 1994, 1950 (1953).
149 BGHZ 169, 340 (344) Rn. 12 = NJW 2007, 689; BGH ZUM 1990, 573 (574); zur Berechnung vgl. OLG München ZUM 2003, 71.
150 RGZ 35, 63 (67 ff.); 43, 56 (58 ff.); 50, 111 (115); eing. zur Berechnung des Verletzergewinns BGH NJW 2009, 3722 Rn. 32 ff. – Tripp-Trapp-Stuhl; zur dreifachen Schadensberechnung Erman/*Dornis*, 13. Aufl. 2011, § 687 Rn. 15 ff.; MüKoBGB/*Seiler*, 6. Aufl. 2012, § 687 Rn. 27 ff.
151 BGH NJW 1962, 1507 f.

Schadensberechnung auch für **Verletzungen des patrimonialen Persönlichkeitsrechts** zur Verfügung gestellt.[152] Anders als beim Anspruch auf Immaterialschadensersatz (→ Rn. 417ff.) wird insoweit nicht vorausgesetzt, dass es sich um einen schwerwiegenden, nicht anders auszugleichenden Eingriff in das Persönlichkeitsrecht handelt.[153] Die prominente Person, deren vermögenswerte Persönlichkeitsrechte unrechtmäßig angeeignet wurden, braucht den erlittenen Vermögensschaden nicht konkret zu beziffern, sondern kann denjenigen Betrag fordern, den sie bei der Lizenzierung der Rechtenutzung auf dem Markt hätte erzielen können.[154] Darüber hinaus kann sie von dem Verletzer Auskunft und Rechnungslegung über den erzielten Gewinn und sodann dessen Auskehrung verlangen. Richtigerweise sollte die Gewinnabschöpfung beim allgemeinen Persönlichkeitsrecht nicht schon bei fahrlässigen Verletzungen zur Verfügung gestellt werden, sondern in Übereinstimmung mit der Wertung der §§ 687 II, 681 S. 2, 667 auf den vorsätzlich-lukrativen Eingriff in fremde Rechte begrenzt werden.[155]

### b) Nichtvermögensschäden

Hat der Geschädigte keine Vermögenseinbuße erlitten, ist sein Schaden vielmehr immaterieller Natur, so findet er im BGB wenig Trost. Ausweislich des § 253 II darf das Gericht zur Kompensation eines Nichtvermögensschadens Geldersatz nur gewähren, wenn der Geschädigte Opfer einer Verletzung des Körpers, der Gesundheit, der Freiheit oder der sexuellen Selbstbestimmung geworden ist. Vom allgemeinen Persönlichkeitsrecht ist in § 253 II nicht die Rede, der im Übrigen nur wiederholt, was bis 2002 in § 847 aF geregelt war. Damit scheint es, als wäre der Weg zum Geldersatz versperrt. 417

Nähme man diese gesetzliche Regelung beim Wort, so bestünde in den Fällen einer Verletzung des Persönlichkeitsrechts häufig ein in die Augen springendes **Sanktionsdefizit.** Wenn etwa eine »oben ohne«-Aufnahme einer Frau, die während eines Strandspaziergangs geschossen wurde, ohne deren Zustimmung in einer Illustrierten abgedruckt und mit dem Kommentar versehen wird: »Sonnenbad am Strand, Spaß, heiße Flirts – das wünschen sich die Urlauber«,[156] wenn fälschlicherweise suggeriert wird, eine prominente Person leide an Brustkrebs,[157] eine vertraulich abgegebene Erklärung in sinnentstellender Weise verbreitet oder ein 16-jähriges Mädchen, das an einem Schönheitswettbewerb teilgenommen hat, in einer bekannten Fernsehsendung mit der Produktion von Pornofilmen in Verbindung gebracht wird,[158] so lässt sich der darin liegende Schaden nicht oder nicht vollständig durch »Naturalrestitution« – also etwa durch eine Verurteilung zur Richtigstellung – wieder beseitigen. Auch ohne den Medienunternehmen Bösartigkeit zu unterstellen, wird man vermuten dürfen, dass von einer Drohung mit einer solchen Verurteilung keinerlei Abschreckungswirkung ausgeht, ja dass eine solche Maßnahme uU sogar willkommen ist, weil das Interesse des Publikums wiedererweckt wird. Folglich könnte der Verletzer, nachdem er sein Schäfchen ins Trockene gebracht hat, ungerührt an die Planung der nächsten, ebenso sank- 418

---

152 BGHZ 143, 214 (232) = GRUR 2000, 709 mzustAnm *Wagner* = JZ 2000, 1056 mablAnm *Schack*; BGH NJW 2000, 2201 (2202); vgl. auch BGHZ 20, 345 (353ff.) – Paul Dahlke.
153 BGHZ 143, 214 (228) = NJW 2000, 2195.
154 Zur Schadensberechnung nach der Lizenzanalogie BGH NJW 2006, 615 (616f.).
155 *Wagner*, Gutachten zum 66. DJT, Bd. 1 (2006), A 94ff.
156 OLG Oldenburg NJW 1989, 400.
157 BGH NJW 1996, 984.
158 OLG Hamm VersR 2005, 129.

tionslosen Verletzungshandlung herangehen. Das ist so schwer erträglich, dass der BGH sich über die allzu schmalbrüstig geratene, schon bei Inkrafttreten des BGB umstrittene Regelung des § 253 hinweggesetzt und, ohne die berichtigenden Worte des Gesetzgebers abzuwarten, **Schadensersatz in Geld zum Ausgleich immaterieller Nachteile** auch dort zugebilligt hat, wo diese Nachteile als Folge einer Verletzung des allgemeinen Persönlichkeitsrechts eingetreten sind.

419 Der *leading case* ist das sog. »**Herrenreiter**«-Urteil:[159] Die Beklagte warb öffentlich für ein Präparat zur Steigerung der sexuellen Potenz, indem sie ein Plakat verbreitete, auf dem der Kläger in gut erkennbarer Weise als Turnierreiter abgebildet war. Seine Zustimmung war nicht eingeholt worden; unstreitig hätte er, da er vermögend war und eine angesehene geschäftliche und gesellschaftliche Stellung innehatte, eine solche Zustimmung auch nie erteilt. Der BGH hat dem Kläger einen Geldanspruch zum Ausgleich der immateriellen Einbußen zugebilligt. Er hat dies in erster Linie mit der Erwägung begründet, dass man auf halbem Wege stehenbleiben würde, wollte man – gestützt auf die Wertentscheidung der Verfassung – zunächst ein allgemeines Persönlichkeitsrecht unter zivilrechtlichen Schutz stellen, dann aber im Falle einer Verletzung dieses Rechts jegliche effektive Sanktion verweigern. Er hat den Geldanspruch ferner auch aus einer gequälten Analogie zu § 847 aF (§ 253 II nF) abgeleitet: Es liege hier eine Freiheitsberaubung »im Geistigen« vor, indem der Betroffene zwar nicht in seiner körperlichen Bewegungsfreiheit, wohl aber »im Bereich eigenverantwortlicher Willensentschließung« behindert worden sei. Diese Begründung hat der BGH inzwischen aufgegeben.[160] In der Literatur ist die Fortbildung des privatrechtlichen Persönlichkeitsschutzes zunächst auf verbreitete Kritik gestoßen, allerdings weniger wegen der erzielten Ergebnisse, sondern wegen der Missachtung der rechtspolitisch missglückten, de lege lata aber verbindlichen Wertungen der §§ 253, 847 aF.[161] Das BVerfG hat sich diesen Bedenken in seiner lesenswerten Soraya-Entscheidung nicht angeschlossen und sich dabei maßgeblich auf Art. 20 III GG gestützt, der den Richter an »Gesetz und Recht« bindet, unter »Recht« also offenbar mehr versteht als die Summe der geschriebenen Gesetze. Lücken im gesetzlichen System seien vom Richter »nach den Maßstäben der praktischen Vernunft und den fundierten allgemeinen Gerechtigkeitsvorstellungen der Gemeinschaft« zu schließen.[162]

420 Möglicherweise aus nachwirkendem schlechtem Gewissen wird die **Geldentschädigung** nicht bei jeder rechtswidrigen Persönlichkeitsverletzung gewährt, sondern nur unter bestimmten **einschränkenden Voraussetzungen**.[163] Zum einen darf sich die erlittene Beeinträchtigung nicht in anderer Weise befriedigend ausgleichen lassen, insbesondere dadurch, dass der Verletzer dazu verurteilt wird, die von ihm aufgestellten Behauptungen zu widerrufen und ihre künftige Wiederholung zu unterlassen.[164] Um der Gefahr vorzubeugen, dass auch ein ganz geringfügiger Eingriff in jemandes Persönlichkeitssphäre sogleich von dem Betroffenen zu Geld gemacht wird, hat der BGH – in Anlehnung an die entsprechende Regelung in Art. 49 I des schweizerischen Obligationsrechts – weiterhin entschieden, dass ein Geldanspruch nur dann zugebilligt werden dürfe, wenn den Schädiger der Vorwurf einer **schweren Schuld** trifft oder wenn es sich um eine objektiv **erheblich ins Gewicht fallende** Beeinträchtigung des Persönlichkeitsrechts handelt, so etwa wenn das Bild eines völlig unbescholtenen katholischen Priesters von einer Illustrierten benutzt wird, um einen Bericht über sexuellen Missbrauch Minderjähriger aufzumachen.[165]

---

159 BGHZ 26, 349 = GRUR 1958, 408.
160 Vgl. BGHZ 35, 363 (367f.) = NJW 1961, 2059.
161 Vgl. dazu aber *Larenz/Canaris* SchuldR II 2 § 80 I 4, 5.
162 BVerfG NJW 1973, 1221 (1225).
163 BGHZ 199, 237 Rn. 38 = NJW 2014, 2029.
164 Vgl. BGH NJW 1970, 1077; NJW 1979, 1041 und → Rn. 410ff.
165 OLG Koblenz NJW 1997, 1375f.

Mit der wiederum grundlegenden **Caroline von Monaco-Entscheidung** hat der BGH 421
diesen Ansatz weiterentwickelt, den Anspruch auf Geldentschädigung bei Eingriffen
in das allgemeine Persönlichkeitsrecht endgültig vom Schmerzensgeldanspruch des
heutigen § 253 II abgelöst und als **Rechtsbehelf eigener Art unmittelbar in Art. 1, 2 I
GG verankert.**[166] Gleichzeitig hat der BGH offen ausgesprochen, was man zuvor bloß
vermuten durfte, dass nämlich der Anspruch auf Geldentschädigung **nicht nur zu
Kompensationszwecken** gewährt wird, sondern vor allem die Funktion hat, den Schädiger von der Wiederholung seines Tuns **abzuschrecken.**

In dem zugrunde liegenden Fall – ein Mosaikstein aus der Fülle von Klagen, mit denen die heutige Caro- 422
line von Hannover die französischen wie die deutschen Gerichte und schließlich auch den Europäischen
Gerichtshof für Menschenrechte beschäftigt hat (→ Rn. 382) – hatte die Zeitschrift »Bunte« ein »Exklusiv-Interview« mit der Klägerin publiziert, das in Wahrheit frei erfunden war, und in einer weiteren
Ausgabe Fotos veröffentlicht, die die Klägerin mit einem Partner zeigten, und die als »Schnappschüsse
aus dem Familienalbum« deklariert, tatsächlich aber von **Paparazzi** mithilfe von Teleobjektiven aus großer Entfernung aufgenommen worden waren. Angesichts dieser mit Vorsatz ausgeführten Eingriffe in
die Persönlichkeitsrechte der Klägerin bekannte sich der VI. Zivilsenat ausdrücklich zur Abschreckungsfunktion des Geldersatzes: Anders als beim konventionellen Schmerzensgeld stehe bei Mediendelikten nicht der Schadensausgleich, sondern die Prävention im Vordergrund.[167] Bei der Bemessung
der zu zahlenden Entschädigung müsse deshalb berücksichtigt werden, dass das Persönlichkeitsrecht
der Klägerin »als Mittel zur Auflagensteigerung« eingesetzt und damit zwangskommerzialisiert worden
sei. Zwar konnte sich der BGH nicht dazu durchringen, der Klägerin einen Anspruch auf Abschöpfung
der von der Illustrierten erzielten Gewinne einzuräumen,[168] setzte die Entschädigung jedoch so hoch,
dass von ihr ein »echter Hemmungseffekt« für die unautorisierte Vermarktung der Persönlichkeit der
Klägerin ausgehen sollte. Das OLG Hamburg folgte dieser Maxime und setzte nach Rückverweisung
der Sache durch den BGH die Geldentschädigung von 30.000 DM auf 180.000 DM herauf.[169]
Allerdings: Für eine wirksame Abschreckung von Medienunternehmen, die mit Geschichten über Prominente ihre Auflage steigern, reichen diese Beträge bei weitem nicht aus. Die EUR 635.000, die das LG
Köln dem bekannten Meteorologen und Fernsehmoderator Jörg Kachelmann für die »journalistische
Begleitung« seines Vergewaltigungs-Prozesses durch die Bild-Zeitung gewährt hat,[170] dürften weit unter
dem Gewinn liegen, der mit den Stories gemacht worden ist, und sind für eine **effektive Verhaltenssteuerung zu niedrig, als Kompensation** allein für immaterielle Einbußen indessen (viel) **zu hoch.** In
seiner aktuellen Rechtsprechung hütet sich der BGH, die Präventionsfunktion des Geldersatzes weiter
zu entwickeln und betont, die Geldentschädigung dürfe nicht eine Höhe erreichen, »die die Pressefreiheit unverhältnismäßig einschränkt«.[171] Bei **lukrativen Delikten,** bei denen der Schädiger aus dem
Eingriff in die Rechte anderer Gewinn schlägt, muss der Geldersatz aber höher sein als der Gewinn,
denn sonst bleibt der Anreiz zur Verletzung bestehen.[172] Das OLG Zweibrücken betont die Kompensationsfunktion des Schadensersatzes deutscher Tradition, im Gegensatz zu den *punitive damages* des
US-amerikanischen Rechts.[173] Der Strafschadensersatz amerikanischer Provenienz dient jedoch nicht
nur der Abschreckung, sondern vor allem auch der Bestrafung, und nur diese Funktion ist für eine Privatrechtsordnung problematisch.[174]

Die mit der Caroline-Entscheidung eingeläutete Aufwertung des Persönlichkeits- 423
schutzes im Bereich der Mediendelikte hat dem BGH den Vorwurf eingetragen, er

---

166 BGHZ 128, 1 (15) = NJW 1995, 861; BGHZ 165, 203 (204f.) = NJW 2006, 605; BGHZ 199, 237
    Rn. 40 = NJW 2014, 2029; in diese Richtung auch schon BGHZ 35, 363 (367f.) = NJW 1961,
    2059 – Ginseng; BGHZ 39, 124 (131f.) = NJW 1963, 902 – Fernsehansagerin.
167 BGHZ 128, 1 (15) = NJW 1995, 861.
168 Dafür der Anwalt der Klägerin *Prinz* NJW 1996, 953 (955f.).
169 OLG Hamburg NJW 1996, 2870 (2871ff.).
170 LG Köln BeckRS 2015, 16608 und 16609 = ZUM-RD 2016, 30 und NJOZ 2015, 1836.
171 BGHZ 199, 237 Rn. 38 = NJW 2014, 2029.
172 Vgl. BGHZ 199, 237 Rn. 49 = NJW 2014, 2029; ausf. *Wagner,* Gutachten zum 66. DJT A 83ff.
173 OLG Zweibrücken VersR 2013, 915.
174 Eing. *Wagner* AcP 206 (2006), 352 (473ff.).

messe mit zweierlei Maß: Während er Prominente bei unautorisiertem Abdruck von Interviews und Fotos mit Geld geradezu überschütte, würden an Körper und Gesundheit verletzte Normalbürger nach wie vor mit vergleichsweise niedrigen Schmerzensgeldsummen abgespeist.[175] Das LG Wuppertal hat einem 16-jährigen, schwangeren Mädchen, das sich über 72 Stunden hinweg in den Händen eines gewaltbereiten Täters befand, in dieser Zeit mehrmals und stundenlang brutal vergewaltigt wurde und dabei unzählige Drohungen mit körperlichen Angriffen sowie »schwerste Erniedrigungen und körperliche Schmerzen erdulden« musste, ein Schmerzensgeld iHv 100.000 EUR zuerkannt – und diesen Urteilsspruch wegen seiner besonderen Höhe ausführlich begründet.[176] Ein Elternpaar, das bei einem grob verkehrswidrig verursachten Verkehrsunfall seine sämtlichen drei Kinder verloren hatte, musste sich mit 50.000 EUR zufrieden geben.[177] Das dagegen angerufene BVerfG hat diese scheinbare Ungleichbehandlung mit dem Hinweis gebilligt, zwischen dem herkömmlichen Schmerzensgeld und der Geldentschädigung bei Eingriffen von Massenmedien in die Persönlichkeitsrechte Prominenter bestünden »sachlich begründete Unterschiede, die eine unterschiedliche Behandlung als verfassungsrechtlich gerechtfertigt erscheinen lassen«.[178]

424 Worin bestehen diese Unterschiede? Anders als die körperliche Integrität, die Gesundheit und die sonstigen Persönlichkeitsinteressen des Bürgers sind Persönlichkeitsrechte **wertvolle Wirtschaftsgüter,** deren Verwertung einen Gewinn abwirft, um dessen Aneignung es den einschlägigen Presseorganen zu tun ist. Eine wirksame Abschreckung vor der eigenmächtigen Nutzung dieser Güter lässt sich nur erreichen, wenn diejenigen Sanktionen zur Verfügung gestellt werden, die auch andere »property rights« vor Eingriffen schützen. Dies ist der Kern der Begründung für die Anerkennung der kommerziellen Bestandteile des allgemeinen Persönlichkeitsrechts als Vermögensrecht (→ Rn. 401) und für die Anwendung der Grundsätze der dreifachen Schadensberechnung (→ Rn. 416): Ohne sie wären die wirtschaftlich wertvollen Attribute von Persönlichkeiten öffentliche Güter, die von jedermann kostenlos angeeignet werden könnten.

### 6. Postmortaler Persönlichkeitsschutz

425 Die Persönlichkeitsrechte enden nicht mit dem Tod ihres Trägers, sondern wirken uU über diesen hinaus. Speziell für das **Recht am eigenen Bild** wird der postmortale Persönlichkeitsschutz in § 22 S. 3 KunstUrhG explizit anerkannt: »Nach dem Tode des Abgebildeten bedarf es bis zum Ablauf von 10 Jahren der Einwilligung der Angehörigen des Abgebildeten«. Darüber hinaus ist gem. § 28 UrhG das Urheberrecht vererblich, und zwar einschließlich des sog. **Urheberpersönlichkeitsrechts.**[179] Die vormals dem Urheber zustehenden Rechte können folglich von den Erben (nicht: den Angehörigen) bis siebzig Jahre nach seinem Tod geltend gemacht werden (§ 64 UrhG). Allerdings steht es dem Urheber frei, die Sorge um seinen »geistigen Nachlass« einer anderen Person anzuvertrauen und so über seinen Tod hinaus auch die Erben zu binden.[180] Das Strafrecht schließlich kennt ebenfalls einen postmortalen Persönlichkeitsschutz,

---

175 *Seitz* NJW 1996, 1848; *Däubler* NJW 1999, 1611; *Canaris,* FS Deutsch, 1999, 85 (106).
176 LG Wuppertal VersR 2013, 591.
177 OLG Nürnberg NZV 1996, 367.
178 BVerfG NJW 2000, 2187.
179 *Schack,* Urheber- und Urhebervertragsrecht, 7. Aufl. 2015, Rn. 649.
180 BGHZ 15, 249 (259f.) = GRUR 1955, 201 – Cosima Wagner.

der allerdings auf Ehrverletzungen beschränkt ist. Gemäß § 189 StGB macht sich strafbar, wer das Andenken Verstorbener verunglimpft, wobei der erforderliche Strafantrag von den Angehörigen zu stellen ist, §§ 194 II, 77 II StGB.

**Beispiele:** In der berühmt gewordenen Entscheidung BGHZ 50, 133 = NJW 1968, 1773 in Sachen »**Mephisto**« ging es um den gleichnamigen Roman, den Klaus Mann im Exil verfasst und dem Schauspieler Gustav Gründgens auf den Leib geschrieben hatte. In den zwanziger Jahren war Gründgens mit Klaus Mann befreundet und zeitweise sogar mit dessen Schwester Erika verheiratet. Unter den Nazis setzte er seine Karriere fort; er wurde 1934 Intendant des Berliner Schauspielhauses, 1936 Preußischer Staatsrat und 1937 Generalintendant der Preußischen Staatstheater unter Hermann Göring. Im Mittelpunkt des Romans steht ein Schauspieler namens Höfgen, dessen äußere Erscheinung und Lebenslauf demjenigen Gründgens voll und ganz entsprechen. Höfgen wird geschildert »als ehrgeiziger, talentierter Opportunist aus kleinbürgerlichem Milieu mit perversen sexuellen Neigungen, als zynisch-rücksichtsloser Mitläufer der nationalsozialistischen Machthaber und als Rückversicherer«.[181] Als der Roman nach dem Tod von Gründgens 1963 in einem westdeutschen Verlag erscheinen sollte, wandte sich der Adoptivsohn von Gründgens mit einer Klage gegen die Veröffentlichung und hatte damit vor dem BGH Erfolg. Nicht nur dem Urheberpersönlichkeitsrecht, sondern auch dem allgemeinen Persönlichkeitsrecht wurden Wirkungen über den Tod hinaus zugebilligt, »denn die schutzwürdigen Werte der Persönlichkeit überdauerten die Rechtsfähigkeit ihres Subjekts«.[182] Nach dem Tod des Rechtsträgers gehe die Befugnis zum Schutz der Persönlichkeit durch Unterlassungsansprüche auf die Wahrnehmungsberechtigten über. Wahrnehmungsberechtigt seien in Anlehnung an § 22 S. 3 KunstUrhG, §§ 194 II, 77 II StGB die nahen Angehörigen oder eine von dem Verstorbenen noch zu Lebzeiten mit der Wahrnehmung seiner immateriellen Interessen betraute Person.[183] Obwohl das BVerfG diese Würdigung abgesegnet hat,[184] stellt sich rückblickend die Frage, ob der BGH die richtige Messlatte anlegte, wenn er den Roman wie eine dokumentarische Gründgens-Biografie auf Fehler und Beweislücken prüfte. »Mephisto« ist jedoch zu allererst eine in Romanform gebrachte Fundamentalkritik am Nationalsozialismus, und als solche wird sie ihrem Gegenstand durchaus gerecht. Heute ist der Roman übrigens in jeder Buchhandlung zu erwerben.

**426**

Streitgegenstand der Entscheidung BGHZ 107, 384 = NJW 1990, 1986 waren **gefälschte Bilder des Malers Emil Nolde.** Die Bilder waren von ihrem Eigentümer einer den Nachlass Noldes verwaltenden Stiftung mit der Bitte um eine Expertise überlassen worden. Diese stellte die Fälschung fest, verweigerte die Rückgabe und bestand hilfsweise auf einer Kennzeichnung der Bilder als Fälschungen. Der BGH bejahte die Fortexistenz des Persönlichkeitsrechts Noldes auch noch über 30 Jahre nach dessen Tod und sah die Stiftung als wahrnehmungsberechtigt an, weil sie von der Witwe des Malers entsprechend ermächtigt worden war. Die Stiftung unterlag gleichwohl, weil sie nach Auffassung des Gerichts weder die Bilder einbehalten noch ihre Kennzeichnung als Fälschungen beanspruchen konnte, sondern lediglich verlangen durfte, dass der Schriftzug Noldes entfernt werde.

**427**

Sowohl im Mephisto-Fall als auch in Sachen Emil Nolde ging es um den Schutz der immateriellen Persönlichkeitsinteressen des Verstorbenen. Folgerichtig wurden den Wahrnehmungsberechtigten allein **Abwehransprüche** gegen Eingriffe in die postmortalen Persönlichkeitsinteressen des Verstorbenen zugebilligt, nicht aber auch **Schadensersatzansprüche.**[185] Deshalb kann der Sohn eines Mordopfers keine Geldentschädigung dafür verlangen, dass ein Fernsehsender ein Kamerateam an den Tatort

**428**

---
181 BGHZ 50, 133 (134) = NJW 1968, 1773.
182 BGHZ 50, 133 (136) = NJW 1968, 1773.
183 BGHZ 50, 133 (137) = NJW 1968, 1773.
184 BGHZ 50, 133 (137) = NJW 1968, 1773.
185 BGH GRUR 1974, 794 (795).

geschickt und Filmaufnahmen von der nackten Leiche ausgestrahlt hat.[186] Anders wäre es nur, wenn in der Berichterstattung über den Tod nicht nur ein Eingriff in die »Rechtsstellung« des Verstorbenen, sondern zugleich eine **Verletzung des eigenen Persönlichkeitsrechts des Schadensersatz begehrenden Angehörigen** läge, doch diese Voraussetzung ist bei wahrheitsgemäßer Information und Veröffentlichung unverfänglicher Fotos nicht erfüllt.[187]

Nach der Rechtsprechung des VI. Zivilsenats geht der einmal in der Person des Verletzten entstandene Anspruch auf Geldentschädigung sogar wieder unter, wenn der Verletzte verstirbt, bevor die Klage rechtshängig (§ 253 I ZPO) geworden ist.[188] Obwohl die **Geldentschädigung** bei Persönlichkeitsverletzungen in den fundamentalen grundrechtlichen Gewährleistungen der Art. 1 I, 2 I GG verankert wird (→ Rn. 421), ist er **nicht vererblich**. Zur Begründung spielt der BGH die Präventionsfunktion der Geldentschädigung herunter – diese könne die Gewährung eines Anspruchs bzw. dessen Vererblichkeit nicht alleine tragen – und betont statt dessen die Genugtuungsfunktion, die mit dem Tod des Verletzten entfalle.[189]

Im Gegensatz dazu hat der I. Zivilsenat des BGH für die **vermögensrechtlichen Bestandteile des allgemeinen Persönlichkeitsrechts** in den Marlene-Dietrich-Fällen die **Vererblichkeit** gem. § 1922 bejaht (→ Rn. 402).[190] Insoweit sind die Erben – und nicht davon zu unterscheidende »Wahrnehmungsberechtigte« – zum Schadensersatz wegen schuldhaften Eingriffs in die Rechtsposition des Verstorbenen berechtigt. Der Schutz der vermögenswerten Bestandteile des postmortalen Persönlichkeitsrechts endet analog § 22 S. 3 KunstUrhG nach zehn Jahren.[191]

**429** Es fällt nicht leicht, für diese Differenzierung des postmortalen Persönlichkeitsschutzes je nachdem, ob die kommerziellen Gehalte des Persönlichkeitsrechts angeeignet oder seine immateriellen Gehalte verletzt wurden, eine Rechtfertigung zu finden. **Wirksame Präventionsanreize** lassen sich mit bloßen Unterlassungsansprüchen jedenfalls in vielen Fällen nicht generieren, sodass die um den Schadensersatzanspruch gebrachten Bürger idR tatenlos zusehen müssen, wie sich die Medien die von ihnen begehrten Informationen und Bilder anderweitig »beschaffen«, wenn sie nicht freiwillig herausgegeben werden. Warum die **Genugtuungsfunktion** bei immateriellen Schäden für Fortbestehen und Existenz des Anspruchs unverzichtbar sein soll während sie bei Vermögensschäden überhaupt keine Rolle spielt, harrt einer Erklärung. Schließlich kann das Opfer eines tödlichen Verkehrsunfalls ebenfalls keine Genugtuung mehr empfinden, wenn sein Fahrzeug wieder instand gesetzt wird. Gleichwohl zweifelt niemand daran, dass der Anspruch auf Ersatz der Reparaturkosten gemäß § 1922 I vererblich ist.

In dem Fall BGH NJW 2012, 1728 war eine 32-jährige Frau bei einem Verkehrsunfall getötet worden, in den auch der Vorjahresgewinner des »Eurovision Song Contest« verwickelt war. Zwei Tage später hatten **Reporter der Bild-Zeitung** ihre Eltern aufgesucht und um Informationen über ihre verstorbene Tochter sowie um die Herausgabe von Fotos ersucht. Die Eltern lehnten jede Zusammenarbeit ab. Daraufhin beschafften sich die Journalisten beides auf andere Weise und berichteten in großer Aufmachung und unter Abdruck eines Fotos der Getöteten über den Unfall. Der BGH lehnte einen Schadensersatzanspruch der

---

186 BGHZ 165, 203 (206 ff.) = NJW 2006, 605.
187 BGHZ 165, 203 (211 ff.) = NJW 2006, 605; BGH NJW 2012, 1728 Rn. 17 ff.
188 BGHZ 201, 45 Rn. 8 ff. = JZ 2014, 1053 mablAnm *Schubert*.
189 BGHZ 201, 45 Rn. 18 f. = JZ 2014, 1053 mablAnm *Schubert*.
190 BGHZ 143, 214 (218 ff.) = NJW 2000, 2195.
191 BGHZ 169, 193 Rn. 16 = GRUR 2007, 168.

Eltern wegen Eingriffs in das postmortale Persönlichkeitsrecht ihrer Tochter ebenso ab wie eine Verletzung ihrer eigenen Persönlichkeitsrechte. Die Reporter der Bild-Zeitung werden sich sagen: Weiter so. Geben die Angehörigen die verlangten Informationen nicht freiwillig preis, werden sie auf andere Weise beschafft.

## III. Deliktischer Vermögensschutz

**Literatur:** *Fikentscher,* Das Recht am Gewerbebetrieb (Unternehmen) als »sonstiges Recht« im Sinne des § 823 Abs. 1 BGB, FG Kronstein, 1967, 261 ff.; *Fleischer,* Erweiterte Außenhaftung der Organmitglieder im Europäischen Gesellschafts- und Kapitalmarktrecht, ZGR 2004, 437; *Fleischer,* Zur deliktsrechtlichen Haftung der Vorstandsmitglieder für falsche Ad-hoc-Mitteilungen, DB 2004, 2031; *Hopt,* Schadenersatz aus unberechtigter Verfahrenseinleitung, 1968; *Hopt,* Nichtvertragliche Haftung außerhalb von Schadens- und Bereicherungsausgleich, AcP 183 (1983), 608; *Koller,* Sittenwidrigkeit der Gläubigergefährdung und Gläubigerbenachteiligung, JZ 1985, 1013; *Lang,* Die Rechtsprechung des BGH zur Dritthaftung der Wirtschaftsprüfer und anderer Sachverständiger, WM 1988, 1001; *Sack,* Unbegründete Schutzrechtsverwarnungen, 2006; *Sack,* Das Recht am Gewerbebetrieb, 2007; *Schildt,* Der deliktische Schutz des Rechts am Gewerbebetrieb, WM 1996, 2261; *Wagner,* Abschied von der unberechtigten Schutzrechtsverwarnung, ZIP 2005, 49; *Wagner/Thole,* Kein Abschied von der unberechtigten Schutzrechtsverwarnung, NJW 2005, 3470.

**Rechtshistorisch:** *Wagner,* Gesetzliche Schuldverhältnisse, in Willoweit (Hrsg.), Rechtswissenschaft und Literatur im 20. Jahrhundert, 2007, 181 ff.; *Zimmermann/Verse,* Die Reaktion des Reichsgerichts auf die Kodifikation des deutschen Deliktrechts (1900–1914), in Falk/Mohnhaupt (Hrsg.), Das bürgerliche Gesetzbuch und seine Richter, 2000, 319 ff.

**Rechtsvergleichend:** *van Boom/Koziol/Witting* (Hrsg.), Pure Economic Loss, 2004; *Bussani/Palmer* (Hrsg.), Pure Economic Loss in Europe, 2003; *Banakas* (Hrsg.), Liability for Pure Economic Loss, 1996; *Gómez/Ruiz,* The Plural – and Misleading Notion of Economic Loss in Tort: A Law and Economics Perspective, ZEuP 2004, 909; *Furmston,* The Law of Tort – Policies and Trends in Liability for Damage to Property and Pure Economic Loss, 1986; *Tony Weir,* Economic Torts, 1997; *Wagner,* Grundstrukturen des Europäischen Deliktsrechts, in Reinhard Zimmermann (Hrsg.), Grundstrukturen des Europäischen Deliktsrechts, 2003, 189 (230 ff.)

### 1. Haftungsgrundlagen

#### a) Der Standpunkt des BGB

Ebenso wie nicht-physische Persönlichkeitsinteressen genießen bloße Vermögensbelange **keinen umfassenden deliktsrechtlichen Schutz** vor jedweder schuldhaften, mindestens fahrlässig zugefügten Verletzung (→ Rn. 164). Die Verantwortlichkeit für solche Beeinträchtigungen ist gem. § 826 auf vorsätzliche und zugleich sittenwidrige Eingriffe beschränkt und hängt im Übrigen von der mindestens fahrlässigen Zuwiderhandlung gegen ein Schutzgesetz ab (§ 823 II). Nur im Fall der Verletzung der sog. Geschäftsehre durch Verbreitung unwahrer Tatsachenbehauptungen, die dem Betroffenen wirtschaftliche Nachteile zufügt, besteht nach dem Regelungsplan des Gesetzes eine Fahrlässigkeitshaftung, und zwar gem. § 824. Aus § 823 I sollte sich eine Verpflichtung zum Ersatz »reiner Vermögensschäden« hingegen unter keinen Umständen ergeben können. Die deliktsrechtliche Diskriminierung reiner Vermögensinteressen durch Verneinung einer allgemeinen Fahrlässigkeitshaftung ist im Ansatz zwar gut begründet (→ Rn. 96 ff.), schießt jedoch über das Ziel hinaus.

430

## b) Das Recht am eingerichteten und ausgeübten Gewerbebetrieb

431 Wie restriktiv der Standpunkt des Gesetzgebers war, zeigte sich bereits kurze Zeit nach Inkrafttreten des BGB, als das Reichsgericht mit Klagen auf Ersatz reiner Vermögensschäden konfrontiert wurde, die sich in nichts von Fallkonstellationen unterschieden, in denen vor 1900 Ersatz gewährt worden war. In dem Fall RGZ 22, 208 (209) hatte das Gericht einen Deliktsanspruch bei sog. »**unberechtigter Schutzrechtsverwarnung**« bejaht, wenn also der Schädiger ein Immaterialgüterrecht, etwa ein Patent, für sich in Anspruch nimmt und von seinem Mitbewerber die Einstellung der angeblich patentverletzenden Produktion verlangt, und sich später herausstellt, dass das Patent gar nicht existiert oder der Produktion des Mitbewerbers gar nicht entgegensteht. Hier hat das RG dem Mitbewerber Ersatz für die infolge des Produktionsausfalls erlittenen Vermögensschäden zuerkannt. An dieser Rechtsprechung wollten die Richter auch nach 1900 festhalten, obwohl eine Fahrlässigkeitshaftung für reine Vermögensschäden wegen § 826 nicht offen statuiert werden konnte.[192] Der Ausweg bestand darin, innerhalb des § 823 I eine Schutzenklave für reine Vermögensinteressen zu schaffen. Da dies angesichts des Gesetzeswortlauts so nicht gesagt werden konnte, erfand das Gericht das »Recht am eingerichteten und ausgeübten Gewerbebetrieb«.[193]

432 Man darf sich durch die Verwendung der **Semantik des subjektiven Rechts** nicht darüber hinweg täuschen lassen, dass das Recht am eingerichteten und ausgeübten Gewerbebetrieb gerade kein absolutes Recht darstellt, den in § 823 I enumerierten Gütern gerade nicht vergleichbar ist. In Wahrheit werden durch das Recht am eingerichteten und ausgeübten Gewerbebetrieb **reine Vermögensschäden** restituiert, soweit sie infolge einer Beeinträchtigung gewerblicher Aktivitäten eintreten. So erklärt sich auch, dass es gar nicht darauf ankommt, dass das physische Substrat eines »Unternehmens« in Mitleidenschaft gezogen wird. Das Recht am eingerichteten und ausgeübten Gewerbebetrieb kann auch **von Angehörigen freier Berufe** geltend gemacht werden, etwa von einem Sporttrainer, der wegen seiner Stasi-Vergangenheit von der Bundeswehr vom Training der Sportsoldaten ausgeschlossen wird.[194] Der »eingerichtete und ausgeübte Gewerbebetrieb« beschränkt sich in diesem Fall auf ein Paar Turnschuhe und das sportwissenschaftliche Know-how des Trainers. Der Mangel eines subjektiven Rechts, zeigt sich weiter daran, dass das Recht am eingerichteten und ausgeübten Gewerbebetrieb nicht über feste Grenzen verfügt, sondern sein Schutzbereich von Fall zu Fall konkretisiert werden muss. Die Konkretisierungsarbeit erfolgt zunächst durch Anforderungen an die Verletzungshandlung: Nach der Rechtsprechung muss es sich um einen »unmittelbaren«, »**betriebsbezogenen**« **Eingriff** handeln, der sich gegen den »Betrieb als solchen« richtet und nicht lediglich vom Betrieb ablösbare Rechtspositionen beeinträchtigt.[195] Danach bleiben insbesondere **mittelbare Schäden** unberücksichtigt, die Folgen einer von einem Dritten erlittenen Rechtsgutverletzung sind, so etwa die Nachteile, die ein Unternehmen infolge des verletzungsbedingten Ausfalls eines Mitarbeiters erleidet.[196] Gleiches gilt, wenn beispielsweise durch einen **Strom-**

---

192 RGZ 58, 24 (29).
193 Zur historischen Entwicklung *Zimmermann/Verse* in Falk/Mohnhaupt (Hrsg.), Das Bürgerliche Gesetzbuch und seine Richter, 2000, 319 (329ff.); *Wagner* ZIP 2005, 49 (50).
194 BGHZ 193, 227 Rn. 19 = VersR 2012, 910; offen noch BGH NJW 2003, 1040 (1041).
195 BGHZ 29, 65 (74) = NJW 1959, 479; BGH VersR 2015, 717 Rn. 12; MüKoBGB/*Wagner* § 823 Rn. 257.
196 BGH NJW 2009, 355 (356 Rn. 5).

**ausfall** ein Betrieb für einige Zeit lahm gelegt wird oder in einem Rechtsanwaltsbüro für einige Zeit nicht telefoniert werden kann, weil die Leitung bei Bauarbeiten gekappt worden ist.[197] Auf der anderen Seite hat der BGH das unverlangte **Zusenden von E-Mails** mit Werbung bereits beim ersten Mal als betriebsbezogenen Eingriff in den Gewerbebetrieb des Empfängers qualifiziert.[198]

Ist die Hürde des betriebsbezogenen Eingriffs genommen, ist zwar der Schutzbereich verletzt, die Rechtswidrigkeit des Eingriffs aber gleichwohl nicht indiziert, sondern im Wege einer Güter- und **Interessenabwägung** im konkreten Einzelfall zu bestimmen.[199] Dabei spielen die betroffenen Grundrechtspositionen eine wesentliche Rolle.[200] Je nachdem, wie die Abwägung ausgeht, wird es dem Schädiger also gestattet, die Vermögensinteressen des Betroffenen durch sorgfaltswidriges oder gar vorsätzliches Verhalten zu beeinträchtigen. Einschlägige Beispiele sind etwa die Veröffentlichung eines Warentests, der die Produkte des Gewerbebetriebs als Ramschware entlarvt oder die (berechtigte) Anprangerung der Umweltpolitik eines Unternehmens durch eine Nichtregierungsorganisation (→ Rn. 455 ff.). 433

Schließlich ist das Recht am eingerichteten und ausgeübten Gewerbebetrieb **subsidiär**, und zwar sowohl gegenüber dem deliktischen Eigentumsschutz nach § 823 I als auch gegenüber dem selektiven Vermögensschutz über § 823 II iVm einem in concreto verletzten Schutzgesetz sowie schließlich gegenüber den Sondergesetzen des Vermögensschadensersatzes, wie etwa dem UWG.[201] 434

### c) Sondergesetze des Vermögensschadensersatzes

Nicht nur das Reichsgericht, auch der Gesetzgeber hat in den letzten 100 Jahren viel unternommen, um die harsche Haltung des BGB zu korrigieren, in bestimmten Bereichen also doch eine Fahrlässigkeitshaftung für reine Vermögensschäden zur Verfügung zu stellen. Die erste Korrektur des BGB erfolgte bereits im Jahre 1909, als das UWG von 1896 umgestaltet und die **wettbewerbsrechtliche Generalklausel** eingeführt wurde, die sich heute in **§ 3 UWG** findet. »Unlautere Wettbewerbshandlungen« sind danach unzulässig und verpflichten gem. § 9 UWG auch dann zum Schadensersatz, wenn sie bloß auf Fahrlässigkeit beruhen. Damit gilt für den weiten Bereich des gewerblichen Verkehrs eben doch eine allgemeine Fahrlässigkeitshaftung für reine Vermögensschäden, die allerdings über den Filter der »Unlauterkeit«, früher: Sittenwidrigkeit, verfügt. Dieser Filter ist erforderlich, weil der Erfolg eines Unternehmens auch dann häufig auf Kosten seiner Mitbewerber geht, wenn der Vorteil mithilfe lauterer Mittel erzielt und insofern gesellschaftlich erwünscht ist (→ Rn. 97). 435

Eine Rechtsgrundlage für Schadensersatzansprüche wegen reiner Vermögensschäden bietet auch die zweite Abteilung des Wettbewerbsrechts, nämlich das Kartellrecht. Gemäß **§ 33 III 1 GWB** ist derjenige zum Schadensersatz verpflichtet, der vorsätzlich oder fahrlässig gegen eine Vorschrift dieses Gesetzes, gegen die Art. 101, 102 436

---

197 BGHZ 29, 65 (67 ff.) = NJW 1959, 479; BGH VersR 1977, 616 (617).
198 BGH VersR 2009, 1633 Rn. 12.
199 BGHZ 45, 296 (307) = NJW 1966, 1617 – Höllenfeuer; BGHZ 138, 311 (318) = NJW 1998, 2141.
200 BGH VersR 2015, 717 Rn. 15.
201 BGHZ 8, 387 (394 f.) = GRUR 1953, 290; BGHZ 69, 128 (138 f.) = NJW 1977, 1875.

AEUV[202] oder gegen eine Verfügung der Kartellbehörde verstößt. Bevor diese Anspruchsgrundlage zur Verfügung stand, konnten die Gerichte gegen wettbewerbsbeschränkendes Verhalten zulasten von Konkurrenten nur im Rahmen des § 826 vorgehen, wie dies das RG in dem berühmten Benrather Tankstellenfall auch getan hat.[203]

437 Nicht nur im Wettbewerbsrecht hat der Gesetzgeber Fälle, die von den Gerichten auf der Grundlage von § 826 entschieden worden sind, zum Anlass für die gesetzliche Regelung spezieller Bereiche der Haftung für reine Vermögensschäden genommen. Ein aktuelles Beispiel betrifft die Haftung für **falsche oder unterlassene Kapitalmarktinformationen.** Verliert ein Anleger das eingesetzte Kapital, weil er nicht in dem erforderlichen Maß über das Anlageobjekt informiert worden war, so helfen ihm die Ansprüche aus Prospekthaftung nach dem BörsG oder auf der Grundlage der culpa in contrahendo nicht weiter, wenn er den Anteil auf dem Sekundärmarkt – insbesondere an einer Börse – erworben hat. Eine Haftung des Emittenten ließ sich hier nur im Rahmen des § 826 begründen, bis dann das Vierte Finanzmarktförderungsgesetz des Jahres 2002 die Sondertatbestände der §§ 37b, 37c Wertpapierhandelsgesetz (WpHG) geschaffen hat. Diese verpflichten allerdings wiederum nur den »Emittenten«, also etwa das Unternehmen, das die Aktien ausgegeben hat, nicht aber auch dessen Vorstandsmitglieder persönlich (vgl. § 37b VI, § 37c VI WpHG). Dass es im Fall der Insolvenz des Emittenten gerade auf die persönliche Haftung der Leitungsorgane ankommt, hat der Zusammenbruch einiger am Neuen Markt notierter Unternehmen in der Folge des »Börsencrashs« 2000 gezeigt. Der BGH hat in dieser Situation auf § 826 zurückgegriffen, um die persönliche Haftung der Vorstandsmitglieder zumindest in krassen Fällen zu begründen.[204]

### d) Zwischenbilanz und Kritik

438 Der kurze Rundflug über die Rechtsgrundlagen der Haftung für reine Vermögensschäden hat ein **äußerst vielgestaltiges Bild** ergeben. § 826, der ursprünglich einmal als Generalklausel gedacht war, kann diese Rolle nicht wirksam wahrnehmen, weil er mit dem Vorsatzerfordernis der Haftung eine sehr hohe Hürde in den Weg stellt, die nicht immer angemessen ist. Schutzgesetze, die sich mithilfe des § 823 II für das Deliktsrecht mobilisieren ließen, stehen in weiten Bereichen nicht zur Verfügung. Die von Zeit zu Zeit geschaffenen Sondergesetze nach Art von § 3 UWG, § 33 GWB, §§ 37b, 37c WpHG können für sich in Anspruch nehmen, »maßgeschneiderte« Lösungen für einzelne Sachbereiche zu liefern. Auf der anderen Seite ist die Spezialisierung nicht immer den Sachstrukturen, sondern mitunter auch einfach dem Einfluss bestimmter Interessengruppen geschuldet, und sie ist in jedem Fall der Einheit des Haftungssystems für reine Vermögensschäden abträglich.

439 Das Recht am eingerichteten und ausgeübten Gewerbebetrieb hat diese Entwicklung wegen seiner eigenen Schutzbereichsschranken nicht aufzuhalten vermocht. Der Umstand, dass mit dem Recht am Gewerbebetrieb im Rahmen von § 823 I eine **Enklave**

---

202 Der EG wurde mWv 1.12.2010 in den Vertrag über die Arbeitsweise der Europäischen Union (AEUV) überführt.
203 RGZ 134, 342; dazu *Behrens* in Kötz/Schäfer (Hrsg.), Judex oeconomicus, 2003, 73 ff.
204 BGHZ 160, 149 = NJW 2004, 2971; BGH NJW 2004, 2664 sowie 2668; dazu *Fleischer* DB 2004, 2031; *Wagner* ZGR 2008, 495.

der Haftung für reine Vermögensschäden geschaffen worden ist, fordert natürlich Kritik heraus.[205] Der dogmatisch gut begründeten Forderung, dem Recht am Gewerbebetrieb den Abschied zu geben und die dort angesiedelten Fallgruppen unter das Dach des Sonder-Deliktsrechts des UWG zu bringen, hat sich der I. Zivilsenat angeschlossen,[206] doch der von ihm angerufene Große Zivilsenat hat ihr eine klare Absage erteilt.[207] So wird es auf absehbare Zeit bei der Zersplitterung des Haftungsregimes für reine Vermögensschäden bleiben.

## 2. Fallgruppen des Vermögensschutzes

### a) Unberechtigte Verfahrenseinleitung

Die Fallgruppe der »unberechtigten Schutzrechtsverwarnung« stand Pate, als das Recht am eingerichteten und ausgeübten Gewerbebetrieb aus der Taufe gehoben wurde (→ Rn. 431). Über viele Jahre war in der Rechtsprechung anerkannt, dass die Untersagung fremder Produktion unter Inanspruchnahme eines Schutzrechts, das sich ex post als inexistent oder im Geltungsbereich beschränkt erweist, ohne Weiteres einen rechtswidrigen Eingriff in den eingerichteten und ausgeübten Gewerbebetrieb darstellt, ohne dass es einer Interessenabwägung noch bedürfte.[208] Darüber hinaus spannte der BGH die Sorgfaltsanforderungen an: Der Verwarner müsse die Berechtigung des eigenen Standpunkts mit größter Umsicht prüfen und ggf. Rechtsrat einholen bevor er die Verwarnung ausspreche.[209] Neuerdings hat der I. Zivilsenat die Sorgfaltsanforderungen gelockert und ihre Intensität von einer Güter- und Interessenabwägung abhängig gemacht.[210] 440

Tatsächlich stand die frühere Strenge der Rechtsprechung zur unberechtigten Schutzrechtsverwarnung in Spannung zu den Standards, die im Bereich der Haftung für »unberechtigte Verfahrenseinleitung« gelten.[211] In beiden Fallgruppen berühmt sich jemand eines Rechts oder Anspruchs gegen einen anderen. Der Unterschied besteht lediglich darin, dass sich der vermeintliche Rechts- oder Anspruchsinhaber im Fall der unberechtigten Schutzrechtsverwarnung mit der außergerichtlichen Geltendmachung begnügt, während er in der zweiten Fallgruppe ein förmliches Verfahren gegen den anderen einleitet, also eine Strafanzeige erstattet, ein Vollstreckungs- oder Insolvenzverfahren in Gang bringt, eine Steuerfahndung oder ein anderes verwaltungsbehördliches Verfahren veranlasst – oder eben eine Zivilklage erhebt bzw. eine außergerichtliche »Abmahnung« erteilt. Wenn sich später herausstellt, dass die Rechtsberühmung zu Unrecht erfolgte oder der geltend gemachte Anspruch nicht existiert, so stellt sich die Frage, unter welchen Voraussetzungen derjenige, der das Verfahren eingeleitet oder angedroht hat, dem Betroffenen auf Ersatz des dadurch verursachten Schadens haftet. 441

---

205 *Larenz/Canaris* SchuldR II 2 § 81 II 2, S. 545, § 81 IV, S. 560 ff.; *Canaris* VersR 2005, 577 (582 f.).
206 BGH ZIP 2004, 1919; eing. *Ullmann* GRUR 2001, 1027 (1030); *Wagner* ZIP 2005, 49.
207 BGH (GS) NJW 2005, 3141; einen neuen Versuch in diese Richtung unternimmt *Sack* NJW 2009, 1642.
208 BGHZ 38, 200 (206 ff.) = NJW 1963, 531.
209 BGHZ 62, 29 (39) = NJW 1974, 315.
210 BGH NJW-RR 2006, 832 (833 Rn. 24 f.); GRUR 2006, 433 (435).
211 So der Titel der Monographie von *Hopt*, Schadensersatz aus unberechtigter Verfahrenseinleitung; vgl. weiter *Götz*, Zivilrechtliche Ersatzansprüche bei schädigender Rechtsverfolgung, 1989.

442 **Beispiel:** In BGHZ 154, 269 = NJW 2003, 1934 hatte es der **Konkursverwalter einer insolventen GmbH** unternommen, die Konkursmasse durch Geltendmachung eines Anfechtungsanspruchs (jetzt §§ 129 ff. InsO) gegen die Hausbank der Gemeinschuldnerin (eine Sparkasse) anzureichern: Er verlangte von ihr die Auszahlung des Guthabens eines Kontos, das die Sparkasse mit dem Kreditsaldo aus einem debitorischen Konto verrechnet hatte. Da die Sparkasse die Auszahlung verweigerte, verfolgte er den Anspruch durch zwei Instanzen bis vor das Oberlandesgericht, obwohl er wusste, dass die Masse nicht ausreichen würde, um im Fall des Unterliegens den Anspruch der Sparkasse auf Erstattung ihrer Anwaltskosten zu decken (vgl. § 91 ZPO). Genau so kam es dann auch: Nachdem das OLG die Klage rechtskräftig abgewiesen hatte, fiel die Sparkasse mit ihrer Kostenerstattungsforderung über mehr als 86.500 EUR aus. Insoweit nahm sie den Konkursverwalter auf Schadensersatz in Anspruch. Der BGH wies die Klage ab: »Das Betreiben eines gesetzlich geregelten Verfahrens der Rechtspflege kann lediglich in Ausnahmefällen eine Haftung begründen, wenn es sittenwidrig ist und mit (bedingtem) Schädigungsvorsatz erfolgt«.[212] Da das Verfahren gerade den Zweck habe, die Berechtigung des zur Entscheidung gestellten Begehrens zu prüfen, müsse der Gegner die mit der Verfahrenseinleitung notwendig verbundenen Nachteile hinnehmen. Das »Erfordernis eines freien Zugangs zu den staatlichen Rechtspflegeverfahren verbietet es, einem Klagewilligen eine über eine Offensichtlichkeitskontrolle hinausgehende Rechtsprüfungspflicht aufzuerlegen«.[213] Ganz ähnlich hat ein amerikanisches Gericht formuliert: »Public policy requires that citizens be free to resort to the courts to resolve grievances without fear that their opponent will retaliate with a malicious use of process lawsuit against them«.[214] Die Haftung desjenigen, der mit einem Rechtsschutzgesuch Schiffbruch erlitten hat, lässt sich somit allein auf der Grundlage des § 826 begründen.[215]

443 Ob das »**Recht auf Irrtum**«, das die Rechtsprechung bei der gerichtlichen Geltendmachung von Ansprüchen annimmt, mit einer Fahrlässigkeitshaftung für Schäden infolge der außergerichtlichen Rechtsberührung, beispielsweise durch Abmahnung wegen eines der Produktion des Konkurrenten angeblich entgegenstehenden Immaterialgüterrechts, vereinbar ist, darüber gehen die Meinungen auch innerhalb des BGH auseinander. Der Große Zivilsenat hielt diese Asymmetrie für sachlich gerechtfertigt, weil die Prozesspartei durch das Verfahrensrecht der ZPO geschützt sei, insbesondere durch die verschuldensunabhängige Haftung nach §§ 717 II, 945 ZPO, die freilich längst nicht alle Schäden erfasst.[216] Der V. Zivilsenat hat in einer Entscheidung zur Vertragshaftung – es ging um den unberechtigten Rücktritt von einem Grundstückskaufvertrag, den die insoweit redliche Käuferin erklärt hatte – den Widerspruch dahin aufgelöst, dass er zwar die objektive Pflichtwidrigkeit gem. § 280 I 1 schon wegen der im Ergebnis unberechtigten Rechtsberührung bejaht hat, das Vertretenmüssen gem. § 280 I 2 jedoch bereits dann entfallen lassen will, wenn die Partei eine »Plausibilitätskontrolle« durchgeführt hat.[217] Im Ergebnis ist das von einem »Recht auf Irrtum« allenfalls um Haaresbreite entfernt.

444 In der Sache ist es nicht begründbar, die **außergerichtliche Geltendmachung** unberechtigter Ansprüche einer schärferen Haftung zu unterwerfen als die **gerichtliche**

---

212 BGHZ 154, 269 (271) = NJW 2003, 1934; vgl. auch BGHZ 148, 175 (178 ff.) = NJW 2001, 3187.
213 BGHZ 154, 269 (272 f.) = NJW 2003, 1934; vgl. auch BGHZ 36, 18 (20) = NJW 1961, 2254; BGHZ 74, 9 (17 ff.) = NJW 1979, 1351; BGHZ 95, 10 = NJW 1985, 1959 und BGHZ 118, 201 = NJW 1992, 2014.
214 *One Thousand Fleet Ltd. v. Guerriero*, 694 A.2d 952, 955 f. (Md. 1997).
215 BGHZ (GS) 164, 1 (6) = JuS 2005, 1125, mit Bespr. *Wagner/Thole* NJW 2005, 3470.
216 BGHZ (GS) 164, 1 = JuS 2005, 1125.
217 BGH NJW 2009, 1262 Rn. 20.

**Geltendmachung** derselben Ansprüche. Wäre dies richtig, stünde derjenige, der ohne vorherigen Kontakt mit der Gegenpartei Klage erhebt, besser als der andere, der zunächst eine gütliche Einigung sucht, indem er seinen Anspruch außergerichtlich anmeldet. Eine haftungsrechtliche Diskriminierung derjenigen Partei, die vor dem Gang zum Gericht zunächst die Möglichkeiten für eine außergerichtliche Einigung auslotet, indem sie sich direkt an die Gegenpartei wendet, widerspricht diametral der Wertung des MediationsG wie auch des § 93 ZPO, die Anreize für ein solches, konfliktvermeidendes Verhalten setzen wollen.[218] Abgesehen davon kann das Betreten einer weiteren Eskalationsstufe, nämlich die Erhebung einer gerichtlichen Klage nach vorheriger außergerichtlicher Auseinandersetzung, kaum zur Absenkung des Haftungsmaßstabs führen. Die Lösung dürfte darin bestehen, sämtliche Fälle der sich als unberechtigt erweisenden Rechtsberühmung einem einheitlichen Standard zu unterstellen, der die Partei zur Prüfung des eigenen Standpunkts anhand der ihr ohne Weiteres zugänglichen Informationen verpflichtet, ohne ihr das Irrtumsrisiko aufzubürden.[219] Die Haftung wird dementsprechend nicht allein deshalb ausgelöst, weil ein Gericht schließlich zu einem anderen Ergebnis gekommen ist, denn: Hinterher ist man immer schlauer. Diese Regel einer moderaten Fahrlässigkeitshaftung – man könnte auch sagen: Einer Haftung für Leichtfertigkeit – muss unterschiedslos für die gerichtliche und außergerichtliche Geltendmachung von Ansprüchen gelten und folglich auch die Fälle der unberechtigten Schutzrechtsverwarnung einschließen.

### b) Öffentliche Kritik an gewerblichen und beruflichen Leistungen

#### aa) Überblick

Eine weitere wichtige Fallgruppe der Haftung für reine Vermögensschäden im gewerblichen Verkehr ist die **geschäftsschädigende Kritik**. Wird jemand durch Verleumdung an seinem Vermögen geschädigt, nämlich durch Behauptung unwahrer Tatsachen wider besseren Wissens der Kredit des Betroffenen gefährdet, lassen sich Schadensersatzansprüche auf §§ 823 II BGB, 187 StGB stützen. Darüber hinaus steht ganz generell bei böswilliger Kritik § 826 als Anspruchsgrundlage zur Verfügung. So wichtig freimütige und ggf. auch scharfe Kritik in einer offenen und demokratischen Gesellschaft auch ist (Art. 5 GG), so darf doch nicht übersehen werden, dass gerade unter den heutigen Bedingungen einer Medien-getriebenen und in gewissem Umfang auch Medien-beherrschten Gesellschaft ein Haftungsregime zu kurz greift, das auf dem *Nachweis* der Verbreitung falscher Tatsachen wider besseren Wissens bzw. der vorsätzlich böswilligen Kritik insistiert. Nach dem Sondertatbestand des § 824 verpflichtet das Behaupten und das Verbreiten einer **unwahren Tatsache** unter bestimmten Voraussetzungen auch dann zum Schadensersatz, wenn der Schädiger »die Unwahrheit zwar nicht kennt, aber kennen muss« (→ Rn. 447 ff.). Die durch § 824 begründete Fahrlässigkeitshaftung für die Verbreitung unwahrer geschäftsschädigender *Tatsachen* hat die Rechtsprechung auf geschäftsschädigende *Werturteile* erstreckt, indem sie letztere unter bestimmten Voraussetzungen als Eingriffe in das Recht am eingerichteten und ausgeübten Gewerbebetrieb qualifiziert und damit in den Schutzbereich des § 823 I einbezogen hat (→ Rn. 456).

445

---

218 Begr. RegE zum MediationsG, BT-Drs. 17/5335, 1; Bericht des Rechtsausschusses, BT-Drs. 17/8058, 1 (17); *Wagner/Thole* NJW 2005, 3470 (3472).
219 Ausf. *Thole* AcP 209 (2009), 498 (524 ff.); MüKoBGB/*Wagner* § 823 Rn. 607.

### bb) Schutz gegen unzutreffende Tatsachenbehauptungen gem. § 824

**446** Ist jemandes Kredit dadurch gefährdet oder sind andere Nachteile für seinen Erwerb oder sein Fortkommen dadurch herbeigeführt worden, dass ein anderer eine **unwahre Tatsache behauptet oder verbreitet** hat, so kommt als Anspruchsgrundlage § 824 in Betracht; insoweit treten Ansprüche aus § 823 I wegen eines Eingriffs in den Gewerbebetrieb aufgrund ihres subsidiären Charakters zurück.[220]

**447** Voraussetzung für eine Haftung aus § 824 ist zunächst, dass eine **unwahre Tatsache** behauptet oder verbreitet worden ist; es darf sich also nicht um eine Meinungsäußerung oder ein Werturteil handeln. Die Abgrenzung erfolgt in derselben Weise wie beim Persönlichkeitsschutz; → Rn. 386.

Keine Tatsachenbehauptung liegt zB vor, wenn ein Architekt erklärt, er sei über Konstruktion und Qualität der Lüftungsanlagen der Klägerin »einfach entsetzt«; sie habe nach seinem Eindruck »alle gestalterischen Mittel auf das alleinige Bestreben konzentriert, einen möglichst billigen Schmarren herzustellen«.[221] In der Veröffentlichung der Ergebnisse eines **Warentests** liegt keine Behauptung von Tatsachen, sondern das Qualitätsurteil ist insgesamt als Meinungsäußerung zu qualifizieren, die lediglich prozeduralen Sorgfaltsanforderungen unterliegt; insbesondere muss die Prüfungsstelle ein geeignetes Testverfahren wählen und es konsistent anwenden (→ Rn. 461).[222] Entsprechende Grundsätze gelten für die Bewertungen von Unternehmen und Finanzprodukten durch **Ratingagenturen:** Letztere sind als Werturteile zu qualifizieren, deshalb an dem »nur« nach § 823 I geschützten Recht am eingerichteten und ausgeübten Gewerbebetrieb zu messen (→ Rn. 454) und nach diesem Maßstab rechtmäßig, wenn die Ratingagentur von einem zutreffenden Sachverhalt ausgegangen ist und ein geeignetes Bewertungsverfahren befolgt hat.[223] Wird ein Unternehmen von einer Wirtschaftsauskunftei einer **Bonitätsprüfung** unterzogen, deren Ergebnis zu einer Zahl verdichtet und in einen »Bonitätsindex« eingetragen wird, so ist diese Bonitätsbeurteilung als Werturteil zu qualifizieren, deshalb nicht nach § 824 angreifbar und – bei Beachtung des einschlägigen prozeduralen Sorgfaltsstandards – von dem betroffenen Unternehmen auch im Rahmen von § 823 I hinzunehmen.[224]

**448** Die neue Rechtsprechung hat den Tatbestand des § 824 noch durch das ungeschriebene Tatbestandsmerkmal eingeschränkt, die streitige **Behauptung müsse den Kläger als solchen betreffen,** sich mit ihm befassen oder doch in enger Beziehung zu seinen Verhältnissen, seiner Betätigung oder seinen gewerblichen Leistungen stehen.

**449** **Beispiele:** In BGH JZ 1964, 509 (mAnm *Deutsch*) war in der Wochenzeitung »Christ und Welt« der Leserbrief eines Studenten veröffentlicht worden, in dem dieser sich kritisch mit der Verwendung elektronischer Orgeln im Gottesdienst auseinandersetzte und dabei behauptete, dass nach Aussage eines Sachverständigen »die meisten Berliner Gemeinden, die eine E-Orgel in der Kirche haben, nach Wegen suchen, sie ohne allzu große finanzielle Einbuße wieder los zu werden, um sich eine richtige Pfeifenorgel anzuschaffen«. Daraufhin meldete sich eine – dem Studenten bislang ganz unbekannte – Herstellerin elektronischer Orgeln und verlangte von ihm, dass er diese Behauptung widerrufe und ihre künftige Wiederholung unterlasse. Der BGH unterstellte zugunsten der Klägerin, dass die Behauptung in der Tat falsch sei; gleichwohl wies er die Klage ab: Der beanstandete Leserbrief befasse sich ganz allgemein mit einem »Systemvergleich«, also mit der Frage, ob E-Orgeln zum kirchlichen Gebrauch geeignet seien und die herkömmlichen Pfeifenorgeln ersetzen könnten; lediglich in diesem Zusammenhang werde auf die angeblichen Berliner Erfahrungen mit E-Orgeln eingegangen.

---

220 BGHZ 59, 76 (79) = NJW 1972, 1658.
221 BGH NJW 1965, 35.
222 BGHZ 65, 325 (328 ff., 336) = NJW 1972, 1658; vgl. auch BGH NJW 1987, 1398.
223 *Habersack* ZHR 169 (2005), 185 (200); *Wagner*, FS Blaurock, 2013, 467 (473 f.).
224 BGH NJW 2011, 2204 Rn. 11 ff.

An dem erforderlichen unmittelbaren Bezug fehlt es auch, wenn eine Gewerkschaft sich in einem Flugblatt gegen die Privatisierung der städtischen Reinigung wendet, in diesem Zusammenhang (möglicherweise unzutreffende) Tatsachenbehauptungen über »die privaten Reinigungsfirmen« aufstellt und von den drei größten der 70 betroffenen gem. § 824 auf Unterlassung in Anspruch genommen wird.[225]

In BGH LM § 824 Nr. 10 war in der beklagten Zeitschrift eine Besprechung des schwedischen Films »Die Nächte der Birgit Malmström« erschienen, in der es unter der Überschrift »Stark geschnippelt« hieß, dass die Freiwillige Selbstkontrolle der Filmwirtschaft (FSK) an dem Film Schnitte vorgenommen habe und es sich deshalb um eine »amputierte skandinavische Filmleiche« handele, in der »von den Nächten der minderjährigen Birgit jeweils nur noch Begrüßung und Abschied übriggeblieben« seien. Der Kläger verlangte Schadensersatz, weil er den Film importiert habe, an den Einspielergebnissen finanziell beteiligt sei und durch die kritische Besprechung einen geschäftlichen Verlust erlitten habe. Obwohl die FSK keine Schnitte vorgenommen hatte und die veröffentlichte Behauptung daher falsch war, hat der BGH die Klage abgewiesen: Weder habe die Besprechung auf den Kläger und seine wirtschaftlichen Verhältnisse abgezielt, noch sei sie geeignet gewesen, die wirtschaftliche Wertschätzung des Klägers bei dem Leserkreis der Zeitschrift zu beeinträchtigen.

Wohl aber soll eine ausreichend enge Beziehung zwischen Tatsachenbehauptung und Betroffenem vorliegen, wenn in einer Fernsehsendung eine Teppichkehrmaschine (sachlich unzutreffend) kritisiert und dabei zwar der Name ihres Herstellers nicht genannt, jedoch die Maschine so deutlich gezeigt wird, dass jeder verständige Zuschauer sie mit dem Hersteller in Verbindung bringen wird.[226]

Liegt eine unwahre Tatsachenbehauptung vor, die in der erforderlichen hinreichend 450 engen Beziehung zu dem Kläger steht und für seine geschäftlichen Verhältnisse nachteilig ist, so kann er Schadensersatz verlangen, wenn der Beklagte die **Unwahrheit** der Behauptung **kannte.** Es genügt aber auch, wenn der Beklagte die Unwahrheit der von ihm behaupteten Tatsache **kennen musste,** dh sie nur aufgrund von Fahrlässigkeit für zutreffend gehalten, also etwa die Unwahrheit der Tatsache nur deshalb nicht erkannt hat, weil er es sorgfaltswidrig unterließ, sich über ihre Richtigkeit durch eine Rückfrage oder auf andere Weise zu vergewissern. Hat der Beklagte in diesem Sinne fahrlässig gehandelt, ist eine Schadensersatzpflicht gleichwohl nicht gegeben, wenn er oder derjenige, dem gegenüber die Äußerung gemacht worden ist, »an ihr ein **berechtigtes Interesse**« hatte (§ 824 II). Auf die »Wahrnehmung berechtigter Interessen« kann sich der Beklagte wiederum nicht berufen, wenn ihm die Unwahrheit der behaupteten Tatsache bewußt war.

In der Praxis spielt die **Wahrnehmung berechtigter Interessen** vor allem dort eine 451 Rolle, wo Presse, Rundfunk oder Fernsehen über Fragen von allgemeinem Belang berichten. In diesen Fällen kann das beklagte Medienunternehmen die Schadensersatzpflicht abzuwehren suchen, indem es eine von zwei ihm zur Verfügung stehenden Verteidigungslinien bezieht: Es kann einmal darauf hinweisen, dass auch jeder durchschnittlich sorgfältige Mensch in gleicher Lage die Behauptung **für zutreffend gehalten hätte;** es kann sich weiterhin damit verteidigen, dass es rechtmäßig gehandelt habe, weil die Behauptung oder Verbreitung der Tatsache in Wahrnehmung **berechtigter Interessen** erfolgte. Die Praxis macht freilich zwischen diesen beiden Verteidigungslinien keinen klaren Unterschied. Letztlich kommt es für die Wahrnehmung be-

---

225 OLG Köln NJW 1985, 1643.
226 BGH JZ 1967, 94 mAnm von *Deutsch.*

rechtigter Interessen auf dieselben Umstände an, die auch für die Feststellung einer Sorgfaltspflichtverletzung maßgeblich sind.[227]

452 **Beispiele:** Vgl. etwa BGH JZ 1967, 94 (mAnm von *Deutsch*): Hier hatte die beklagte Fernsehanstalt in der Sendereihe »**Panorama**« sich mit der nachlassenden Qualität deutscher Waren beschäftigt und dabei über ein Produkt der Klägerin Tatsachenbehauptungen aufgestellt, die unrichtig waren, den erforderlichen Bezug zu ihr hatten und ihre geschäftlichen Verhältnisse beeinträchtigen konnten. Die Fernsehanstalt – auf Schadensersatz iHv 25.000 EUR verklagt – berief sich darauf, dass sie die Behauptung ohne Verletzung der im Verkehr erforderlichen Sorgfalt habe für zutreffend halten dürfen und dass sie außerdem in Wahrnehmung berechtigter Interessen gehandelt habe. Dazu sagte der BGH: »Befassen sich Rundfunk- und Fernsehanstalten in einer Sendung mit den Klagen über die nachlassende Qualität deutscher Waren, so nehmen sie bei der Behandlung dieses gemeinschaftswichtigen Themas grundsätzlich auch insoweit berechtigte Interessen wahr, als sie dabei beispielhaft auf einzelne Erzeugnisse hinweisen. Zugleich liegt in einer solchen kritischen Würdigung der deutschen Produktion und einzelner Produkte eine gem. Art. 5 I GG zulässige Ausübung des Rechts der freien Meinungsäußerung. Bei der Erörterung solcher die Öffentlichkeit wesentlich berührender Probleme kann auch eine scharfe Sprache durchaus zulässig sein. Wer Behauptungen öffentlich verbreitet, die geeignet sind, den Absatz einer Ware zu erschweren und den Hersteller empfindlich zu schädigen, wird allerdings sehr sorgfältig vorher prüfen müssen, ob seine Erkenntnisquellen genügend zuverlässig und umfassend sind. Dieser Prüfungspflicht kommt bei den Rundfunk- und Fernsehanstalten eine gesteigerte Bedeutung zu, weil die von ihnen ausgestrahlten Sendungen einen weittragenden Einfluss auf die Meinungsbildung ausüben und die Empfänger der Sendungen durchweg davon ausgehen, dass eine strenge Objektivität der Berichterstattung dieser Sendungen gewährleistet ist. Entspricht die Prüfung nicht diesen Anforderungen, so ist der Vorwurf der Fahrlässigkeit begründet. Es wird sich ferner derjenige nicht mit Erfolg auf eine Wahrnehmung berechtigter Interessen berufen können, der es vor der öffentlichen Verbreitung erwerbsgefährdender Behauptungen an einer gründlichen, der Bedeutung der Sache entsprechenden Prüfung hat fehlen lassen«.
Vgl. aber auch BGHZ 59, 76 = NJW 1972, 1658: Hier hatte die beklagte Tageszeitung im **Inseratenteil** eine (telefonisch von einem Unbekannten aufgegebene) Anzeige veröffentlicht, in der die unwahre Tatsache mitgeteilt war, dass die Klägerin ihr Baugeschäft aufgebe und ihre sämtlichen Baumaschinen deshalb zum Verkauf stünden. Die Fahrlässigkeit der Beklagten und damit ihre Schadensersatzhaftung gem. § 824 wurden bejaht. Zwar könne von einer Zeitung nicht verlangt werden, dass sie die Richtigkeit der im Anzeigenteil mitgeteilten Tatsachen mit der gleichen Sorgfalt überprüfe, wie wenn es sich um Verlautbarungen im redaktionellen Teil handele. Bei telefonisch aufgegebenen Anzeigen jedoch, die im Falle ihrer Unrichtigkeit das Risiko einer erheblichen Schädigung mit sich brächten, müsse eine Zeitung vor der Veröffentlichung telefonisch beim Betroffenen Rückfrage halten oder sich auf andere zumutbare Weise darüber vergewissern, dass die in der Anzeige mitgeteilten Tatsachen zuträfen.

453 Sind die Voraussetzungen des § 824 erfüllt, so kann der Betroffene **Schadensersatz** verlangen; dazu können auch die Aufwendungen gehören, die dem Hersteller einer Ware dadurch entstehen, dass er in derjenigen Zeitung, die unzutreffende Behauptungen über die Ware aufgestellt hatte, eine Anzeige schaltet, die jene Behauptungen sachlich richtigstellt.[228] Weiterhin kann der durch eine unrichtige Tatsachenbehauptung Betroffene, sofern eine Wiederholung der Äußerung zu befürchten ist, auf **Unterlassung** klagen; er kann ferner den **Widerruf** der Behauptung oder ihre Ergänzung oder Berichtigung verlangen, wenn das erforderlich erscheint, um der Behauptung ihre sonst fortdauernde beeinträchtigende Wirkung zu nehmen (→ Rn. 388, 408).

---

227 Eing. MüKoBGB/*Wagner* § 824 Rn. 44.
228 BGHZ 70, 39 (42) = GRUR 1978, 187 – Alkoholtest.

### cc) Schutz gegen geschäftsschädigende Kritik

Der Bundesgerichtshof vertritt in ständiger Praxis die Auffassung, dass durch kritische Äußerungen über ein Unternehmen oder seine Produkte in der Gestalt von **Werturteilen** das im Rahmen von § 823 I etablierte **Recht am eingerichteten und ausgeübten Gewerbebetrieb** verletzt sein könne. Dabei hat er eine solche Verletzung früher schon dann angenommen, wenn der Kritiker mit seiner Äußerung das »sachlich gebotene Maß« überschritten hatte und nicht »mit der größtmöglichen Schonung« der berechtigten Interessen des Betroffenen« zu Werke gegangen war.[229] Die Unausgewogenheit dieser Rechtsprechung wird besonders augenfällig, wenn man sich Fälle vorstellt, in denen an der Qualität und Nützlichkeit von Konsumgütern Kritik geübt wird: Während es dem Hersteller gestattet ist, die tatsächlichen oder bloß gefühlten Vorzüge des eigenen Produkts in der Werbung herauszustellen, soll umgekehrt die freimütig-robuste Kritik nur insoweit zulässig sein, als sie dem strengen Gebot der »Sachlichkeit« und dem Grundsatz der »größtmöglichen Schonung« entspricht. **454**

Inzwischen hat sich in der Rechtsprechung ein wesentlicher Wandel vollzogen. Den Anstoß dazu gaben mehrere Entscheidungen des **Bundesverfassungsgerichts**, in denen klargestellt wurde, dass das **Grundrecht auf freie Meinungsäußerung** »für eine freiheitlich-demokratische Staatsordnung ... schlechthin konstituierend« ist und dass, »wenn es darum geht, dass sich in einer für das Gemeinwohl wichtigen Frage eine öffentliche Meinung bildet, private und namentlich wirtschaftliche Interessen Einzelner grundsätzlich zurücktreten [müssen]«.[230] Der BGH geht heute zwar immer noch davon aus, dass durch die Äußerung abfälliger Werturteile das in § 823 I geschützte Recht am Gewerbebetrieb beeinträchtigt werden könne. Das gedankliche Schema jedoch, nach dem jede gewerbeschädigende Kritik zunächst einmal rechtswidrig ist und nur ausnahmsweise als gestattet angesehen werden kann, ist obsolet. Kritik ist auch nicht erst dann zulässig, wenn sie »mit größtmöglicher Schonung« vorgetragen wird und das »rechte Maß« nicht überschreitet. Vielmehr muss in jedem einzelnen Fall aufgrund einer Güter- und Interessenabwägung positiv festgestellt werden, dass das Verhalten des Kritikers die rechtlich zulässigen Grenzen überschritten hat; dabei streitet – im Gegensatz zur früheren Rechtsprechung – eine **Vermutung für die Zulässigkeit der »freien Rede«**, sofern mit ihr ein Beitrag zur Diskussion gemeinschaftswichtiger Fragen geleistet wird.[231] **455**

Die Illustrierte »Stern« hatte sich in einem Artikel unter der Überschrift **»Brennt in der Hölle wirklich ein Feuer?«** kritisch mit Problemen der katholischen Theologie und Kirchenpraxis beschäftigt und beklagte sich nunmehr darüber, dass eine katholische Wochenzeitung auf einen groben Klotz einen groben Keil gesetzt, nämlich dem »Stern« in scharfer Polemik »Konfessionshetze«, »Dummenfang« und »leichtfertige Verfälschung oder Unkenntnis der Fakten« vorgeworfen hatte. Der BGH hat die Klage des »Stern« abgewiesen:[232] »Der Senat geht mit dem BVerfG davon aus, dass die Vermutung für die Zulässigkeit der ›freien Rede‹ streitet, wenn es sich um einen Beitrag zum geistigen Meinungskampf in einer die Öffentlichkeit wesentlich berührenden Frage durch einen dazu Legitimierten handelt. Um die freie Diskussion gemeinschaftswichtiger Fragen zu sichern, kann es nach den Umständen des Einzelfalles geboten sein, den Schutz privater Rechtsgüter zurücktreten zu lassen. Gerade in Auseinandersetzungen, **456**

---

229 So besonders BGHZ 3, 270 = NJW 1952, 660; BGHZ 8, 142 = NJW 1953, 297; BGHZ 24, 200 = NJW 1957, 1315; BGH NJW 1963, 484 (485).
230 BVerfGE 7, 198 = NJW 1953, 700; BVerfGE 12, 113 = NJW 1961, 819.
231 Vgl. zuerst BGHZ 36, 77 = GRUR 1962, 108 – Waffenhandel und BGH NJW 1965, 295 sowie insbes. die Grundsatzentscheidung BGHZ 45, 296 = NJW 1966, 1617 – Höllenfeuer.
232 BGHZ 45, 296 = NJW 1966, 1617 – Höllenfeuer.

die über einzelpersönliche Bezüge hinausgehen und eine Thematik von großer Tragweite für das Gemeinschaftsleben ansprechen, erfordert es die Bedeutung des Art. 5 GG, dass auch in der Art der Meinungsäußerung von Rechts wegen große Freiheit gewährt und in der Bejahung einer Beleidigungsabsicht oder einer rechtswidrigen Störung gewerblicher Belange Zurückhaltung geübt wird ... Misst das Grundgesetz der rechtlichen Sicherung der Freiheit der Meinungsäußerung eine überragende Bedeutung bei, so liegt dem die Vorstellung zugrunde, dass der mündige und zum eigenen Urteil im Kampf der Meinungen aufgerufene Bürger in der freiheitlichen Demokratie selbst fähig ist zu erkennen, was von einer Kritik zu halten ist, die auf eine Begründung verzichtet und in hämisch-ironischer oder schimpfend-polternder Art die Gegenmeinung angreift«.[233]

457 **Gemeinschaftswichtige Fragen** werden nicht nur dort diskutiert, wo es um Probleme von allgemeinem politischem, künstlerischem oder theologischem Interesse geht. »Gemeinschaftswichtig« ist es auch, wenn öffentlich die Zusammensetzung und Wirksamkeit medizinischer, homöopathischer oder kosmetischer Erzeugnisse diskutiert oder auf **Missstände** im Kreditgewerbe, in der Reiseindustrie oder im Fernschulwesen hingewiesen wird. Anerkannt ist dabei, dass in diesem Zusammenhang die Dinge auch beim Namen genannt und dass als Beispiele für den behaupteten Missstand auch einzelne Produkte unter Nennung ihres Herstellers kritisch unter die Lupe genommen werden dürfen.[234] Einer Verbraucherzentrale ist es deshalb nicht verwehrt, eine Sparkasse dazu aufzufordern, das Konto eines dubiosen Inkassounternehmens zu kündigen, das systematisch unbegründete Forderungen gegen Kunden geltend macht.[235] Aus § 824 lässt sich im Umkehrschluss entnehmen, dass die **Wahrheit keine Injurie** ist (→ Rn. 387), sodass ungünstige Tatsachenbehauptungen über ein Unternehmen von diesem hingenommen werden müssen.[236]

458 **Beispiel:** In BGHZ 138, 311 = NJW 1998, 2141 hatte ein Fernsehteam in einer spanischen Appartement-Hotelanlage Filmaufnahmen gemacht und Interviews mit unzufriedenen Kunden eines deutschen Reiseveranstalters aufgezeichnet. Letzterer war telefonisch von den Dreharbeiten in Kenntnis gesetzt worden und hatte – genauso wie der spanische Hotelier – dem Aufnahmeteam Hausverbot erteilt. Gegen die Ausstrahlung dieses Beitrags setzte sich nunmehr der Reiseveranstalter zur Wehr. Der BGH ließ die Klage des Reiseveranstalters schon daran scheitern, dass die spanische Hotelanlage nicht zu seinem »eingerichteten und ausgeübten Gewerbebetrieb« gehöre. Darüber hinaus verneinte der BGH im Wege einer Güter- und Interessenabwägung die Rechtswidrigkeit der beanstandeten Fernsehsendung, obwohl er eine Verletzung des Hausrechts durch das Aufnahmeteam annahm und die »Rechtswidrigkeit der Informationsbeschaffung« bejahte. Dem Berufungsgericht, das der Klage stattgegeben hatte, hielt der BGH vor, es habe »nicht hinreichend berücksichtigt, dass die Klägerin der Sache nach eine Berichterstattung verhindern will, die sich nach ihrer eigenen Einschätzung kritisch mit ihren Leistungen befasst, ohne dass sie [...] inhaltlich unrichtige oder vom Inhalt her unzulässige, weil etwa schmähende Kritik geltend macht«. Das OLG habe auch nicht beachtet, »dass ein Gewerbetreibender eine der Wahrheit entsprechende Kritik an seinen Leistungen grundsätzlich hinnehmen muss und dass bei der Annahme eines rechtswidrigen Eingriffs grundsätzlich Zurückhaltung geboten ist, wenn eine gewerbliche Leistung durch eine wahre Berichterstattung betroffen ist«. Die Grenze sei erst überschritten, wenn »die Information durch einen groben Einbruch in die unternehmerische Vertraulichkeitssphäre erlangt worden ist« – wovon in casu nicht die Rede sein könne. Das öffentliche Interesse an der Erlangung von

---

233 BGHZ 45, 296 (308) = NJW 1966, 1617 – Höllenfeuer; vgl. auch BGHZ 91, 117 = GRUR 1984, 684 – Mordoro und BGHZ 98, 94 = GRUR 1986, 759 – BMW, wo öffentlich verbreitete satirisch-scherzhafte Anspielungen auf die Namen bekannter Unternehmen als zulässig angesehen wurden.
234 Vgl. zB BGH MDR 1969, 298 und NJW 1970, 187.
235 BGH VersR 2015, 717 Rn. 22ff.
236 Dazu *Ehmann*, FS 50 Jahre BGH I, 2000, 640 (646).

*III. Deliktischer Vermögensschutz*

Informationen über die innerbetrieblichen Vorgänge in einer Redaktion der **Bild-Zeitung** haben der BGH und das BVerfG sogar als so erheblich angesehen, dass sie ihre Veröffentlichung in einem Buch zuließen, obwohl die Informationen auf illegale Weise, nämlich dadurch erlangt worden sind, dass sich der Autor **(Wallraff)** unter falschem Namen (Esser) als Mitarbeiter in die Redaktion »eingeschlichen« hat.[237]

Andererseits sind gewerbeschädigender Kritik **Grenzen** auch dann gezogen, wenn sie ein gemeinschaftswichtiges Thema aufgreift, nämlich dann, wenn sie keinen erkennbaren Beitrag mehr dazu leistet, dass sich die Öffentlichkeit über Fragen von allgemeinem Interesse in Freiheit eine informierte Meinung bilden kann. Durch »böswillige oder gehässige **Schmähkritik**« (→ Rn. 389) wird ein solcher Beitrag nicht geliefert, andererseits muss demjenigen, der durch einen scharfen und polemischen Angriff in eine Defensivsituation gedrängt ist, eine ebenso polemische Abwehr, ja sogar »ein sehr drastisches Zurückschlagen« gestattet sein, ohne dass die Justiz sich eine Schiedsrichterrolle anmaßen dürfte.[238]   459

**Beispiel:** Diese Grenze ist bei der **Gastronomiekritik** zu beachten: So darf eine Lokalzeitung zwar die in Restaurants angebotenen Speisen kritisch würdigen und dabei auch klare Worte gebrauchen, nicht aber von den in einem Lokal feilgebotenen Gerichte sagen, sie sähen aus »wie eine Portion Pinscherkot« und die Bedienung sei »radikal vor sich hindämmernd« und stehe »vor dem ersten Herzinfarkt«.[239] Zu weit geht es auch, wenn eine (angebliche) Szene-Kneipe als »Pygmäen-Lokal« und der dort gereichte Cappuccino in die Nähe von Haarwaschwasser gerückt und als »Magengeschwürumspüler« bezeichnet wird, den man widerwillig herunterwürge.[240]   460

In BGHZ 65, 325 = NJW 1972, 1658 hatte die beklagte **Stiftung Warentest** die Ski-Sicherheitsbindungen der Klägerin und anderer Hersteller einem vergleichenden Warentest unterzogen. Die Bindungen der Klägerin hatten dabei schlecht abgeschnitten. Sie führte dies auf ein unsachgemäßes Testverfahren zurück und verlangte von der Beklagten, dass sie die weitere Verbreitung der sie betreffenden Testergebnisse unterlasse und eine Erklärung abgebe, dass sie insoweit ihre Bewertung nicht aufrechterhalte. Der BGH prüft die in Testberichten der Beklagten enthaltenen Tatsachenbehauptungen am Maßstab des § 824, qualifiziert das Testergebnis insgesamt aber als Werturteil und kommt so zur Anwendung des § 823 I unter dem Gesichtspunkt des Eingriffs in das Recht am eingerichteten und ausgeübten Gewerbebetrieb. Entscheidend ist dabei wiederum die Abwägung zwischen der geschützten gewerblichen Tätigkeit der Klägerin und der ebenso geschützten Freiheit einer Meinungsäußerung, die auf Verbraucheraufklärung abzielt; dabei war allerdings zu berücksichtigen, dass das Publikum den Veröffentlichungen der Stiftung Warentest in besonderem Maße Vertrauen schenkt. Im Ergebnis war der BGH der Meinung, dass die Grenzen zulässiger gewerbeschädigender Kritik erst dann überschritten werden, wenn die Testuntersuchungen nicht neutral, sachkundig und objektiv, dh nicht in dem Bemühen um sachliche Richtigkeit durchgeführt worden sind. Der erhebliche Spielraum, der dabei dem Testinstitut zu Gebote steht, ist erst dann überschritten, wenn es zu bewussten Fehlurteilen, bewussten Verzerrungen oder bewusst unrichtigen Angaben gekommen ist oder wenn die zum Vergleich gestellten Waren bewusst einseitig ausgewählt worden sind, ferner dann, wenn die Art des Vorgehens bei der Prüfung und die daraus gezogenen Schlüsse als nicht mehr vertretbar (»diskutabel«) erscheinen.[241] Entsprechende Grundsätze gelten für die Bewertungen von Unternehmen und Finanzprodukten durch **Ratingagenturen** und um die **Bonitätsbeurteilungen** von Wirtschaftsauskunfteien (→ Rn. 447).   461

---

237 BGHZ 80, 25 = NJW 1981, 1089; BVerfGE 66, 116 = NJW 1984, 1741.
238 BGHZ 45, 296 (310) = NJW 1966, 1617 – Höllenfeuer.
239 OLG Frankfurt a. M. NJW 1990, 2002.
240 OLG München NJW 1994, 1964.
241 Vgl. auch BGH NJW 1986, 981 und NJW 1987, 2222; *Horn/Piepenbrock* (Hrsg.), Vergleichender Warentest, 1986.

## c) Boykott und Streik

**462** In einer anderen, ebenfalls klassischen Fallgruppe des Rechts am eingerichteten und ausgeübten Gewerbebetrieb geht es um den Schutz des Unternehmers vor **Boykottaufrufen**.

**463** Captain **Charles Cunningham Boycott** war ein Engländer, der in den siebziger Jahren des 19. Jahrhunderts einen Gutshof von Lord Earne in Irland, im County Mayo, verwaltete. Weil er den Landpächtern mit äußerster Härte begegnete, rief der Präsident der Irischen Landliga, Charles Stuart Parnell, die Bevölkerung dazu auf, »to refuse to have any dealings with him«. Daraufhin verweigerten die Landarbeiter die Arbeit, Boycott und seine Familie wurden nicht mehr mit Lebensmitteln beliefert und selbst seine Briefe wurden nicht mehr befördert. Am Ende musste die Ernte stark verspätet von Landarbeitern aus der nordirischen Grafschaft Ulster eingebracht werden, die unter dem Schutz von 900 Soldaten arbeiteten. Seither bezeichnet man den Versuch, andere zu bewegen, Geschäftsbeziehungen zu einem bestimmten Unternehmen nicht aufzunehmen oder bestehende Geschäftsbeziehungen zu ihm abzubrechen, als Boykott. Einen Höhepunkt hatten diese Fälle in den späten sechziger Jahren des 20. Jahrhunderts, als der Springer-Verlag am Pranger stand. Heute geht es vor allem um die Aktivitäten von Nichtregierungsorganisationen gegen Großkonzerne im Zusammenhang mit Themen wie Gesundheit, Umweltschutz und Gleichberechtigung.

**464** Es ist nicht immer einfach, zwischen **zulässigen und unzulässigen Boykottaufrufen** abzugrenzen, weil die Interessenabwägung die Kommunikationsfreiheiten des Art. 5 GG ebenso zu berücksichtigen hat wie die Eigentums- und Berufsfreiheit des Boykottierten.

**465** **Beispiel:** In BVerfGE 7, 198 = NJW 1953, 700 – **Lüth-Urteil** – hatte sich der Beschwerdeführer Lüth in einem offenen Brief gegen das öffentliche Auftreten Veit Harlans als eines prominenten Regisseurs nationalsozialistischer Filme gewandt und zum Boykott eines Films aufgefordert, der damals gerade unter Harlans Mitwirkung gedreht wurde. Auf Antrag des Filmproduzenten wurde Lüth vom LG Hamburg die Wiederholung des Boykottaufrufs verboten. Die Verfassungsbeschwerde hatte Erfolg: »Wenn es darum geht, dass sich in einer für das Gemeinwohl wichtigen Frage eine öffentliche Meinung bildet, müssen private und namentlich wirtschaftliche Interessen einzelner grundsätzlich zurücktreten.«

**466** Freilich gilt das nur, soweit der Boykott durch die Überzeugungskraft von *Argumenten* zu wirken sucht. Anders liegt es, wenn den Adressaten des Boykotts für den Fall seiner Nichtbefolgung *wirtschaftliche* Nachteile angedroht werden.

**467** So lag es in den »**Blinkfüer**«-Entscheidungen: Mehrere Verlage des Springer-Konzerns hatten 1961, kurz nach dem Bau der Berliner Mauer, alle Hamburger Zeitschriftenhändler aufgefordert, keine Publikationen mehr zu führen, in denen – wie in der Wochenzeitung »Blinkfüer« – die Rundfunk- und Fernsehprogramme von DDR-Sendern abgedruckt waren. Den Händlern, die dieser Aufforderung zuwiderhandelten, wurde von den Verlagen angedroht, dass sie mit Springer-Publikationen nicht mehr beliefert werden würden. Beide Hamburger Instanzgerichte gaben der Schadensersatzklage des »Blinkfüer«-Herausgebers gegen die Verlage statt, während der BGH sie abwies.[242] Hiergegen erhob der Herausgeber Verfassungsbeschwerde, und das BVerfG gab ihm recht: »Ein Boykott wird durch das Grundrecht der freien Meinungsäußerung dann nicht geschützt, wenn er ... sich solcher Mittel bedient, die den Angesprochenen die Möglichkeiten nehmen, ihre Entscheidung in voller innerer Freiheit und ohne **wirtschaftlichen Druck** zu treffen.«[243] Als unzulässig hat die Rechtsprechung einen Boykottaufruf aber auch dann angesehen, wenn der Aufrufende nicht selbst wirtschaftlichen Druck androht, sondern mit rein argumentativen Mitteln zu einem Verhalten auffordert, das erst seinerseits dazu führen kann, dass der Betroffene wirtschaftliche Nachteile hinzunehmen haben wird. Unzulässig soll es deshalb sein, wenn der Verleger eines **Brancheninformationsdienstes** für Uhrenhändler sich in einem Artikel kritisch damit auseinandersetzt, dass ein Kaffeeröster (unter Ausschaltung des Fachhandels) Billiguhren

---

242 BGH NJW 1964, 29.
243 BVerfGE 25, 256 (264f.) = NJW 1969, 1161.

vertreibt, und die Uhrenhändler dazu auffordert, »den Service für Röster-Uhren abzulehnen«.[244] Ebenfalls unzulässig ist es, wenn eine Zeitung die **Wohnungspolitik** eines großen Wohnungsbauunternehmens kritisiert und dessen Mieter zu einem Mietboykott aufruft.[245]

Schließlich sind Boykottaufrufe auch in solchen Fällen haftungsrechtlich zu sanktionieren, in denen der Angegriffene *nicht* imstande ist, seine Gegenargumente vor dem gleichen Publikum zu Gehör zu bringen und in denen das Publikum auch aus anderer Quelle nicht schon mit diesen Argumenten vertraut ist. Dies ist zB der Fall, wenn dem Betroffenen die erforderlichen finanziellen Mittel für eine entsprechende Gegenreaktion fehlen, oder wenn er in einem freien Beruf tätig ist und an öffentlicher Gegenwehr durch standesrechtliche Vorschriften gehindert ist, oder wenn der **Angreifer** eine mehr oder weniger ausgeprägte **Monopolstellung** innehat und aus diesem Grunde – wie etwa beim Fernsehen, beim Rundfunk oder bei einer in Alleinstellung befindlichen Lokalzeitung – dem Angegriffenen eine gleich wirksame Gegenkritik nicht möglich ist. Ähnlich kann es liegen, wenn die kritische Äußerung von einer staatlichen oder staatlich finanzierten oder mit staatlicher Autorität ausgestatteten Stelle ausgeht, oder wenn sie von einem anderen Träger gesellschaftlicher Macht – wie etwa einer Gewerkschaft oder einem einflussreichen Verband – verbreitet wird. Je mehr es hier **an Waffengleichheit fehlt,** desto größer ist die Gefahr, dass der Prozess der Bildung öffentlicher Meinung nicht funktioniert, weil die Beteiligten nicht die gleiche Chance für die Artikulation ihrer Standpunkte haben.[246]

**468**

Unrichtig daher das Urteil des OLG Frankfurt, NJW 1969, 2095: Eine Tierschutzvereinigung hatte öffentlich dazu aufgerufen, keine **Seehundmäntel** mehr zu kaufen; dabei hatte sie die in Kanada bei der Robbenjagd verwandten Tötungsmethoden kritisiert und insbesondere auf die »kleinen hilflosen Robbenkinder« hingewiesen, »die niedergemetzelt, mitleiderregend und wimmernd vor den Menschen aufblickend und meist unbetäubt und noch lebend enthäutet« würden. Auf die Unterlassungsklage eines Pelzhändlerverbandes wurde in der Beweisaufnahme festgestellt, dass die *Tötung* der Jungrobben zwar durchaus als grausam bezeichnet werden könne, dass aber ihre *Enthäutung* nur in ganz seltenen Fällen in unbetäubtem und lebendem Zustand erfolge. Hier hätte sich das Gericht damit begnügen können, der Beklagten gem. § 824 die Wiederholung der unrichtigen Tatsachenbehauptungen über die Enthäutung der Jungrobben zu verbieten. Stattdessen hat das Gericht den Boykottaufruf selbst verboten. Zwar dürfe allgemein zur Zurückhaltung beim Kauf von Seehundmänteln aufgefordert werden. Rechtswidrig sei es aber, dies mit der Begründung zu tun, dass *Jung*robben grausam getötet würden: Es müsse als »maßlose Art des Eingriffs« in den Gewerbebetrieb der Pelzhändler und »als verantwortungslos, mindestens aber unfair bezeichnet werden, das besonders publikumswirksame Mitleid mit den Baby-Robben zu benutzen, um den Handel mit anderen Robbenfellen zu treffen.«[247] Zu diesem Schluss hätten die Bürger ohne die Hilfe des OLG kommen sollen.

**469**

### d) Insolvenzverschleppung und Gläubigergefährdung

Wenn Gläubiger ihre Forderungen gegen die Gesellschaft nicht realisieren können, weil ihr Vermögen nicht ausreicht, haben sie ein Interesse an einem Anspruch, der sich gegen die Geschäftsführer persönlich richtet und einen Zugriff auf ihr Privatvermögen gestattet. Falls die Geschäftsführer den Gläubigern die Zahlungsfähigkeit der Gesellschaft bewusst vorgespiegelt und sie dadurch zur Hergabe eines Kredits veranlasst haben, ist der Straftatbestand des Betruges erfüllt, und die Gläubiger können ihre Ansprüche gegen die Geschäftsführer auf § 823 II BGB iVm § 263 StGB, ferner auf § 826 stützen. Jedoch ist der Nachweis der Betrugsabsicht oder des Schädigungsvorsatzes in der Praxis oft

**470**

---
244 BGH NJW 1985, 60; vgl. auch BVerfGE 62, 230 = NJW 1983, 1181.
245 BGH NJW 1985, 1620.
246 *Kübler,* Wirtschaftsordnung und Meinungsfreiheit, 1966, 197.
247 Vgl. zu dieser Entscheidung auch *Kübler* AcP 172 (1972), 200f.

schwierig. Erheblich leichter ist der Nachweis zu führen, dass die Geschäftsführer es versäumt haben, **die insolvente Gesellschaft »aus dem Verkehr zu ziehen«.** Gemäß § 15a I InsO sind die Leitungsorgane von Gesellschaften gleich welcher Rechtsform verpflichtet, binnen drei Wochen die Eröffnung eines Insolvenzverfahrens zu beantragen, nachdem sie erkannt haben oder erkennen mussten, dass die Gesellschaft zahlungsunfähig oder überschuldet ist. Ob die Gläubiger ihren Ersatzanspruch auf § 823 II stützen können, hängt vom persönlichen und sachlichen Schutzbereich des § 15a I InsO, ab: Schützt diese, früher in § 64 I GmbHG aF, § 92 II AktG aF enthaltene Vorschrift überhaupt die Gläubiger einer GmbH bzw. AG oder hat sie nur ein Allgemeininteresse an der rechtzeitigen Eröffnung von Insolvenzverfahren im Auge?[248] Werden nur »Altgläubiger« geschützt, deren Forderungen gegen die Gesellschaft bereits in dem Zeitpunkt begründet waren, in dem die Eröffnung des Insolvenzverfahrens hätte beantragt werden müssen? Falls auch »Neugläubiger« geschützt werden: Will § 15a I InsO den Schaden verhindern, der den Gläubigern dadurch entsteht, dass sie überhaupt mit einer konkursreifen GmbH oder AG in Geschäftsbeziehungen getreten sind? Oder will die Vorschrift nur den Schaden verhindern, der den Gläubigern dadurch entsteht, dass sich ihre Quote infolge der verspäteten Insolvenzanmeldung verringert hat? Die zuletzt genannte Ansicht ist früher vom BGH vertreten,[249] inzwischen aber aufgegeben worden.

**471** Nach heutiger Rechtsprechung können die **Altgläubiger** Ersatz ihres sog. **Quotenschadens** verlangen, dh vom Geschäftsführer Ausgleich derjenigen Nachteile verlangen, die ihnen durch die verspätete Antragstellung und die dadurch verursachte Verminderung der im Insolvenzverfahren erzielten Befriedigungsquote entstanden sind.[250] Diese Ansprüche der Altgläubiger werden im Insolvenzverfahren von § 92 InsO zu einem einzigen Anspruch auf Ersatz eines »Gesamtschadens« verschmolzen, den allein der Insolvenzverwalter gegen die Geschäftsleiter geltend machen kann. **»Neugläubiger«** hingegen, die eine Forderung gegen die Gesellschaft erst erlangt haben, nachdem die Insolvenzreife bereits eingetreten war, können außerhalb des Insolvenzverfahrens je für sich vom Geschäftsführer vollen Schadensersatz verlangen, der in der Differenz zwischen dem Nennwert ihrer Forderung und der im Insolvenzverfahren über die Gesellschaft erhaltenen Quote besteht.[251] Dies gilt nach richtiger Ansicht nicht nur für solche Neugläubiger, die mit der bereits insolventen Gesellschaft einen Vertrag abgeschlossen haben, sondern auch für **Deliktsgläubiger,** die nach Eintritt der Insolvenzreife von der Gesellschaft geschädigt worden sind.[252] Auf § 823 II iVm § 15a I InsO kann sich indessen nur berufen, wer bereits *vor* Eröffnung des Insolvenzverfahrens Gläubiger der zahlungsunfähigen GmbH geworden ist, nicht aber, wer es erst *nach* Verfahrenseröffnung wird, wie es etwa bei der **Bundesanstalt für Arbeit** der Fall ist, die den Arbeitnehmern Insolvenzgeld (früher: Konkursausfallgeld) zahlt. Die Haftung des die Einleitung des Insolvenzverfahrens verschleppenden Geschäftsführers lässt sich in solchen Fällen nur auf § 826 stützen.[253]

---

248 Ausf. dazu *Wagner,* FS K. Schmidt, 2009, 1665 (1671 ff.).
249 BGHZ 29, 100 = NJW 1959, 623; BGHZ 100, 19 (23 ff.) = NJW 1987, 2433.
250 BGHZ 126, 181 (190 ff.) = DNotZ 1995, 455.
251 BGHZ 126, 181 (192 ff.) = DNotZ 1995, 455; BGHZ 138, 211 (214 ff.) = NJW 1998, 2667; krit. *Altmeppen/Wilhelm* NJW 1999, 673 (678 ff.).
252 Ausf. *Wagner,* FS Gerhardt, 2004, 1043 (1063 ff.); *Wagner,* FS K. Schmidt, 2009, 1665 (1677); abl. BGHZ 164, 50 (61 f.) = NJW 2005, 3137; genauso *Bork* ZGR 1995, 505 (519).
253 BGHZ 108, 134 (136 f., 142 ff.) = NJW 1989, 3277; BGHZ 175, 58 (61 Rn. 14 f.) = VersR 2008, 495; BGH VersR 2009, 120 (121 Rn. 6 f.); ausf. *Wagner/Bronny* ZInsO 2009, 622.

Nicht nur die Geschäftsleiter einer GmbH oder AG können ein Interesse daran haben, den Gang zum Insolvenzgericht auf Kosten der Gesellschaftsgläubiger hinauszuzögern, sondern das Delikt der Insolvenzverschleppung kann auch von **Banken und anderen Kreditgebern** begangen werden. So liegt es, wenn eine Bank zwar weiß, dass ihr Kreditnehmer insolvenzreif ist, sie ihm aber gleichwohl einen weiteren (unzureichenden und den Todeskampf nur verlängernden) Kredit bloß deshalb gewährt, weil sie darauf spekuliert, dass andere Gläubiger das Unternehmen für überlebensfähig halten und ihm weiteren Kredit gewähren werden, sodass die Bank die Gelegenheit erhält, ihre eigenen unbesicherten Darlehen zurückzuführen, bis dann die in dieser Weise ausgemolkene Gesellschaft in das Insolvenzverfahren entlassen wird. 472

> **Beispiel:** In BGH NJW 1970, 657 hatten zwei Gutsbesitzer im Januar 1963 mit einer Konservenfabrik Anbauverträge geschlossen, nach denen sie ihre für den Sommer 1963 erwartete Gemüseernte an die Fabrik zu liefern hatten. Diese stand ihrerseits in Geschäftsverbindung mit ihrer Hausbank, die ihr umfangreiche Kredite gewährte und sich zu deren Sicherung unter anderem die in das Eigentum der Fabrik gelangenden Gemüsemengen hatte übereignen lassen. Im August 1963 wurde die Konservenfabrik zahlungsunfähig; beide Gutsbesitzer erlitten erhebliche Ausfälle, weil sie für das von ihnen gelieferte Gemüse nicht bezahlt worden waren. Sie verlangten Ersatz von der Bank, indem sie geltend machten, sie habe von der Überschuldung der Fabrik im Frühjahr 1963 gewusst, habe aber gleichwohl stillgehalten in der Hoffnung, dass die Fabrik mit Gemüse auf Kredit beliefert werde und sich dies zum Vorteil der (dinglich gesicherten) Bank auswirken würde. In dem Urteil heißt es, dass »eine Bank, die das Hinausschieben des nach den Verhältnissen (die sie meist am besten durchschaut) gebotenen Vergleichs- oder Konkursantrages durch ihr Stillhalten und Weitergewähren des Kredits bewirkt oder duldet, dann sittenwidrig [handelt], wenn sie das nicht mehr in der Annahme tut, dass es sich nur um eine überwindbare und vorübergehende Krise gehandelt habe, sondern deshalb, um in rücksichtsloser und eigensüchtiger Weise ihre Stellung bei dem in Kürze erwarteten Zusammenbruch auf Kosten der anderen Gläubiger zu verbessern ... Der anstößige Eigennutz der Bank liegt auf der Hand, wenn sie die um eigener Vorteile willen bewirkte Hinausschiebung des Konkurses veranlasst, obwohl sie weiß oder doch billigend in Kauf nimmt, dass dadurch die Lieferanten des Unternehmens zu Schaden kommen können, während sie, weil deren neue Lieferungen kraft des Sicherungsvertrages in ihr Eigentum übergehen, dadurch demnächst günstiger abschneiden kann«.[254] 473

Neben der »Insolvenzverschleppung« hat sich in der Rechtsprechung ein weiterer Falltyp herausgebildet, in dem ebenfalls die Voraussetzungen einer gem. § 826 zum Ersatz verpflichtenden Schädigung erfüllt sind: Es sind dies die Fälle der »**Gläubigergefährdung**«. Zwar kommt es auch in diesen Fällen später meist zur Insolvenz des Schuldners. Aber die Haftung wird hier nicht darauf gestützt, dass der Beklagte – meistens handelt es sich auch hier um eine Bank – die Insolvenz des Schuldners verschleppt habe, sondern darauf, dass er sich übermäßige und undurchsichtige Sicherungen gewähren ließ und dadurch die (von ihm erkannte oder grobfahrlässig verkannte) Gefahr einer Schädigung anderer Gläubiger schuf, sei es, dass diese sich dadurch von der Beitreibung bereits begründeter Forderungen würden abhalten lassen, sei es auch, dass sie neue Forderungen gegen den Schuldner begründen würden.[255] 474

---

254 Vgl. BGHZ 75, 96 (114 f.) = NJW 1979, 1823; BGH NJW 1984, 1893 (1899 f.); BGHZ 96, 231 = NJW 1986, 837; umfassend *Gawaz*, Bankenhaftung für Sanierungskredite, 1997; *Engert*, Haftung für drittschädigende Kreditgewährung, 2005.
255 Vgl. BGH WM 1962, 962 (965); NJW 1970, 657 (659); MüKoBGB/*Wagner* § 826 Rn. 98 ff.

### e) Kapitalmarkthaftung

#### aa) Problemstellung

475 Wie jedermann weiß, bergen Kapitalanlagen nicht nur **Chancen**, sondern auch **Risiken**. Beim Erwerb von Anleihen geht der Anleger das Risiko ein, dass das Unternehmen, dem er ein Darlehen gewährt hat, dieses nicht zurückzahlen kann, weil es zahlungsunfähig wird. Der Erwerber von Aktien und anderen Unternehmensanteilen trägt darüber hinaus auch noch das Risiko des wirtschaftlichen Misserfolgs, denn die Darlehensgeber gehen mit ihren Rückzahlungs- und Zinsansprüchen den rechtlich nicht geschützten Dividendeerwartungen der Anteilseigner vor. Dieses Risiko wird eingegangen, weil im Erfolgsfall die Dividende zuzüglich der Kurssteigerungen höher ausfällt als der fixe Anleihezins. Kurzum, Kapitalanlagen sind Risikogeschäfte, und deshalb besagt das bloße Faktum eines Verlusts keineswegs, dass der Anleger den erlittenen Vermögensschaden auf einen anderen abwälzen kann. Auf der anderen Seite liegt ebenso auf der Hand, dass der **Risikocharakter von Kapitalanlagen kein Freibrief zur Schädigung** anderer ist. Die eigentliche Aufgabe besteht darin, diejenigen Fälle, in denen sich lediglich das bei Kapitalanlagen stets gegebene Verlustrisiko realisiert hat, von denjenigen zu unterscheiden, in denen der Anleger von dem Emittenten oder einem Intermediär – einem Wertpapierhändler – übervorteilt worden ist. Der Ansatz des geltenden Rechts besteht kurz gesagt darin, die **Information des Anlegers** über die mit der Kapitalanlage verbundenen Chancen und Risiken als Differenzkriterium zu verwenden. Soweit der Anleger in voller Kenntnis aller relevanten Umstände seine Investitionsentscheidung getroffen hat, muss er die Konsequenzen ihres Scheiterns selbst tragen; ist er hingegen von dem Emittenten, Verkäufer oder Intermediär nicht hinreichend über das Risikoprofil der Anlage informiert worden, kommen Ersatzansprüche in Betracht.

476 Die Umsetzung dieses im Grunde einfachen Gedankens in juristische Dogmatik bereitet allerdings **erhebliche Schwierigkeiten**. Eine gewisse Vorsicht bei der Haftungsbegründung ist sicher angebracht, weil die Verantwortlichkeit für Kursverluste börsennotierter Titel uU ganze Massen von Ersatzansprüchen auslöst, die sich zu exorbitanten Summen aufaddieren können. Die Haftung des emittierenden Unternehmens selbst läuft in das Problem, dass dann der zugunsten einer Gruppe »unschuldiger« Neuaktionäre ausgeworfene Ersatzbetrag de facto auf Kosten einer anderen Gruppe ebenso unschuldiger Altaktionäre geht. Die persönliche Haftung des für die mangelhafte Information konkret verantwortlichen Leitungsorgans wiederum stellt für Letzteres eine exorbitante Belastung dar und darf daher ebenfalls nur »in homöopathischen Dosen« verabreicht werden.[256]

#### bb) Haftung des Emittenten

477 Die Haftung der Emittenten von Wertpapieren gegenüber den Anlegern für unrichtige oder unvollständige Angaben bei erstmaliger Platzierung der Kapitalanlage im sog. »**Primärmarkt**« bezeichnet man als **Prospekthaftung**. Gemäß § 21 WpPG, § 306 KAGB, § 20f. VermAnlG (§ 44 BörsG aF, §§ 13, 13a VerkProspG aF) kann der Erwerber von Wertpapieren, die aufgrund eines in relevanter Hinsicht unrichtigen oder un-

---

[256] *Fleischer* ZGR 2004, 437 (444); Überblick über die Kapitalmarkthaftung bei *Wagner* ZGR 2008, 495 (497 ff.).

vollständigen Prospekts zum Börsenhandel zugelassen worden sind, Schadensersatz von den für den Prospekt Verantwortlichen und den Initiatoren des Prospekts fordern, und zwar in der Form der Übernahme der Wertpapiere gegen Erstattung des Erwerbspreises. Die Prospektverantwortlichen können sich durch den Nachweis entlasten, nicht grob fahrlässig oder vorsätzlich gehandelt zu haben (§ 23 I 1 WpPG, § 306 III 1 KAGB, § 20 III VermAnlG). Die gesetzliche Prospekthaftung ist eine Kodifikation der von der Rechtsprechung im Rahmen der culpa in contrahendo entwickelten allgemeinen **bürgerlich-rechtlichen Prospekthaftung,** die nicht kumulativ anwendbar ist, sondern sich im Anwendungsbereich der genannten Rechtsakte erledigt hat.[257]

Spezialgesetzliche Haftungstatbestände für die Irreführung von Anlegern, die Aktien oder andere Wertpapiere auf dem sog. **Sekundärmarkt** – also von anderen Anlegern – erwerben, finden sich in den §§ **37b, 37c WpHG.** Danach ist der »Emittent« zum Schadensersatz verpflichtet, wenn er die unverzügliche Veröffentlichung kursbeeinflussender Tatsachen unterlässt oder die publizierten Tatsachen nicht der Wahrheit entsprechen. Der Haftungsmaßstab wird durch §§ 37b II, 37c II WpHG auf Vorsatz oder grobe Fahrlässigkeit reduziert, wobei die Beweislast umgekehrt ist. 478

Neben den eben genannten Spezialnormen bleiben die **allgemeinen Haftungstatbestände** gem. § 25 II WpPG, § 306 VI 2 KAGB, § 20 Abs. VI 2 VermAnlG, §§ 37b V und 37c V WpHG unberührt. Für die Sekundärmarkthaftung, also beim Aktienkauf über die Börse, eröffnen die §§ 37b V, 37c V WpHG den Weg zu anderen Anspruchsgrundlagen nur insoweit, als die Haftung an eine *vorsätzliche* unerlaubte Handlung geknüpft wird. Vorbehalten bleiben also § 826 sowie § 823 II iVm Vorsatztaten des Strafrechts, wie etwa Betrug (§ 263 StGB). Für die Primärmarkthaftung ist der Tatbestand des Kapitalanlagebetrugs (§ 264a StGB) wichtig.[258] 479

**cc) Persönliche Haftung der Leitungsorgane**

Praktische Bedeutung hat § 823 II weniger für die Haftung des Emittenten – also des Unternehmens selbst, dass die Öffentlichkeit durch falsche Angaben oder unterlassene Offenlegung von Informationen in die Irre geführt hat –, sondern für die Haftung von Vorständen und Geschäftsführern, die für die Erfüllung der unternehmerischen Publizitätspflichten Sorge tragen müssen. Im Fall der Insolvenz des Emittenten ist die **persönliche Haftung der Geschäftsleiter** der einzige Strohhalm, an dem der enttäuschte Anleger noch Halt finden kann.[259] Die vielen Fälle der Anlegerschädigung infolge fehlerhafter Ad-hoc-Meldungen, wie sie in den Jahren um die Jahrtausendwende am sog. Neuen Markt vorkamen, haben die Frage aufgebracht, ob es sich bei den §§ 15, 20a WpHG aF um Schutzgesetze iSd § 823 II handelt. Sie wird in § 15 VI 1 WpHG (§ 15 III 1 WpHG nF) ausdrücklich verneint, und bei § 20a WpHG kommt die Rechtsprechung zum selben Ergebnis (→ Rn. 228).[260] Die EU-MarktmissbrauchsVO 596/2014, deren Art. 15 die Regelung des § 20a WpHG abgelöst hat, dürfte daran nichts geändert haben. 480

---

257 BT-Drs. 13/8933, 81 (zu § 45 BörsG aF); *Groß,* Kapitalmarktrecht, 6. Aufl. 2016, § 25 WpPG Rn. 3 mwN.
258 Zur Schutzgesetzeigenschaft des § 264a StGB BGH NJW-RR 2007, 1329 Rn. 17 = WM 2007, 1507; BGH VersR 2014, 1095 Rn. 24; vgl. auch BGH VersR 2013, 504 Rn. 13 ff.
259 Zu den Einzelheiten BGH NJW 2004, 2664 (2665 f.).
260 BVerfG ZIP 2002, 1986 (1988); BGHZ 160, 134 (139 f.) = NJW 2004, 2664, zur Vorgängernorm des § 88 BörsG.

**481** Damit bleibt zur Begründung der Haftung für **falsche oder lückenhafte Ad-hoc-Meldungen** sowie die **Unterlassung gebotener Information des Anlegerpublikums** nur noch § 826. Dessen Hürden sind hoch, aber nicht unüberwindbar, wie eine der Klagen gezeigt hat, die gegen die berüchtigte Infomatec AG erhoben worden sind.[261]

**482** **Beispiel:** Die Aktien der später insolventen Infomatec AG waren zu einem Kurs von 27,10 EUR ausgegeben worden und waren ein gutes halbes Jahr später 318 EUR wert. Diese exorbitanten Kursgewinne konnten nur erzielt und über einen gewissen Zeitraum verteidigt werden, weil der Vorstand der Infomatec AG wiederholt Ad-hoc-Meldungen über angebliche Vertragsabschlüsse mit Großkunden und eine entsprechend rosige Umsatzentwicklung verbreitet hatte, die nicht der Wahrheit entsprachen. Dadurch wurden nicht nur Anleger geprellt, sondern die Vorstände nutzten die von ihnen selbst kreierte Gunst der Stunde, um eine große Stückzahl von Aktien des eigenen Unternehmens zu veräußern und einen Erlös von ca. 29 Mio. EUR einzustreichen. Angesichts dieses Sachverhalts ist es eigentlich unbegreiflich, wie das OLG München die Stirn haben konnte, die Klage des um sein Kapital gebrachten Anlegers gegen die beiden Vorstände der Infomatec AG mit der Begründung abzuweisen, die am Neuen Markt gehandelten Papiere seien »hochspekulativ«, und im Übrigen fehle es am Vorsatz.[262] Der BGH hat demgegenüber mit Recht klargestellt, dass der Risikocharakter von Vermögensanlagen kein Freibrief zur bewussten Irreführung und Übervorteilung der Anleger ist, dass für § 826 selbstverständlich dolus eventualis genügt und die Vorschrift im Übrigen nicht voraussetzt, dass sich der Schädiger sein Opfer individuell vorgestellt hat (→ Rn. 266 ff.).[263] Wie bei der Prospekthaftung nach §§ 21 ff. WpGG kann der geschädigte Anleger auch im Rahmen des § 826 die Erstattung des gezahlten Kaufpreises Zug um Zug gegen Übertragung der erworbenen Anteile verlangen.[264]

Auch als Reaktion auf das Platzen der Dotcom-Blase Anfang der 2000er Jahre hatte die Bundesregierung 2004 den Entwurf eines »Kapitalmarktinformationshaftungsgesetzes – KapInHaG« vorgelegt, mit dem die persönliche Haftung der Leitungsorgane börsennotierter Gesellschaften spezialgesetzlich geregelt werden sollte.[265] Der Entwurf ist zwischenzeitlich zurückgezogen worden und seine Wiederkehr ungewiss.

### f) Haftung für falsche Auskünfte

**483** Wenn jemand einem anderen Geld leiht, sich mit einer Einlage an seinem Unternehmen beteiligt oder ihm Waren auf Kredit liefert, so tut er das häufig im Vertrauen auf die Auskünfte und Erklärungen, die ein Dritter – zB eine Bank oder ein Wirtschaftsprüfungsunternehmen oder andere **Informationsintermediäre** – über die Zahlungsfähigkeit oder Kreditwürdigkeit des anderen abgegeben hat. Falls sich später herausstellt, dass der Kreditnehmer in Wahrheit insolvenzreif, das Unternehmen in Wahrheit überschuldet, der Belieferte in Wahrheit zahlungsunfähig waren, wird der Geldgeber zwar seine Darlehens- oder Kaufpreisforderung als uneinbringlich abschreiben oder seine Einlage verloren geben müssen, aber doch immerhin die Frage stellen, ob er sich nicht bei dem **Dritten** schadlos halten kann, auf dessen Auskünfte und Erklärungen er vertraut hat. Er wird dies jedenfalls dann tun, wenn er beweisen kann, dass die Auskünfte des Dritten unrichtig waren und dass er, wären sie richtig gewesen, das Darlehen nicht gewährt, die Einlage nicht geleistet, die Waren nicht auf Kredit geliefert hätte. Haftet der Dritte für den Schaden, den er durch seine falschen Auskünfte angerichtet hat?

---

261 BGHZ 160, 149 = NJW 2004, 2971; vgl. auch BGH NJW 2004, 2664 (2668); zu dieser Trilogie *Fleischer* DB 2004, 2031. Zur Berechnung des Schadens BGH NJW 2005, 1326.
262 OLG München NJW 2003, 144.
263 BGHZ 160, 149 (154 ff.) = NJW 2004, 2971.
264 BGHZ 160, 149 (153) = NJW 2004, 2971; *Wagner* ZGR 2008, 495 (531); *Leuschner* ZIP 2008, 1050 (1052).
265 Der Entwurf ist abgedruckt in NZG 2004, 1042.

Diese Frage **kann keineswegs in allen Fällen bejaht werden,** denn sonst würde ein **484** Szenario heraufbeschworen, das vor über 100 Jahren *Rudolf v. Jhering* ausgemalt hat: »Eine unvorsichtige Äußerung, die Mitteilung eines Gerüchts, einer falschen Nachricht, ein schlechter Rat, ein unbesonnenes Urteil, [...] kurz, alles und jedes würde bei vorhandener culpa lata [leichter Fahrlässigkeit] trotz aller bona fides zum Ersatz des dadurch veranlassten Schadens verpflichten, [...] alle Unbefangenheit der Konversation wäre dahin, das harmloseste Wort würde zum Strick!«[266] Folgerichtig heißt es in § 675 II ausdrücklich, wer einem anderen einen Rat oder eine Empfehlung erteile, sei zum Ersatz des aus der Befolgung des Rates oder der Empfehlung entstehenden Schadens *nicht* verpflichtet. Allerdings, so wird hinzugefügt, soll dies »unbeschadet der sich aus einem Vertragsverhältnis, einer unerlaubten Handlung oder einer sonstigen gesetzlichen Bestimmung ergebenden Verantwortlichkeit« gelten.

Unter dem Gesichtspunkt der unerlaubten Handlung kommt als Grundlage für den **485** Schadensersatzanspruch gegen den Auskunftgeber wegen eines reinen Vermögensschadens § 826 in Betracht. Dafür ist Voraussetzung, dass der Auskunftgeber durch sein Verhalten gegen die **guten Sitten** verstoßen und außerdem den Schaden desjenigen, der sich auf die Auskunft verließ, **vorsätzlich** herbeigeführt hat. In beiden Punkten hat sich die Rechtsprechung großzügig gezeigt.

> **Beispiel:** In BGH NJW 1987, 1758 (mAnm *Hopt* NJW 1987, 1745) hatte jemand den Entschluss zum Erwerb der Anteile einer GmbH zu einem Kaufpreis von 250.000 EUR gefasst, nachdem ihm ein Zwischenabschluss vorgelegt worden war, den ein Steuerberater im Auftrag des Geschäftsführers der GmbH erstellt und auf dessen Veranlassung testiert hatte. Der Zwischenabschluss, der den Stand des Vermögens der GmbH in allzu rosigen Farben schilderte, wurde vom Käufer an seine Bank geleitet mit der Bitte, ihm den Kaufpreis durch Gewährung eines Darlehens zu finanzieren. So geschah es; dabei wurden der Bank zur Sicherung ihres Anspruchs auf Darlehensrückzahlung die GmbH-Anteile verpfändet. Wenige Monate später wurde das Konkursverfahren über das Vermögen der GmbH eröffnet; dabei stellten sich die GmbH-Anteile als wertlos heraus. Die Bank verlangte von dem Steuerberater Schadensersatz. **486**

Was das Tatbestandsmerkmal der **Sittenwidrigkeit** anlangt, so vertritt der BGH in **487** stRspr die Auffassung, dass es ausreicht, wenn das Verhalten des Auskunftgebers nach den Umständen des Falles als **leichtfertig und gewissenlos** angesehen werden kann. Das ist bei einem Wirtschaftsprüfer, Steuerberater, öffentlich bestellten Sachverständigen oder einer anderen Auskunftsperson, die über eine besondere allgemein anerkannte Sachkunde verfügt, schon dann der Fall, wenn Auskünfte erteilt werden, deren Unrichtigkeit der Auskunftgeber zwar nicht positiv kennt, aber doch, weil er sie ohne ausreichende tatsächliche Grundlage »ins Blaue hinein« abgegeben hat, für möglich halten muss.[267] Für den **Schädigungsvorsatz** genügt bedingter Vorsatz (→ Rn. 269). Ausreichend ist es also, dass der Auskunftgeber die Schädigung anderer als möglich erkennt und sie billigend in Kauf genommen hat. Ist Geschädigter nicht der Auskunftnehmer selbst, sondern ein Dritter, dem die Auskunft zur Kenntnis gebracht wurde, so genügt es, wenn der Auskunftgeber mit der Möglichkeit gerechnet hat, die von ihm in Umlauf gebrachte Information könne im Zuge von Kreditverhandlungen in die Hand eines dritten Geldgebers gelangen und von ihm zur Grundlage seiner Entscheidung über die Kreditgewährung gemacht werden.[268]

---

266 *R. v. Jhering* JheringsJb 4 (1861), 1 (12f.).
267 BGH NJW 1986, 180.
268 BGH WM 1956, 1229; 1966, 1150; NJW 1986, 180; 1987, 1758.

## G. Immaterielle Persönlichkeits- und reine Vermögensinteressen

488 Neben § 826 kann der Auskunftgeber auch **auf vertraglicher Grundlage** schadensersatzpflichtig sein. In einem solchen Fall ergibt sich seine Haftung aus den §§ 280, 311 II, 241 II; für sie braucht lediglich ein fahrlässiges Verhalten des Auskunftgebers vorzuliegen. Voraussetzung ist allerdings, dass zwischen dem Auskunftgeber und demjenigen, der im Vertrauen auf die Auskunft zu seinem Nachteil disponiert hat, eine vertragliche Beziehung besteht. Auch hier hat die Rechtsprechung recht großzügig das Zustandekommen **stillschweigender Auskunftsverträge** bejaht, und zwar insbesondere dann, wenn der Auskunftgeber über ein besonderes Expertenwissen verfügt, auf das der Auskunftsempfänger vertraut hat, oder wenn der Auskunftgeber mit der Auskunfterteilung eigene wirtschaftliche Interessen verfolgt hat.[269] Die Rechtsprechung geht freilich noch einen Schritt weiter: Hat der Auskunftgeber die Auskunft aufgrund eines (ausdrücklich oder auch stillschweigend geschlossenen) Vertrages erteilt, so trifft ihn, wenn die Auskunft in ihm erkennbarer Weise nicht nur für den Vertragspartner, sondern auch für einen Dritten bestimmt war, eine Haftung auch gegenüber dem Dritten. Der Auskunftsvertrag wird hier als **Vertrag mit Schutzwirkung für den Dritten** behandelt.

489 **Beispiel:** In BGH JZ 1998, 624 hatte ein öffentlich bestellter und vereidigter Bausachverständiger in seinem Gutachten über ein Mehrfamilienhausgrundstück dessen Verkehrswert auf 750.000 EUR taxiert, worauf die Klägerin grundpfandrechtlich gesicherte Darlehen im Umfang von 500.000 EUR gewährte. Nachdem der Kredit notleidend geworden war, wurde der Grundstückswert für die Zwecke der Zwangsvollstreckung von einem anderen Sachverständigen auf 395.000 EUR geschätzt; der Zuschlag in der Zwangsversteigerung erfolgte bei einem Gebot von 326.500 EUR. Der BGH bejahte die Haftung des Gutachters gegenüber der Klägerin mit der Begründung, letztere sei in den Schutzbereich des von den vormaligen Eigentümern mit dem Beklagten geschlossenen Gutachtenvertrags einbezogen.

490 Im Schrifttum wird zwar an den praktischen Ergebnissen, zu denen die Rechtsprechung gelangt, nur wenig Kritik geübt. Wohl aber wird die dogmatische Frage heftig diskutiert, ob es angemessen sei, die Auskunftshaftung als eine im Kern **vertragliche Haftung** anzusehen. Manche meinen, dass die Lösung im Deliktsrecht zu suchen sei, indem man entweder die durch Richterrecht konkretisierten Berufspflichten professioneller Auskunftgeber als »Schutzgesetz« iSd § 823 II ansieht[270] oder aber »**Verkehrspflichten zum Schutz fremden Vermögens**« als durch § 823 I miterfasst ansieht.[271] Andere nehmen Anstoß an der herkömmlichen »Zweispurigkeit des Haftungsrechts«: Sie wollen neben der Haftung aus Vertrag und aus Delikt eine »**dritte Spur**« dadurch eröffnen, dass sie Ansprüche wegen Verletzung einer durch Vertrauen begründeten Schutzpflicht für gegeben halten.[272]

---

269 Vgl. zB BGH NJW 1972, 1200 und 1979, 1595 (Kreditauskunft einer Bank an Nicht-Kunden); BGHZ 70, 356 = NJW 1978, 997 (Anlageempfehlung eines Börseninformationsdienstes); BGHZ 74, 103 = NJW 1979, 1449 (Angaben eines Kapitalanlagevermittlers über die Bonität einer Abschreibungsgesellschaft).
270 So *K. Huber*, FS v. Caemmerer, 1978, 359.
271 *Mertens* AcP 178 (1978), 227; *v. Bar*, Verkehrspflichten – Richterliche Gefahrsteuerungsgebote im deutschen Deliktsrecht, 1980, 204 ff.; *v. Bar*, Gutachten und Vorschläge zur Überarbeitung des Schuldrechts II, 1981, 1681 (1720 ff.); krit. dazu *Stoll*, Richterliche Fortbildung und gesetzliche Überarbeitung des Deliktsrechts, 1984, 42 ff.
272 So besonders *Canaris* in seiner Besprechung von BGH JZ 1998, 603 ff., sowie in FS Larenz, 1983, 27 (85 ff.); wieder anders *Köndgen*, Selbstbindung ohne Vertrag, 1981, 352 ff., der »zwischen den beiden Polen von Vertrag und Delikt »ein Kontinuum von Beziehungen« erkennt und Kriterien entwickelt, nach denen zu beurteilen ist, wo die einzelnen Fälle der Auskunftshaftung auf diesem »Kontinuum« zu lozieren sind.

# H. Gefährdungshaftung

**Literatur:** *Adams,* Ökonomische Analyse der Gefährdungs- und Verschuldenshaftung, 1985; *Blaschczok,* Gefährdungshaftung und Risikozuweisung, 1993; *v. Caemmerer,* Reform der Gefährdungshaftung, 1971; *Canaris,* Die Gefährdungshaftung im Lichte der neueren Rechtsentwicklung, (österreichisches) JBl. 1995, 2; *Deutsch,* Das neue System der Gefährdungshaftungen, Gefährdungshaftung, erweiterte Gefährdungshaftung und Kausal-Vermutungshaftung, NJW 1992, 73; *Deutsch,* Umwelthaftung: Theorie und Grundsätze, JZ 1991, 1097; *Esser,* Grundlagen und Entwicklung der Gefährdungshaftung, 1941; *Filthaut,* Haftpflichtgesetz, 9. Aufl. 2015; *Kötz,* Haftung für besondere Gefahr, Generalklausel für die Gefährdungshaftung, AcP 170 (1970), 1; *Kötz,* Empfiehlt sich eine Vereinheitlichung und Zusammenfassung der gesetzlichen Vorschriften über die Gefährdungshaftung im BGB? Gutachten und Vorschläge zur Überarbeitung des Schuldrechts II, 1981, 1779 ff.; *Koziol,* Umfassende Gefährdungshaftung durch Analogie?, FS Wilburg, 1975, 173 ff.; *Koziol,* Grundfragen des Schadensersatzrechts, 2010, 230 ff.; *Wagner,* Versicherungsfragen der Umwelthaftung, in Ahrens/Simon (Hrsg.), Umwelthaftung, Risikosteuerung und Versicherung, 1996, 97 ff.; *Wagner,* Das neue Schadensersatzrecht, 2002; *Wagner,* Die gemeinschaftsrechtliche Umwelthaftung aus der Sicht des Zivilrechts, VersR 2005, 177.

**Rechtshistorisch:** *Ogorek,* Untersuchungen zur Entwicklung der Gefährdungshaftung im 19. Jahrhundert, 1975.

**Rechtsvergleichend:** *Zweigert/Kötz,* Einführung in die Rechtsvergleichung, 3. Aufl. 1996, § 42; *v. Bar,* Gemeineuropäisches Deliktsrecht I, 1996, Rn. 106 ff.; II, 1999, Rn. 306 ff.; *Koch/Koziol* (Hrsg.), Unification of Tort Law: Strict Liability, 2002; *Wagner,* Grundstrukturen des Europäischen Deliktsrechts, in Zimmermann (Hrsg.), Grundstrukturen des Europäischen Deliktsrechts, 2003, 189 (274 ff.).

## I. Entwicklung und Begründung der Gefährdungshaftung

### 1. Was ist Gefährdungshaftung?

Von Gefährdungshaftung spricht man dort, wo die Haftung des Verantwortlichen lediglich davon abhängt, dass sich in dem infrage stehenden Unfall **eine von dem Verantwortlichen beherrschte Gefahr** verwirklicht hat. Zurechnungsgrund ist hier der Umstand, dass jemand ein besonderes Schadensrisiko geschaffen hat, insbesondere dadurch, dass unter seiner Kontrolle und Leitung eine technische Anlage betrieben wird: Wenn es dabei zu einem Unfall kommt, in dem sich das typische Gefahrenrisiko der in Rede stehenden Anlage verwirklicht, so soll derjenige für die Schadensfolgen aufkommen müssen, der jene Gefahren geschaffen und beherrscht hat. Ob der Ersatzpflichtige den Unfall durch pflichtwidriges Verhalten verursacht hat, ist hier – anders als bei der Verschuldenshaftung – ohne Bedeutung: Wäre also die Haftung desjenigen, der eine Autowaschstraße betreibt, nach geltendem Recht als Gefährdungshaftung ausgestaltet, so würde er für Körper- und Sachschaden der Anlagennutzer auch dann haften, wenn festgestellt wäre, dass er in casu die Sorgfalt eines ordentlichen Waschstraßenbetreibers beobachtet hat.

491

## 2. Verbreitung der Gefährdungshaftung

492 Im geltenden Recht gibt es eine Gefährdungshaftung nur dort, wo sie der **Gesetzgeber** durch ausdrückliche Vorschrift in Bezug auf bestimmte gefahrbringende Anlagen, Sachen oder Tätigkeiten vorgesehen hat (zum Analogieverbot → Rn. 509ff.). Solche Vorschriften finden sich ganz überwiegend *außerhalb* des BGB, denn der historische Gesetzgeber huldigte dem Verschuldensprinzip, das zum Ausgang des 19. Jahrhunderts in der Pandektenwissenschaft besonders en vogue war. Rückblickend erscheint es als krasse Fehleinschätzung der Herausforderungen seiner Zeit, wenn *Rudolf v. Jhering* im Angesicht einer stürmischen industriellen Entwicklung mit rapide steigenden Zahlen an Arbeits- und Verkehrsunfällen zum Ausgang des 19. Jahrhunderts ausrief, nicht der Schaden verpflichte zum Ersatz, sondern (allein) die Schuld.[1]

493 Das BGB gestand der Gefährdungshaftung lediglich im Bereich der **Haftung für Tiere** gem. §§ 833f. eine Enklave zu, wie dies bereits der römischen Überlieferung entsprach. Auf Druck der Landwirtschaftslobby wurde diese Entscheidung schon durch die BGB-Novelle 1908 auf Luxustiere begrenzt und für Nutztiere die Möglichkeit der Entlastung durch Nachweis sorgfaltsgemäßer Beaufsichtigung oder mangelnder Kausalität eines Aufsichtsfehlers eröffnet (§ 833 S. 2). Damit ergibt sich das absurde Resultat, dass ausgerechnet der kommerzielle Tierhalter privilegiert wird, der die zusätzlichen Haftungskosten über den Produktpreis auf seine Kunden abwälzen könnte. Ist also jemand von einem durchgegangenen Pferd verletzt worden, so macht es für seinen Ersatzanspruch einen großen Unterschied, ob das Pferd von seinem Reiter allein zu Sportzwecken »gehalten« wurde oder ob der Reiter es sich in einem Reitstall gemietet hatte: Im letzteren Fall haftet der Reitstallinhaber als Halter des (seiner Erwerbstätigkeit dienenden) Pferdes nicht, wenn er den Entlastungsbeweis gem. § 833 S. 2 führen kann.[2] Auch der BGH findet für die Privilegierung der Nutztierhalter kein gutes Wort mehr, sieht aber seine Hände deshalb gebunden, weil »es nicht Aufgabe richterlicher Rechtsfortbildung sein [kann], diese Korrektur vorzunehmen, die der Gesetzgeber trotz Kenntnis der Reformvorschläge bislang nicht vorgenommen hat«.[3] Gegen Art. 3 I GG verstößt die differenzierte Regelung der Tierhalterhaftung jedenfalls nicht, denn dem Gesetzgeber steht es frei, die Landwirte zu subventionieren – wohl auch mit den Mitteln des Haftungsrechts und damit auf Kosten anderer Bürger.[4]

494 Sieht man von der strengen Haftung der Halter von Luxustieren gem. § 833 S. 1 ab, so zielen alle übrigen Tatbestände der Gefährdungshaftung auf den Ausgleich solcher Schäden ab, in denen sich die **besonderen Unfallrisiken der modernen technischen Entwicklung** verwirklicht haben. Das gilt bereits für den historisch ersten Fall einer Gefährdungshaftung für technische Risiken, nämlich die strikte Verantwortlichkeit des **Eisenbahnunternehmers**. Schon im Jahre 1838 wurde durch das preußische Gesetz über die Eisenbahnunternehmungen eine Regelung getroffen (§ 25), nach der ein Eisenbahnunternehmer zum Ersatz allen Personen- und Sachschadens verpflichtet war, welcher »bei der Beförderung auf der Bahn« entstand (→ Rn. 31).[5] Diese Vor-

---

[1] Das Schuldmoment im römischen Privatrecht, 1867, in *Rudolf v. Jhering,* Vermischte Schriften juristischen Inhalts, 1879, 199; schon → Rn. 21ff.
[2] BGH NJW 1982, 763 und VersR 1986, 345.
[3] BGH NJW 1986, 2501 (2502).
[4] BGH VersR 2009, 26 (27 Rn. 8).
[5] SavZRG 104 (1987), 277.

schrift diente als Vorbild für das Reichshaftpflichtgesetz von 1871, das eine Gefährdungshaftung für alle »bei dem Betriebe einer Eisenbahn« verursachten *Personen*schäden vorsah, sofern nicht der Unfall auf höhere Gewalt oder auf eigenes Verschulden des Verletzten zurückzuführen war. Die heute geltende Nachfolgevorschrift des § 1 HPflG bezieht auch Sachschäden in ihren Schutzbereich ein.

Im Jahre 1908 wurde sodann dem **Halter eines Kraftfahrzeugs** eine Gefährdungshaftung für die »bei dem Betrieb eines Kraftfahrzeugs« entstehenden Körper- und Sachschäden auferlegt (§ 7 Kraftfahrzeuggesetz, heute § 7 StVG; eingehend → Rn. 541 ff.). Das Luftverkehrsgesetz von 1922 macht in entsprechender Weise den **Halter eines Luftfahrzeugs** haftbar für alle Körper- oder Sachschäden, die durch einen Unfall »beim Betrieb eines Luftfahrzeugs« denjenigen Personen oder Sachen entstehen, die nicht aufgrund eines Vertrages in dem Flugzeug befördert worden sind; damit sind in erster Linie Schäden erfasst, die durch den Absturz oder die Notlandung eines Flugzeugs auf der Erdoberfläche angerichtet werden (heute § 33 LuftVG).[6] Die Haftung des Luftfrachtführers für Schäden von Flugreisenden ist auf völkerrechtlicher Ebene durch das Montrealer Übereinkommen[7] und ergänzend durch die EU-Luftfahrtunfall-VO geregelt,[8] auf die § 44 LuftVG verweist. 495

In das damalige Reichshaftpflichtgesetz wurde 1943 eine Bestimmung eingefügt, die zum Prototyp für den **haftungsrechtlichen Umweltschutz** werden sollte.[9] Der Grundgedanke besteht darin, den Betreiber einer gefährlichen industriellen Anlage unabhängig von einer Sorgfaltspflichtverletzung für Schäden verantwortlich zu machen, die Dritten durch den Betrieb der Anlage über den Umweltpfad – durch Einwirkung auf Boden, Wasser oder Luft – zugefügt werden. Nach der jetzt in § 2 HPflG enthaltenen Regelung haftet der Inhaber einer Energieanlage für Personen- und Sachschäden, die »durch die Wirkungen von Elektrizität, Gasen, Dämpfen oder Flüssigkeiten« verursacht werden. Seit dem **Wasserhaushaltsgesetz** (WHG) 1957 hat der Inhaber einer zur Herstellung, Verarbeitung, Förderung, Lagerung oder Fortleitung von Stoffen bestimmten Anlage dafür aufzukommen, wenn Stoffe aus der Anlage in ein Gewässer – darunter fallen nicht nur Flüsse, Bäche, Teiche und Seen, sondern auch das Grundwasser – gelangt sind und dadurch Schaden angerichtet worden ist (§ 89 II WHG 2009 = § 22 II WHG aF).[10] § 89 I WHG bringt darüber hinaus eine vom Betrieb einer Anlage unabhängige und deshalb schwer zu rechtfertigende Gefährdungshaftung zulasten von jedermann, der in ein Gewässer Stoffe einbringt oder einleitet, die die Beschaffenheit des Wassers derart verändern, dass dadurch einem anderen ein Schaden entsteht.[11] 496

---

6 *Niemeyer/Sperl*, Empfiehlt sich eine Fortbildung des geltenden Schadensersatzrechtes durch besondere gesetzliche Bestimmungen über die Haftung für Schäden, die verursacht werden durch die Verwendung von Luftschiffen und Flugmaschinen?, Verhandlungen des 31. DJT, Bd. II, 1912, 29 ff. (62 ff.).
7 Übereinkommen vom 28. Mai 1999 zur Vereinheitlichung bestimmter Vorschriften über die Beförderung im internationalen Luftverkehr (Montrealer Übereinkommen), BGBl. 2004 II 498.
8 VO (EG) Nr. 889/2002 des Europäischen Parlaments und des Rates zur Änderung der Verordnung (EG) Nr. 2027/97 des Rates über die Haftung von Luftfahrtunternehmen bei Unfällen v. 13.5.2002, ABl. 2002 L 140, 2.
9 Vgl. dazu den Überblick bei *Wagner* in Handwörterbuch des Umweltrechts I, 1994, Stichwort Haftung.
10 BGHZ 55, 180 = NJW 1971, 617; BGHZ 57, 170 = NJW 1972, 204; BGHZ 65, 221 = NJW 1976, 291; BGHZ 103, 129 = NJW 1988, 1593.
11 Zur Diskussion darüber *Larenz/Canaris* § 84 V, S. 631 ff.

Nicht dieser Tatbestand der sog. Handlungshaftung, wohl aber die strikte Anlagenhaftung ist weiter ausgedehnt worden auf **Inhaber einer Anlage zur Erzeugung und zur Spaltung von Kernbrennstoffen** und Besitzer des von einer Kernspaltung betroffenen oder radioaktiven Stoffes (§§ 25 f. AtG), den **Betreiber gentechnischer Arbeiten** (§§ 32 ff. GenTG) sowie durch das UmweltHG von 1990 auf **umweltgefährliche Anlagen der Industrie und der Abfallwirtschaft.** § 1 UmweltHG gewährt demjenigen einen Schadensersatzanspruch, der durch Umwelteinwirkungen – also durch Stoffe, Erschütterungen, Geräusche oder andere Einwirkungen, die sich über die Umweltmedien Boden, Luft und Wasser ausgebreitet haben – eine Verletzung von Leben, Körper und Gesundheit oder einen Sachschaden erlitten hat. Die Haftung trifft den Betreiber bestimmter (in Anhang I des Gesetzes aufgelisteter) Anlagen. Nach den allgemeinen Regeln würde dem Kläger der volle Beweis dafür obliegen, dass zwischen dem Betrieb der Anlage und seiner Verletzung ein Ursachenzusammenhang besteht. Da ein solcher Beweis bei Umweltschäden häufig nur schwer zu führen ist, bestimmt das Umwelthaftungsgesetz in § 6 I, dass das Bestehen eines Ursachenzusammenhanges vermutet wird, sofern der Geschädigte beweisen kann, dass die Anlage des Beklagten bestimmte Schadstoffe freisetzt, die nach Lage der Umstände »geeignet« waren, den entstandenen Schaden zu verursachen. Allerdings kann der Betreiber der Anlage diese Vermutung durch den Nachweis widerlegen, dass die Anlage »im Normalbetrieb«, dh vorschriftsgemäß und störungsfrei gefahren wurde oder dass es andere Einwirkungen gibt, die ebenfalls zur Herbeiführung des eingeklagten Schadens geeignet sind (§ 6 II, III, IV UmweltHG).[12] Die eigentlichen **ökologischen Schäden** an den Umweltgütern selbst, wie etwa die Vernichtung von Tierarten oder Ökosystemen, werden als solche vom UmweltHG nicht erfasst, sondern sind Gegenstand der RL 2004/35/EG über Umwelthaftung zur Vermeidung und Sanierung von Umweltschäden.[13] Während die Richtlinie privatrechtliche und öffentlich-rechtliche Elemente in sich vereint, hat der deutsche Gesetzgeber die Verantwortlichkeit des Verursachers ökologischer Schäden im **Umweltschadensgesetz** (USchadG) als öffentlich-rechtliche Störerhaftung ausgestaltet.[14] Für die Liquidation von Individualschäden an Körper, Gesundheit oder Eigentum steht das USchadG nicht zur Verfügung.

497 Ist die **Luft** durch Gase, Rauch oder andere **Immissionen** verunreinigt und dadurch ein Grundstück geschädigt worden, so greifen zugunsten des Grundstückseigentümers zusätzlich die Haftungsvorschriften der § 906 II 2 BGB, § 14 S. 2 BImSchG ein.[15] Dieser sog. **nachbarrechtliche Ausgleichsanspruch** verlangt zwar ebenfalls kein Verschulden, ist aber auch kein Fall der Gefährdungshaftung, denn er ist an einen rechtmäßigen Eingriff in das fremde Eigentum geknüpft, also an Eigentumsbeeinträchtigungen, die der Betroffene dulden muss (§ 1004 II). Es handelt sich hier um einen Fall der privatrechtlichen Aufopferungshaftung, in Parallele zum Entschädigungsanspruch nach aggressivem Notstand gem. § 904 S. 2 und zur öffentlich-rechtlichen Staatshaftung aus enteignungsgleichem Eingriff entsprechend §§ 74, 75 Einleitung zum Preußischen Allgemeinen Landrecht.

---

12 Vgl. dazu iE *Wagner* VersR 1991, 249; *G. Hager* NJW 1991, 134.
13 RL 2004/35/EG des Europäischen Parlaments und des Rates über Umwelthaftung zur Vermeidung und Sanierung von Umweltschäden v. 21.4.2004, ABl. 2004 L 143, 56 ff.; eing. dazu *Wagner* VersR 2005, 177.
14 BGBl. 2007 I 666 ff.; eing. dazu *Wagner* VersR 2008, 556.
15 Vgl. dazu *Brehm/Berger,* Sachenrecht, 3. Aufl. 2014, § 6 Rn. 14 ff.

## 3. Rechtspolitische und ökonomische Begründung der Gefährdungshaftung

In einer konkreten rechtspolitischen Entscheidungssituation erscheint die Gefährdungshaftung häufig als ein notwendiges **Korrelat für die Zulassung technischer Risiken**. Durch die technische Entwicklung bedingte neuartige Risiken ließen sich zwar im Sinne einer »**Regulierung ex ante**« per Verwaltungsrecht unterbinden oder in engen Grenzen halten, doch eine solche Politik würde mit den Risiken auch den Fortschritt eindämmen und damit womöglich an anderer Stelle viel mehr Schäden verursachen als vorderhand abgewendet werden. In dieser Situation erlaubt die Gefährdungshaftung einen **Interessenausgleich »ex post«**, indem sie dem Geschädigten wenigstens zu einem verschuldensunabhängigen Schadensersatzanspruch verhilft.[16] Dem Schädiger wird damit ein wirksames Verteidigungsmittel gegen seine Inanspruchnahme aus der Hand genommen und die Beweissituation des Geschädigten wesentlich verbessert, weil die Haftung nicht mehr vom Nachweis einer Sorgfaltspflichtverletzung abhängt. 498

Allerdings greift es in mehrfacher Hinsicht zu kurz, die Gefährdungshaftung als Preis für die Zulassung an sich verbietungswürdiger Verhaltensweisen zu qualifizieren. Hätte der Gesetzgeber alle Aktivitäten verboten, die heute mit einer Gefährdungshaftung belegt sind, wären wir immer noch im Mittelalter. Trotz der grundlegenden Arbeit von *Esser*[17] kann es auch **nicht** überzeugen, die Gefährdungshaftung als **Einstandspflicht für Zufall bzw. Unglück** zu charakterisieren und daraus zu schließen, sie sei als Instrument zur Schadensverhütung ungeeignet. Dem liegt die Vorstellung zugrunde, der Halter der Gefahrenquelle werde resignieren und mit seinen Sorgfaltsanstrengungen nachlassen, wenn ihm der Preis seiner Mühen, nämlich die Haftungsfreistellung, vorenthalten bleibe.[18] Von diesem Standpunkt aus, kann die Gefährdungshaftung keinen sinnvollen Beitrag zur Steuerung menschlichen Verhaltens leisten. 499

Tatsächlich ist der Umfang, in dem jemand Maßnahmen zum Zweck der Unfallverhütung trifft, bei der **Verschuldenshaftung und bei der Gefährdungshaftung** vollkommen **identisch**. Das zeigt sich, wenn man in Tabelle 2 (→ Rn. 67) die Haftungskosten berechnet, die sich bei einer Gefährdungshaftung ergeben. In diesem Falle würde der Schädiger nämlich für alle durch seine Tätigkeit verursachten Nachteile haften, und zwar ohne Rücksicht darauf, ob und wieviel Sicherungsaufwand er getrieben hat. 500

Tabelle 3

| Sicherungskosten | Unfallschäden = Haftungskosten | Gesamtkosten des Schädigers |
|---|---|---|
| 0 | 60 | 60 |
| 5 | 30 | 35 |
| 10 | 20 | 30 |
| 15 | 17 | 32 |
| 20 | 15 | 35 |

---

16 *Deutsch* JZ 1991, 1097 (1098); *Deutsch* NJW 1992, 73 (74f.).
17 *Esser*, Grundlagen und Entwicklung der Gefährdungshaftung, 1969, 69ff.
18 Zuletzt wieder *Rohe* AcP 201 (2001), 117 (151).

*H. Gefährdungshaftung*

501 Auch unter der Geltung einer Gefährdungshaftung wird der Schädiger einen **Sicherungsaufwand** von 10 treiben – nicht mehr und nicht weniger. Zwar kann sein Verhalten bei diesem Sicherungsaufwand nicht als fahrlässig bezeichnet werden (→ Rn. 69). Da jetzt aber Gefährdungshaftung gilt, würde er gleichwohl für alle durch seine Tätigkeit verursachten Unfallschäden haften müssen, dies mit der Folge, dass sein Gesamtaufwand (Sicherungskosten plus Haftungskosten) sich auf 30 beläuft. Würde er den Sicherungsaufwand auf 15 steigern, so würde dies für ihn einen Mehraufwand von 5 bedeuten, dem eine Ersparnis an Haftungskosten von nur 3, damit eine Steigerung seiner Gesamtkosten von 2 gegenüberstünde. Eine Erhöhung des Sicherungsaufwands von 10 auf 15 wäre damit für den Handelnden unwirtschaftlich. Auch bei der Gefährdungshaftung wird also nur derjenige Sicherungsaufwand getrieben, der zu treiben auch bei der Verschuldenshaftung sinnvoll ist.

502 **Beispiel:** Man muss sich einen Anlagebetreiber vorstellen, der vor der Entscheidung über den Einbau eines Abgasfilters steht, der 1.000 EUR kosten würde und mit dessen Hilfe sich Vegetationsschäden in der Nachbarschaft im Umfang von 1.100 EUR vermeiden ließen. Unter einer Verschuldenshaftung würde das Gericht das Unterlassen des Einbaus als Fahrlässigkeit werten und den Anlagebetreiber zum Schadensersatz verurteilen. Dies antizipierend, wird er den Filter einbauen. Wie präsentiert sich nun derselbe Fall unter einem Regime der Gefährdungshaftung? Sofern der Anlagebetreiber kein Sadist ist, der einen zusätzlichen Nutzen daraus zieht, seine Umwelt leiden zu sehen, hat er ebenfalls allen Grund, den Filter einzubauen. Tut er dies nämlich nicht, muss er damit rechnen, dass ihn die Nachbarschaft mit Schadensersatzansprüchen im Umfang von 1.100 EUR überzieht. Die Durchführung der wirtschaftlich erwünschten Sorgfaltsmaßnahme ist also auch unter einer strikten Haftung ein »gutes Geschäft«, in das ein vernünftiger Schädiger einschlagen wird, anstatt sich sehenden Auges Ersatzansprüchen auszusetzen.

503 Das Präventionspotential der Gefährdungshaftung ist demjenigen der Verschuldenshaftung jedoch nicht nur ebenbürtig, sondern geht in wichtiger Hinsicht darüber hinaus. Nur mit einer strikten Haftung lässt sich nämlich das **Aktivitätsniveau** steuern, dh die Häufigkeit, mit der eine bestimmte gefährliche Aktivität nachgefragt wird (→ Rn. 72 ff.). Bei einer verschuldensunabhängigen Haftung, »internalisiert« der Schädiger immer sämtliche »externen Effekte« bzw. Kosten seiner Aktivität, die vergleichsweise teurer wird. Nach allgemeinen ökonomischen Regeln hat ein steigender Preis zur Folge, dass die Nachfrage sinkt.

504 Tabelle 4 geht davon aus, dass mit einer Verdoppelung oder Verdreifachung des Umfangs der Tätigkeit auch der Aufwand für die erforderlichen Sicherungsmaßnahmen sich verdoppelt oder verdreifacht. Das gleiche gilt für die Unfallschäden, die trotz Anwendung der im Verkehr erforderlichen Sorgfalt dennoch eintreten. Auch der Nutzen, den der Handelnde aus der Intensivierung seiner Tätigkeit erzielt, nimmt zu; allerdings ist es realistisch, davon auszugehen, dass der Grenznutzen abnimmt, also beim Übergang vom Aktivitätsniveau I zum Aktivitätsniveau II noch 40, beim Übergang von II zu III nur noch 28, beim Übergang von III zu IV nur noch 18 beträgt. Es zeigt sich, dass vom gesamtgesellschaftlichen Standpunkt aus die Wahl des Aktivitätsniveaus II vorzugswürdig ist. Denn hier erzielt der Handelnde einen Wohlfahrtsgewinn von 100 (Nutzen minus Sicherungskosten), während durch die Unfallschäden Wohlfahrtsverluste von 40 entstehen, der Gesamtnutzen sich mithin auf 100−40 = 60 beläuft und damit höher liegt als bei jedem anderen Aktivitätsniveau.

Tabelle 4

| Aktivitätsniveau | Nutzen | Sorgfaltskosten | Unfallschäden | Gesamtwohlfahrt |
|---|---|---|---|---|
| I | 80 | 10 | 20 | 50 |
| II | 120 | 20 | 40 | 60 |
| III | 148 | 30 | 60 | 58 |
| IV | 166 | 40 | 80 | 46 |

Die **Verschuldenshaftung** ist nicht dazu imstande, den Handelnden zur Wahl des Aktivitätsniveaus II zu veranlassen, denn man kann das Fahrlässigkeitsurteil schlecht davon abhängig machen, wieviele Kilometer der Unfallverursacher im vergangenen Jahr zurückgelegt oder wie viele Schadstoffe er insgesamt emittiert hat. Wenn der Handelnde für jedes Aktivitätsniveau genau denjenigen Sicherungsaufwand treibt, der ihn vom Fahrlässigkeitsvorwurf und damit von der Haftung freistellt – davon gehen wir aus –, so bedeutet dies, dass er das Aktivitätsniveau IV wählen würde, weil hier sein privater Wohlfahrtsgewinn (Nutzen minus Sicherungsaufwand) der größte ist, sich nämlich auf 126 beläuft. Die Gefährdungshaftung indessen lastet dem Akteur alle von ihm verursachten Schäden an, ganz unabhängig davon, ob er Sorgfaltsmaßnahmen ergriffen oder unterlassen hat. Unter diesen Umständen würde er das Aktivitätsniveau II wählen, damit zugleich seine Tätigkeit in demjenigen Umfang betreiben, der nicht nur aus seiner Sicht, sondern auch vom gesamtgesellschaftlichen Standpunkt aus der wünschenswerte ist. 505

Es zeigt sich also: Die Verschuldenshaftung führt dazu, dass der Handelnde diejenige Sorgfalt aufwendet, die aufzuwenden erwünscht ist, wenn Unfallschäden auf das gesamtgesellschaftlich optimale Niveau gesteuert werden sollen. Die gleiche Sorgfalt wird der Handelnde auch dort aufwenden, wo für ihn Gefährdungshaftung gilt, doch er wird zusätzlich auch **das richtige Aktivitätsniveau wählen.** Obwohl die Gefährdungshaftung gleichsam zwei Fliegen mit einer Klappe schlägt, ist sie der Verschuldenshaftung indessen nicht durchweg überlegen, denn sie kommt nicht ohne eine Mitverschuldensprüfung aufseiten des Geschädigten aus und sie verursacht höhere Fallzahlen und damit höhere administrative Kosten. Diese Nachteile müssen nur in Kauf genommen werden, wenn es der Steuerung (auch) des Aktivitätsniveaus tatsächlich bedarf. Letzteres ist der Fall, wenn die Ergreifung der gebotenen Sicherheitsmaßnahmen – die Einhaltung der im Verkehr erforderlichen Sorgfalt – nicht ausreicht, um den Eintritt von Schäden zu vermeiden. Schließt die Beachtung des Sorgfaltsstandards den Eintritt von Schäden nämlich aus oder werden die Restschäden auf ein Mindestmaß reduziert, dann kann der Schädiger sich so häufig in der Aktivität engagieren, wie er will; er schadet damit niemandem. Das ist indessen nicht immer so: Wie jeder Autofahrer weiß, lassen sich Verkehrsunfälle auch dann nicht völlig vermeiden, wenn man stets die Verkehrsregeln beachtet und auch sonst die gebotene Vorsicht walten lässt. Deshalb wird auf die Dauer gesehen derjenige, der viel Auto fährt, mehr Schäden verursachen als jemand, der wenig Auto fährt. Um die Menge des Autofahrens zu steuern, bedarf es einer Haftung, die von einem Sorgfaltspflichtverstoß unabhängig ist. 506

Schließlich kommt noch ein weiterer Gesichtspunkt hinzu: Soweit der eine Autofahrer den anderen gefährdet, mögen sich die wechselseitigen Gefährdungen ausgleichen. Anders bei Fußgängern und Radfahrern: Je mehr Autofahrer unterwegs sind, desto höher ist ihr Verletzungsrisiko, dem sie unentrinnbar ausgesetzt sind und von dem sie 507 in keiner Weise profitieren. Noch krasser: Wer auf seinem Grundstück ein Kernkraftwerk oder eine Raffinerie betreibt, zieht daraus einen ganz erheblichen Nutzen, während das Schadensrisiko – gemeint ist das Risiko, dass trotz aller Sorgfalt doch einmal »etwas schief geht« – der Nachbarschaft aufgebürdet wird. Nur in diesem Sinne verfolgt die Gefährdungshaftung auch distributive Ziele: Es geht nicht um die angemessene Verteilung von Zufalls- oder Unglücksschäden, wie insbesondere *Esser* gemeint hat,[19] sondern um die richtige Zuweisung der Schadensrisiken, die durch ungleich verteilte Gefahrenquellen verursacht werden.

508 Mit diesen Überlegungen zur Legitimation der Gefährdungshaftung haben wir auch den Schlüssel zur **Definition ihres legitimen Einsatzbereichs** in der Hand. Eine verschuldensunabhängige Haftung empfiehlt sich für »Quellen besonderer Gefahr« in dem Sinne, dass

(1) die Gefährdung über dasjenige Maß hinausgeht, das jeder Bürger durch sein bloßes Dasein für den anderen schafft,
(2) die Gefahrenquellen unter den Bürgern ungleich verteilt sind und
(3) die Entstehung von Schäden trotz Beachtung aller Sorgfaltsmaßnahmen nicht ausgeschlossen werden kann.

Der amerikanische Rechtsökonom und Richter *Richard Posner* hat die Funktion der Gefährdungshaftung, das Aktivitätsniveau bei besonderen Gefahrenquellen zu kontrollieren, durch folgendes Beispiel illustriert:

»Keeping a tiger in one's backyard would be an example of an abnormally hazardous activity. The hazard is such, relative to the value of the activity, that we desire not just that the owner take all due care that the tiger not escape, but that he consider seriously the possibility of getting rid of the tiger altogether; and we give him an incentive to consider this course of action by declining to make the exercise of due care a defence to a suit based on an injury caused by the tiger – in other words, by making him strictly liable for any such injury.«[20]

## 4. Analoge Anwendung der Gefährdungstatbestände? Rechtsvergleichung

509 Betrachtet man das Recht der Gefährdungshaftung aus der Vogelperspektive, so sieht man einen in über 150 Jahren entstandenen **Flickenteppich aus Sondergesetzen** für je bestimmte Gefahrenquellen, die in den Details auch noch unterschiedlich ausgestaltet sind. Zwar liegt allen Gefährdungshaftungstatbeständen derselbe Gedanke zugrunde – die Verantwortung für in der Gesellschaft ungleich verteilte Quellen erhöhter Gefahr – doch ausgesprochen findet sich dieses Prinzip nirgends. Die Rechtsprechung hat es bisher in ständiger Praxis abgelehnt, die Gefährdungstatbestände analog auf andere als die ausdrücklich genannten Anlagen oder Verkehrsmittel anzuwenden, selbst wenn von ihnen Gefahren von gleicher oder größerer Intensität ausgehen als von den gesetzlich geregelten.

510 In der ersten Entscheidung, in der dieser Standpunkt vertreten wurde, ging es um die Notlandung eines Luftschiffs des Grafen Zeppelin im Jahre 1908, bei der Tausende von Menschen zusammengeströmt waren. Durch eine Gewitterböe wurde das Luftschiff

---
19 *Esser,* Grundlagen und Entwicklung der Gefährdungshaftung, 1969, 69ff.
20 *G. J. Leasing Co. v. Union Elec. Co.,* (1995) 54 F.3d (Federal Reporter 3d) 379, 386 (7th Cir. 1995, Posner, J).

abgetrieben und dabei einer der Zuschauer verletzt. Seine gegen den Grafen Zeppelin erhobene Klage wurde vom RG auch insoweit abgewiesen, als der Kläger das HPflG (in seiner damaligen Fassung) auf seinen Fall **entsprechend angewendet** wissen wollte: »Hier, wo der Kläger außervertraglich eine Körperverletzung erlitten hat, greifen nur die Vorschriften des BGB über die Schadenshaftung wegen unerlaubter Handlungen Platz. Nach diesen hat aber der Beklagte für den Schaden des Klägers nur einzustehen, wenn er ihn schuldhaft verursacht hat. Die besonderen Bestimmungen des BGB über Schadensersatz ohne Verschulden, insbesondere des § 833 über die Haftung des Tierhalters und ebenso die Grundsätze des Haftpflichtgesetzes ... über die Gefährdungshaftung sind wegen ihres Ausnahmecharakters auf die eigenartigen Verhältnisse der Luftschifffahrt auch nicht entsprechend anwendbar«.[21] Zehn Jahre später hat der Gesetzgeber diese Lücke durch den Erlass des LuftVG (1922) geschlossen (→ Rn. 495). Der BGH hat die analoge Anwendung des HPflG in einem Falle abgelehnt, in dem das Rohr einer gemeindlichen Wasserleitung gebrochen und dadurch ein Schaden entstanden war.[22] Auch diese Lücke hat der Gesetzgeber geschlossen, indem er die gem. § 1a RHPflG auf Strom- und Gasleitungen beschränkte Haftung mit dem (ersten) SchadensersatzänderungsG 1977 auf Rohrleitungen zum Transport von Flüssigkeiten erweitert hat (heute § 2 HPflG).[23]

Selbstverständlich ist das nicht. In Frankreich hat sich die Cour de cassation mit Art. 1242 I Code civil (früher Art. 1384 I) eine Grundlage für die Entwicklung der strikten Haftung geschaffen. In der Vorschrift heißt es, dass man nicht nur für das schadenstiftende Verhalten seiner Hilfspersonen einzutreten hat, sondern auch für solche Schäden verantwortlich ist, die von Sachen verursacht werden, welche man unter seiner Gewalt hat. In Übereinstimmung mit dem Willen des historischen Gesetzgebers wurde diese Vorschrift dahin verstanden, dass der Beklagte sich von der **Haftung für den durch die Sache angerichteten Schaden** durch den Nachweis befreien könne, es sei ihm bei Ausübung der Herrschaft über die Sache ein Verschulden nicht zur Last zu legen. In einer schon gegen Ende des 19. Jahrhunderts einsetzenden Rechtsprechung hat der französische Kassationshof die Anforderungen an diesen Entlastungsbeweis immer höher geschraubt; heute haftet der »Halter« einer Sache – also derjenige, der ein Kraftfahrzeug, eine Eisenbahn, ein Schiff, einen Fahrstuhl oder eine industrielle Anlage betreibt oder eine Stromleitung, eine Sauerstoffdruckflasche oder ein Benzinfass unter seiner Verfügungsgewalt hat – für den durch die Sache verursachten Schaden zB auch dann, wenn feststeht, dass es zu dem Unfall durch einen Material- oder Konstruktionsfehler oder durch ein Versagen der Sicherungseinrichtungen gekommen ist, die für den Sachinhaber schlechterdings unerkennbar und unvermeidbar waren.[24] Die Bereitschaft der Cour de cassation zur Rechtsfortbildung auch im Bereich der strikten Haftung hat freilich auch in Frankreich die **Rechtszersplitterung durch Partikulargesetze** nicht aufzuhalten vermocht. Insbesondere ist der praktisch besonders bedeutsame Bereich der Verkehrsunfallhaftung mit der sog. loi Badinter von 1985 aus Art. 1242 I Code civil (früher Art. 1384 I) herausgenommen und einem Sonderregime

511

---
21 RGZ 78, 171 (172).
22 BGHZ 55, 229 (233 ff.) = NJW 1971, 607.
23 Vgl. *Filthaut*, Haftpflichtgesetz, 9. Aufl. 2015, HPflG § 2 Rn. 2.
24 Vgl. dazu *Zweigert/Kötz* Rechtsvergleichung PrivR 663 ff.; *v. Bar*, Gemeineuropäisches Deliktsrecht II, 1999, Rn. 106 ff.; *Wagner* Grundstrukturen 281 ff.

unterstellt worden, das die Halterhaftung nur noch von der Beteiligung *(implication)* an einem Straßenverkehrsunfall abhängig macht.[25]

512 Im **englischen Recht** schien sich eine ähnliche Entwicklung wie in Frankreich anzudeuten, als das House of Lords in einer Entscheidung aus dem Jahre 1868 demjenigen eine strenge Haftung auferlegte, der auf seinem Grundstück für den Betrieb einer Mühle Wasser in einem Reservoir aufgestaut hatte, das sodann durch längst in Vergessenheit geratene Kohlenschächte gelaufen und in das benachbarte Bergwerk des Klägers eingedrungen war und dort großen Schaden angerichtet hatte.[26] Die »*rule in Rylands v. Fletcher*« hätte das Zeug dazu gehabt, sich zu einer richterrechtlichen Generalklausel für »Quellen erhöhter Gefahr« zu entwickeln, doch dazu ist es nicht gekommen. Die Entscheidung in *Cambridge Water Co. v. Eastern Countries Leather Plc.* aus dem Jahre 1994 hat dieser Entwicklung ein wohl endgültiges Ende bereitet, denn das House of Lords lehnte die Schadensersatzklage gegen den Betreiber einer Gerberei wegen Grundwasserverschmutzungen durch Chlorkohlenwasserstoffe mit folgender Begründung ab: »I incline to the opinion that, as a general rule, it is more appropriate for strict liability in respect of operations of high risk to be imposed by Parliament, than by the courts. If such liability is imposed by statute, the relevant activities can be identified, and those concerned can know where they stand. Furthermore, statute can where appropriate lay down precise criteria establishing the incidence and scope of such liability.«[27]

513 Diese Sätze bringen in englische Diktion, was der **BGH** so ausdrückt: »Jedenfalls aber ist es dem an das Gesetz gebundenen Richter versagt, von sich aus völlig neue, mit einer erweiternden Abgrenzung der im Gesetz bereits festgelegten nicht mehr zu erfassende Tatbestände für eine Gefährdungshaftung einzuführen. Der Richter würde damit über die ihm verfassungsmäßig gesteckten Grenzen hinausgreifen und Aufgaben an sich ziehen, die nach der Verfassung dem Gesetzgeber vorbehalten sind und in dessen alleiniger Zuständigkeit und Verantwortung stehen.«[28]

514 Insgesamt scheint es ein gemeineuropäisches Phänomen zu sein, dass der Gesetzgeber im Bereich der strikten Haftung die »**Flucht in die Spezialklausel**« antritt und sich damit auf diesem Gebiet ein **Rechtsschöpfungsmonopol** sichert. Zwar ist die Analogiefähigkeit der Gefährdungshaftung beispielsweise in Österreich anerkannt, doch allzu groß Sprünge darf man sich davon nicht erhoffen.[29] Wie soll man sich auch einen Analogieschluss vorstellen, wenn Schweinezüchter mit mehr als 1.700 Mastschweineplätzen der verschuldensunabhängigen Haftung nach § 1 UmweltHG unterliegen (Anhang 1 zum UmweltHG Nr. 64d), solche mit 1699 Mastschweineplätzen aber nicht?[30] Deshalb ist nicht zu erwarten, dass der BGH die in der Literatur wiederholt ausgesprochene Ermutigung aufnehmen und sich zur Fortbildung des Rechts der Gefährdungshaftung im Wege der Analogie bereit finden wird.[31] Vorzugswürdig wäre ohnehin die »große Lösung«, nämlich sämtlichen Gefährdungshaftungstatbeständen im Wege einer Gesamtanalogie das Prinzip der strikten Haftung für Quellen erhöhter Ge-

---

25 Vgl. *v. Bar* VersR 1986, 620; *Wagner* Grundstrukturen 284 ff.
26 *Rylands v. Fletcher* (1868), L.R. 3 HL 330.
27 (1994), A.C. 264, 484, per *Lord Goff of Chieveley*; dazu *Weir* ZEuP 1995, 840.
28 BGHZ 55, 229 (234) = NJW 1971, 607.
29 Vgl. OGH JBl. 1996, 447 (448 f.) mAnm *Jabornegg*; Überblick bei *Koziol*, Grundfragen des Schadensersatzrechts, 2010, 234; *v. Bar*, Gemeineuropäisches Deliktsrecht II, 1999, Rn. 351 ff.
30 Vgl. *Canaris* JBl. 1995, 2 (11 f.); *Wagner* Grundstrukturen 286 ff.
31 IdS *Kötz* AcP 170 (1970), 1; *Kötz* in Gutachten und Vorschläge zur Überarbeitung des Schuldrechts, 1785 ff.; *Koziol*, Grundfragen des Schadensersatzrechts, 2010, 237 f.

fahr zu entnehmen, um dieses sodann auf spezialgesetzlich (noch) nicht erfasste Anlagen anzuwenden.[32] Dazu konnten sich zwar die Principles of European Tort Law durchringen,[33] nicht aber die einschlägigen Bestimmungen im Gemeinsamen Referenzrahmen für ein Europäisches Privatrecht, der weiter dem Enumerationsprinzip folgt.[34]

## II. Grundzüge der Gefährdungshaftung

Im Folgenden werden diejenigen Grundsätze erörtert, die allen Gefährdungshaftungstatbeständen gemeinsam sind. Die Gefährdungshaftung des Kraftfahrzeughalters für Straßenverkehrsunfälle wird dabei ausgeklammert, nicht weil sie unwichtig wäre, sondern weil sie im Gegenteil wegen ihrer großen praktischen Bedeutung einen eigenen Abschnitt verdient (→ Rn. 541 ff.). Gleiches gilt für das Arbeitsunfallrecht (→ Rn. 571 ff.) und die Produkthaftung (→ Rn. 605 ff.). Die folgende Darstellung konzentriert sich daher auf den **Tierhalter** (§ 833) und den **Eisenbahnunternehmer** (§ 1 HPflG). 515

### 1. Haftung des »Halters«, »Inhabers« oder »Unternehmers« der Gefahrenquelle

Die Gefährdungshaftung trifft den »**Halter**« des Tieres, des Kraft- oder des Luftfahrzeugs (§ 833 BGB, § 7 StVG, § 33 LuftVG), den »Betriebsunternehmer« der Schienen- oder Schwebebahn (§ 1 I HPflG) und den »**Inhaber**« der Anlage (§ 2 HPflG, § 1 UmweltHG, § 89 I WHG, § 25 AtG). Diese verschiedenen Bezeichnungen des haftpflichtigen Subjekts sind einheitlich-harmonisierend auszulegen, sodass unter einem »Halter« grundsätzlich dasselbe zu verstehen ist wie unter einem »Inhaber«.[35] 516

Der Halter, Unternehmer oder Inhaber der Gefahrenquelle ist regelmäßig auch deren Eigentümer, doch dieser Zusammenhang ist zufällig, nicht notwendig – selbst ein Dieb kommt als Halter oder Inhaber in Betracht.[36] Tierhalter ist vielmehr diejenige Person, **der die Bestimmungsmacht über das Tier zusteht und die aus eigenem Interesse für seine Kosten aufkommt**.[37] Wer sich von einem Reitstall ein Pferd mietet, wird dadurch nicht »Halter« des Pferdes, ebenso wenig der Reitsportverein, der ein Turnier ausrichtet und die teilnehmenden Pferde für einige Tage in seinen Ställen unterbringt. Anders liegt es, wenn ein Förster den Jagdhund eines anderen gegen Entgelt auf gewisse Zeit zu Dressurzwecken zu sich nimmt.[38] Treffend ist die Kennzeichnung des Halters als »Unternehmer des mit der Tierhaltung verbundenen Gefahrenbereichs«,[39] 517

---

32 *Koziol*, FS Wilburg, 1975, 173 (185 f.).
33 Art. 5:101 Grundsätze eines Europäischen Deliktsrechts, in European Group on Tort Law (Hrsg.), Principles of European Tort Law, 2005, 101 ff.
34 Art. VI.–3:202 ff. DCFR; vgl. *C. von Bar/E. Clive/H. Schulte-Nölke* (Hrsg.), Principles, Definitions and Model Rules of European Private Law: Draft Common Frame of Reference (DCFR), 2009; dazu eing. *Wagner* in Schulze/von Bar/Schulte-Nölke (Hrsg.), Der akademische Entwurf für einen Gemeinsamen Referenzrahmen, 2008, 161 (187 ff.).
35 BGHZ 80, 1 (4) = NJW 1981, 1516.
36 RGZ 52, 117 (118); BGHZ 202, 217 Rn. 10 = NJW 2014, 3577.
37 BGH NJW-RR 1988, 655 (656).
38 Vgl. OLG Hamm VersR 1970, 729.
39 BGH NJW-RR 1990, 789 (790).

denn die Gefährdungshaftung kann die ihr zugedachten Steuerungswirkungen nur entfalten, wenn sie an **diejenige** Partei adressiert ist, **der die Entscheidung über die zu ergreifenden Sicherheitsmaßnahmen und über das Aktivitätsniveau obliegt** (→ Rn. 498 ff.).

518 Halter eines Kraftfahrzeugs ist derjenige, der das Fahrzeug für eigene Rechnung in Gebrauch hat und die für den Gebrauch erforderliche **Verfügungsgewalt** über das Fahrzeug besitzt, ohne Rücksicht darauf, wem das Fahrzeug gehört und auf wen es zugelassen ist.[40] Die Bank, der ein Kfz zur Sicherheit übereignet wurde, wird dadurch nicht zum Halter desselben und kann von Unfallopfern folglich nicht mit Erfolg auf Schadensersatz in Anspruch genommen werden. Umgekehrt kann der **Mieter** oder Leasingnehmer Halter sein, wenn er das Fahrzeug für einen größeren Zeitraum aufgrund eines längerfristigen Miet- oder Leasing-Vertrages in Gebrauch hat und während dieser Zeit die Betriebskosten trägt.[41] Keineswegs wird aber jemand schon dadurch Halter eines Wagens, dass er ihn unter den üblichen Bedingungen von einem Mietwagenunternehmer mietet.[42] Der Vermieter verliert in diesem Fall die Haltereigenschaft selbst dann nicht, wenn der Mieter den Wagen unbefugt einem Dritten zur Benutzung für eigene Zwecke überlässt.[43]

519 Genauso ist es für die Verantwortlichkeit nach § 1 **UmweltHG**, § 2 **HPflG** irrelevant, welche eigentumsrechtliche Konstruktion aus steuerrechtlichen Gründen gewählt wurde, sondern allein entscheidend ist, welche Gesellschaft faktisch die Kontrolle über die Anlage ausübt, sodass bei der Betriebsaufspaltung die Betriebsgesellschaft Inhaber ist.[44] Positiv gewendet kommt es darauf an, wer »die Anlage für eigene Rechnung in Gebrauch hat und die Verfügungsgewalt besitzt, die ein solcher Gebrauch voraussetzt«.[45]

## 2. Haftung für spezifische Gefahren

### a) Allgemeines

520 Schadensersatz ist im Rahmen der Gefährdungshaftung immer nur insoweit zu leisten, als der in Rede stehende Unfall sich als eine **Verwirklichung gerade derjenigen Gefahr** darstellt, um deretwillen der Gesetzgeber die strenge Haftung statuiert hat. Anders herum ausgedrückt, scheidet eine Einstandspflicht auf der Grundlage der Gefährdungshaftung aus, wenn die jeweilige Gefahrenquelle den Schaden zwar verursacht hat, die Verletzung jedoch als Realisierung des allgemeinen Lebensrisikos erscheint. Diese Beschränkung ergibt sich aus der **Lehre vom Schutzzweck der haftungsbegründenden Norm,** die für die Gefährdungshaftung ebenso gilt wie für die Verschuldenshaftung (→ Rn. 195 ff.). Auf die Adäquanztheorie kann hingegen genauso wie bei der Verschuldenshaftung verzichtet werden (→ Rn. 193), denn entschei-

---

40 BGHZ 13, 351 (354 mwN) = NJW 1954, 1198.
41 BGHZ 173, 182 Rn. 7 = JZ 2008, 153 f. mAnm *Armbrüster.*
42 Vgl. BGHZ 32, 331 (333 f.) = NJW 1960, 1572.
43 BGHZ 37, 306 (308 f.) = NJW 1962, 1678.
44 *Landsberg/Lülling,* Umwelthaftungsrecht, 1991, § 1 Rn. 58; *Filthaut,* Haftpflichtgesetz, 9. Aufl. 2015, HPflG § 2 Rn. 46.
45 BGHZ 80, 1 (4) = NJW 1981, 1516 zu § 22 II WHG; der Sache nach genauso BGHZ 202, 217 Rn. 9 = NJW 2014, 3577, zu § 2 HPflG.

dend für die Reichweite der Gefährdungshaftung ist nicht die ex ante kalkulierte Wahrscheinlichkeit des Schadenseintritts, sondern der normative Gesichtspunkt des Schutzes vor Quellen erhöhter Gefahr.

> **Beispiel:** In BGHZ 79, 259 hatte ein Hubschrauber das Anwesen des Klägers in geringer Höhe überflogen und dadurch das Dach eines Wirtschaftsgebäudes zum Einsturz gebracht. Das Berufungsgericht hatte die Klage mit der Begründung abgewiesen, es fehle an der Adäquanz, weil das 90 Jahre alte Gebäude vor ca. 35 Jahren in fehlerhafter Weise baulich verändert worden sei. Der BGH wies den Adäquanztest für die Gefährdungshaftung zurück und stellte stattdessen die Frage, ob die Beschädigung eines Gebäudes durch den Luftdruck eines Hubschraubers eine Auswirkung derjenigen Gefahren ist, hinsichtlich deren der Verkehr nach dem Sinn der Haftungsvorschrift schadlos gehalten werden soll.[46] In casu wurde dies für § 33 LuftVG ohne Weiteres bejaht.

521

Die Begrenzung der Haftung auf Schäden, die durch die spezifischen Gefahren der jeweiligen Tiere, Anlagen oder Verkehrsmittel verursacht sind, ergibt sich auch aus dem Wortlaut der Haftungstatbestände. Danach erstreckt sich nämlich die Haftung stets auf die Schadensfolgen nur derjenigen Unfälle, zu denen es entweder »**bei dem Betrieb**« der Anlage oder des Verkehrsmittels gekommen ist (§ 7 StVG, § 33 LuftVG, § 1 HPflG)[47] oder die sich auf die von der Anlage ausgehenden »**Wirkungen**« der Elektrizität, des Gases, der Kernspaltungsvorgänge oder der Strahlen eines radioaktiven Stoffes (§ 2 HPflG, § 25 AtG) bzw. ganz allgemein auf »**Umwelteinwirkungen**« (§ 1 UmweltHG) zurückführen lassen. Zur Frage, ob der Schutzbereich der Gefährdungshaftung auch das Risiko terroristischer Angriff umfasst → Rn. 531.

522

Zu den Gefahren, für die der Betreiber des mit einer Gefährdungshaftung belasteten Betriebes einzustehen hat, gehört auch die Gefahr, dass die **akustischen Auswirkungen** des Betriebes zu einer Schädigung Dritter führen. So muss der Halter eines Luftfahrzeugs für die Schäden aufkommen, die dadurch entstehen, dass ein Kraftfahrer – irritiert durch den Lärm eines tieffliegenden Flugzeugs – gegen einen Baum fährt[48] oder dass die Silberfüchse des Klägers aus dem gleichen Grunde in Panik verfallen und sich gegenseitig totbeißen.[49] Genau anders herum hat die Rechtsprechung merkwürdigerweise zum Straßenverkehrsunfallrecht entschieden (→ Rn. 550).

523

### b) Eisenbahnhaftung

Besondere Schwierigkeiten haben sich in der Praxis bei der Frage ergeben, wann ein Unfall als »bei dem Betrieb« einer **Eisenbahn** geschehen – oder kürzer ausgedrückt: als »**Betriebsunfall**« – anzusehen ist. Auch hier kommt es darauf an, ob sich in dem Unfall eine gerade für den Eisenbahnbetrieb spezifische Gefahr verwirklicht hat. Das wird man unbedenklich bejahen können, wenn es aufgrund eines Gleis- oder Radbruchs oder eines Versagens der Signaleinrichtungen zu einem Eisenbahnunfall gekommen ist. § 1 I HPflG will nach seinem Schutzzweck auch solche Unfälle erfassen, die durch ein plötzliches Bremsmanöver, durch das Schleudern und Schlingern der fahrenden Waggons, durch eine niedergehende Eisenbahnschranke, früher auch durch Kesselexplosion oder Funkenflug von Dampflokomotiven, ferner durch einen Sturz

524

---

46 BGHZ 79, 259 (263) = NJW 1981, 983.
47 BGHZ 115, 84 (86) = NJW 1991, 2568; BGHZ 187, 379 Rn. 10 = NJW 2011, 996.
48 BGH VersR 1982, 243.
49 RGZ 158, 34.

auf dem (gerade bei Eisenbahnen oft besonders schwierig zu begehenden) Waggontrittbrett verursacht sind. Zu den typischen Gefahren des Eisenbahnverkehrs zählen auch Unfälle mit Kraftfahrzeugen an unbeschrankten Bahnübergängen.[50]

525 Noch einen Schritt weiter geht die Rechtsprechung, wenn sie einen »Betriebsunfall« auch dort annimmt, wo ein unmittelbarer Zusammenhang mit der eigentlichen **Beförderungstätigkeit** der Bahn nicht mehr vorliegt, sich jemand auf dem Bahnsteig beispielsweise nur deshalb verletzt hat, weil er im Gedränge von eiligen Reisenden überrannt worden ist.[51] Gewiss kann man hier einwenden, dass es zu Unfällen im Gedränge auch bei vielen anderen Gelegenheiten – in einem Fußballstadion, auf einem Jahrmarkt, beim Betrachten eines Karnevalsumzuges – kommen kann. Aber dem lässt sich immerhin entgegenhalten, dass Unfälle dieser Art wegen der regelmäßig zu beobachtenden Hast der Reisenden gerade für den Eisenbahnbetrieb typisch sind und dass sich in ihnen deshalb eine jener spezifischen Gefahren verwirklicht, um deretwillen eine strikte Haftung in § 1 I HPflG niedergelegt worden ist. Zu weit geht die Rechtsprechung jedoch, wenn sie die Haftung auch in solchen Fällen bejaht, in denen ein Reisender auf einer **Bahnhofstreppe** zu Fall kommt oder auf einer vereisten Stelle des Bahnsteigs ausgleitet, ohne dass Eile und Hast irgendeine Rolle gespielt hätten. Wenn gesagt wird, es brauche der Unfall nicht unbedingt »durch eine dem Eisenbahnbetrieb eigentümliche Gefahr verursacht« zu sein, sondern es genüge, »wenn ein unmittelbarer äußerer – örtlicher und zeitlicher – Zusammenhang zwischen einem Unfall und einem bestimmten Betriebsvorgang oder einer bestimmten Betriebseinrichtung der Eisenbahn besteht«,[52] dann wird die normative Basis der Gefährdungshaftung in Wahrheit verlassen.

526 Nach der Privatisierung der Deutschen Bahn und der **Trennung von Netzbetrieb** (DB Netz AG) **und Fahrbetrieb** ist den Gerichten die Frage vorgelegt worden, ob ein (privater) Eisenbahnverkehrsunternehmer, dessen Triebwagen auf einer mangelhaft unterhaltenen Bahnstrecke beschädigt worden ist, den Eisenbahninfrastrukturunternehmer auf Schadensersatz in Anspruch nehmen kann. Dies setzt voraus, dass

(1) auch der Netzbetreiber »Betriebsunternehmer« iSd § 1 HPflG ist und
(2) der Verkehrsunternehmer im Rahmen des § 1 HPflG Geschädigter sein kann.

Der BGH hat beide Fragen bejaht und der Schadensersatzklage stattgegeben,[53] genauso wie in einem anderen Fall, in dem ein Triebwagen mit auf dem Gleis stehenden Zügen kollidiert und dabei beschädigt worden ist.[54] Gegen die Passivlegitimation des Netzbetreibers ist in der Tat nichts einzuwenden,[55] doch die Einbeziehung des Verkehrsunternehmers in den Schutzbereich des § 1 HPflG stößt auf Bedenken: Im Grunde wird damit demjenigen ein Schadensersatzanspruch zugesprochen, den sich die Norm als Haft*pflichtigen* vorstellt. Vor allem aber greift der Grundgedanke der Gefährdungshaftung, Kompensation für zwangsweise auferlegte, ungleich verteilte Risiken zu gewähren, im Verhältnis zweier Bahnunternehmen zueinander nicht durch. Falls sich der Bahnverkehrsunternehmer mit der Verschuldenshaftung des Netzunternehmers nach § 823 I nicht abfinden will, mag er mit diesem eine vertragliche Garantiehaftung aushandeln.[56] Die einschlägigen Allgemeinen Geschäftsbedingungen[57] begnügen sich allerdings mit der lakonischen Aussage, jede Vertragspartei hafte »nach den gesetzlichen Bestimmungen«.[58]

---

50 Vgl. etwa OLG Oldenburg VersR 2003, 647.
51 Vgl. RG JW 1922, 388.
52 BGHZ 1, 17 = NJW 1951, 149; vgl. auch KG NJW 1956, 714 und OLG Hamburg VersR 1984, 544.
53 BGH NJW-RR 2004, 959; genauso die Vorinstanz OLG Stuttgart VersR 2003, 648; *Tschersich* VersR 2003, 962.
54 BGH NJW-RR 2008, 335 Rn. 10ff.
55 Vgl. OLG Hamm VersR 2016, 330f.
56 *Filthaut* VersR 2001, 1348 (1352).
57 BAnz 2001, 13179 sowie BAnz 1999, 9235.
58 *Filthaut* VersR 2003, 1512.

## c) Tierhalterhaftung

Was die Gefährdungshaftung des Tierhalters anlangt, so erklärt § 833 lediglich, es sei der »**durch ein Tier**« verursachte Schaden zu ersetzen. Auch damit sind freilich – wie die Rechtsprechung in Entfaltung des Schutzzwecks dieser Norm klargestellt hat – nur solche Schäden gemeint, in denen sich die spezifischen, aus der Natur der Tiere ergebenden Gefahren verwirklicht haben.[59] Die **spezifische Tiergefahr** besteht darin, dass sich das Tier als Lebewesen einer vollständigen Kontrolle des Menschen entzieht, kurz in der »Unberechenbarkeit tierischen Verhaltens«.[60] Darunter fallen Körper- und Sachschäden, die von durchgehenden oder scheuenden Pferden oder Rindern oder durch das Beißen oder Anspringen oder durch den Deckakt von Hunden verursacht werden,[61] dies auch dann, wenn das Tier erst durch äußere Reize – durch Motorengeräusche, durch den Pfiff eines Fußballschiedsrichters oder durch den Angriff eines anderen Tieres – zu seiner Aktivität veranlasst worden ist.

527

Streitig ist die Frage, ob ein Anspruch aus § 833 S. 1 gegen den Halter eines Pferdes denjenigen Personen versagt werden muss, die sich selbst **freiwillig** als Reiter auf ein fremdes Pferd gesetzt oder sich – etwa als Tierarzt, Tierpfleger, Hufschmied oder Trainer – freiwillig in die Nähe des Pferdes gebracht und dadurch einen Schaden erlitten haben. Sicher ist, dass der Ersatzanspruch des Verletzten wegen **Mitverschuldens** oder Mitverursachung gem. § 254 zu mindern sein kann. Zweifelhaft ist aber, unter welchen Voraussetzungen ein Anspruch von vornherein **versagt** werden muss, weil der Verletzte einem Personenkreis zuzurechnen ist, zu dessen Schutz der Gesetzgeber die strenge Haftung aus § 833 nicht hat statuieren wollen. Die Rechtsprechung bejaht die Halterhaftung gegenüber dem Reiter insbesondere auch im Rahmen der Gefälligkeitsleihe: In BGH NJW 1992, 2474 hatte die Halterin ihrer Freundin ihr Reitpferd für eine Unterrichtsstunde kostenlos zur Verfügung gestellt. Den Einsatz der Gerte goutierte das Pferd mit einem Abwurf der Freundin, die daraufhin die Halterin auf Zahlung von Schadensersatz iHv umgerechnet ca. 50.000 EUR in Anspruch nahm. Mit Erfolg, denn der BGH lehnte einen konkludent abgeschlossenen vertraglichen Haftungsausschluss ebenso ab wie die analoge Anwendung der Haftungsbeschränkung des § 599 auf die Gefälligkeitsleihe (unentgeltliche Gebrauchsüberlassung ohne Rechtsbindungswillen) sowie die teleologische Reduktion der Tierhalterhaftung gem. § 833 S. 1 auf externe Dritte.[62] Dies steht im Widerspruch nicht nur zu der Rechtslage bei Straßenverkehrsunfällen – der Fahrer des Unfallfahrzeugs kann dessen Halter ebenso wenig gem. § 7 StVG in Anspruch nehmen (§ 8 Nr. 2 StVG)[63] wie der Eigentümer oder Leasinggeber des Unfallfahrzeugs[64] – sondern insbesondere auch zu den normativen Grundlagen der Gefährdungshaftung. Deren Sinn und Zweck ist es, besondere Gefahrenquellen, die unter den Bürgern ungleich verteilt sind, mit einer verschuldensunabhängigen Haftung zu belegen: Wer einen großen Schäferhund hält, gefährdet damit automatisch seine Nachbarn, die ihrerseits bloß einen Wellensittich haben, von dem keinerlei Gefahren für die Rechtsgüter Dritter ausgehen. Wenn aber der Sohn des Wellensittich-Halters sich aufdrängt, mit dem Hund Gassi zu gehen, kann er sich nicht auf § 833 S. 1 berufen, wenn er gebissen wird. Aus demselben Grund sind auch Ansprüche des Reiters gegen den Pferdehalter zu verneinen. Schließlich ist auch zu der französischen Parallelregelung des Art. 1385 Code civil anerkannt, dass sich die *Gardien*-Haftung nicht zugunsten des *Gardien* selbst auswirkt.[65] Möglicherweise erklärt sich die abweichende Rechtsprechung des BGH daraus, dass der Pferdehalter regelmäßig den Schutz einer Haftpflichtversicherung genießt.

528

---

59 Dazu MüKoBGB/*Wagner* § 833 Rn. 9 ff.; *Terbille* VersR 1994, 1151.
60 BGHZ 67, 129 (133) = NJW 1976, 2130; BGH NJW-RR 2006, 813 (814) Rn. 6; zur historischen Entwicklung aus dem römischen contra naturam sui generis-Test *Seiler*, Tierhalterhaftung, Tiergefahr und Rechtswidrigkeit, FS Zeuner, 1994, 279 ff.
61 RGZ 50, 219 (221); 60, 65 (68 f.); BGHZ 67, 129 (133) = NJW 1976, 2130.
62 BGH NJW 1992, 2474 (2475 f.); 1993, 2611; 1999, 3119.
63 KG NZV 1989, 150; OLG Saarbrücken NZV 1998, 246.
64 BGHZ 187, 379 Rn. 9 ff. = NJW 2011, 996.
65 *Le Tourneau/Cadiet*, Droit de la responsabilité et des contrats, 18. Aufl. 2010, no. 7958.

## 3. Haftungsausschluss, Haftungsminderung

529 Die Gefährdungshaftung ist ausgeschlossen, wenn der Haftende beweisen kann, dass der Unfall durch **höhere Gewalt** (§ 1 II, 2 III Nr. 3 HPflG, § 7 II StVG, § 4 UmweltHG, § 89 II WHG) verursacht worden ist. Der früher bei Verkehrsunfällen anerkannte Entlastungsgrund des **unabwendbaren Ereignisses** (§ 1 II HPflG aF, § 7 II StVG aF) ist 2002 abgeschafft bzw. auf den Binnenausgleich unter mehreren Kfz-Haltern beschränkt worden (§ 17 III StVG, → Rn. 562; vgl. auch § 26 I 2 AtG). Ist ein Schaden durch die Wirkungen einer Kernenergieanlage, durch das Herabfallen von Drähten einer Anlage zur Fortleitung von Elektrizität oder durch ein Luftfahrzeug auf der Erdoberfläche angerichtet worden, so ist der Ersatzpflichtige sogar dann haftbar, wenn der Unfall auf höherer Gewalt beruht (vgl. § 25 AtG, § 2 III Nr. 3 HPflG, § 33 LuftVG).

530 Der Begriff der »**höheren Gewalt**« *(force majeure, fait du prince, act of god)* hat in der Praxis vor allem bei der Gefährdungshaftung des Eisenbahnunternehmers eine Rolle gespielt; er ist von der Rechtsprechung des RG umschrieben worden als ein »von außen kommendes« schadenstiftendes Ereignis, das als solches »unvorhersehbar, auch bei Anwendung äußerster Sorgfalt ohne Gefährdung des ganzen Betriebes und des wirtschaftlichen Erfolges des Unternehmens nicht abzuwenden, auch nicht wegen seiner Häufigkeit von dem Betriebsunternehmer in Rechnung zu ziehen und mit in den Kauf zu nehmen ist«.[66] Danach kommt es zunächst darauf an, dass das Ereignis »von außen« auf den Bahnbetrieb eingewirkt hat, also »**betriebsfremd**« ist. Das ist nicht der Fall, wenn der Unfall auf einen Gleisbruch, ein Versagen der Signaleinrichtungen oder auf das Handeln eines Schrankenwärters zurückzuführen ist, selbst wenn dieser von einem Subunternehmer der Eisenbahn beschäftigt wurde.[67] Auch »von außen« kommende Schadensursachen – ein Schneesturm, ein Erdrutsch, Steinschlag, vorsätzliches oder fahrlässiges Fehlverhalten Reisender oder sonstiger Dritter – entlasten die Bahn nur dann, wenn sie durch äußerste Sorgfalt nicht abzuwenden und in ihren Folgen auch nicht einzudämmen sind.[68] Die Gegenwart von **Kühen auf Bahngleisen** ist weder unvorhersehbar, denn sie kommt in ländlichen Gebieten relativ häufig vor, noch unabwendbar, denn sie lässt sich durch Einzäunen der Gleise verhindern.[69] Anderes gilt für einen **Lebensmüden**, der sich in Selbsttötungsabsicht auf die Gleise begibt und dort von einem Zug überrollt wird.[70]

531 Besonders problematisch sind die Grenzen der Gefährdungshaftung bei **terroristischen Anschlägen**, die das Risikopotential von Fahrzeugen oder technischen Anlagen bewusst freisetzen, aus der »Quelle besonderer Gefahr« gleichsam eine Waffe machen. Das RG hat das Vorliegen höherer Gewalt verneint, als ein Saboteur »in verbrecherischer Absicht« eine Weiche der Reichsbahn so umgestellt hatte, dass der herannahende Zug auf ein Anschlussgleis gelenkt wurde und auf die dort abgestellten Wagen auffuhr,[71] und zum selben Ergebnis kam der BGH in einem Fall, in dem der Halter seinen Lkw für einen Ein-

---

66 RGZ 101, 94 (95).
67 OLG Hamm VersR 2016, 330 (331 f.).
68 Vgl. zB RGZ 54, 404 (keine höhere Gewalt, wenn ein Kind unversehens vor eine Straßenbahn läuft); RGZ 23, 305 (Felsabbruch als höhere Gewalt); RGZ 95, 64 (Sprung eines in Wahnvorstellungen befangenen Reisenden aus dem Fenster); RGZ 101, 94 (Schneesturm); OLG Frankfurt VersR 1979, 451 (Selbstmord durch Überfahrenlassen).
69 BGH NJW-RR 2008, 335 (336) Rn. 14.
70 OLG Schleswig VersR 2010, 258 (259).
71 RG JW 1926, 2290.

bruchsdiebstahl zur Verfügung gestellt und der Täter einen ihn vom Trittbrett aus kontrollierenden Polizisten getötet hatte, indem er das Fahrzeug vor einen Betonmasten lenkte.[72] Das Gericht hielt dafür, dass sich auch bei vorsätzlichem Missbrauch des Fahrzeugs noch diejenige Gefahr realisiert, derentwegen die strikte Haftung geschaffen worden ist, und es verneinte ein unabwendbares Ereignis iSd § 7 II StVG aF. Auch bei den sich häufenden Sabotageakten an Eisenbahnschienen ist höhere Gewalt überwiegend verneint worden.[73] Die Wahllosigkeit von Terroristen bei der Wahl der Mittel und der Opfer spricht für die Qualifizierung als allgemeines Lebensrisiko und damit gegen die Einbeziehung von Terrorrisiken in den Schutzbereich der Gefährdungshaftung. Folgerichtig wird selbst die weitreichende Haftung des Luftfahrzeughalters in § 33 II LuftVG de facto auf eine Verschuldenshaftung zurückgeführt, wenn ein Dritter das Luftfahrzeug ohne Wissen und Willen des Halters benutzt hat, und entsprechendes gilt gem. § 7 III StVG auch für die unbefugte Benutzung von Kraftfahrzeugen. Die Rückausnahmen der § 7 III 2 StVO, § 33 II 3 LuftVG, nach denen die Gefährdungshaftung eingreift, wenn der Halter das Luft- oder Kraftfahrzeug einem Dritten »überlassen« hat, greift nicht ein, wenn die Überlassung unfreiwillig, etwa nach Bedrohung mit einer Schusswaffe erfolgt ist.[74] Anders liegt es, wenn der Pilot eines Verkehrsflugzeugs in **Selbstmordabsicht** dessen Absturz verursacht und dabei den Tod sämtlicher Passagiere in Kauf nimmt.[75] Das Risiko des Missbrauchs des Luftfahrzeugs durch den vom Halter ausgewählten Benutzer wird durch § 33 Abs. 2 LuftVG dem Halter zugewiesen.

Ist eine Gefährdungshaftung dem Grunde nach gegeben, so ist sie ihrem Umfang nach insoweit zu **mindern,** als der Verletzte oder Getötete durch eigenes Verschulden zu dem Unfall beigetragen hat (§ 4 HPflG, § 9 StVG, § 11 UmweltHG, § 34 LuftVG, § 27 AtG).  532

In solchen Fällen ist abzuwägen, in welchem Umfang die typischen Gefahren des in Rede stehenden Betriebes – die »Betriebsgefahr« – und das **eigene Verschulden des Unfallopfers** für den Schaden ursächlich geworden sind. Bei besonders schwerem Eigenverschulden des Verletzten kann sein Ersatzanspruch ganz entfallen;[76] umgekehrt kann der Ersatzanspruch des Verletzten trotz eines Mitverschuldens in voller Höhe erhalten bleiben, wenn eine »erhöhte« Betriebsgefahr gegeben war, so etwa dann, wenn Fußgänger oder Radfahrer durch einen mit hoher Geschwindigkeit fahrenden Lastkraftwagen oder an einem unbeschrankten und deshalb besonders gefährlichen Bahnübergang durch einen Eisenbahnzug verletzt worden sind.[77] Ist der Verletzte *selbst* Halter eines Kraftfahrzeugs oder eines Tieres oder ist er Eisenbahnunternehmer, so muss er sich auf seinen Ersatzanspruch nicht nur sein eigenes Verschulden, sondern auch die **»Betriebsgefahr« oder »Tiergefahr«** anrechnen lassen, die von seinem Kraftfahrzeug oder Tier oder von der von ihm betriebenen Eisenbahn ausgeht und für den Unfall mitursächlich geworden ist (vgl. § 17 StVG, → Rn. 560).  533

Die Rechtsprechung wird immer wieder mit Fällen beschäftigt, in denen Tiere – **Rinder oder Pferde** – aus einer Weide ausgebrochen sind und sich nunmehr **auf öffentlichen Straßen** oder auch auf Eisenbahnschienen aufhalten. Insbesondere in der Dunkelheit kommt es hier immer wieder zu Unfällen mit Schienen- oder Kraftfahrzeugen, die mit dem Tier zusammenprallen oder ihm ausweichen und deshalb im Graben landen. Hier ist anerkannt, dass die Tiergefahr die Betriebsgefahr des Kraftfahrzeugs deutlich überwiegt, sodass der Tierhalter regelmäßig für den Großteil des Schadens (ca. 75 %) aufzukommen hat.[78]  534

---

72 BGHZ 37, 311 (313 ff.) = NJW 1962, 1676; zust. *Filthaut* NZV 1998, 89 (90).
73 OLG Oldenburg NJW-RR 2007, 1031 (1032); LG Erfurt NJW-RR 2010, 37 (38).
74 *Müller-Rostin* VersR 2003, 153 (154).
75 *Wagner/Bsaisou* JURA 2016, 579 (583 ff., 590 f.); zu den kollisionsrechtlichen Fragen *Weller/Rentsch/Thomale* NJW 2015, 1909.
76 Vgl. zB BGH VersR 1963, 874; 1967, 1080; 1971, 1018.
77 Vgl. BGH VersR 1969, 736.
78 BGH NJW-RR 1990, 789 (791); OLG Karlsruhe NJW-RR 2009, 1681 (1682).

### 4. Art und Umfang der Haftung

535 Eine in ihren praktischen Wirkungen nicht zu unterschätzende Beschränkung der Ersatzpflicht ergab sich früher daraus, dass in den Gesetzen über die Gefährdungshaftung eine Entschädigung für den unfallbedingten **Nichtvermögensschaden** nicht vorgesehen war. Dies hat sich mit dem Zweiten SchadensersatzrechtsänderungsG aus dem Jahr 2002 geändert, das den Schadensersatzanspruch wegen Nichtvermögensschäden in das Allgemeine Schuldrecht verschoben (§ 253 II) und die Sondergesetze der Gefährdungshaftung um Verweisungen auf diese Vorschrift ergänzt hat (vgl. § 6 S. 2 HPflG, § 11 S. 2 StVG, § 36 S. 2 LuftVG, § 13 S. 2 UmweltHG, § 32 V 2 GenTG, § 29 II 2 AtG). Soweit eine solche Bezugnahme fehlt, wie bei § 89 WHG, wird man unmittelbar auf § 253 II rekurieren dürfen.[79]

536 Die **Delikthaftung** nach §§ 823 ff. ist **der Höhe nach unbegrenzt**, dh der Schädiger hat auch dann vollen Ersatz zu leisten, wenn der Schaden exorbitante Höhen erreicht. Gleiches gilt für den Halter eines Tieres (§ 833), der Betreiber einer Kernenergieanlage (§ 31 I 1 AtG) und der Inhaber einer Anlage zum Lagern, Befördern oder Wegleiten wassergefährdender Stoffe (§ 89 II WHG).

537 In den meisten Gefährdungshaftungstatbeständen des geltenden Rechts ist die Haftung auf bestimmte betragsmäßig fixierte **Höchstsummen** beschränkt (§§ 9 und 10 HPflG, § 12 StVG, § 37 LuftVG, § 15 UmweltHG), die den Ersatzanspruch des Opfers abschneiden, wenn der Schaden darüber hinausgeht. Ist es beispielsweise zu einem Unfall bei dem Betrieb einer Eisenbahn (§ 1 HPflG) oder einer der in § 2 HPflG genannten Anlagen gekommen, ist dem Verletzten zum Ausgleich der unfallbedingten Minderung seiner Erwerbsfähigkeit (oder den Hinterbliebenen zum Ausgleich der wegfallenden Unterhaltsleistungen) ein Kapitalbetrag von maximal 600.000 EUR oder eine Jahresrente von höchstens 36.000 EUR zuzusprechen (§ 9 HPflG). Sachschäden sind bis zur Höhe von insgesamt 300.000 EUR auszugleichen; reicht dieser Betrag nicht aus, um alle Eigentümer zu entschädigen, ist der jedem Einzelnen zuzuerkennende Betrag anteilsmäßig herabzusetzen (vgl. § 10 I und II HPflG). Die gleichen Begrenzungen gelten gem. § 12 StVG auch für die Haftung des Kraftfahrzeughalters, wobei § 12 I Nr. 2 StVG einen zusätzlichen Maximanden von 3 Mio. EUR zur Entschädigung sämtlicher aus einem Unfall resultierender Personenschäden enthält. Es liegt auf der Hand, dass dieser Betrag bei schweren Straßenverkehrsunfällen mit Beteiligung einer Vielzahl von Kraftfahrzeugen überschritten werden kann. Bei Unfällen mit Gefahrguttransportern wird deshalb der Haftungshöchstbetrag für Personenschäden durch § 12a StVG verdoppelt und derselbe Betrag von 6 Mio. EUR nochmals für den Ausgleich sämtlicher Sachschäden zur Verfügung gestellt, die durch denselben Unfall verursacht worden sind.

538 Wird durch die Eigenschaften eines **gentechnisch veränderten Organismus** ein Mensch getötet oder an Körper oder Gesundheit verletzt, haftet der Betreiber gem. § 33 GenTG bis zu einem Höchstbetrag von 85 Mio. EUR. Dieser Betrag wird durch § 15 UmweltHG de facto nochmals verdoppelt, indem die Summe von 85 Mio. EUR jeweils für Personen- und für Sachschäden zur Verfügung gestellt wird, die aus einer **einheitlichen Umwelteinwirkung** entstanden sind. Diese »Haftungshöchstgrenzen«

---

79 *Wagner,* Das neue Schadensersatzrecht, 2002, Rn. 28.

sind derart hoch, dass sie ihre haftungsbegrenzende Funktion kaum wahrnehmen können.[80] Völlig auszuschließen sind Störfalle katastrophalen Ausmaßes allerdings nicht, und sollte ein solcher eintreten, führt § 15 UmweltHG zu einer Verlagerung des Schadensrisikos von der Versicherungswirtschaft auf den Staat in dem Bereich oberhalb von 170 Mio. EUR. Auch wegen dieser potentiell exorbitanten Risiken der Umwelthaftung hat es die Bundesregierung bis heute nicht fertig gebracht, die Ermächtigung des § 20 UmweltHG auszufüllen und eine Verordnung über die Ausgestaltung der Deckungsvorsorge zu erlassen, obwohl die Betreiber bestimmter umweltgefährlicher Anlagen bereits seit Anfang 1991 gesetzlich dazu verpflichtet sind (§ 19 UmweltHG), eine Haftpflichtversicherung abzuschließen oder sonst für Deckung des von ihnen gelaufenen Haftungsrisikos zu sorgen. Mittlerweile ist selbst die Versicherungspflicht gem. § 19, Anhang II UmweltHG obsolet, weil die dort enthaltene Bezugnahme auf Anlagen, für die eine Sicherheitsanalyse anzufertigen ist, seit Änderung der StörfallVO ins Leere führt – die Verpflichtung zur Anfertigung einer Sicherheitsanalyse ist entfallen.[81]

Sind die Haftungshöchstgrenzen überschritten, verbleibt dem Geschädigten der **Rückgriff auf die Verschuldenshaftung gem. § 823.** Auch diese findet vielfach eine praktische Grenze in der Zahlungsfähigkeit des Schädigers oder – wenn er haftpflichtversichert ist – in dem Deckungslimit der von ihm genommenen Haftpflichtversicherung. Soweit der **Abschluss einer Haftpflichtversicherung gesetzlich vorgeschrieben** ist (→ Rn. 32), wird daher regelmäßig auch eine Mindesthöhe der Versicherungssumme festgesetzt. Sie beläuft sich bei der Pflichthaftpflichtversicherung des Kraftfahrzeughalters – soweit es sich um das Risiko einer Haftung für Personenschäden handelt – zur Zeit auf 7,5 Mio. EUR und bei der Haftung für Sachschäden auf 1 Million EUR (vgl. Anlage zu § 4 II PflVG). 539

Limitierungen des Schadensersatzes durch Höchstbeträge sind nicht in Bausch und Bogen zu verwerfen, denn sie machen das **Haftungsrisiko kalkulierbar und damit leichter versicherbar.** Zwar kommt jede Haftungsbegrenzung einer (versteckten) Subvention der begünstigten Aktivität gleich, doch dies mag in bestimmten Bereichen vertretbar sein, in denen die Gesellschaft insgesamt das Risiko mitverantworten muss.[82] Unter diesen Prämissen würde es einleuchten, wenn die Haftung des Luftfahrzeughalters für Schäden am Boden limitiert wäre, ebenso wie die Einstandspflicht der Betreiber umweltgefährlicher Anlagen und Kernkraftwerke, doch das geltende Recht geht andere Wege: Es ist schlechterdings nicht zu verstehen, warum ein Kraftfahrzeughalter für die von ihm geschaffenen und zu kontrollierenden Risiken wohl nach § 823, nicht aber nach § 7 StVG unbegrenzt haftet und der Luftfahrzeughalter überhaupt nicht in den Genuss von Haftungslimits kommt. Unerklärlich ist es, warum der Betreiber einer umweltgefährlichen Anlage nur begrenzt für den Schaden aufzukommen hat, wenn die Anlage im Anhang zu § 1 UmweltHG genannt ist, nicht aber, wenn es sich um eine wassergefährdende Anlage iSd § 89 II WHG handelt, und schon gar nicht, wenn ein Kernkraftwerk betrieben wird. Verursacht eine Anlage, für die das UmweltHG gilt, einen Schaden nicht an individuellen Rechtsgütern, der nach Maßgabe der §§ 1, 15 540

---

[80] Vgl. *Schmidt-Salzer*, Umwelthaftungsrecht, 1992, § 15 Rn. 17: Die Vorschrift gehöre »in die Kuriositätenkiste rechtspolitischer Arabesken«.
[81] *Salje/Peter*, UmweltHG, 2. Aufl. 2005, § 19 Rn. 6 ff.
[82] Vgl. *Wagner*, in Ahrens/Simon (Hrsg.), Umwelthaftung, Risikosteuerung und Versicherung, 1996, 101 ff.

UmweltHG wieder gutzumachen ist, sondern einen sog. ökologischen Schaden, haftet der Betreiber nach dem Umweltschadensgesetz der Behörde gegenüber auf die Sanierungskosten ohne jede Begrenzung.[83]

## III. Schadensausgleich bei Straßenverkehrsunfällen

**Literatur:** *Geigel,* Der Haftpflichtprozeß, 27. Aufl. 2015; *Gessner/Kötz,* Verkehrsunfälle vor Gericht, Eine rechtstatsächliche Untersuchung, JZ 1973, 82; *Greger/Zwickel,* Haftungsrecht des Straßenverkehrs, 5. Aufl. 2014; *Hanau,* Rückwirkungen der Haftpflichtversicherung auf die Haftung, VersR 1969, 291; *Hentschel/König/Dauer,* Straßenverkehrsrecht, 43. Aufl. 2015; *G. Müller,* Besonderheiten der Gefährdungshaftung nach dem StVG, VersR 1995, 489; *Weyers,* Unfallschäden, Praxis und Ziele von Haftpflicht- und Vorsorgesystemen, 1971.

**Zur Reform des Verkehrsunfallrechts:** *v. Hippel,* Schadensausgleich bei Verkehrsunfällen, Haftungsersetzung durch Versicherungsschutz, 1968; *Hippel,* Schadensausgleich bei Verkehrsunfällen, Mögliche Wege einer Reform, ZRP 1973, 27; *Hippel,* Haftungsersetzung durch Volksunfallversicherung, ZRP 1976, 252.

**Rechtsvergleichend:** *v. Bar,* Neues Verkehrshaftpflichtrecht in Frankreich, VersR 1986, 620; *v. Bar,* Gemeineuropäisches Deliktsrecht II, 1999, Rn. 368 ff.; *Wagner,* in Zimmermann (Hrsg.), Grundstrukturen des Europäischen Deliktsrechts, 189 (324 ff.); *Tunc,* Traffic Accident Compensation: Law and Proposals, International Encyclopedia of Comparative Law, Vol XI, 1971, Chapter 14.

**Rechtshistorisch:** *Hilse,* Empfiehlt sich und in welchem Umfange die Ausdehnung der Haftpflicht auf Fahrzeuge, welche unabhängig von Schienensträngen auf öffentlichen Straßen durch elementare Kraft bewegt werden? Verhandlungen DJT 26, 1902, I, 27.

### 1. Haftung und Versicherung bei Straßenverkehrsunfällen

541 Im Jahre 2014 haben sich in der Bundesrepublik Deutschland 2,4 Mio. polizeilich erfasste Straßenverkehrsunfälle ereignet, bei denen 3.377 Menschen getötet und rund 389.535 verletzt wurden.[84] Schon diese Zahlen machen deutlich, dass mit dem Schadensausgleich bei Straßenverkehrsunfällen der Rechtsordnung ein **Regelungsproblem von enormer sozialer Tragweite** aufgegeben ist (→ Rn. 30). Man mag das auch daraus ablesen, dass die Schadensaufwendungen der deutschen Kraftfahrt-Haftpflichtversicherer im Jahre 2014 einen Betrag von rund 13 Milliarden EUR erreichten.[85] Der Großteil davon entfällt traditionell auf die Regulierung von Sachschäden, nämlich ca. 60 %, während ca. 40 % für die Deckung von Personenschäden aufgewandt werden.[86] Zu diesen Zahlen kommen weitere volkswirtschaftliche Verluste hinzu, die in der Bilanz der Verkehrsunfallversicherer nicht auftauchen.

542 Die **Haftung** für Schäden aus Straßenverkehrsunfällen hat sich ursprünglich in allen Rechtsordnungen ausschließlich nach den allgemeinen Regeln des Deliktsrechts beurteilt; im angloamerikanischen Rechtskreis ist das noch heute der Fall. Wer also in England den Ausgleich eines Schadens verlangt, den er bei einem Straßenverkehrsunfall er-

---

83 Eing. dazu *Wagner* VersR 2008, 565.
84 Statistisches Bundesamt, Statistisches Jahrbuch 2015, 597 Nr. 25.5.2.
85 GDV (Hrsg.), Statistisches Taschenbuch der Versicherungswirtschaft 2015, 59.
86 *Hofer,* Nachfrage- und Schadensentwicklung in der Kompositversicherung: Der Einfluss wirtschaftlicher und demographischer Faktoren, 2004, 60.

litten hat, stützt seinen Anspruch grundsätzlich auf die gleichen Regeln, die auch bei einem Unfall in einer Badeanstalt, auf einer Kellertreppe oder in einem Warenhaus für den Schadensausgleich maßgeblich wären. Um unter dem Tatbestand der »negligence« Erfolg zu haben, muss der Kläger insbesondere nachweisen, dass der Beklagte eine allgemeine Sorgfaltspflicht – eine »duty of care« – verletzt hat.[87] Ein Sonderhaftungsrecht für Schäden aus Straßenverkehrsunfällen gibt es nicht. In Deutschland hingegen, aber auch in Österreich und in der Schweiz ist man einen anderen Weg gegangen. Dort sind besondere Haftungsgesetze geschaffen worden, die den Unfallopfern des Straßenverkehrs einen Ersatzanspruch unter erleichterten Voraussetzungen einräumen. Das ist in Deutschland bereits im Jahre 1909 durch das Kraftfahrzeuggesetz – heute Straßenverkehrsgesetz (StVG) – geschehen. Dieses Gesetz erlegt dem Halter eines Kraftfahrzeugs, sofern es bei dessen Betrieb zu einem Unfall gekommen ist, eine strenge »Gefährdungshaftung« auf. Daneben haftet der Unfallverursacher zwar auch nach den Regeln des allgemeinen Deliktsrechts (§ 16 StVG), doch seit der Ausdehnung des Immaterialschadensersatzes auf die Gefährdungshaftung (§ 11 S. 2 StVG; → Rn. 535) spielt dies praktisch nur dann noch eine Rolle, wenn die Haftungshöchstgrenzen der §§ 12f. StVG überschritten sind (→ Rn. 540). Gleichwohl sind die Unterschiede zwischen der Unfallregulierung in Deutschland und der Praxis in England viel geringer als man auf den ersten Blick vermuten würde. Es liegt dies daran, dass bei den meisten Autounfällen nicht nur der Schädiger, sondern auch der Geschädigte Kfz-Halter sind, sodass die Gefährdungshaftung wechselseitig eingreift. Zwischen den Parteien besteht also eine haftungsrechtliche Patt-Situation, die in § 17 StVG dahin aufgelöst wird, dass sich die Schadensverteilung im Verhältnis mehrerer unfallbeteiligter Kfz-Halter doch wieder nach den Verursachungs- und Verschuldensanteilen richtet und bei Einhaltung aller erdenklichen Sorgfaltsregeln sogar die Anrechnung der Betriebsgefahr unterbleibt (§ 17 III StVG; → Rn. 560). Mit etwas Übertreibung lässt sich deshalb sagen: Im **Binnenverhältnis mehrerer Kfz-Halter** wird der Schadensausgleich bei Verkehrsunfällen auch in Deutschland vom **Verschuldensprinzip** beherrscht; die strikte Haftung bestimmt allein die Haftung gegenüber nicht-motorisierten Verkehrsteilnehmern, etwa Fußgängern und Radfahrern. Insofern haben wir es in Deutschland de facto mit einem gemischten System zu tun.

## 2. Voraussetzungen der Haftung

Die **zentrale Anspruchsnorm des StVG ist § 7**. Danach trifft die Ersatzpflicht den Halter eines Kraftfahrzeugs, sofern bei dem Betrieb des Fahrzeugs ein Mensch getötet oder verletzt oder eine Sache beschädigt worden ist. | 543

**Kraftfahrzeuge** iSd StVG sind nach der Definition in § 1 II »Landfahrzeuge, die durch Maschinenkraft bewegt werden, ohne an Bahngleise gebunden zu sein«, also zB auch Fahrräder mit Hilfsmotor. Die strenge Haftung aus § 7 gilt jedoch gem. § 8 nicht für solche Kraftfahrzeuge, deren Höchstgeschwindigkeit 20 Stundenkilometer nicht übersteigt. Ist also jemand durch einen sich bewegenden Baukran oder eine langsam fahrende Kehrmaschine verletzt worden, so kann er seinen Ersatzanspruch nur auf die allgemeinen deliktsrechtlichen Vorschriften stützen. Seit 2002 gilt die Gefährdungshaftung nicht nur für Kraftfahrzeuge, sondern auch für Anhänger, was für den Geschädigten | 544

---
87 Vgl. den Überblick bei *Dugdale* in Clerk & Lindsell on Torts, 19. Aufl. 2006, Rn. 8–157ff.

eine erhebliche Erleichterung bedeutet, wenn er sich lediglich das Kennzeichen des Anhängers merken oder notieren konnte.

545 **Halter** eines Kraftfahrzeugs ist derjenige, der das Fahrzeug für eigene Rechnung in Gebrauch hat und die für den Gebrauch erforderliche Verfügungsgewalt über das Fahrzeug besitzt (→ Rn. 518).[88]

546 Die Verantwortlichkeit nach § 7 StVG ist auf Unfälle beschränkt, die sich **bei dem Betrieb** des Kraftfahrzeugs ereignet haben. Das bedeutet, dass der Unfall auf die betriebsspezifischen Gefahren der Verwendung eines Kraftfahrzeugs zurückzuführen sein muss und nicht bloß als Realisierung des allgemeinen Lebensrisikos erscheinen darf (→ Rn. 520).[89]

547 Auf den ersten Blick möchte man meinen, dass die **spezifische Betriebsgefahr** eines Kraftfahrzeugs auf der Mobilisierung der Motorkraft für Fortbewegungszwecke, also auf der gegenüber Pferdefuhrwerken erhöhten kinetischen Energie der in Bewegung befindlichen Maschine beruht.[90] Diese sog. maschinentechnische Auffassung würde § 7 StVG auf Fälle beschränken, in denen ein in Bewegung befindliches Kraftfahrzeug mit einem anderen Verkehrsteilnehmer oder mit Laternenmasten, Verkehrsschildern oder Absperrungen kollidiert. Sie wurde indessen noch in den zwanziger Jahren des vorigen Jahrhunderts durch den erweiterten Betriebsbegriff der sog. verkehrstechnischen Auffassung ersetzt.[91] Heute dominiert eine dezidiert weite Auslegung des § 7 StVG, der es genügt, dass das Schadensgeschehen »durch das Kfz (mit)geprägt worden ist«, weil es »in einem nahen örtlichen und zeitlichen Kausalzusammenhang mit einem bestimmten Betriebsvorgang oder einer bestimmten Betriebseinrichtung des Kfz steht«.[92] Dementsprechend ist § 7 StVG nicht auf Verletzungen beschränkt, die auf einem **physischen Kontakt** mit dem Unfallfahrzeug beruhen.

548 **Beispiele:** Wenn ein geradeaus fahrender Radfahrer bei dem Versuch, einem Kraftfahrzeug auszuweichen, zu Fall kommt, so hat sich der Unfall auch dann »bei dem Betrieb« des Fahrzeugs ereignet, wenn der Radfahrer es vor seinem Sturz gar nicht berührt hat.[93] Die spezifischen, mit dem Betrieb eines Kraftfahrzeugs verbundenen Gefahren verwirklichen sich auch dann, wenn das Fahrzeug während der Fahrt Öl verliert, die Fahrbahn durch Lehm verschmutzt oder Steine zur Seite schleudert oder wenn Teile seiner Ladung auf die Straße geraten und auf diese Weise nachfolgende Fahrer einen Unfall erleiden. Als ein Unfall »bei dem Betrieb« eines Kraftfahrzeugs ist es sogar angesehen worden, wenn ein in einer Tiefgarage abgestellter **Pkw** nachts **aufgrund eines technischen Defekts in Brand geraten** war und dadurch ein daneben geparkter Pkw beschädigt wurde.[94] Anders soll es liegen, wenn ein Dritter ein ordnungsgemäß abgestelltes Fahrzeug in Brand setzt.[95] Damit ist ein Urteil des OLG Celle nur schwer vereinbar, dass die Haftung in einem Fall abgelehnt hat, in dem ein Polizei-Streifenwagen nachts mit eingeschaltetem Blaulicht 100 m vor einer Unfallstelle aufgestellt worden und der Geschädigte

---

[88] BGHZ 13, 351 = NJW 1954, 1198.
[89] BGHZ 187, 379 Rn. 10 = NJW 2011, 996; eing. zur Entwicklung des Schutzbereichs des § 7 StVG *Greger/Zwickel*, Haftungsrecht des Straßenverkehrs, 5. Aufl. 2014, § 3 Rn. 49f.
[90] So tendenziell RGZ 122, 270 (271ff.).
[91] RG JW 1929, 2055f.; RGZ 126, 33, (335ff.); 132, 262 (264ff.); vgl. weiter BGHZ 105, 65 (66) = NJW 1988, 3019; BGH VersR 2008, 656 Rn. 7.
[92] BGHZ 192, 261 Rn. 17 = NJW 2012, 1951; BGHZ 199, 377 Rn. 5 = NJW 2014, 1182; BGH NJW 2016, 1162 Rn. 11.
[93] BGH NJW 1988, 2802; ähnlich der Fall OLG Frankfurt a. M. NJW-RR 2004, 172.
[94] BGHZ 199, 379 Rn. 5f. = NJW 2014, 1182.
[95] BGH VersR 2008, 656 Rn. 12.

hineingerast war. Das OLG hielt dafür, der Streifenwagen sei wie ein Absperrgitter verwandt worden, so dass die mit seinem Betrieb als *Fahrzeug* verbundenen Gefahren für den Unfall keine Rolle gespielt hätten.[96] Doch darauf kommt es nach der Rechtsprechung des BGH gar nicht an. Die betriebsspezifischen Gefahren eines Kraftfahrzeugs verwirklichen sich dann nicht, wenn sein Halter mit einem anderen Unfallbeteiligten in eine erregte Auseinandersetzung gerät und dieser einen Schlaganfall erleidet;[97] hier lässt sich die Haftung allenfalls auf § 823 stützen. Dagegen hat der BGH die Voraussetzungen des § 7 StVG in einem Falle bejaht, in dem der Fahrer, ein flüchtiger Straftäter, das Fahrzeug als Mordwerkzeug benutzt und mit seiner Hilfe einen Polizeibeamten vorsätzlich getötet hatte (→ Rn. 531).[98]

Differenziert behandelt die Rechtsprechung **Be- und Entladevorgänge.** Kommt es hierbei zu Verletzungen, ist der Schutzbereich der Gefährdungshaftung grundsätzlich eröffnet. Praktische Bedeutung hat dies insbesondere für Tankfahrzeuge, die Heizöl anliefern. Weist der Schlauch zwischen Fahrzeug und Öltank ein Loch auf, sodass die herausschießende Ölfontäne auch die öffentliche Straße verschmutzt, greift die Haftung aus § 7 StVG ein,[99] nicht aber, wenn der Schaden »nicht beim Entladen, sondern sozusagen beim Beladen des Öltanks im Hause des Klägers entstanden [ist], indem ihm die Pumpe des Tanklastwagens zu viel Öl zugeführt hatte«.[100] Diese Unterscheidung nach dem Ort des Lecks wird nicht jeden überzeugen. Darüber hinaus werden Schäden, die durch den »**Unfallknall**« auf akustischem Wege verursacht wurden, nicht zum Kreis der kraftfahrzeugtypischen Betriebsgefahren gerechnet (aber → Rn. 523). 549

**Beispiel:** In BGHZ 115, 84 waren auf einer Kreisstraße zwei Kraftfahrzeuge miteinander kollidiert; infolge des Unfallknalls kam es im Schweinestall des Klägers, der 50 m von der Unfallstelle entfernt lag, zu einer Panik unter den Schweinen, von denen einige verendeten oder notgeschlachtet werden mussten. Die Klage, mit der der Bauer Schadensersatz von einem der beiden Kraftfahrzeughalter verlangte, wurde vom BGH abgewiesen. Zwar treffe es zu, dass sich die Gefahren des Kraftverkehrs auch in dem Lärm verwirklichen könnten (→ Rn. 523), den ein Verkehrsunfall verursacht. Hier aber habe sich der Bauer den Schaden selbst zuzuschreiben, weil er seine Schweine in Massentierhaltung aufgezogen und dadurch den Grund für ihre besondere Geräuschempfindlichkeit selbst geschaffen habe. Ob freilich Schweine, die unter »natürlichen« Bedingungen aufgezogen werden, das Unfallgeräusch unbeschadet überstanden hätten, ist zweifelhaft. Wenig einleuchtend ist auch, dass der BGH die ganze Schale seines Zorns über die moderne Massentierhaltung ausgegossen hat, den modernen Kraftverkehr hingegen ganz ungeschoren davonkommen ließ. Es sollte für die Haftung darauf ankommen, ob in der Gegend, in der es zu dem Unfall kam, der Betrieb von Kraftfahrzeugen oder die Schweinezucht »ortsüblich« war.[101] Noch schwerer nachzuvollziehen ist ein Urteil des OLG Hamm,[102] das die Haftung für den Tod von Hühnern sowohl gem. § 7 StVG als auch auf der Grundlage von § 823 I verneint, obwohl sich der Kraftfahrer über ein – wegen der Empfindlichkeit der Hühner aufgestelltes – Schild »Betreten verboten« hinweg gesetzt und mit seinem Fahrzeug 50 m über das Grundstück des Geschädigten bis in unmittelbare Nähe des Stalles gefahren war. Andererseits hat der BGH die Halterhaftung in einem Fall bejaht, in dem das plötzliche Auftauchen eines Fahrzeugs ein am Straßenrand geführtes Pferd dazu veranlasste, auszubrechen und die Führerin schwer zu verletzen.[103] 550

---

96 OLG Celle DAR 1973, 187.
97 BGHZ 107, 359 = NJW 1989, 2616.
98 BGHZ 37, 311 = NJW 1962, 1676.
99 BGH NJW 2016, 1162 Rn. 15.
100 BGHZ 71, 212 (215) = NJW 1978, 1582; vgl. auch BGH NJW 1975, 1886; krit. *Tschernitschek* NJW 1980, 205 ff. mwN.
101 Vgl. dazu iE *Kötz* NZV 1992, 218; *Kötz*, FS Zivilrechtslehrer 1934/1935, 1999, 245 ff.
102 MDR 1997, 350.
103 BGH NJW 2015, 1311 Rn. 3.

### 3. Haftungsausschluss bei »Schwarzfahrten«

551 Wenn die bisher genannten Voraussetzungen des § 7 StVG erfüllt sind, der Beklagte also Halter des Fahrzeugs ist, bei dessen Betrieb es zu dem vom Kläger geltend gemachten Schaden kam, so steht im Grunde fest, dass er den entstandenen Schaden zu ersetzen hat; insbesondere braucht der Kläger nicht etwa noch zu beweisen, dass der Unfall auf Fahrlässigkeit beruht. Es kommt nicht einmal darauf an, ob das Fahrzeug im Zeitpunkt des Unfalls **von dem Halter oder von einem anderen gefahren** worden ist.

552 Gleichwohl stehen dem Beklagten **Verteidigungsmittel** zu, für die er allerdings die Darlegungs- und Beweislast trägt. Keine Haftung trifft den Halter gem. § 7 III StVG bei einer sog. »**Schwarzfahrt**«, wenn er das Fahrzeug dem Unfallfahrer also nicht anvertraut hat, sondern es ohne Wissen und Willen des Halters benutzt worden ist. Dies gilt wiederum nicht, wenn der Halter den Benutzer für den Betrieb des Fahrzeugs angestellt oder ihm das Fahrzeug überlassen hat, ferner dann, wenn er die Benutzung des Fahrzeugs durch einen Schwarzfahrer schuldhaft ermöglicht, insbesondere es nicht in der gem. § 14 II 2 StVO erforderlichen Weise gegen Entwendung gesichert hat. In diesen Fällen kann die Gefährdungshaftung des Halters nach § 7 III StVG mit der Fahrlässigkeitshaftung gem. § 823 konkurrieren.[104]

### 4. Mitverschulden

553 Die Entlastungsgründe bei Straßenverkehrsunfällen sind unterschiedlich, je nachdem, ob das Opfer ebenfalls ein Autofahrer oder aber ein nicht-motorisierter Verkehrsteilnehmer ist. Dem Fußgänger oder Radfahrer haftet der Kfz-Halter gem. § 7 II StVG bis zur Grenze höherer Gewalt, während der Kfz-Halter dem **Fahrer des eigenen Autos** für den von ihm selbst erlittenen Schaden überhaupt nicht aus Gefährdungshaftung einzustehen hat. Im Verhältnis zum motorisierten Unfallgegner kann sich der Autohalter nach § 17 II, III StVG bereits dann entlasten, wenn der Unfall für ihn ein »**unabwendbares Ereignis**« war. Diese erweiterte Entlastungsmöglichkeit steht ihm gem. § 17 IV StVG auch im Verhältnis zu Tierhaltern und Eisenbahnunternehmern zur Verfügung, die ebenfalls der Gefährdungshaftung unterliegen, §§ 833 BGB, 1 HPflG. Darüber hinaus ist bei der Schadensverteilung unter mehreren Unfallteilnehmern, seien sie motorisiert oder unmotorisiert, gem. § 9 StVG ein Mitverschulden zu berücksichtigen. Insgesamt haben wir es also mit einem Knäuel von **Schadensverteilungsregeln** zu tun, das nicht leicht zu entwirren ist. Zur **Schadensminderungspflicht** gem. § 254 II bei der Kfz-Schadensregulierung → Rn. 751 f.

#### a) Opfergruppe I: Fußgänger und Radfahrer

554 Wird beim Betrieb eines Kraftfahrzeugs ein **nicht motorisierter Verkehrsteilnehmer** verletzt, so kann der Halter der Gefährdungshaftung nur entgehen, wenn er nachweisen kann, der Unfall sei durch höhere Gewalt verursacht worden (→ 529). Weiter kann sich der Halter damit verteidigen, der Kläger habe sich den Unfall selbst zuzuschreiben, weil er ihn schuldhaft mitverursacht habe, §§ 9 StVG, 254 BGB. Auch in diesem

---

104 Vgl. BGH NJW 1971, 459 und NJW 1981, 113.

Fall, und selbst wenn dem Kraftfahrzeughalter keinerlei Fahrlässigkeitsvorwurf zu machen ist, schließt dies den Ersatzanspruch nicht völlig aus. Vorbehaltlich höherer Gewalt gem. § 7 II StVG bleibt es nämlich dabei, dass der Kraftfahrzeughalter die mit dem Betrieb seines Fahrzeugs verbundene **Betriebsgefahr zu verantworten** hat, die mit einer Quote von ca. 20 % zu Buche schlägt. Überquert ein stark alkoholisierter Fußgänger in der Dunkelheit eine innerörtliche Straße und wird von einem Pkw angefahren, ist die Haftung des Halters somit nicht ausgeschlossen, sondern lediglich gemäß § 254 zu mindern.[105]

Ein Standard-Szenario des Verkehrsunfallrechts ist der Fall, dass ein **Kind** zwischen zwei parkenden Autos hindurch auf die Straße läuft, dort von einem vorbeifahrenden Fahrzeug erfasst und schwer verletzt wird. Bis zur Schadensersatzrechtsreform des Jahres 2002 konnte der Halter dem Opfer mit Erfolg entgegen halten, es handele sich um ein unabwendbares Ereignis und sich damit von der Haftung befreien.[106] Dieser Einwand ist mit der Umstellung des § 7 II StVG auf höhere Gewalt ausgeschlossen worden, denn bei dem Zusammenprall mit dem Kind handelt es sich gerade nicht um ein unvorhersehbares und unabwendbares externes Ereignis, sondern um eine typische Gefahr des motorisierten Straßenverkehrs.   555

Das alleine verhilft der Schadensersatzklage des minderjährigen Opfers allerdings noch nicht zum Erfolg, denn der Halter könnte sich immer noch mit §§ 9 StVG, 254 BGB verteidigen: Da das Kind den Unfall allein verschuldet hat, wäre dem Halter lediglich die Betriebsgefahr anzurechnen, was zur Reduktion des Ersatzbetrags auf ca. 20 % des Gesamtschadens führte. An dieser Stelle schlägt die Stunde des **§ 828 II** (→ Rn. 345): Sofern das Kind älter als sieben Jahre ist, das zehnte Lebensjahr aber noch nicht vollendet hat, ist es gem. § 828 II für sein Verhalten im Straßenverkehr nicht verantwortlich und ihm deshalb in entsprechender Anwendung dieser Vorschrift auch kein Mitverschulden anzurechnen. Der Halter muss damit in vollem Umfang für den Schaden aufkommen, obwohl er selbst den Unfall nicht vermeiden konnte! Der entscheidende Zurechnungsgesichtspunkt ist hier, dass der Straßenverkehr für Kinder eine lebensgefährliche Veranstaltung darstellt, der sie nicht entrinnen können, und die Haftung ist dem Halter zumutbar, weil sie von einer Versicherung gedeckt ist. Ist das Kind jünger als sieben Jahre, stellt sich dasselbe Ergebnis unter entsprechender Anwendung des § 828 I ein; ist das Opfer ein Jugendlicher im Alter zwischen zehn und 18 Jahren, hängt die Zurechnung des Mitverschuldens analog § 828 III von seiner Einsichtsfähigkeit ab.

Das Privileg des § 828 II hat allerdings **neue Abgrenzungsschwierigkeiten** heraufbeschworen. Wie steht es, wenn ein sieben Jahre und neun Monate altes Kind in einem ruhigen Wohngebiet auf einer leicht abschüssigen Straße mit seinem Fahrrad den Gehsteig befährt und gegen einen verkehrsgerecht am Straßenrand geparkten Pkw prallt, weil es die Füße von den Pedalen genommen hatte und deshalb die Rücktrittbremse nicht rechtzeitig bedienen konnte?[107] Hier stellen sich zwei Fragen:   556

(1) Kann das Kind von dem Halter des Pkw Schadensersatz wegen der erlittenen Körper- und Gesundheitsverletzung, uU auch wegen der Schäden am Fahrrad verlangen?
(2) Haftet das Kind dem Eigentümer des Pkw auf Schadensersatz wegen Sachbeschädigung?

---
105 BGH VersR 2014, 80 Rn. 7f.
106 Vgl. BGH NJW 1986, 183; LG Heidelberg VersR 1997, 1293.
107 So der Fall AG Simsheim NJW 2004, 453.

**557** Im Ausgangspunkt ist festzuhalten, dass der »**Betrieb**« des **Kraftfahrzeugs** in dem oben erläuterten normativen Sinn fortdauert, solange das Fahrzeug im Straßenverkehr belassen und nicht an einem Ort außerhalb des öffentlichen Verkehrsraums abgestellt wird.[108] Folgerichtig haftet der Halter, wenn ein Dritter auf sein geparktes oder auf einer Autobahn oder Bundesstraße liegen gebliebenes Fahrzeug auffährt.[109] Hier wie stets im Rahmen des § 7 StVG kommt es nicht darauf an, ob sich der Fahrer des stehenden Fahrzeugs verkehrswidrig verhalten hat. Wendet man diese Grundsätze unbesehen auf den eben geschilderten Fall an, ergibt sich, dass der minderjährige Radfahrer vom Halter des Pkw vollen Schadensersatz verlangen kann, ohne ihm seinerseits für die Sachbeschädigung am Auto aufkommen zu müssen. Der BGH vermeidet dieses Resultat, indem er § 828 II durch **teleologische Reduktion** auf solche Fälle beschränkt, in denen »das Schadensereignis nicht auf einer typischen Überforderungssituation des Kindes durch die spezifischen Gefahren des motorisierten Verkehrs beruht«.[110] Die Privilegierung des Kindes sei unangemessen, wenn sich die **verkehrstypische Überforderungssituation** gar nicht ausgewirkt habe, weil das Kind statt gegen das Auto genauso gut an eine Mauer, gegen einen Baum oder in eine Hecke hätte prallen können. Diese Voraussetzungen sind nicht erfüllt, § 828 II also anwendbar, wenn die Türen des am Straßenrand geparkten Fahrzeugs offen stehen[111] oder das Fahrzeugheck weiter als die benachbarten Fahrzeuge in einen Gehweg hineinragt.[112] Die teleologische Reduktion zwingt den BGH damit zu relativ spitzfindigen Differenzierungen, die für die Instanzgerichte nicht dadurch leichter handhabbar werden, dass es auf die Feststellung einer Überforderungssituation im konkreten Einzelfall gar nicht ankommen soll.[113] Im Interesse kostengünstiger Schadensabwicklung wäre es besser gewesen, § 828 II so anzuwenden, wie er geschrieben ist, auf die teleologische Reduktion zu verzichten und stattdessen die Ausnahme bei Vorsatz (§ 828 II 1) großzügig zu handhaben. Die Mehrheit der europäischen Nachbarrechtsordnungen fasst Kinder längst nicht so hart an wie der BGH. In den Niederlanden sind Kinder unter 14 Jahren von jeder Haftung freigestellt, und in Frankreich brauchen sie sich bis zum Alter von 16 Jahren keinerlei Mitverschulden anrechnen zu lassen (vgl. zum niederländischen Recht → Rn. 359).

### b) Opfergruppe II: Der motorisierte Unfallgegner

**558** In der Masse der Verkehrsunfälle stößt ein Kraftfahrzeug mit einem anderen Kraftfahrzeug zusammen, sodass die beteiligten Halter **wechselseitig Ansprüche aus § 7 StVG** erheben können (→ Rn. 542): Der eine haftet dem anderen, und der andere dem einen, wobei beide Ansprüche je für sich gesondert zu würdigen sind. Hat Halter X einen Schaden von 100.000 EUR erlitten, während Halter Y mit einem Schaden von 10.000 EUR davon gekommen ist, muss Y bzw. seine Versicherung 100.000 EUR an X zahlen, während in die andere Richtung bloß 10.000 EUR auszugleichen sind.

**559** Die separate Beurteilung wechselseitiger Schadensersatzansprüche unter motorisierten Verkehrsteilnehmern setzt sich beim Mitverschulden nur bedingt fort. Da sich die **Mit-**

---

108 BGHZ 27, 163 (169) = NJW 1958, 1186.
109 Anders noch RGZ 122, 270 (272f.).
110 BGHZ 161, 180 (184) = NJW 2005, 354; BGH NJW 2005, 356f.; 2008, 147; VersR 2008, 701 Rn. 3ff. = NJW-RR 2009, 95; BGHZ 181, 368 Rn. 7 = NJW 2009, 3231; *Lang* r+s 2011, 409 (410).
111 BGH VersR 2008, 701 Rn. 6.
112 BGHZ 181, 368 Rn. 14 = NJW 2009, 3231.
113 BGHZ 181, 368 Rn. 7 = NJW 2009, 3231.

**verschuldensanteile** zweier Unfallbeteiligter komplementär zueinander verhalten, müssen die Haftungsquoten bei beiden Ansprüchen spiegelbildlich sein. Gesetzt den Fall, in dem eben gebildeten Beispiel trifft X ein »Mitverschulden« iHv 70%, dann ergibt sich daraus ohne Weiteres, dass beide Schäden von 100.000 EUR bzw. 10.000 EUR zwischen X und Y im Verhältnis 70% zu 30% aufzuteilen sind. X kann Y also auf Zahlung von 30.000 EUR in Anspruch nehmen, während Y gegen X einen Anspruch auf Zahlung von 7.000 EUR hat.

Nach § 17 II StVG hängt die Haftung von Fahrzeughaltern untereinander nicht nur vom Ausmaß des Verschuldens ab, sondern »von den Umständen, insbesondere davon, inwiefern der Schaden vorwiegend von dem einen oder dem anderen Teil verursacht worden ist« (dazu im Einzelnen → Rn. 741 f.). Die Praxis zählt auch die von dem geschädigten Halter gem. § 7 StVG zu verantwortende **Betriebsgefahr** des eigenen Fahrzeugs zu diesen »Umständen«.[114] Selbst wenn den einen Halter an dem Unfall überhaupt kein Verschulden trifft, muss er sich die Betriebsgefahr des eigenen Kraftfahrzeugs auf seinen Ersatzanspruch gegen den anderen Kraftfahrzeughalter, der durchaus fahrlässig gehandelt haben mag, haftungsmindernd anrechnen lassen, und zwar im Umfang von ca. 20%. Träfe X in dem oben gebildeten Beispiel keinerlei Schuld, während Y viel zu schnell gefahren wäre, könnte X von Y bzw. dessen Versicherung gleichwohl nur die Zahlung von 80% seines Schadens, also 80.000 EUR verlangen, und umgekehrt hätte Y gegen X Anspruch auf Zahlung von 2.000 EUR, obwohl er sich den Unfall selbst zuzuschreiben hätte. Bei vielen Verkehrsunfällen ist die Betriebsgefahr und die Sorgfaltspflichtverletzung allerdings nicht so fein säuberlich verteilt, sondern beides ist beiden Parteien anzurechnen.

Die **Gleichbehandlung von Mitverschulden und Betriebsgefahr** im Rahmen des Schadensausgleichs unter mehreren Kfz-Haltern widerspricht dem Rechtsgefühl vieler Bürger. Der Unmut wäre vermutlich noch wesentlich gesteigert worden, hätte man das »unabwendbare Ereignis« anlässlich der Reform 2002 ganz aus dem StVG verabschiedet, wie dies ursprünglich geplant war.[115] Dann nämlich hätte sich der geschädigte Kraftfahrzeughalter die eigene Betriebsgefahr praktisch immer auf seinen Schadensersatzanspruch anrechnen lassen müssen, sofern nämlich keine höhere Gewalt im Spiele war. Um diese Konsequenz zu vermeiden, hat der Rechtsausschuss des Deutschen Bundestages dem unabwendbaren Ereignis eine Nische in § 17 III StVG reserviert.[116] Die Verpflichtung zum Schadensersatz im Binnenverhältnis mehrerer Kraftfahrzeughalter ist »ausgeschlossen, wenn der Unfall durch ein unabwendbares Ereignis verursacht wird, das weder auf einem Fehler in der Beschaffenheit des Fahrzeugs noch auf einem Versagen seiner Vorrichtungen beruht.« Weiter heißt es: »Als unabwendbar gilt ein Ereignis nur dann, wenn sowohl der Halter als auch der Führer des Fahrzeugs jede nach den Umständen des Falles gebotene Sorgfalt beobachtet hat.«

Die Regelungen des § 17 III StVG sollen gewährleisten, dass im Verhältnis motorisierter Unfallbeteiligter untereinander der »**Idealfahrer**« nach wie vor von *jeder* Haftung freigestellt wird, also auch die Anrechnung der Betriebsgefahr unterbleibt. Wer sich in jeder Hinsicht verkehrsgerecht verhält, etwa sein Tempo jederzeit den Umständen an-

---

114 BGHZ 6, 319 (322f.) = BeckRS 1952, 30398276; BGHZ 20, 259 (260) = NJW 1956, 1067; MüKoBGB/*Oetker* § 254 Rn. 12ff. mwN.
115 BT-Drs. 14/7752, 6f.
116 BT-Drs. 14/8780, 22f.; *Wagner*, Das neue Schadensersatzrecht, 2002, 167ff.

passt, auf geringste Verkehrsstörungen und Gefährdungslagen mit einer Reduktion der Geschwindigkeit reagiert und auch im Übrigen die größte Umsicht walten lässt, der soll seinen Schaden zu 100 % vom Gegner ersetzt erhalten.

563 **Beispiele:** In der Praxis wirkt sich dies etwa bei **Auffahrunfällen** aus: Hier gilt der Grundsatz, dass derjenige, der an einer roten Ampel, an der wartepflichtigen Seite einer Kreuzung oder an einem Stauende aus Unachtsamkeit auf seinen Vordermann auffährt, diesem seinen vollen Schaden ersetzen muss, weil der Unfall für den Vordermann ein unabwendbares Ereignis ist.[117] Kraftfahrer, die mit ihrem Fahrzeug auf die Gegenfahrbahn gelangen und sog. **Geisterfahrer** stellen für ihre Opfer ebenfalls regelmäßig »unabwendbare Ereignisse« dar und müssen deshalb die vollen Unfallkosten tragen.[118] Gleiches gilt, wenn jemand eine rote Verkehrsampel ignoriert[119] oder ein Vorfahrtsschild missachtet,[120] während die Verletzung der allgemeinen **Vorfahrtsregel** »Rechts vor Links« die Anrechnung der Betriebsgefahr nicht ausschließt, weil sich ein »Idealfahrer« einer solchen Kreuzung mit reduzierter Geschwindigkeit und erhöhter Aufmerksamkeit nähert.[121] Allgemein lässt sich sagen, dass ein Idealfahrer nicht darauf aus ist, die Leistungsfähigkeit seines Fahrzeugs und die Grenzen des verkehrsrechtlich Erlaubten zu erkunden, es also von vornherein vermeidet, in eine Gefahrenlage zu geraten, aus der sich sodann ein – für sich möglicherweise unabwendbarer – Unfall entwickelt.[122] Mit Recht hat der BGH deshalb einem Kraftfahrer, der auf einer Autobahn durch das verkehrswidrige Verhalten eines Dritten zu einem Bremsmanöver gezwungen wurde und dabei mit dem Fahrzeug des Klägers kollidiert ist, die Entlastung mit Rücksicht auf ein unabwendbares Ereignis versagt, weil er die »Richtgeschwindigkeit« von 130 km/h überschritten hatte.[123] Zwar wird die Richtgeschwindigkeit lediglich empfohlen. Wer aber der Empfehlung nicht folgt, ist kein »Idealfahrer«, mag ihn im Übrigen auch keinerlei Verschulden an dem Unfall treffen. Ein unabwendbares Ereignis liegt in diesem Fall nur dann vor, wenn der Kraftfahrer nachweisen kann, dass es auch bei Einhaltung der Richtgeschwindigkeit zu dem Unfall mit vergleichbar schweren Folgen gekommen wäre.[124]

564 Gemäß § 17 III 3 StVG gilt der Haftungsausschluss bei unabwendbarem Ereignis auch gegenüber einem Eigentümer, der nicht Halter ist (→ Rn. 518). Der das Kfz nicht haltende **Leasinggeber oder Sicherungseigentümer** kann von dem Unfallgegner, der jede Sorgfalt beachtet hat, also ebenfalls keinen Schadensersatz verlangen. Wie aber verhält es sich im Rahmen von § 17 II StVG und bei § 823 BGB? Gesetzt den Fall, der Fahrer des gegnerischen Fahrzeugs hat den Unfall leicht fahrlässig verursacht, aber auch den Fahrer des Leasingfahrzeugs trifft ein Fahrlässigkeitsvorwurf. Zwischen den Haltern und Fahrern der beiden Fahrzeuge betragen die Haftungsquoten 50/50. Kann der Leasinggeber, der nicht Halter des Kfz ist, vom Unfallgegner gleichwohl vollen Schadensersatz verlangen? Die Antwort des BGH lautet: Ja![125] Der Gesetzgeber hat es bewusst unterlassen, § 17 II StVG eine dem § 17 III 3 StVG vergleichbare Regelung anzufügen, sodass sich der Leasinggeber oder Sicherungseigentümer das Mitverschulden »seines« Fahrers nicht zurechnen lassen muss.[126] Der auf vollen Schadensausgleich in

---

117 OLG Karlsruhe VersR 1975, 668; OLG Zweibrücken VersR 1973, 166.
118 BGH VersR 1966, 776; 1969, 738 (739).
119 OLG Hamm VersR 1984, 195.
120 OLG Köln VersR 1992, 977.
121 BGH VersR 1977, 917.
122 BGH NJW 2006, 896 Rn. 21.
123 BGHZ 117, 337 (342 ff.) = NJW 1992, 1684.
124 BGHZ 117, 337 (344) = NJW 1992, 1684.
125 BGHZ 173, 182 Rn. 7 ff. = JZ 2008, 153 f. mAnm *Armbrüster*.
126 *Wagner*, Das neue Schadensersatzrecht, 2002, 170.

Anspruch genommene Unfallgegner wird sodann bei dem Fahrer des Leasingfahrzeugs aufgrund von §§ 426, 254 Regress in Höhe der auf diesen entfallenden Haftungsquote von 50% nehmen.[127] Zu dieser kostspieligen Abwicklung »übers Eck« kann man nur sagen: It's nonsense, but it's the law.

### c) Opfergruppe III: Die Insassen des Unfallfahrzeugs

Früher waren die Insassen des Unfallfahrzeugs aus dem Schutzbereich der straßenverkehrsrechtlichen Gefährdungshaftung ausgenommen, doch dem hat der Gesetzgeber mit der Novellierung des § 8a StVG ein Ende bereitet. Geblieben ist die Regelung des § 8 Nr. 2 StVG, nach der § 7 StVG nicht für Personen gilt, die im Unfallzeitpunkt »**bei dem Betrieb des Kraftfahrzeugs**« tätig waren. Diesem Personenkreis wird die mit dem Betrieb eines Kraftfahrzeugs verbundene »besondere Gefahr« nicht aufgezwungen, sodass die Grundlage für eine verschuldensunabhängige Haftung entfällt.[128] Dies wirkt sich insbesondere zulasten des Fahrers aus, der den Halter des von ihm selbst gesteuerten Kraftfahrzeugs nicht aus Gefährdungshaftung in Anspruch nehmen kann, wenn er sich bei dem Unfall selbst verletzt hat.[129] Der Halter eines Fahrschulfahrzeugs haftet dem Fahrschüler folglich nicht nach § 7 StVG.[130] Hat allerdings der Halter und Fahrlehrer seinerseits sorgfaltswidrig gehandelt, lässt sich seine Verantwortlichkeit auf der Grundlage des § 823 I begründen, und gleiches gilt für den Fall, dass der Unfall durch Mängel des Kfz mitverursacht wurde.

## 5. Kfz-Haftpflichtversicherung

Auch die strengste Haftung nützt dem Verkehrsunfallopfer nichts, soweit der ersatzpflichtige Schädiger nicht zahlungsfähig ist. Zwar haben nach Einführung der Gefährdungshaftung im Jahre 1909 viele Kraftfahrzeughalter das Risiko ihrer Haftung dadurch gedeckt, dass sie freiwillig eine Haftpflichtversicherung abgeschlossen und damit ihre Zahlungsfähigkeit zugunsten der durch sie geschädigten Unfallopfer sichergestellt haben. Freilich blieben hier Lücken. Sie wurden erst 30 Jahre später – nämlich im Jahre 1939 – dadurch geschlossen, dass sämtlichen Kraftfahrzeughaltern **kraft Gesetzes eine Verpflichtung zum Abschluss einer Haftpflichtversicherung** auferlegt wurde. Diese Verpflichtung ist heute in § 1 Pflichtversicherungsgesetz (PflVG) niedergelegt. Danach ist jeder Halter eines Kraftfahrzeugs mit Standort im Inland – mit Ausnahme des Bundes, der Länder und größerer Gemeinden, deren Zahlungsfähigkeit außer Zweifel steht – verpflichtet, »für sich, den Eigentümer und den Fahrer eine Haftpflichtversicherung zur Deckung der durch den Gebrauch des Fahrzeugs verursachten Personenschäden, Sachschäden und sonstigen Vermögensschäden« abzuschließen und aufrechtzuerhalten. Dem entspricht ein **Kontrahierungszwang** der Unternehmen, die die Kfz-Haftpflichtversicherung betreiben: Sie müssen den Antrag eines Kraftfahrzeughalters auf Abschluss eines Versicherungsvertrages gem. § 5 II PflVG annehmen.

---

127 BGHZ 187, 379 Rn. 12 = NJW 2011, 996.
128 Vgl. BGHZ 37, 311 (319) = NJW 1962, 1676.
129 *Greger/Zwickel*, Haftungsrecht des Straßenverkehrs, 5. Aufl. 2014, § 19 Rn. 9f.
130 KG NZV 1989, 150 (151).

567 Die in § 1 PflVG genannte Verpflichtung steht nicht bloß auf dem Papier. Ohne den Nachweis des Abschlusses eines entsprechenden Versicherungsvertrags bzw. einer vorläufigen Deckungszusage des Versicherers wird in Deutschland **kein Kfz zugelassen** (§ 3 I 2 Fahrzeug-Zulassungsverordnung [FZV], zuvor § 29a StVZO). Entsprechendes gilt aufgrund eines Abkommens aus dem Jahre 1959 in den europäischen Nachbarstaaten, wobei die Abwicklung von Unfällen im Ausland bzw. unter Beteiligung eines ausländischen Kfz durch freiwillige Vereinbarungen der europäischen Versicherungsunternehmen und eine Hand voll Richtlinien der EU zum Straßenverkehrsunfallrecht wesentlich erleichtert worden ist.[131] Im Jahre 2009 waren in der Bundesrepublik rund 50 Mio. Kraftfahrzeuge zum Verkehr auf öffentlichen Straßen zugelassen. Schon daraus ergibt sich, dass der Versicherungszweig der **Kraftfahrzeug-Haftpflichtversicherung** eine überragende Bedeutung für die deutsche Versicherungswirtschaft hat und mit Beitragseinnahmen von etwa 15 Milliarden EUR (2015) geradezu als ihre »Schicksalssparte« bezeichnet worden ist.[132]

568 Jede Haftpflichtversicherung zielt zunächst auf den **Schutz des Versicherungsnehmers** ab: Dieser will sich gegen das Risiko schützen, dass er zur Befriedigung von Schadensersatzansprüchen Dritter ein eigenes Vermögensopfer bringen, vielleicht seine Ersparnisse angreifen und bei hohen Schäden sein pfändbares Arbeitseinkommen über Jahre hinweg dem Geschädigten überlassen muss. Sofern der Gesetzgeber den potentiellen Schädiger jedoch zur Deckung des Haftpflichtrisikos verpflichtet, geht es ihm nicht nur – und nicht einmal primär – um den Schutz des Schädigers, sondern mindestens gleichermaßen um den **Schutz des Opfers**. Der Einzelne soll, wenn er das Opfer eines Verkehrsunfalls geworden ist, eine Entschädigung ohne Rücksicht darauf erhalten, ob der Schädiger zahlungsfähig ist oder ob er seine Verpflichtungen aus dem Versicherungsvertrag erfüllt, insbesondere die Prämien pünktlich bezahlt hat. Dieses Ziel lässt sich am besten erreichen, wenn die Abwicklung des Haftpflichtfalles nicht über das »Dreieck« Geschädigter/Schädiger/Haftpflichtversicherer erfolgt, wie dies in § 100 VVG für den Normalfall vorgesehen ist. Im Bereich der Verkehrsunfall-Versicherung hat der Gesetzgeber im Jahre 1965 (nach ausländischem, insbesondere französischem Vorbild) dem Unfallopfer einen eigenen »**Direktanspruch**« *(action directe)* unmittelbar gegen den Haftpflichtversicherer des Kfz-Halters eingeräumt (§ 115 I 1 Nr. 1 VVG, zuvor § 3 Nr. 1 PflVG aF). Der Versicherer und die versicherten Personen (Halter und Fahrer) haften daher dem Geschädigten als Gesamtschuldner und können gemeinsam (als Streitgenossen), nach Wahl des Geschädigten aber auch einzeln verklagt werden.

### 6. Reform des Verkehrsunfallrechts

569 Das Verkehrsunfallrecht der Bundesrepublik beruht nach seiner Grundstruktur auf einer **Koppelung von Haftung und Haftpflichtversicherung.** Bei einem typischen Verkehrsunfall mit Beteiligung zweier Kraftfahrzeuge sind also auf beiden Seiten Haftpflichtversicherungen beteiligt, die mitunter noch zusätzlich in der Rolle des Kaskoversicherers des jeweils eigenen Fahrzeugs auftreten. Was die von den Fahrern und Insassen erlittenen Personenschäden anlangt, so werden sie in aller Regel zunächst von den Arbeitgebern und Sozialversicherungsträgern nach Maßgabe des Sachleistungsprinzips ausgeglichen (→ Rn. 40 f.), sodass sich nur noch die Frage nach dem Regress gegen den Haftpflichtversicherer des Gegners auf der Grundlage des § 116 SGB X stellt (→ Rn. 769). Sieht man vom Schmerzensgeld ab, wird die Regulierung von Ver-

---

131 Eing. AnwK BGB/*Wagner*, 2005, EGBGB Art. 40 Rn. 57 f.
132 *GDV* (Hrsg.), Statistisches Taschenbuch der Versicherungswirtschaft 2015, 58.

kehrsunfallschäden also gänzlich von Versicherern dominiert, die die Schadenskosten nach den Regeln des Haftungsrechts unter sich verteilen.

Dieses »Geldkarussel« unter Versicherern hat in der internationalen Diskussion insbesondere der sechziger und siebziger Jahre die Frage provoziert, ob man sich den kostspieligen Schadensausgleich nach Maßgabe des Deliktsrechts nicht sparen könnte, um das Verkehrsunfallopfer bei einer nach Art der Sozialversicherung organisierten »**Verkehrsunfallkasse**« abzusichern.[133] Der Geschädigte würde sich wegen seiner Personen- und uU sogar wegen seiner Sachschäden an eine öffentliche Stelle wenden, die ohne Rücksicht auf Verschulden des Täters oder Mitverschulden des Opfers zur Kompensation verpflichtet wäre. Unter dem Gesichtspunkt des Schadensausgleichs wäre diese »Sozialisierung« der Verkehrsunfallschäden in der Tat vorzugswürdig, doch würde eine solche Lösung sämtliche Anreize zu sorgfältigem Verhalten zerstören, die von dem privaten Haftungsrecht trotz aller Verwässerung durch die Haftpflichtversicherung noch ausgehen (→ Rn. 78 ff.). Es ist zwar ohne Weiteres zuzugeben, dass sich dieselben Anreize dadurch wiederherstellen ließen, dass man den Unfallverursacher zwar nicht zum Schadensausgleich verpflichtet, ihn jedoch mit Geldbußen belegt oder im Regresswege in Anspruch nimmt. Doch wenn Geldbußen des Ordnungswidrigkeitenrechts ohne Weiteres eine verhaltenssteuernde Wirkung zugeschrieben wird, wie kann man sie den Haftungsandrohungen des Deliktsrechts absprechen? Im Übrigen würde die Anwendung dieser Instrumente im Einzelfall genau dieselben oder gar höhere administrative Kosten verursachen wie die Schadensabwicklung nach Maßgabe privaten Haftungsrechts. Immerhin darf mit einem Bußgeld nur belegt werden, wer sich nachweislich etwas hat zuschulden kommen lassen, was die vollständige Aufklärung des Unfallhergangs im Rahmen eines rechtsstaatlichen Verfahrens erfordert. Wenn dies aber ohnehin notwendig ist, dann kann man es getrost bei dem jetzigen System belassen. Die **praktische Erfahrung mit sog. »no-fault accident insurance« Systemen**, wie sie bis zu einer bestimmten Schadensobergrenze in einigen Bundesstaaten Nordamerikas, in vollem Umfang aber vor allem in Neuseeland eingeführt worden sind, ist denn auch ernüchternd.[134] Die Kosten der Sozialversicherungslösung sind ebenso unterschätzt worden wie die durchaus enormen Missbrauchspotentiale. Mit einer umfassenden »Haftungsersetzung durch Versicherungsschutz« dürfte nach diesen Erfahrungen kaum mehr zu rechnen sein.[135]

570

## IV. Schadensausgleich bei Arbeitsunfällen

> **Literatur:** *Gitter*, Probleme der abstrakten Schadensberechnung im Sozialrecht, VersR 1976, 505; *Gitter*, Der immaterielle Schadensausgleich in der Gesetzlichen Unfallversicherung, FS Sieg, 1976, 139 ff.; *Stöhr*, Haftungsprivileg bei einer gemeinsamen Betriebsstätte und bei Verkehrsunfällen, VersR 2004, 809; *Tischendorf*, Zur Auseinandersetzung über die unfallversicherungsrechtlichen Haftungsbeschränkungen in den §§ 104 ff. SGB VII, VersR 2002, 1188; *Wagner*, Kollektives Umwelthaftungsrecht auf genossenschaftlicher Grundlage, 1990; *Wagner*, Zivilrechtliche Haftung für sexuelle Belästigung am Arbeitsplatz, GS Heinze, 2005, 969 ff.; *Waltermann*, Aktuelle Fragen der Haftungsbeschränkung bei Personenschäden, NJW 2002, 1225; *Weyers*, Unfallschäden, Praxis und Ziele von Haftpflicht- und Vorsorgesystemen, 1971.

---

133 So besonders *v. Hippel* ZRP 1973, 27; 1976, 252.
134 *Wagner* Grundstrukturen 326 ff.
135 → Rn. 48 ff.

> **Rechtshistorisch:** *Kaltenborn,* Die Sozialgesetzgebung des Reichskanzlers Fürst Otto von Bismarcks, JZ 1998, 770; *Peters,* Die Geschichte der sozialen Versicherung, 1973; *Stolleis,* Geschichte des Sozialrechts in Deutschland, 2003.
>
> **Rechtsvergleichend:** *Oliphant/Wagner* (Hrsg.), Employers' Liability and Workers' Compensation (2012); *Wagner,* Tort, Social Security, and No-Fault Schemes: Lessons from Real-World Experiments, 23 Duke J Comp & Int'l L (2012), 1.

## 1. Historische Entwicklung

571 Grundsätzlich kann der durch einen Unfall Verletzte einen Schadenausgleich nur dann verlangen, wenn nach den Regeln des Haftungsrechts ein bestimmter anderer – sei es aus dem Gesichtspunkt der Sorgfaltspflichtverletzung, sei es aus dem der Gefährdung – für den Unfall verantwortlich gemacht werden kann. Anders liegt es jedoch dann, wenn der Geschädigte die Verletzung an seinem Arbeitsplatz oder doch im Rahmen seiner beruflichen Tätigkeit erlitten hat. Für »**Arbeitsunfälle**« gilt das **Prinzip der Haftungsersetzung durch Versicherungsschutz** (→ Rn. 9, 35), dh anstelle des Haftungsrechts tritt ein sozialversicherungsrechtliches Schadenausgleichssystem, das als »Gesetzliche Unfallversicherung« heute in Teil VII des Sozialgesetzbuchs (SGB VII) geregelt ist.

572 Dass die Regeln über den Schadenausgleich bei Arbeitsunfällen sich vom zivilen Deliktsrecht gelöst haben und heute einen Teil des Sozialrechts bilden, hat vor allem **historische Gründe**.[136] Seit der Mitte des vorigen Jahrhunderts waren mit zunehmender Industrialisierung Hunderttausende von Menschen in die Industriereviere geströmt, wo sie eine prekäre Existenz als Fabrikarbeiter führten, in unsäglichen Wohnverhältnissen lebten und schutzlos den Risiken der Krankheit, der Invalidität, der Arbeitslosigkeit und der Not im Alter ausgesetzt waren. Allmählich setzte sich – auch unter dem Eindruck sozialistischer Wahlerfolge – unter den tonangebenden Schichten des Bismarckreichs die Auffassung durch, dass der Staat, um einer Radikalisierung der Industriearbeiterschaft vorzubeugen, sich der »Arbeiterfrage« annehmen müsse und dass in diesem Zusammenhang die Fabrikarbeiter auch gegen das Risiko der Invalidität durch Arbeitsunfall besser zu schützen seien als bisher.

573 Zunächst dachte man daran, dem durch Arbeitsunfall körperlich verletzten Arbeiter dadurch zu helfen, dass man ihm unter erleichterten – vom allgemeinen Haftungsrecht abweichenden – Voraussetzungen einen **Ersatzanspruch gegen den Unternehmer** einräumte (→ Rn. 31). Diese noch heute geltende Regelung (vgl. § 3 HPflG), mit der für einen bestimmten Bereich der Entlastungsbeweis des § 831 beseitigt worden ist, stellte sich freilich bald als unzureichend heraus, weil der verunglückte Arbeiter immer noch ein Verschulden des Aufsichts- und Leitungspersonals zu beweisen und überdies das Risiko der Zahlungsunfähigkeit des Unternehmers zu tragen hatte. Es wurde deshalb vorgeschlagen, die Unternehmerhaftung weiter zu verschärfen, so etwa durch eine Regelung, die bei Arbeitsunfällen eine Vermutung für das Verschulden des Unternehmers aufgestellt oder ihm eine Gefährdungshaftung für Arbeitsunfälle auferlegt und den Abschluss einer Haftpflichtversicherung vorgeschrieben hätte, wie wir es heute aus dem Gebiet des Verkehrsunfallrechts kennen.

---

136 Ausf. *Stolleis,* Geschichte des Sozialrechts, 2003, 52 ff.

Vor allem dem Einfluss *Bismarcks* ist es zuzuschreiben, dass schließlich eine Lösung  574
gewählt wurde, durch die die **zivilrechtliche Haftung des Unternehmers ganz abgeschafft** und an ihre Stelle ein umfassendes **System des Unfallversicherungsschutzes** gesetzt wurde, das von den Unternehmern finanziert, aber durch eine öffentliche Versicherungsanstalt verwaltet wird. *Bismarck* wollte unter keinen Umständen die Bereitstellung des erforderlichen Unfallversicherungsschutzes der privaten Wirtschaft überlassen. Er fürchtete, dass die Arbeiter überhöhte Prämien würden zahlen müssen, dass den Unfallopfern langwierige Prozesse gegen die Versicherer bevorstünden und dass sie obendrein noch Gefahr liefen, im Falle eines Versicherungskonkurses leer auszugehen. In seiner Reichstagsrede vom 2.4.1881 begründete er die Schaffung eines staatlichen Versicherungsinstituts unter anderem damit, dass es »wohlfeiler und sicherer ist als jedes andere. Man kann nicht den Sparpfennig des Armen jedem Konkurse aussetzen, man kann auch nicht zugeben, dass ein Abzug von den Beiträgen als Dividende oder zur Verzinsung von Aktien gezahlt würde. Der Herr Abgeordnete Bamberger hat ja seinen Angriff auf das Gesetz wesentlich mit der Klage über den Ruin der Versicherungsgesellschaften – er hat sich sehr stark ausgedrückt – begründet; er hat gesagt, dass diese zerdrückt, zermalmt werden würden, und er hat gesagt, dass diese Versicherungsgesellschaften sich um die Dankbarkeit ihrer Mitbürger bewürben. Ich habe immer geglaubt, sie bewürben sich um das Geld ihrer Mitbürger [Heiterkeit]. Wenn sie aber auch dafür die Dankbarkeit noch zu Buch bringen können, so ist das eine geschickte Operation. Dass sie aber als edle Seelen sich für die Arbeiterinteressen bei der Einrichtung ihrer Versicherungsinstitute auf Aktien zu opfern bereit wären, habe ich nie geglaubt, ich würde mich auch schwer davon überzeugen«.[137]

Das Unfallversicherungsgesetz vom 6.7.1884 war damals eine **sozialpolitische Pionierleistung**. In anderen Ländern – so etwa in Frankreich und in der Schweiz – hat  575
man sich zunächst mit einer allmählichen Verschärfung der Unternehmerhaftung beholfen; erst sehr viel später ist man dann unter dem Eindruck der guten Erfahrungen, die man in Deutschland gemacht hatte, für den Bereich der Arbeitsunfälle ebenfalls zum Prinzip der »Haftungsersetzung durch Versicherungsschutz« übergegangen. Heutzutage ist dieses Modell wieder auf dem Rückzug; insbesondere England und die Niederlande haben sich aus dem System der »workers' compensation« weitgehend verabschiedet und den Deliktsanspruch gegen den Arbeitgeber aufrecht erhalten (→ Rn. 50). Dies ist eine Erklärung dafür, dass die englischen Gerichte mit Klagen gegen Arbeitgeber wegen Asbestose und anderer durch **Asbest verursachter Gesundheitsstörungen** konfrontiert worden sind, während solche Klagen in Deutschland nicht vorkommen (→ Rn. 50).[138] Hierzulande kümmern sich die Unfallversicherungsträger um die relativ hohe Zahl der durch Asbest geschädigten Arbeitnehmer und absorbieren die dabei anfallenden Schadenskosten. Diese Art der Problembewältigung hat große Vorteile: Der Geschädigte enthält Ausgleichsleistungen auch dann, wenn er – wie häufig – nicht nachweisen könnte, bei welcher Tätigkeit für welchen Arbeitgeber er die Asbestfasern eingeatmet hat, die Jahrzehnte später zu Lungen- oder Zwerchfellkrebs geführt haben. Darüber hinaus arbeiten die Unfallversicherungsträger zu geringen administrativen Kosten, sodass die Beitragszahlungen der Arbeitgeber in großem Umfang den Geschädigten wirklich zugute kommen, anstatt zum Teil in den

---

[137] *H. Kohl* (Hrsg.), Die politischen Reden des Fürsten Bismarck, Bd. 9 (1881–1883), 1894, 27f.
[138] *Fairchild v. Glenhaven Funeral Services Ltd.* (2002) 3 WLR 89; dazu *Wagner* ZEuP 2007, 1122.

Taschen hoch qualifizierter Anwälte zu verschwinden. Auf der Sollseite solcher kollektiven Entschädigungssysteme ist zu verbuchen, dass sie die Präventionsanreize des privaten Haftungsrechts beseitigen und die öffentliche Aufarbeitung des Sachproblems im Rahmen eines Zivilprozesses verhindern. Das Präventionsdefizit versuchen die Unfallversicherungsträger durch entsprechende Anstrengungen zu kompensieren (→ Rn. 598).

576 Vor dem Hintergrund eines weit ausgebauten allgemeinen Sozialversicherungssystems stellt sich gleichwohl die Frage nach der **Legitimation eines Sonderregimes ausschließlich für Arbeitsunfälle**. Warum steht ein Büroangestellter, der im Betrieb auf dem Weg zur Toilette stürzt und sich schwer verletzt, so viel besser als sein Kollege, der denselben Unfall auf dem Weg ins häusliche Badezimmer erleidet? Wäre es nicht gerechter, dem Vorbild des englischen und des niederländischen Rechts zu folgen, die sog. » industrial preference« abzuschaffen und jedem Bürger im Rahmen des Sozialrechts eine Grundsicherung für den Fall anzubieten, dass er durch irgendeinen Unfall eine schwere Gesundheitsbeeinträchtigung erleidet, und den darüber hinaus gehenden Ausgleich des individuell erlittenen Schadens in Euro und Cent dem privaten Haftungsrecht zu überlassen (→ Rn. 50)?[139] So plausibel die Argumente gegen ein Sonderregime für Arbeitsunfälle und für eine einheitliche Absicherung der gesamten Bevölkerung gegen unfallbedingte Personenschäden auch klingen, in der Praxis haben sich solche **Einheitssysteme nicht bewährt**. Zum einen lassen sich Sozialleistungen auf dem hohen Niveau, wie es in der Arbeitsunfallversicherung üblich ist, nicht auf sämtliche Unfälle übertragen, ohne einen starken Anreiz für den Missbrauch dieser Systeme zu setzen, der binnen kurzer Zeit zu ihrer finanziellen Überforderung führt.[140] Die Geschichte der allgemeinen Unfallversicherung in den Niederlanden ist ein schlagendes Beispiel dafür, dass allgemeine Entschädigungssysteme, die großzügig bemessene Leistungen anbieten, nicht nachhaltig existieren können, sondern unweigerlich in einen Strudel aus Leistungskürzungen und Deckungseinschränkungen geraten. Was im Bereich der Arbeitsunfälle gut funktioniert, taugt offenbar nicht zur Verallgemeinerung für sämtliche Personenschäden.

577 Im Folgenden soll ein kurzgefasster **Überblick** über die Regeln gegeben werden, nach denen sich der Schadenausgleich bei Arbeitsunfällen richtet. Einzelheiten über Voraussetzungen und Umfang des Schadensausgleichs bei Arbeitsunfällen sind freilich dem Spezialschrifttum zu entnehmen.

## 2. Umfang des Versicherungsschutzes

578 Anhand der allgemeinen deliktsrechtlichen Differenzierung zwischen dem persönlichen, dem sachlichen und dem modalen Schutzbereich einer Haftungsnorm (→ Rn. 230 ff.) lässt sich der Anwendungsbereich der gesetzlichen Unfallversicherung treffsicher umschreiben.

---

[139] *Nicholas J. Wikeley & Anthony I. Ogus,* The Law of Social Security, 5. Aufl. 2005, 717 f.; *Richard Lewis* 2 J.Soc.WelfareL (1980), 330, 333 f.; *Richard Lewis* in Oliphant/Wagner (Hrsg.), Employers' Liability and Workers' Compensation, 2012, 141 ff.; eing. *Wagner,* Tort, Social Security, and No-Fault Schemes: Lessons from Real-World Experiments, 23 Duke J Comp & Int'l L 1 (2012), 34 ff.
[140] *Wagner* in Oliphant/Wagner (Hrsg.), Employers' Liability and Workers' Compensation, 2012, 573 ff.

## a) Persönlicher Schutzbereich

579 In der Bundesrepublik sind rund 58,4 Mio. Personen, also knapp zwei Drittel der Wohnbevölkerung in den Schutz der Unfallversicherung einbezogen. Es sind dies vor allem sämtliche **unselbstständig Beschäftigten** (mit Ausnahme der Beamten), aber auch zahlreiche Gruppen Selbstständiger, von denen der Gesetzgeber gemeint hat, dass sie in Bezug auf das Arbeitsunfallrisiko in gleicher Weise schutzbedürftig seien wie die abhängig Tätigen, vom Landwirt (§ 2 I Nr. 5 SGB VII) bis zum Küstenschiffer (§ 2 I Nr. 7 SGB VII), sowie darüber hinaus **Schüler und Studierende** (§ 2 I Nr. 8 SGB VII), ehrenamtlich Tätige (§ 2 I Nr. 9–12 SGB VII) sowie Nothelfer und Organspender (§ 2 I Nr. 13 SGB VII). Von erheblicher praktischer Bedeutung ist ferner, dass § 2 II 1 SGB VII auch solchen Personen Versicherungsschutz gewährt, die **wie unselbstständig Beschäftigte tätig** werden. Das bedeutet: Wenn der Eigentümer sein Kfz in die Werkstatt bringt und dem Kfz-Meister zur Hand geht, steht er unter dem Schutz der Unfallversicherung.[141] Zu den problematischen Fällen der »Wie-Beschäftigung«, in denen ein Haftungsprivileg ohne korrespondierende Beitragspflicht gewährt wird (→ Rn. 601).

## b) Sachlicher Schutzbereich

580 Der sachliche Schutzbereich der Unfallversicherung ist gem. § 8 I 2 SGB VII auf die Rechtsgüter **Gesundheit und Leben** begrenzt. Angehörigen der in § 2 SGB VII aufgezählten Personengruppen stehen Ansprüche auf Leistungen der Unfallversicherung zu, soweit sie einen Gesundheitsschaden erlitten haben. Hat der Versicherte den Tod gefunden, können seine Hinterbliebenen Leistungen beanspruchen. Außerhalb des sachlichen Schutzbereichs der Unfallversicherung liegen sämtliche **Sachschäden,** auch wenn der Beschäftigte sie gleichzeitig und durch denselben Unfall wie den Gesundheitsschaden erleidet. Verunglückt ein Berufskraftfahrer mit seinem Lkw und wird dabei sein privater Fernsehapparat zerstört, erhält er insoweit keinen Ersatz. Gleiches gilt für Verletzungen des **allgemeinen Persönlichkeitsrechts,** die unterhalb der Schwelle einer Gesundheitsbeschädigung verbleiben. Das Mobbing eines Arbeitnehmers durch Arbeitskollegen kommt also nur dann als Versicherungsfall der gesetzlichen Unfallversicherung in Betracht, wenn sich die Beeinträchtigungen zu echten Gesundheitsstörungen auswachsen, die freilich auch psychischer Natur sein können.[142] Gleiches gilt für sexuelle Belästigungen am Arbeitsplatz.[143]

## c) Modaler Schutzbereich

581 Hat ein Beschäftigter oder eine sonst nach § 2 SGB VII geschützte Person einen Gesundheitsschaden erlitten oder ist sie gar zu Tode gekommen, so bestehen Ansprüche auf Versicherungsleistungen nur dann, wenn die Rechtsgutsverletzung auf einem **Arbeitsunfall,** einem **Wegeunfall** oder einer **Berufskrankheit** beruht. Der Gesundheitsschaden oder der Tod muss als Realisierung des Risikos erscheinen, welche die Tätigkeit im Betrieb des Unternehmers mit sich bringt. Bei Schülern, Studenten, ehrenamtlich Tätigen, Nothelfern und Organspendern ist der Versicherungsschutz in

---

141 Vgl. OLG Stuttgart VersR 2004, 68.
142 BSG VersR 1985, 1085 (1086).
143 Ausf. *Wagner,* GS Heinze, 2005, 982f.

582 **Arbeitsunfälle** sind diejenigen Unfälle, die der Versicherte bei Ausübung einer Tätigkeit erlitten hat, wegen derer er in den Schutz der Unfallversicherung einbezogen worden ist (§ 8 I SGB VII). Wie § 8 I 2 SGB VII näher erläutert, folgt aus dem Begriff des »Unfalls«, dass es sich um ein **zeitlich begrenztes Ereignis** handeln muss, das von außen auf den Körper einwirkt. Als Faustformel gilt, dass sich der Unfall nicht über längere Zeit als eine Arbeitsschicht hinweg erstrecken darf.[144]

583 Komplementär zum Arbeitsunfall verhält sich die **Berufskrankheit**, deren Entstehung sich zwar nicht zwingend, aber doch regelmäßig über einen **längeren Zeitraum** erstreckt. Während das Vorliegen eines Arbeitsunfalls in jedem Einzelfall festgestellt werden muss, gelten für Berufskrankheiten die Regelungen des § 9 SGB VII. Danach sind die entschädigungspflichtigen Berufskrankheiten in einer Rechtsverordnung der Bundesregierung einzeln aufzulisten, und der Versicherungsträger braucht nur noch zu entscheiden, ob die Krankheit des Versicherten in der Verordnung genannt ist und konkret durch Einwirkungen am Arbeitsplatz verursacht wurde (vgl. auch § 9 III SGB VII). Wegen Krankheiten, die in der Liste nicht genannt sind, kann der Arbeitnehmer Entschädigungsansprüche nur geltend machen, wenn er sich auf neuere Erkenntnisse der medizinischen Wissenschaft stützen kann (§ 9 II SGB VII).

584 Kaum noch dem betrieblichen Risikobereich lassen sich die **Wegeunfälle** zurechnen, die – ebenso wie die Berufskrankheiten – erst seit 1925 von der Unfallversicherung gedeckt werden (jetzt § 8 II SGB VII). Dabei handelt es sich im Wesentlichen um Verkehrsunfälle, die der Versicherte als Fußgänger, als Auto- oder Fahrradfahrer oder auch bei der Benutzung eines öffentlichen Verkehrsmittels auf den Wegen zwischen seiner Wohnung und seinem Arbeitsplatz erleidet. Genauso gut lässt sich die Gefahr, zum Opfer eines Verkehrsunfalls zu werden, als Teil des **allgemeinen Lebensrisikos** auffassen. Dieses kann sich zwar auch auf den Wegen zwischen Wohnung und Betrieb verwirklichen, fällt dadurch aber nicht in den spezifisch betrieblichen Risikobereich, zumal der Arbeitgeber das Verkehrsunfallrisiko kaum kontrollieren und steuern kann.

585 Für die Annahme eines Versicherungsfalls der Unfallversicherung ist es nicht erforderlich, dass die betriebliche Tätigkeit die **alleinige Ursache des Unfalls** ausmacht. In der Realität beruhen die meisten Verletzungen auf einem ganzen Bündel von Ursachen, und es reicht aus, wenn die Arbeit im Betrieb eine **wesentliche Bedingung** für die Körper- oder Gesundheitsverletzung darstellt.[145] Um die Geltendmachung von Ansprüchen weiter zu erleichtern ist das **Beweismaß** reduziert: Es muss lediglich überwiegend wahrscheinlich sein, dass die betriebliche Tätigkeit eine wesentliche Ursache des Unfalls war. Die genannten Grundsätze gelten schließlich auch dann, wenn sich der Verletzte den Unfall auch selbst zuzuschreiben hat, ihn also ein **Mitverschulden** trifft. Hat der Arbeitnehmer den Unfall weder absichtlich herbeigeführt noch bei Begehung einer vorsätzlichen strafbaren Handlung erlitten (§§ 7 II, 101 SGB VII), ist der Anspruch auf Versicherungsleistungen nicht ausgeschlossen und wird auch im Umfang nicht vermindert.

---

144 BSGE 15, 41 (45) = BeckRS 1961, 30807445; BSGE 15, 112 (113) = BeckRS 1961, 00233; BSG VersR 1985, 1085 (1086).
145 *Waltermann* SozR Rn. 316 ff.

## d) Das Zurechnungsprinzip des Unfallversicherungsrechts

Für den Verletzten ist es demnach von großer Bedeutung, ob sein Unfall als Arbeits- oder Wegeunfall iSd SGB VII anzusehen ist oder ob es sich dabei um einen »gewöhnlichen« Unfall handelt. Im zuletzt genannten Fall muss der Geschädigte entweder eine Pflichtverletzung eines leitenden Mitarbeiters nachweisen (§§ 278 BGB, 3 HPflG) oder er muss mit einem Entlastungsbeweis des Arbeitgebers rechnen (§ 831), und jedenfalls hat er sich das eigene Mitverschulden haftungsmindernd anrechnen zu lassen (§ 254). Handelt es sich hingegen um einen Versicherungsfall, hat der Verletzte einen Anspruch auf Leistungen der Unfallversicherung, ohne dass es darauf ankommt, ob dem Unternehmer oder einem Mitarbeiter oder Arbeitskollegen aus dem jeweiligen Unternehmen eine Pflichtverletzung vorzuwerfen oder ihm selbst ein Mitverschulden anzulasten ist. Das Unfallversicherungsrecht ist ein **System verschuldensunabhängiger Haftung** der Unternehmen, die auf zwei verschiedenen Zurechnungsprinzipien beruht: Auf demjenigen der **Gefährdungshaftung,** insofern der Unternehmer ohne Weiteres für Unfälle beim Einsatz technischer Arbeitsmittel verantwortlich gemacht wird (→ Rn. 491), sowie auf demjenigen des **»respondeat superior«,** soweit er entgegen § 831 ohne Entlastungsmöglichkeit für Pflichtverletzungen von Mitarbeitern und Arbeitskollegen einzustehen hat (→ Rn. 276). Die Nähe der Unfallversicherung zur Gefährdungs- und Gehilfenhaftung tritt nur deshalb nicht deutlich zutage, weil es sich um eine kollektivierte Haftung handelt, die im Sozialversicherungsrecht geregelt ist: Nicht der einzelne Unternehmer hat aufgrund eines Haftungstatbestands für die ihm individuell zuzurechnenden Arbeitsunfälle einzustehen, sondern ein Sozialversicherungsträger muss für die Schadenskosten ganzer Branchen aufkommen. Zur ökonomischen Rechtfertigung der strikten Haftung des Unternehmens für Arbeitsunfälle und Berufskrankheiten ist an den Satz zu erinnern (→ Rn. 308): »the cost of the production should bear the blood of the workman«.[146]

586

## e) Kasuistik

Wegen der erheblichen Unterschiede zwischen privatem Delikts- und sozialem Unfallversicherungsrecht ist die **Abgrenzung** zwischen den (versicherten) Arbeits- und Wegeunfällen und den (nichtversicherten) sonstigen Unfällen eine Daueraufgabe der Sozialgerichte, die erhebliche judizielle Ressourcen bindet und juristischen Distinktionskünsten ein reiches Betätigungsfeld bietet.

587

> **Beispiele:** So liegt sicherlich ein Arbeitsunfall vor, wenn jemand als angestellter Kraftfahrer bei einer **Dienstfahrt** mit dem firmeneigenen Wagen verunglückt[147] oder wenn er als Bauarbeiter vom Baugerüst stürzt[148] oder bei seiner betrieblichen Arbeit eine Maschine falsch bedient und sich dadurch verletzt. Sehr zweifelhaft und Gegenstand zahlreicher höchstrichterlicher Entscheidungen ist aber zB die Frage, unter welchen Voraussetzungen in den Versicherungsschutz auch solche Unfälle einbezogen sind, die der Verletzte auf dem Betriebsgelände erleidet, während er in einer Arbeitspause mit Kollegen Fußball spielt, sich mit ihnen neckt oder auf einem Dach ein Sonnenbad nimmt. Wie steht es mit Unfällen bei der Teilnahme an betrieblichen Kameradschaftsfeiern, Skatabenden, **Richtfesten** oder **Sportveranstaltungen?** Nach der Rechtsprechung sollen Unfälle in betriebseigenen Toilettenanlagen nicht in den Schutzbereich der

588

---

146 *W. Page Keeton,* Prosser and Keeton on Torts, 5. Aufl. 1984, 573; eing. dazu *Wagner* 23 Duke J Comp & Int'l L 1 (2012), 15.
147 Aktuelle Fälle bei *Ricke* VersR 2003, 540.
148 Vgl. BAG VersR 2003, 740 (741).

Unfallversicherung fallen, wohl aber Verletzungen, die der Arbeitnehmer auf dem Weg zu diesen Anlagen erleidet.[149]

**589** Besonders schwierige Abgrenzungsprobleme stellen sich bei Unfällen auf dem **Weg von und zur Arbeitsstätte,** denn hier entscheidet der Begriff des »Wegeunfalls« über die Entschädigung entweder nach den Regeln des SGB VII oder nach den Vorschriften der §§ 7 StVG, 823, 249ff. BGB. Die Sozialgerichte haben die **Türschwelle** zu einer magischen Grenze ausgebaut: Der Unfallversicherungsschutz beginnt an der Außentür des Wohnhauses, und wer vorher stürzt, kommt nicht in den Genuss von Unfallversicherungsleistungen.[150] Wie steht es dann, wenn der Verletzte auf dem morgendlichen Weg zur Arbeit den Unfall jenseits der Wohnungstür, aber noch im Treppenhaus des von ihm bewohnten Mehrfamilienhauses erleidet? Nach der Auffassung des BSG[151] hat hier der Weg zur Arbeit schon mit dem Durchschreiten der Wohnungstür und nicht erst mit dem Durchschreiten der Außentür des Gebäudes begonnen. Ist diese magische Schwelle überschritten, besteht der Versicherungsschutz auch dann fort, wenn der Versicherte auf dem Weg zur Arbeit aus der Straßenbahn aussteigt, weil er seine Zahn-Vollprothese vergessen hat, und von einer anderen Straßenbahn angefahren wird.[152] Nach SG Leipzig[153] soll ein Wegeunfall vorliegen, wenn sich jemand mit dem Motorrad auf den Weg zur Arbeit macht, von einer Wespe in den Hals gestochen wird und dadurch einen anaphylaktischen Schock erleidet, der zu einem schweren Hirnschaden führt. Ein spezifisches Wegerisiko hat sich hier indessen nicht realisiert; die Wespe hätte den Verletzten genauso gut auf der heimischen Terrasse stechen können.

**590** Eine weitere Fallgruppe, die ständig die Gerichte beschäftigt, sind **Umwege** und **Abwege** auf dem Weg zur Arbeit. So bleibt der Versicherungsschutz erhalten, wenn mehrere Kollegen eine Fahrgemeinschaft bilden und der Heimweg vor einer Bankfiliale unterbrochen wird, weil einer von ihnen Geld abheben will[154] oder wenn der Versicherte nicht von seiner Wohnung, sondern von einem Arzt oder einer Klinik zur Arbeit fährt und dabei verunglückt.[155] Hält der Versicherte an, um Zigaretten zu kaufen, und wird er auf beim Überqueren der Straße zum Tabakgeschäft überfahren, so soll kein Versicherungsschutz gegeben sein, wenn es zu dem Unfall auf der abendlichen Heimfahrt gekommen ist und der Verletzte »mit dem Nikotingenuss nur ein – nach einem langen Arbeitstag verständliches – gewohntes persönliches Bedürfnis befriedigen« wollte. Anders soll es hingegen dann liegen, wenn der Verletzte sich während einer Arbeitspause zu dem Tabakgeschäft begibt und »das Rauchen für [ihn] eine unabweisbare Notwendigkeit bedeutet, beispielsweise um damit betrieblich bedingten, die Leistungskraft des Versicherten beeinträchtigenden besonderen Belastungen entgegenzuwirken oder einen drohenden Leistungsabfall bis zum Ende der Beschäftigung hinauszuschieben«.[156] Ob dieser Fall in der heutigen Nichtraucherkultur genauso entschieden würde, erscheint zweifelhaft. Sind zwei Arbeitskollegen auf dem Heimweg in Streit geraten und hat der eine den anderen verletzt, so soll Versicherungsschutz bestehen, wenn »betriebliche Vorgänge« den wesentlichen Anlass des Streits gebildet haben.[157]

**591** Bei vielen Arbeits- und Wegeunfällen ist **Alkohol** im Spiel. Die Alkoholisierung des Verletzten schließt den Versicherungsschutz jedenfalls nicht schon unter dem Gesichtspunkt des Mitverschuldens aus (→ Rn. 585). Vielmehr operiert das BSG mit folgenden Unterscheidungen: Bei Vollrausch des Arbeitnehmers fehlt es bereits an einer versicherten Tätigkeit und damit am Versicherungsschutz.[158] Ist der Arbeitnehmer nicht volltrunken, aber doch fahruntüchtig und

---

149 LSG Bayern NJW-RR 2003, 1462.
150 BSG NJW 2002, 84.
151 BSG NJW 1957, 37.
152 BSG WzS 1977, 214.
153 SG Leipzig NJW 2003, 1251 (1252).
154 BSG NJW 1988, 2759.
155 BSG NZA 1988, 142 (144).
156 BSG NJW 1967, 1927.
157 BSG NJW 1963, 927.
158 BSGE 48, 224 (226) = MDR 1979, 1053.

verursacht er einen Verkehrsunfall, kommt es darauf an, ob die betriebliche Tätigkeit oder die Fahruntüchtigkeit die wesentliche Bedingung für den Unfall war. Kein Arbeits- oder Wegeunfall liegt vor, wenn der Versicherte im nüchternen Zustand vermutlich nicht verunglückt wäre.[159]

**592** Mitunter **haarspalterisch anmutende Unterscheidungen** dieser Art sind unvermeidlich, sobald der Gesetzgeber aus dem »Unfallgeschehen« einen wichtigen Teilsektor – nämlich die Arbeits- und Wegeunfälle – herausschneidet und diesen Bereich einer besonderen Regelung unterstellt, die für den Verletzten in mancherlei Hinsicht günstiger ist als das allgemeine Haftungsrecht. Diese Probleme werden vermieden, wenn man wie in England und in den Niederlanden sämtlichen Unfallopfern eine einheitliche und gleiche soziale Grundsicherung zukommen lässt und im Übrigen dem geschädigten Arbeitnehmer den Deliktsanspruch gegen den Arbeitgeber zurückgibt (→ Rn. 50). Dass man sich damit andere Probleme einhandelt, steht auf einem anderen Blatt (→ Rn. 575).

## 3. Die Leistungen der Gesetzlichen Unfallversicherung

**593** Beruht die körperliche Schädigung eines Versicherten auf einem Arbeits- oder Wegeunfall oder auf einer Berufskrankheit, so kann er vom Träger der Unfallversicherung **Heilbehandlung** sowie bestimmte Leistungen zur Wiedergewinnung seiner Erwerbsfähigkeit **(Berufshilfe)** verlangen (§§ 26 ff. SGB VII). Beides wird vom Unfallversicherungsträger als **Sachleistung,** dh in natura, erbracht. Zu den darüber hinaus geschuldeten Geldleistungen gehören vor allem die Renten für Hinterbliebene sowie die **Verletztenrenten,** die zum Ausgleich des durch den Unfall verlorenen Arbeitseinkommens gezahlt werden. Neben der Verletztenrente ist die Zahlung eines **Schmerzensgeldes** im Leistungskatalog der Unfallversicherung nicht vorgesehen (→ Rn. 603 f.).

**594** Eine Verletztenrente wird gewährt, wenn nach Abschluss der Heilbehandlung feststeht, dass die **Erwerbsfähigkeit des Verletzten** infolge des Arbeits- oder Wegeunfalls oder infolge der Berufskrankheit auf Dauer um mindestens 20 % **gemindert** sein wird (§ 56 SGB VII). Hat der Verletzte seine Erwerbsfähigkeit vollständig eingebüßt, so beläuft sich die (steuerfreie) Rente auf zwei Drittel des von ihm zuletzt erzielten Jahresarbeitsverdienstes (Vollrente); dabei werden besonders hohe und besonders niedrige Jahresarbeitsverdienste nicht berücksichtigt. Ist die Erwerbsfähigkeit durch die Unfallfolgen eingeschränkt, so beträgt die Rente den Teil der Vollrente, der dem Grad der Minderung der Erwerbsfähigkeit entspricht. Bei dessen Festsetzung orientiert sich die Praxis an Tabellen *(»Gliedertaxen«),* die von medizinischen Sachverständigen unter Berücksichtigung der Rechtsprechung aufgestellt worden sind.

**595** Für die **Berechnung der Verletztenrenten** ist der bewusst pauschalisierende und schematisierende Grundsatz der »**abstrakten Schadensberechnung**« maßgeblich.[160] Zwar mag die abstrakt berechnete Minderung der Erwerbsfähigkeit früher häufig einem gleich hohen konkreten Schaden in Gestalt eines entsprechenden Verdienstausfalls korrespondiert haben. Inzwischen haben sich die Verhältnisse aber grundlegend

---

159 BSGE 12, 242 (246) = NJW 1960, 1636 (1637).
160 Vgl. dazu *Gitter* VersR 1976, 505.

verändert. Große Gruppen von Verletzten – nach Erhebungen der gewerblichen Berufsgenossenschaften mindestens 90 % sämtlicher Arbeitsunfallopfer – erleiden heute durch Arbeitsunfälle keinen ins Gewicht fallenden (konkreten) Verdienstausfall mehr.[161] Gleichwohl erhalten sie nach dem Grundsatz der »abstrakten Schadensberechnung« eine Rente, die nach dem Grade der (abstrakt festgestellten) Minderung ihrer Erwerbsfähigkeit ermittelt wird. Wer also – um ein besonders zugespitztes Beispiel zu geben – als Prokurist bei einer Dienstfahrt durch Verkehrsunfall den rechten Arm verliert, erleidet dadurch, sofern man der »Gliedertaxe« folgt, eine Minderung seiner Erwerbsfähigkeit von 75 %; er erhält daher eine entsprechend hohe Verletztenrente, obschon er nach Ausheilung der Unfallfolgen mit der linken Hand schreiben lernen und mit dem Kopf genauso gut arbeiten kann wie vor dem Unfall und deshalb beim gleichen Arbeitgeber den gleichen Arbeitsverdienst wie vor dem Unfall erzielen wird. Hält man dazu, dass die Verletztenrenten der Unfallversicherung »dynamisiert« sind, also automatisch an die steigenden Arbeitseinkommen angeglichen werden, so kann man ohne Übertreibung sagen, dass viele Verletzte »Glück im Unglück« gehabt haben, wenn ihr Unfall sich als »Arbeitsunfall« bezeichnen lässt und sie deshalb nicht (wie bei einem »gewöhnlichen« Unfall) auf den vergleichsweise dürftigen »vollen Schadensersatz« nach allgemeinem Zivilrecht angewiesen sind. Andererseits kann der Grundsatz der »abstrakten Schadensberechnung« in manchen Fällen auch dazu führen, dass der Verletzte eine geringere Rente erhält, als sie ihm nach den zivilrechtlichen Grundsätzen der §§ 842, 843 zustünde. Denn die Verletztenrente der Unfallversicherung orientiert sich bewusst schematisch an dem zuletzt erzielten Jahresarbeitsverdienst des Verletzten, nimmt also grundsätzlich keine Notiz davon, ob und in welchem Umfang der Verletzte nach seinen persönlichen Kenntnissen und seiner voraussichtlichen beruflichen Entwicklung künftig ein höheres Einkommen erzielt hätte.[162]

### 4. Trägerschaft und Finanzierung der Gesetzlichen Unfallversicherung

596 Träger der Unfallversicherung sind in der Bundesrepublik derzeit neun **gewerbliche Berufsgenossenschaften (BG)**, die nach Gewerbezweigen gegliedert sind.[163] Bei den BG handelt es sich um selbstverwaltete Körperschaften des öffentlichen Rechts. Ihnen gehören alle Unternehmer als Mitglieder an, die in dem betreffenden Gewerbezweig tätig werden und ihren Sitz im örtlichen Zuständigkeitsbereich der BG haben. Entsprechendes gilt für die neun **landwirtschaftlichen BG,** in denen die Landwirte bestimmter Regionen zusammengefasst sind. Hinzu kommen schließlich die sog. **»Eigenunfallversicherungsträger«**, durch die Bund, Länder, Gemeindeverbände und Gemeinden das Arbeitsunfallrisiko der im öffentlichen Dienst tätigen Arbeiter und Angestellten decken.

597 Die Entschädigung von Verletzten ist nicht einzige Aufgabe der BG, sondern ihnen obliegt es darüber hinaus, **Arbeitsunfälle zu verhüten** (§ 1 Nr. 1 SGB VII). Dieser Aufgabe kommt deshalb eine besondere Bedeutung zu, weil das System des SGB VII an die Stelle des Haftpflichtrechts getreten ist und damit auch die Anreize beseitigt hat,

---

161 Vgl. dazu näher *Gitter*, FS Sieg, 1976, 141 ff.
162 Gewisse Einbrüche in das Prinzip der »abstrakten Schadensberechnung« gibt es allerdings auch hier; vgl. §§ 85, 87 SGB VII und dazu BSGE 38, 118 mwN.
163 Anlage 1 und 2 zu § 114 SGB VII.

mit denen gewöhnlich das Haftungsrecht zu unfallverhütendem Verhalten anzuspornen sucht. In der Tat leisten die BG erhebliche Anstrengungen zum Zweck der Verhütung von Arbeitsunfällen, indem sie ihre Mitgliedsunternehmen laufend überwachen und beraten, Schulungskurse zur Verbesserung der Unfallverhütung und der Ersten Hilfe veranstalten und wissenschaftliche Untersuchungen auf dem Gebiet der Unfallforschung fördern. Die dabei und im Kontakt mit den Unternehmen gewonnenen Erkenntnisse werden in konkrete Verhaltensanforderungen umgemünzt, nämlich die sog. Unfallverhütungsvorschriften, die als autonome Satzungen der BG erlassen werden (§ 15 SGB VII).

Der Ausschluss der Haftung des Unternehmers für Arbeitsunfälle durch das System der Unfallversicherung wirkt genauso wie eine private Haftpflichtversicherung, indem es den wirtschaftlichen Anreiz zur Vermeidung von Arbeitsunfällen und Berufskrankheiten beseitigt und damit das sog. **moralische Risiko** heraufbeschwört (→ Rn. 83). Genauso wie bei der privaten Haftpflichtversicherung lassen sich auch hier die Anreize des Haftungsrechts weitgehend wiederherstellen, indem die Prämie möglichst genau auf das Schadensrisiko des konkreten Unternehmens zugeschnitten, Selbstbehalte vereinbart und Regresse vorgesehen werden (→ Rn. 82 ff.). Gemäß § 110 SGB VII kann die BG wegen der Kosten ihrer Leistungen bei dem **Mitgliedsunternehmer Regress nehmen**, wenn dieser oder seine Repräsentanten (§ 111 SGB VII) den Versicherungsfall vorsätzlich oder grob fahrlässig herbeigeführt haben. Jenseits dieser außergewöhnlichen Fälle ist die Differenzierung der Beitragshöhe das wesentliche Anreizinstrument der Unfallversicherung. Die BG finanzieren sich ausschließlich durch Beiträge der ihnen angeschlossenen Unternehmen, wobei die Branchengliederung bewirkt, dass Unternehmen ähnlicher Risikoneigung in jeweils einem Pool zusammengefasst werden. Innerhalb einer einzelnen BG richtet sich die Höhe der Beiträge nicht nur nach der von dem jeweiligen Unternehmen gezahlten Lohnsumme, sondern auch nach dem Grad der durch das Unternehmen geschaffenen Unfallgefahr. Zu diesem Zweck stellt jede BG einen periodisch zu überprüfenden »Gefahrtarif« mit verschiedenen »Gefahrklassen« auf, in die die einzelnen Unternehmen eingeordnet werden (§§ 157 ff. SGB VII). 598

Gleichwohl hat sich in der Praxis gezeigt, dass diese Klassifizierungen allein nicht detailgenau sind, um ein effektives Maß an Präventionsanreizen zu schaffen. Deshalb sind die BG durch § 162 SGB VII dazu verpflichtet worden, den einzelnen Mitgliedsunternehmen unter Berücksichtigung von Zahl und Schwere der in dem jeweiligen Betrieb eingetretenen Arbeitsunfälle **Beitragszuschläge aufzuerlegen** oder **Beitragsnachlässe zu bewilligen**. Wir haben es also mit einem Fall zu tun, in dem der Gesetzgeber den zuständigen Versicherungsträgern die Einführung eines Bonus/Malus-Systems zur Pflicht gemacht hat. Sinn dieser Regelung ist es natürlich, die Unternehmer durch ökonomische Anreize zu Unfallverhütungsmaßnahmen anzuspornen.[164] Wie empirische Untersuchungen gezeigt haben, ist dieses Ziel auch erreicht bzw. gefördert worden: Die Zahl der Arbeitsunfälle ist nach Einführung des sog. Beitragsausgleichsverfahrens signifikant zurückgegangen.[165] Zum Regress der Unfallversicherungsträger gegen unternehmensexterne Dritte, die für die Verletzung mitverantwortlich sind, gem. § 116 SGB X → Rn. 769.

---

[164] Vgl. BT-Drs. 4/938, 23 zu § 725 RVO aF; *Wagner*, Kollektives Umwelthaftungsrecht auf genossenschaftlicher Grundlage, 1990, 90 f., 208 f.
[165] *Kötz/Schäfer* AcP 189 (1989), 501.

## 5. Das Haftungsprivileg der Unternehmer und der Arbeitskollegen

599 Das Schadensausgleichssystem des SGB VII beruht auf dem Gedanken der »Haftungsersetzung durch Versicherungsschutz«. Der durch Arbeitsunfall Verletzte hat daher zwar einen Anspruch auf die Leistungen der Unfallversicherung; andererseits werden ihm aber gem. § 104 SGB VII sämtliche Ansprüche abgeschnitten, mit denen er nach zivilem Haftungsrecht von dem **Unternehmer** Ersatz des ihm durch den Arbeitsunfall verursachten Personenschadens verlangen könnte. Gemäß § 105 SGB VII gilt das Haftungsprivileg auch zugunsten der **Arbeitskollegen** des Verletzten: Ist also der Arbeitsunfall von einem im gleichen Betrieb tätigen Betriebsangehörigen schuldhaft bei Ausführung einer betrieblichen Tätigkeit verursacht worden, so haftet der Betriebsangehörige dem Verletzten grundsätzlich nicht; der Verletzte muss sich auch hier mit den Ansprüchen gegen den Träger der Unfallversicherung begnügen. Nur dann, wenn der Unternehmer oder Arbeitskollege den Unfall vorsätzlich herbeigeführt hat, bleiben die zivilrechtlichen Schadensersatzansprüche dem Verletzten erhalten. Für diese Entsperrung des Haftungsprivilegs ist allerdings erforderlich, dass der Verursacher nicht nur die schadensträchtige Handlung, sondern auch den Verletzungserfolg gewollt und gebilligt hat.[166] Daran fehlt es, wenn ein Schüler im Klassenraum eine Säge wie einen Tennisschläger benutzt, sich das Sägeblatt löst und einen Mitschüler am Kopf trifft, sodass dieser auf einem Auge erblindet.[167]

600 Das Haftungsprivileg der §§ 104, 105 SGB VII gilt nicht für »**Wegeunfälle**« iSv § 8 II SGB VII. Kollidiert der Versicherte auf dem Weg zu seinem Arbeitsplatz zufällig mit dem Wagen seines Arbeitgebers, begegnen sich Arbeitgeber und verletzter Arbeitnehmer als Teilnehmer am allgemeinen Verkehr und gerade nicht als Angehörige des gleichen Betriebs, und daher bleiben dem Verletzten in diesem Falle die zivilrechtlichen Ansprüche gegen den Unternehmer (und dessen Haftpflichtversicherer) erhalten, und Gleiches gilt für Verkehrsunfälle unter Arbeitskollegen. Anders liegt es, wenn der Unternehmer seine Arbeiter im firmeneigenen Fahrzeug regelmäßig zu Hause abholt und mit ihnen zum Arbeitsplatz, etwa einer Baustelle, fährt: Wenn hier der Unternehmer durch einen schuldhaft begangenen Fahrfehler einen Verkehrsunfall verursacht und einen seiner Arbeiter verletzt, so hat sich der Unfall im »innerbetrieblichen Organisations- und Funktionsbereich« zugetragen, nicht dagegen unter Umständen abgespielt, bei denen sich die Unfallbeteiligten als »Teilnehmer am allgemeinen Verkehr« gegenübergestanden hätten.[168] Selbstverständlich wird der Verletzte in keinem Fall doppelt entschädigt, sondern er muss sich die Leistungen der Unfallversicherung auf seinen Ersatzanspruch anrechnen lassen (§ 104 III SGB VII). Der Unternehmer wiederum genießt den Schutz der Kraftfahrt-Haftpflichtversicherung.

601 Zu überraschenden und wenig überzeugenden Ergebnissen führen die Regelungen des § 106 SGB VII, mit denen das Haftungsprivileg auf die übrigen in § 2 SGB VII genannten Personengruppen erstreckt und noch darüber hinaus ausgeweitet wird. So gelten die Vorschriften der §§ 104 f. SGB VII auch für **Schulunfälle** und **Körperverletzungen im Rahmen des universitären Unterrichts**: Erleidet eine Schülerin einen Gehör-

---

166 BGHZ 154, 11 (14ff.) = NJW 2003, 1605; BGH VersR 2012, 724 Rn. 14; BAG VersR 2003, 740 (741).
167 BGH VersR 2003, 595.
168 BGHZ 157, 159 (165) = NJW 2004, 949.

schaden, weil ein Mitschüler in der Pause einen Feuerwerkskörper nach ihr wirft, kann sie den Schädiger auch dann nicht auf Schadensersatz in Anspruch nehmen, wenn die Voraussetzungen des § 823 erfüllt sind,[169] und genauso liegt es, wenn ein Schüler bei einer Rauferei auf dem Pausenhof oder ein Student während einer Exkursion von einem anderen Schüler bzw. Studenten verletzt wird.[170]

**Beispiele:** Nur schwer nachvollziehbar ist es, wenn das OLG Hamm[171] den Halter eines Motorrads gem. § 104 SGB VII von sämtlichen Schadensersatzansprüchen freistellt, nachdem er einen Freund um die Überprüfung der Bremsen gebeten hatte und dieser bei einer Probefahrt schwer verunglückt war. Hier so zu tun, als sei die Gefälligkeit im Rahmen eines **Quasi-Beschäftigungsverhältnisses** gem. § 2 II 1 SGB VII erbracht worden und als sei der Motorradhalter Unternehmer iSd Unfallversicherungsrechts, sozialisiert die Kosten eklatanten Fehlverhaltens und zerstört die Sorgfaltsanreize des Haftungsrechts. Erst recht reibt man sich die Augen, wenn Eheleute, die in einer Tiefgarage einer Autofahrerin Starthilfe leisten, als »**Wie-Beschäftige**« qualifiziert werden,[172] mit der Konsequenz, dass die »Unternehmerin«, deren Auto nicht anspringen wollte, wegen § 105 SGB VII keinen Schadensersatz verlangen kann, wenn sie von der helfenden Ehefrau angefahren und dabei erheblich verletzt wird. Der Gesetzgeber bezweckte mit dem Katalog des § 2 SGB VII den Schutz des Geschädigten, doch wegen des komplementär eingreifenden Haftungsausschlusses zugunsten des Schadensverursachers gem. §§ 104 ff. SGB VII mutiert die Unfallversicherung in den Fällen des § 2 II 1 SGB VII immer mehr zu einer Belastung des Geschädigten, verbunden mit einem Freibrief für den Schädiger, andere sanktionslos zu verletzen.[173] Wie absurd das System in Wahrheit ist, wird daran deutlich, dass der »Wie-Unternehmer« für das Haftungsprivileg keinen Cent an Beiträgen in den Finanztopf der gesetzlichen Unfallversicherung zahlen muss. An der Korrektur derartiger **Fehlentwicklungen des Sozialversicherungsrechts** sind die Zivilgerichte leider gehindert, denn gem. § 108 SGB VII sind sie an die Entscheidungen der Sozialgerichte gebunden. Hat ein Sozialversicherungsträger den Unfall als Versicherungsfall anerkannt, darf kein Schadensersatz mehr zuerkannt werden; wenn der Bescheid angefochten worden ist, muss die Entscheidung des Sozialgerichts abgewartet werden; bis dahin ist der Zivilprozess auszusetzen.[174]

Bemerkenswert, weil ebenfalls kontraintuitiv ist die Regelung des § 106 III Alt. 3 SGB VII, der die Haftungsausschlüsse der §§ 104, 105 SGB VII für entsprechend anwendbar erklärt, wenn mehrere Versicherte verschiedener Unternehmen vorübergehend »auf einer **gemeinsamen Betriebsstätte**« tätig sind und es dort zu einem Unfall kommt.[175] In Zeiten immer intensiver werdender Arbeitsteilung bei gleichzeitiger Spezialisierung der Unternehmen auf wenige Güter und Dienstleistungen wird dieser Fall immer häufiger. Um das private Haftungsrecht im Verhältnis zwischen verschiedenen Unternehmen nicht völlig auszuhebeln, beschränkt der BGH den Anwendungsbereich von § 106 III Alt. 3 SGB VII auf diejenigen Fälle, in denen Unternehmen, wenn schon nicht aufgrund ausdrücklicher Absprachen, so doch **bewusst und gewollt zu-**

602

---

169 BGH NJW-RR 2004, 882 f.
170 Vgl. BGHZ 67, 279 = NJW 1977, 296; BGH NJW 1987, 2445; 1988, 493 und 920; 1992, 2032; VersR 2003, 595; sowie *Rolfs* VersR 1996, 1194.
171 NJW-RR 2003, 29.
172 So der Fall OLG Düsseldorf VersR 2012, 188 f.; weitere Kasuistik bei *Matz/Baumann* NJW 2016, 673 (675 ff.).
173 Krit. auch *Waltermann* NJW 2002, 1225 (1227).
174 BGHZ 166, 42 (44) = NJW 2006, 1592; BGH VersR 2008, 820 Rn. 8 ff.; 2103, 862 Rn. 9; *Kampen* NJW 2012, 2234 (2238).
175 Dazu *Stöhr* VersR 2004, 809; *Waltermann* NJW 2002, 1225 (1228 f.); *Kampen* NJW 2012, 2234.

**sammenarbeiten,** weil sich die wechselseitigen Tätigkeiten ergänzen, unterstützen und »ineinandergreifen«.[176]

> **Beispiele:** Diese Voraussetzungen sind nicht erfüllt, wenn ein Mitarbeiter einer von der Deutsche Bahn AG beauftragten **Reinigungsfirma** den zu säubernden Zug verlässt, über die Gleise läuft und dort von einem Rangierfahrzeug erfasst wird. Hier hat der BGH die Schmerzensgeldansprüche des Verletzten gegen den Lokführer und den Beifahrer des Rangierfahrzeugs aufrechterhalten.[177] Gleiches gilt, wenn die Angestellte eines Pferdezüchters während einer öffentlichen Schauveranstaltung von dem Pferd eines anderen Züchters getreten und dadurch schwer verletzt wird,[178] wenn der von einem Drittunternehmen angestellte **Testfahrer** auf dem Versuchsgelände des Automobilherstellers mit einem von dessen Fahrzeugen verunglückt,[179] oder wenn ein Mitarbeiter des einen Unternehmens den mit **Wartungsarbeiten** betrauten Mitarbeitern eines anderen Unternehmens bloß die Tür zu einem Betriebsraum aufgeschlossen hat.[180] Auf der anderen Seite hat der BGH einen Tierarzt in Anwendung der §§ 106 III Alt. 3, 105 II SGB VII von der zivilrechtlichen Haftung freigestellt, der die bei dem Pferdehalter angestellte Ehefrau gebeten hatte, das Pferd bei einer versuchten Abtreibung festzuhalten; die malträtierte Kreatur hatte die Frau gegen eine Metallstange gedrückt und ihr so schwerste Verletzungen zugefügt.[181] Allerdings gilt die Haftungssperre des § 106 III Alt. 3 SGB VII nur zugunsten der Arbeiter sowie derjenigen Unternehmer, die selbst auf der gemeinsamen Betriebsstätte präsent waren, nicht hingegen zugunsten des Unternehmers, der die für die Verletzungshandlung verantwortlichen Arbeiter lediglich auf die gemeinsame Betriebsstätte entsandt hatte.[182]

Der restriktiven Linie des BGH zu § 106 III Alt. 3 SGB VII ist zuzustimmen.[183] Die Bejahung einer gemeinsamen Betriebsstätte führt im Ergebnis dazu, dass das private Haftungsrecht ausgehebelt und die in das Unfallgeschehen eingebundenen Akteure von den **Schadensfolgen fahrlässigen Verhaltens freigestellt** werden. Anders als im Kernbereich der sozialen Unfallversicherung ist bei Tätigkeiten auf fremdem Betriebsgelände nicht davon auszugehen, dass die durch die Haftungsfreistellung aufgerissenen Anreizlücken durch Präventionsmaßnahmen der Unfallversicherungsträger adäquat kompensiert werden, zumal für diese Unfälle auch keinerlei Beiträge entrichtet werden:[184] Der in einem anderen Unternehmen angestellte Geschädigte gehört nicht zu der Gruppe von Beschäftigten, für die der für den Unfall verantwortliche Unternehmer Beiträge an »seine« BG bezahlt.

**603** Die eben geschilderten Fälle machen deutlich: Der Haftungsausschluss gem. §§ 104– 106 SGB VII erlangt in der Praxis vor allem deshalb Bedeutung, weil er nicht nur für die »kongruenten« Leistungen der Unfallversicherungsträger, also die Heilbehandlung und den Verdienstausfall gilt (dazu → Rn. 687 ff.), sondern auch den **Schmerzensgeld-**

---

176 Grdl. BGHZ 145, 331 (335 f.) = NJW 2001, 443; vgl. auch BGHZ 157, 213 (216) = NJW 2004, 947; BGHZ 177, 97 Rn. 19.
177 BGHZ 145, 331 (335 f.).
178 BGH NJW 2005, 288 (289).
179 BGH NJW 2011, 449.
180 BGH NJW 2011, 3296 Rn. 6 ff.
181 BGHZ 148, 209 (211 ff.) = NJW 2001, 3127.
182 BGHZ 148, 214 (216) = NJW 2001, 3127; BGHZ 157, 213 (216) = NJW 2004, 947; BGH NJW-RR 2002, 1386; 2003, 239; krit. *Tischendorf* VersR 2002, 1188.
183 Vgl. auch die Urteile BGH VersR 2013, 460 Rn. 10 ff., und BGH VersR 2013, 462 Rn. 15 ff.; anders *Möhlenkamp* VersR 2016, 224 (230 f.).
184 Vgl. *Kampen* NJW 2012, 2234 (2239 f.); das »Finanzierungsargument« von *Möhlenkamp* VersR 2016, 224 (230) greift deshalb im Rahmen von § 106 III Alt. 3 SGB VII nicht.

anspruch erfasst. Obwohl der Immaterialschadensersatz im Leistungskatalog der Unfallversicherung fehlt, werden dem Geschädigten auch die Ansprüche aus § 253 II genommen, und zwar nicht nur im Verhältnis zum Arbeitgeber, sondern auch gegenüber demjenigen Arbeitskollegen, Mitschüler, Kommilitonen und Mitunternehmer, der ihm die Verletzung zugefügt hat. Dasselbe gilt im Übrigen für solche Vermögensschäden, die durch die Leistungen der Unfallversicherung nicht kompensiert werden, wie etwa die Kosten für Fahrten zum Arzt.[185] Dies rechtfertigt man mit der Überlegung, der Geschädigte stehe wegen der abstrakten Bemessung der Verletztenrente, dem großzügig dimensionierten Haftungstatbestand und den Beweiserleichterungen des Unfallversicherungsrechts besser als nach allgemeinem Haftungsrecht. Dies trifft im Allgemeinen zwar zu, doch im Einzelfall kann die Ersetzung der Unternehmerhaftung durch den Unfallversicherungsschutz durchaus dazu führen, dass der Verletzte vom Träger der Unfallversicherung weniger erhält, als er nach Deliktsrecht beanspruchen könnte. So liegt es in der Fallgruppe der leichten Körper- und Gesundheitsverletzungen, die keine bleibenden physischen Beeinträchtigungen hinterlassen, statt dessen aber schwerwiegende seelische Leiden verursachen, wie etwa **sexuelle Belästigungen am Arbeitsplatz**. Fehlt es an einem Gesundheitsschaden (§ 8 I 2 SGB VII), kann die Arbeitnehmerin den sie belästigenden Arbeitskollegen gem. § 823 I und den Arbeitgeber aufgrund von § 823 II BGB iVm § 2 I Beschäftigtenschutzgesetz auf Zahlung eines Schmerzensgeldes (§ 253 II) in Anspruch nehmen.[186] Diesen Anspruch verliert sie, wenn die Schwelle zum Gesundheitsschaden überschritten ist, wie etwa im Fall einer Vergewaltigung, und stattdessen erhält sie einen Anspruch auf Verletztenrente wegen Minderung der Erwerbsfähigkeit! Das BSG hat in einer neueren Entscheidung Ansprüche gegen den Unfallversicherungsträger nur deshalb abgelehnt, weil die Vergewaltigung außerhalb der Arbeitszeiten in der Privatwohnung des Opfers begangen wurde.[187] Ein normativ tragfähiger Grund für diese Ungleichbehandlung dicht beieinander liegender Fälle ist nicht erkennbar.[188] In ähnlicher Weise hat das BAG die privatrechtliche Haftung eines Krankenhauses für sog. **Mobbing** seines Chefarztes mit aufwändiger Begründung bejaht – obwohl doch schon die Feststellung ausgereicht hätte, dass weder ein Arbeitsunfall noch eine Berufskrankheit vorliegt.[189]

Der Ausschluss von Schmerzensgeldansprüchen gegen Arbeitgeber und Arbeitskollegen bei gleichzeitiger Beschränkung des Leistungsprogramms der Unfallversicherungsträger auf Heilbehandlung und Vermögensschadensersatz stößt auch bei **schweren Verletzungen** auf Bedenken, bei denen die Verletztenrente nicht über den nach Zivilrecht (hypothetisch) zu leistenden Vermögensschadensersatz hinausgeht und deshalb den Ausgleich von Nichtvermögensschäden gerade nicht en passant miterledigt. Das BVerfG hat die gesetzliche Regelung – Ausschluss von Schmerzensgeldansprüchen gegen Arbeitgeber und Arbeitskollegen trotz Ausklammerung dieser Ansprüche aus dem Leistungskatalog des Unfallversicherungsrechts – gleichwohl für verfassungskonform erklärt.[190]

604

---

185 BGH VersR 2012, 724 Rn. 8 ff.
186 *Wagner*, GS Heinze, 2005, 970 ff.
187 BSG NJW 2002, 388.
188 Krit. deshalb *Wagner*, GS Heinze, 2005, 981 ff.
189 BAG VersR 2008, 1654 (1656 f.); eing. *Wagner*, GS Heinze, 2005, 981 ff.
190 BVerfG NJW 1973, 502; vgl. auch BVerfG NJW 1995, 1607; BGH VersR 2012, 724 Rn. 10 f.; krit. *Gitter*, FS Sieg, 1976, 139 ff.; *Gitter* VersR 1976, 505.

# J. Verantwortlichkeit für fehlerhafte Produkte

> **Literatur:** *Deutsch,* Der Schutzbereich der Produzentenhaftung, JZ 1989, 465; *Hager,* Zum Schutzbereich der Produzentenhaftung, AcP 184 (1984), 413; *Hager,* Umwelthaftung und Produkthaftung, JZ 1990, 397; *U. Huber,* Zur Haftung des Verkäufers wegen positiver Vertragsverletzung, AcP 177 (1977), 281; *Kötz,* Ist die Produkthaftung eine vom Verschulden unabhängige Haftung?, FS W. Lorenz, 1991, 109 ff.; *Kullmann/Pfister,* Produzentenhaftung (Loseblattausgabe, Stand 1/2016); *W. Lorenz,* Europäische Rechtsangleichung auf dem Gebiet der Produzentenhaftung, ZHR 151 (1987), 1; *Schlechtriem,* Angleichung der Produktehaftung in der EG, VersR 1986, 1033; *Schlechtriem,* Dogma und Sachfrage: Überlegungen zum Fehlerbegriff des Produkthaftungsgesetzes, FS Rittner, 1991, 545 ff.; *Taschner/Frietsch,* Produkthaftungsgesetz und EG-Produkthaftungsrichtlinie, 2. Aufl. 1990; *Foerste/v. Westphalen* (Hrsg.), Produkthaftungshandbuch, 3. Aufl. 2012.
>
> **Ökonomisch:** *Adams,* Produkthaftung – Wohltat oder Plage? – Eine ökonomische Analyse, BB 1987, Beil. 20; *Polinsky/Shavell,* The Uneasy Case for Product Liability, 123 Harv.L.Rev. (2010), 1437 ff.
>
> **Rechtshistorisch:** *Whittaker* (Hrsg.), The Development of Product Liability, 2010.
>
> **Rechtsvergleichend:** *v. Bar,* Gemeineuropäisches Deliktsrecht II, 1999, Rn. 391 ff.; *Leonhard,* Das neue französische Produkthaftungsrecht: ZVglRWiss 98 (1999), 101; *v. Westphalen* (Hrsg.), Produkthaftungshandbuch II, 3. Aufl. 2012; *Witz/Wolter,* Die Umsetzung der EG-Produkthaftungs-Richtlinie in Frankreich, RIW 1998, 832.

## I. Ein Rechtsgebiet zwischen allen Stühlen

Wenn eine Ware in den Verkehr gebracht wird, die infolge ihrer **fehlerhaften Beschaffenheit** Schäden herbeiführt, so entsteht die Frage, unter welchen Voraussetzungen der Geschädigte Schadensersatz von dem **Hersteller** verlangen kann. Ebenso kann man fragen, ob nicht (außer dem Hersteller) auch ein Importeur oder ein Großhändler haften müssen, wenn die fehlerhafte Ware von ihnen in Verkehr gebracht worden ist. Die Regeln, nach denen sich in diesen Fällen Grund und Umfang der Ersatzpflicht eines Herstellers, Importeurs oder Händlers beurteilen, heißen »**Recht der Produkthaftung**«.

605

### 1. Vertrags- und Deliktshaftung

Das Produkthaftungsrecht ist ein Rechtsgebiet, von dem man lange nicht wusste, wohin es eigentlich gehört. Dies gilt für das In- und Ausland gleichermaßen: »From the outset the field was characterized by an **overlap of tort and contract doctrines**«.[1] Tatsächlich kann der Käufer einer Ware, die sich als mangelhaft erweist und zu Schäden an seinen Rechtsgütern führt, ganz selbstverständlich seinen Verkäufer auf Schadensersatz in Anspruch nehmen, sofern letzteren ein Verschulden trifft, er also pflichtwidrig gehandelt hat. Im heutigen Schuldrecht findet sich die Rechtsgrundlage dafür in §§ 437 Nr. 3, 280. Die Vertragshaftung des Verkäufers erstreckt sich auch auf die sog. **Mangelfolgeschäden,** also Einbußen, die der Käufer an seinen sonstigen Rechtsgütern

606

---

[1] *Epstein,* Cases and Materials on Torts, 7. Aufl. 2000, § 15.4, 385.

erleidet, nachdem er die mangelhafte Sache seiner Sphäre einverleibt, insbesondere in Gebrauch genommen hat.[2] Dies ist in der Rechtsprechung etwa angenommen worden, wenn dem Käufer mit Rizinussamenöl kontaminiertes Pferdefutter geliefert wurde, an dem seine Pferde (in casu: diejenigen seines Abnehmers) verendeten,[3] wenn eine Getränkeflasche nicht mit Mineralwasser, sondern mit Säure gefüllt war, deren Konsum zu schweren Gesundheitsschäden führte,[4] wenn ein Pkw mit einer mangelhaften Felge verkauft wurde, sodass der Käufer mit dem Wagen alsbald schwer verunglückte,[5] wenn ein Gast im Restaurant »Huhn mit Reis« bestellte, ein darin befindlicher Knochen in der Speiseröhre stecken blieb und schließlich trotz Operation zum Tod des Patienten führte[6] oder wenn die Käuferin einen Wellensittich erwarb, der an der Papageienkrankheit litt und seine neue Eigentümerin ansteckte.[7] Hat der Käufer überdies noch direkt vom Hersteller gekauft, dann ist es eben der Hersteller, der aufgrund Vertragsrechts für die Schäden des Käufers aufzukommen hat, die er durch eine pflichtwidrige Falsch- oder Schlechtleistung verursacht hat. So kann beispielsweise ein Winzer, der seine Weinflaschen mit mangelhaften Korken verschließt, sodass der Inhalt verdirbt, seinen Schaden beim Hersteller der Korken auf Grundlage des Vertragsrechts liquidieren.[8] Gleiches gilt, wenn die Motoren von Lkw durch mangelhaftes Kühlerfrostschutzmittel beschädigt werden, das der Spediteur vom Hersteller bezogen hatte.[9]

607 Das für die Produkthaftung charakteristische Problem zeigt sich dann, wenn das **Vertragsrecht als Grundlage für Schadensersatzansprüche ausscheidet,** weil der Geschädigte nicht der Käufer, sondern ein Zweitabnehmer oder ein unbeteiligter Dritter ist, den man hier im Anschluss an das amerikanische Recht »innocent bystander« nennt. Im Ergebnis genauso verhält es sich in der praktisch wichtigeren Fallgestaltung, dass der Erstkäufer die Ware über den Handel bezogen hat, nun aber gegen den Hersteller vorgehen will, weil der Mangel der Sache aus dem Herstellungsprozess herrührt. Unter dieser Bedingung wird sich der Verkäufer gegen seine Inanspruchnahme aus Vertrag mit dem Einwand verteidigen, er habe den Herstellungsfehler nicht erkennen können, und in der Tat wird man einen Händler kaum für verpflichtet halten können, die von ihm verkauften Einzelstücke auf ihre Fehlerfreiheit hin zu überprüfen.[10] Der Verkäufer muss sich nach herrschender Rechtsprechung auch nicht etwaige Pflichtverletzungen des Herstellers gemäß § 278 zurechnen lassen.[11] Damit befindet sich der Geschädigte in einem Dilemma: Der Verkäufer, mit dem ihn eine Vertragsbeziehung verbindet, hat den Fehler nicht zu verantworten, und mit dem Hersteller, der für den Fehler verantwortlich ist, verbindet ihn keine Vertragsbeziehung. Diese Fälle waren im Zeitalter der Subsistenzwirtschaft unbekannt und unter den Bedingungen

---

2 Dazu eing. *U. Huber* AcP 177 (1977), 315 ff.
3 RGZ 66, 289.
4 RG JW 1908, 236.
5 BGH NJW 1969, 1708.
6 RG JW 1936, 2394.
7 Vgl. OLG Düsseldorf NJW 1975, 453.
8 BGHZ 101, 337 (339 f.) = NJW 1988, 52.
9 BGH WM 1976, 839.
10 BGHZ 74, 383 (388) = NJW 1979, 1886; BGH NJW 1977, 1055 (1056); BGHZ 177, 224 Rn. 29 = NJW 2008, 2837; BGHZ 181, 317 Rn. 19 = NJW 2009, 2674; Soergel/*Huber*, 12. Aufl. 1991, § 433 Anh. I Rn. 112.
11 RGZ 108, 221 (223); BGHZ 177, 224 Rn. 29 aE = NJW 2008, 2837; BGHZ 200, 337 Rn. 31 = NJW 2014, 2183; krit. dazu *Wagner* ZEuP 2016, 87 (104 ff.).

kleinformatiger Handwerksproduktion ebenfalls selten. Im Zeitalter der industriellen Massenproduktion stellen sie den Normalfall dar.

Sämtliche Rechtsordnungen der westlichen Welt standen um die Wende vom 19. zum 20. Jahrhundert vor der Frage, ob und wie sie dem geschädigten Käufer einer fehlerhaft hergestellten Ware helfen wollten. **Zwei Wege standen zur Wahl:** Entweder man erweiterte die Vertragshaftung und bezog den Letzterwerber in den Schutzbereich des zwischen Hersteller und Händler geschlossenen Kaufvertrags ein, oder man begründete Ersatzansprüche des Käufers gegen den Hersteller auf außervertraglicher Grundlage, also auf dem Boden des Deliktsrechts. Das französische Recht hat den erstgenannten Pfad eingeschlagen und dem Letzterwerber eine vertragsrechtliche »action directe« gegen den Hersteller und »ersten Verkäufer« gewährt.[12] Soweit dieser Anspruch besteht, ist der Rückgriff auf das Deliktsrecht nach dem Grundsatz des »non cumul« gesperrt.[13] Wichtige Bausteine dieser Lösung finden sich jetzt in den §§ 478 f., die bei Lieferung einer mangelhaften Sache an einen Verbraucher dafür Sorge tragen, dass die Kosten der Gewährleistung die Handelskette entlang bis zum Hersteller zurück laufen. Solange allerdings dem Händler das Verhalten des Herstellers nicht zugerechnet wird, bleibt der Geschädigte nach deutschem Recht auf das Deliktsrecht angewiesen.[14]

**608**

## 2. Funktionen des Produkthaftungsrechts

Aus welchen Gründen ist es im 20. Jahrhundert zur Anerkennung von Direktansprüchen (action directe) des Käufers gegen den Warenhersteller gekommen? Die Funktionen des Produkthaftungsrechts sind dieselben wie diejenigen des Deliktsrechts allgemein, nämlich Schadensausgleich, vor allem aber **Schadensvermeidung durch Prävention** (→ Rn. 59 ff.). Dem Hersteller von Waren soll ein Anreiz vermittelt werden, diese so auszulegen und zu produzieren, das Schäden ihrer Nutzer sowie Drittbetroffener vermieden werden – soweit dies zu Kosten möglich ist, die geringer sind als der Wert der abgewendeten Schäden.[15] Würde der Hersteller dem geschädigten Käufer oder Dritten nicht haften, könnte er die durch fehlerhafte Produkte verursachten Schadenskosten von sich schieben, weil wegen des Leerlaufs des Gewährleistungsrechts kein Regressweg zu ihm zurückführt. Die durch unsichere Produkte verursachten Schadenskosten würden zu Lasten Dritter oder der Allgemeinheit externalisiert und der Hersteller hätte keinerlei haftungsrechtlichen Anreiz, sichere Produkte auf den Markt zu bringen.[16] Allerdings ist in einer neueren US-amerikanischen Studie von Protagonisten des ökonomischen Ansatzes geltend gemacht worden, das Produkthaftungsrecht spiele für die Anreize zur Vermarktung sicherer Produkte nur die zweite Geige, mit weitem Abstand hinter dem öffentlich-rechtlichen Produktsicherheitsrecht und den über Reputationseffekte wirkenden Marktkräften.[17] Auf die Gegenstudie darf man gespannt sein.

---

12 Überblick bei *Jungemeyer* RIW 2009, 701 (702 f.).
13 *Viney/Jourdain*, Les Conditions de la responsabilité, 3. Aufl. 2006, no. 750, 764 ff.; *Witz/Wolter* RIW 1998, 833; *Leonhard* ZVglRWiss 98, 104 ff.
14 Krit. dazu *M. Weller* NJW 2012, 2312.
15 IE ist es etwas komplizierter, vgl. *Adams* BB 1987, Beil. 20.
16 *Wagner* ZEuP 2016, 87 (104 ff.).
17 *Polinsky/Shavell* 123 Harv.L.Rev. (2010), 1437; vgl. dazu die Antwort von *Goldberg/Zipursky* 123 Harv.L.Rev. (2010), 1919, sowie die Replik von *Polinsky/Shavell* 123 Harv.L.Rev. (2010), 1949.

## 3. Die deliktsrechtliche Lösung

609 Den Weg der **Lösung über das Deliktsrecht** hat das common law Englands und Nordamerikas vorgezeichnet. Dort ist die Produkthaftung in einem langwierigen Prozess aus der vertragsrechtlichen warranty-Haftung herausgelöst und im außervertraglichen law of torts angesiedelt worden. Im Jahre 1842 wurde es in dem englischen Fall *Winterbottom v. Wright* noch kategorisch abgelehnt, die Relativität des Vertragsverhältnisses beiseite zu schieben und dem angestellten Fahrer einer Postkutsche einen Schadensersatzanspruch gegen denjenigen zuzusprechen, der das Fahrzeug fehlerhaft hergestellt und an die Post ausgeliefert hatte: »There is no privity of contract between these parties; and if the plaintiff can sue, every passenger, or even any person passing along the road, who was injured by the upsetting of the coach, might bring a similar action. Unless we confine the operation of such contracts as this to the parties who entered into them, the most absurd and outrageous consequences, to which I can see no limit, would ensue«.[18] Dasjenige, was hier als alle Grenzen sprengend perhorresziert wird, ist 75 bzw. 100 Jahre später geltendes Recht geworden, und zwar zunächst in den USA. Dort hat im Jahre 1916 der berühmte Richter *Benjamin Cardozo* für den New York Court of Appeals einen deliktischen Schadensersatzanspruch des Verbrauchers bejaht. Der Käufer eines Automobils hatte sich bei einem Unfall schwer verletzt, der durch ein aus mangelhaftem Holz hergestelltes und dadurch bei voller Fahrt zerberstendes Rad verursacht worden war. An der Beschränkung der Haftung des Herstellers auf Schäden seines Abnehmers nach Maßgabe des Vertragsrechts könne man unter den Bedingungen moderner Produktion nicht festhalten, denn: »the dealer was indeed the one person of whom it might be said with some approach to certainty that by him the car would not be used. Yet the defendant would have us say that he was the one person whom it was under a legal duty to protect. The law does not lead us to so inconsequent a conclusion«.[19] In Kenntnis dieser Entwicklung in den USA zog das House of Lords 1932 nach: In *Donoghue v. Stevenson* hatte eine Dame mit ihrem Freund ein Café aufgesucht und dort eine Flasche Gingerbier konsumiert. Zusammen mit den letzten Tropfen des Getränks, das der Freund ihr einschenkte, fielen die Reste einer verwesten Schnecke in ihr Glas. Sie erlitt einen Nervenzusammenbruch und verklagte den Hersteller des Bieres auf Schadensersatz. Damit hatte sie auf der Grundlage des Deliktsrechts Erfolg: »I do not think so ill of our jurisprudence as to suppose that its principles are so remote from the ordinary needs of civilized society and the ordinary claims it makes upon its members as to deny a legal remedy where there is so obviously a social wrong«, sagte *Lord Atkin*[20] und gründete die Haftung des Warenherstellers auf den tort »negligence«, also die allgemeine deliktische Fahrlässigkeitshaftung.

610 Der im *common law* vorgezeichneten deliktsrechtlichen Lösung ist der Bundesgerichtshof in seinem **»Hühnerpesturteil«** aus dem Jahre 1968 gefolgt:[21]

Die Klägerin hatte die Tiere ihrer Hühnerfarm gegen Hühnerpest impfen lassen. Der Tierarzt hatte dafür einen Impfstoff verwendet, den er von der beklagten Herstellerin bezogen hatte. Wenige Tage später brach in der Farm der Klägerin die Hühnerpest aus. Mehr als 4.000 Tiere verendeten. Fest stand, dass

---

18 *Winterbottom v. Wright* 152 Eng. Rep. 402, 405 (Exch. Pl. 1842).
19 *MacPherson v. Buick Motor Co.* 111 N. E. (1916), 1050 (1053).
20 (1932), A.C. 562 (583).
21 BGHZ 51, 91= NJW 1969, 269; eing. zur historischen Entwicklung der Produkthaftung in Deutschland *Wagner* in Whittaker (Hrsg.), The Development of Product Liability, 2010, 114ff.

der von dem Tierarzt verwandte Impfstoff bakterielle Verunreinigungen enthielt und dass der Ausbruch der Krankheit in der Farm der Klägerin auf die fehlerhafte Beschaffenheit des Impfstoffs zurückzuführen war.

Der VI. Zivilsenat hat einen Anspruch der Klägerin aus § 823 I bejaht und darüber hinaus die **Beweislast** zu ihrem Vorteil verschoben: Für den Erfolg der Produkthaftungsklage muss der Geschädigte nicht nachweisen, dass sich der Hersteller fahrlässig verhalten hat, was bei korporativ verfassten Unternehmen auf den Nachweis einer Sorgfaltspflichtverletzung der Organe (§ 31) oder auf die Identifizierung des konkret verantwortlichen Verrichtungsgehilfen (§ 831) hinausliefe (→ Rn. 274 ff.). Vielmehr greift der Schadensersatzanspruch bereits dann durch, wenn die Ware in einem **objektiv fehlerhaften Zustand** das Werk des Herstellers verlassen hat und die Rechtsgutsverletzung durch jenen Fehler verursacht worden ist. Steht dies fest, kann der Hersteller die Haftung nur noch abwenden, wenn er die Vermutung des Organisationsverschuldens (→ Rn. 315 ff.) widerlegen, also nachweisen kann, dass er den gesamten Produktionsablauf so organisiert hat, dass Fehler möglichst vermieden oder vor Auslieferung entdeckt werden, und darüber hinaus auch noch den Entlastungsbeweis für sämtliche Mitarbeiter seines Betriebs führen kann. Insofern muss der Hersteller entweder den konkreten, für den Fehler verantwortlichen Mitarbeiter identifizieren und dessen fehlerfreie Auswahl und Überwachung nachweisen oder die sorgfältige Auswahl und Überwachung für sämtliche Verrichtungsgehilfen führen, die an der Herstellung der fehlerhaften Ware beteiligt waren.[22]

## 4. Die Haftung nach dem ProdHaftG als Gefährdungshaftung?

Das auf die RL 85/374/EWG[23] zurückgehende ProdHaftG aus dem Jahr 1989 hat das Konzept einer außervertraglichen Produkthaftung, wie es von englischen, amerikanischen und deutschen Gerichten entwickelt worden war, aufgenommen und weiterentwickelt. Das **europäische Produkthaftungsrecht** knüpft die Haftung in Art. 1, 6 Produkthaftungs-RL, §§ 1, 3 ProdHaftG ganz offen an das **Inverkehrbringen eines fehlerhaften Produkts,** ohne dem Hersteller noch einen Entlastungsbeweis zu eröffnen. Dieser Schritt hat zwar kaum praktische Bedeutung, doch dogmatisch könnte man den Schluss ziehen, der europäische Gesetzgeber habe eine Gefährdungshaftung eingeführt. Dies war in der Tat die Sichtweise des geistigen Urhebers der Richtlinie.[24] Auch in den USA hat man die Haftung für fehlerhafte Produkte zunächst als eine Gefährdungshaftung angesprochen. Berühmt geworden sind folgende Sätze aus der Rede von *Justice Traynor* in der Entscheidung *Escola v. Coca-Cola Bottling Co. of Fresno* (→ Rn. 90 ff.): 611

»Even if there is no negligence, however, public policy demands that responsibility be fixed wherever it will most effectively reduce the hazards to life and health inherent in defective products that reach the market. It is evident that the manufacturer can anticipate some hazards and guard against the recurrence of others, as the public cannot. Those who suffer injury from defective products are unprepared to meet its consequences. The cost of an injury and the loss of time or health may be an overwhelming misfor- 612

---

22 BGHZ 51, 91 (104 ff.) = NJW 1969, 269; ähnlich bereits RGZ 87, 1 (4); BGH VersR 1954, 104 (105); NJW 1968, 247 (248 f.); 1973, 1602 (1603).
23 RL 85/374/EWG des Rates zur Angleichung der Rechts- und Verwaltungsvorschriften der Mitgliedstaaten über die Haftung für fehlerhafte Produkte (Produkthaftungs-RL) v. 25.7.1985, ABl. 1985 L 210, 29.
24 *Taschner* NJW 1986, 611 f.; *Taschner* ZEuP 2012, 560.

tune to the person injured, and a needless one, for the risk of injury can be insured by the manufacturer and distributed among the public as a cost of doing business«.²⁵

613 Die Dinge liegen allerdings viel komplizierter, als diese Aussagen vermuten lassen. Die Annahme *Traynor's*, der Hersteller werde sich bei einer verschuldensunabhängigen Haftung besonders sorgfältig verhalten, hält einer **ökonomischen Analyse** nicht stand, denn diese zeigt, dass die Sorgfaltsniveaus bei Verschuldens- und Gefährdungshaftung identisch sind (→ Rn. 506). Die Prämisse, der Hersteller sei stets ein idealer Versicherer der durch seine Produkte verursachten Schäden, lässt sich hören (→ Rn. 90ff.), darf jedoch nicht vergessen machen, dass sich der Geschädigte ebenso versichern kann, wobei in Deutschland die Sozialversicherungen den Großteil der durch Personenschäden verursachten Kosten absorbieren (→ Rn. 35).²⁶ Sinnvoll ist eine Gefährdungshaftung für fehlerhafte Produkte vor allem wegen ihrer dämpfenden Wirkung auf das Aktivitätsniveau (→ Rn. 72ff., 503ff.), also deshalb, weil sie die Internalisierung der vollen Schadenskosten bewirkt, dadurch die Preise erhöht und im Ergebnis verhindert, dass »zu viele« gefährliche Produkte produziert werden.

614 Unabhängig von diesen rechtspolitischen Überlegungen bleibt die Frage, ob die Produkthaftungs-RL bzw. das diese transformierende ProdHaftG überhaupt eine verschuldensunabhängige Haftung eingeführt hat. Die deutsche Dogmatik antwortete zunächst mit »Ja«, doch in den USA hat sich mittlerweile die Einsicht durchgesetzt, dass eine »verschuldensunabhängige« Haftung für fehlerhafte Produkte deshalb **nicht als Gefährdungshaftung** angesprochen werden darf, weil die Verschuldensprüfung de facto in den Fehlerbegriff verlagert, also unter dem Gesichtspunkt des Produktfehlers geprüft wird, ob der Hersteller die im Verkehr erforderliche Sorgfalt außer Acht gelassen hat.²⁷ Wenn die Ersatzpflicht des Herstellers in § 3 ProdHaftG davon abhängig gemacht wird, dass er bei der Konstruktion des Produkts nicht alle zu diesem Zeitpunkt vorhersehbaren Gefahren berücksichtigt oder bereits damals verfügbare Sicherheitstechnologien vernachlässigt hat, und gleichzeitig die Haftung für ex ante unvorhersehbare Schadensrisiken ausgeschlossen wird (§ 1 II Nr. 5 ProdHaftG), dann ist dies nichts anderes als eine Paraphrase der Verkehrspflichten des Warenherstellers.²⁸ Es ist eben nur »eine façon de parler, ob man sagt, das Produkt habe einen Fehler gehabt, oder ob man sagt, der Hersteller habe das Produkt fehlerhaft [fahrlässig] produziert«.²⁹ Zu den Besonderheiten bei Fabrikationsfehlern → Rn. 630; zur weitergehenden Haftung des Arzneimittelherstellers → Rn. 626.

---

25 150 P.2d 436, 440f. (Cal. 1944).
26 *Epstein*, Products Liability as an Insurance Market, 14 J. Legal Stud. (1985), 645; vgl. auch *Adams* BB 1987, Beil. 20, 18f.
27 *The American Law Institute*, Restatement of the Law, Third, Torts, Products Liability, 1998, 19; *Dobbs*, The Law of Torts, 2000, 980f. (987, 1004f.); *Epstein*, Cases and Materials on Torts, 7. Aufl. 2000, 408, inzwischen 9. Aufl. 2008 erschienen; zum deutschen Recht *W. Lorenz* ZHR 151 (1987), 1 (13ff.); *G. Hager* JZ 1990, 397 (398); *Kötz*, FS W. Lorenz, 1999, 109 (113ff.); *Schlechtriem*, FS Rittner, 1991, 545 (547ff.); *Brüggemeier* HaftungsR 435.
28 Begr. RegE, BT-Drs. 11/2447, 17f.; BGH NJW 2009, 2952 Rn. 12 – Airbags; BGH NJW 2009, 1669 Rn. 6 – Kirschtaler.
29 *v. Bar*, FS H. Lange, 1970, 373 (389).

## 5. Deliktische Haftung für Produktfehler

Im Rahmen von § 823 I ist an sich nicht das Vorliegen eines Produktfehlers Voraussetzung für die Einstandspflicht des Herstellers, sondern vielmehr der Umstand, dass er die im Verkehr erforderliche Sorgfalt verletzt hat, also das Produkt nicht so konstruiert, es nicht so hergestellt oder es nicht mit solchen Instruktionen versehen in Verkehr gebracht hat, wie man das von einem sorgfältigen Hersteller nach Lage des Falles verlangen muss. Genauso wie sich der Fehlerbegriff des ProdHaftG indessen zu Verhaltenspflichten des Herstellers »entschlüsseln« lässt, hat sich im Bereich der deliktischen Produkthaftung ein umgekehrter Prozess vollzogen, nämlich die »Verschlüsselung« bestimmter Typen von Pflichtverletzungen des Herstellers zu bestimmten Fehlerkategorien.[30] Zwar wird die Hühnerpest-Entscheidung des BGH herkömmlich dahin interpretiert, der BGH habe die **Beweislast** für das »Verschulden« des Herstellers umgekehrt.[31] Soweit damit behauptet werden sollte, der Hersteller müsse den Fahrlässigkeitsvorwurf widerlegen, also nachweisen, dass er sich sorgfaltsgemäß verhalten hat, ist dem zu widersprechen. Die Sorgfaltspflichtverletzung des Herstellers ist im Fehlerbegriff aufgehoben, dessen Voraussetzungen vom Geschädigten zu beweisen sind; dieser muss das Gericht davon überzeugen, dass das Produkt die Werkshalle mit einem »objektiven Mangel« behaftet verlassen hat.[32] Die von der Rechtsprechung entwickelte Beweislastumkehr betrifft in Wahrheit nur die verhaltensbezogene Seite der Fahrlässigkeit: Indem der Hersteller sich in Bezug auf sämtliche Mitarbeiter entlastet und die Erfüllung der ihm obliegenden Organisationspflichten nachweist, kann er sich von der Haftung befreien. Diese Anforderungen hat bereits der Hersteller des Impfstoffs gegen Hühnerpest nicht und danach kaum ein anderer Beklagter eines Produkthaftungsprozesses zu erfüllen vermocht.[33] Auch bei der Haftungsbegründung nach § 823 I drehen sich die Produkthaftungsprozesse deshalb um das zentrale Erfordernis eines Produktfehlers als die resultatsbezogene Seite der Fahrlässigkeit. Folgerichtig betont der BGH die Parallelität der deliktischen und der sondergesetzlichen Produkthaftung, indem er den Fehlerbegriff des ProdHaftG genauso definiert und interpretiert wie denjenigen des § 823 I.[34] Der deliktischen Produkthaftung und der Haftung nach dem ProdHaftG gemeinsam sind die drei Fehlertypen des Konstruktions-, Fabrikations- und Instruktionsfehlers gemeinsam. Daneben tritt die verhaltensbezogen formulierte und nur im Rahmen von § 823 I begründete Haftung für die Verletzung von Produktbeobachtungspflichten.

## II. Fehlertypen und Sorgfaltspflichten des Warenherstellers

### 1. Konstruktionsfehler

Konstruktionsfehler ist der deutsche Ausdruck für die im amerikanischen Recht treffender bezeichneten »design defects«. Hier geht es darum, dass bereits der **Bauplan des Produkts** einen Mangel aufweist, der zu Sicherheitsdefiziten sämtlicher nach die-

---
30 Vgl. *Schlechtriem*, FS Rittner, 1991, 545 (546); *Brüggemeier* ZHR 152 (1998), 511 (517).
31 *Medicus/Petersen*, Bürgerliches Recht, 25. Aufl. 2015, Rn. 650.
32 Deutlich BGH VersR 1996, 1116 (1117).
33 Als Bsp. für eine der seltenen Ausnahmen vgl. OLG Koblenz NJW-RR 1999, 1624 (1625ff.).
34 BGHZ 181, 253 Rn. 12 = NJW 2009, 2952.

sem Bauplan hergestellten Produkte führt; der Konstruktionsfehler ist stets Serienfehler, wenn das Produkt in Serie hergestellt wird. Den Hersteller trifft die Verpflichtung, seine Produkte so zu konzipieren, dass keine vermeidbaren Gefahren für Rechtsgüter anderer geschaffen werden.

617 **Beispiele:** Der Hersteller von **Pferdeboxen** muss diese so gestalten, dass die darin gehaltenen Pferde keine Verletzungen erleiden, wenn sie sich ihrer Natur entsprechend verhalten. Der Eigentümer eines Pferdes kann folglich Schadensersatz verlangen, wenn sich sein Tier beim Aufbäumen an einem scharfkantigen U-Eisen verletzt.[35] Die Griffe eines »**Expanders**« dürfen nicht aus minderwertigem Kunststoff hergestellt werden, sodass einer von ihnen bei einer Übung zerbricht, das Gerät zusammenschnellt und dem Verbraucher ein Auge ausschlägt.[36] **Möbellack** darf keine Bestandteile enthalten, die dazu führen, dass das Holz vergilbt, die Lackoberfläche versprödet und der Lack schließlich abplatzt,[37] ein **Gewindeschneidemittel** muss geruchs- und geschmacksneutral sein und darf keine Rückstände hinterlassen, die einen ekelerregenden Geruch und Geschmack des Leitungswassers verursachen.[38] Ein berühmter amerikanischer Fall betraf einen Pkw, dessen **Benzintank** so konstruiert und positioniert war, dass er explodierte, wenn ein anderes Fahrzeug in einem bestimmten Winkel auffuhr. Der Hersteller hatte diesen Mangel erkannt, sich aber wegen der geringen Wahrscheinlichkeit solcher Schadensfälle nicht zu einer alternativen Konstruktion entschließen können. Dies trug ihm eine Verurteilung zu Strafschadensersatz in exorbitanter Höhe ein.[39]
Nicht nur deshalb, sondern auch wegen des auf dem Spiel stehenden guten Rufs der Marke kommen die Hersteller der Haftung wegen Konstruktionsfehlern meistens zuvor, indem sie die betroffenen **Produkte zurückrufen** und den Fehler beheben. Verurteilungen sind deshalb selten und überwiegend älteren Datums.[40]

618 Wieviel an Sicherheit muss ein Produkt gewährleisten, damit der Hersteller seine Sorgfaltspflichten erfüllt hat und der Haftung ledig ist?

Auf den ersten Blick möchte man meinen, ein Produkt sollte **maximale Sicherheit** bieten, also den Rahmen des technisch Möglichen voll ausschöpfen. Das würde indessen bedeuten, dass nur noch die aufwendigsten und solidesten Modelle auf den Markt gebracht werden dürften, denn eine Staatskarosse bietet ihren Insassen nun einmal mehr Sicherheit als ein Kleinwagen. Hier wie auch sonst schuldet der Hersteller nicht das Sicherheitsmaximum, sondern **Sicherheit im Rahmen des Zumutbaren.**

619 Zunächst bezieht sich die Konstruktionsverantwortlichkeit des Herstellers auf die Vermeidung solcher **Gefahren, vor denen sich der Nutzer nicht selbst schützen kann,** etwa weil sie ihm bis zum Eintritt der Rechtsgutverletzung verborgen bleiben. Technische Sicherheitsvorkehrungen sind somit nicht geboten, soweit Schadensrisiken offen zutage liegen. Für den Benutzer eines **Autoscooters** oder eines sog. »Sprungboots« auf Kirmesveranstaltungen ist es offensichtlich, dass die Nutzung solcher Anlagen zu Erschütterungen der Wirbelsäule führt. Halten sich diese Erschütterungen im Rahmen des Üblichen, weil sie von normalen Menschen schadlos vertragen werden, begründet es keinen Konstruktionsfehler, wenn eine Frau mit fortgeschrittener Osteoporose Verletzungen erleidet.[41] Der Konsument einer **Ziga-**

---

35 BGH NJW 1990, 906 (908).
36 BGH VersR 1990, 532 (533).
37 BGH VersR 1996, 1116 (1117); ähnlich der Fall OLG Oldenburg NJW-RR 2001, 459; vgl. auch BGH NJW-RR 1992, 283.
38 BGH NJW 1994, 517 (518); NJW-RR 1995, 342.
39 *Grimshaw v. Ford Motor Co.* 174 Cal.Rptr. (1981), 348; zur »wahren Geschichte« hinter diesem Fall *G. T. Schwartz,* The Myth of the Ford Pinto Case, 43 Rutgers L.Rev. (1991), 1013.
40 Vgl. BGH VersR 1960, 1095 – fehlerhafter Kühlautomat; BGH VersR 1967, 498 – Eimer mit fehlerhaftem Handgriff; BGH VersR 1972, 559 – fehlerhaftes Förderband in einem Kieswerk; BGH NJW 1994, 3349 – Atemüberwachungsgerät; vgl. aber jetzt BGH NJW 2009, 2952 – Airbags.
41 OLG Hamm NJW-RR 2001, 1248 (1249).

rette weiß, dass die Inhalation von Tabakrauch zur Nikotinsucht und zum Eintrag krebserzeugender Substanzen in die Lunge führt. Diese Konsequenzen sind für sich allein genommen nicht geeignet, einen Konstruktionsfehler handelsüblicher Zigaretten zu begründen;[42] die Haftungsbegründung wegen Beimischung suchtverstärkender Additive steht auf einem anderen Blatt. Genauso wenig kann dem Hersteller von **Süßigkeiten** ein Konstruktionsfehler mit der Begründung angelastet werden, deren exzessiver Genuss führe zur Fettleibigkeit, wie dem Vizepräsidenten des LG Brandenburg von seinen Kollegen erklärt werden musste.[43] Nach dem Motto »Konsumiere und Liquidiere« funktioniert das Produkthaftungsrecht also nicht. In einer amerikanischen Entscheidung heißt es treffend: »*If a person knows or should know that eating copious orders of supersized* **McDonald's** *products is unhealthy and may result in weight gain (and its concomitant problems) because of the high levels of cholesterol, fat, salt and sugar, it is not the place of the law to protect them from their own excesses.* Nobody is forced to eat at McDonald's«.[44]

Auch im Übrigen ist die Verantwortung des Herstellers nicht grenzenlos. Für die Frage, wie sicher ein Produkt sein muss oder – damit ist das Gleiche gesagt – wie unsicher es sein darf, kommt es vielmehr darauf an, zu welchem Ergebnis ein sorgfältiger Hersteller gelangt wäre, wenn er die Risiken, die den Benutzern des Produkts drohen, gegen die Kosten abwägt, die durch eine mehr Sicherheit versprechende Konstruktionsänderung – ein »**reasonable alternative design**« – verursacht würden.[45] Die Vorstellung, der Hersteller einer Leiter, deren Sprossen bei Belastung durch einen Schwergewichtigen gebrochen sind, könne sich mit Rücksicht darauf entlasten, dass bei Wahl eines bruchfesten Materials die Leiter viel teurer gewesen wäre, offenbart allerdings ein Missverständnis. Nach dem sog. »**risk-utility test**« ist vielmehr entscheidend, ob die Summe aus den erhöhten Produktionskosten bei alternativer, sicherheitstechnisch aufwendigerer Konstruktion des Produkts und den dann immer noch zu verzeichnenden Schadenskosten kleiner ist als die Herstellungskosten bei herkömmlicher Bauweise zuzüglich der dann anfallenden Schadenskosten. Nur sofern dies der Fall ist, liegt ein Produktfehler vor.

620

Die **Feststellung eines Konstruktionsfehlers im Einzelfall** ist eine schwierige Aufgabe, die häufig nicht ohne Hinzuziehung von Sachverständigen zu bewältigen ist. Eine erste Orientierung bietet das **öffentliche Produktsicherheitsrecht,** also verwaltungsrechtliche Normen, die ihrerseits Anforderungen an die Gestaltung technischer Produkte stellen, wie etwa das Produktsicherheitsgesetz (ProdSG). Dieser Rechtsakt operiert seinerseits wieder mit Globalformeln wie derjenigen, ein Produkt müsse so beschaffen sein, »dass die Sicherheit und Gesundheit von Personen oder sonstige […] Rechtsgüter bei bestimmungsgemäßer oder vorhersehbarer Verwendung nicht gefährdet [werden]« (§ 3 I Nr. 1 ProdSG). Soweit in Rechtsverordnungen (§ 8 ProdSG) genauere Anforderungen definiert werden, entfalten diese eine Indizwirkung für die zivilrechtliche Haftung (§§ 3 I Nr. 1, 4 II ProdSG). Hat der Hersteller den verwaltungsrechtlichen Standard verletzt, ist vom Vorliegen eines Produktfehlers auszugehen, wenn er nicht nachweisen kann, dass die abweichende Konstruktion dieselbe oder mehr Sicherheit bietet. Andererseits entlastet den Hersteller die Konformität seines Produkts mit dem öffentlichen Sicherheitsrecht nicht

621

---

42 OLG Hamm NJW 2005, 295; LG Bielefeld NJW 2002, 2514; AG Arnsberg NJW 2004, 232 (234); aA *Adams/Bornhäuser/Pötschke-Langer/Grunewald* NJW 2004, 3657 (3659ff.); eing. *Wagner/Witte* ZEuP 2005, 895 (909ff.).
43 OLG Düsseldorf VersR 2003, 912 (914); LG Mönchengladbach NJW-RR 2002, 896 (898).
44 So Judge Sweet in *Pelman v. McDonald's Corp.* 237 F.Supp.2d 512, 533 (S.D.N.Y. 2003), Hervorhebung hinzugefügt.
45 Vgl. BGHZ 181, 253 Rn. 21 = NJW 2009, 2952: »sicherheitstechnisch überlegenes Alternativkonzept«.

*J. Verantwortlichkeit für fehlerhafte Produkte*

ohne Weiteres.⁴⁶ Im Rahmen einer marktwirtschaftlichen Ordnung führt der Erlass regulatorischen Sicherheitsrechts nicht dazu, dass sich die Schadensrisiken auf die öffentliche Hand verlagern. Andernfalls müsste der Staat noch viel intensiver in Marktprozesse eingreifen und bei Zukunftstechnologien nach dem Prinzip verfahren: »Was nicht erlaubt ist, das ist verboten«.⁴⁷ Auch eine Bauartzulassung oder eine Allgemeine Betriebserlaubnis (§ 20 StVZO) nimmt dem Hersteller die Verantwortung für die eigenen Produkte nicht ab.⁴⁸

622 Die konstruktive Sicherheit eines Produkts wird maßgeblich durch die technischen Möglichkeiten bestimmt, sodass der Sicherheitsstandard mit dem **wissenschaftlich-technischen Fortschritt** steigt. Die neuesten Errungenschaften der Sicherheitstechnik, die heute nur in Luxusfahrzeugen zu finden sind, gehören einige Jahre später zum Standard und markieren die Haftungsschwelle. Einschlägige Beispiele sind ABS-Systeme, Airbags, ESP und andere Errungenschaften der Automobilelektronik. So kann der Hersteller von Luxuslimousinen gehalten sein, Fehlauslösungen von Airbags durch Ausstattung des Fahrzeugs mit Ultraschallsensoren zu verhindern.⁴⁹ Der Umstand, dass diese Maßnahme nicht branchenüblich ist, führt als solche nicht zur Entlastung.

623 Welche Konsequenzen aber hat ein technologischer Durchbruch für Produkte, die sich bereits im Markt befinden? Sind diese an dem aktuellen Sicherheitsstandard zu messen, mit der Folge, dass der Hersteller gleichsam ex-post in die Haftung genommen werden kann? In § 3 II ProdHaftG wird diese Frage ausdrücklich beantwortet: »Ein Produkt hat nicht allein deshalb einen Fehler, weil später ein verbessertes Produkt in den Verkehr gebracht wurde.« Der wissenschaftlich-technische Fortschritt macht also nicht diejenigen Produkte fehlerhaft, die im **Zeitpunkt ihrer Vermarktung** den damaligen Anforderungen entsprachen. Zudem ist gem. § 1 II Nr. 5 ProdHaftG die Ersatzpflicht des Herstellers ausgeschlossen, wenn »der Fehler nach dem Stand der Wissenschaft und Technik in dem Zeitpunkt, in dem der Hersteller das Produkt in den Verkehr brachte, nicht erkannt werden konnte«.

624 Im Rahmen der **deliktischen Produkthaftung** nach § 823 I kommt eine Haftung für diese sog. **Entwicklungsrisiken** erst recht nicht in Betracht, denn ein Sorgfaltspflichtverstoß ist immer aus der Sicht ex ante zu prüfen, sodass das historische Risikowissen und die damals zur Verfügung stehenden Sicherheitstechnologien zugrunde zu legen sind.⁵⁰ Die retroaktive Auferlegung einer im Zeitpunkt des Inverkehrbringens nicht begründeten Haftung ist damit ausgeschlossen. Für diese Lösung spricht der Umstand, dass einer Einstandspflicht für ex ante nicht erkennbare oder nicht vermeidbare Risiken keinerlei Steuerungseffekte zukommt.⁵¹ Eine ins Gewicht fallende Rechtsschutzlücke entsteht dadurch ebenfalls nicht, weil diejenige Produktgattung, bei der sich Entwicklungsgefahren am häufigsten verwirklichen – Medikamente – der besonderen gesetzlichen Regelung des Arzneimittelgesetzes unterliegen, nach der ein Pharmapro-

---

46 BGHZ 70, 102 (107) = NJW 1978, 419; BGH NJW 1987, 372 (373); OLG Hamm NJW-RR 2011, 893.
47 Ausf. MüKoBGB/*Wagner* § 823 Rn. 359; *Wagner* in Hendler, Umwelthaftung nach neuem EG-Recht, 2005, 73 (112 ff.).
48 MüKoBGB/*Wagner* § 823 Rn. 364 f.
49 BGHZ 181, 253 Rn. 19 ff. = NJW 2009, 2952; dazu *Burckhardt* VersR 2009, 1592.
50 BGH NJW 2009, 2952 Rn. 27.
51 Genauer *Wagner* VersR 1999, 1441 (1449 ff.).

duzent in gewissem Umfang auch für Entwicklungsgefahren einstehen muss (→ Rn. 626). Außerhalb des Arzneimittelrechts kann nachträglich aufgekommenes Risikowissen unter dem Gesichtspunkt der sog. **Produktbeobachtungspflicht** eine Haftung des Herstellers begründen (→ Rn. 641 ff.).

Ein mit **Asbest** ausgekleideter Elektroheizkörper ist also nicht allein deshalb fehlerhaft, weil heute allgemein bekannt ist, dass Asbeststaub schwerste Gesundheitsrisiken birgt.[52] Es kommt vielmehr darauf an, ob ein vernünftiger Asbesthersteller im Zeitpunkt des Inverkehrbringens des Heizkörpers hätte erkennen können, dass in dem zeitweise als Allzweckstoff angesehenen Material ernste Gefahren schlummern. In den USA haben die durch Asbest verursachten Gesundheitsschäden – Asbestose, Lungenkrebs, Rippen- oder Bauchfellkrebs (Mesotheliome) – eine Lawine von Klagen ausgelöst, die schließlich zum Konkurs der führenden Asbest-Hersteller[53] und zum fast-Zusammenbruch des britischen Versicherungsmarkts Lloyds of London geführt hat.[54] Während ein Teil der Gerichte die Vorhersehbarkeit der Gesundheitsrisiken mit Rücksicht auf die damalige medizinische Literatur bejaht hat,[55] bekannte sich die Mehrheit zu einer verschuldensunabhängigen Haftung für Asbestschäden in dem Sinne, dass die Unvorhersehbarkeit der Gefahr im Zeitpunkt der Vermarktung die Haftung nicht ausschließt.[56]

625

Als Reaktion auf die Contergan-Katastrophe[57] ist mit den §§ 84 ff. **Arzneimittelgesetz (AMG)** ein Sonderregime der Produkthaftung für Medikamente eingeführt worden, das in seinem Anwendungsbereich als lex specialis das ProdHaftG verdrängt (§ 15 I ProdHaftG, Art. 13 Produkthaftungs-RL).[58] Die Produkthaftung gem. § 823 I besteht daneben ungeschmälert fort (§ 91 AMG).[59] Obwohl § 84 I AMG eine abweichende Terminologie wählt, haftet auch der »pharmazeutische Unternehmer« genauso wie ein Hersteller für Konstruktions- und Fabrikationsfehler (§ 84 I 2 Nr. 1 AMG) seiner Arzneimittel sowie für die mangelhafte Instruktion von Ärzten und Patienten (§ 84 I 2 Nr. 2 AMG). Der Arzneimittelhersteller hat sogar partiell für **Entwicklungsrisiken** aufzukommen, weil § 84 I 2 Nr. 1 AMG die Haftung lediglich davon abhängig macht, dass »das Arzneimittel bei bestimmungsgemäßem Gebrauch schädliche Wirkungen hat, die über ein nach den Erkenntnissen der medizinischen Wissenschaft vertretbares Maß hinausgehen«. Dies ist so zu verstehen, dass der aktuelle Kenntnisstand in Bezug auf die durch das Medikament verursachten Nebenwirkungen zugrunde zu legen ist, unabhängig davon, ob der Eintritt schädlicher Wirkungen ex ante, vor Beginn der Vermarktung vorhersehbar war oder nicht. Die Frage nach der medizinischen Vertretbarkeit der Nebenwirkungen lässt sich sinnvoll indessen nur beantworten, wenn man sich in den Zeitpunkt der Verabreichung des Medikaments zurückversetzt und dann die Frage stellt, ob es weniger schädliche Behandlungsalternativen gegeben hätte.[60]

626

Als Reaktion auf die Schäden durch **HIV-verseuchte Blutprodukte**[61] ist die Haftung nach dem AMG im Jahre 2002 reformiert worden.[62] Wesentliche Punkte der Neuregelung sind: Einführung einer Kausalitätsvermutung nach dem Vorbild des § 6 UmweltHG in § 84 II AMG;[63] Begründung eines Auskunftsanspruchs des Geschädigten gegen den pharmazeutischen Unternehmer, wenn bloß Anhaltspunkte für

---

52 Dazu *Breuer* BArbBl. 2005, 20: Gesamtkosten von ca. 10 Milliarden EUR allein für die deutschen Berufsgenossenschaften.
53 Vgl. *In re Johns-Manville Corp.*, 36 Bankr. 727, 729 (Bankr. S.D.N.Y. 1984): »mammoth problem of uncontrolled proliferation of asbestos health suits brought against it«.
54 Vgl. *Society of Lloyd's v. Jaffray*, (2002) All E.R. 399 (C. A. 2002).
55 So *Borel v. Fiberboard Paper Products Corp.* 493 F.2d 1076, 1083 ff. (5th Cir. 1973).
56 Grdl. *Beshada v. Johns-Manville Products Corp.* (1982) 447 A.2d 539, 544 ff.; zur Entwicklung in England *Wagner* ZEuP 2007, 1122 ff.
57 Zur juristischen Seite LG Aachen JZ 1971, 507; zuletzt BVerfG NJW 2010, 1943; *Wagner* in German National Reports to the 18th International Congress of Comparative Law (2010), 39 (49 ff.).
58 Das ist europarechtskonform: EuGH NJW 2015, 927 Rn. 21 – Novo Nordisk Pharma GmbH/S.
59 Vgl. etwa BGHZ 106, 273 (283 ff.) = NJW 1989, 1542 (1544 f.).
60 *Kullmann/Pfister*, Produzentenhaftung, Kz. 3810 S. 34; *Deutsch/Lippert* AMG (2010), § 84 Rn. 10.
61 Vgl. BGHZ 114, 284 = NJW 1991, 1948; BGHZ 116, 379 = NJW 1992, 743; OLG Hamm NJW-RR 1997, 217.
62 Eing. zum Ganzen *Wagner* VersR 2001, 1334; *Wagner*, Das neue Schadensrecht, 2002, 5 ff.; erste Würdigung der Reform bei *Bollweg* MedR 2004, 486.
63 Dazu BGH VersR 2008, 1264 = NJW 2008, 2994 mAnm *Deutsch*; BGH NJW 2013, 2901; *Wagner* PharmaR 2008, 370; *Wagner* MedR 2014, 353; *Hart* MedR 2009, 253; 2013, 705.

einen Haftungsfall vorliegen (§ 84a AMG; vgl. auch § 8 UmweltHG); Erhöhung der Haftungshöchstgrenze für Serienschäden auf 120 Mio. EUR (§ 88 Nr. 2 AMG) und Erstreckung des Schmerzensgeldanspruchs (§ 253 II) auf die Arzneimittelhaftung (§ 87 S. 2 AMG).

## 2. Fabrikationsfehler

627 Ein Fabrikationsfehler liegt vor, wenn der Bauplan des Produkts fehlerfrei ist, jedoch ein einzelnes Stück von diesem Bauplan abweicht, weil **im Fertigungsprozess ein Fehler passiert** und nicht entdeckt worden ist. In kaufrechtlicher Terminologie ausgedrückt, weicht das Produkt nicht nur von der Sollbeschaffenheit im objektiv-normativen Sinn ab, sondern die Diskrepanz besteht auch im Vergleich zu der vom Hersteller selbst anvisierten Sollbeschaffenheit. Da Menschen ebenso wie technische Prozesse nie völlig fehlerfrei arbeiten, nehmen Fabrikationsfehler in der Rechtsprechung einen breiten Raum ein.

628 **Beispiele:** Um einen Fabrikationsfehler handelt es sich daher, wenn ein bestimmtes Quantum an Impfstoff oder Infusionslösung durch Bakterien verseucht ist,[64] ein Gebäckstück namens Kirschtaler einen **Kirschkern** enthält, der eine zahnprothetische Versorgung des Konsumenten nötig macht,[65] ein **Venenkatheter** nicht hinreichend bruchfest ist,[66] Schubstreben eines Kraftfahrzeugs Materialfehler aufweisen,[67] der **Airbag** eines Pkw bereits bei leichten Erschütterungen ausgelöst wird,[68] wenn Blumenerde zu wenig Stickstoff und Phosphat enthält oder ein **Torfsubstrat** mit Schadstoffen belastet ist, sodass die Jungpflanzen eingehen,[69] bei einem **Baustromverteiler** die Leitungstrenner nicht sachgerecht montiert sind, sodass die gesamte Baustelle einer Schleuse geflutet wird,[70] wenn die Pleuel-Halbschalen im Motor eines Jaguar-Pkw falsch montiert werden, sodass der Motor blockiert.[71]

629 Typischerweise betrifft der Fabrikationsfehler nicht die gesamte Serie, sondern nur einzelne Stücke, sog. **Ausreißer.** Zwingend ist dies indessen nicht, denn bei fehlerhaft organisierten Produktionsprozessen oder mangelhaften Qualitätskontrollen kann es durchaus auch zu Serienschäden kommen, so etwa wenn Futtermittel für die Zucht von Speisefischen auf derselben Anlage wie Medizinalfutter abgemischt wird, mit der Folge, dass ganze Chargen durch ein Breitspektrum-Antibiotikum kontaminiert sind.[72] Steht fest, dass die Istbeschaffenheit des Produkts von der vom Hersteller selbst angestrebten Sollbeschaffenheit abweicht, ist die Haftung gem. § 823 I nicht automatisch begründet. Das Deliktsrecht verpflichtet den Hersteller nicht dazu, eine **Fehlerquote von »Null«** zu garantieren, denn absolute Sicherheit ohne Rücksicht auf die technischen Möglichkeiten und die Kosten von Sicherungsmaßnahmen ist nicht geschuldet (→ Rn. 183 ff.). Sofern sich Fabrikationsfehler trotz sachgerechter Organisation der innerbetrieblichen Abläufe sowie sorgfältiger Auswahl, Überwachung und Anleitung der Mitarbeiter nicht völlig vermeiden lassen, trifft den Hersteller keine Haftung.

---

64 BGHZ 51, 91 = NJW 1969, 269 und BGH NJW 1982, 699.
65 BGH NJW 2009, 1669.
66 OLG Saarbrücken NJW-RR 1988, 611.
67 BGH NJW 1968, 247.
68 AG München NJW-RR 2001, 321.
69 BGH NJW-RR 1993, 1113 (1114); NJW 1999, 1028 (1029).
70 BGH NJW 1992, 41 (42).
71 OLG Düsseldorf WM 1985, 1079.
72 BGHZ 105, 346 (352 ff.) = NJW 1989, 707.

Zweifelhaft ist die Rechtslage unter § 3 **ProdHaftG**. Der BGH hat in einer Entscheidung zu berstenden Mineralwasserflaschen ausgeführt, die Verbrauchererwartungen seien von den technischen Möglichkeiten unabhängig, sodass ein Fabrikationsfehler auch dann vorliegen könne, wenn der Mangel technisch nicht feststellbar und damit nicht behebbar sei.[73] Das Urteil in Sachen *Kirschtaler* hat diesen Grundsatz insofern relativiert, als der Hersteller auch gem. § 3 ProdHaftG **nicht für jedweden Fabrikationsfehler einzustehen** hat, sondern es erneut auf die Größe der Gefahr und die Möglichkeit und Zumutbarkeit von Sicherheitsmaßnahmen ankommt.[74] »Völlige Gefahrlosigkeit kann der Verbraucher nicht erwarten« – auch nicht auf der Grundlage des ProdHaftG. Damit ist die vermeintliche Gefährdungshaftung nach dem ProdHaftG der deliktischen Produkthaftung auch im Bereich der Fabrikationsfehler bis auf Haaresbreite angenähert (→ Rn. 614).

630

Hat der Hersteller Maßnahmen der **Qualitätskontrolle** ergriffen und ist der Kläger gleichwohl durch ein mangelhaftes Produkt geschädigt worden, steht er häufig vor dem Dilemma, dass er nicht nachweisen kann, ob der Fehler in der Sphäre des Herstellers entstanden und bei der Qualitätskontrolle übersehen worden ist oder ob er erst später, auf dem Transportweg oder durch falsche Lagerung, verursacht wurde. So liegt es typischerweise in den Fällen explodierender Mineralwasserflaschen, bei denen der BGH dem Geschädigten mit einer (weiteren) Beweislastumkehr zur Hilfe gekommen ist: Sofern der Abfüllbetrieb es versäumt hat, die Befunde der von ihm durchgeführten Qualitätssicherungsmaßnahmen zu dokumentieren, wird die Beweislast für den sog. **Fehlerbereichsnachweis** zu seinen Lasten umgekehrt.[75] Dieses Kunstgriffs bedarf es im Rahmen der harmonisierten Produkthaftung nicht, denn gem. § 1 II Nr. 2, IV S. 2 ProdHaftG trifft den Hersteller die Beweislast dafür, »dass das Produkt den Fehler, der den Schaden verursacht hat, noch nicht hatte, als der Hersteller es in den Verkehr brachte«.[76] Den Vollbeweis, dass der Fehler erst nach Inverkehrbringen entstanden ist, wird der Hersteller freilich kaum einmal führen können, weshalb das Gesetz das Beweismaß auf überwiegende Wahrscheinlichkeit reduziert: Der Hersteller ist bereits dann entlastet, wenn »nach den Umständen davon auszugehen ist«, dass das Produkt das Werksgelände in einwandfreiem Zustand verlassen hat.[77] Anstatt dem Hersteller eine kostspielige **Befundsicherungspflicht** aufzuerlegen, deren Erfüllung noch keine einzige Rechtsgutsverletzung verhindert hat, sollte die Rechtsprechung lieber die ausgewogene Regelung des § 1 II Nr. 2 ProdHaftG auf die deliktische Produkthaftung übertragen.[78]

631

In vielen Fällen betreffen Fabrikationsfehler nicht die gesamte Produktserie, bleiben aber auch nicht auf einzelne Ausreißer beschränkt, sondern treten mit statistischer **Regelmäßigkeit** auf. Lässt sich mit einfachen Mitteln feststellen, ob ein bestimmtes Einzelstück an dem Fehler leidet oder nicht, hat es damit sein Bewenden. Problematisch und umstritten sind die Fälle, in denen diese Aufklärung nicht möglich ist oder bereits die technische Prüfung des Produkts zu Schäden führt, der **Feh-**

---

73 BGHZ 129, 353 (358 ff.) = NJW 1995, 2162; genauso OLG München BeckRS 2011, 10312.
74 BGH NJW 2009, 1669 Rn. 6 ff.
75 BGHZ 104, 323 (333 ff.) = NJW 1988, 2611; zur Kritik MüKoBGB/*Wagner* § 823 Rn. 689.
76 BGHZ 129, 353 (357) = NJW 1995, 2162; OLG München BeckRS 2011, 10312.
77 MüKoBGB/*Wagner* ProdHaftG § 1 Rn. 37.
78 MüKoBGB/*Wagner* § 823 Rn. 689.

lerverdacht also nicht mit wirtschaftlich vertretbaren Mitteln ausgeräumt werden kann.[79]

So liegt es, wenn von einer Serie oder Charge eines **Herzschrittmachers** einzelne Stücke – aber nicht alle – einen Fehler aufweisen, der im Einzelfall nur dadurch festgestellt werden kann, dass das Gerät mithilfe eines operativen Eingriffs herausgenommen und sodann untersucht wird.[80] Stellt sich heraus, dass der in dem Patienten eingesetzte Schrittmacher fehlerhaft war, wird niemand an einem Ersatzanspruch gegen den Hersteller zweifeln.[81] Doch wie ist es, wenn sich das »ausgebaute« Gerät als fehlerfrei erweist?[82] Der EuGH hat den Hersteller auch in diesem Fall zum Ersatz der Kosten für die Revisionsoperation verpflichtet. Die für die Produkthaftung gemäß Art. 1, 9 Produkthaftungs-RL, § 1 I ProdHaftG konstitutive Rechtsgutsverletzung erblickt der Gerichtshof in der Revisionsoperation selbst, die von dem Patienten initiiert worden ist, um einen noch schwereren Schaden infolge Ausfalls des Schrittmachers zu vermeiden.[83] Der BGH ist diesen Vorgaben in seinem Schlussurteil gefolgt.[84] Sachgerechter wäre es gewesen, den Anspruch auf § 254 II zu stützen,[85] denn es entspricht allgemeinen Rechtsgrundsätzen, dass der Schädiger die Kosten von Maßnahmen zur Abwendung und Minderung eines Schadens zu tragen hat, sofern diese der in § 254 II 1 statuierten Schadensminderungsobliegenheit des Geschädigten entsprechen, insbesondere im Lichte des drohenden Schadens verhältnismäßig sind.[86]

### 3. Instruktionsfehler

632 Die mit der Nutzung eines Produkts verbundenen Gefahren muss der Hersteller durch Wahl einer sicheren Konstruktion und durch Vermeidung nachlässiger Fabrikation zu vermeiden suchen. Wie bereits mehrfach betont, sind diese Verpflichtungen nicht grenzenlos. Automobilhersteller sind nicht dazu verpflichtet, ihre Fahrzeuge mit einer Panzerung zu versehen, auch wenn diese Maßnahme die Folgen von Verkehrsunfällen minimieren würde. Ein Medikament, das schwerwiegende **Nebenwirkungen** verursacht, darf gleichwohl vermarktet werden, wenn ein anderes Medikament, das den gleichen therapeutischen Nutzen bei geringeren Nebenwirkungen erzielen würde, nicht zur Verfügung steht (vgl. § 84 I AMG; zum Sonder-Produkthaftungsrecht für Arzneimittel → Rn. 626). Dort, wo die Verpflichtungen des Herstellers zur sicheren Konstruktion und Fabrikation seiner Produkte ihr Ende finden, beginnen die Instruktionspflichten. In diesem Sinne beansprucht die **Konstruktionspflicht den**

---

79 Im Rahmen der Gewährleistung beim Kauf steht ein nicht ausräumbarer Mangelverdacht einem Mangel gleich; vgl. BGHZ 52, 51 (54) = NJW 1969, 1171; BGH WM 1972, 1314f.; NJW 1989, 218 (219f.); NJW-RR 2003, 772.
80 So lag es möglicherweise in dem Fall EuGH EuZW 2015, 318 = JZ 2016, 306 – Boston Scientific/AOK Sachsen-Anhalt & RWE mit Bespr. *Wagner* JZ 2016, 292.
81 OLG München BeckRS 2010, 18785; vgl. auch *Handorn* PHi 2011, 206 (209f.).
82 Ob diese Möglichkeit in dem vom EuGH entschiedenen Fall überhaupt bestand, ist nach dem mitgeteilten Sachverhalt durchaus zweifelhaft; vgl. *Wagner* JZ 2016, 292 (295).
83 EuGH EuZW 2015, 318 = JZ 2016, 306 Rn. 47ff., 55 – Boston Scientific/AOK Sachsen-Anhalt & RWE mit Bespr. *Wagner* JZ 2016, 292; krit. *Koch* VersR 2015, 1467 (1469f.); *Brüggemeier* MedR 2014, 537 (538).
84 BGH VersR 2015, 1040 Rn. 25.
85 So MüKoBGB/*Wagner* ProdHaftG § 3 Rn. 43.
86 BGH NJW 1993, 2685 (2687).

**Vorrang vor der Instruktionspflicht:** Niemand darf einen Fernseher in den Verkehr bringen, der bei Erwärmung über 40 °C explodiert, auch nicht mit dem Warnhinweis: »Vorsicht, nicht der Sonne aussetzen.« Nur insoweit, als der Nutzer des Produkts durch technische Sicherheitsvorkehrungen und Qualitätskontrollen nicht geschützt werden kann oder muss, ist zumindest auf die mit dem Gebrauch des Produkts verbundenen Rest-Gefahren hinzuweisen und der Nutzer in dem gefahrlosen Gebrauch des Produkts zu unterweisen.

> **Beispiele:** Der Fahrer eines sog. **Silokippers** hatte das Silo kurz vor Vollendung der Beladung mit Kunststoffgranulat durch volles Ausfahren der vorderen Hydraulik so weit als möglich angehoben, um eine möglichst gleichmäßige Verteilung der Ladung in dem Silo zu ermöglichen.[87] Dabei brach die letzte Stufe der Fronthebepresse, der Silobehälter krachte auf den Auflieger und beschädigte diesen schwer. Die Annahme eines Konstruktionsfehlers kommt hier nicht in Betracht, denn die Hebepresse eines Sattelaufliegers mit Silobehälter muss nicht so ausgelegt sein, dass sie selbst in beladenem Zustand voll ausgefahren werden kann. Der Hersteller war aber verpflichtet, die trotz Wahl einer hinreichend sicheren Konstruktion verbleibenden Residualrisiken durch entsprechende Instruktion der Nutzer des Sattelaufliegers einzudämmen. Diese Verpflichtung sah der BGH in casu als erfüllt an, weil der Hersteller an der Bedienungseinheit des Sattelaufliegers einen Aufkleber angebracht hatte, der davor warnte, die Hebepresse beim Beginn des *Ent*ladens über die Hälfte hinaus auszufahren. Das Gericht hielt dafür, der Fahrer eines solchen Lkw sei kompetent genug, diesen Hinweis auf das Anheben des Silokippers während des *Be*ladevorgangs zu übertragen.
> Der Fall illustriert vortrefflich, warum es nicht angeht, die Instruktionspflichten des Herstellers für die Lösung der **Weiterfresser-Fälle** zu instrumentalisieren, wie dies in der Literatur vorgeschlagen worden ist.[88] Dort geht es um Fälle, in denen der Hersteller seine Konstruktions- und Fabrikationspflichten *verletzt* hat und dadurch das Produkt selbst in Mitleidenschaft gezogen worden ist (→ Rn. 150 ff.). Die Instruktionspflichten beginnen hingegen erst an der Schwelle, an der die Konstruktions- und Fabrikationspflichten *enden* bzw. vom Hersteller erfüllt worden sind. Dafür ist gerade die Silokipper-Entscheidung ein gutes Beispiel, denn der Sattelauflieger als solcher war fehlerfrei.
> In relevanter Hinsicht genauso lag es in BGH NJW 1996, 2224 (2226): Der Hersteller von Schmierfett wurde für den Verlust eines **Schiffspropellers** (sog. Grim'sches Leitrad) verantwortlich gemacht, weil er es versäumt hatte, den Schiffseigner darauf hinzuweisen, dass das Öl bei Temperaturen unter −35 °C, wie sie in der Seeschifffahrt offenbar vorkommen, seine Schmierwirkung einbüßt.

633

Primäre Schutzobjekte der Instruktionspflichten des Herstellers sind nicht Schäden am Produkt selbst (vgl. auch § 1 I 2 ProdHaftG, →Rn. 656), sondern die **übrigen Rechtsgüter** des Produktnutzers und im Übrigen selbstverständlich die Rechtsgüter Dritter.

634

> **Beispiele:** Noch vor Erlass des AMG spielt der Fall BGH NJW 1972, 2217: Ein Assistenzarzt hatte der Klägerin zur Vorbereitung einer Operation das Kurznarkosemittel **ESTIL** in den Arm injiziert. Das zur intravenösen Anwendung vorgesehene Mittel geriet versehentlich in eine Arterie, was eine Gefäßreaktion auslöste, die die Amputation des Armes erforderlich machte. Der Arzneimittelhersteller wurde in die Haftung genommen, weil »er nicht in Packungsbeilage und Arzneiprospekt unverblümt auf die ihm bekannte absolute Arterienunverträglichkeit von ESTIL« hingewiesen hatte.[89] In dem Fall OLG Bremen VersR 2004, 207, ging es um eine Faltschachtelverpackungsanlage für Tiefkühlkost, deren Sicherungseinrichtungen

635

---

87 BGH NJW 1992, 2016.
88 *Gsell*, Substanzverletzung und Herstellung, 2003, 95 ff. (163 f.).
89 BGH NJW 1972, 2217 (2220).

vom Hersteller so verändert worden waren, dass die Anlage auch bei geöffnetem Sicherheitsgitter angefahren werden konnte. Der Kläger hatte dadurch schwere Verletzungen an seiner rechten Hand erlitten. Das OLG bejahte nicht nur einen Konstruktions-, sondern darüber hinaus auch einen Instruktionsfehler, weil es der Hersteller versäumt hatte, eine Bedienungsanleitung in deutscher Sprache vorzulegen, aus der hervorgegangen wäre, dass das Sicherheitssystem der Anlage überbrückt worden ist. Demgegenüber bleibt unklar, welche Funktion eine solche Kumulation von Konstruktions- und Instruktionsfehler eigentlich wahrnehmen soll, wenn der Hersteller doch schon wegen Verletzung seiner Konstruktionspflichten haftet. Die Entscheidung leistet zudem dem Missverständnis Vorschub, der Hersteller könne die Haftung für die Verletzung seiner Konstruktionspflichten abwenden, indem er sein Produkt mit einer Warnung versieht. Das ist jedoch nicht der Fall.

636 Die Verpflichtung des Herstellers zur Aufklärung des Produktnutzers dient zunächst der Verhinderung solcher Rechtsgutsverletzungen, die sich durch **sachgerechte Handhabung des Produkts** vermeiden lassen. Darüber hinaus erfüllen die Instruktionspflichten den weiteren Zweck, den Nutzer über die verbleibenden Residualrisiken zu informieren, um ihm eine autonome Entscheidung über die Inkaufnahme dieser Gefahren zu ermöglichen.

637 Diese zuletzt genannte Funktion der Instruktionspflichten steht bei **Arzneimitteln** im Vordergrund (§ 84 I 2 Nr. 2 AMG), ist aber nicht darauf beschränkt, wie der Fall BGHZ 64, 46 zeigt. Der Kläger litt an schweren allergischen Hautausschlägen, die er als Friseur infolge des langjährigen Einsatzes des von der Beklagten hergestellten **Haartonikums** erlitten hatte. Wäre die Beklagte ihrer Instruktionspflicht nachgekommen und hätte den Kläger auf die Gefahr massiver allergischer Reaktionen bei fortgesetzter Anwendung des Mittels hingewiesen, wäre dieser nicht nur in den Stand gesetzt worden, sich mithilfe von Salben, Handschuhen oder sonstigen Maßnahmen vor diesen Schäden zu schützen, sondern er hätte darüber hinaus auch frei entscheiden können, ob er das gleichwohl verbleibende Residualrisiko in Kauf nehmen wollte oder nicht.[90]

638 Die **Intensität der Instruktionspflichten** des Herstellers richtet sich nach dem **Empfängerhorizont der Produktnutzer** und damit auch nach dem Adressatenkreis des Produkts. Wendet sich der Hersteller allgemein an Verbraucher, muss die Instruktion auf deren Kenntnisstand aufsetzen. Vor offensichtlichen Gefahren braucht nicht gewarnt zu werden.

> **Beispiele:** Jedenfalls diejenigen Menschen, die nach den sechziger Jahren des 20. Jahrhunderts das **Rauchen** anfingen, brauchten deshalb nicht darüber aufgeklärt zu werden, dass Zigaretten gesundheitsschädlich sind und noch dazu abhängig machen, denn das wusste jeder.[91] Eine Brauerei ist auch nicht gehalten, ihre Kunden vor der Alkoholkrankheit zu warnen, denn die Folgen übermäßigen **Alkoholkonsums** sind der Bevölkerung bekannt.[92] Schließlich ist auch bekannt, dass fettleibig wird und an Diabetes erkranken kann, wer sich maßgeblich von **Süßigkeiten** und zuckerhaltigen Getränken ernährt.[93] Ein Hersteller von **Fertigbeton**, der eine Fuhre an einen diplomierten Betriebswirt liefert, der damit seinen Garagenboden betonieren will, muss Letzteren auf die bei Hautkontkt gegebene Gefahr schwerer alkalischer Verletzungen hinweisen.[94] Bauhandwerker wissen um die Gefahr, doch für Laien stellt es einen vorhersehbaren Fehlbegrauch dar, den Beton ohne Schutzkleidung zu verarbeiten und sich beim Glattstrich in die Betonmasse hineinzuknien.

---

90 BGHZ 64, 46 (51f.) = EuZW 2015, 318.
91 OLG Frankfurt a. M. NJW-RR 2001, 1471; OLG Hamm NJW 2005, 295; AG Arnsberg NJW 2004, 232 (234); *Adams/Bornhäuser/Pötschke-Langer/Grunewald* NJW 2004, 3657 (3661); *Wagner/Witte* ZEuP 2007, 895 (913ff.).
92 OLG Hamm NJW 2001, 165.
93 OLG Düsseldorf VersR 2003, 912 (914).
94 OLG Bamberg VersR 2010, 403 (404f.).

Darauf, ob eine Norm des Polizei- und Ordnungsrechts die Warnhinweise vorschreibt, kommt es auch hier nicht an (→ Rn. 622).[95] Kann der Hersteller indessen sicher sein, dass sein **Produkt ausschließlich von Fachleuten benutzt** werden wird, wie es etwa bei für den gewerblichen Gebrauch bestimmten Maschinen der Fall ist, kann er seine Warnhinweise entsprechend reduzieren und braucht in seiner Bedienungsanleitung nicht beim kleinen Einmaleins anzufangen.[96]

Fast jedes Produkt kann zur Gefahrenquelle werden, indem man es fehlgebraucht oder gar missbraucht. Der Hersteller ist nicht gehalten, das Publikum vor offensichtlichen **Missbrauchsrisiken** zu warnen. Der Hinweis, dass man einen Rasenmäher nicht auch als Heckenschere einsetzen kann, ist genauso überflüssig wie die Warnung vor dem Versuch, Haustiere in einem Mikrowellenofen zu trocknen, oder vor dem sog. Sniffing, also der Einatmung von Dämpfen erhitzter Klebstoffe oder sonstiger Chemikalien.[97] Auf der anderen Seite darf der Hersteller bereits bei der Entscheidung über die Konstruktion seiner Produkte nicht davon ausgehen, dass die Konsumenten den Gegenstand stets nur im Rahmen des **bestimmungsgemäßen Gebrauchs** nutzen, sondern muss auch mit einem **Fehlgebrauch** rechnen, der nach den Umständen »naheliegt«. Wer ein Asthmaspray in den Verkehr bringt, das bei akuter Atemnot angewendet werden soll, muss nicht nur die Dosierung angeben, sondern eindringliche Warnungen anfügen, wenn eine Überdosierung zu schwersten Gesundheitsschäden oder sogar zum Tod des Patienten führen kann (zu § 84 AMG → Rn. 626).[98] Der Hersteller eines Aktenvernichters muss damit rechnen, dass Benutzer versuchen werden, in den Einführungsschlitz hineinzugreifen, um beispielsweise einen Papierstau zu beseitigen oder versehentlich eingeführtes Papier herauszuholen, was bei Berührung der Messerwalzen zur Verstümmelung der Finger führen kann. Da diese Gefahr für den Nutzer nicht ohne Weiteres erkennbar ist, muss er durch Piktogramme oder schriftliche Warnhinweise von einem solchen Versuch abgehalten werden.[99] Besonders intensiv sind die Pflichten zur Warnung von Fehlgebrauchsrisiken bei Produkten, die für Kinder bestimmt sind. So muss ein Spielzeughersteller berücksichtigen, dass seine »Abnehmer« mit Spielzeug nicht nur spielen, sondern es auch in den Mund nehmen, zerbrechen oder anderen Schabernack damit treiben. Hier muss das Produkt bereits so konstruiert sein, dass es auch bei Fehlgebrauch keine Gesundheitsschäden verursacht. Soweit dies nicht möglich ist, sind die **Eltern zu warnen**.

639

> **Beispiele**: In den sog. Kindertee-Fällen geht es um **gesüßten Kindertee**, der zusammen mit Plastiktrinkflaschen vertrieben wurde. Da bereits Säuglinge und Kleinkinder in der Lage waren, selbst die Flaschen zu halten, wurden sie von manchen Eltern als »Einschlafhilfe« missbraucht oder im Sinne eines »Beruhigungsmittels« permanent verabreicht. Dies führte zu schweren Kariesschäden an den Oberkiefer-Frontzähnen, die aufwendige medizinische Maßnahmen erforderlich machten und kaum zu korrigieren waren. Der BGH bejahte die Haftung des Herstellers, weil er es fahrlässig unterlassen habe, die nach den Umständen erforderlichen graphisch und drucktechnisch genügend auffällig gestalteten Warnhinweise zu geben, die die Eltern darauf aufmerksam gemacht hätten, dass und warum die dauernde Verabreichung des Tees zu erheblichen Gesundheitsgefahren führt.[100]

640

---

95 BGH JZ 1999, 947 (948).
96 BGH NJW 1986, 1863 (1864); 1992, 2016 (2018).
97 BGH NJW 1981, 2514 (2515).
98 BGHZ 106, 273 (281 ff.) = NJW 1989, 1542.
99 BGH JZ 1999, 947 (948) mablAnm *Foerste*.
100 BGHZ 116, 60 = NJW 1992, 560; vgl. weiter BGH NJW 1994, 932; 1995, 1286 und dazu BVerfG NJW 1997, 249; OLG Frankfurt a. M. NJW-RR 1999, 25 ff.

Ein Einzelhändler, der in der Zeit »zwischen den Jahren« einen harmlos erscheinenden und verwaltungsrechtlich zur Abgabe an Personen unter 18 Jahren zugelassenen **Feuerwerkskörper** einem achtjährigen Jungen verkauft, haftet nicht für einen Schaden, den das Kind beim Abbrennen erleidet.[101] Wohl aber kann das Kind den Importeur des Feuerwerkskörpers in Anspruch nehmen, wenn dieser es versäumt hat, die Einzelhändler durch entsprechende Warnhinweise auf der Verpackung über das Gefährdungspotential der eigenen Produkte in Kenntnis zu setzen, und auf diese Weise die Gefahrsteuerung durch den Händler vereitelt hat.[102]

## 4. Verletzung der Produktbeobachtungspflicht

641  Weil die **Sorgfaltspflichten** sowohl des Deliktsrechts als auch des ProdHaftG (§§ 3 II, 1 II Nr. 5 ProdHaftG) **zeitpunktbezogen** sind (→ Rn. 623), kann der Fall auftreten, dass ein Produkt im Zeitpunkt seiner Inverkehrgabe als fehlerfrei zu bezeichnen war, später aber als »fehlerhaft« qualifiziert wird, weil die Gesellschaft dazugelernt hat: Man verfügt heute über Risikowissen, das der Hersteller im Zeitpunkt der Vermarktung des Produkts noch nicht haben konnte. Ein Produktfehler im Rechtssinne lässt sich auf diese Weise nicht begründen, denn dieser muss im **Zeitpunkt ex ante**, bei Vermarktung des Produkts festgestellt werden.

642  Gleichwohl bleibt die Frage, ob der Hersteller mit der Inverkehrgabe des Produkts jeder Verantwortung dafür ledig wird und sich um erst später erkannte Risikopotentiale gar nicht mehr zu kümmern braucht. Der BGH hat das verneint und dem Hersteller eine sog. **Produktbeobachtungspflicht** auferlegt, für deren Verletzung er wie für einen Produktfehler einzustehen hat. Ein sorgfältiger Hersteller muss nämlich sein Produkt, mag es auch bei Markteinführung als gefahrlos gegolten haben, später laufend daraufhin beobachten, ob es sich in der Praxis bewährt oder ob sich Kundenbeschwerden und Schadensfälle häufen; auch muss er die Entwicklung von Wissenschaft und Technik daraufhin verfolgen, ob nicht nachträglich Gefahren des Produkts erkennbar oder vermeidbar werden, die im Zeitpunkt seines Inverkehrbringens unerkennbar oder unvermeidbar waren.

643  **Beispiele:** In den sog. **Apfelschorf**-Fällen hatten Obstbauern im Alten Land ihre Äpfel mit einem seit 1971 vertriebenen Fungizid behandelt, das den Pilzbefall nicht verhindern konnte, weil die Stämme im Jahre 1974 resistent geworden waren. Der BGH bejahte die Haftung des Herstellers, weil im Jahre 1974, also nach Inverkehrbringen des Produkts, aufgrund allgemein zugänglicher Veröffentlichungen die Erkenntnis gereift war, dass das Fungizid nur im jährlichen Wechsel mit den Produkten anderer Hersteller angewendet werden darf, um die Bildung von Resistenzen zu vermeiden.[103] Da eine Warnung der Obstbauern unterblieben war, wurde ihnen die Gelegenheit genommen, ihre Äpfel mithilfe anderer Mittel zu schützen. Die von dem Produkt ausgehende Gefahr kann folglich auch in seiner **Wirkungslosigkeit** liegen.
Der BGH hat die Produktbeobachtungspflicht sogar auf **Zubehörteile anderer Hersteller** erstreckt, deren Anbau erst dazu führt, dass das eigene Produkt unvertretbar gefährlich wird. So hat der BGH einen Motorradhersteller zum Schadensersatz verurteilt, weil er die Halter der Maschinen nicht rechtzeitig darauf hingewiesen hatte, dass die Lenkerverkleidung eines bestimmten Zubehörherstellers in schnell durchfahrenen Kurven starke Pendelbewegungen des Motorrads verursacht.[104]

---

101  BGHZ 139, 43 (49 ff.) = NJW 1998, 2436; zu Unrecht krit. *Möllers* JZ 1999, 24.
102  BGHZ 139, 79 (86 ff.) = NJW 1998, 2905.
103  BGHZ 80, 186 (191 ff.) = NJW 1981, 1603; BGHZ 80, 199 (202) = NJW 1981, 1606.
104  BGHZ 99, 167 = NJW 1987, 1009.

**644** Liegen dem Hersteller neue Erkenntnisse über Produktgefahren vor – oder hätten sie ihm bei Erfüllung der Produktbeobachtungspflicht vorliegen müssen – muss die **zukünftige Produktion umgestellt** werden, um die nunmehr erkennbaren Schadensrisiken auszuschließen oder zu minimieren.[105] Schwieriger sind die Pflichten des Herstellers mit Blick auf die bereits im Verkehr befindliche Produkte zu bestimmen. Ist der Hersteller zum **Rückruf** und zur **Reparatur** der bereits vertriebenen Produkte verpflichtet?[106] Im Kontext des öffentlichen Produktsicherheitsrechts ist die Frage zu bejahen, denn § 26 II 2 Nr. 7 ProdSG ermächtigt die zuständige Behörde, »die Rücknahme oder den Rückruf eines auf dem Markt bereitgestellten Produkts anzuordnen« (→Rn. 621). Die **zivilrechtlichen Reaktionspflichten** des Herstellers, der von bislang unerkannten Risikopotentialen seiner Produkte Kenntnis erhält, sind dagegen heiß umstritten. Niemand zweifelt daran, dass das Publikum vor den neuen Gefahren gewarnt werden muss. Eine darüber hinaus gehende **Rückrufpflicht** hat der BGH jedenfalls dann verneint, wenn die Produktnutzer hinreichende Gewähr dafür bieten, den Warnungen Folge zu leisten und die Sicherheitsmängel der Produkte auf eigene Kosten zu beheben.[107]

**645** In dem zugrunde liegenden Fall ging es um **Pflegebetten** für die ambulante häusliche Pflege, deren elektrische Antriebseinheiten in Brand geraten konnten. Die für die Versorgung der Pflegebedürftigen zuständigen Pflegekassen hatten diesen Sicherheitsmangel auf eigene Kosten behoben und nahmen nun den Hersteller in Regress. Der BGH wies die Klage mit der Begründung ab, über die Warnung hinausgehende Maßnahmen des Herstellers seien zum Schutz der Pflegebedürftigen nicht erforderlich gewesen, weil die Kassen gem. § 40 III 3 SGB XI zur Bereitstellung sicherer Pflegehilfsmittel verpflichtet und dieser Verpflichtung auch tatsächlich nachgekommen waren. Weitergehende Reaktionspflichten kämen allerdings dann in Betracht, »wenn die Warnung zwar ausreichende Gefahrenkenntnis bei den Benutzern eines Produkts herstellt, aber Grund zu der Annahme besteht, diese würden sich – auch bewusst – über die Warnung hinwegsetzen und damit Dritte gefährden«.[108] Dabei blieb offen, wie zu verfahren ist, wenn bloß ein Teil der Nutzer der Warnung Folge leisten wird, ein anderer hingegen nicht, wenn beispielsweise der Anteil der Vernünftigen 90 %, 80 %, 70 % oder 50 % beträgt, während 10 %, 20 %, 30 % oder 50 % der Produktnutzer die Warnung ignorieren werden. Vor allem ist schwer zu erklären, warum der rationale Nutzer, der eine Herstellerwarnung beherzigt und das Produkt instand setzen lässt, auf den Kosten sitzen bleiben soll, während der Hersteller einschreiten muss, um bedenken- und rücksichtslose Nutzer vor sich selbst und vor der Schädigung Dritter zu schützen. Überzeugender scheint es, eine Rückrufpflicht des Herstellers dann zu bejahen, wenn das Produkt bereits im Zeitpunkt seines Inverkehrbringens fehlerhaft war, bei Entwicklungsrisiken hingegen zu verneinen.[109] Diese Differenzierung führt auch im Pflegebettenfall zu angemessenen Ergebnissen: Die Pflegekassen haben dem Hersteller der konstruktiv fehlerhaften Betten de facto das Haftungsrisiko gegenüber den Pflegebedürftigen abgenommen. Ein Regress gem. §§ 840, 426 wäre deshalb angemessen gewesen.

**646** Die im Hühnerpesturteil entwickelten **Beweiserleichterungen** zugunsten des Geschädigten (→ Rn. 615) gelten nicht für die Verletzung der Produktbeobachtungspflicht, denn – wie der Name schon sagt – lässt sich diese nicht zu einem »Produktfehler« objektivieren, sondern sie bleibt stets Verletzung einer Verhaltenspflicht. Der Geschädigte muss also nachweisen, dass nach Inverkehrbringen des Produkts eine Fortentwicklung des Risikowissens stattgefunden hat, diese für den Hersteller objektiv erkennbar war und für ihn eine Reaktionspflicht begründete.[110]

---

105 BGH NJW 1990, 906 (907f.); 1994, 517 (519f.); 1994, 3349 (3350f.).
106 Sehr weitgehend *Bodewig*, Der Rückruf fehlerhafter Produkte, 1999, 280ff. (287f.).
107 BGHZ 179, 157 Rn. 13ff. = JZ 2009, 905 mAnm *Wagner*; vgl. auch *Burckhardt* PHI 2009, 48; *Molitoris* NJW 2009, 1049; *Wagner* in Aktuelle Probleme des Umwelt- und Technikrechts, 2011, 51ff.
108 BGHZ 179, 157 = JZ 2009, 905 Rn. 11 mAnm *Wagner*.
109 So MüKoBGB/*Wagner* § 823 Rn. 679.
110 BGHZ 80, 186 (198) = NJW 1981, 1603; eing. MüKoBGB/*Wagner* § 823 Rn. 672, 688.

## III. Kreis der haftpflichtigen Personen

### 1. Problemstellung

**647** Der Rechtsprechung zur Produkthaftung nach § 823 I geht es ebenso wie dem ProdHaftG in erster Linie um Ansprüche gegen den **Hersteller**. Aber wer infolge der fehlerhaften Beschaffenheit eines Produkts einen Schaden erlitten hat, stellt nicht selten fest, dass der Hersteller zahlungsunfähig oder nicht identifizierbar oder aber einfach im Ausland domiziliert ist, sodass die Rechtsverfolgung Schwierigkeiten macht oder gar aussichtslos erscheint. In solchen Fällen hat der Geschädigte ein eminentes Interesse daran, diejenigen Personen in Anspruch zu nehmen, die ihm bekannt sind und gegen die er im Inland vorgehen kann, nämlich **Importeure, Händler** und sog. **Quasi-Hersteller,** das sind Unternehmen, die ein Produkt unter eigenem Namen vertrieben haben, obwohl sie es gar nicht selbst hergestellt haben. Darüber hinaus kommen auch Unternehmen im »up-stream«-Bereich als Haftungssubjekt in Betracht, soweit sie nämlich als **Zulieferer** ein fehlerhaftes Teilprodukt oder einen fehlerhaften Grundstoff an den Hersteller des Endprodukts geliefert haben.

**648** Soweit die Haftung der genannten »Nicht-Hersteller« auf § 823 gestützt wird, kommt es darauf an, ob sie die im Verkehr erforderliche Sorgfalt verletzt, also diejenigen Maßnahmen nicht ergriffen haben, die ein vernünftiger Zulieferer, Quasi-Hersteller, Importeur oder Händler in seinem Organisations- und Gefahrenbereich ergreifen muss, um Produktfehler im Rahmen des Möglichen und Zumutbaren zu begrenzen. Das **ProdHaftG** hingegen operiert mit einem für Hersteller und Nicht-Hersteller identischen »Einheitsfehlerbegriff«, indem es die übrigen Glieder der Herstellungs- und Vertriebskette unter den in § 4 ProdHaftG genannten Voraussetzungen derselben Haftung unterwirft wie den eigentlichen Hersteller, ohne dass es darauf ankommt, ob sie den Produktfehler hätten erkennen und verhindern können. Das führt dazu, dass im Rahmen des ProdHaftG manche »Nicht-Hersteller« strenger haften als nach § 823.

### 2. Zulieferer

**649** Der Zulieferer ist, soweit es um das zugelieferte Produkt geht, **selbst Hersteller.** Er haftet deshalb nach § 823 I, wenn und soweit der Schaden auf fehlerhafter Konstruktion oder Fabrikation des zugelieferten Teilprodukts oder darauf beruht, dass er den Hersteller nicht in dem gebotenen Umfang auf Gefahren hingewiesen hat, die sich aus der Verarbeitung des Zulieferprodukts ergeben. Soweit es jedoch im Organisations- und Verantwortungsbereich des Endherstellers zu dem Fehler gekommen ist, haftet der Zulieferer nicht, wenn beispielsweise die Schadensursache in der fehlerhaften Gesamtkonstruktion oder in der fehlerhaften Verarbeitung des fehlerfreien Zulieferprodukts liegt. Für die Verteilung der Verantwortung zwischen Endhersteller und Zulieferer im Einzelfall sollte sich auch das Produkthaftungsrecht an den vertraglichen Abreden der Parteien in Gestalt sog. **Qualitätssicherungsvereinbarungen** orientieren, soweit Letztere in der Vertragspraxis auch faktisch umgesetzt worden sind. Wenn nach den getroffenen Abreden allein dem Endhersteller die Qualitätskontrolle obliegt, weil er sie kostengünstiger durchführen kann als der einzelne Zulieferer, darf letzterem daraus kein haftungsrechtlicher Strick gedreht werden. Das ist unter dem pflichtenbezogenen § 823 I leicht zu gewährleisten, doch das ProdHaftG kommt auf relativ verschlungenen Wegen zu ähnlichen Ergebnissen. Zwar haftet der Zulieferer gem. § 4 I ProdHaftG für Fehler des von ihm gelieferten Teilprodukts, und aus § 1 III ProdHaftG ergibt sich, dass der Zulieferer die Beweislast dafür trägt, dass der Fehler des Endprodukts *nicht* auf dem von ihm gelieferten Teilprodukt, sondern auf der Konstruktion des Endprodukts beruht. Immerhin steht ihm aber dieser Entlastungsbeweis offen (§ 1 IV 2 ProdHaftG), und überdies kann er sich selbst von der Haftung für ein als fehlerhaft identifiziertes Zulieferteil durch den Nachweis befreien, dass der Fehler auf entsprechende Vorgaben des Endherstellers zurückzuführen ist (§ 1 III 1 Alt. 2 ProdHaftG).[111]

## 3. Quasi-Hersteller

Mit dem Quasi-Hersteller macht § 4 I 2 ProdHaftG kurzen Prozess: Wer »sich als Hersteller ausgibt, indem er seinen Namen, sein Warenzeichen oder ein anderes Erkennungszeichen auf dem Produkt anbringt«, haftet **wie der Hersteller.** Dies gilt auch dann, wenn der »wahre Hersteller« problemlos ermittelt werden kann. Damit geht die harmonisierte Produkthaftung wesentlich über § 823 I hinaus. Nach den vom BGH hierzu entwickelten Haftungsregeln ist der Quasi-Hersteller für Fabrikations- und Konstruktionsfehler nur dann wie ein Hersteller verantwortlich, wenn der Benutzer dem Namen oder Warenzeichen des Quasi-Herstellers ein besonderes Vertrauen entgegengebracht und deshalb eigene Vorsichtsmaßregeln (etwa: eine Kontrolluntersuchung des Produkts) unterlassen hat.[112] Andernfalls treffen ihn lediglich die Sorgfaltspflichten eines Händlers, sofern er den Vertrieb der Ware übernommen hat.[113]

650

## 4. Händler

Wer ein fehlerhaftes Produkt als Händler vertrieben hat, haftet nicht gem. § 823 I, wenn es infolge eines Fabrikations- oder Konstruktionsfehlers zur Schädigung eines Abnehmers oder eines sonstigen Dritten gekommen ist. Ein **Vertriebshändler ist weder kaufrechtich noch deliktsrechtlich zur Untersuchung** und **Überprüfung** der von ihm umgeschlagenen Waren verpflichtet (→ Rn. 607).[114] Sind Mängel jedoch offensichtlich, darf sie der Händler nicht ignorieren, sondern muss den Vertrieb einstellen. Weiter reichende Sorgfaltspflichten treffen ihn auch dann, wenn er aufgrund von Reklamationen, weiß oder wissen muss, dass bestimmte Fehler aufgetreten sind, oder wenn ihm die Unzuverlässigkeit des Herstellers bekannt ist.[115] Letzteres liegt vor allem dann nahe, wenn der Vertriebshändler nichts anderes ist als eine rechtlich selbstständige, doch wirtschaftlich abhängige Tochtergesellschaft des Herstellers.[116]

651

Diese Regeln gelten grundsätzlich auch dort, wo der Vertriebshändler als **Importeur** die Waren eines ausländischen Herstellers im Inland vertreibt. Allerdings ist zu berücksichtigen, dass der Importeur – modern ausgedrückt – als »Schnittstelle« zwischen

652

---

111 Zu den Einzelheiten vgl. MüKoBGB/*Wagner* ProdHaftG § 1 Rn. 66 ff.
112 BGH VersR 1977, 839.
113 BGH NJW 1980, 1219; 1994, 517 (519).
114 OLG Hamm NJW-RR 2012, 355 (356).
115 Vgl. BGH VersR 1960, 855 (856).
116 BGH NJW 1981, 2250 f.

den inländischen Verbrauchern und dem ausländischen Hersteller fungiert. Soweit diese Funktion reicht, treffen ihn im Vergleich zum Händler gesteigerte Sorgfaltspflichten: Der Importeur muss dafür Sorge tragen, dass die inländischen Verbraucher in deutscher Sprache über die Produkteigenschaften informiert und vor Produktgefahren gewarnt werden, und er muss die Produktbeobachtungspflicht des Herstellers mit Blick auf den deutschen Markt wahrnehmen, insbesondere Kundenbeschwerden sammeln, um auf erkennbare Sicherheitsdefizite mit einem Vermarktungsstopp, ggf. sogar mit einer Rückrufaktion zu reagieren (→ Rn. 644).[117] Wird im Ausland hergestellte Ware unter einem inländischen Kennzeichen vertrieben und so bei deutschen Verbrauchern der Eindruck erweckt, sie entspreche den im Inland gewohnten Sicherheitsstandards, ist der Importeur gehalten, sie vor Aufnahme in sein Sortiment auf Konstruktions- und Fabrikationsfehler zu überprüfen. Diese Verpflichtung entfällt beim Import von Produkten aus anderen Mitgliedstaaten der EU.[118]

653 Das **ProdHaftG verschärft diese Standards** ganz wesentlich, indem es in § 4 II ProdHaftG denjenigen, der Ware aus einem Drittstaat in den Europäischen Wirtschaftsraum eingeführt hat, einem Hersteller gleichstellt. Wer also Fahrräder aus Korea oder Elektroartikel aus China oder Spielwaren aus Hongkong importiert hat, muss Schadensersatz ganz unabhängig davon leisten, ob er den für den Unfall ursächlichen Konstruktions- oder Fabrikationsfehler erkennen und den Schaden verhindern konnte. Ferner muss sich gem. § 4 III ProdHaftG **jeder Lieferant** – gleich ob Groß-, Zwischen- oder Einzelhändler oder Importeur – wie ein Hersteller behandeln lassen, wenn er nicht in der Lage ist, dem Geschädigten binnen eines Monats den Hersteller zu benennen. Den Vorschriften des § 4 I 2, II ProdHaftG entsprechend, sollte für die Entlastung auch die Benennung eines Quasi-Herstellers oder Importeurs ausreichen.[119] In der Praxis ist die Frage aufgetaucht, ob eine verspätete Benennung des Herstellers nach Ablauf der Monatsfrist die Haftung des Lieferanten (ex nunc) entfallen lässt[120] oder ob sie gem. § 4 III ProdHaftG fortbesteht. Letzteres erscheint zur Vermeidung eines Rechtsverlusts infolge Verjährung und in Übereinstimmung mit dem Willen des Gesetzgebers vorzugswürdig.[121]

## IV. Haftungsumfang

654 Gemäß § 1 ProdHaftG sind ebenso wie nach § 823 I grundsätzlich **alle Schäden** zu ersetzen, die dadurch entstehen, dass infolge des Produktfehlers »ein Mensch getötet, an Körper oder Gesundheit verletzt oder eine Sache beschädigt« wird. Der früher zu recht beklagte Mangel der harmonisierten Produkthaftung, dem Geschädigten keine Schmerzensgeldansprüche zu gewähren, ist mit der Schadensrechtsreform des Jahres 2002 behoben worden (§ 8 S. 2 ProdHaftG iVm § 253 II BGB).

---

[117] Vgl. BGHZ 99, 167 (170f.) = NJW 1987, 1009; BGH NJW 1994, 517 (519); NJW-RR 1995, 342 (343).
[118] BGH NJW 1980, 1219 (1220).
[119] MüKoBGB/*Wagner* ProdHaftG § 4 Rn. 38.
[120] So LG Köln VersR 2012, 867f.; Staudinger/*Oechsler,* 2014, ProdHaftG § 4 Rn. 121.
[121] Beschlussempfehlung und Bericht des Rechtsausschusses, BT-Drs. 11/5520, 15; Produkthaftungshandbuch/*v. Westphalen* § 49 Rn. 106.

Andere Diskrepanzen müssen fortbestehen, weil sie in der Produkthaftungs-RL fest- **655**
geschrieben sind, so etwa die **Haftungshöchstgrenze** des § 10 ProdHaftG (Art. 16
Produkthaftungs-RL), die mit 85 Mio. EUR für Personenschäden zwar großzügig bemessen ist, jedoch auch für **Serienschäden** durch gleiche Produkte mit identischem
Fehler gilt und in einem solchen Fall durchaus einmal überschritten werden kann. Bei
Sachschäden gilt zwar keine Haftungshöchstgrenze, doch stattdessen ein **Selbstbehalt**
von 500 EUR, den sich der Geschädigte auf seine Ersatzforderung anrechnen lassen
muss (§ 11 ProdHaftG; Art. 9 lit. b Produkthaftungs-RL). Diese auf den Ausschluss
von Bagatellklagen zielende Regelung ist gut gemeint, hat aber wegen der **Fortexistenz
der weitgehend parallelen deliktischen Produkthaftung** gem. § 15 II ProdHaftG lediglich zur Konsequenz, dass der Geschädigte wegen der 500 EUR Selbstbehalt auf
§ 823 I ausweichen wird. Es zeigt sich hier ein grundsätzlicher Webfehler der Produkthaftungs-RL, die sich einfach neben das bereits existierende Produkthaftungsrecht gestellt hat, ohne dessen Anwendung auszuschließen. Das vom EuGH betonte Ziel der
Richtlinie, Gleichheit der Wettbewerbsbedingungen im Europäischen Binnenmarkt
zu gewährleisten, wird so zur Farce.[122]

Entsprechendes gilt auch für den **Ausschluss von Weiterfresserschäden** aus dem **656**
Schutzbereich der harmonisierten Produkthaftung gem. § 1 I 2 ProdHaftG (Art. 9
lit. b Produkthaftungs-RL). Danach besteht eine Ersatzpflicht nur insoweit, als »eine
andere Sache als das fehlerhafte Produkt beschädigt« worden ist und diese andere
Sache privat genutzt wurde.[123] Die vom BGH entwickelten Regeln, nach denen ein
Lieferant gem. § 823 I auch für die an der fehlerhaft gelieferten Sache selbst entstandenen Schäden haftet (→ Rn. 150 ff.), sind daher unanwendbar, wenn der Ersatzanspruch
auf das ProdHaftG gestützt wird. Auch hier steht dem Geschädigten der Rückgriff auf
das Deliktsrecht offen.

---

122 Vgl. nur EuGH RIW 2002, 787 (789) – Kommission/Frankreich; EuGH NJW 2012, 754 – Centre
 hospitalier universitaire de Besancon/Dutrueux.
123 Zu den Einzelheiten MüKoBGB/*Wagner* ProdHaftG § 1 Rn. 8 ff.

# K. Art und Umfang der Schadensersatzleistung

**Literatur:** *Boecken*, Deliktsrechtlicher Eigentumsschutz gegen reine Nutzungsbeeinträchtigungen, 1995; *Flessner*, Geldersatz für Gebrauchsentgang, JZ 1987, 271; *Geigel*, Der Haftpflichtprozess, 27. Aufl. 2015; *Grunsky*, Aktuelle Probleme zum Begriff des Vermögensschadens, 1968; *Köndgen*, Haftpflichtfunktionen und Immaterialschaden am Beispiel von Schmerzensgeld und Gefährdungshaftung, 1976; *E. Lorenz*, Immaterieller Schaden und »billige Entschädigung in Geld«, 1981; *Looschelders*, Die Mitverantwortlichkeit des Geschädigten im Privatrecht, 1999; *Mertens*, Der Begriff des Vermögensschadens im bürgerlichen Recht, 1967; *Ott/Schäfer*, Begründung und Bemessung des Schadensersatzes wegen entgangener Sachnutzung, ZIP 1986, 613; *Ott/Schäfer*, Schmerzensgeld bei Körperverletzung, JZ 1990, 563; *Schiemann*, Argumente und Prinzipien bei der Fortbildung des Schadensrechts, 1981; *Stoll*, Das Handeln auf eigene Gefahr, 1961; *Wagner*, Ersatz immaterieller Schäden: Bestandsaufnahme und europäische Perspektiven, JZ 2004, 319; *Wagner*, Schadensersatz – Zwecke, Inhalte, Grenzen, Karlsruher Forum 2006, 18; *Wagner*, Neue Perspektiven im Schadensersatzrecht – Kommerzialisierung, Strafschadensersatz, Kollektivschaden, in Verhandlungen des 66. Deutschen Juristentags, Bd. I, 2006; *Wagner*, Angehörigenschmerzensgeld, FS Stürner, Bd. I, 2013, 231; *Küppersbusch/Höher*, Ersatzansprüche bei Personenschäden, 11. Aufl. 2013.

**Rechtshistorisch:** *Jansen* §§ 249–253, in Schmoeckel/Rückert/Zimmermann (Hrsg.), Historisch-kritischer Kommentar zum BGB, 2007.

**Rechtsvergleichend:** *Magnus*, Schaden und Ersatz, 1987; *Magnus* (Hrsg.), Unification of Tort Law: Damages, 2001; *Stoll*, Consequences of Liability: Remedies, in International Encyclopedia of Comparative Law, Vol. XI, Chapter 8, 1972; *McGregor*, Personal Injury and Death, in International Encyclopedia of Comparative Law, Vol. XI, Chapter 9, 1969; *Fleming*, Collateral Benefits, in International Encyclopedia of Comparative Law, Vol. XI, Chapter 11, 1970; *Wagner*, Geldersatz für Persönlichkeitsverletzungen, ZEuP 2000, 200.

## I. Grundlinien des Schadensrechts

Die anspruchsbegründenden Normen des Deliktsrecht besagen idR nur, dass derjenige, der sich haftbar gemacht, insbesondere eine unerlaubte Handlung begangen hat, »zum Ersatz des daraus entstehenden Schadens« verpflichtet ist. Was darunter verstanden werden muss, regelt das BGB in den §§ 249 ff., also im Allgemeinen Schuldrecht, und damit **einheitlich für die Haftung aus Vertrag und aus Delikt.** Dieser Umstand hat zur Folge, dass die Vorschriften in den §§ 249 ff. auf hohem Abstraktionsniveau gehalten sind und nur einige Eckdaten setzen, die der Ausfüllung durch die Rechtsprechung bedürfen. Das Deliktsrecht enthält in den §§ 842 ff. zusätzliche Regeln über den Ausgleich von Personenschäden und die §§ 848–851 solche über den Schadensersatz bei Entziehung oder Beschädigung von Sachen. Diese Vorschriften sind Ausdruck der Vorstellung des historischen Gesetzgebers, Körperverletzungen und Sachbeschädigungen seien ausschließlich eine Angelegenheit des Deliktsrechts, während nach einer langen Rechtsentwicklung heute anerkannt ist, dass jeder Vertrag sog. **Schutzpflichten** begründet, nach denen jede Vertragspartei »Rücksicht auf die Rechte, Rechtsgüter und Interessen des anderen Teils« nehmen muss, wie es jetzt in § 241 II heißt (→ Rn. 321). Der Sache nach gehören die §§ 842–851 also zu den §§ 249 ff., und dieser Einsicht hat der Gesetzgeber im Jahre 2002 Rechnung getragen, indem er die mit Abstand wich-

657

tigste Vorschrift dieses Abschnitts – § 847 über den Ausgleich immaterieller Schäden nach Verletzung von Körper, Gesundheit oder Freiheit – in das Allgemeine Schadensrecht verschoben und in § 253 II angesiedelt hat. Mit den übrigen Bestimmungen der §§ 842 ff. hätte man genauso verfahren sollen, soweit sie denn überhaupt nötig sind und nicht bloß wiederholen, was sich auf der Grundlage der §§ 249 ff. ohnehin von selbst versteht.[1]

658 Nach § 249 I hat der zum Schadensersatz Verpflichtete »den Zustand herzustellen, der bestehen würde, wenn der zum Ersatze verpflichtende Umstand nicht eingetreten wäre«. Dieser Satz enthält eine Reihe wichtiger Weichenstellungen, sowohl im Hinblick auf Maß und Ziel des Schadensausgleichs als auch hinsichtlich der Art und Weise, wie das Ziel erreicht werden soll. Zunächst postuliert § 249 I den allgemeinen Maßstab zur Feststellung eines Schadens, die sog. **Differenzhypothese:** Ein Schaden liegt vor, wenn der Geschädigte schlechter steht als er stehen würde, wenn das zum Ersatz verpflichtende Ereignis nicht eingetreten wäre. Es ist also ein Vergleich anzustellen zwischen dem *status quo injuriae* – der Welt, wie sie jetzt ist – und dem hypothetischen *status integralis* – der Welt, wie sie wäre, wenn der Schädiger sich sorgfaltsgemäß verhalten hätte oder sich das Schadensrisiko nicht realisiert hätte.[2]

659 Weiter lässt sich aus § 249 I entnehmen, dass der Geschädigte nicht bloß einen Anspruch auf Geld als Kompensation für die erlittenen Nachteile hat, sondern von dem Schädiger **Restitution in Natur** verlangen kann. Der Geschädigte kann verlangen, dass durch entsprechende tatsächliche Maßnahmen versucht wird, die eingetretene Beschädigung oder Verletzung zu »heilen«. Die Unterscheidung zwischen Restitution und Kompensation und die Entscheidung des BGB für die Naturalrestitution als Grundprinzip hat handfeste Konsequenzen. Gesetzt den Fall, während einer Examensfeier in einer kleinen Studentenwohnung stößt ein angetrunkener Gast ein Glas um, dessen Inhalt sich in das Gehäuse eines Fernsehers ergießt. Hier bedeutet Restitution, das Gerät von einem Fachmann reinigen und beschädigte Teile austauschen zu lassen, und es bedarf wohl keiner näheren Darlegung, dass die dafür aufzuwendenden Geldmittel uU viel höher liegen als der Verkehrswert des Fernsehers im unversehrten Zustand. § 249 privilegiert den Geschädigten, indem er ihm in solchen Situationen einen Anspruch auf Wiederherstellung in Natur einräumt und ihn nicht dazu zwingt, sich mit einem Ersatzgegenstand zu behelfen. In diesem Sinn schützt § 249 das »**Integritätsinteresse**« des Geschädigten.

660 Die in dem Restitutionsprinzip steckende Begünstigung des Geschädigten darf nicht übertrieben bzw. schrankenlos gewährt werden. Es widerspräche jeder praktischen Vernunft und wäre aus **volkswirtschaftlicher Sicht kontraproduktiv,** wenn man dem Geschädigten erlauben würde, seine Belange nach Belieben auf Kosten des Schädigers durchzusetzen und von diesem die Restitution auch dort zu verlangen, wo schon jeder Gedanke an (Wieder-)Herstellung absurd erscheint. Fährt der Schädiger mit seinem Pkw im Stau auf den Vordermann auf, der in einem 16 Jahre alten Auto sitzt, dessen TÜV tags darauf abläuft und auch nicht erneuert werden wird, verbietet sich eine Herstellung in Natur von vornherein. Welcher vernünftige Mensch würde mehrere tausend Euro für die Beseitigung eines Heckschadens ausgeben, wenn das beschädigte

---
1 Eing. *Wagner*, Das neue Schadensersatzrecht, 2002, Rn. 42 f.; MüKoBGB/*Wagner* §§ 842, 843 Rn. 10.
2 Dazu *Brüggemeier* HaftungsR 567 f.; *Wagner*, Schadensersatz, Karlsruher Forum, 2006, 12 ff.; *Wagner*, Gutachten zum 66. DJT, 2006, A 11 ff.

Fahrzeug ohnehin keinen Cent mehr wert ist? Zur Vermeidung derartiger Ergebnisse und zum Schutz des Schädigers vor Ausbeutung durch den Geschädigten setzt § 251 II dem Restitutionsanspruch Grenzen: Danach wird lediglich »Entschädigung in Geld« geschuldet, »wenn die Herstellung nur mit unverhältnismäßigen Aufwendungen möglich ist«. Dies ist nicht nur eine Regel über das »Wie« des Schadensausgleichs, sondern auch über das Maß, denn der Schädiger schuldet hier nur den Ausgleich des sog. **Vermögensinteresses,** also des Betrags, um den sich der Wert des Vermögens des Geschädigten durch das Schadensereignis vermindert hat. War das beschädigte Fahrzeug also nur noch 100 EUR wert, während sich die Kosten für die Reparatur des Wracks auf 3.000 EUR belaufen würden, kann sich der Schädiger durch Zahlung von 100 EUR seiner Verpflichtung entschlagen.

Das Gesetz enthält noch eine weitere Vorschrift zum Schutz des Schädigers, die die Art und Weise des Schadensausgleichs betrifft: Der Schädiger ist gem. § 249 I dazu verpflichtet, aber auch berechtigt, die **Restitution selbst zu bewirken,** also etwa die beschädigte Sache zu reparieren oder den Verletzten medizinisch zu versorgen. Dieses Privileg sichert § 250 auch noch dadurch ab, dass dem Gläubiger der **Übergang zum Geldersatz** erst nach fruchtlosem Ablauf einer von ihm gesetzten Frist mit Ablehnungsandrohung erlaubt ist. In der Praxis hat diese Bestimmung nie eine Rolle gespielt,³ denn niemand hat es dem Geschädigten zumuten wollen, seinen Pkw von dem Unfallgegner reparieren zu lassen, sich gar von ihm medizinisch behandeln zu lassen oder es hinzunehmen, dass die Reparaturwerkstatt, der Arzt oder das Krankenhaus vom Schädiger ausgesucht wird. Die für die Praxis entscheidende Bestimmung ist daher § 249 II 1, der es dem Geschädigten ermöglicht, statt der Restitution durch den Schädiger »den dazu erforderlichen Geldbetrag« zu verlangen. Durch den Übergang auf einen Zahlungsanspruch verschmilzt § 249 nicht etwa mit § 251 II, denn Maßstab des Geldersatzanspruchs nach § 249 II 1 bleibt das **Integritätsinteresse,** also die Reparaturkosten, nicht aber das Vermögensinteresse, also der vom Geschädigten erlittene Wertverlust.⁴ Das Prinzip der Naturalrestitution durch den Ersatzverpflichteten hat seine Bedeutung in einem einzigen Bereich behaupten können, nämlich bei Beeinträchtigungen immaterieller Persönlichkeitsinteressen. Hauptfall des § 249 I ist heute der **Widerruf ehrverletzender Tatsachenbehauptungen** durch den Verleumder, bei dem es sich allzu oft um ein Presse- oder Rundfunkunternehmen handelt. Auch insoweit hat ihm der konkurrierende Anspruch aus § 1004 I, der kein Verschulden voraussetzt, sondern bereits bei objektiv rechtswidriger Beeinträchtigung gegeben ist, den Rang abgelaufen (→ Rn. 407).

661

Ein letztes, seit 1900 immer mehr erodiertes Prinzip des deutschen Schadensersatzrechts ist seine **Feindseligkeit gegenüber dem Geldersatz für Nichtvermögensschäden.** Diese sind nicht mit der Verletzung immaterieller Rechtsgüter, wie etwa Körper und Gesundheit, zu verwechseln, denn als Folge von Körperverletzungen treten typischerweise Vermögensschäden ein, die auch umstandslos zu ersetzen sind. Heilungskosten, Verdienstausfall, Kosten für medizinische Hilfsmittel und Pflegedienste sind einschlägige Beispiele. Um lediglich immaterielle Nachteile handelt es sich aber, wenn das Opfer eines Skiunfalls bis zum Eintreffen im Krankenhaus über mehrere Stunden

662

---

3 Vgl. BGH VersR 2013, 1584 Rn. 18ff.: Kein Erfordernis einer Fristsetzung nach § 250, wenn bereits der Herstellungsanspruch nach § 249 I auf Geld gerichtet ist.
4 BGHZ 5, 105 (109) = NJW 1952, 619; BGHZ 92, 85 (87) = NJW 1984, 2282.

hinweg schwere Schmerzen auszuhalten gehabt hat, wenn Operationen durchgeführt werden müssen und der Verletzte deswegen mehrere Tage in der tristen Umgebung eines Krankenzimmers verbringen muss, wenn trotz aller Bemühungen die Bewegungsfähigkeit eines Beines nicht voll wiederhergestellt werden und der Verletzte deshalb seine sportlichen Neigungen nicht mehr ausleben kann usw. In solchen Fällen erlaubt § 253 II den Ausgleich der immateriellen Beeinträchtigungen in Geld, und zwar zusätzlich zum Ausgleich des erlittenen Vermögensschadens, also kumulativ zum Ersatz der Heilungskosten und des Verdienstausfalls. Im Übrigen aber bleibt es bei der Grundregel des § 253 I, nach der Geldersatz für immaterielle Schäden grundsätzlich nicht verlangt werden kann.

## II. Sachschäden

### 1. Unfallgeschehen und Regulierungspraxis

663 Die Leistung von Schadensersatz für die Zerstörung oder Beschädigung von Sachen wird heute ganz überwiegend in Fällen problematisch, in denen es um den Ausgleich von **Sachschäden an Kraftfahrzeugen** geht. Die Verkehrsstatistik meldet für das Jahr 2014 rund 2,4 Mio. Straßenverkehrsunfälle, von denen etwa 87% nur Sachschäden zur Folge hatten.[5] Die deutschen Kraftverkehrshaftpflichtversicherer geben jährlich für die im Straßenverkehr entstandenen Sachschäden – das sind im Wesentlichen Schäden an Kraftfahrzeugen – rund 13 Milliarden EUR aus.[6] Unter diesen Umständen lässt sich leicht vorstellen, dass die höchstrichterliche Rechtsprechung, die angesichts der ausfüllungsbedürftigen Rahmenregelung der §§ 249 ff. ein breites Feld gesetzlich ungeklärter Einzelfragen zu bestellen hat, oft eine enorme **Breitenwirkung** entfaltet. Selbst wenn eine Entscheidung des BGH eine Sache mit niedrigem Streitwert betrifft, so erfasst sie doch durch ihre Ausstrahlung auf die »Regulierungspraxis« der Haftpflichtversicherer oft schon innerhalb kurzer Zeit nach Verkündung viele Tausende gleich liegender Fälle. Sofern durch eine solche Entscheidung die Schadensaufwendungen der Versicherer erhöht werden, erhöht sich früher oder später die von jedem Autofahrer zu zahlende Versicherungsprämie. Umgekehrt entsteht durch die schiere Massenhaftigkeit der Kraftfahrzeugschäden ein starkes – auch von der Rechtsprechung anerkanntes – Bedürfnis nach leicht zu handhabenden Abwicklungsregeln, die eine pauschalierende und schematisierende »Regulierung« gestatten.[7] Es ist kein Zufall, dass gerade im Sachschadensrecht des Kraftverkehrs die verschiedensten Richtsätze, Tabellen, Daumen- und Faustregeln große praktische Bedeutung haben. An diesem Zustand hat auch die Schadensrechtsreform 2002 nichts geändert; im Gegenteil: Da der Gesetzgeber die durchaus nicht unumstrittene Rechtsprechung des BGH zum Ausgangspunkt für einen punktuellen Eingriff in Gestalt des § 249 II 2 genommen hat, ist das Richterrecht de facto gesetzlich festgeschrieben worden (→ Rn. 672f.).

---

5 Vgl. Statistisches Bundesamt, Statistisches Jahrbuch 2015, 595 Nr. 25.5.2.
6 GDV (Hrsg.), Statistisches Taschenbuch der Versicherungswirtschaft, 2015, 76.
7 BGHZ (GS) 98, 212 (224) = NJW 1987, 50; BGHZ 115, 364 (372f.) = NJW 1992, 302; BGHZ 115, 375 (379) = NJW 1992, 305; BGH VersR 1992, 710f.

## 2. Reparatur vs. Ersatzbeschaffung

Trägt ein Mittelklasse-Pkw von erheblichem Wert bei einem Unfall einen Blechschaden davon, hat der Eigentümer gem. § 249 II 1 Anspruch auf **Ersatz der Reparaturkosten**. Dieser Anspruch scheidet aus, wenn das Fahrzeug völlig zerstört, eine Wiederherstellung also unmöglich ist. Der Geschädigte kann dann nicht die Reparaturkosten (welche?) ersetzt verlangen, geht aber selbstverständlich auch nicht leer aus, sondern hat gem. § 251 einen Anspruch auf das Vermögensinteresse, also auf **Ersatz des Wiederbeschaffungswerts** des Unfallfahrzeugs. Das ist derjenige Geldbetrag, der den Geschädigten instand setzt, »einen ähnlichen Wagen nach einer gründlichen technischen Überprüfung von einem seriösen Gebrauchtwagenhändler zu erwerben und sich von diesem Händler für eine gewisse Zeit eine Werkstattgarantie geben zu lassen«.[8] Dabei darf man die Abgrenzung zwischen Beschädigung und Zerstörung nicht anhand empirisch-technischer Kriterien vornehmen, denn bei entsprechendem Aufwand kann man jede Sache reparieren, etwa eine in tausend Stücke zerplatzte Glühbirne vollständig rekonstruieren. Von einer Zerstörung der Sache, die den Übergang von § 249 II zu § 251 I auslöst, ist bereits dann auszugehen, wenn kein vernünftiger Mensch ohne Rücksicht auf den Wiederbeschaffungswert der beschädigten Sache eine Reparatur erwägen würde. So verhält es sich, wenn ein Auto mit einem Zug kollidiert ist oder von einem Lkw zermalmt wurde, wenn Häuser bis auf die Grundmauern niederbrennen,[9] ein Fernseher implodiert oder ein selbst gebasteltes Modellboot auf den Boden fällt und in tausend Stücke zerspringt.[10]

664

Zwischen den beiden Polen des unproblematischen Reparaturkostenersatzes bei mäßiger Beschädigung eines im Übrigen ansehnlichen Pkw und des Wertersatzes bei völliger Zerstörung des Unfallwagens liegt ein breiter Bereich, in dem man mit Fug darüber streiten kann, ob man dem Geschädigten die **Reparaturkosten** zubilligen soll **oder** ob er auf das **Vermögensinteresse** zu beschränken ist. Wie liegt es, wenn der Wiederbeschaffungswert des Wagens 10.000 EUR beträgt, die Reparaturkosten aber ebenfalls 10.100 EUR ausmachen, wie steht es in diesem Fall, wenn die Reparatur 12.000, 13.000 oder 15.000 EUR kosten würde?

665

Prima facie möchte man meinen, es gäbe keinen guten Grund, dem Geschädigten die »**Abrechnung auf Reparaturkostenbasis**« auch dann zu erlauben, wenn diese zu einem höheren Betrag führt als der Ersatz der Wiederbeschaffungskosten. Immerhin trifft den Geschädigten gem. § 254 II 1 sogar eine Obliegenheit zur Minderung des Schadens, die verletzt sein könnte, wenn für die Reparatur auch nur 1 EUR mehr gefordert wird als für die Beschaffung eines gleichwertigen Ersatzwagens aufzuwenden wäre. Einer solchen Argumentation wird entgegen gehalten, dass ein objektiv gleichwertiger Ersatzwagen für den Betroffenen eben nicht gleichwertig ist, weil er sich an seinen Wagen gewöhnt hat, dessen »Macken« kennt, weiß, welche Wartungsarbeiten durchgeführt worden sind, wie er gefahren und gepflegt worden ist usw.[11] Es dürfte etwas ähnliches im Spiel sein wie der von der psychologisch-ökonomischen Forschung herausgearbeitete Ausstattungseffekt (»endowment-effect« → Rn. 78). Dieser zeigt

---

8 BGH NJW 1966, 1454 (1455).
9 Zur Abgrenzung iE BGHZ 102, 322 (325ff.) = NJW 1988, 1835.
10 BGHZ 92, 85 (88f.) = NJW 1984, 2282.
11 BGH NJW 2005, 1108 (1109).

sich beispielsweise, wenn man Kaffeebecher mit Universitätsemblem an eine Gruppe von Studenten verteilt, anschließend jeden Einzelnen fragt, für welchen Preis er seinen Becher verkaufen würde und parallel andere Studenten um Angabe des Preises bittet, den sie maximal zu zahlen bereit wären, um einen solchen Becher zu erwerben. Empirische Experimente zeigen, dass die »Verkäufer« mehr als doppelt soviel für *ihren* Becher verlangen als die »Käufer« für *einen* Becher zu zahlen bereit sind.[12]

666 In grundsätzlicher Übereinstimmung mit diesen Überlegungen billigt der BGH dem Geschädigten einen »**Integritätszuschlag**« zu, um den die Reparaturkosten den Wiederbeschaffungswert übersteigen dürfen.[13] Dieser Zuschlag beträgt 30%; erst wenn die Reparaturkosten mehr als 130% des Wiederbeschaffungswerts ausmachen, ein sog. »wirtschaftlicher Totalschaden« vorliegt, darf der Geschädigte nicht mehr auf Reparaturkostenbasis abrechnen, sondern erhält nur noch den Wiederbeschaffungsaufwand, dh den um den Restwert verminderten Kaufpreis für einen gleichwertigen Ersatzwagen.[14] Der Schadensersatz »springt« dann auf 100% des Wiederbeschaffungswerts zurück, sodass der Geschädigte nur diesen Betrag – und nicht 129% oder 130% des Wiederbeschaffungswerts – auch dann erhält, wenn er (dickköpfig) die Reparatur trotzdem durchführen lässt,[15] wenn er mit der Werkstatt angeblich einen »Rabatt« ausgehandelt hat, der die Reparaturkosten gerade unter die Schwelle von 130% gedrückt haben[16] oder wenn es sich bei dem Fahrzeug um einen zum »Gesamtkunstwerk« umgebauten Oldtimer handelt.[17] Hat allerdings vor Beginn der Reparaturarbeiten ein Sachverständiger den Aufwand auf unter 130% geschätzt, und wird die Wiederherstellung dann doch teurer, kann der Geschädigte auch den 130% übersteigenden Betrag liquidieren, denn das »**Prognoserisiko**« trägt der Schädiger.[18] Dabei darf sich der Geschädigte an die Vertragswerkstatt seines Vertrauens wenden und die dort üblichen Stundensätze akzeptieren, auch wenn sie (weit) über den Durchschnittssätzen der Kfz-Branche in der jeweiligen Region liegen.[19] Schließlich gelten weder der Sachverständige noch die Reparaturwerkstatt als Erfüllungsgehilfen (§ 278) des Geschädigten bei der Naturalrestitution, sodass ihm deren Pflichtverletzungen auch nicht nach § 254 II 2 anspruchsmindernd zuzurechnen sind (→ Rn. 753 ff.).

667 **Beispiel:** Zu welch stattlichen Entschädigungsbeträgen die 130%-Grenze führt, illustriert der Fall BGHZ 115, 364 = NJW 1992, 302: Der Porsche 911 Turbo Coupé des Klägers war bei einem Unfall mit dem Opel Manta des Beklagten schwer beschädigt worden. Die Reparaturkosten schätzte der Gutachter auf umgerechnet ca. 46.500 EUR, die verbleibende Wertminderung auf 2.500 EUR, und dazu kamen noch die Kosten für einen Mietwagen während der Reparaturzeit von über 10.000 EUR. Zuzüglich einiger kleinerer Posten verlangte der Kläger von der Versicherung des Beklagten die Zahlung von über 60.000 EUR. Das Berufungsgericht begrenzte die Haftung auf 37.500 EUR, weil der Wiederbeschaffungswert eines Wagens gleichen Typs lediglich 52.000 EUR betrug und der Unfallwagen noch einen Restwert von 15.000 EUR

---

12 Vgl. *Kahnemann/Knetsch/Thaler* in Sunstein, Behavioral Law and Economics, 2000, 211 (215 ff.); die Verbindung zur 130%-Rspr. wird gesehen von *Korch* VersR 2015, 542.
13 BGHZ 115, 364 (373) = NJW 1992, 302; BGHZ 162, 161 (166 f.) = NJW 2005, 1108; BGH NJW 2005, 1110 (1111).
14 BGHZ 115, 364 (371 ff.) = NJW 1992, 302; BGHZ 115, 375 (380) = NJW 1992, 305.
15 BGHZ 115, 375 (380 ff.) = NJW 1992, 305; BGH NJW 2011, 669 Rn. 12; 2011, 1435 Rn. 6.
16 BGH NJW 2011, 1435 Rn. 7 f.; anders entschieden in dem Fall BGH NJW 2011, 669 Rn. 11 ff.
17 BGH NJW 2010, 2121 Rn. 7 ff.
18 BGHZ 63, 182 (185 f.) = NJW 1975, 160; BGHZ 115, 364 (370) = NJW 1992, 302.
19 BGHZ 155, 1 (5 ff.) = NJW 2003, 2086.

hatte. Der BGH lehnte es ab, den Restwert beim Vergleich der Reparaturkosten mit dem Wiederbeschaffungswert zu berücksichtigen und sprach dem Kläger deshalb die vollen 60.000 EUR zu.

Man darf sich keinen Illusionen darüber hingeben, wer letztlich für diese Kosten geradestehen muss; es sind die Autofahrer, die mit ihren Versicherungsprämien den Fonds speisen, aus dem die Versicherungen solche Rechnungen begleichen. Der Schadensausgleich bei Verkehrsunfällen ist insofern ein Null-Summen-Spiel innerhalb der Gemeinschaft der Autofahrer. Ein jeder Autofahrer möge sich die Frage vorlegen, ob er eine Welt bevorzugt, in der Reparaturkosten in den vom BGH gezogenen Grenzen erstattet werden, diese Kosten aber durch entsprechend hohe Versicherungsprämien wieder hereingeholt werden müssen, oder ob es nicht doch vorzugswürdig ist, sich im Schadensfall mit einer moderateren Entschädigung zufrieden zu geben, dafür aber in den Genuss niedriger Versicherungsprämien zu kommen.

Die eben referierten Grundsätze rund um die 130%-Grenze mögen dem unbefangenen Leser als Konkretisierung des § 251 II erscheinen: Aufwendungen zur Herstellung eines Unfallwagens sind »unverhältnismäßig«, wenn sie mehr als 130% des Wiederbeschaffungswerts ausmachen. So werden die Dinge in der Literatur tatsächlich gesehen, doch der BGH hat anders entschieden. Nach Auffassung des VI. Zivilsenats ist die 130%-Grenze eine **Weichenstellung innerhalb der Naturalrestitution** nach dem heutigen § 249 II 1:[20] Ein Herstellungsaufwand von mehr als 130% sei nicht mehr »erforderlich« im Sinne dieser Vorschrift, und in diesem Fall sei die Beschaffung eines gleichwertigen Ersatzwagens eine alternative Form der Naturalrestitution.[21] Dagegen spricht die Tatsache, dass sich auf dem Gebrauchtwagenmarkt kaum je zwei nach Ausstattung, Farbe, Laufleistung und Zustand völlig identische Fahrzeuge finden lassen, und dass die »Erforderlichkeit« in § 249 II 1 nicht als Einfallstor für die Berücksichtigung von Wirtschaftlichkeitserwägungen im Interesse des Schädigers und als Überleitung auf das Vermögensinteresse gedacht ist, denn dies ist gerade die Funktion des § 251 II. Wie dem auch sei, der Gesetzgeber des Zweiten SchadensersatzrechtsänderungsG 2002 hat sich den Standpunkt des BGH zu eigen gemacht,[22] denn ausweislich der Gesetzesbegründung soll der Mehrwertsteuerabzug gem. § 249 II 2 auch dann stattfinden, wenn der Geschädigte den Unfallwagen nicht reparieren lässt, sondern ein Ersatzfahrzeug von Privat beschafft, sodass keine Mehrwertsteuer anfällt.[23] Auch für den Gesetzgeber ist also die Ersatzbeschaffung eine Form der Naturalrestitution. – Zur Liquidation des über den Reparaturkosten liegenden Wiederbeschaffungsaufwands bei Beschädigung von Neuwagen → Rn. 673. 668

Die 130%-Grenze gilt nur für Sachschäden, nicht aber für die **Verletzung von Tieren**. Insoweit stellt § 251 II 2 ausdrücklich klar, dass die Kosten für die Heilbehandlung eines Tieres nicht schon dann unverhältnismäßig sind, wenn sie dessen Verkehrswert übersteigen. Der Eigentümer eines Jack-Russel-Mischlings, der von einem Wolfshund schwer verletzt worden ist, kann also für die tierärztliche Be-

---

20 BGHZ 162, 161 (164) = NJW 2005, 1108; zuletzt BGH VersR 2013, 471 Rn. 11.
21 StRspr seit BGH NJW 1972, 1800 (1801); vgl. auch BGHZ 115, 364 (368) = NJW 1992, 302; BGHZ 115, 375 (378) = NJW 1992, 305; BGHZ 132, 373 (376) = NJW 1996, 1958; BGHZ 143, 189 (193) = NJW 2000, 800; BGHZ 154, 395 (397) = NJW 2003, 2085; BGH VersR 2004, 876; NJW 2005, 1108.
22 BT-Drs. 14/7752, 23; abgedr. bei *Wagner,* Das neue Schadensersatzrecht, 2002, 132.
23 BGHZ 158, 388 (390ff.) = NJW 2004, 1943; BGHZ 162, 270 (274) = NJW 2005, 2220; BGH NJW 2009, 3713 Rn. 10.

handlung des Tieres mehr aufwenden als den Preis, den ein »neuer« Hund kostet.[24] – Aber wie viel mehr? Der BGH nimmt eine wertende Gesamtbetrachtung aller Umstände vor und hält es für möglich, den Heilungsaufwand auf den dreifachen Betrag der jährlichen Kosten der Tierhaltung zu begrenzen.[25] Wenn es bei § 251 II 2 allerdings um den Eigenwert der verletzten Mit-Kreatur geht,[26] ist es widersprüchlich, die Verhältnismäßigkeit an dem Nutzen zu orientieren, den das Tier für den Menschen hat. Nur für diesen Nutzen indessen bieten die jährlichen Haltungskosten einen Anhaltspunkt. Allerdings ist dem BGH zuzugestehen: Den intrinsischen Wert eines Hundes zu bestimmen, dürfte unmöglich sein.

### 3. Fiktive Schadensberechnung

669 Den »Integritätszuschlag« von 30% auf den Wiederbeschaffungswert erhält der Geschädigte nur, wenn er die **Reparatur auch tatsächlich durchführen** lässt.[27] Dafür reicht es nicht aus, wenn der Wagen in einer »freien« Werkstatt oder durch Eigenarbeit instand gesetzt wird; es muss sich um eine »qualifizierte Reparatur« handeln, die in Umfang und Qualität den Feststellungen des Sachverständigen entspricht.[28] Der BGH empfindet eine überteuerte Reparatur offenbar als weniger problematisch als eine Überkompensation des Geschädigten in Geld.[29] Nicht selten wird der Unfallwagen jedoch bloß notdürftig oder gar nicht repariert, etwa weil der Geschädigte an der Beule keinen Anstoß nimmt, weil er den Wagen in Eigenarbeit so weit herrichtet, dass die schlimmsten Schäden behoben sind, oder weil er den Unfall als Anlass zum Erwerb eines anderen Pkw nimmt, also den Wagen weiterveräußert bzw. in Zahlung gibt. Sicher ist, dass der Geschädigte in solchen Fällen keine Reparaturkosten abrechnen darf, die den Wiederbeschaffungswert des Fahrzeugs übersteigen.[30] Problematisch ist hingegen, ob der Geschädigte bei Nichtausführung der Reparatur generell auf Wertausgleich (§ 251) beschränkt ist oder zumindest dann »auf Reparaturkostenbasis« (§ 249 II) abrechnen kann, wenn sich der Betrag in den Grenzen des Wiederbeschaffungswerts hält.

670 Der für Straßenverkehrsunfälle zuständige VI. Zivilsenat billigt dem Geschädigten trotz Unterlassung einer fachgerechten Reparatur Ersatz der »**fiktiven Reparatur- oder Wiederbeschaffungskosten**« zu.[31] Selbst wenn der bereits beschädigte Pkw bei einem weiteren Unfall erneut demoliert wird und der Vollkaskoversicherer die Kosten der Reparatur vollständig übernimmt,[32] kann der Geschädigte immer noch von dem für die Erstschädigung Verantwortlichen die Erstattung fiktiver Reparaturkosten

---

24 BGH NJW 2016, 1589.
25 BGH NJW 2016, 1589 Rn. 12, 16.
26 In diese Richtung die Gesetzes Begr., BT-Drs. 11/5463, 5
27 BGHZ 154, 395 (400) = NJW 2003, 2085; BGHZ 162, 161 (166ff.) = NJW 2005, 1108; BGH NJW 2009, 1340 Rn. 6; VersR 2011, 280 Rn. 7; NJW 2011, 669 Rn. 8.
28 BGHZ 162, 170 (173f.) = NJW 2005, 1110; BGH NJW 2009, 1340 Rn. 11; VersR 2010, 363 (364).
29 *Korch*, Haftung und Verhalten, 2015, 230.
30 BGH NJW 2005, 1108 (1109); 2005, 1110 (1111).
31 BGHZ 61, 56 = NJW 1973, 1647; BGHZ 66, 239 = NJW 1976, 1396; BGHZ 154, 395 (397f.) = NJW 2003, 2085; BGH NJW 1989, 3009.
32 Wenn nichts anderes vereinbart ist, besteht auch im Rahmen der Kaskoversicherung Anspruch auf Erstattung der Stundenverrechnungssätze einer Markenwerkstatt: BGH VersR 2016, 314 Rn. 11ff.

verlangen.³³ Dabei sind erneut die – vergleichsweise hohen – **Stundenverrechnungssätze einer markengebundenen Fachwerkstatt** zugrunde zu legen.³⁴ Auf die günstigeren Sätze einer »freien Fachwerkstatt« muss sich der Geschädigte gemäß § 254 II 1 nur verweisen lassen, wenn letztere qualitativ genauso gut arbeitet wie ein Markenbetrieb und sie dem Geschädigten zumutbar ist.³⁵ Letzteres soll bei Pkw, die nicht älter als drei Jahre sind, generell nicht der Fall sein und im Übrigen auch dann nicht, wenn die Stundensätze der freien Werkstatt deshalb besonders günstig sind, weil die Werkstatt aufgrund einer vertraglichen Vereinbarung mit dem Haftpflichtversicherer des Schädigers Sonderkonditionen gewährt.³⁶ Auf diese Weise wird dem **Haftpflichtversicherer** des Schädigers – der die Zeche aus dem Prämienaufkommen aller Autofahrer zu bezahlen hat – jede **Möglichkeit genommen,** den (fiktiven) **Reparaturaufwand steuernd zu begrenzen.**³⁷ Begründet wird dies in erster Linie mit der Überlegung, dass § 249 II 1 einen Anspruch auf den zum Schadensausgleich »erforderlichen« Geldbetrag gewährt; wie der Geschädigte anschließend »disponiert«, schreibt ihm der Gesetzgeber nicht vor. Diese Rechtsprechung ist heiß umstritten, weil sie eine der Hauptursachen dafür ist, dass der Aufwand, der den deutschen Kfz-Haftpflichtversicherern allein bei der Abwicklung von Sachschäden entsteht, im internationalen Vergleich so hoch ist.³⁸

**Grundsätzlich anders wird die Frage der Dispositionsfreiheit** von dem für das Grundstücksrecht zuständigen V. Zivilsenat des BGH beurteilt. In BGHZ 81, 385 (391f.) = NJW 1982, 98, versagt das Gericht die Abrechnung auf Reparaturkostenbasis in einem Fall, in dem jemand Ersatz der Kosten für die Reparatur seines Hauses verlangte, obwohl er dieses bereits veräußert hatte. Diese Lösung mag überzeugen, wenn das Haus zu einem Preis veräußert wurde, der den durch die Beschädigung bedingten Wertverlust (§ 251) in Rechnung stellt. In dieser Konstellation spricht das schadensersatzrechtliche Bereicherungsverbot gegen die Liquidation der vollen Reparaturkosten durch den Eigentümer, obwohl andererseits nolens volens hingenommen wird, dass der Schädiger bereichert wird. Es kann aber auch vorkommen, dass der Kaufvertrag bereits zu einem bestimmten Preis geschlossen war, als das Gebäude beschädigt wurde. In diesem Fall ist nicht einzusehen, warum der Anspruch auf Reparaturkostenersatz gänzlich ausgeschlossen sein soll – dem Veräußerer steht er nicht zu, weil er selbst nicht mehr reparieren kann, und der Erwerber kann keinen Schadensersatz verlangen, weil ihm das Grundstück bereits in beschädigtem Zustand übereignet wurde. Für den Fall, dass der Verkäufer die ihm zustehenden Schadensersatzansprüche an den Käufer abgetreten hat, hat der V. Zivilsenat seine Rechtsprechung denn auch korrigiert und dem Erwerber die Liquidation der Reparaturkosten erlaubt.³⁹ Für das Massenphänomen der Kfz-Unfälle dürfte es nicht praktikabel sein, den Reparaturkostenersatz von einer Abtretung abhängig zu machen.
Keine Dispositionsfreiheit genießt der geschädigte Tierhalter wegen der Kosten für die **Heilbehandlung des Tieres.** Diese sind gemäß § 251 II 2 nur ersatzfähig, soweit sie als »Aufwendungen« angefallen, also tatsächlich verauslagt worden sind.⁴⁰ Auch in Bezug auf die Kosten der **Heilbehandlung am Menschen** gibt es keine Dispositionsfreiheit (→ Rn. 692).

671

---

33 BGH NJW-RR 2009, 1030f.
34 BGHZ 155, 1 (3ff.) = NJW 2003, 2086; vgl. auch den absurden Fall LG Saarbrücken NJW-RR 2011, 249.
35 BGHZ 183, 21 Rn. 9ff. = NJW 2010, 606; BGH NJW 2010, 2941 Rn. 5ff.
36 BGH NJW 2015, 2110 Rn. 10.
37 Für eine Einbindung der Haftpflichtversicherer in die Schadensregulierung daher *Wagner,* Karlsruher Forum 2006, 18 (52f.).
38 Vgl. *Köhler,* FS Larenz, 1983, 349 (351ff.); *Honsell/Harrer* JuS 1991, 441 (444f.); *Greger* NZV 2000, 1; *Schack,* FS Stoll, 2001, 61 (66).
39 BGH VersR 2002, 447f.
40 BT-Drs. 11/5463, 6; BGH NJW 2016, 1589 Rn. 12.

672 In diesen Streit hat der Gesetzgeber im Jahre 2002 eingegriffen und die **Abrechnung auf Reparaturkostenbasis** eingeschränkt. Gemäß § 249 II 2 kann der Geschädigte die auf die Kosten der Instandsetzung anfallende **Mehrwertsteuer** nur dann ersetzt verlangen, »wenn und soweit sie tatsächlich angefallen ist«. Der Geschädigte kann auf fiktiver Basis als Schadensersatz also nicht die vom Sachverständigen geschätzten Reparaturkosten verlangen, sondern muss sich eine Kürzung des Schätzbetrags um (derzeit) 19% gefallen lassen. Diese Regelung geht den Kritikern der fiktiven Schadensabrechnung nicht weit genug,[41] und in der Tat lässt sich fragen, ob der Kürzungsfaktor nicht höher hätte sein dürfen als der Mehrwertsteuersatz. Der Regelungsansatz des § 249 II 2 erscheint jedoch richtig: Wäre es so, dass der Geschädigte vor der Wahl stünde, ob er das Fahrzeug mit hohem Aufwand reparieren lässt, um dem Schädiger die Rechnung zu übersenden, oder ob er es gegen einen relativ geringen Abschlag veräußert bzw. ohne Reparatur weiternutzt, würde die Reparaturoption viel öfter gewählt, als dies bei Anerkennung der Dispositionsfreiheit der Fall ist, zumal man nicht verhindern könnte, dass der Geschädigte den Anspruch auf Reparaturkostenersatz an den Erwerber abtritt (soeben → Rn. 671).[42]

673 § 249 II 2 hat seinerseits eine Fülle von **Streitfragen** aufgeworfen. Sicher ist allerdings, dass die Vorschrift auch für die Fälle der **Wiederbeschaffung** eines gleichwertigen Ersatzwagens gilt, die von der Rechtsprechung als eine Form der Naturalrestitution qualifiziert wird (→ Rn. 668).[43] Ist der Geschädigte auf die Ersatzbeschaffung beschränkt, weil die Reparaturkosten mehr als 130% des Wiederbeschaffungswerts ausmachen, erhält er die Mehrwertsteuer auf den für den Ersatzwagen gezahlten Kaufpreis nur unter den Voraussetzungen des § 249 II 2.[44] Dabei ist zu beachten, dass Mehrwertsteuer nur anfällt, wenn der Kauf vom – mehrwertsteuerpflichtigen – Händler erfolgt, und auch dann ggf. nur im Rahmen der sog. Differenzbesteuerung gem. § 25a UstG.[45] Wer von privat kauft, hat also nichts von seiner Sparsamkeit und büßt auch noch seine Gewährleistungsansprüche ein, die bei Gebrauchtwagenkäufen unter Privaten regelmäßig ausgeschlossen werden, während Kfz-Händler für die Dauer eines Jahres die Gewähr übernehmen müssen (§ 475 II). Existiert für das Unfallfahrzeug wegen seines erheblichen Alters nur noch ein Privatmarkt, enthält der Wiederbeschaffungswert von vornherein keine Umsatzsteuer.[46] Wäre eine Abrechnung auf Reparaturkostenbasis möglich, weil die geschätzten Kosten unter der 130%-Grenze liegen und wählt der Geschädigte dennoch die Ersatzbeschaffung, etwa durch Kauf eines Neuwagens, ist die dabei anfallende Umsatzsteuer bis zur Höhe des Betrags ersatzfähig, der auf die fiktiven Reparaturkosten angefallen wäre.[47] Liegt ein **technischer Totalschaden** vor, weil der Wagen völlig zerstört ist, kann der Geschädigte auf der Grundlage des § 251 I Wertersatz verlangen, der nach herkömmlicher Ansicht die Mehrwertsteuer unabhängig davon einschließt, ob eine Ersatzbeschaffung erfolgt.[48] Eine rationale Erklärung für diese Asymmetrie zwischen § 249 II und § 251 I ist nicht ersichtlich, obwohl der Gesetzgeber ausdrücklich davon abgesehen hat, die Einschränkung der Mehrwertsteuerliquidation auf § 251 zu erstrecken.[49] Lässt der Geschädigte die Reparatur nur teilweise durchführen, wählt er eine günstigere »freie« Werkstatt oder repariert er selbst und kauft bloß **Ersatzteile** zu, erhält er die Mehrwertsteuer nur teilweise ersetzt, eben soweit sie tatsächlich angefallen ist.[50]

---

41 Vgl. die Nachw. bei *Wagner* NJW 2002, 2049 (2057).
42 Ausf. *Wagner*, Karlsruher Forum 2006, 18 (64ff.).
43 BGH VersR 2004, 876; NJW 2005, 1110 (1111).
44 BGH VersR 2004, 876f.
45 *Wagner*, Das neue Schadensersatzrecht, 2002, Rn. 51; zu den Einzelheiten LG Oldenburg NZV 2004, 148; *Heß* NZV 2004, 1 (4).
46 OLG Köln NZV 2004, 297; LG Essen NZV 2004, 300.
47 BGH VersR 2013, 471 Rn. 17ff.; *Seibel* VersR 2010, 736.
48 BGH NJW 1982, 1864 (1865).
49 BT-Drs. 14/7752, 13f.
50 *Wagner*, Das neue Schadensersatzrecht, 2002, Rn. 50.

## 4. Zu- und Abschläge

### a) Merkantiler Minderwert

Ist ein durch Unfall schwer beschädigtes Kraftfahrzeug ordnungsgemäß instand gesetzt worden, so kann ein weiterer – über den Reparaturaufwand hinausgehender – Schaden darin liegen, dass der Eigentümer im Fall eines sofortigen Verkaufs für das reparierte Fahrzeug allein deshalb einen besonders niedrigen Betrag erlösen würde, weil es sich dabei um einen »**Unfallwagen**« handelt, für den auf dem Gebrauchtwagenmarkt weniger bezahlt zu werden pflegt als für ein gleich gut erhaltenes, aber »unfallfreies« Fahrzeug. In der Rechtsprechung ist anerkannt, dass der Schädiger gem. § 251 I auch diesen »merkantilen Minderwert« auszugleichen hat,[51] und zwar nicht nur dann, wenn der Eigentümer den reparierten Wagen sofort verkauft und den Minderwert sogleich realisiert, sondern auch dann, wenn er den Wagen für einige Zeit oder gar bis zum Ende seiner Lebensdauer selbst benutzen und das Risiko des Hervortretens jener unentdeckten Mängel selber tragen will.[52] In den zuletzt genannten Fällen wird offensichtlich kein Vermögensschaden, sondern ein verletztes Affektionsinteresse – das gute Gefühl, einen unversehrten Wagen zu fahren – kompensiert. Freilich gilt dies nicht bei Bagatellschäden (Reparaturkosten unter 10 % des Wiederbeschaffungswerts) und ebenso wenig dort, wo der Wert des beschädigten Fahrzeugs durch sein hohes Alter oder seinen schlechten Erhaltungszustand ohnehin schon so weit gesunken war, dass auch der Unfallschaden nicht mehr fühlbar zu Buche schlägt.[53]

**674**

Mitunter hält die Rechtsprechung selbst den Ausgleich des merkantilen Minderwerts zuzüglich zu den angefallenen Reparaturkosten nicht für ausreichend, um das Restitutionsinteresse des Geschädigten angemessen zu befriedigen. Ist der Unfallwagen noch fast neu gewesen, sind also weniger als zwei Monate seit Erstzulassung vergangen *und* liegt die Laufleistung noch unter 1.000 km, ist sogar die **Abrechnung auf Basis des Neuwagenpreises** erlaubt.[54] Der Geschädigte kann dann den Listenpreis des Herstellers ersetzt verlangen, muss aber im Gegenzug den Unfallwagen gem. § 255 der gegnerischen Versicherung zur Verfügung stellen oder sich den Restwert anrechnen lassen.[55] Somit trägt der Unfallverursacher nicht nur den Schaden, sondern auch noch den durch die Erstzulassung eintretenden Wertverlust.
In Wahrheit restituiert die Rechtsprechung auch hier unter dem Deckmantel des § 249 die Verletzung von Affektionsinteressen, obwohl § 253 einen Immaterialschadensersatz in Fällen der Sachbeschädigung nicht zulässt. Im Übrigen wird man auch auf diese Variante der Schadensberechnung die Regelung des § 249 II 2 anzuwenden haben, sodass die in dem Listenpreis enthaltene Mehrwertsteuer nur ersatzfähig ist, wenn tatsächlich ein Neuwagen angeschafft worden ist.

**675**

### b) Abzug »Neu für Alt«

Dass der Geschädigte nicht »bei Gelegenheit« der Reparatur des beschädigten Wagens auch andere als die unfallbedingten Schäden ausbessern und die dafür entstehenden Kosten dem Schädiger in Rechnung stellen darf, sollte selbstverständlich sein. Gelegentlich lässt sich aber eine Reparatur gar nicht anders vornehmen als in der Weise, dass der **Geschädigte sich nach ihrer Vornahme besser steht als vorher.** In diesen Fällen stellt sich die Frage, ob sich der Geschädigte, weil er sonst an dem Unfall »verdienen« würde, nicht einen gewissen Abzug gefallen lassen muss. Wenn bei einem Ver-

**676**

---

51 BGHZ 27, 181 (184f.) = NJW 1958, 1085; BGHZ 161, 151 (159f.) = NJW 2005, 277.
52 BGHZ 35, 396 (397ff.) = NJW 1961, 2253.
53 BGHZ 161, 151 = NJW 2005, 277: Unfall mit 16 Jahre altem Mercedes 200 D, 164.000 km Laufleistung.
54 BGH VersR 1982, 163f.; 1983, 658; 1994, 1253.
55 BGH NJW 1983, 2694.

kehrsunfall der Auspufftopf, die Reifen oder andere bereits langjährig gebrauchte Verschleißteile eines Kraftfahrzeugs beschädigt worden sind, wäre der Geschädigte bereichert, wenn er den für die Beschaffung *neuer* Ersatzteile erforderlichen Betrag in voller Höhe vom Schädiger ersetzt verlangen könnte: Den neuen Auspufftopf, die neuen Reifen oder die anderen Ersatzgegenstände kann er länger benutzen, als ihm dies ohne den Unfall mit den alten Teilen möglich gewesen wäre. Gleiches gilt, wenn Teile beschädigt bzw. zerstört werden, die vorgeschädigt gewesen sind, etwa durch Brandstiftung ein bereits baufälliges Haus zerstört wurde.[56] In diesen Fällen ist der zu ersetzende Reparaturaufwand im Wege der sog. **Vorteilsausgleichung** um einen gewissen, von dem Gericht gem. § 287 ZPO zu schätzenden Abzug »Neu für Alt« zu kürzen *(compensatio lucri et damni).* Das darf freilich nur in besonders klar liegenden Fällen geschehen; es muss immerhin bedacht werden, dass in Höhe des Abzugs »Neu für Alt« der Geschädigte zu einem Aufwand gezwungen wird, den er bei *freier* Entscheidung zu einem späteren Zeitpunkt oder auch gar nicht gemacht hätte.[57] Keinesfalls kommt ein Abzug »Neu für Alt« in Betracht, wenn Teile beschädigt und erneuert worden sind, die – denkt man sich den Unfall weg – normalerweise so lange hätten verwendet werden können, wie die Lebensdauer des Wagens reicht.[58]

## 5. Nutzungsausfall

### a) Kosten der Anmietung eines Ersatzfahrzeugs

677 Die Reparatur eines Kfz braucht Zeit, und auch die Beschaffung eines gleichwertigen Ersatzfahrzeugs geht nicht von heut' auf morgen. Da der Geschädigte gem. § 249 verlangen kann, vom Unfallzeitpunkt an so gestellt zu werden, wie er ohne den Unfall stünde, kann er die sofortige **Bereitstellung eines Ersatzfahrzeugs** bzw. den »dazu erforderlichen Geldbetrag« (§ 249 II 1) beanspruchen. Der Geschädigte kann also die Kosten eines Mietwagens ersetzt verlangen, muss sich freilich die Betriebskosten, die er bei Benutzung seines eigenen Wagens aufgewandt hätte, abziehen lassen.[59] Die Praxis operiert hier mit einer Pauschale von 15–20%, die von den Mietwagenkosten abgezogen wird.[60] Gleiches gilt, wenn der Geschädigte auf öffentliche Verkehrsmittel und Taxen umsteigt, wobei allerdings die Schadensminderungsobliegenheit des § 254 II 1 zu beachten ist.

678 Der Ersatzberechtigte hat **Anspruch auf einen gleichwertigen Wagen,** sodass sich der Fahrer einer Mercedes S-Klasse nicht mit einem Smart abspeisen lassen muss, andererseits aber bei Beschädigung eines Fiat kein Cadillac gemietet werden darf. Die Autovermietungen haben sich auf die Nachfrage eingestellt und einen sog. »**Unfallersatztarif**« entwickelt, der deutlich über den Mietwagenkosten liegt, die sog. Selbstzahlern in Rechnung gestellt werden. Gleichwohl hatte der BGH dem Geschädigten zunächst das Recht zugebilligt, sich an die erstbeste Markenautovermietung zu wenden und deren Preisvorstellungen unbesehen zu akzeptieren; der Geschädigte müsse nicht erst »eine Art Marktforschung betreiben«.[61] Die Autovermietungen hatten es somit mit einer Gegenpartei zu tun, der die Preisgestaltung im Grunde gleichgültig sein konnte, weil sie zulasten der gegnerischen Haftpflichtversicherung ging. Das

---

56 BGHZ 30, 29 = NJW 1959, 1078; BGH NJW 1997, 520.
57 Vgl. dazu BGHZ 30, 29 (34) = NJW 1959, 1078; BGHZ 102, 322 (331) = NJW 1988, 1835; BGH NJW 1996, 584 (585f.).
58 Vgl. KG NJW 1971, 142; vgl. auch AG München NJW 2008, 767.
59 Vgl. BGH VersR 1974, 90; 1985, 283 (284); 1985, 1092.
60 MüKoBGB/*Oetker* § 249 Rn. 438 mwN.
61 BGHZ 132, 373 (378ff.) = NJW 1996, 1958.

hat dazu geführt, dass die Unfallersatztarife die Normaltarife um bis zu 465% überstiegen, und den BGH gezwungen gegenzusteuern.[62] Die allgemeine Verpflichtung des Geschädigten, im Rahmen des Zumutbaren von mehreren möglichen den wirtschaftlicheren Weg der Schadensbehebung zu wählen, gilt nunmehr auch bei der Wahl der Autovermietung.[63] Auf dieser Grundlage kommt es entscheidend darauf an, ob dem Geschädigten in der konkreten Unfallsituation ein billigerer **Normaltarif »zugänglich«** war, insbesondere weil er sich nicht in einer Notsituation befand, sondern mit der Anmietung des Ersatzwagens einen oder mehrere Tage warten konnte und auch gewartet hat.[64] War ein Normaltarif zugänglich, kann der Geschädigte nicht mehr verlangen, als die danach maßgeblichen Sätze. Erweist sich hingegen, dass der Normaltarif nicht zugänglich war, kann der Geschädigte den höheren Unfallersatztarif auch dann verlangen, wenn er nicht durch unfallspezifische Kostenfaktoren gerechtfertigt ist.[65] Streng genommen kann es also niemals auf die – eigentlich entscheidende Frage – ankommen, ob denn der Unfallersatztarif den Normaltarif übersteigen darf, etwa deswegen, weil der Vermieter dem Geschädigten das Risiko der Fehleinschätzung der Haftungsquoten abnimmt.[66] Diese Frage ist zu verneinen, denn der Unfallgegner und seine Haftpflichtversicherung haben nur denjenigen Teil der Mietwagenkosten zu ersetzen, der ihrer Haftungsquote entspricht, und dieser Anteil kann durch Parteivereinbarung zwischen dem Geschädigten und seiner Autovermietung nicht vergrößert werden.[67] Der BGH hat mit Recht den Anspruch auf Ersatz der **Kosten eines** vom Geschädigten hinzugezogenen **Kfz-Sachverständigen** auf die Haftungsquote des Schädigers begrenzt;[68] ein Grund, bei den Mietwagenkosten anders zu entscheiden, ist nicht ersichtlich. Schließlich ist ein Streit darüber entbrannt, ob der Normaltarif, der jedenfalls ersatzfähig ist und der eine »benchmark« für die von der Autovermietung tatsächlich abgerechneten Kosten liefert, aus dem »Mietpreisspiegel« des Unternehmens EurotaxSchwacke (sog. **Schwacke-Liste**) entnommen werden darf.[69] Die Versicherungswirtschaft hält die dort angegebenen Sätze für überhöht und hat deshalb ein Konkurrenzprodukt in Auftrag gegeben, den sog. »Mietpreisspiegel Mietwagen Deutschland« des **Fraunhofer**-Instituts.[70] Der BGH stellt es den Instanzgerichten frei, im Rahmen der Schadensschätzung nach § 287 ZPO entweder auf die Schwacke-Liste oder auf den Fraunhofer Mietpreisspiegel abzustellen – obwohl beide deutlich von einander abweichen.[71] Das kann eigentlich nicht so bleiben, denn es hängt nun vom Willen des erkennenden Instanzgerichts ab, ob der Geschädigte die höheren Sätze nach Schwacke liquidieren kann oder auf die niedrigen Beträge gemäß Fraunhofer beschränkt ist. Auch im Übrigen sollte der BGH seine Aufgabe, den Regulierungsgeschehen Beteiligten klare und handhabbare Vorgaben zu machen, kraftvoller wahrnehmen und selbst entscheiden, in welchem Umfang Aufschläge auf den (effektiven, ggf. um Standardrabatte verminderten) Selbstzahlertarif bei der Abrechnung von Mietwagenkosten rechtlich akzeptabel sind. Die derzeitige Rechtsprechung, die ganz auf den Einzelfall abstellt und vorderhand den Geschädigten zum »Herrn des Restitutionsgeschehens«[72] macht, liefert ihn de facto der **Ausbeutung durch Werkstätten und Mietwagenunternehmen** aus.[73]

Diese Überlegungen gelten auch dort, wo ein **gewerblich genutztes Fahrzeug** beschädigt oder zerstört worden ist und der Unternehmer die Zeit bis zur Ausführung der Reparatur oder bis zur Beschaffung eines neuen Fahrzeugs durch die Anmietung eines vergleichbaren Ersatzfahrzeugs überbrückt. Sehr streitig ist die Frage, wie zu entscheiden sei, wenn der Unternehmer in Voraussicht *künftiger* Unfälle vorsorglich Ersatz- 679

---

62 *Wagner* NJW 2006, 2289 mwN; zur mietrechtlichen Seite des Problems *Wagner* NJW 2007, 2149.
63 BGHZ 160, 377 (383) = NJW 2005, 51; BGH VersR 2013, 515 Rn. 13.
64 BGHZ 163, 19 (24) = NJW 2005, 1933; BGH NJW 2006, 360 (361); NJW 2009, 58 Rn. 12; 2012, 3241 Rn. 19ff.; 2013, 1870 Rn. 22.
65 BGH NJW-RR 2008, 689 Rn. 16.
66 BGHZ 160, 377 (384) = NJW 2005, 51; BGH NJW 2009, 59 Rn. 10; NJW-RR 2010, 679 Rn. 5.
67 *Wagner* NJW 2006, 2289 (2292f.).
68 BGH NJW 2012, 1953 Rn. 12ff.; NJW 2014, 3151 Rn. 9f.; aA AG Siegburg NJW 2010, 2289.
69 BGH NJW 2008, 2910 Rn. 15ff.; 2008, 1519 Rn. 8ff.; 2009, 58 Rn. 18ff.; NJW-RR 2010, 679 Rn. 6; BGH VersR 2011, 280 Rn. 7.
70 OLG Stuttgart NJW-RR 2008, 1540 (1542); OLG Hamburg VersR 2011, 644f.
71 BGH NJW 2011, 1947 Rn. 18ff.; eing. und mit einem komplexen Lösungsvorschlag *Gilch* VersR 2012, 1485.
72 BGHZ 143, 190 (194f.) = NJW 2000, 800; BGH VersR 2011, 280 Rn. 12.
73 *Wagner*, Karlsruher Forum 2006, 18 (48ff.); *Wagner* NJW 2006, 2289.

fahrzeuge bereitstellt: Kann er hier, wenn die Kosten der Anschaffung und Bereithaltung des Ersatzwagens monatlich eine bestimmte Summe ausmachen, von dem Schädiger einen entsprechenden Betrag als »Schadensersatz« verlangen? Der Bundesgerichtshof hat diese Frage im Falle eines vorsorglich bereitgestellten Straßenbahnwagens bejaht[74] und zwar vor allem mit der Begründung, dass es keinen Unterschied machen könne, ob der Geschädigte »bei Ausfall eines Fahrzeugs infolge fremdverschuldeten Unfalls ein Ersatzfahrzeug mietet oder ob er ein Fahrzeug einsetzt, das er sich ... eigens zum Zweck der Vorsorge für vorkommende Fälle dieser Art bereits selbst zugelegt und bereitgestellt hat«. Das scheint einleuchtend. Hätte die Straßenbahngesellschaft zum Zweck der Reservehaltung eine rechtlich selbstständige Tochtergesellschaft gegründet, so hätte sie die an diese zu entrichtenden Mietkosten auf den Schädiger abwälzen können: Warum soll sie nicht die Reservehaltung einer Betriebsabteilung übertragen, ohne ihres Ersatzanspruchs verlustig zu gehen? Der dogmatisch richtige Ansatzpunkt für dieses Ergebnis ist aber nicht § 249 II 1, sondern § 254 II 1: Soweit der Geschädigte durch überobligatorische Anstrengungen dafür Sorge trägt, dass Folgeschäden minimiert werden, kann er den dafür erforderlichen Aufwand auf der Grundlage von § 254 II 1 liquidieren.[75] Dies gilt allerdings nur unter der Voraussetzung, dass die Vorhalteaufwendungen vernünftig sind, ihre Kosten also niedriger sind als die Kosten der durch sie abgewendeten Schäden. Der Schädiger darf im Ergebnis nicht schlechter stehen als bei Unterlassen der Vorsorge.

### b) Abstrakte Nutzungsentschädigung

680 Nicht selten **verzichtet der Geschädigte auf die Anmietung eines Ersatzfahrzeugs,** etwa weil in der Familie ein Zweitwagen vorhanden ist, oder weil Arbeitskollegen eine Mitfahrgelegenheit bieten und sich die geplanten Sonntagsausflüge auf später verschieben lassen. In solchen Fällen entsteht prima facie kein Vermögensschaden, sodass auch kein Ersatz zu leisten wäre. Natürlich ist es bequemer, wenn der eigene Wagen fahrbereit vor der Tür steht, doch die Entbehrung dieses Vorteils scheint ein Nichtvermögensschaden zu sein, der gem. § 253 nicht ersatzfähig ist.

681 Gleichwohl hält der BGH die Zubilligung einer **Geldentschädigung für entgangene Nutzungsvorteile** unter folgenden Voraussetzungen für zulässig:

Sie kommt nur dort in Betracht, wo es sich bei der Sache, die der Geschädigte nicht hat nutzen können, um ein **Kraftfahrzeug,**[76] ein **Wohnhaus** oder eine **Eigentumswohnung**[77] oder ein sonstiges Gut handelt, auf dessen »**ständige Verfügbarkeit die eigenwirtschaftliche Lebenshaltung typischerweise angewiesen ist**«.[78] Dazu gehört heutzutage auch ein **Internet-Anschluss,**[79] nicht aber Sachen, deren Nutzung sich als Luxus, Liebhaberei oder bloßes Freizeitvergnügen ansehen lässt, wie etwa ein privates Schwimmbad,[80] ein Wohnwagen,[81] eine Garage,[82] ein privat genutztes

---

74 BGHZ 32, 280 (284f.) = NJW 1960, 1339.
75 MüKoBGB/*Oetker* § 249 Rn. 201.
76 BGHZ 161, 151 = NJW 2005, 277.
77 BGHZ 200, 203 Rn. 13ff. = JZ 2015, 100 mAnm *Oetker*.
78 BGHZ 98, 212 (222) = NJW 1987, 50.
79 BGHZ 196, 101 Rn. 16ff. = NJW 2013, 1072.
80 BGHZ 76, 179 = NJW 1980, 1386.
81 BGHZ 86, 128 = NJW 1983, 444.
82 BGH NJW 1993, 1793.

Flugzeug,[83] ein Motorsportboot,[84] ein Reitpferd,[85] ein Faxanschluss[86] und ein Oldtimer[87] – dies unverständlicher Weise selbst dann, wenn der Geschädigte gar kein »normales« Kfz besitzt, das er im Alltag nutzen könnte.[88] Weiterhin muss der zeitweise Verlust der Nutzungsvorteile für den Eigentümer der Sache eine »**fühlbare**« **Einbuße** zur Folge gehabt haben. Das ist nicht der Fall, wenn der Eigentümer eines unfallbeschädigten Kraftfahrzeugs es während der fraglichen Zeit ohnehin nicht hätte nutzen **wollen** (er tritt die seit langem geplante Flugreise an), ebenso dann, wenn er es nicht hätte nutzen **können**, sei es aus Gründen, die mit dem Unfall nichts zu tun haben (er wird krank oder verliert seinen Führerschein), sei es auch deshalb, weil er durch den Unfall selbst – etwa wegen der dabei erlittenen Verletzungen – zur Nutzung seines Wagens außerstande gesetzt worden ist.[89] »**Fühlbar**« ist der Verlust allerdings dann, wenn zwar nicht der Eigentümer, aber doch wenigstens seine Familienangehörigen und »andere Personen« das beschädigte Kraftfahrzeug berechtigterweise hätten nutzen wollen und können;[90] als »andere Person« gilt auch eine Verlobte.[91] Dagegen fehlt es an einem »fühlbaren« Verlust, wenn der Eigentümer auf einen Zweitwagen hätte umsteigen können,[92] anders wiederum dann, wenn ihm das Ersatzfahrzeug von seinem Arbeitgeber[93] oder einem Familienangehörigen gewissermaßen »überobligatorisch« ohne Entgelt überlassen worden ist.[94] Auch bei **gewerblich genutzten Kraftfahrzeugen, wie etwa einem vom Geschäftsführer zu Repräsentationszwecken gehaltenen Ferrari 456 GTA, können** die Voraussetzungen für eine abstrakte Nutzungsentschädigung erfüllt sein;[95] allerdings ist darauf zu achten, denselben Schaden über § 252 nicht ein zweites Mal zu kompensieren.[96]

Was den **Umfang der Entschädigung** für den Wegfall der Nutzungsvorteile anlangt, so geht die Rechtsprechung zwar von den verkehrsüblichen Mietwagensätzen aus, vermindert sie jedoch um den Gewinn des Mietwagenunternehmers, um bestimmte, nur ihm entstehende besondere Kosten und um die Betriebskosten, die der Eigentümer dadurch erspart, dass er sein eigenes (beschädigtes) Fahrzeug zeitweise nicht nutzt. Im Ergebnis bleiben **ca. 35–40 % der Mietwagensätze** übrig.[97] In der Praxis werden zur »Regulierung« der Nutzungsausfälle weithin die »**Tabellen**« des Unternehmens *EurotaxSchwacke*[98] (früher *Sanden/Danner/Küppersbusch*) verwendet, die der BGH anerkannt hat.[99]

682

---

83 OLG Oldenburg NJW-RR 1993, 1437 (1438); nach *Klaas* VersR 1999, 799 wohl eine Frage des Einzelfalls.
84 BGHZ 89, 60 = NJW 1984, 724; krit. *Wagner*, Gutachten zum 66. DJT, A 32.
85 OLG Stuttgart NJW-RR 2012, 472.
86 BGHZ 196, 101 Rn. 12 = NJW 2013, 1072.
87 OLG Düsseldorf NJW-RR 2012, 545.
88 So OLG Karlsruhe NJW-RR 2012, 548.
89 BGH NJW 1968, 1778; 2008, 915.
90 BGH NJW 1974, 33.
91 BGH NJW 1975, 922.
92 BGH NJW 1976, 286.
93 BGH NJW 1970, 1120.
94 BGH VersR 2013, 471 Rn. 23.
95 OLG Düsseldorf NJW-RR 2010, 687; in der Tendenz auch BGH NJW 2008, 913 (914f.).
96 BGH NJW 2008, 913 Rn. 6ff.
97 BGHZ 161, 151 (154f.) = NJW 2005, 277.
98 Abgedr. in Beilage zu NZV 2012, Heft 1; ältere Version auszugsweise abgedruckt zB in NJW 2005, 32ff.
99 BGHZ 56, 214 (219f.); BGHZ 161, 151 (154f.) = NJW 2005, 277.

**683** Obwohl dies nicht ausgesprochen wird, leitet den BGH womöglich das Bemühen, dem geschädigten Kraftfahrzeugeigentümer einen **wirtschaftlichen Anreiz zu geben, auf die kostspielige Anmietung eines Ersatzwagens zu verzichten,** obwohl sie ihm zustünde.[100] Gäbe es keinerlei Entschädigung für abstrakten Nutzungsentgang, würde die Sparsamkeit des Geschädigten allein dem Schädiger zugute kommen und folglich in weit größerem Umfang von der Möglichkeit zur Anmietung von Ersatzwagen Gebrauch gemacht. Wer die Wahl hat zwischen: (1) kostenloser Anmietung eines schicken Mietwagens und (2) gar nichts, der wird selbstverständlich den Mietwagen wählen. So aber ergibt sich de facto eine Aufteilung der Kostenersparnis zwischen den Unfallbeteiligten: Der Geschädigte bekommt ca. 40 % der ersparten Aufwendungen als »Prämie« für seine Zurückhaltung, während die übrigen ca. 60 % dem Schädiger zugute kommen, indem sie den Ersatzanspruch mindern. Die Rechtsprechung zur Entschädigung entgangener Gebrauchsvorteile hat also die Funktion, wirksame Anreize zur Minimierung des Schadens ex post durch Verzicht auf Naturalrestitution zu setzen.[101]

**684** Trotz dieses simplen Zusammenhangs hat man sich immer wieder um den Nachweis bemüht, dass entgangene Nutzungen tatsächlich als Vermögensschaden zu qualifizieren sind – und nicht als bloßer Nichtvermögensschaden, der gem. § 253 I nicht ersatzfähig wäre.[102] Die »**Frustrationstheorie**« will dem Geschädigten nur den Aufwand ersetzen, den er, um sich die Nutzung einer Sache zu sichern, getrieben hat, nun aber, da die Nutzungsmöglichkeit vom Schädiger vereitelt worden ist, als »frustriert« ansehen muss. Danach dürfte allerdings der Student, der sich seinen Wagen von den Eltern finanzieren lässt, keine Entschädigung für Nutzungsentgang erhalten. Die konkurrierende »**Kommerzialisierungsthese**« stellt darauf ab, dass die Nutzung von Kraftfahrzeugen einen wirtschaftlichen Wert hat, weil es einen Markt gibt, auf dem Rechte zur Fahrzeugnutzung zu weithin einheitlichen Vergütungssätzen erworben werden können.[103] Damit lässt sich zwar nicht erklären, warum bei Wohnwagen und Motorsportbooten, deren Nutzung der BGH als nicht »zur eigenwirtschaftlichen Lebenshaltung« gehörig ansieht, eine Entschädigung nicht bezahlt zu werden braucht, obwohl für sie doch genauso wie für Kraftfahrzeuge ein Mietmarkt besteht, doch das spricht eher gegen die Einschränkungen des BGH als gegen die Kommerzialisierungsthese. In einer englischen Entscheidung heißt es:

> »Suppose a person took a chair out of my room and kept it for 12 months, could anybody say that you had a right to diminish the damages by showing that I did not usually sit in the chair, or that there were plenty of other chairs in the room? The proposition so nakedly stated seems to me to be absurd«.[104]

**685** Tatsächlich besteht zwischen der vollständigen **Zerstörung** einer Sache und ihrer zeitweiligen **Unbenutzbarkeit** nur ein gradueller Unterschied. Er liegt darin, dass ihr Eigentumer im ersten Fall die Möglichkcit der Sachnutzung **zur Gänze,** im zweiten Fall **zum Teil** verliert. Wer eine Sache kauft, verschafft sich dadurch nicht ihre Substanz und daneben noch die Möglichkeit zu ihrer Nutzung. Vielmehr zahlt er den Kaufpreis für die Summe der Nutzungsmöglichkeiten, die ihm die Sache bis zum Ende ihrer Le-

---

100 *Medicus/Lorenz* SchuldR I, 21. Aufl. 2015, Rn. 6714ff.; *Medicus,* FS 50 Jahre BGH I, 2000, 201 (214); *Steffen* NJW 1995, 2057 (2061); Staudinger/*Schiemann,* 2005, § 251 Rn. 72, 85.
101 *Wagner,* Gutachten zum 66. DJT, A 30ff.
102 In BGHZ 98, 212 = NJW 1987, 50 werden »stellvertretend für viele« nicht weniger als 30 Autoren genannt, die sich alle – manche in mehreren Abhandlungen – mit diesem Problem beschäftigt haben.
103 BGHZ 45, 212 (215) = NJW 1966, 1260.
104 The »*Mediana«,* A.C. (1900), 113, 117 (HL per Lord Halsbury).

bensdauer bietet: »Nicht Waren, sondern Nutzungsmöglichkeiten werden gekauft«.[105] Verliert der Eigentümer seine Nutzungsmöglichkeiten **vollständig,** weil die Sache **zerstört** wird, so ist der darin liegende Verlust nur quantitativ, nicht qualitativ ein anderer, als wenn die Sache lediglich **beschädigt** wird und ihr Eigentümer sie nur **zeitweise** nicht nutzen kann. Würde für die Zerstörung eines Schiffs, dessen Lebensdauer noch 10 Jahre beträgt, Schadensersatz von 100 bewilligt, so muss sich der Schadensersatz im Falle der Beschädigung auf 10 belaufen, wenn die Reparaturzeit ein Jahr beträgt und infolgedessen die Nutzungsmöglichkeiten des Schiffseigners um 10% reduziert sind; keine Rolle kann es hingegen spielen, ob das Schiff eine Jolle oder eine Luxusjacht und sein Eigner ein Schulkind oder ein Scheich ist. Ebenso wenig kommt es auf die »Fühlbarkeit« des Nutzungsverlusts an: Ist ein Auto zerstört oder beschädigt worden, so darf sich der Schädiger niemals damit verteidigen, dass dem Eigentümer noch ein Zweitwagen zur Verfügung stehe.

### 6. Kein Schmerzensgeld

Anders als nach österreichischem Recht (§ 1331 ABGB) steht dem Eigentümer bei Sachbeschädigungen kein Schmerzensgeld zum **Ausgleich des verletzten Affektionsinteresses** und zur Genugtuung für das rechtswidrige Handeln des Schädigers zu. Das gilt trotz § 90a auch bei Verletzung eines Tiers; hier ist weder dessen Leid noch das (Mit-)Leid des Halters über § 253 II auszugleichen.[106] Nimmt man den sog. »endowment effect« ernst (→ Rn. 665), müsste dem Geschädigten jedoch nicht nur bei *Beschädigung* der Sache ein »Integritätszuschlag« von 30% auf die Reparaturkosten zustehen, sondern bei irreparabler *Zerstörung* ein »Integritätsschmerzensgeld« als Zuschlag auf den Wiederbeschaffungsaufwand gezahlt werden.[107]

686

## III. Personenschäden

### 1. Grundlagen

Auch soweit es um den Ersatz von Personenschäden geht, ist der Schädiger gem. § 249 I 1 in erster Linie verpflichtet, »**den Zustand herzustellen,** der bestehen würde, wenn der zum Ersatze verpflichtende Umstand nicht eingetreten wäre«. In der Praxis vertraut sich natürlich kein Verletzter dem Schädiger an, sondern man konsultiert einen Arzt und verlangt »den dazu erforderlichen Geldbetrag« vom Schädiger ersetzt (§ 249 I 2; → Rn. 661). Darüber hinaus sind auch hier die Vermögensfolgeschäden zu ersetzen, die keiner Naturalrestitution zugänglich sind, weil die Herstellung unmöglich ist (§ 251 I), einschließlich des entgangenen Gewinns (§§ 252, 842, 843).

687

In der Mehrzahl der Fälle spielen die Vorschriften über den Umfang des Schadensersatzes allerdings für die Wiederherstellung des Verletzten und für die Gewährleistung seines Unterhalts zunächst keine Rolle, weil der **Schaden mit sozialrechtlichen Mitteln aufgefangen wird,** indem die Krankenkasse für die Heilbehandlung sorgt, der

688

---

[105] *Ott/Schäfer* ZIP 1986, 613 (621); für die Ersatzfähigkeit der entgangenen Nutzungsmöglichkeit *Wagner,* Gutachten zum 66. DJT, A 32, 65 ff.
[106] AG Wiesbaden NJW-RR 2012, 227 (228).
[107] Abl. *Korch,* Haftung und Verhalten, 2015, 236 ff.

Arbeitgeber den Lohn fortzahlt und anschließend ggf. ein Rentenversicherungsträger Lohnersatzleistungen erbringt (→ Rn. 35 ff.). Die Vorschriften über die Haftungsbegründung (§§ 823 ff. BGB, 7 StVG etc.) sowie über die Haftungsausfüllung (§§ 249 ff. BGB, 10 ff. StVG etc.) kommen erst dann zum Zuge, wenn es um den **Regress des Sozialversicherungsträgers** oder Arbeitgebers gem. §§ 116 SGB X, 6 EFZG gegen den nach Privatrecht für den Unfall Verantwortlichen geht (eingehend → Rn. 766 ff.). Das Sozialrecht bietet allerdings keine umfassende Sicherung gegen Unfallfolgen, und die Bereiche, in denen es Lücken lässt, werden eher größer als kleiner. Für solche Restschäden und Schadensspitzen kommen die §§ 249 ff. unmittelbar im Verhältnis zwischen Geschädigtem und Schädiger zur Anwendung.

689 Der zum Ausgleich eines Personenschadens geschuldete Geldbetrag umfasst idR einen Ausgleich für
- die **Heilungskosten** und die vermehrten Bedürfnisse,
- die **Einkommensverluste** und
- den immateriellen Schaden (**Schmerzensgeld**).

## 2. Heilungskosten, Kosten vermehrter Bedürfnisse

690 Im Falle der Verletzung des Körpers oder der Gesundheit ist der Schädiger verpflichtet, dem Verletzten die Kosten der Heilung sowie die Vermögensnachteile zu ersetzen, die ihm dadurch entstehen, dass infolge der Verletzung eine Vermehrung seiner Bedürfnisse eintritt (vgl. §§ 249, 843 BGB, § 6 HPflG, § 11 StVG, § 8 ProdHaftG, § 13 UmweltHG, § 36 LuftVG, § 29 AtG).

691 Zu den **Heilungskosten** gehören alle Aufwendungen, die dem Verletzten durch die ärztliche Behandlung, durch die Versorgung mit Medikamenten, durch den Krankenhausaufenthalt sowie durch Heilkuren, heilgymnastische Übungen und andere, zu seiner Wiederherstellung erforderliche Maßnahmen entstehen. Da die Gesundheit ein besonders wichtiges Rechtsgut ist, sind auch besonders hohe Kosten nicht iSd § 251 II »**unverhältnismäßig**«, sofern nur die durch sie finanzierten Heilungsmaßnahmen gem. § 249 I 2 »erforderlich« sind. »Erforderlich« sind auch solche Maßnahmen, durch die der Verletzte nicht nur möglichst so gesund wie vorher, sondern auch möglichst so »schön« wie vorher gemacht werden soll. Daher sind auch die Kosten einer kosmetischen Operation, die der Beseitigung unfallbedingter Narben dient, als Heilungskosten zu ersetzen, sofern ihr Umfang im Einzelfall bestimmte – durch Treu und Glauben gezogene – Grenzen nicht überschreitet.[108]

692 Insbesondere wenn eine Verletzung bloß kosmetische Spuren hinterlässt, stellt sich auch bei Personenschäden die Frage nach der **Dispositionsfreiheit des Verletzten** bzw. der Möglichkeit »**fiktiver Schadensberechnung**« (für Sachschäden schon → Rn. 669 ff.): Kann der Verletzte Ersatz der Operationskosten auch dann verlangen, wenn er die Operation gar nicht ausführen lassen, sondern den ihm zugesprochenen Geldbetrag für andere Zwecke verwenden will? Die Frage ist zu verneinen. Würde man dem Geschädigten auch bei Personenschäden Dispositionsfreiheit einräumen, so könnte er eine fortdauernde körperliche Beeinträchtigung zu Geld machen, sich also für einen immateriellen Nachteil eine Geldentschädigung verschaffen, was aber nur im Rahmen des § 253 II gestattet ist.[109] Hat der Verletzte infolge der Körperverletzung eine Narbe davon getragen, hat er demnach die Wahl: Entweder er

---

108 Vgl. BGHZ 63, 295 = NJW 1975, 640.
109 BGHZ 97, 14 = NJW 1986, 1538 und dazu *Grunsky* JuS 1987, 441; aA *Ziegler/Hartwig* VersR 2012, 1364.

lässt die kosmetische Operation (»Narbenkorrektur«) durchführen; dann hat ihm der Schädiger die dafür aufgewendeten Kosten auszugleichen, oder aber er findet sich mit der Narbe ab, dann ist diese dauerhafte »Entstellung« im Rahmen der Schmerzensgeldbemessung zu berücksichtigen.[110]

Nach stRspr kann der Verletzte auch diejenigen Aufwendungen (als Teil der Heilungskosten) ersetzt verlangen, die seinen Familienangehörigen durch Fahrtkosten und Verdienstausfälle entstehen, wenn sie ihn – was zur Förderung des Heilungsprozesses notwendig ist – **im Krankenhaus besuchen**.[111] Der Schädiger kann hier nicht einwenden, dass die Aufwendungen von den Familienangehörigen kraft Unterhaltspflicht oder freiwillig erbracht worden sind. Dieser Einwand steht ihm gem. § 843 IV nicht zu, soweit dem Verletzten *Unterhalt* von dritter Seite geleistet wird; er darf ihm auch dort nicht zustehen, wo der Dritte sich um die *Heilung* des Verletzten gekümmert hat. 693

Der Schädiger hat auch die Aufwendungen, die durch eine **Vermehrung der Bedürfnisse** des Verletzten entstehen, gem. §§ 251 I, 843 I Alt. 2 zu ersetzen. Dieser Anspruch trägt dem Umstand Rechnung, dass die Heilbehandlung normalerweise Zeit braucht, also nicht zur sofortigen Wiederherstellung des Verletzten führt, und bei schweren Verletzungen häufig eine Beeinträchtigung zurückbleibt, die einen erhöhten finanziellen Bedarf auslöst, wenn das gewohnte Leben beibehalten werden soll. Unter diesem Gesichtspunkt ersatzfähig sind die Kosten für eine besondere Diät, für Anschaffung und Erneuerung orthopädischer Hilfsmittel, wie Stützstrümpfe, Spezialschuhe, Krücken und Rollstühle,[112] für den behinderungsgerechten Umbau des Hauses oder der Wohnung[113] und die Anstellung von Pflegepersonal. Wird die Pflege des Verletzten von Angehörigen übernommen, kann der Nettolohn einer gewerblichen Pflegekraft gem. § 843 I als Schaden liquidiert werden.[114] Dauert der erhöhte Bedarf länger an oder ist die Vermehrung der Bedürfnisse irreversibel, wird der Schadensausgleich durch Zahlung einer Rente geleistet (§ 843 III). 694

### 3. Erwerbsschaden

Gemäß §§ 249, 251 muss der Ersatzpflichtige auch die Einkommensverluste ersetzen, die dem Verletzten infolge der schadenstiftenden Handlung entstanden sind; dazu gehört gem. § 252 auch der entgangene Gewinn. Ergänzend wird in §§ 842 und 843 bestimmt, dass die Schadensersatzpflicht sich auch auf die Nachteile erstreckt, »welche die Handlung für den Erwerb oder das **Fortkommen des Verletzten** herbeiführt« oder die dadurch entstehen, dass »die **Erwerbsfähigkeit** des Verletzten aufgehoben oder gemindert« wird.[115] Der gleiche Gedanke wird in den Gesetzen über die Gefährdungshaftung genauer umschrieben. Für den Fall der Verletzung des Körpers oder der Gesundheit wird dort angeordnet, dass die Ersatzpflicht des Schädigers sich auf den Vermögensnachteil erstreckt, »den der Verletzte dadurch erleidet, dass infolge der Verletzung zeitweise oder dauernd seine Erwerbsfähigkeit aufgehoben oder gemindert ist« (§ 6 S. 1 HPflG, § 11 S. 1 StVG, § 36 I LuftVG, § 8 S. 1 ProdHaftG, § 13 S. 1 Um- 695

---

110 OLG Köln VersR 1990, 434; KG VersR 1992, 974f.; *Lange/Schiemann* § 7 V 3, 444.
111 BGHZ 106, 28 (30) = NJW 1989, 766; BGH NJW 1985, 2757; 1990, 1037 und 1991, 2340.
112 Vgl. MüKoBGB/*Wagner* §§ 842, 843 Rn. 65 mwN.
113 BGH NJW-RR 1992, 791.
114 OLG Zweibrücken NJW-RR 2008, 620f.
115 Vgl. BGH NJW-RR 2010, 946 Rn. 7.

weltHG, § 32 V GenTG, 29 I AtG). Aus dieser Vielzahl partikularer und teilweise redundanter Vorschriften hat die Praxis allgemeine **Grundsätze des Erwerbsschadensersatzes** herausgefiltert, die sämtliche wirtschaftliche Einbußen erfassen, die der Geschädigte erleidet, weil und soweit er seine Arbeitskraft verletzungsbedingt nicht verwerten kann,[116] und die unabhängig davon Geltung beanspruchen, ob der Schädiger aus Delikt (§§ 823 ff.) oder aus Gefährdung haftet.[117]

696 Eine Verpflichtung zum Schadensersatz besteht nicht schon dann, wenn infolge des Unfalls die **Erwerbsfähigkeit des Verletzten abstrakt gemindert** oder aufgehoben ist, sondern nur dann, wenn die unfallbedingte Minderung oder Aufhebung der Erwerbsfähigkeit einen **Verdienstausfall** tatsächlich herbeigeführt hat oder – wie etwa bei Jugendlichen – in Zukunft herbeiführen wird.[118] Wer daher infolge seiner Unfallverletzungen ganz oder teilweise erwerbsunfähig geworden ist, kann gleichwohl Schadensersatz wegen Verdienstausfalls nicht verlangen, wenn er sich besonders anstrengt und deshalb keine Einkommenseinbußen erleidet, aber auch dann, wenn er als Bonvivant von den Erträgen seines Vermögens lebte und er auch später, denkt man sich den Unfall weg, nicht erwerbstätig geworden wäre.

697 Hierin liegt ein wichtiger und bezeichnender **Unterschied** zwischen den Regeln des Haftpflichtrechts und denjenigen der **gesetzlichen Unfallversicherung**. Während das Haftpflichtrecht in jedem einzelnen Fall danach fragt, wie hoch die unfallbedingten Einkommensverluste tatsächlich sind, wird in der gesetzlichen Unfallversicherung aufgrund einer bewusst pauschalisierenden, deshalb freilich auch besonders einfach zu handhabenden »abstrakten« Schadensberechnungsmethode die Rente schematisch nach dem Prozentsatz festgesetzt, um den die Erwerbsfähigkeit des Verletzten durch den Unfall gemindert ist (→ Rn. 595).

698 Der Grundsatz, dass die **Minderung der Erwerbsfähigkeit als solche keinen ersatzfähigen Schaden** begründet, darf nicht zu dem Missverständnis verleiten, Kinder, Auszubildende, Studenten und Arbeitslose gingen leer aus. Für den Erwerbsschadensersatz ist nicht erforderlich, dass der Verletzte *im Unfallzeitpunkt* ein Einkommen erzielte, das infolge der Verletzung gemindert wird oder ganz wegfällt. Vielmehr reicht es aus, wenn nach den Umständen davon auszugehen ist, dass der Verletzte – ggf. ab einem bestimmten Zeitpunkt – Erwerbseinkommen erzielt hätte, das ihm nun infolge der Verletzung ganz oder teilweise entgeht.[119] Das Gericht muss also prognostizieren, ab wann das Kind Erwerbseinkommen erzielt hätte und es muss die Höhe des Erwerbseinkommens abschätzen. Die danach erforderliche **Prognose** über den Umfang zukünftiger Erwerbsschäden ist eine schwierige und mit vielen Unsicherheiten belastete Aufgabe. Das hat auch der Gesetzgeber erkannt und dem Gericht in § 287 ZPO die **Befugnis zur Schadensschätzung** eingeräumt. Danach ist das **Beweismaß** für den Nachweis des Schadensumfangs reduziert: es reicht aus, wenn das Gericht den Eintritt der geltend gemachten Nachteile für überwiegend wahrscheinlich hält.[120]

699 Die Feststellung eines Erwerbsschadens erfordert eine **Prognose in zweierlei Richtung:**

---

116 BGH NJW-RR 2010, 946 Rn. 7.
117 MüKoBGB/*Wagner* §§ 842, 843 Rn. 5 ff.
118 BGHZ 54, 45 (50) = NJW 1970, 1411; BGHZ 90, 334 (336) = NJW 1984, 1811; BGHZ 176, 109 Rn. 9 = NJW 2008, 2185.
119 MüKoBGB/*Wagner* §§ 842, 843 Rn. 49 mwN.
120 OLG Köln VersR 2000, 237 (238).

(1) Zu prognostizieren ist einerseits das Einkommen, das der Verletzte – es handele sich dabei um einen Arbeitnehmer oder um einen Selbstständigen – **ohne den Unfall in der Zukunft voraussichtlich erzielt** hätte; dabei ist auch zu prüfen, ob er nach dem regelmäßigen Verlauf der Dinge künftig eine besser bezahlte Stellung erlangt oder ob er als Selbstständiger oder als Unternehmer künftig ein höheres Einkommen erzielt hätte.

(2) Ist der Verletzte nicht vollständig erwerbsunfähig geworden, muss das Gericht weiter schätzen, wie sich seine **tatsächlichen Einkommensverhältnisse** unter Ausnutzung der ihm verbliebenen Arbeitskraft in Zukunft entwickeln werden, wobei von der aktuellen Einkommenssituation auszugehen ist. Dabei ist zu berücksichtigen, dass der Geschädigte kraft § 254 II gehalten ist, durch zumutbare Anstrengungen zur Minderung des Schadens beizutragen (→ Rn. 751). Das bedeutet, dass sich der Verletzte ggf. zur Wiederherstellung seiner Arbeitskraft einer Operation unterziehen muss.[121] Weiter muss er sich ernstlich um eine Verwertung der ihm verbliebenen Arbeitskraft bemühen, ist also verpflichtet, sich auf freie Stellen zu bewerben, an Umschulungskursen teilzunehmen, die allerdings der Schädiger zu finanzieren hat, und uU sogar den Beruf zu wechseln.[122] Umgekehrt ist es einem schwer geschädigten Patienten gem. § 254 II 1 nicht verwehrt, den Beruf zu wechseln und ein Zweitstudium der Rechtswissenschaften aufzunehmen, wenn infolge der erlittenen Behinderung die mit dem Erststudium der Humanmedizin erreichte Qualifikation nicht mehr in der angestrebten Weise als praktischer Arzt, sondern allenfalls noch im Backoffice medizinischer Fachverlage ausgeübt werden kann.[123] Was hier dem Verletzten zuzumuten ist, kann sehr schwierig zu beurteilen sein und hängt entscheidend von den Umständen des Falles ab, also zB von Lebensalter, Vorbildung und Kenntnissen des Verletzten, von seinen Familienverhältnissen und der Arbeitsmarktlage.[124]

Die Erwerbsschadensrente ist nur für denjenigen Zeitraum zu leisten, in dem der Verdienstausfall andauert. Steht fest, dass der Verletzte wegen seines schlechten gesundheitlichen Zustandes auch ohne den Unfall bereits mit 60 Jahren erwerbsunfähig geworden wäre, so ist auch die Rente nur bis zur Vollendung des 60. Lebensjahres zu zahlen. Umgekehrt ist bei der Verletzung von Kindern und Jugendlichen eine Verdienstausfallrente erst von dem Zeitpunkt ab zu leisten, in dem der Jugendliche voraussichtlich ein Arbeitseinkommen erzielt hätte.

Ist der **haushaltsführende Ehegatte** bei einem Unfall so schwer verletzt worden, dass 700 er zur Führung des Familienhaushalts ganz oder teilweise außerstande gesetzt wird, so hat auch er gem. §§ 842f. einen eigenen Anspruch auf Leistung einer Geldrente.[125] Der Erwerbsschadensersatz ist nicht auf Fälle beschränkt, in denen der Verletzte tatsächlich seine Arbeitskraft am Markt in Geld getauscht hat. Aus § 1360 ergibt sich, dass beide Ehegatten verpflichtet sind, »durch ihre Arbeit« die Familie angemessen zu unterhalten, und zwar entweder durch eine Erwerbstätigkeit oder durch die Führung des Haushalts (§ 1360 S. 2). Der verletzte Ehegatte kann entweder die Kosten einer Haus-

---
121 Vgl. BGH VersR 1987, 408; OLG Oldenburg NJW 1978, 1200.
122 Vgl. BGHZ 10, 18 = NJW 1953, 1098; BGH NJW 1991, 1412 (1413).
123 OLG Nürnberg VersR 2009, 1079 (1081 f.).
124 OLG Nürnberg VersR 2009, 1079 (1081); Einzelheiten bei MüKoBGB/*Wagner* §§ 842, 843 Rn. 30 ff.
125 BGHZ 38, 55 (57) = NJW 1962, 2248.

haltskraft liquidieren, sofern eine solche eingestellt worden ist, oder den Erwerbsschaden fiktiv, anhand der hypothetischen Kosten einer Haushaltshilfe berechnen.[126] Hat ein Ehepartner seine Unterhaltspflicht dadurch erfüllt, dass er im Geschäft des anderen mitarbeitete, so liegt es ebenso: Auch in diesem Falle kann er einen eigenen Schadensersatzanspruch gem. §§ 842f. geltend machen.[127] All dies gilt heute auch bei gleichgeschlechtlichen Lebenspartnerschaften (§ 5 LPartG) sowie für nichteheliche Lebensgemeinschaften.[128]

701 Gemäß § 843 I ist bei einer Minderung oder Aufhebung der Erwerbsfähigkeit oder bei einer Vermehrung der Bedürfnisse Schadensersatz grundsätzlich in der Form einer **Geldrente** zu leisten. Nur bei Vorliegen eines wichtigen Grundes kann der Verletzte statt dessen eine »**Abfindung in Kapital**« (§ 843 III) verlangen, also »denjenigen Kapitalbetrag, der während der voraussichtlichen Laufzeit der Rente zusammen mit dem Zinsertrag dieses Kapitals ausreicht, die an sich geschuldeten Renten zu zahlen«.[129] Gleichwohl dürfte heute in der Praxis die Zahlung von Kapitalbeträgen überwiegen, und zwar vor allem im Rahmen außergerichtlicher »Abfindungsvergleiche«,[130] auf die der Geschädigte allerdings keinen Anspruch hat.[131] In der Regel ist es aber nicht der Verletzte selbst, sondern sein Sozialversicherungsträger, der aus übergegangenem Recht den Erwerbsschaden geltend macht (§ 116 SGB X, →Rn. 769), und oft wird nicht der Schädiger, sondern sein Haftpflichtversicherer in Anspruch genommen. Versicherungsträger sind aber, um den Fall »vom Tisch zu bringen«, an der einmaligen Zahlung eines Kapitalbetrages interessiert.

### 4. Immaterialschadensersatz (Schmerzensgeld)

#### a) Grundlagen

702 Die vermögensmäßigen Folgen der Verletzung werden durch Ersatz der Heilungskosten und des Verdienstausfalls ausgeglichen. Der Schadensersatz für vermehrte Bedürfnisse erfasst diejenigen vermögensrechtlichen Nachteile, die dem Geschädigten deswegen entstehen, weil die Heilbehandlung nicht sofort oder nicht vollständig zum Erfolg führt (→Rn. 694). Die vollständige Wiederherstellung der Gesundheit erfordert jedoch Zeit und ist mitunter gar nicht möglich. In diesen Fällen erleidet der Verletzte auch immaterielle Beeinträchtigungen in Form **seelischen Leids.** Diese können vorübergehender Art sein, etwa die bis zur Behandlung oder Ausheilung einer Verletzung auftretenden Schmerzen oder die Einbuße des normalen Lebenszuschnitts während des Aufenthalts im Krankenhaus. Vielfach muss der Verletzte aber dauerhaft mit schwerwiegenden Beeinträchtigungen leben, wie beispielsweise bei Querschnittslähmungen, dem Verlust eines Beines, eines Auges oder eines anderen Körperglieds oder dem Zurückbleiben entstellender Narben. Alle diese Beeinträchtigungen führen zu einem Verlust an Lebensfreude und in diesem Sinne zu einem immateriellen Schaden. In Deutschland hat sich der Ausdruck »Schmerzensgeld« für die Kompensation solcher

---

126 BGHZ (GS) 50, 304 (306) = NJW 1968, 1823; zu den Details der Schadensberechnung MüKoBGB/*Wagner* §§ 842, 843 Rn. 51ff.
127 BGHZ 59, 172 = NJW 1972, 2217.
128 OLG Zweibrücken NJW 1993, 3207.
129 BGH VersR 1981, 283.
130 MüKoBGB/*Wagner* §§ 842, 843 Rn. 75 mwN.
131 MüKoBGB/*Wagner* §§ 842, 843 Rn. 76; aA *Schwintowski* VersR 2010, 149 (152ff.).

Beeinträchtigungen eingebürgert, obwohl er nur auf einen Teil der zu entschädigenden Nachteile passt, deren Eintritt angesichts der Fähigkeiten der heutigen Narkose- und Notfallmedizin zudem immer seltener wird. Schon die Verfasser des BGB lehnten die Einführung eines Schmerzensgeldanspruchs im eigentlichen Sinn zugunsten der heute in § 253 II angesiedelten allgemeinen Bestimmung über den Immaterialschadensersatz bei Verletzungen bestimmter Persönlichkeitsgüter ab.[132]

Gemäß § 253 II kann daher derjenige »eine billige Entschädigung in Geld« verlangen, der durch eine Verletzung des Körpers, der Gesundheit, der Freiheit oder der sexuellen Selbstbestimmung einen Schaden erlitten hat, »der nicht Vermögensschaden ist«. Ist eines dieser **Rechtsgüter verletzt**, steht der Anspruch auf Immaterialschadensersatz einheitlich für Klagen aus **Delikt** (§§ 823 ff.), **Gefährdungshaftung** (§ 6 S. 2 HaftPflG, § 11 S. 2 StVG, § 36 S. 2 LuftVG, § 32 V 5 S. 2 GenTG, § 8 S. 2 ProdHaftG, § 87 S. 2 AMG, § 13 S. 2 UmweltHG, § 29 II 2 AtG) und **Vertragshaftung** (§ 241 II) zur Verfügung.[133] Die »billige Entschädigung« wird regelmäßig in der Form eines bestimmten, einmalig zu zahlenden Geldbetrages zuerkannt; nach stRspr kann dem Geschädigten statt eines solchen Geldbetrags, aber auch zusätzlich zu ihm eine in bestimmten Zeitabständen zu zahlende Rente zugebilligt werden.[134] Eine »dynamisierte« – nämlich an den Lebenshaltungskostenindex gekoppelte – Schmerzensgeldrente ist dagegen nicht zulässig.[135]

703

Seit jeher wird gegen die Gewährung von Geldersatz für immaterielle Beeinträchtigungen geltend gemacht, man könne **seelisches Leid nicht in Geld aufwiegen**. Die in der Pandektenwissenschaft des 19. Jahrhunderts herrschende Meinung repräsentierte *Bernhard Windscheid,* wenn er schrieb: »Schmerzen und Geldleistung sind absolut unvergleichbare Größen«, um daraus zu folgern: »wenn es [das Schmerzensgeld] nicht Ersatz ist, so muss es Strafe sein«.[136] Tatsächlich lässt sich der verletzungsbedingte Vermögensschaden und damit auch der Ersatzbetrag einigermaßen exakt berechnen, während dies bei immateriellen Beeinträchtigungen eben wegen der Inkommensurabilität von Leid und Geld nicht möglich ist. Der Umstand, dass sich eine Einbuße schwer in Geld »umrechnen« lässt, ist jedoch kein Grund, die Kompensation ganz auszuschließen: Zweifellos ist es unerfreulich, wenn man nicht sicher sein kann, ob der Schaden 30.000 EUR oder 60.000 EUR entspricht, doch seinen Wert dann auf Null zu setzen, ist die falscheste aller Lösungen. Den Gerichten bleibt nichts anderes übrig als die Taxierung der immateriellen Einbuße mithilfe praktischer Vernunft und unter Berücksichtigung von Präjudizien in ähnlich gelagerten Fällen. Diese Präjudizien werden von Beobachtern gesammelt und zu sog. **Schmerzensgeldtabellen** kompiliert, an denen sich die richterliche Praxis orientiert (→ Rn. 715).

704

---

132 *Mugdan,* Materialien zum BGB, II, 1899, 447; eing. *Wagner* JZ 2004, 319.
133 Zu eng daher BGH JZ 2011, 524 Rn. 14 ff. mit Bespr. *Schiemann,* wo ein Schmerzensgeld für die durch Schlechterfüllung eines Anwaltsvertrags verursachte Gesundheitsverletzung (psychische Belastungsstörung) mit Rücksicht auf Schutzzweckerwägungen abgelehnt wird.
134 Vgl. BGH NJW 1957, 383; MüKoBGB/*Oetker* § 253 Rn. 57, 62.
135 BGH NJW 1973, 1653.
136 Lehrbuch des Pandektenrechts II, 2. Aufl. 1869, § 455, 651 Anm. 31; eing. *Wagner* ZEuP 2000, 200 (203 f.).

## b) Funktionen

705 Nach herkömmlicher Ansicht des BGH erfüllt das Schmerzensgeld eine **doppelte Funktion**:[137] In erster Linie soll es dem Verletzten einen **Ausgleich** für die immateriellen Einbußen verschaffen, die er durch die Verletzung erlitten hat. Es soll der Schädiger, »der dem Geschädigten ... das Leben schwer gemacht hat, nun durch seine Leistung dazu helfen, es ihm im Rahmen des Möglichen wieder leichter zu machen«.[138] Zwar kann man die seelischen Entbehrungen, die durch einen langen Krankenhausaufenthalt oder durch eine schwere und anhaltende Beeinträchtigung der körperlichen oder geistigen Funktionen verursacht sind, nicht durch eine Geldzahlung ungeschehen machen; wohl aber kann sich der Verletzte mithilfe des Geldes Annehmlichkeiten oder Erleichterungen verschaffen – wie zB eine Urlaubsreise, die Aufnahme einer Liebhaberei, der Besuch von Theatervorstellungen, die Anschaffung eines Kraftfahrzeugs –, die einen gewissen Ausgleich für die immateriellen Einbußen bieten oder auch jene Neuorientierung der Lebensinteressen erleichtern, die durch die Folgen eines schweren Unfalls oft genug erzwungen wird.

706 Neben der **Ausgleichsfunktion** soll das Schmerzensgeld nach traditioneller Auffassung aber auch noch eine **Genugtuungsfunktion** erfüllen: Es soll dem Gedanken Rechnung tragen, »dass der Schädiger dem Geschädigten für das, was er ihm angetan hat, Genugtuung schuldet«.[139] Mit der Ausdehnung des Schmerzensgeldanspruchs auf die Gefährdungshaftung im Jahre 2002 hat der Gesetzgeber indessen der Genugtuungsfunktion die Grundlage entzogen, denn dass die Realisierung der Betriebsgefahr eines Kraftfahrzeugs ein hinreichender Anlass wäre, dem Halter eine Zahlung an den Geschädigten zu Genugtuungszwecken aufzuerlegen, lässt sich schwerlich behaupten. Aber auch dann, wenn der Schädiger schuldhaft gehandelt hat, muss man sich fragen, was mit der Genugtuungsfunktion eigentlich erreicht werden soll.[140] Die »Bestrafung« des Täters zur Sühne von Unrecht und zur Besänftigung verletzten Rechtsgefühls ist sinnlos, wenn Ansprüche auf Schmerzensgeld in aller Regel und im Bereich der Straßenverkehrsunfälle sogar durchgängig von Haftpflichtversicherungen gedeckt werden. Richtet sich die Haftung – wie nicht selten – gegen ein körperschaftlich verfasstes Unternehmen, das selbst gar nicht handeln kann und folgerichtig auch nicht straffähig ist (vgl. § 14 StGB), bleibt zudem völlig offen, ob die Sanktion jemals die für den Schaden verantwortlichen Organe und Mitarbeiter erreicht. Auch der BGH hat die Ausgleichsfunktion des Schmerzensgeldes in seiner neueren Rechtsprechung immer mehr in den Vordergrund gerückt[141] aber an der Genugtuungsfunktion vor allem bei vorsätzlichen Rechtsverletzungen festgehalten.[142]

707 Die Genugtuungsfunktion erhält erst dann einen guten Sinn, wenn man sie mit der **Präventionsfunktion des Haftungsrechts** verbindet (→ Rn. 59 ff.). Um diese zu erfüllen, ist es erforderlich, dem Schädiger die gesamten Schadenskosten anzulasten, weil dadurch genau die richtigen Anreize zu sorgfältigem Verhalten gesetzt werden. Entgegen einem verbreiteten Missverständnis der Kritiker des ökonomischen Ansatzes sind

---
137 Vgl. BGHZ 18, 149 (154 ff.) = NJW 1955, 1675.
138 BGHZ 18, 149 (154) = NJW 1955, 1675.
139 BGHZ 18, 149 (154) = NJW 1955, 1675.
140 *Wagner* ZEuP 2000, 200 (206 f.); *Wagner*, Gutachten zum 66. DJT, A 73 f., A 77 ff.
141 BGHZ 120, 1 (7) = NJW 1993, 781; BGH NJW 1991, 1544 (1545).
142 BGHZ 128, 117 (120 f.) = NJW 1995, 781.

dabei selbstverständlich auch immaterielle und ideelle Einbußen zu berücksichtigen und – so gut es eben geht – zu monetisieren.

Kann die Präventionsfunktion des Schmerzensgeldes auch dann noch zum Zuge kommen, wenn der Schädiger für seine Tat **strafrechtlich zur Rechenschaft** gezogen wurde? 708
In BGHZ 128, 117 = NJW 1995, 781, waren zwei Bankräuber zu mehrjährigen Freiheitsstrafen verurteilt und anschließend im Zivilprozess auf Zahlung eines Schmerzensgeldes in Anspruch genommen worden. Die Klägerin, die sich als Kundin im Schalterraum aufgehalten hatte, war von den Tätern mit einer Waffe bedroht worden und hatte infolgedessen Todesängste ausgestanden. Der BGH lehnte es ab, die strafgerichtliche Verurteilung »haftungsmindernd« zu berücksichtigen.[143] Wenn man der Präventionsfunktion des Schmerzensgeldes bei Vorsatzdelikten allerdings durch einen Aufschlag auf den zum Schadensausgleich erforderlichen Betrag Rechnung tragen würde, ließe sich eine Berücksichtigung strafrechtlicher Sanktionen nur schwer von der Hand weisen. Kritikwürdig ist deshalb die Entscheidung des OLG Bremen in einem Fall, in dem ein Alkoholkranker die Tochter seiner Partnerin auf grauenvolle Weise misshandelt und umgebracht hat. Das Gericht verpflichtet den bereits zu zwölf Jahren Freiheitsstrafe mit anschließender Unterbringung in einer psychiatrischen Klinik verurteilten Täter zur Zahlung von 50.000 EUR Schmerzensgeld »zur Genugtuung«.[144]

### c) Bemessung

Die Funktionen des Schmerzensgeldes sind maßgeblich auch für seine Bemessung im Einzelfall, die im billigen Ermessen des Gerichts steht. Unter dem Gesichtspunkt der Ausgleichsfunktion kommt es in erster Linie auf das **Maß der körperlichen Schmerzen und des psychischen Leids** an, das dem Verletzten zugefügt worden ist. Dabei spielt es eine große Rolle, ob die Verletzung zu dauernden oder nur zu vorübergehenden Behinderungen geführt hat, und in welchem Maße die Behinderungen die Fähigkeit des Betroffenen zur Teilnahme am sozialen Leben beeinträchtigen (→ Rn. 702). Problematisch sind Fälle, in denen der Verletzte durch den Unfall eine so erhebliche Hirnschädigung erlitten hat, dass seine Wahrnehmungs- und Empfindungsfähigkeit vollständig oder weitgehend zerstört ist, sodass er die Entbehrung an Lebensqualität nicht spürt. Der BGH hat früher die Auffassung vertreten, dass in solchen Fällen das Schmerzensgeld nur als »zeichenhafte Sühne« wirken könne und daher nur in erheblich reduziertem Umfang als »symbolische Wiedergutmachung« zuerkannt werden dürfe.[145] Inzwischen hat er diese Rechtsprechung aufgegeben.[146] Tatsächlich ist die Schwere der erlittenen Beeinträchtigung unabhängig davon, ob das Opfer sie als solche empfinden kann, wie auch ein Vergleich mit Sachschäden zeigt: Niemand kommt auf den Gedanken, dem Eigentümer eines beschädigten Pkw Schadensersatz mit der Begründung abzusprechen, er habe ja noch fünf weitere Autos in der Garage und »spüre« den Verlust daher gar nicht. 709

Entgegen der Praxis in Deutschland und in Übereinstimmung mit den Berechnungstabellen der romanischen Länder sollte es bei dauerhaften Behinderungen nicht nur auf die Schwere der Beeinträchtigung, sondern auch auf das **Lebensalter des Betroffenen** ankommen.[147] Je jünger der Geschädigte im Zeitpunkt des Unfalls war, desto länger muss er mit der Beeinträchtigung leben und desto höher muss – bei gleicher Schwere der Beeinträchtigung – der Schmerzensgeldbetrag ausfallen. 710

---

143 BGHZ 128, 117 (121 ff.) = NJW 1995, 781; genauso BGH NJW 1996, 1591.
144 OLG Bremen NJW-RR 2012, 858.
145 BGH NJW 1976, 1147 und NJW 1982, 2123; eing. *Wagner* JZ 2004, 319 (322 f.).
146 BGHZ 120, 1 = NJW 1993, 781 und BGH NJW 1993, 1531.
147 *Wagner*, Karlsruher Forum 2006, 18 (106 ff.); *C. Huber* VersR 2016, 73 (75 ff.); rechtsvergleichend *Comandé* TICLJ 19 (2005), 241 (286).

711 Soweit die Genugtuungsfunktion des Schmerzensgeldes nach heutigem Verständnis noch eine Rolle spielt (→ Rn. 706), kommt es auch auf den **Verschuldensgrad** an. Ein Vorsatztäter schuldet deshalb ein höheres Schmerzensgeld als jemand, der wegen derselben Verletzung aus Gefährdungshaftung in Anspruch genommen wird. Die bloß leichte Fahrlässigkeit des Schädigers gibt hingegen keinen Anlass dazu, über das unter Ausgleichsgesichtspunkten gebotene Maß hinauszugehen. Nach hier vertretener Auffassung sollte man es auch bei grober Fahrlässigkeit bei dem Betrag belassen, der sich unter Berücksichtigung der Ausgleichsfunktion ergibt.[148]

712 **Nicht jeder vorsätzliche Eingriff in fremde Rechtsgüter** rechtfertigt eine Erhöhung des »Ausgleichsschmerzensgeldes« unter dem Gesichtspunkt der Genugtuung bzw. Prävention. Eine Episode aus dem idyllischen Leben deutscher Grundstücksnachbarn mag als Beleg dienen: Der Beklagte war der mehrfachen Aufforderung des Klägers, von seinem Grundstück herüber hängende Äste abzuschneiden, nicht nachgekommen, woraufhin der Kläger mit einer Motorsäge zur Selbsthilfe schritt. Anschließend prügelten sich die Parteien bei laufender Motorsäge auf der Grundstücksgrenze, wobei sie sich wechselseitig Platz- und Schürfwunden sowie Prellungen zufügten. Wie das OLG Frankfurt/Main mit Recht bemerkte »verdient[e] keine der beiden Seiten irgendeine Genugtuung«.[149]

713 Zu berücksichtigen ist allerdings auch das **Verhalten des Schädigers nach der Tat,**[150] vor allem aber das **Regulierungsverhalten seines Haftpflichtversicherers,** das er sich wie eigenes Verhalten anrechnen lassen muss. Die Verbitterung und das seelische Leid des Verletzten werden noch gesteigert, wenn der Schädiger oder seine Versicherung sich ohne Not mit Behauptungen verteidigen, die den Geschädigten persönlich verletzen oder ihm als ein Versuch planmäßiger Zermürbung erscheinen müssen.[151] Besonders anstößig sind Fälle, in denen die Haftpflichtversicherung es trotz feststehenden Haftungsgrundes ablehnt, zumindest eine Teilleistung auf die Schmerzensgeldforderung zu erbringen,[152] oder dem Geschädigten gar durch Übersendung von Schecks eine »Erlassfalle« stellt.[153] Im Interesse der **Prävention** (→ Rn. 707) rechtfertigen derartige Umstände eine Erhöhung des Schmerzensgeldes über den »an sich« geschuldeten Betrag hinaus. Dies gilt natürlich nicht, wenn der Haftpflichtversicherer seine Einstandspflicht dem Grunde nach anerkennt und angemessene Teilzahlungen erbringt, aber die endgültige Regulierung von der weiteren Aufklärung des Sachverhalts abhängig macht.[154]

714 Über die genannten Kriterien – Schwere der Verletzung, Verschuldensgrad aufseiten des Schädigers – hinaus berücksichtigt die Rechtsprechung **weitere Umstände** des Einzelfalls. Dass das Mitverschulden des Verletzten nicht nur den Anspruch auf Ausgleich seiner Vermögensschäden, sondern ebenso den Anspruch auf Immaterialschadensersatz mindern muss, ist selbstverständlich.[155] Darüber hinaus soll es aber auch auf die Umstände der Tat sowie auf die **wirtschaftlichen Verhältnisse** der Beteiligten ankommen.[156] Je günstiger die Vermögensverhältnisse des Schädigers und je ungünsti-

---

148 *Wagner* NJW 2002, 2049 (2054f.).
149 OLG Frankfurt a. M. VersR 2001, 650 (651).
150 OLG Celle NJW-RR 2004, 827 (828).
151 Vgl. OLG Karlsruhe NJW 1973, 851 (852ff.); OLG Naumburg VersR 2004, 1423 (1424).
152 OLG Naumburg VersR 2002, 1245 (1246); OLG Köln NJW-RR 2002, 962 (963); MüKoBGB/*Oetker* § 253 Rn. 52; das OLG Frankfurt a. M. NJW 1999, 2447f. hat in einem krassen Fall den sonst geschuldeten Schmerzensgeldbetrag kurzerhand verdoppelt.
153 LG Berlin NJW 2006, 702.
154 OLG Koblenz VersR 2016, 262f.
155 MüKoBGB/*Oetker* § 253 Rn. 46 mwN.
156 BGHZ 18, 149 (159ff.) = NJW 1955, 1675.

ger diejenigen des Opfers, desto höher soll offenbar das Schmerzensgeld ausfallen. Die praktischen Auswirkungen dieses Grundsatzes werden dadurch gemindert, dass der **Haftpflichtversicherungsschutz** des Schädigers für die Zwecke der Schmerzensgeldbemessung genauso behandelt wird wie liquides Vermögen (→ Rn. 354 ff.).[157] Gleichwohl ist nicht einzusehen, warum die Vermögensverhältnisse der Parteien bei der Bemessung des Immaterialschadensersatzes eine Rolle spielen, wenn sie im Bereich des Vermögensschadensersatzes irrelevant sind.[158] Der 2. Strafsenat des BGH hält die Berücksichtigung der wirtschaftlichen Verhältnisse der Parteien für nachgerade **verfassungswidrig**,[159] doch der Große Senat für Zivilsachen hat sich davon unbeeindruckt gezeigt und bekräftigt, dass bei der Bemessung der »billigen Entschädigung in Geld« gemäß § 253 II »alle Umstände des Falles berücksichtigt werden können«, einschließlich der wirtschaftlichen Verhältnisse des Schädigers und des Geschädigten.[160] Eine Begründung für die Ungleichbehandlung von Vermögens- und Nichtvermögensschäden wurde nicht gegeben.

Die Gerichtspraxis orientiert sich für die **Höhe** des festzusetzenden Schmerzensgeldes an sog. »**Schmerzensgeldtabellen**«. In ihnen sind zahlreiche Gerichtsentscheidungen zusammengestellt, wobei jeweils die Art und Schwere der Unfallverletzungen, oft auch Alter, Geschlecht und berufliche Stellung des Unfallopfers zu dem von dem Gericht zuerkannten Schmerzensgeldbetrag in Beziehung gesetzt werden.[161] Freilich bieten diese Übersichten nur einen ungefähren Anhaltspunkt, weil auch bei äußerlich gleich schweren Verletzungen die besonderen Umstände des einzelnen Falles eine erhebliche Abweichung nach oben oder unten rechtfertigen können. Hinzu kommt, dass die in älteren Urteilen zuerkannten Beträge regelmäßig zu niedrig liegen, sei es aufgrund der inzwischen gesunkenen Kaufkraft des Geldes,[162] sei es auch deshalb, weil in den letzten Jahren die immateriellen Schadensfolgen eines Unfalls in zunehmendem Maße als besonders gravierend angesehen und deshalb großzügiger entschädigt werden als früher. 715

Die von deutschen Gerichten selbst bei **schwersten und andauernden Gesundheitsverletzungen** zuerkannten Schmerzensgeldbeträge bewegten sich lange im untersten Bereich dessen, was in der westlichen Welt üblich war. In den vergangenen Jahren ist die Schmerzensgeldpraxis jedoch in Bewegung gekommen.[163] Heute werden für schwerste Verletzungen Beträge von über 600.000 EUR zugebilligt, so etwa bei Schädigungen des Zentralnervensystems infolge von Behandlungsfehlern während des Geburtsvorgangs oder bei späteren Operationen, die ein Leben mit **schwersten Behinderungen** zur Folge haben.[164] Das LG Kiel gewährte dem bei einem Verkehrsunfall schwer verletzten und vom Halswirbel abwärts gelähmten Kind Schmerzensgeld mit 716

---

157 BGHZ 18, 149 (165 ff.) = NJW 1955, 1675.
158 Krit. auch MüKoBGB/*Oetker* § 253 Rn. 38, 51.
159 BGH NStZ-RR 2015, 382 f.
160 BGH (GS) BeckRS 2015, 19751; so auch die übrigen Strafsenate des BGH: BGH NStZ-RR 2016, 90 (1. Senat); BGH NStZ-RR 2015, 383 (3. Senat); BGH NStZ-RR 2016, 25 (4. Senat); BGH NStZ-RR 2016, 56 (5. Senat).
161 Vgl. zB *Hacks/Ring/Böhm*, Schmerzensgeldbeträge, 28. Aufl. 2010; *Slizyk*, Beck'sche Schmerzensgeldtabelle, 12. Aufl. 2016.
162 Vgl. OLG Karlsruhe/Freiburg NJW 1973, 851.
163 Resümierend *Jaeger* VersR 2009, 159 ff.; 2013, 134.
164 KG NJW-RR 2012, 920 f.; OLG Zweibrücken MedR 2009, 89 mAnm *Jaeger*; OLG Stuttgart VersR 2009, 80 (81); OLG Hamm NJW-RR 2002, 1604; LG Münster NJW 2010, 86 (88).

einem Kapitalwert von 614.303 EUR.[165] Bei Erwachsenen wird die Summe von 500.000 EUR bei Schwerstverletzungen erreicht, insbesondere bei Querschnittslähmungen unterhalb der Halswirbel (**Tetraplegie**) und bei **Hirnschädigungen**. Das OLG Naumburg gewährte 600.000 DM für das dem apallischen Syndrom ähnliche – für den Betroffenen aber wohl noch schlimmere – Locked-in Syndrom.[166] Amerikanische Staatsangehörige erhalten in Deutschland nicht deshalb ein höheres Schmerzensgeld, weil dies in ihrer Heimat so üblich ist.[167] Bedenklich war die restriktive Praxis mancher Gerichte bei **Sexualdelikten**, wenn beispielsweise ein Mädchen, das im Alter von 11 bis 13 Jahren von ihrem angeheirateten Onkel in sieben Fällen sexuell missbraucht worden war, mit einem Schmerzensgeld von lediglich 6.000 EUR abgefunden wurde[168] oder eine brutal vergewaltigte Frau denselben Betrag erhielt.[169] Mit dem OLG Köln[170] wird man die ausdrückliche Erwähnung der sexuellen Selbstbestimmung in § 253 II (früher § 847 II) als Aufhänger für die Forderung nutzen dürfen, die Schmerzensgeldhöhe bei Vergewaltigungen anzuheben. Auf dieser Linie liegt etwa eine Entscheidung des LG Wuppertal, das einem 16-jährigen schwangeren Mädchen, das vom Täter einige Tage entführt sowie mehrfach vergewaltigt worden war und infolgedessen auch Jahre danach noch psychologischer Betreuung bedurfte, ein Schmerzensgeld von 100.000 EUR zusprach.[171]

717 Umgekehrt ist die Frage zu stellen, ob es wirklich angemessen ist, **Bagatellverletzungen**, die keine größere Unbill verursachen, durch eine Geldzahlung aufzuwiegen. Der dadurch generierte Nutzen für den Verletzten ist minimal, und die administrativen Kosten für die Abwicklung solcher Ansprüche durch Versicherungen oder gar im Wege des Zivilprozesses sind unverhältnismäßig hoch.

718 **Beispiele:** Die Rechtsprechung zu § 253 II erkennt eine **Bagatellgrenze** durchaus an, so etwa bei leichten Hautabschürfungen[172] oder Prellungen.[173] Nimmt die Polizei einen Verkehrssünder für kurze Zeit mit auf die Wache, um die Personalien festzustellen und einen Alkoholtest zu machen, steht dem Betroffenen auch dann kein Schmerzensgeld zu, wenn die Maßnahme rechtswidrig war.[174] Wer nach dem Störfall in einer Chemie-Anlage zwar **Kopfschmerzen** und **Schleimhautreizungen** erleidet, vor allem aber unter panikartiger Angst vor Spätfolgen leidet, für deren Eintritt es objektiv keinen Anhaltspunkt gibt, hat keinen Anspruch auf Schmerzensgeld.[175] Nur als präventiv motivierter Seitenhieb auf die Deutsche Bahn AG ist es verständlich (insoweit aber vielleicht auch nötig), wenn das AG Frankfurt/Main einem Bahnreisenden 300 EUR als Schmerzensgeld dafür zuspricht, dass auf der Reise von Frankfurt nach Dresden im ICE **nur eine einzige Toilette** in Betrieb war.[176] Angemessen dürfte es hingegen sein, einer Frau, die beim Versuch einer Dauerwellenbehandlung ihr komplettes Haupthaar eingebüßt hatte, sodass sie über einen längeren Zeitraum eine Perücke tragen musste, einen Schmerzensgeldanspruch gegen den Friseur im Umfang von 3.000 DM einzuräumen.[177]

---

165 VersR 2006, 279.
166 VersR 2003, 332.
167 OLG Koblenz NJW-RR 2002, 1030 (1031); KG NJW-RR 2002, 1031.
168 OLG Hamm VersR 2002, 65.
169 LG Flensburg NJW 1999, 1640 (1641).
170 VersR 2003, 652f.
171 LG Wuppertal VersR 2013, 591; vgl. auch LG Hamburg NJW 2001, 525 (526).
172 BGH NJW 1993, 2172 (2175).
173 BGH NJW 2012, 2964 Rn. 9; OLG Celle VersR 1980, 358 (359).
174 OLG Koblenz NJW 2000, 963; KG OLGZ 1973, 327 (330).
175 BGH NJW 1992, 1043.
176 NJW 2002, 2253 (2254).
177 OLG Köln VersR 2001, 651 (652).

In den besonders häufigen Fällen des **Halswirbelsäulen-Schleudertraumas** (HWS-Syndrom) soll die Bagatellgrenze hingegen überschritten sein. In der Tat ist nicht zu bestreiten, dass Verletzungen der Halswirbelsäule vorkommen, die einen Ausgleich rechtfertigen.[178] Problematisch sind jedoch leichte HWS-Verletzungen, die – angeblich – selbst bei Auffahrunfällen im Stop-and-Go-Verkehr erlitten werden. In der Praxis des Verkehrsunfallrechts werden gerade auch in diesen Fällen Schmerzensgeldansprüche erhoben und von den Versicherungen routinemäßig reguliert, weil die eigentliche Verletzung mit den Mitteln der medizinischen Diagnostik nicht verifizierbar ist und die geringe Geschwindigkeit des Unfallverursachers kein Verteidigungsmittel sein soll.[179] Dabei muss man sich vor Augen halten, dass die Belastung der Halswirbelsäule bei leichten Auffahrunfällen nicht größer ist als bei der Benutzung von Autoscootern oder anderen Jahrmarktattraktionen[180] – und dass die Kosten solcher Leistungen am Ende in Gestalt höherer Versicherungsprämien von allen Autofahrern gemeinsam getragen werden müssen.

719

### d) Schadensersatz wegen »Genussentbehrung«?

Wird jemand durch eine unerlaubte Handlung körperlich verletzt, so kann dies zur Folge haben, dass er seinen Urlaub nicht so wie geplant verbringen, sein Wochenendhaus nicht nutzen oder an einem Tennisturnier nicht teilnehmen kann. Muss der Schädiger auch dafür Ersatz leisten?

720

Der BGH hat die Frage in einem Falle verneint, in dem der Kläger durch einen während seines Urlaubs erlittenen Verkehrsunfall daran gehindert worden war, den restlichen **Urlaub** so wie geplant zu genießen.[181] Ebenso ist entschieden worden, wo jemand aufgrund von Unfallverletzungen ein Jagdpachtrecht nicht hatte nutzen können.[182] In der Tat geht es hier um Fälle, in denen eine körperliche Verletzung zu immateriellen Einbußen führt, die allenfalls durch Zubilligung eines erhöhten Schmerzengeldes ausgeglichen werden können. Anders läge es, wenn die Körperverletzung eines Urlaubers darauf beruht, dass ihm sein Vertragspartner eine baufällige Ferienwohnung überlassen hat: Hier ist die Verschaffung von Urlaubsgenuss **zum Gegenstand einer vertraglichen Leistungspflicht** gemacht und diese Pflicht von der Vertragspartei schuldhaft verletzt worden; hier ist eine Haftung für »vertanen **Urlaub**« am Platz, wie sie in § 651f II auch vorgesehen ist.[183] Außerhalb spezialgesetzlicher Vorschriften nach Art von § 651f II ist die Kompensation immaterieller Schäden eine Angelegenheit der vertraglichen Vereinbarung der Parteien. Soweit der Vertrag einem immateriellen Gut Vermögenswert zuerkennt, indem es zum Gegenstand eines Austauschverhältnisses gemacht wird, ist im Nichterfüllungsfall der immaterielle Schaden in Geld aufzuwiegen.[184] Die Beschränkung des Immaterialschadensersatzes auf die in § 253 II genannten Rechtsgutsverletzungen ist kein Dogma, sondern eine *dispositive* Regel des geltenden Rechts, von der die

---

178 Vgl. *G. Müller* VersR 2003, 173 f.
179 BGH NJW 2003, 1116, (1117 mwN zum Streitstand).
180 *Wessels/Castro* VersR 2000, 284 (288).
181 BGHZ 86, 212 = NJW 1983, 1107.
182 BGHZ 55, 146 = NJW 1971, 796.
183 Zu dessen Berechnung instruktiv BGHZ 161, 389 (394 ff.) = NJW 2005, 1047.
184 Vgl. BGHZ 86, 212 (216) = NJW 1983, 1107.

Parteien nach Belieben – und auch im Wege konkludenter Vereinbarung – abweichen können.[185]

721 Ein treffendes Beispiel ist OLG Saarbrücken NJW 1998, 2912: Der Betreiber eines Restaurants hatte sein »Kaminzimmer« einmal für eine **Hochzeitsgesellschaft** reserviert und versehentlich ein zweites Mal an andere Gäste vergeben. Als die Hochzeitsgesellschaft eintraf, fand sie den Raum belegt und auch keine Ausweichmöglichkeit. Die Hochzeitsfeier fiel aus, was die Braut verständlicherweise als »Desaster« empfand, das bei ihr einen seelischen Schockzustand verursachte. Das OLG lehnte die Kompensation des immateriellen Interesses an einer Hochzeitsfeier wegen § 253 ab. Das wäre richtig gewesen, wenn die Brautleute das Kaminzimmer nur für ein Essen mit einer bestimmten Anzahl von Gästen gebucht hätten. Wenn jedoch in einem Restaurant für ein »Hochzeitsessen« reserviert wird, und dafür auch gezahlt werden soll, dann ist das immaterielle Interesse am Stattfinden dieser Feier in den Schutzbereich des Vertrags einbezogen.

## 5. Ersatzansprüche bei tödlichen Verletzungen

### a) Ansprüche mittelbar Geschädigter

722 Wird durch eine unerlaubte Handlung ein Mensch getötet, so gibt das geltende Recht die Fokussierung sämtlicher Ersatzansprüche auf den unmittelbar Verletzten auf und erkennt **mittelbar geschädigten Dritten eigene Ersatzansprüche** zu. Überlebt der Verletzte den Unfall, werden die Interessen seines unterhaltsberechtigten Ehepartners und seiner Kinder dadurch befriedigt, dass der Verdienstausfall des Unfallopfers selbst ersetzt wird, woraus dann der Unterhalt wie gewohnt gezahlt werden kann (§ 842). Diese Möglichkeit besteht im Fall des Todes einfach deshalb nicht, weil der Verletzte als Rechtssubjekt nicht mehr in Betracht kommt, die Ersatzbeträge also nicht mehr auf sein Vermögen hin kanalisiert werden können. Folgerichtig können die Unterhaltsberechtigten und noch einige andere mittelbar Geschädigte die in den §§ 844 ff. geregelten Ersatzansprüche gegen den Schädiger geltend machen.

723 Man darf sich keiner Täuschung darüber hingeben, dass die genannten Bestimmungen nur **einem kleinen Teil derjenigen Personen** zugute kommen, die von der Tötung mittelbar betroffen werden. Wird etwa ein Architekt durch einen Verkehrsunfall getötet, so können seine Kunden durch die Verzögerung der Bauausführung, seine Gläubiger durch die Uneinbringlichkeit ihrer Forderungen, seine Angestellten durch den Wegfall ihrer Arbeitsplätze, seine Witwe und Kinder durch den Verlust ihres Ernährers einen Schaden erleiden. Ersatzfähig ist freilich nur der Schaden der Witwe und der Kinder; alle anderen gehen leer aus.

### b) Vermögensschäden

#### aa) Beerdigungskosten und Unterhalt

724 Gemäß § 844 I kann derjenige, der die Kosten für die Beerdigung des Getöteten tragen muss – das sind gem. § 1968 idR die **Erben** –, vom Schädiger Ersatz verlangen. Wirtschaftlich gewichtiger ist der Anspruch aus § 844 II, der sämtlichen Personen zugute kommt, denen der Getötete **kraft Gesetzes unterhaltspflichtig** war. Die Unterhalts-

---

185 Eing. *Wagner* JZ 2004, 319 (330); *Wagner*, Gutachten zum 66. DJT, A 51 ff.; vgl. auch *Thüsing* VersR 2001, 285.

berechtigten sind auf § 844 II angewiesen, denn Unterhaltsansprüche erlöschen grundsätzlich mit dem Tod des Verpflichteten, §§ 1615 I, 1360a III, 1361 IV. Dafür haftet der Schädiger auf Ersatz des Schadens, der durch den Wegfall der Unterhaltsansprüche gegen den Getöteten entsteht. Diese Regeln gelten auch dort, wo der Schädiger aufgrund Gefährdungshaftung für die Tötung eines Menschen verantwortlich ist (vgl. § 5 HPflG, § 10 StVG, § 35 LuftVG, § 7 ProdHaftG, § 86 AMG, § 12 UmweltHG, § 32 IV GenTG, § 28 AtG).

### bb) Anspruchsberechtigte

Ersatzansprüche stehen gem. § 844 II nur denjenigen zu, denen der Getötete **im Zeitpunkt der Verletzungshandlung** kraft Gesetzes unterhaltspflichtig war oder unterhaltspflichtig werden konnte. Eine solche **gesetzliche Unterhaltspflicht** besteht im Verhältnis unter Ehegatten, und zwar bei intakter Ehe (§ 1360), während des Getrenntlebens (§ 1360a) und nach Scheidung (§§ 1569 ff.), sowie unter den in gerader Linie miteinander Verwandten (§§ 1601 ff.), also insbesondere im Verhältnis der Eltern zu ihren Kindern. Auch das Adoptivkind kann von den Adoptiveltern Unterhalt verlangen (§§ 1754 I, 1751 IV, 1770 III). 725

Ohne Ersatzanspruch bleiben demnach alle diejenigen, die von dem Getöteten versorgt worden sind, ohne dass dieser kraft Gesetzes dazu **verpflichtet gewesen wäre.** Der **Stiefsohn** erhält auch dann nichts, wenn der getötete Stiefvater ihn viele Jahre lang wie sein eigenes Kind unterhalten hat.[186] Der **Lebensgefährtin** des Getöteten steht ein Anspruch aus § 844 II ebenfalls nicht zu, ohne dass geprüft werden dürfte, warum die Eheschließung unterblieben ist.[187] Ebenso liegt es, wenn ein junger Mann kurz vor der geplanten Eheschließung bei einem Unfall tödlich verletzt wird: Hier kann die Verlobte einen Ausgleich für den Verlust ihres künftigen Partners nicht verlangen, weil die Unterhaltspflicht des Getöteten erst durch die Eheschließung begründet wird.[188] Zwar lässt § 844 II es genügen, wenn der Getötete dem Geschädigten »unterhaltspflichtig werden konnte«. Damit sind aber nur Fälle gemeint, in denen das rechtliche Verhältnis, auf dem die Unterhaltspflicht beruht, im Zeitpunkt der Verletzung bereits gegeben ist und der Pflichtige zB nur deshalb (noch) nichts zu leisten braucht, weil er (noch) kein eigenes Vermögen oder Einkommen hat oder weil durch eine solche Leistung sein eigener Unterhalt gefährdet werden würde.[189] Keinen Unterschied macht es auch, wenn in dem zuletzt genannten Fall die Verlobten nach dem Unfall, aber vor dem Tode des Verletzten einander heiraten, da nach dem klaren Wortlaut des § 844 II die Unterhaltspflicht des Getöteten schon im Zeitpunkt der Verletzung, nicht erst im Zeitpunkt seines Todes, bestanden haben muss.[190] 726

Wir haben es hier mit dem klassischen Konflikt zwischen **Rechtssicherheit** und **Einzelfallgerechtigkeit** zu tun. § 844 II umschreibt den Kreis der Berechtigten so präzise, dass Zweifel und Unsicherheiten weitgehend vermieden werden, freilich Ersatzansprüche gelegentlich auch solchen Personen versagt werden, die sie nach den Umständen des Einzelfalls durchaus verdient hätten. Das **schweizerische** Recht bestimmt demgegenüber in Art. 45 III OR, dass der Schädiger im Falle der Tötung eines Menschen Ersatz allen denjenigen Personen zu leisten habe, die durch die Tötung »ihren Versorger« verloren haben. Hier bleibt es der Rechtsprechung überlassen zu entscheiden, ob der Getötete nach Lage des Falles als »Versorger« des Klägers angesehen werden kann; dies ist vom Bundesgericht zB für eine Verlobte und einen Stiefvater bejaht worden.[191] Der **französische** Code civil verliert über die ganze Frage kein Wort; dort sind es daher die Gerichte, die über den Kreis der ersatzberechtigten Dritten, sog. »victimes par ricochet«, zu entscheiden haben. Sie haben anerkannt, dass auch bei einer eheähnlichen Lebensgemeinschaft (concubinages) der überlebende Lebensgefährte Ersatz des ihm entstandenen materiellen und immateri-

---

186 Vgl. BGH VersR 1969, 998.
187 BGH NJW 1984, 977 (978).
188 Vgl. KG NJW 1967, 1089 (1090).
189 Vgl. §§ 1603, 1608; dazu BGHZ 4, 133 (135 ff.) = NJW 1952, 539; MüKoBGB/*Wagner* § 844 Rn. 33 mwN.
190 BGHZ 132, 39 (42 f.) = NJW 1996, 1674; MüKoBGB/*Wagner* § 844 Rn. 30.
191 Vgl. BGE 66 II 206, 219 sowie BGE 72 II 165, 170.

ellen Schadens verlangen kann.¹⁹² Ein französisches Instanzgericht hat das auch auf den Fall erstreckt, in dem die Lebensgemeinschaft zwischen zwei Frauen bestanden hatte, die 20 Jahre lang in einer »union stable, sérieuse et fidèle« zusammengelebt hatten.¹⁹³ Genau so verhält es sich nunmehr auch in Deutschland, wenn auch unter der zusätzlichen Voraussetzung, dass die Parteien einer gleichgeschlechtlichen Beziehung das eheähnliche Verhältnis der **Lebenspartnerschaft** eingegangen sind, an das § 5 LPartG ebenfalls die gesetzliche Verpflichtung zur Unterhaltsleistung knüpft.

### cc) Ersatzumfang

727 Nach § 844 II können die vormals unterhaltsberechtigten Kinder und Ehegatten **Schadensersatz für den Entzug ihres gesetzlichen Unterhaltsanspruchs** verlangen. Schon diese Formulierung macht deutlich, dass die Voraussetzungen des Unterhaltsrechts und diejenigen des Schadensrechts *kumuliert* werden. Einerseits kommt es darauf an, welchen Umfang der dem Anspruchsteller vor dem Tod zustehende gesetzliche Unterhaltsanspruch hatte, was eine Prüfung komplexer familienrechtlicher Normen erfordert, die noch dazu für jeden überlebenden Angehörigen gesondert durchzuführen ist. Die Schwierigkeiten vergrößern sich weiter, wenn der Getötete nie Unterhalt in Geld geleistet hat, sondern in einer intakten Familie lebte, die ihr Einkommen gemeinsam verwaltete, einen Teil sparte und einen anderen Teil konsumierte. Wenn eine bei einem Flugzeugabsturz ums Leben gekommene Rechtsanwältin 6.000 EUR im Monat nach Hause brachte, woraus die fünfköpfige Familie ihren Lebensunterhalt bestritt und im Durchschnitt 1.200 EUR im Monat zurücklegte – was ist in einer solchen Lage der dem Ehemann und den Kindern entgehende »gesetzliche« Unterhalt? Wie soll der Unterhaltsanspruch der Kinder berechnet werden, wenn es so war, dass auch der Ehemann arbeitete und ebenfalls 6.000 EUR im Monat verdiente?

Die Rechtsprechung bemüht sich in solchen Fällen um ein Maximum an Einzelfallgerechtigkeit und ist nicht etwa auf die vielleicht naheliegende Lösung verfallen, den überlebenden Familienmitgliedern fixe Quoten am Einkommen des Verstorbenen zuzuweisen.¹⁹⁴

728 Im Fall der **Tötung des haushaltsführenden Ehegatten** wird dessen Leistung genauso wie im Fall der bloßen Verletzung (→ Rn. 700) nicht als Dienstleistung iSd § 845, sondern gem. § 1360 S. 2 als Beitrag zum Familienunterhalt qualifiziert, sodass den überlebenden Familienmitgliedern ein nach § 844 II auszugleichender Unterhaltsschaden entsteht.¹⁹⁵ Wird eine Ersatzkraft nicht eingestellt, sondern der Ausfall der Hausfrau durch die unentgeltliche Hilfe von Verwandten oder durch »überobligationsmäßige« Eigenleistungen der Hinterbliebenen ausgeglichen, so bemisst sich die Geldrente nach Art und Umfang des Unterhalts*bedarfs* der Hinterbliebenen: Er wird je nach der Größe der Familie auf eine bestimmte Zahl von Stunden festgelegt, die je nach Lage des Falles von einer mehr oder weniger qualifizierten Ersatzkraft geleistet werden müssten. Auf dieser Grundlage wird das Nettogehalt der (tatsächlich nicht eingestellten) Ersatzkraft als Rente zugebilligt.¹⁹⁶

---

192 Cour de Cassation, 27.2.1970, D. 1970, 201.
193 Vgl. *Ferrari* ZEuP 1997, 1122.
194 Zu den im Rahmen von § 287 ZPO zu berücksichtigenden Kriterien der Schadensberechnung in Gestalt eines acht Punkte umfassenden Prüfungsschemas MüKoBGB/*Wagner* § 844 Rn. 47 ff.
195 BGHZ 50, 304 (305) = NJW 1968, 1823; BGHZ 51, 109 (111) = NJW 1969, 321.
196 Vgl. zB BGH NJW 1982, 2866 (2867).

Hat man ermittelt, welchen Umfang der Unterhaltsanspruch des überlebenden Angehörigen in der juristischen Sekunde vor dem Tod des Unterhaltsverpflichteten hatte, ist man noch nicht am Ziel. Jetzt wirkt sich nämlich das **schadensersatzrechtliche Element** des § 844 II aus, und zwar in dreifacher Weise. 729

(1) Wer als mittelbar Geschädigter gem. §§ 844 f. einen Ersatzanspruch geltend machen kann, muss sich eine Minderung dieses Anspruchs in dem Maße gefallen lassen, in dem der Unfall durch den unmittelbar Verletzten **mitverschuldet** worden ist (§ 846). Ist also ein tödlicher Verkehrsunfall zu einem Teil auf das **Mitverschulden** des Getöteten – ggf. auch auf die Betriebsgefahr seines Kraftfahrzeugs – zurückzuführen, so wird der Ersatzanspruch, der der Witwe und den Kindern gem. § 844 II gegen den Schädiger zusteht, in entsprechender Anwendung von § 254 I gekürzt. 730

(2) Die Unterhaltsberechtigten sind gem. § 254 II gehalten, den Schaden, der ihnen durch den Tod des Unterhaltsverpflichteten droht, durch zumutbare Maßnahmen **abzuwenden oder zu mindern.** Sofern der überlebende Ehegatte eine Erwerbstätigkeit aufnimmt, ist das dabei erzielte Einkommen in Abzug zu bringen. Wird die Aufnahme einer Erwerbstätigkeit abgelehnt – dh scheitert sie nicht bloß an der Angebotsschwäche des Arbeitsmarkts – muss sich der überlebende Teil gleichwohl das »fiktiv« erzielte Einkommen auf seinen Ersatzanspruch anrechnen lassen, falls ihm die Aufnahme einer Erwerbstätigkeit zumutbar war. Hier stellt die Rechtsprechung allerdings nicht dieselben – relativ strengen – Anforderungen wie im Fall der Ehescheidung, sondern stellt die Frage, ob der überlebende Gatte gerade im Verhältnis zum Schädiger gehalten ist, den Schaden durch Arbeitsaufnahme zu minimieren. Dabei kommt es auf Kriterien an wie Alter, Kenntnisse und berufliche Vorbildung des Überlebenden, Zahl und Alter der zu versorgenden Kinder, sowie die wirtschaftlichen und sozialen Verhältnisse, in denen die Eheleute lebten.[197] 731

(3) Auch bei § 844 II gilt das Prinzip der **Vorteilsausgleichung** (*compensatio lucri cum damno*), sodass sich der überlebende Angehörige die ihm durch den Tod zuwachsenden Vorteile auf seinen Ersatzanspruch anrechnen lassen muss. Dazu zählt prima facie auch die **Erbschaft,** doch sie wäre lediglich zu einem späteren Zeitpunkt angefallen, wenn der Getötete nicht durch Unfall, sondern auf natürlichem Wege zu Tode gekommen wäre. Folglich sind lediglich die *Erträge* des Vermögens, die während der Dauer des Unterhaltsschadensersatzes anfallen, in Abzug zu bringen.[198] Anzurechnen ist darüber hinaus der **Wegfall eigener Unterhaltspflichten** gegenüber dem Getöteten, wobei allerdings zu berücksichtigen ist, dass die Fixkosten der Lebenshaltung für eine Familie nicht wesentlich sinken, wenn ein Familienmitglied »wegfällt«.[199] **Heiratet der überlebende Ehegatte** erneut, muss er sich den Unterhaltsanspruch aus § 1360 gegen seinen »neuen« Ehegatten auf den Schadensersatzanspruch aus § 844 II anrechnen lassen.[200] Für die Eingehung einer nichtehelichen Lebensgemeinschaft soll dies nach BGHZ 91, 357 = NJW 1984, 2520 nicht gelten, doch muss sich der überlebende Ehegatte uU einen Verstoß gegen seine Schadensminderungspflicht entgegenhalten und deshalb ein »fiktives« Einkommen anrechnen lassen, wenn er dem »neuen« Partner unentgeltlich den Haushalt führt. 732

---

197 Vgl. zB BGH NJW 1976, 1501.
198 BGHZ 8, 325 (329 f.) = NJW 1953, 618.
199 MüKoBGB/*Wagner* § 844 Rn. 79.
200 BGH NJW 1979, 268 f.

## c) (Kein) Angehörigenschmerzensgeld

733 Nach vielen ausländischen Rechtsordnungen steht den Angehörigen des Getöteten ein eigener Anspruch auf Immaterialschadensersatz wegen des durch den Verlust einer geliebten Person verursachten Leids zu.[201] Das deutsche Recht kennt ein solches »**Angehörigenschmerzensgeld**« bisher nicht.[202] Diese Rechtsfolge ergibt sich de lege lata einfach daraus, dass § 253 II das Rechtsgut »Leben« nicht nennt und zudem den Kreis der ersatzberechtigten Personen auf diejenigen beschränkt, die selbst in ihren Rechtsgütern Körper, Gesundheit oder Freiheit verletzt worden sind. Zur Reform → Rn. 739.

734 Die Angehörigen des Getöteten können nur den (auf sie als Erben übergegangenen) **Schmerzensgeldanspruch des Unfallopfers** geltend machen. Der Umfang des durch Erbgang übergehenden Anspruchs des Getöteten hängt davon ab, wie lange der Todeskampf gedauert hat und wie qualvoll er gewesen ist. Anknüpfungspunkt für das Schmerzensgeld bleibt nämlich die dem Tod vorgelagerte Körperverletzung, während für den Verlust des Lebens selbst gem. § 253 II kein immaterieller Schadensersatz zu leisten ist.[203] Wer noch am Unfallort oder kurz danach im Krankenwagen oder Krankenhaus dahingeht, ohne das Bewusstsein wiedererlangt zu haben, hat insoweit wenig zu vererben. Deswegen hätte das OLG Düsseldorf die zehn Sekunden während **Todesangst während des Absturzes eines Flugzeuges** nicht mit EUR 10.000 vergelten dürfen.[204] Genauso wenig ist eine Entscheidung des LG Bochum zu rechtfertigen, das den Eltern eines durch Messerstich getöteten Jugendlichen EUR 50.000 zusprach, obwohl das Opfer prompt das Bewusstsein verloren und bis zum Tode nicht wiedererlangt hatte.[205]

735 Wenn durch Verschulden des Schiffsführers eine Motoryacht mit einem im Seewasser stehenden Verkehrszeichen kollidiert, ein Passagier über Bord geht, gegen dieses Zeichen geschleudert wird und beim anschließenden Aufprall auf das Wasser an Herz-Kreislauf-Versagen verstirbt, ist keine selbstständige Körperverletzung vorhanden, die als Anknüpfungspunkt für einen **in der Person des Verstorbenen** liegenden Schmerzensgeldanspruch dienen könnte.[206] Es kann allerdings auch anders liegen: In einem Fall war ein Kind im Krankenhaus fehlerhaft behandelt worden, weshalb der gesamte Darm entfernt werden musste. Die darauf folgenden vier Lebensjahre bis zu seinem Tod verbrachte das Kind gefesselt an medizinische Apparaturen und Sanitäreinrichtungen ohne Möglichkeit der aktiven Teilnahme am Leben. Das OLG Köln gewährte seiner Mutter – als Erbin des Anspruchs – ein Schmerzensgeld von ca. 150.000 EUR.[207] Die grausame Tötung einer jungen Frau durch ihren volltrunkenen Freund sanktionierte das OLG Bremen mit einem Schmerzensgeld von 50.000 EUR, obwohl das Opfer die Tortur »nur« um 30 Minuten überlebt hatte.[208]

736 Ein Angehöriger kann durch die Benachrichtigung von dem Unfall oder gar durch dessen Miterleben einen derartigen **Schock** erleiden, dass die Annahme einer Gesundheitsverletzung iSd § 823 I gerechtfertigt und damit auch der Weg zu § 253 II geebnet

---

[201] Vgl. *Wagner* JZ 2004, 319 (325f.); *Wagner*, FS Stürner, Bd. I, 2013, 231 (236ff.); *Kadner Graziano* RIW 2015, 549.
[202] BGHZ 138, 388 (393f.) = NJW 1998, 2741; OLG Karlsruhe VersR 2001, 1123 (1124); OLG Naumburg NJW-RR 2009, 1402 (1403f.); krit. *Kötz*, FS v. Caemmerer, 1978, 389 (406ff.); *Odersky*, Schmerzensgeld bei Tötung naher Angehöriger, 1989; *Wagner* JZ 2004, 319 (326f.); *Wagner*, Gutachten zum 66. DJT, A 62ff.; *Wagner*, FS Stürner, Bd. I, 2013, 231 (233f.).
[203] BGHZ 138, 388 (393f.) = NJW 1998, 2741.
[204] OLG Düsseldorf BeckRS 2013, 18320.
[205] LG Bochum VersR 2016, 611ff. mAnm *Jaeger*.
[206] OLG Karlsruhe VersR 2001, 1123 (1124).
[207] OLG Köln VersR 2003, 602.
[208] OLG Bremen NJW-RR 2012, 858.

ist (→ Rn. 138). Nach der Rechtsprechung muss der Schock »über die gesundheitlichen Beeinträchtigungen hinausgehen, die nahe Angehörige bei Todesnachrichten erfahrungsgemäß ausgesetzt sind«.[209] Anknüpfungspunkt für die Bemessung des Schmerzensgeldes ist dann aber die *eigene* Gesundheitsverletzung des Angehörigen, nicht die »normale« Trauer um den Verlust der geliebten Person und schon gar nicht der »Wert« dieser Person als solcher.

In einem besonders erschütternden Fall hatte ein Elternpaar durch einen von dem Beklagten unter Alkoholeinfluss verursachten Verkehrsunfall seine sämtlichen drei Kinder verloren. Das OLG Nürnberg sprach ihnen ein Schmerzensgeld von zusammen ca. 55.000 EUR zu.[210] Das von den Eltern angerufene BVerfG hat diese Entscheidung gebilligt, obwohl ihnen weniger zugesprochen wurde als Prominente nach der neueren Rechtsprechung des BGH für Persönlichkeitsverletzungen durch Presseveröffentlichungen verlangen können.[211] In einem anderen, ebenfalls vom OLG Nürnberg entschiedenen Fall,[212] mussten zwei 12- bzw. 15-jährige Kinder mit ansehen, wie ihre Mutter auf dem Balkon erschossen wurde! Das Gericht hielt dem Täter die Möglichkeit fahrlässiger Tatbegehung zugute und verurteilte ihn trotz schwerer psychischer Schäden der Kinder zu einem Schmerzensgeld von je ca. 5.000 EUR. 737

Muss sich der »Schock-Geschädigte« das **Mitverschulden des primären Unfallopfers** entgegen halten lassen? Nach Ansicht des BGH kommt hier zwar die Anwendung von § 846 nicht in Betracht,[213] wohl aber sei es nach Treu und Glauben geboten, den Ersatzanspruch der Witwe entsprechend § 254 I zu mindern.[214] 738

Das Bundesland Bayern will die Beschränkung des Schmerzensgeldanspruchs auf solche Angehörige, die selbst einen schockbedingten Gesundheitsschaden erlitten haben, aufgeben und überlebenden Ehegatten, Lebenspartnern, Eltern und Kindern einen **eigenen gesetzlichen Schmerzensgeldanspruch** einräumen.[215] Die Höhe eines solchen Angehörigenschmerzensgeldes wäre im Einzelfall nach richterlichem Ermessen zu bestimmen, wobei es primär darauf ankommen müsste, wie stark der jeweilige Angehörige unter dem Verlust oder der Verletzung der geliebten Person leidet.[216] 739

Tatsächlich ist es **nicht überzeugend,** wenn das geltende Recht die Beschränkung des Schadensersatzes auf das primäre Unfallopfer in Todesfällen mit den §§ 844 ff. zwar durchbricht, die Ersatzansprüche der Hinterbliebenen jedoch auf den Ersatz von Vermögensschäden beschränkt und ihre Nichtvermögensschäden unkompensiert lässt.[217] Im Rahmen der europäischen Kfz-Haftpflichtversicherungs-Richtlinien geht der EuGH wie selbstverständlich davon aus, dass das nationale Verkehrsunfallrecht auch »immaterielle Schäden von Personen, die den Todesopfern eines Verkehrsunfalls nahe-

---

209 OLG Naumburg NJW-RR 2009, 1402 (1404).
210 NZV 1996, 367.
211 BVerfG VersR 2000, 897; eing. dazu *Wagner* VersR 2000, 1305; auch → Rn. 423 f.
212 NJW 1998, 2293.
213 So aber RGZ 157, 11 (13 f.).
214 BGHZ 56, 163 (167 ff.) = NJW 1971, 1883; zur Problematik MüKoBGB/*Wagner* § 823 Rn. 145.
215 Diskussionsentwurf eines Gesetzes zur Verbesserung der zivilrechtlichen Rechtsstellung der Angehörigen von Unfallopfern und zur Änderung des § 1374 Abs. 2 BGB, Stand 1.1.2015, im Internet unter http://www.justiz.bayern.de/media/pdf/gesetze/gesetzentwurf_angehoerigenschmerzensgeld.pdf, zuletzt abgerufen am 18.5.2016.
216 Zum Pro und Kontra betreffend das Angehörigenschmerzensgeld vgl. bereits *Wagner,* Gutachten zum 66. DJT, A 63 ff.; weiter *Diederichsen* DAR 2011, 122; *Chr. Huber* NZV 2012, 5; *Wagner,* FS Stürner, Bd. I, 2013, 313; *Schramm,* Haftung für Tötung, 2010, 164 ff.
217 *Wagner,* FS Stürner, Bd. I, 2013, 231 (243 f.).

standen«, kompensieren muss.[218] Zudem zählt das Angehörigenschmerzensgeld in den europäischen Nachbarländern heute zum Standard (→ Rn. 733) und wurde vom österreichischen OGH sogar im Wege der Rechtsfortbildung eingeführt.[219] Allerdings ist vor übertriebenen Erwartungen zu warnen. Bei Entschädigungssummen in der Nähe der häufig genannten 15.000 EUR ist das Angehörigenschmerzensgeld im Grunde eine Art **zivilrechtliches »Sterbegeld«**, dessen Funktion darin bestünde, »dem mittelbar geschädigten Angehörigen eine angenehme Ablenkung zu verschaffen und den Übergang in eine neue Lebensphase zu erleichtern«.[220] Ein dringendes Kompensationsbedürfnis ist insoweit nicht zu erkennen, und auf nennenswerte Präventionseffekte lässt sich ebenfalls nicht hoffen.

Nicht überzeugend ist es, das **Schmerzensgeld wegen eines schockbedingten eigenen Gesundheitsschadens** mit dem Angehörigenschmerzensgeld im eben beschriebenen Sinne gleichzusetzen. Dies hat das OLG Frankfurt a. M. getan, indem es einer Mutter, deren Tochter durch einen groben Verkehrsverstoß des Beklagten getötet worden war, wegen der dadurch erlittenen Gesundheitsschäden – posttraumatische Belastungsstörung, schwere depressive Episode, anhaltende somatoforme Schmerzstörungen – Schmerzensgeld auf dem Niveau zugesprochen hat, wie es für das gesetzliche Angehörigenschmerzensgeld diskutiert wird, nämlich 15.000 EUR.[221] Das Angehörigenschmerzensgeld dient gerade der schadensersatzrechtlichen Erfassung der vielen Fälle, in denen das Leid der Angehörigen die Schwelle zur Gesundheitsbeeinträchtigung gem. § 823 I *nicht* erreicht. Die Entschädigung für Schockschäden muss deshalb deutlich oberhalb der für das gesetzliche Angehörigenschmerzensgeld diskutierten Summe von 15.000 EUR liegen. Auf einen Schmerzensgeldanspruch wegen Schockschadens wäre das Angehörigenschmerzensgeld anzurechnen.

### d) Der Verlust menschlichen Lebens

740 Nach allem lässt sich ohne Übertreibung sagen, dass der **Verlust menschlichen Lebens als solcher** im deutschen Schadensersatzrecht unausgeglichen bleibt. Das erscheint fragwürdig, wenn man bedenkt, dass die Rechtsordnung ein erhebliches Interesse an der Verhinderung von Tötungen haben muss und deshalb die Schadensersatzsanktionen des Haftungsrechts Anreize setzen sollten, die den durch die Tötung von Menschen entstehenden Verlusten adäquat sind. In der zivilrechtlichen Schadensbilanz kommen diese Verluste nur insoweit vor, als der Tod bei Dritten zu Vermögensschäden führt; im Übrigen bleiben sie ausgeblendet.

741 So braucht der für die Tötung Verantwortliche keinen Ersatz zu leisten, wenn der Getötete **niemandem kraft Gesetzes zur Leistung von Unterhalt verpflichtet** war, weil er keine unterhaltsberechtigten Familienangehörigen hinterlässt oder weil es zwar Unterhaltsberechtigte gibt, der Getötete ihnen aber deshalb nicht unterhaltspflichtig war, weil entweder er selbst aus Mangel an Vermögen oder Einkünften nicht leistungsfähig war oder die Berechtigten nicht unterhaltsbedürftig waren. Daraus ergibt sich, dass in vielen Fällen die Tötung eines Kindes, eines Alten, eines Armen, eines Unverheirateten oder eines Kinderlosen haftungsrechtlich ohne jede Sanktion bleibt. Für den Bereich der Straßenverkehrsunfälle bedeutet das, dass den Versicherern durch solche Tötungen Schadensaufwendungen nicht entstehen und sich in der Höhe der Prämien daher der Umstand nicht widerspiegelt, dass es beim Betrieb von Kraftfahrzeugen zu tödlichen Unfällen kommt, die zwar nicht zum Wegfall der Unterhaltsansprüche Dritter führen, an deren Verhinderung wir aber gleichwohl interessiert sein sollten. Aber selbst dort, wo unterhaltsberechtigte Dritte vorhanden sind, werden doch *nur sie* schadlos gestellt; hingegen wird überhaupt nicht berücksichtigt, dass auch der *Getötete selbst* seinem Leben einen Wert beilegt, an der

---

218 EuGH BeckRS 2013, 82042 Rn. 50 ff., 54 – Haasovà/Petrík; vgl. auch EuGH BeckRS 2013, 82045 Rn. 40 ff., 48 – Drozdovs/Baltikum.
219 OGH JBl. 2001, 660 (662) = ZEuP 2002, 834 mit Besprechung *Kadner-Graziano*.
220 OLG Frankfurt a. M. NJW-RR 2013, 140 (141).
221 OLG Frankfurt a. M. NJW-RR 2013, 140 (141).

Abwendung seines Unfalltodes interessiert ist und deshalb im Falle der Tötung einen Verlust erleidet, den die Rechtsordnung zu verhindern trachten muss.[222]

Die Frage ist nur: Wie? In der **ökonomischen Literatur** ist immer wieder gefordert worden, das Schadensersatzrecht um entsprechende Ansprüche zu ergänzen.[223] Wer das ernsthaft erwägt, stößt allerdings auf eine Fülle von Schwierigkeiten, weil das Interesse, das ein Mensch an seinem Leben hat, in einem Geldbetrag ausgedrückt werden und zudem bestimmt werden müsste, wer in den Genuss dieser Summe kommen sollte – die Erben, der Staat oder soziale Einrichtungen?[224] Im Ergebnis dürften die besseren Gründe dafür sprechen, das Schadensersatzrecht in diesem Punkt so zu lassen, wie es ist, und die ihm immanenten Schutzlücken mit den Mitteln des Strafrechts zu schließen, das sowohl die vorsätzliche als auch die fahrlässige Tötung sanktioniert (§§ 211 ff., 222 StGB) und im Bereich der Tötungsdelikte immer noch leidlich funktioniert. Todesfälle im Straßenverkehr bilden insoweit keine Ausnahme. 742

## IV. Mitverschulden und Mitverursachung

Im Rahmen der bisherigen Ausführungen ist schon mehrfach unter Hinweis auf § 254 I erwähnt worden, dass der Umfang des Schadensersatzanspruchs davon abhängt, in welchem Maße der Geschädigte die Entstehung des Schadens mitverschuldet oder zumutbare Maßnahmen zur Anwendung oder Minderung eines bereits entstandenen Schadens unterlassen hat. 743

### 1. Grundlagen

Gemäß § 254 I kann die Ersatzpflicht des Schädigers gemindert sein oder fortfallen, wenn bei der Entstehung des Schadens ein »**Verschulden**« des Geschädigten mitgewirkt hat. Freilich kann im Rahmen des § 254 unter »Verschulden« nicht das gleiche gemeint sein wie im Rahmen der §§ 823, 276. Denn wer eine allgemeine Sorgfaltspflicht verletzt und dadurch einen *anderen* schädigt, verstößt gegen Gebote der Rechtsordnung. Dagegen ist niemand dazu verpflichtet, Schaden *von sich selbst* abzuwenden. Es ist daher streitig, welchen Inhalt man dem in § 254 gebrauchten Begriff des »Verschuldens« geben soll und auf welchen rechtlichen Grundprinzipien er beruht.[225] Als Ergebnis dieser Diskussion wird man festhalten dürfen, dass § 254 **Obliegenheiten** normiert, zu deren Einhaltung der Geschädigte nicht verpflichtet ist, bei deren Missachtung er jedoch einen Rechtsnachteil erleidet, weil sein eigener Ersatzanspruch ausgeschlossen oder herabgesetzt wird. Der Maßstab für Inhalt und Reichweite dieser Obliegenheiten ist derselbe wie bei den Sorgfaltspflichten zum Schutze anderer. Wie wir bereits im Kontext des Straßenverkehrsunfallrechts gesehen haben (→ Rn. 553 ff.), funktioniert § 254 wie ein **Spiegel zur Haftungsbegründung.** Folglich kommt es darauf an, welches Verhalten ein vernünftiger Mensch in der Lage des Geschädigten an 744

---

222 Diese Unterscheidung einebnend *Brüggemeier* HaftungsR 578 ff.
223 *Adams*, Ökonomische Analyse der Gefährdungs- und Verschuldungshaftung, 1985, 174 ff.; *Schäfer/Ott* Ökonomische Analyse ZivilR 402 ff.; *Schäfer/Ott* JZ 1990, 563 (569 ff.); *Posner*, Economic Analysis of Law, 9. Aufl. 2014, 228 ff.
224 Vgl. dazu *Adams*, Ökonomische Analyse der Gefährdungs- und Verschuldungshaftung, 1985, 174 ff. und *Schäfer/Ott* Ökonomische Analyse ZivilR 402 ff.
225 Vgl. dazu *Looschelders*, Die Mitverantwortlichkeit des Geschädigten im Privatrecht, 1999, 178 ff.

den Tag gelegt, welche Sicherheitsmaßnahmen er im eigenen Interesse getroffen hätte. Ergibt sich danach eine Pflichtverletzung, hängt die Anwendung des § 254 nach der spiegelbildlich anzuwendenden Lehre vom **Schutzzweck der Norm** weiter davon ab, dass der erlittene Schaden von einer Art ist, den die verletzte Obliegenheit gerade hintanhalten wollte.[226]

745 Liegt ein Mitverschulden vor, richtet sich die Quotelung des Schadens in erster Linie nach dem **Maß der Verursachung** und in zweiter Linie nach dem **Grad des beiderseitigen Verschuldens**. Da es in der Kausalitätsfrage nur binäre Entscheidungen gibt – entweder, ein Faktor ist ursächlich oder er ist es nicht – kommt es darauf an, in welchem Umfang die vom Schädiger und Geschädigten zu verantwortenden Verursachungsbeiträge die Wahrscheinlichkeit des Schadenseintritts erhöht haben.[227]

## 2. Mitwirkung bei der Schadensentstehung

746 Ähnlich wie bei § 823 I besteht auch bei § 254 I eine zentrale Aufgabe des Gerichts darin, die **Sorgfaltsanforderungen** zu bestimmen, die in dem konkreten Einzelfall an den Schädiger bzw. an den Geschädigten zu stellen waren, um sodann zu prüfen, ob die Parteien diesen Anforderungen gerecht geworden sind. Stellt man sich den potentiell Geschädigten als einen risikoneutralen, rationalen und wohlinformierten Menschen vor, ergibt sich ohne Weiteres, dass dieser – ganz genauso wie der Schädiger – diejenigen Sorgfaltsmaßnahmen ergriffen hätte, deren Kosten niedriger sind als der Erwartungswert der durch sie vermiedenen Schäden (→ Rn. 71). Auch hier kann **maximale Sorgfalt** nicht verlangt werden, denn »dieses Gebot ist mit den Maßstäben der praktischen Vernunft nicht zu erfüllen«.[228]

747 Im **Verkehrsunfallrecht** spielen die Verkehrsregeln der StVO auch für § 254 I eine zentrale Rolle. Jedem wird einleuchten, dass ein Autofahrer, der eine rote Ampel überfährt, sorgfaltswidrig gehandelt hat, und an dieser Einschätzung ändert sich nichts, wenn es der Geschädigte war, der dieses Verhalten an den Tag gelegt hat. Genauso liegt es, wenn der Geschädigte seinen Pkw, auf den der Beklagte aufgefahren ist, in einer unübersichtlichen Straßenstelle geparkt hatte (§ 12 I Nr. 1 StVO), wenn er in der Abenddämmerung das Licht nicht eingeschaltet (§ 17 StVO) oder sich in alkoholisiertem Zustand mit mehr als 0,5 Promille Blutalkoholgehalt ans Steuer gesetzt hatte (§ 24a StVG). Verhält sich der Schädiger in dieser Weise, handelt er sorgfaltswidrig (§§ 823 I, 276 II); verhält sich der Geschädigte so, handelt er obliegenheitswidrig (§ 254 I). Bei der Teilnahme am Straßenverkehr darf man sich allerdings nicht darauf beschränken, die Verkehrsregeln zu beachten und die Verantwortung für sich abzeichnende Gefahren von sich schieben. Wer beispielsweise erkennen kann, dass ein betrunkener Mensch trotz für ihn rotem Lichtsignal über den Fußgängerweg torkeln wird, der darf nicht stoisch weiterfahren, sondern muss abbremsen, auch wenn er in eine grüne Ampel schaut. Mit Bedacht hat der Gesetzgeber in § 1 StVO nicht die Einhaltung sämtlicher konkreter Verkehrsregeln, sondern die Gebote ständiger Vorsicht und Rücksicht und die Vermeidung der Gefährdung oder Schädigung anderer zu den obersten »Grundregeln« des Straßenverkehrsrechts erhoben. Tatsächlich gibt es kaum

---

226 BGH NJW-RR 2006, 965.
227 BGH NJW-RR 2009, 239 Rn. 15; MüKoBGB/*Oetker* § 254 Rn. 114.
228 OLG Saarbrücken NJW-RR 2008, 266 (268).

einen Verkehrsunfallprozess, in dem der beklagte Schädiger sich nicht damit verteidigt, dass auch den Kläger, weil er zu spät gebremst, sich vor dem Betreten der Fahrbahn nicht umgeschaut oder sich sonst unvorsichtig verhalten habe, ein Mitverschulden trifft. Zur Gleichstellung von Mitverschulden und Betriebsgefahr im Rahmen von § 254 I → Rn. 561 ff.

Eine Kürzung des Schadensersatzanspruchs des Verkehrsunfallopfers kommt nicht nur bei Verstößen gegen Verkehrsregeln im Interesse anderer, sondern auch bei Missachtung der Pflichten des § 21a StVO in Betracht, die den Verkehrsteilnehmer *im* (paternalistisch-wohlverstandenen) *Eigeninteresse* zum Anlegen von **Schutzhelmen** und **Sicherheitsgurten** verpflichten. Durch solche Sicherungsmaßnahmen wird nach dem Urteil eines vernünftigen Menschen die Schwere der Verletzungsfolgen eines Unfalls so erheblich gesenkt, dass die mit ihr für den Betroffenen verbundenen Kosten, Nachteile und Unbequemlichkeiten mehr als aufgewogen werden.[229] Folgerichtig erhält der verunglückte Fahrer eines Motorrads oder Mopeds keinen Schadensersatz, wenn er seinen Sturzhelm nicht aufgesetzt hatte.[230] Bei **Radfahrern** ist eine Obliegenheit zum Anlegen von Sturzhelmen (noch) zu verneinen.[231] Den Insassen eines Kraftfahrzeugs fällt, wenn sie vorhandene Sicherheitsgurte nicht angelegt haben, ein Mitverschulden an den infolgedessen erlittenen Unfallverletzungen zur Last.[232] Dies gilt jedoch nur für solche Schäden, die durch das Anlegen des Gurtes hätten vermieden werden können.[233] Im Einzelfall kann es zudem so liegen, dass das Verschulden des Schädigers derart schwer wiegt, dass die Missachtung der Anschnallpflicht völlig dahinter zurücktritt.[234] Das Fehlen eines **Airbags** ist dem Autofahrer (noch) nicht als Mitverschulden anzurechnen. Entgegen der Rechtsprechung geht es auch nicht an, dem **Opfer eines Diebstahls** deswegen ein Mitverschulden anzurechnen, weil es Wertgegenstände offen auf dem Rücksitz hat herumliegen lassen oder den Pkw nicht ordnungsgemäß verriegelt hat.[235] Solche Sorglosigkeit mag die Mithaftung im Verhältnis zu Dritten begründen, denen der Dieb mithilfe des Autos oder sonstiger Beute Schaden zufügt (§§ 7 III StVG, 14 II StVO), oder über § 254 I die Haftung des Autohauses mildern, dem der Bestohlene Fehler bei der Einführung in die Bedienungsgeheimnisse der Zentralverriegelungsanlage vorwirft.[236] Sie ist jedoch kein Grund, dem *Dieb* die Verantwortung für sein vorsätzlich-rechtswidriges Tun teilweise abzunehmen. Folgerichtig hat sich auch der ausgeraubte Wohnungseigentümer nicht deshalb ein Mitverschulden anrechnen zu lassen, weil er auf den Einbau von Schutzvorkehrungen verzichtet hat, die der jeweils aktuellen Sicherheitstechnologie entsprechen.

Ein nach § 254 zu beurteilender Fall ist auch das sog. »**Handeln auf eigene Gefahr**«. Hier begibt sich jemand **bewusst** in eine gefährliche Situation, lässt sich also beispielsweise in einem Kraftfahrzeug mitnehmen, dessen Fahrer erkennbar alkoholisiert ist. Kommt es zu einem Unfall und hat sich darin genau diejenige Gefahr realisiert, die den Mitfahrer verständigerweise von der Fahrt hätte abhalten müssen, kann er den Fahrer nicht in vollem Umfang für seine Schäden verantwortlich machen. Der Umfang des ihm nach § 254 I verbleibenden Anspruchs hängt von den Umständen des Einzelfalls ab, also etwa davon, ob die Gefahr ganz leicht oder nur schwer erkennbar war, ob ein ungefährliches Alternativverhalten dem Verletzten möglich und zuzumuten war,

---

229 Vgl. auch BVerfG NJW 1987, 180; eing. zur Problematik *Hillgruber,* Der Schutz des Menschen vor sich selbst, 1992.
230 BGH NJW 1965, 1075; 1979, 980.
231 BGH VersR 2014, 974 Rn. 7 ff.; ob eine Helmpflicht zumindest für »sportlich ambitionierte Fahrer« gilt, wie das OLG Saarbrücken NJW-RR 2008, 266 (268) meint, hat der BGH (VersR 2014, 974 Rn. 15) offen gelassen. Zust. MüKoBGB/*Oetker* § 254 Rn. 41; *Morell* AcP 214 (2014), 387; aA *Meier/Jocham* VersR 2014, 1167 (1169 f.); aA Staudinger/*Schiemann* 14. Bearb. 2005, § 254 Rn. 51.
232 BGHZ 74, 25 = NJW 1979, 1363; BGHZ 83, 71 = NJW 1982, 985; BGHZ 119, 268 = NJW 1993, 53.
233 BGH NJW 1980, 2125.
234 BGH NJW 1998, 1137 (Frontalzusammenstoß, weil stark alkoholisierter Fahrer bei hoher Geschwindigkeit die Kontrolle über sein Fahrzeug verlor).
235 So MüKoBGB/*Oetker* § 254 Rn. 51.
236 OLG Karlsruhe NZV 2001, 516.

unter welchen Umständen der Unfall sich ereignet hat usw.[237] Früher hat die Rechtsprechung angenommen, dass in solchen Fällen der Verletzte stillschweigend in eine aus der Gefahrverwirklichung sich ergebende eventuelle Schädigung »einwillige« oder auf die Geltendmachung von Ersatzansprüchen stillschweigend »verzichte«, was eine reine Fiktion war.

750 Die **Zuordnung weiterer Fallgruppen** neben derjenigen des Mitfahrens mit einem erkennbar Betrunkenen zum Handeln auf eigene Gefahr ist umstritten. Mitunter ist auf diesen Gesichtspunkt rekurriert worden, um **Haftungsprivilegien bei Sportwettkämpfen** zu begründen.[238] Einschlägige Beispiele sind die Verletzung eines Mitspielers beim Fußballspiel, wenn der »Täter« entweder regelgerecht handelte, etwa den Gegner »sauber« vom Ball getrennt hatte, Letzterer aber gleichwohl stürzte und sich schwer verletzte, aber auch bei leichten Regelverstößen, wie sie »im Eifer des Gefechts« eines Wettkampfs immer vorkommen können. Tatsächlich sollte eine Haftung in solchen Fällen ausscheiden, wenn auch nicht deshalb, weil die Geltendmachung eines Schadensersatzanspruchs durch einen Mitspieler ein Selbstwiderspruch *(venire contra factum proprium)* wäre, wie der BGH früher gemeint hat,[239] sondern weil es bereits an den Haftungsvoraussetzungen fehlt: Wer die Regeln menschlichen Zusammenlebens und Sporttreibens einhält und damit die berechtigten Sicherheitserwartungen seiner Mitspieler in der konkreten Situation erfüllt, der handelt nicht sorgfaltswidrig.[240] Auf dieser Basis lassen sich auch die schwierigeren Fälle lösen, in denen die Verletzung auf einem Regelverstoß beruht. Hier muss man sich vor Augen halten, dass die Spielregeln der Sportverbände kein bindendes Recht darstellen, sodass der Zivilrichter gezwungen wäre, bei Regelverletzungen stets auch eine Sorgfaltspflichtverletzung anzunehmen. Vielmehr kommt es darauf an zu entscheiden, welches Verhalten im Verhältnis der sich bekämpfenden Spieler untereinander hinzunehmen ist und welches nicht. Fußtritte, Boxhiebe und sonstiges Verhalten, das allein darauf abzielt, den Gegner körperlich zu verletzen, ist demnach unter keinen Umständen rechtmäßig. Erscheint die Körperverletzung als unbeabsichtigte Nebenfolge eines aus dem Spiel heraus begangenen Regelverstoßes, kommt es darauf an, ob der Verstoß von einer Natur ist, die von den Spielern als unvermeidlich toleriert wird, oder ob diese Schwelle überschritten ist.

### 3. Unterlassung der Schadensabwendung oder -minderung

751 Der Geschädigte muss sich gem. § 254 I eine Kürzung seines Ersatzanspruchs gefallen lassen, wenn er die Entstehung des Schadens mitverursacht hat; die gleiche Rechtsfolge tritt gem. § 254 II 1 insoweit ein, als der Geschädigte es *nach* **dem Eintritt des Schadens unterlässt, ihn durch zumutbare Maßnahmen wieder abzuwenden oder zu mindern.** Ein praktisch besonders wichtiger Fall des § 254 II 1 ist bereits erörtert worden, nämlich die Erwerbsobliegenheit desjenigen, der bei einem Unfall verletzt wurde und nun seinen Erwerbsschaden gem. §§ 842, 843 liquidiert (→ Rn. 695 ff.). Weder der Verletzte selbst noch seine Angehörigen (§ 844 II) dürfen es sich mit dem Schadensersatzanspruch gemütlich machen, sondern sind gehalten, trotz des ihnen zugefügten Unrechts einen eigenen Beitrag zur Minderung der daraus resultierenden Nachteile zu leisten. Der Verletzte muss sich uU auch einer Operation unterziehen, wenn diese zur Verbesserung seines Zustands erforderlich und nicht mit besonderen Risiken behaftet ist.[241]

752 Was Sachschäden, vor allem die Beschädigung von Kraftfahrzeugen bei Verkehrsunfällen, betrifft, so wird man ohne Übertreibung sagen dürfen, dass die Rechtsprechung

---

237 Grdl. BGHZ 34, 355 (358 ff.) = NJW 1961, 655.
238 Im Sinne eines obiter dictums BGHZ 34, 355 (363) = NJW 1961, 655.
239 BGHZ 63, 140 (144 f.) = NJW 1975, 109; BGH NJW 2003, 2018 (2019).
240 BGH VersR 2009, 1677 f. Rn. 10; *Fleischer* VersR 1999, 785 (787); MüKoBGB/*Wagner* § 823 Rn. 563 ff.
241 BGHZ 10, 18 (19) = NJW 1953, 1098; BGH NJW 1994, 1592 (1593).

das **Potential des § 254 II 1 noch nicht ausgeschöpft** hat. Zwar wird der BGH nicht müde zu betonen, der Geschädigte sei »unter dem Gesichtspunkt der Schadensminderungspflicht gehalten, im Rahmen des ihm Zumutbaren den wirtschaftlicheren Weg der Schadensbehebung zu wählen«,[242] doch wenn es ernst wird, mutet das Gericht dem Geschädigten nicht die kleinste Anstrengung und nicht den geringsten Verzicht zu. So wird ihm zugestanden, seinen 7 Jahre alten Porsche auch dann in einer Vertragswerkstatt reparieren zu lassen, wenn deren Lohnkosten – bei einem Gesamtschaden von ca. 15.000 EUR – um 2.500 EUR EUR über den Durchschnittslohnkosten (!) des Kfz-Gewerbes der jeweiligen Region liegen (→ Rn. 666).[243] Nach der eben zitierten Entscheidung soll diese Art der Schadensberechnung »de luxe« auch dann noch gelten, wenn der Geschädigte die Reparatur gar nicht durchführen lässt, offenbar also gar kein Interesse an der Arbeit der Vertragswerkstatt hat. Genauso unverständlich ist es, wenn der BGH es dem Geschädigten gestattet, die speziell auf die Ausbeutung von Haftpflichtversicherungen zugeschnittenen »Unfallersatztarife« von Mietwagenunternehmen zu akzeptieren (→ Rn. 678),[244] und ihn schließlich auch nicht für verpflichtet hält, den Restwert eines total beschädigten Unfallfahrzeugs zu maximieren, indem er entsprechende Restwertaufkäufer oder Internet-Marktplätze konsultiert oder wenigstens entsprechende Hinweise der gegnerischen Haftpflichtversicherung beherzigt.[245] Hier bleibt auf dem Weg zu einem ausgewogenen Haftungsrecht noch viel zu tun.[246]

## 4. Schadensmitverursachung durch Hilfspersonen

Unter den Voraussetzungen des § 831 besteht eine Verantwortlichkeit für Schädigungen, die nicht von dem Betroffenen persönlich, sondern durch seine Hilfspersonen verursacht worden sind (→ Rn. 275 ff.). Von erheblicher praktischer Bedeutung ist aber auch die spiegelbildliche Frage, ob nicht eine **Kürzung des Ersatzanspruchs** auch dann stattfinden muss, wenn nicht der Geschädigte persönlich, sondern seine Hilfspersonen die Entstehung seines Schadens mitverursacht oder die Minderung oder Abwendung eines entstandenen Schadens unterlassen haben.

753

In § 254 II 2 heißt es lapidar: »Die Vorschrift des § 278 findet entsprechende Anwendung«. Diese Verweisung bezieht sich an sich nur auf **Pflichtverletzungen von Gehilfen** im Rahmen der von § 254 II 1 geforderten Bemühungen des Geschädigten um Schadensminderung. Führt beispielsweise eine Spedition die Reparatur des bei einem Unfall beschädigten Lkw in Eigenregie durch, und begehen die eigenen Mechaniker beim Zusammenbau des Führerhauses einen Fehler, der dazu führt, dass das Fahrzeug erst vier Wochen später als geplant wieder zum Einsatz kommen kann, muss sich die Spedition diese Pflichtverletzung zurechnen lassen und kann dem Unfallverursacher den entgangenen Gewinn für diese vier Wochen nicht in Rechnung stellen. Gleiches gilt, wenn die Eltern ein Kind mit zwei gebrochenen Oberschenkeln nicht ins Kran-

754

---

242 BGHZ 155, 1 (4) = NJW 2003, 2086; genauso BGHZ 115, 364 (368f.) = NJW 1992, 302; BGHZ 115, 375 (378) = NJW 1992, 305; BGHZ 132, 373 (376) = NJW 1996, 1958; BGHZ 143, 189 (193f.) = NJW 2000, 800.
243 BGHZ 155, 1 (5ff.) = NJW 2003, 2086.
244 BGHZ 132, 373 (378ff.) = NJW 1996, 1958.
245 BGHZ 171, 287 Rn. 7ff. = NJW 2007, 1674; BGH VersR 2011, 280 Rn. 11.
246 IErg genauso *Fricke* VersR 2011, 966.

kenhaus bringen, sondern die Brüche so ausheilen lassen, was zur Verkrüppelung beider Beine führt.[247]

755 Jedoch wird § 254 II 2 seit jeher über diesen Anwendungsbereich hinaus erstreckt und »**wie ein selbstständiger Abs. 3**« des § 254 gelesen.[248] Der Geschädigte muss sich also das Verhalten von Hilfspersonen auch im Rahmen von § 254 I zurechnen lassen, soweit nämlich deren Pflichtverletzung **die Entstehung des Schadens** gefördert hat.

756 In der für § 254 II 2 grundlegenden Entscheidung des Reichsgerichts war ein mit zwei Pferden bespannter Bierwagen der Klägerin auf eine Rheinfähre gefahren, um den Fluss zu überqueren. Bevor der Pferdewagen sicher auf der Fähre zum Stehen gekommen war, fuhr diese los.[249] Der Wagen rollte von der Fähre herunter und stürzte in den Rhein, sodass die Ladung verloren war und die Pferde ertranken. Das RG bejahte die Haftung des Fährunternehmers mit Rücksicht auf das Verschulden seiner Fährleute gem. §§ 276, 278, insbesondere deshalb, weil der Kapitän ein Handzeichen eines Matrosen als Signal zur Abfahrt missdeutet hatte. Das RG rechnete der Klägerin indessen auch das (Mit-)Verschulden ihres Kutschers an, der entgegen dem allgemeinen Sorgfaltsgebot die Kutsche vom Bock aus auf die Fähre gesteuert hatte, anstatt abzusteigen und die Pferde zu führen.

757 In dem vom RG entschiedenen Fall lag die Sache vergleichsweise einfach, weil zwischen der Klägerin und dem Fährunternehmer ein **Vertragsverhältnis** bestand, nämlich ein Werkvertrag iSd § 631. Im Rahmen der Vertragshaftung führt die Zurechnung des Mitverschuldens von Hilfspersonen gem. §§ 254 II 2, 278 zu einer für beide Parteien symmetrischen Haftungsordnung, weil auch der Schädiger für das Verschulden seiner Erfüllungsgehilfen und gesetzlichen Vertreter nach § 278 einzustehen hat. Ganz anders verhält es sich auf der Bühne der **Deliktshaftung:**

758 **Beispiel:** In BGHZ 103, 338 war der Kläger im Alter von zehn Monaten auf dem **Spielplatz** der beklagten Gemeinde verunglückt. Mithilfe seines Vaters hatte er die Rutsche erklommen, sich auf das anderthalb Meter über dem Erdboden liegende Podest gesetzt und war dann nicht heruntergerutscht, sondern unter dem Seitenholm hindurch auf den Asphaltboden gestürzt. Zu dem Unfall war es gekommen, weil der Vater einen Moment nicht aufgepasst hatte. Nach § 278 S. 1 hat der Schuldner ein Verschulden seiner Erfüllungsgehilfen und seiner gesetzlicher Vertreter »in gleichem Umfang zu vertreten wie eigenes Verschulden«. Da der Vater gem. §§ 1626, 1629 gesetzlicher Vertreter des Kindes ist, scheint sich ganz zwanglos zu ergeben, dass sich unser Kläger das »Mitverschulden« seines Vaters an seinem Sturz haftungsmindernd auf den Ersatzanspruch gegen die Gemeinde anrechnen lassen muss – wenn man bereit ist, § 254 II 2 auch auf die Mitwirkung im Rahmen der Schadensentstehung zu beziehen.

759 Tatsächlich kommt eine voraussetzungslose Anwendung des § 254 II 2 auch im Rahmen des § 254 I nicht in Betracht. Andernfalls müsste sich der Geschädigte im Rahmen des Mitverschuldens das Verhalten seiner Erfüllungsgehilfen und gesetzlichen Vertreter ohne Weiteres zurechnen lassen, während der Schädiger für das Verhalten seiner gesetzlichen Vertreter gar nicht, für die Aktivitäten *selbstständiger* Hilfspersonen ebenfalls nicht und für Fehlverhalten seiner *weisungsgebundenen* Mitarbeiter (Verrichtungsgehilfen) nur nach Maßgabe des § 831 einzustehen hätte. Eine solche, zulasten des Geschädigten ausschlagende **Asymmetrie von Haftungsbegründung und Mitverschulden** ist zu vermeiden, wie der BGH mit Recht betont hat.[250] Folgerichtig ist die Anwendung des § 278 im Rahmen des Mitverschuldens bei der Haftungsbegründung

---

247 RGZ 156, 193 (205f.).
248 BGHZ 1, 248 (249) = NJW 1951, 477; Staudinger/*Schiemann*, 2005, § 254 Rn. 95.
249 RGZ 62, 106.
250 BGHZ 103, 338 (343) = NJW 1988, 2667.

auf diejenigen Fälle zu beschränken, in denen *schon im Augenblick des Unfalls* ein Vertrag oder ein sonstiges Sonderrechtsverhältnis zwischen dem Geschädigten und dem Schädiger bestand.[251]

Daran fehlte es nach Ansicht des BGH in dem Kinderspielplatzfall, denn durch das Betreten des Spielplatzes allein werde ein »vertragsähnliches Benutzungsverhältnis« noch nicht begründet; auch könne man nicht sagen, dass schon mit dem Betreten des gefahrbringenden Spielplatzes für das Kind eine Obliegenheit zur Abwendung des ihm drohenden Schadens entstanden sei, zu deren Erfüllung es sich seines Vaters bedient habe.[252]
Der Deliktsanspruch aus § 823 I kommt theoretisch zwar ebenfalls als »Sonderverbindung« in Betracht, doch darf man daraus keine spitzfindigen Konsequenzen ziehen, etwa indem man die Entstehung des Schuldverhältnisses auf den Beginn der Rechtsgutsverletzung vorverlegt und den Eltern zum Vorwurf macht, dass sie die Ausbreitung der Verletzung nicht verhindert haben.[253]

760

Sofern man in den hier erörterten Fällen dem Geschädigten das Mitverschulden seiner Hilfsperson oder seines gesetzlichen Vertreters nicht anrechnet, kommt immer noch eine Kürzung des Ersatzanspruch des Kindes nach den Regeln über den »**gestörten Gesamtschuldnerausgleich**« in Betracht (vgl. auch → Rn. 777ff.).

761

Im Fall des Kleinkindes, das auf dem Spielplatz verunglückt war, wird sich die auf vollen Schadensausgleich in Anspruch genommene Gemeinde fragen, ob sie nicht einen Teil der Schadenskosten auf den Vater abwälzen kann, und zwar nach Maßgabe der §§ 840, 426. Dies setzt voraus, dass der Vater dem Kind ebenfalls verantwortlich ist. Eine Haftung wegen fahrlässiger Körper- und Gesundheitsverletzung ließe sich bejahen, wenn nicht § 1664 die **Verantwortlichkeit von Familienmitgliedern** für Schädigungen im Binnenkreis der Familie an die Verletzung der Sorgfalt in eigenen Angelegenheiten *(diligentia quam in suis)* knüpfen würde. Wegen § 277 ergibt sich daraus in aller Regel eine Reduzierung elterlicher Verantwortung auf Fälle grob fahrlässiger Pflichtverletzungen. Daran fehlte es in dem Spielplatz-Fall, und deshalb hat der BGH ein Gesamtschuldverhältnis zwischen dem Vater und der Gemeinde verneint.[254] Tatsächlich lag indessen ein gestörtes Gesamtschuldverhältnis vor, weil der Vater haftpflichtig gewesen wäre, wenn er nicht durch ein Privileg geschützt würde, das nur im Verhältnis zu dem geschädigten Kind besteht. Insofern lag es nicht anders als in den Fällen, in denen zwischen dem Geschädigten und einem der Schädiger die Haftung aufgrund einer **vertraglichen Vereinbarung** oder durch §§ 104ff. SGB VII (dazu → Rn. 777ff.) ausgeschlossen oder auf grobe Fahrlässigkeit beschränkt ist. In diesen Fällen ist anerkannt, dass der **Verursachungsbeitrag des privilegierten Schädigers zulasten des Geschädigten** geht, also von dessen Ersatzanspruch abzuziehen ist, um das Haftungsprivileg nicht zulasten des anderen Mitschädigers gehen zu lassen.[255] Wenn der BGH es gleichwohl abgelehnt hat, den Ersatzanspruch des Kleinkindes gegen die Gemeinde zu kürzen, dann vielleicht, weil er der Auffassung war, Vater und Kind seien durch das Unglück bereits genug gestraft.

762

**Besteht ein Vertragsverhältnis** zwischen dem geschädigten Kind und dem Schädiger, muss sich das Kind ein **Mitverschulden seiner Eltern** somit zurechnen lassen und eine Kürzung des eigenen Schadensersatzanspruchs hinnehmen.

763

---

251 BGH VersR 1980, 938.
252 BGHZ 103, 338 (342f.) = NJW 1988, 2667.
253 So in einem Kindertee-Fall BGHZ 116, 60 (74) = NJW 1992, 560, gegen *Foerste* EWiR 1991, 565.
254 BGHZ 103, 338 (344ff.) = NJW 1988, 2667.
255 Vgl. MüKoBGB/*Wagner* § 840 Rn. 30ff., 34.

**764** | **Beispiel:** In BGHZ 9, 316 hatte ein viereinhalbjähriges Kind solange an einer Waggontür gespielt, bis sich diese öffnete, das Kind aus dem fahrenden Zug stürzte und sich schwer verletzte. Der BGH bejahte eine Sonderverbindung zwischen dem Kind und der Bahn, sei es, weil die Mutter den Beförderungsvertrag im Namen des Kindes abgeschlossen hatte, sei es, weil sie den Vertrag im eigenen Namen, aber zugunsten des Kindes zustande gebracht hatte. Daraus ergab sich für das Gericht zwangsläufig die Anwendung des § 254 II 2, und zwar nicht nur, soweit das Kind sein Schadensersatzbegehren auf Vertrag stützte, sondern auch insoweit, als es sich auf Delikt (§ 823 I) oder auf die Gefährdungshaftung nach dem heutigen § 1 HPflG berufen hatte.[256]

**765** Dieser Rechtsprechung lässt sich entgegen halten, dass sie nach dem Motto »**Kinder haften für ihre Eltern**« verfährt, das im Deliktsrecht gerade nicht gilt. Das Kind sollte sich nicht das Verschulden einer Person zurechnen lassen müssen, für deren Fehlverhalten der Schädiger nicht einzustehen hätte. Hat etwa eine Mutter in Wahrnehmung ihrer Aufsichtspflicht (§ 1631) ihr fünfjähriges Kind vor einem herannahenden Auto retten wollen, sich dabei aber schuldhaft verhalten und den Fahrer zu einem Ausweichmanöver gezwungen, in dessen Folge er geschädigt wurde, so braucht das Kind für den Fehler seiner Mutter nicht einzustehen; § 831 trifft diesen Fall nicht. Deshalb wird gefordert, § 278 in Fällen der Mitverursachung durch gesetzliche Vertreter ganz außer Acht zu lassen, insoweit die Verweisung des § 254 II 2 also nicht auf § 254 I zu beziehen.[257]

---

256 BGHZ 9, 316 (319f.) = NJW 1953, 977.
257 *Esser/Schmidt*, Schuldrecht I/2, 8. Aufl. 2000, § 35 III 3, S. 286.

# L. Der Regress der Versicherungsträger

> **Literatur:** Münchener Kommentar zum VVG (hrsg. von *Langheid/Wandt*), 2010; *Plagemann*, Regress der Sozialleistungsträger und des Dienstherrn, in Geigel, Der Haftpflichtprozess, 27. Aufl. 2015, Kap. 30.

## I. Grundgedanke

Hat ein **Sozialversicherungsträger Versicherungsleistungen** erbracht, so entsteht die Frage, ob er den dadurch verursachten Aufwand von einem anderen im Wege des »Regresses« wieder hereinholen kann. 766

Beruht zB ein Arbeitsunfall auf der Fehlerhaftigkeit des von einem Dritten gelieferten Arbeitsgeräts oder ist ein Wegeunfall durch das Verschulden eines anderen Verkehrsteilnehmers oder durch die Betriebsgefahr seines Fahrzeugs herbeigeführt worden, so stehen dem verletzten Arbeitnehmer Schadensersatzansprüche aus §§ 823 BGB, 7 StVG gegen den Dritten zu. Daneben hat er freilich auch einen Anspruch auf die Leistungen der Gesetzlichen Unfallversicherung (→ 580 ff.). 767

Der Gesetzgeber hat versucht, die verschiedenen Interessen und Belange, die hier eine Rolle spielen, in ein angemessenes Verhältnis zu bringen. Die **Eckpunkte** dieser Lösung sind die folgenden:[1] 768

(1) Der **Verletzte geht des Schutzes durch die Sozialversicherung nicht verlustig**, wenn ein Dritter für den Unfall haftungsrechtlich verantwortlich ist. Gleiches gilt für die Deckung von Schadensrisiken bei privaten Versicherungsträgern. In beiden Fällen kommt der Geschädigte sofort in den Genuss der gesetzlich gewährten bzw. vereinbarten Versicherungsleistungen und muss nicht etwa dem Schädiger hinterherlaufen, nur um die Kosten der Heilbehandlung tragen zu können.

(2) Eine **Doppelentschädigung** des Unfallopfers ist entsprechend dem schadensrechtlichen Bereicherungsverbot **zu vermeiden**. Soweit der Schaden durch Versicherungsleistungen ausgeglichen worden ist, kann der Verletzte die entstandenen Kosten also nicht ein zweites Mal beim Schädiger liquidieren.

(3) Die tatsächliche Schadensbehebung durch Versicherungsleistungen **darf nicht dazu führen, dass der Schädiger von seiner Ersatzpflicht freigestellt** wird. Eine solche Lösung wäre ungerecht – der Schädiger hat die Leistungen der Versicherung nicht durch eigene Beitrags- oder Prämienleistungen erkauft – und ineffizient, weil die Präventionsanreize des Haftungsrechts zerstört würden (→ Rn. 59 ff.): Wer weiß, dass ihm die schädlichen Folgen seines Tuns nicht angelastet werden, wird kaum bereit sein, kostspielige Sorgfaltsmaßnahmen zu ergreifen, um Schäden zu vermeiden.

Allen diesen Belangen gleichzeitig trägt die Regelung des § 116 SGB X Rechnung, nach dem die Ersatzansprüche, die dem Unfallopfer (oder seinen Hinterbliebenen) gegen den haftpflichtigen Dritten zustehen, im Wege einer **cessio legis** insoweit auf die Sozi- 769

---

[1] Ausf. *Wagner* Grundstrukturen 333 ff.

alversicherungsträger übergehen, als diese Leistungen an den Versicherten oder seine Hinterbliebenen zu gewähren haben, die solche Schäden abdecken, für die sonst der Schädiger aufzukommen hätte. Damit ist klargestellt, dass der Verletzte trotz der Verantwortlichkeit eines Dritten sofort die ihm zustehenden Versicherungsleistungen erhält, beim Schädiger aber nicht erneut liquidieren darf, sondern der Versicherungsträger wegen der aufgewendeten Kosten Rückgriff nehmen kann. Die dabei erzielten Einnahmen mindern die Versicherungsprämie und kommen damit wiederum dem Geschädigten in seiner Eigenschaft als Versichertem zugute.

770  Genauso wie die Träger der Sozialversicherung kommen **private Versicherungsunternehmen** in den Genuss der Legalzession: Gemäß § 86 VVG geht der Ersatzanspruch des geschädigten Versicherungsnehmers gegen den haftungsrechtlich Verantwortlichen auf den Versicherer über.[2] § 86 VVG gilt allerdings nur für die Schadensversicherung, also etwa bei privaten Krankenversicherungen oder bei der Kasko- oder Feuerversicherung, nicht aber für die Summenversicherung und damit auch nicht für die Lebensversicherung.[3] Da der Geschädigte die Lebensversicherungsleistungen durch Beiträge »erkauft« hat und der Versicherungsfall nicht an ein Schadensereignis geknüpft ist, erhält er die Versicherungssumme *zusätzlich* zu dem vom Schädiger zu leistenden Schadensersatz.[4]

771  Im Folgenden werden **Grundprobleme des Regresses** der Versicherungsträger kurz erörtert, wobei die Regelung des § 116 SGB X im Vordergrund steht. Auf die wesentlichen Besonderheiten des § 86 VVG wird eingegangen, wo Anlass dazu besteht.

## II. »Kongruenz« zwischen Versicherungsleistung und Haftpflichtanspruch

772  Die Ansprüche, die dem Verletzten oder seinen Hinterbliebenen gegen den Drittschädiger nach allgemeinem Haftungsrecht zustehen, gehen nur insoweit auf den Sozialversicherungsträger über, als der Zweck dieser Ansprüche und der Zweck der Versicherungsleistung identisch oder – wie man auch sagt – einander »kongruent« sind. Da die Sozialversicherungsträger mit ihren Leistungen **keinen Ausgleich für Sachschäden** oder für immaterielle Schäden gewähren, bleibt dem Geschädigten der Anspruch gegen den Dritten auf Ersatz des Sachschadens oder auf Zahlung eines Schmerzensgeldes erhalten.[5] Das Kongruenzprinzip gilt genauso für den Regress privater Schadensversicherungen gem. § 86 VVG.[6] Da Letztere ebenfalls nur die erlittenen Vermögensnachteile ausgleichen, verbleibt dem Geschädigten auch hier der Schmerzensgeldanspruch zur selbstständigen Geltendmachung.[7] Dieser Umstand erklärt, warum der BGH mit Schadensersatzansprüchen wegen Personenschäden häufig nur unter dem Gesichtspunkt des Schmerzensgeldes beschäftigt wird. Nur dieser Schadensposten kann nämlich noch von dem Verletzten selbst geltend gemacht werden, während

---

2 Ausf. *Wandt* VersR Rn. 983 ff.
3 Prölss/Martin/*Armbrüster* § 86 Rn. 3; *Wandt* VersR Rn. 991; *Wagner* Grundstrukturen 308 (334 f.).
4 BGHZ 73, 109 (111 ff.); Staudinger/*Schiemann*, 2005, § 249 Rn. 161.
5 v. Wulffen/*Bieresborn*, SGB X, 8. Aufl. 2014, § 116 Rn. 12.
6 *Wandt* VersR Rn. 1000.
7 Prölss/Martin/*Martin* § 86 Rn. 13.

der Regress unter den verschiedenen Versicherungsträgern wegen der erbrachten Leistungen idR auf der Grundlage sog. Teilungsabkommen erfolgt (→ Rn. 786ff.).

Die **Verletztenrente des Unfallversicherungsrechts** (→ Rn. 578ff.) soll nur einen Ausgleich für den Verdienstausfall wegen Minderung der Erwerbsfähigkeit, nicht aber auch für die unfallbedingt vermehrten Bedürfnisse bieten (→ Rn. 593ff.). Daher geht der Ersatzanspruch aus § 843 I insoweit nicht auf den Unfallversicherungsträger über, als er den Verletzten dazu berechtigt, von dem Schädiger einen Zuschuss zu den Unterhaltskosten eines Kraftfahrzeugs zu verlangen, auf dessen Benutzung er infolge des Unfalls angewiesen ist.[8]  773

## III. Kein Regress gegen Haushaltsangehörige

Weiterhin ist ein Forderungsübergang und damit ein Regress hinsichtlich solcher Ersatzansprüche ausgeschlossen, die sich gegen eine Person richten, mit der der Geschädigte im Zeitpunkt des Schadenseintritts **in häuslicher Gemeinschaft** gelebt hat. Bis zur VVG-Reform 2008 handelte es sich hierbei noch um ein »Familienprivileg«, weil § 67 II VVG aF auf Familienangehörige beschränkt war. Der seit 2008 geltende § 86 III VVG verzichtet auf familienrechtliche Bande zwischen dem Versicherten und der geschützten Person und begnügt sich mit dem sozialen Faktum häuslicher Gemeinschaft.[9] Dabei ist versäumt worden, die für Sozialversicherungsträger geltende Parallelvorschrift des § 116 VI SGB X anzupassen, sodass beispielsweise eine AOK als Sozialversicherungsträger gegen den Partner einer nichtehelichen Lebensgemeinschaft, der den Schaden verursacht hat, Regress nehmen kann, die private Krankenversicherung aber nicht.[10] Immerhin greift das sozialversicherungsrechtliche »**Familienprivileg**« auch zugunsten der Partner einer gleichgeschlechtlichen Lebenspartnerschaft (§ 11 I LPartG).  774

Lässt sich zB ein Arbeitnehmer von seiner Ehefrau zur Arbeit chauffieren und wird er durch ihre Fahrlässigkeit verletzt, so geht der deliktische Ersatzanspruch, der ihm gegen seine Frau zusteht, nicht auf den Sozialversicherungsträger über. Denn würde die Sozialversicherung den Anspruch im Wege der cessio legis erwerben und alsdann die Ehefrau auf Regress in Anspruch nehmen, so würde sie den **Eheleuten**, die man als eine **wirtschaftliche Einheit** ansehen muss, mit der einen Hand nehmen, was sie ihnen zuvor mit der anderen Hand – nämlich durch Gewährung der Versicherungsleistungen an den Mann – hätte zukommen lassen.[11] Dies widerspräche dem Schutzzweck der Sozialversicherungsleistungen, mit denen ja nicht bloß auf eine Begünstigung des Versicherten persönlich, sondern auf die Sicherung auch seiner Familie als ganzer abgezielt wird, dies jedenfalls dann, wenn die Angehörigen der Familie miteinander in häuslicher Gemeinschaft leben und daher eine wirtschaftliche Einheit bilden.  775

Der Ausschluss des Regressanspruchs des Schadensversicherers lässt sich auch noch anders als durch § 86 III VVG erreichen, nämlich durch Einbeziehung des Dritten in den Versicherungsvertrag im Sinne einer sog. **Mitversicherung**, etwa zugunsten von Arbeitnehmern und Leitungsorganen in der Betriebshaftpflichtversicherung (→ Rn. 303). Darüber hinaus entnimmt die Rechtsprechung standardmäßigen Gebäu-  776

---
8 BGH NJW 1970, 1685; vgl. aus der Rspr. zur »Kongruenz« von Haftpflichtansprüchen und Versicherungsleistungen auch noch BGH NJW 1966, 1319; 1974, 41; 1977, 802; 1982, 984; 1984, 2628; 1985, 735.
9 *Wandt* VersR Rn. 1019 ff.
10 So, zu § 116 SGB X, BGHZ 102, 257 = NJW 1988, 1091; *Plagemann* in Geigel, Der Haftpflichtprozeß, 27. Aufl. 2015, Kap. 30 Rn. 78.
11 »Theorie des einen Topfes«, BGH VersR 1986, 333 (334).

deversicherungsverträgen einen **konkludenten Regressverzicht** des Versicherers zugunsten der in dem Gebäude wohnenden Mieter, sofern diese leicht fahrlässig einen Brand verursacht haben.[12] Tragender Grund dafür ist die Überlegung, dass der Mieter den Versicherungsschutz durch seine Nebenkostenzahlungen selbst finanziert hat. Nachdem § 81 II VVG den Versicherer nunmehr bei grob-fahrlässiger Herbeiführung des Versicherungsfalls zur Leistung einer Teilentschädigung verpflichtet, wird vorgeschlagen, dieses Prinzip auf den konkludenten Regressverzicht zu übertragen. Bei grob fahrlässiger Herbeiführung des Versicherungsfalls durch den Wohnungsmieter, der beispielsweise mit einer brennenden Zigarette zu Bett geht und einschläft, könnte der Versicherer somit teilweise Regress nehmen.[13]

## IV. Gestörter Gesamtschuldnerausgleich

777   Der Ausschluss des Forderungsübergangs in Fällen einer Schädigung durch Haushalts- oder Familienangehörige hat Bedeutung auch dann, wenn **neben dem Haushaltsmitglied noch ein Dritter** als Schädiger beteiligt ist. Wenn also in dem eingangs erwähnten Fall außer der Ehefrau noch ein anderer für die Schädigung des Ehemannes verantwortlich gewesen ist, so haften sie ihm grundsätzlich beide als Gesamtschuldner (§ 840). Dass der Anspruch des Ehemannes gegen seine Frau nicht auf die Sozialversicherungsträger übergeht, wissen wir bereits. Die Sozialversicherung erwirbt aber auch den Anspruch gegen den Dritten nur in Höhe der Schadensquote, die der Ehemann im Innenverhältnis zu der Ehefrau endgültig zu tragen hat. Denn würde sie den Anspruch gegen den Dritten in vollem Umfang erwerben und gegen den Dritten durchsetzen, so könnte dieser gem. §§ 426, 254 von der Ehefrau insoweit Ausgleichung verlangen, als der Schaden ihres Mannes von ihr zu verantworten ist; damit würde letzten Endes die Familie des Verletzten doch wieder zur Ader gelassen und der Schutzzweck der Versicherungsleistung vereitelt.[14]

778   Ein ähnliches Problem ergibt sich in Fällen, in denen die Berufsgenossenschaft (oder ein anderer Sozialversicherungsträger) gem. § 116 I SGB X Regress gegen einen Drittschädiger nimmt, der sich mit dem Hinweis darauf verteidigt, dass neben ihm auch der Arbeitgeber oder ein Arbeitskollege des Verletzten für den Unfall verantwortlich sei. Im Verhältnis zum Verletzten wird die **Haftung des Arbeitgebers und der Arbeitskollegen durch die §§ 104 f. SGB VII ausgeschlossen**. Insoweit ist also sicher kein Anspruch vorhanden, der auf die BG übergehen könnte. Sofern dem verletzten Arbeitnehmer jedoch ein Anspruch gegen einen außenstehenden Drittschädiger zustand, könnte die BG wegen der Kosten der von ihr erbrachten Versicherungsleistungen in voller Höhe Regress nehmen. Zu Recht?

779   Wenn etwa eine fabrikneue Maschine von ihrem Hersteller in dem Betrieb des Unternehmers schuldhaft ohne ausreichende Schutzgitter aufgestellt worden ist und ein Arbeiter infolgedessen einige Zeit später einen Arbeitsunfall erleidet, so stellt sich die Frage, ob der Hersteller – von der BG gem. §§ 823 BGB, 116 I SGB X auf Ersatz verklagt – einwenden kann, dass er ihr nicht oder nur teilweise hafte, weil der Arbeitgeber oder ein Arbeitskollege des Verletzten das Fehlen der Gitter erkannt und gleichwohl keinerlei Sicherungsvorkehrungen getroffen habe, Letzterer mithin für den Unfall (allein oder überwie-

---

12 BGHZ 145, 393 (397 ff.) = NJW 2001, 1353; eing. MüKoBGB/*Wagner* Vor § 823 Rn. 80.
13 So *Staudinger/Kassing* VersR 2007, 10; dagegen MüKoVVG/*Möller/Segger* § 86 Rn. 218 ff.; unentschlossen *Wandt* VersR Rn. 1029.
14 BGHZ 54, 256 (258 ff.) = NJW 1970, 1844.

gend) verantwortlich sei. Der BGH hat diese Verteidigung mit Recht als stichhaltig angesehen.[15] Würde nämlich der Drittschädiger der BG in vollem Umfang haften, so könnte er nicht den Unternehmer oder den Arbeitskollegen im Innenverhältnis auf Ausgleich gem. §§ 426, 254 in Anspruch nehmen (»**gestörter Gesamtschuldnerausgleich**«, →Rn. 761). Die US-amerikanischen Gerichte haben dieselbe Frage umgekehrt entschieden und dem Geschädigten und den Trägern der Unfallversicherung den ungeschmälerten Regress gegen den Hersteller fehlerhafter Maschinen und anderer Produktionsmittel nach Maßgabe des Produkthaftungsrechts erlaubt.[16] Dieses juristische Detail hatte massive wirtschaftliche Folgen für die Hersteller, denen auf diese Weise insbesondere die Kosten asbestbedingter Berufskrankheiten zugeschoben wurden, deren Höhe einen dreistelligen Milliardenbetrag ausmacht.[17]

Aus den §§ 104f. SGB VII ergibt sich, dass Arbeitgeber und Arbeitskollegen dem Verletzten nicht haften sollen; dieses Ergebnis darf auch nicht dadurch umgangen werden, dass man Arbeitgeber und Arbeitskollegen einem Dritten gegenüber ausgleichspflichtig sein lässt. Daraus würde folgen, dass der Dritte mit der vollen Haftung zu belasten wäre. Das wäre aber unbillig, weil der Arbeitgeber die Hauptverantwortung für die Gewährleistung trägt und die Unfallversicherung funktional einer Haftpflichtversicherung entspricht. Der Ausweg aus diesem Dilemma besteht darin, dass der – auf die Sozialversicherungsträger übergehende – Ersatzanspruch des Verletzten gegen den Dritten von vornherein auf den **Schadensanteil beschränkt** wird, der im Innenverhältnis zum Arbeitgeber und zu Arbeitskollegen dem Verantwortungsanteil des Dritten entspricht.[18] Das gilt auch dann, wenn der Verletzte selbst den ihm verbliebenen Schmerzensgeldanspruch gegen den Drittschädiger geltend macht: Auch dieser Anspruch ist von vornherein um den Verantwortungsanteil zu kürzen, mit dem der Arbeitgeber des Verletzten zu dessen Unfall beigetragen hat.[19] Ist im Innenverhältnis zwischen Drittschädiger und Arbeitgeber vereinbart, dass der Drittschädiger von der Haftung ganz freigestellt sein soll, so haftet der Drittschädiger auch im Außenverhältnis dem Verletzten nicht.[20] 780

## V. Quotenvorrecht

Häufig kommt es vor, dass der Schaden des Verletzten durch **Versicherungsleistungen nicht voll ausgeglichen** wird. Ist das Schadensereignis von einem Drittschädiger zu verantworten, so kann der Verletzte in diesem Fall regelmäßig den nicht gedeckten Schadensrest von diesem ersetzt verlangen, weil seine Ansprüche gem. §§ 116 I SGB X, 86 I VVG nur insoweit auf Versicherungsunternehmen und Sozialversicherungsträger übergehen, als diese Leistungen gewährt haben. Das ergibt sich bereits aus dem **Kongruenzprinzip** (→Rn. 772). Aus § 86 I 2 VVG, wonach der Übergang nicht zum Nachteil des Versicherungsnehmers geltend gemacht werden kann, ergibt sich zudem ein **Befriedigungsvorrecht** des Versicherten. Schwierigkeiten ergeben sich jedoch dann, wenn auch die Haftpflichtansprüche des Verletzten den ihm entstandenen Schaden 781

---

15 BGH NJW 1967, 982.
16 *Barker v. Lull Eng'g Co., Inc* 573 P.2d 443 (Cal. 1978); *Anderson v. Owens-Corning Fiberglass Corp.* 810 P.2d 549 (Dal. 1991).
17 Eing. *Wagner* 23 Duke J Comp & Int'l L (2012), 54ff.
18 So iErg BGHZ 51, 37 (40) = NJW 1969, 236; BGHZ 61, 51 (55) = NJW 1973, 1648; BGHZ 155, 205 (212) = NJW 2003, 2984.
19 BGHZ 61, 51 (53f.) = NJW 1973, 1648; ebenso BGHZ 94, 173 (176f.) = NJW 1985, 2261; BGHZ 110, 114 (117) = NJW 1990, 1361.
20 BGH NJW 1987, 2669.

nur zum Teil decken, insbesondere deshalb, weil diese Ansprüche gem. § 254 beschränkt sind.

782 Hier stellt sich die Frage, ob und in welchem Umfang die Ansprüche des Verletzten auf das Versicherungsunternehmen bzw. den Sozialversicherungsträger übergehen. Gesetzt den Fall, der Verletzte habe einen Schaden von 10.000 EUR erlitten, der von seiner Krankenkasse nur iHv 8.000 EUR ausgeglichen wird. Wenn sich in diesem Fall der Anspruch gegen den Schädiger wegen eines auf 40 % anzusetzenden Mitverschuldens des Verletzten auf nur 60 % von 10.000 EUR = 6.000 EUR beläuft, so fragt sich, ob dieser Anspruch in voller Höhe übergeht (»**Quotenvorrecht**« **des Sozialversicherungsträgers**) oder ob er dem Verletzten zum Ausgleich des nicht gedeckten Restschadens iHv 2.000 EUR verbleibt und infolgedessen nur noch iHv 4.000 EUR übergeht (»**Quotenvorrecht**« **des Verletzten**). Die Rechtsprechung hat früher das »Quotenvorrecht« dem Sozialversicherungsträger zugebilligt, freilich mit zunehmendem Unbehagen und letztlich nur mit der Begründung, dass ein Abgehen von der bisherigen Judikatur zu nicht absehbaren wirtschaftlichen Konsequenzen für die Sozialversicherung führen könne und das Problem daher vom Gesetzgeber gelöst werden müsse.[21]

783 Inzwischen ist das Quotenvorrecht in § 116 III SGB X im Sinne einer **Kompromisslösung** (sog. »**relative Theorie**«) geregelt. Weder kann der Verletzte wegen seines Restschadens in vollem Umfang auf den gem. § 254 I gemindertten Ersatzanspruch gegen den Dritten zugreifen (Quotenvorrecht des Versicherten) noch kann der Sozialversicherungsträger den Schadensersatzanspruch vollständig für seinen Regress beanspruchen (Quotenvorrecht des Sozialversicherungsträgers). Vielmehr teilen sich der Versicherte und der Versicherungsträger den Regressanspruch in demjenigen Verhältnis, in dem der Wert der Sozialleistungen zum Gesamtschaden steht.[22] Von dem Anspruch des Verletzten geht auf den Sozialversicherungsträger derjenige Teil über, der der Haftungsquote des Schädigers entspricht, der sich also ergibt, wenn man den bei voller Haftung übergehenden Betrag auf diejenige Quote begrenzt, für die der Schädiger aufzukommen hat. Das bedeutet im obigen Beispiel, dass von dem Anspruch des Verletzten gegen den Schädiger (iHv 6.000 EUR) ein Teilbetrag von 4.800 EUR (nämlich 60 % des Werts der Kassenleistungen von 8.000 EUR) auf den Sozialversicherungsträger übergeht, während die übrigen 1.200 EUR für die Deckung des Restschadens des Geschädigten zur Verfügung stehen. Vielfältige Probleme wirft nach wie vor das in § 116 II SGB X geregelte Quotenvorrecht des Verletzten bei summenmäßiger Begrenzung der Haftung des Drittschädigers auf.[23]

784 Was die **private Schadensversicherung** anlangt, so schweigt sich § 86 VVG zum Quotenvorrecht aus. In Rechtsprechung und Literatur ist jedoch überwiegend – wenn auch nicht einhellig – anerkannt, dass das **Quotenvorrecht dem Versicherungsnehmer** zusteht.[24]

785 Praktische Bedeutung hat dies beispielsweise bei der **Kaskoversicherung** von Kraftfahrzeugen: Belaufen sich nach einem Unfall mit einem vollkaskoversicherten Fahrzeug die Reparaturkosten auf 5.000 EUR, ist ein Selbstbehalt von 500 EUR vereinbart und beträgt die Haftungsquote des Unfallgegners 50 %, dann kann sich der Versicherungsnehmer wegen der von der Versicherung nicht erstatteten 500 EUR beim Unfallgegner erholen.

---

21 BGH VersR 1978, 179 (180); 1979, 30 (31).
22 *Plagemann* in Geigel, Der Haftpflichtprozeß, 27. Aufl. 2015, Kap. 30 Rn. 63 ff.
23 BGHZ 135, 170 (172 ff.) = NJW 1997, 1785; BGHZ 146, 84 (87 ff.) = NJW 2001, 1214.
24 So auch BT-Drs. 16/3945, 81; BGHZ 13, 28 (29 ff.) = NJW 1954, 1113 und BGHZ 47, 196 = NJW 1967, 1273; *Wandt* VersR Rn. 1007; krit. Diskussion in MüKoVVG/*Möller/Segger* § 86 Rn. 123 ff.

## VI. Teilungsabkommen

Die Ausflüge in die Problematik der §§ 86 VVG, 116 SGB X machen deutlich, dass die Abwicklung der Regressansprüche sehr schwierige Rechtsfragen aufwerfen kann und dass hieraus für die Sozialversicherungsträger, aber auch für private Versicherungen, die solche Regresse in großer Zahl durchführen, ein **außerordentlicher Arbeitsaufwand** entsteht, der mit entsprechenden Kosten zu Buche schlägt. Möglichkeiten zur Verringerung dieses Arbeitsaufwandes ergeben sich aus der Tatsache, dass die Sozialversicherungsträger es in der Masse der Regressfälle nicht mit den Drittschädigern persönlich, sondern mit deren Haftpflichtversicherern zu tun haben, also mit einer überschaubaren Zahl von Regressschuldnern, von denen jeder seinerseits in Hunderten von Fällen dem gleichen Sozial- oder Privatversicherungsträger als Regressgläubiger gegenübersteht. Das hat dazu geführt, dass Sozialversicherungsträger und Haftpflichtversicherer vielfach sog. »Schadenteilungsabkommen«, oder kurz: Teilungsabkommen, miteinander abgeschlossen haben, in denen eine pauschale Regulierung der unter ihnen auftretenden Regressfälle in der Weise vereinbart wurde, dass der Haftpflichtversicherer ohne eingehende Prüfung der Sach- und Rechtslage einen bestimmten, vertragsmäßig festgelegten Prozentsatz der Kosten der von dem Sozialversicherungsträger erbrachten Versicherungsleistungen an diesen zu zahlen hat.[25] Dieser Prozentsatz spiegelt die Erfahrungen wider, die die beteiligten Versicherungsträger in einer statistisch signifikanten Zahl zurückliegender individuell regulierter Regressfälle gemacht haben: In manchen dieser Fälle hat der Haftpflichtversicherer vollen Ersatz, in anderen keinen Ersatz, in weiteren Teilersatz leisten müssen. Bildet man aus den Ersatzquoten einer Vielzahl von Regressfällen das arithmetische Mittel, dann kann man für die Zukunft getrost auf diese Durchschnittsquote abstellen – und sich die Prüfung jedes Einzelfalls nach Sach- und Rechtslage sparen.

786

Es ist nicht zu leugnen, dass sich durch die Schadenteilungsabkommen ein **enormer Rationalisierungseffekt** erreichen lässt. Trotzdem ist die Praxis der Schadenteilungsabkommen keineswegs unproblematisch. Zunächst ist zu gewährleisten, dass die in dem Teilungsabkommen vereinbarte Ersatzquote richtig berechnet ist, denn sonst werden die Sozialversicherungsträger mit Aufwendungen belastet, welche durch Risiken veranlasst sind, die nach den Kriterien des Haftungsrechts nicht der Sozialversicherung, sondern der Gemeinschaft der durch Haftpflichtversicherung zusammengeschlossenen potentiellen Schädiger zuzurechnen sind. In der Praxis scheinen bei der Festlegung der Ersatzquote nicht nur die Erfahrungen eine Rolle zu spielen, die bei der Einzelregulierung nach Maßgabe des Haftungsrechts gemacht wurden, sondern darüber hinaus auch »sachfremde« Gesichtspunkte, wie die Verhandlungsstärke der Parteien, ihre Kostenstruktur, Bequemlichkeitsinteressen und die Macht der Gewohnheit.[26] Anders ist es nicht zu erklären, dass die von den Sozialversicherungen ausgehandelten Entschädigungsquoten auch dann stabil bleiben, wenn die Rechtslage wesent-

787

---

25 *Wandt* VersR Rn. 1031 ff.; *Wagner* JZ 1991, 175 (181 ff.); *Bünstorf*, Personenschäden durch fehlerhafte Produkte, 2005, 70 ff.; als praktisches Anschauungsmaterial vgl. BGH VersR 1983, 26; 2001, 863; r+s 2007, 407; NJW-RR 2009, 36; 2012, 605; OLG Hamm VersR 2003, 333; OLG Celle VersR 2002, 114; OLG Düsseldorf VersR 2007, 77.
26 *Wagner* VersR 1999, 1441 (1447 f.); *Bünstorf*, Personenschäden durch fehlerhafte Produkte, 2005, 90 f.

lich zugunsten des Geschädigten verändert wird, etwa im Zuge der Arzneimittelrechtsreform.[27]

Hinzu kommt, dass Teilungsabkommen nur dort gut funktionieren, wo sich ähnliche Schäden massenhaft zutragen, sodass der »Fehler« zugunsten des Sozialversicherungsträgers in dem einen Regressfall, durch einen »Fehler« zugunsten der Haftpflichtversicherung im nächsten Regressfall ausgeglichen wird. Eben deswegen verzichten deutsche, insbesondere aber englische Kasko- und Haftpflichtversicherer im Bereich der Straßenverkehrsunfälle wechselseitig zum Teil ganz auf den Regress und folgen dem Prinzip des »**knock for knock**«: Was Versicherer A als Haftpflichtversicherer heute an Versicherer B als Kaskoversicherer zahlen müsste, das wird er sich morgen wiederholen, wenn er den Hut des Kaskoversicherers und B denjenigen des Haftpflichtversicherers trägt.[28] Im Verhältnis der Haftpflichtversicherer zu den Sozialversicherungsträgern kommen solche Regressverzichtsabkommen sicher nicht infrage, denn die Sozialversicherung kommt immer nur als Anspruchsteller, nicht aber als Schuldner von Rückgriffsansprüchen der privaten Versicherungswirtschaft in Betracht.[29]

788 Der in die Teilungsabkommen gleichsam eingebaute Mechanismus der Fehlerkorrektur durch Abwicklung einer Vielzahl ähnlich gelagerter Fälle funktioniert auch nicht bei **Großschäden**, die in tatsächlicher und rechtlicher Hinsicht umstritten sind.[30] Dementsprechend wird eine weitgehende Aufklärung und rechtliche Aufarbeitung des jeweiligen Einzelfalls in den Teilungsabkommen zur Produkthaftung de facto zur Voraussetzung gemacht, denn die Sozialversicherungsträger müssen praktisch sämtliche Anspruchsvoraussetzungen nachweisen, um in den Genuss von Entschädigungszahlungen zu kommen.[31] Dann aber ist es unangemessen, sie nur mit einer Quote abzuspeisen. Vorzugswürdig wäre daher die Abwicklung nach Sach- und Rechtslage im jeweiligen Einzelfall, die zum vollen Regressanspruch führt, wenn der Nachweis der Anspruchsvoraussetzungen gelingt. Letzteres scheuen die Sozialversicherer, wohl nicht nur wegen der damit verbundenen Kosten – denn diese bekommen sie im Erfolgsfall gem. § 91 ZPO ohnehin zusätzlich erstattet – sondern wohl auch aus Konfliktscheu und Bequemlichkeit. Abhilfe könnte die Bündelung der Regressansprüche sämtlicher Sozialversicherungsträger in der Hand einer Zentralstelle bringen, wobei auch der Rückgriff der Arbeitgeber wegen der Lohnfortzahlung (§ 6 EFZG) einzubeziehen wäre.[32] Die Entwicklung in England belegt die enorme Wirksamkeit und Kosteneffizienz eines solchen Systems.[33] Nicht zuletzt brächte es den überbeanspruchten deutschen Sozialkassen ein wenig Entlastung.

---

27 *Bünstorf*, Personenschäden durch fehlerhafte Produkte, 2005, 202.
28 *Wagner* Grundstrukturen 337; vgl. auch *Lewis*, Deducting Benefits from Damages for Personal Injury, 1999, Rn. 4.07.
29 Zum Regressverzicht gegen Zahlung einer Pauschalsumme *Bünstorf*, Personenschäden durch fehlerhafte Produkte, 2005, 74 f.
30 Vgl. etwa BGH VersR 1983, 26 (27): Abwicklung eines Massenschadens über das Teilungsabkommen, obwohl die Kausalität überhaupt nicht nachgewiesen war!
31 *Bünstorf*, Personenschäden durch fehlerhafte Produkte, 2005, 203 f.; anders noch die Teilungsabkommen in den Fällen BGH MDR 1982, 557; 1982, 997.
32 *Bünstorf*, Personenschäden durch fehlerhafte Produkte, 2005, 207 ff.
33 Ausführlicher *Wagner* Grundstrukturen 321 ff. (335 ff.); *Büstdorf*, Personenschäden durch fehlerhafte Produkte, 2005, 109 ff. (209 ff.).

# Sachverzeichnis

Abrechnung auf Reparaturkostenbasis 663 ff.
- Einschränkung 670

Abschläge, Schadensersatz 672 ff.

absolute Person der Zeitgeschichte s. Person der Zeitgeschichte

abstrakte Nutzungsentschädigung 680 ff.

abstrakte Schadensberechnung 595

Abzug »Neu für Alt« 676 ff.

actio libera in causa 209

action on the case 19

Adäquater Kausalzusammenhang
- Haftungsausfüllung 212 ff.
- Haftungsbegründung 138, 191 ff.

Ad-hoc-Mitteilung 250, 271, 481

Affektionsinteresse 131, 674 f., 686

Aktiengesellschaft 312

Aktivitätsniveau 72 ff., 503 ff.

Akustische Auswirkungen 523

allgemeines Lebensrisiko 198, 216 ff., 520

allgemeines Persönlichkeitsrecht 167 f., 365 ff.
- historische Entwicklung 365 ff.
- Rechtswidrigkeit 404
- Schadensersatz 413 ff.
- Schutzbereiche 376 ff.
- Unterlassungs- und Beseitigungsansprüche 404 ff.

Alternativtäter 187

Altersgrenzen, Zurechnungsfähigkeit 345

Altersrente 44

Altgläubiger 471

Amtspflichtverletzung 243

Analogie der Gefährdungstatbestände 509 ff.

Angehörige
- Ersatzansprüche bei Tötung 722 ff.
- Schmerzensgeld 733 ff.

Angestellter 279

Anhänger 544

Anleitungspflichten bei Delegation 282

Anreiz zur Schadensvermeidung 59 ff., 65, 69, 87, 149

Anstandsgefühl aller billig und gerecht Denkenden s. Sittenwidrigkeit

Anteilszweifel 187

Apfelschorf-Fälle 643

Apotheker 181

Äquivalenzinteresse 151 ff.

Arbeiter 279

Arbeitgeber und -nehmer 46
- Arbeitnehmerhaftung 316 ff.
- Regress 778 ff.

Arbeitskollegen – Haftungsprivileg 599 ff.

Arbeitsunfähigkeit 41

Arbeitsunfall 9, 35, 48, 571 ff.
- Haftungsprivilegien 599 ff.
- historische Entwicklung 571 ff.
- Leistungen der Unfallversicherung 593 ff.
- Träger und Finanzierung der Unfallversicherung 596 ff.
- Umfang des Versicherungsschutzes 578 ff.

Art und Umfang, Schadensersatz s. Schadensersatz

Art und Weise der Schadensverursachung 239 ff.

Arzneimittel 637, 639, s. auch Produkthaftung

Arzthaftung 190, 205 ff.

Asbest 625

Asymmetrie von Haftungsbegründung und Mitverschulden 759

Atomgesetz 516 ff.

Aufbauschemata 132

Aufklärung 16

Aufklärungsfehler 208

Aufsichtspflicht 337 ff.

Ausführung der Verrichtung 283 ff.

Ausgleichsfunktion 56
- Schmerzensgeld 702

Auskunftsanspruch 420

Auskunftshaftung 483 ff.

Auskunftsvertrag, stillschweigender 488

Ausreißer 629

Außenhaftung
- des Geschäftsherrn 275 ff.
- von Organen 312 ff.

äußere Sorgfalt 120 ff.

Auswahl- und Überwachungspflichten
- bei Delegation 282
- des Geschäftsherrn 286 ff.

Bagatellklagen, Ausschluss von 655

Bagatellverletzungen, Schmerzensgeld bei 717 ff.

Bauartzulassung 621

Bauordnung 234

Bauunternehmer 237

Bauwerk 154

Bedarfstheorie 682

Beerdigungskosten 724

Beförderungstätigkeit 525

Befundsicherungspflicht 631

Behandlungsfehler 113, 190, 208, 213, 715

Behinderung 122, 140 f., 342

Beleidigung und andere Ehrverletzungen 383 ff.

Berauschte 122, 342

berechtigtes Interesse 450 ff.

Bereicherungsverbot, schadensersatzrechtliches 671

Berufsgenossenschaften 596 ff.
Berufskrankheit 30, 48, 581 ff.
Beseitigungsanspruch bei Persönlichkeitsrechtsverletzungen 405 ff.
Besitz 159
besondere Persönlichkeitsrechte 376 ff.
Betreuer 207
Betriebserlaubnis 621
Betriebsgefahr 522, 532 ff.
– Eisenbahnhaftung 524 ff.
– Gleichbehandlung von Mitverschulden und Betriebsgefahr 561
– bei Kraftfahrzeugen 541 ff., 560
Betriebshaftpflichtversicherung 34, 303
Betriebsstätte, gemeinsame 602
Betriebsunterbrechungsversicherung 149
Bewegungsfreiheit 143
Beweislast
– allgemeines Persönlichkeitsrecht 368, 409
– Aufsichtsverschulden 333, 359
– Einwilligung 208
– Emittentenhaftung 478
– Entschuldigung 209
– Fahrlässigkeit 119
– Geschäftsherrnhaftung 288 ff.
– Kausalität 188 ff.
– Produkthaftung 90, 610, 615, 631, 646, 649
– Rechtfertigungsgründe 204
– Schutzgesetzverletzung 246
– Schwarzfahrten 652
Beweismaßreduktion
– iRd gesetzlichen Unfallversicherung 585
– bei Vermögensschäden 415
bewusste Fahrlässigkeit 269
Bewusstlosigkeit 122, 342, 348 f.
Bild s. Recht am eigenen Bild
Bild-Zeitung 429, 458
Billigkeitshaftung 348 ff.
Bismarck 35, 50, 574
Bismarck-Fall 369
Blinkfüer-Entscheidung 467
bonus pater familias 21, 184
Bonus/Malus-Regelung 84, 358, 598
Börsengesetz 437, 477
Boykott 462 ff.
Buße 15

Caroline von Monaco-Entscheidung 411, 421 ff.
casum sentit dominus 21
cessio legis 769
cheapest cost avoider 71
Code civil 17 f.
Common Law 19 ff.
condicio sine qua non 107
Contergan 626
cour de cassation 13, 25, 511
culpa 15
culpa in contrahendo 324, 437, 497

Delegation von Verkehrspflichten 281 f.
Deliktsaufbau 132
Deliktshaftung für fehlerhafte Produkte 605 ff.
Deliktstatbestände 95
dezentralisierter Entlastungsbeweis 296, 314, 316
Dienstbarkeit 159
Dienstleistungsgesellschaft 49
diligentia quam in suis 762
Direktanspruch 568
Diskriminierung reiner Vermögensschäden 164, 257
dolus eventualis 269
Doppelentschädigung des Opfers 55, 768
Dreifache Schadensberechnung 415 f.
Durchschnittsmensch 114, 119, 184, 346
duty of care 20, 542

Ehe
– sonstiges Recht 161 f.
– Sittenwidrigkeit des Ehebruchs 264
– Erwerbsunfähigkeit des haushaltsführenden Ehegatten 696
Ehrverletzungen s. Beleidigung und andere Ehrverletzungen
– postmortaler Persönlichkeitsschutz 425 ff.
Eigenhaftung des Unternehmens 316
Eigentum 144 ff., 177
Eigenverschulden, vermutetes 275, 292
eingerichteter und ausgeübter Gewerbebetrieb
s. Recht am eingerichteten und ausgeübten Gewerbebetrieb
Einheitsfehlerbegriff 648
Einsichtsfähigkeit 342, 352, 555
Eintrittswahrscheinlichkeit und Größe von Schäden 185
Einwilligung 204, 205 ff.
– des Abgebildeten 378 ff.
– Autonomieschutz 399 ff.
Eisenbahnhaftung 31, 494, 524 ff.
Elektrizität, Haftung für die Wirkungen von 496
Eltern
– elterliche Sorge als sonstiges Recht 160
– Haftung der 337 ff.
Embryo 140
Emil Nolde 427
Emittenten, Haftung des 477 ff.
Empfindungsfähigkeit 709
Endowment-Effekt 78, 665, 686
Entlastungsbeweis
– der Eltern 337
– des Geschäftsherrn 290, 292 ff., 298 ff.
– dezentralisierter 296, 314, 316
Entlastungsgründe bei Straßenverkehrsunfällen 553 ff.
Entschuldigung 209
– im Deliktsaufbau 132
– bei Ehrverletzung 383
Entwicklungsrisiken 624 ff.
Entwurf des deutschen Bürgerlichen Gesetzbuchs 23

Erben
- Ersatzansprüche bei tödlicher Verletzung 722
- postmortaler Persönlichkeitsschutz 425ff.

Erfolgsunrechtslehre 103ff., 286ff.
Erfolgsverursachungsverbot 248
Erfüllungsgehilfe 319, 757ff.
Erkennbarkeit der Gefahrenlage 120
Ersatzbeschaffung 664ff.
Ersatzfahrzeuges, Anmietung eines 677ff.
Erstverletzung 210, 215
Erwerbsminderung, -unfähigkeit 42ff., 594
Erwerbsschaden 695ff.
Erziehung 339, 358
Esra-Fall 397
Esser-Fall 458
existenzvernichtende Ersatzpflicht des Minderjährigen 360
Exkulpationsbeweis 315
Externe Effekte 308, 503

Fabrikationsfehler 614, 627ff., 652
Fahrlässigkeit 113ff.
- äußere und innere Sorgfalt 120ff.
- objektiver Fahrlässigkeitsmaßstab 114ff.
- Verkehrspflichten 124ff.

Fahrschüler 565
Fahrtkosten für Krankenhausbesuche 693
Falschparker 237
Familienrecht
- Aufsichtspflicht der Eltern 337ff.
- Haftungsprivileg 774ff.
- Sittenwidrigkeit 264
- sonstiges Recht 160

Fehler 615ff., 627ff.
Fehlerbereichsnachweis 631
Fehlerhafte Produkte, Haftung für s. Produkthaftung
Fehlgebrauch eines Produkts 639
Fertigungsprozess 627
Festnahmerecht 204
Feuerversicherung 54, 770
Fiktive Schadensberechnung 669ff., 692
Fleet-Fall 147
Folgeschaden 130, 210, 215ff., 270, 321
- psychischer 221
Forderungsrecht als sonstiges Recht 163
Freiheit 143
Freistellungsanspruch 301
Frustrationstheorie 684
Fürsorgepflichten 182
funktionell begrenzter Mangel 151
Fußgänger 554ff.

Gardien-Haftung 528
Gas, Haftung für die Wirkungen von 497, 522
Gasbadeofenfall 326
Gaszugfall 151

Gefährdungshaftung 8, 31, 491ff.
- Analogie 509ff.
- Definition ihres legitimen Einsatzbereichs 508
- Grundzüge 515ff.
- rechtspolitische und ökonomische Begründung 498ff.
- Straßenverkehrsunfälle 541ff.
- Verbreitung 492ff.

Gefahren
- Sachgefahren 174ff.
- Verhaltensgefahren 179ff.

Gefahrenquelle, Halter, Unternehmer o. Inhaber einer 516ff.
Gefahrklassen 598
Gefahrsteuerungspotential 117, 126
Gefahrstoffe 182
Gefahrtarif 598
Gegendarstellungsanspruch 412
Gehilfen, Haftung bei Schädigung durch 275ff.
- Entlastungsbeweis des Geschäftsherrn 292ff.
- »in Ausführung der Verrichtung« 283ff.
- Verrichtungsgehilfe 278ff.
- »Widerrechtliche« Schädigung 286ff.

Geisterfahrer 563
Geldrente 700f., 728
Geldtransporter 218
gemeinschaftswichtige Fragen 455ff.
Generalklausel, deliktische 17, 94f.
Genossenschaften 312
Genugtuungsfunktion des Schmerzensgeldes 428f., 686, 706
Genussentbehrung 720f.
Gesamtschuldner 187, 300, 568
- gestörter Gesamtschuldnerausgleich 761, 777ff.

Geschäftsführung 312
- Haftung für verfassungsmäßig berufene Vertreter 312ff.
- Insolvenzverschleppungshaftung 470ff.
- Schutzgesetzverletzung 238

Geschäftsherrenhaftung 275ff., s. auch Gehilfen, Haftung bei Schädigung durch
- Haftung für verfassungsmäßig berufene Vertreter 312ff.
- Organisationsverschulden 315
- Unternehmenshaftung 310ff.
- vertragliche Haftung 319ff.

geschäftsschädigende Kritik 445, 454ff.
gesetzliche Unfallversicherung s. Unfallversicherung
gesetzlicher Vertreter 757ff.
gestörter Gesamtschuldnerausgleich 777ff.
Gesundheit 137
Gewährleistungsrecht 152ff.
Gewerbebetrieb s. Recht am eingerichteten und ausgeübten Gewerbebetrieb
Gewinnabschöpfungsanspruch 415
Ginsengfall 394
Gläubigergefährdung 474
Gliedertaxe 594

GmbH 238, 303, 312, 318, 470 ff.
Gradationssystem 17, 169
Graf Zeppelin-Fall 377, 510
Großbetriebe, Haftungsprivileg 296
Größe und Eintrittswahrscheinlichkeit von Schäden 185
Großschäden 788
Grundtatbestände 94
Grünstreifenfall 200

Haftpflichtgesetz 277, 510, 516 ff.
Haftpflichtversicherung 32 ff., 82 ff., 336, 353 ff., 356 ff., 538 f., 566 ff., 598, 706, 713 f., 752, 787
haftungsausfüllende Kausalität 210 ff.
Haftungsausfüllung 130 ff., 212 ff.
Haftungsausschluss
- Gefährdungshaftung 529 ff.
- gem. §§ 104–106 SGB VII s. Haftungsprivileg von Unternehmern und Arbeitskollegen
Haftungsbegründende Kausalität und Zurechnung
- Adäquanz 191 ff.
- Kausalität 186 ff.
- Schutzzweck der Haftungsnorm 195 ff.
Haftungsbegründung 130 ff.
Haftungsersetzung durch Versicherungsschutz 9, 35 ff.
- bei Arbeitsunfällen 571 ff., 598
Haftungshöchstsummen
- Gefährdungshaftung 537 ff.
- Produkthaftung 655
Haftungsminderung iRd Gefährdungshaftung 529 ff.
Haftungsprivileg
- bei Minderjährigkeit und Behinderung 334
- der Haushaltsangehörigen 774 ff.
- für Großbetriebe 296
- innerbetrieblicher Schadensausgleich 301 ff.
- von Vereinsvorständen 312
- von Unternehmern und Arbeitskollegen 599 ff.
Haftungsvoraussetzungen des § 826 252
Halter 516
- Kraftfahrzeug 518, 545
- Tier 517
Halteverbot 232
Handeln auf eigene Gefahr 749
Händler 651 ff.
Handlungsanreize 71 ff.
Handlungsfreiheit 143
Handlungsunrechtslehre 103 ff., 286 ff.
haushaltsführender Ehegatte 700, 728
Haushaltsangehörigen, Haftungsprivileg der 774 ff.
Heilungskosten
- Schadensersatz 690 ff.
- Unfallversicherung 593 ff.
Herausforderung 424 f.
Herrenreiter-Urteil 419

Herrschaft über eine gefährliche Sache 176
Hersteller – Produkthaftung 605 ff., 647 ff.
Hilfspersonen
- Schadensmitverursachung von 753 ff., s. auch Gehilfen
hindsight bias 181
Hinterbliebene
- Entschädigung 722 ff.
- Leistungen der gesetzlichen Rentenversicherung 42 ff.
- postmortaler Persönlichkeitsschutz 425 ff.
historische Entwicklung des Deliktsrechts 13 ff.
höhere Gewalt 529 ff., 553 ff.
Hühnerpest-Urteil 610, 615, 646

Idealfahrer 562
Immaterialschadensersatz 660, 675, 702 ff.
- Ausschluss gegenüber Arbeitgeber und Arbeitskollegen 603
- Bemessung 709 ff.
- Funktion 705 ff.
- iRd Gefährdungshaftung 535
- iRd Produkthaftung 653
immaterielle Persönlichkeitsinteressen s. allgemeines Persönlichkeitsrecht
Importeur 652
Individualschutzzweck 228 ff.
Industrialisierung 29, 572
Informationsbeschaffung, Rechtswidrigkeit der 458
Informationsfreiheit 384 ff., 391
Inhaber iRd Gefährdungshaftung 516
iniuria 15
innerbetrieblicher Schadensausgleich 301 ff.
innere Sorgfalt 120 f.
innocent bystander 607
Insassen eines Unfallfahrzeugs 565, 569
Insolvenz
- Insolvenzverschleppungshaftung 470 ff.
- unberechtigte Verfahrenseinleitung 441
Instruktionsfehler 615, 632 ff.
Integritätsinteresse 151 ff., 659
Integritätszuschlag 666, 686
Interessen
- Abwägung 384 ff., 464
- geschützte 96 ff.
Internalisierung 613
Invaliditätsrente 43
Inverkehrbringen eines fehlerhaften Produkts 611
Irreführung von Anlegern 437, 478 ff.

Jugendliche 332 ff.
juristische Personen des öffentlichen Rechts 312

Kabelbruchfälle 148
Kapitalabfindung 701
Kapitalmarkthaftung 475 ff.

Kartellrecht 436
Kaskoversicherung 54
Kaufvertrag 157, 263, 608
Kausalität 186 ff.
– Beweislast 188 ff.
– conditio sine qua non 186
– haftungsausfüllende 210 ff.
– mehrere Ursachen 187
– normative Einschränkungen 191 ff.
Kausalität und Zurechnung im Deliktsaufbau 132
Kausalzusammenhang, adäquater s. adäquater Kausalzusammenhang
Kenntnisse und Fähigkeiten 117
Kernspaltungsvorgänge, Haftung für die Wirkungen von 522
Kind als Schaden 140 ff.
Kinder 118, 332 ff., 555 ff., 727
Kinderspielplatz 758 ff.
Kindertee 318, 640
Kodifikationsidee 17
kommerzialisierte Persönlichkeitsattribute 401 ff.
Kommerzialisierungsthese 684
Kompensation 659
Kompensationsfunktion 56, 422
Kongruenz zwischen Versicherungsleistung und Haftpflichtanspruch 772 f.
Konkurrenten 259
Konstruktionsfehler 616 ff.
Kontrolle 337 ff.
körperliche Unversehrtheit 137
korporativer Organisationsmangel 314
Kosten und Nutzen, Abwägung von 60
Kraftfahrzeug
– Begriff 544
– Halter 32, 518
– Versicherung 54, 566 ff.
Krankengeld 41
Krankenversicherung 36 ff., 357
krankhafte Störung der Geistestätigkeit 348 ff.
Kreditgeber 472
Kreditgefährdung 446 ff.
Kritik, geschäftsschädigende 445
– Schutz gegen 454 ff.
kumulative Haftung 187
Kundenbeschwerden 652
Kunsturhebergesetz 369, 378 ff.

Lebach-Entscheidung 388
Leben 136
Lebensbedarf, notwendiger 356
Lebenshaltungskostenindex 703
Lebensrisiko, allgemeines 197, 215 ff., 520
Lebensversicherung 53
Lehre vom adäquaten Kausalzusammenhang s. adäquater Kausalzusammenhang
Leichtfertigkeit 269, 444
Leitungsorgane, Persönliche Haftung der 480 ff.
lex Aquilia 15

Liberalismus 22
Linoleumteppichfall 323
Listenpreis 675
Literatururhebergesetz 370
Lizenzgebühren, Anspruch auf hypothetisch zu erzielende 416
Luftverkehrsgesetz 516 ff.
Lüth-Urteil 465
Luxustiere 493

Mangel 150 ff.
– funktionell begrenzter 151
Mangelfolgeschaden 606
Marke 159
Marlene Dietrich-Fall 402, 416
Massenmedien 362, 368
Massenproduktion 607
Massenschaden 29
mehrere Ursachen 187
Mehrwertsteuerabzug 668, 673 f., 675
Meinungsfreiheit 167, 455
Menschenwürde 141
Mephisto-Fall 426
merkantiler Minderwert 674 f.
Mietwagen 677 ff.
Millionärsparagraph 352
Milzbrandfall 126
Minderjährige, Haftung bei Schädigung durch 332 ff.
– Billigkeitshaftung 348 ff.
– Haftung der Aufsichtspflichtigen 337 ff.
– Haftungsprivilegierung 334
– Straßenverkehrsunfälle 555 ff.
– Zurechnungsfähigkeit 342 ff.
Minderjährigenschutz 335
Missbrauchsrisiken eines Produkts 639
Mitverschulden und Mitverursachung 132, 743 ff.
– bei Schadensabwendung oder -minderung 751 f.
– bei Schadensentstehung 746
– bei Straßenverkehrsunfällen 553 ff.
– der Eltern 758 ff.
– Hilfspersonen 753 ff.
– Minderjähriger 345, 350
modaler Schutzbereich s. Schutzgesetz
Monopolstellung 468
moral hazard 83
Moralvorstellungen 255

Nachbarrecht 204
Nachbarrechtlicher Ausgleichsanspruch 497
Name 159, 367, 376 f., 393
Naturalrestitution 659 ff., 687
Naturrecht 16 ff.
Nebenwirkungen von Medikamenten 626, 632
Negatorische Rechtsbehelfe bei Persönlichkeitsrechtsverletzungen 410 ff.
negligence 20
neminem laedere 96

Neu für Alt 676
Neugläubiger 470
Nichtvermögensschaden 417ff., 535, 680
non-cumul 10, 152, 608
Normzwecklehre 215ff.
Nötigung durch Drohung, Zwang oder Täuschung 100, 143
Notstand 110, 204, 497
Notwehr 110, 204
Nutztiere 493
Nutzungsausfall 677ff.
Nutzungsentschädigung, abstrakte 680ff.
Nutzungsinteresse und -möglichkeit 147, 684ff.

Obliegenheit 740ff.
Ökonomische Analyse des Deliktsrechts 59ff.
– optimale Sorgfaltsanstrengungen 65ff.
– optimales Aktivitätsniveau 72ff.
– Wirkungsgrenzen 75ff.
Ökonomische Analyse
– der Fahrlässigkeit 185
– der Gefährdungshaftung 498ff.
– der Haftung für Hilfspersonen 304ff.
– der Produkthaftung 613
Organ-Außenhaftung, persönliche 318ff.
Organisationsmangel, korporativer 314
Organisationspflichten 315ff.
Organisationsverschulden 315ff.

Patent 159, 431
Patientenverfügung 206f.
Person der Zeitgeschichte 380ff.
Personenschäden, Schadensersatz bei 687ff.
– Ersatzansprüche bei tödlicher Verletzung 722ff.
– Erwerbsschaden 695ff.
– Heilungskosten, vermehrte Bedürfnisse 690ff.
– Schmerzensgeld 702ff.
Persönliche Haftung der Leitungsorgane 480ff.
persönlicher Schutzbereich s. Schutzgesetz
Persönlichkeitsrecht, allgemeines s. allgemeines Persönlichkeitsrecht
Persönlichkeitsrechte, besondere 375ff.
Persönlichkeitsschutz, postmortaler 425ff.
Pflegebettenfall 645
Pflichtverletzung s. Verkehrspflichten
– bei Minderjährigkeit 342ff.
Polizeibeamter 202
Pränataldiagnostik 142f.
Präventionswirkung 76, 88
– Schmerzensgeld 707f.
Pressefreiheit 381ff.
Preußisches Eisenbahngesetz 31
Preußisches Landrecht 17
prima-facie-Beweis 189f.
Prinzip der Waffengleichheit 411, 468
Prinzipal s. Geschäftsherrenhaftung
Privathaftpflichtversicherung s. Haftpflichtversicherung

Privatsphäre, Verletzung der 167, 365, 380ff., 387, 395ff.
Produktbeobachtungspflicht 624, 641ff.
Produkthaftung 605ff.
– Fehlertypen und Sorgfaltspflichten 616ff.
– haftpflichtige Personen 647ff.
– Haftungsumfang 654ff.
– ökonomische Analyse 613
Produkthaftungs-RL 611
Produktionsschäden 154ff.
Prospekthaftung 437, 477
Provokationen 220
psychisch vermittelte Gesundheitsbeeinträchtigung 138
psychische Folgeschäden 221

Qualitätskontrollen 629ff.
Qualitätssicherungsvereinbarung 649
Quasi-Beschäftigungsverhältnis 601
Quasi-Hersteller 647
Quotenschaden 471
Quotenvorrecht 781ff.

Radfahrer 556ff., 748
Rechnungslegungsanspruch 415
Recht
– am eigenen Bild 159, 369, 378ff., 425
– am eigenen Wort 396
am eingerichteten und ausgeübten Gewerbebetrieb 165f., 431ff.
Rechte und Rechtsgüter, geschützte 135ff.
– Eigentum 144ff.
– Leben, Körper, Gesundheit, Freiheit 136ff.
– relative Rechte 163
– sonstige Rechte 159ff.
– Vermögen 164 s. auch Recht am eingerichteten und ausgeübten Gewerbebetrieb; allgemeines Persönlichkeitsrecht
Rechtfertigungsgründe s. Rechtswidrigkeit
Rechtsbehelfe, negatorische 405ff.
Rechtsgüter 96ff.
Rechtsschöpfungsmonopol des Gesetzgebers 514
Rechtsstaat, sozialer 29ff.
Rechtswidrigkeit 132, 103ff., 203ff.
– bei Schutzgesetzverletzung 244ff.
– bei Persönlichkeitsrechtsverletzung 405
– der Informationsbeschaffung 458
– Funktionen 103ff.
– Rechtfertigungsgrund verkehrsrichtigen Verhaltens 289
– Rechtfertigungsgründe 204ff.
Reform
– der Arzneimittelhaftung 626, 782
– der Haftung für Hilfspersonen 319ff.
– der Minderjährigenhaftung 342ff.

- des Schadensersatzrechts 555, 557, 561, 654, 663, 706
- des Schuldrechts 152f., 324, 329
- des Sozialstaats 50f.
- des Verkehrsunfallrechts 569f.
- des Versicherungsvertragsrechts 774

Regelungsmethode, kasuistische 14

Regress
- Arbeitnehmerhaftung 300ff.
- der Berufsgenossenschaften 598
- gegen Familien- bzw. Haushaltsangehörige 774ff.
- bei Schadensverursachung durch Arbeitgeber und Arbeitskollegen 778ff.
- des Versicherungsträgers 357, 766ff.

Regulierung 663
Reichshaftpflichtgesetz 24, 31, 494, 496, 573
Reiseveranstalter 181
Reklamation 651
relative Person der Zeitgeschichte s. Person der Zeitgeschichte
relative Rechte 163
Relativität der Schuldverhältnisse 263
Rente 42f.
Rentenneurose 222
Rentenversicherung 36, 42ff.
Reparaturkosten 644f., 664ff.
- fiktive 669ff.
Residualrisiken eines Produkts 636
Residualschäden 74
respondeat superior 275f., 310, 312, 331, 586
Ressourcen 62
Restitution 659ff.
Rettungsfall 201
Richterrecht 18
Richtgeschwindigkeit 563
Risiko, erlaubtes 111, 123, 169
Risikoallokation, vertragsrechtliche 152, 158
Risikoerhöhung 214
Risikoverteilung 258, 301
Römisches Recht 15
Rückruf 617, 644f.

Sachgefahren 174ff.
Sachgerechte Handhabung eines Produkts 636
sachlicher Schutzbereich s. Schutzgesetz
Sachschäden, Schadensersatz bei 663ff.
- Fiktive Schadensberechnung 669ff.
- Nutzungsausfall 677ff.
- Reparatur vs. Ersatzbeschaffung 664ff.
- Zu- und Abschläge 674ff.
Sachsubstanz 145
Salmonellenvergiftung 249
Sanktionen 87
Satzung 313
Schaden 132, 210ff.
- volkswirtschaftlicher 67, 259

Schäden, Größe und Eintrittswahrscheinlichkeit von 66ff., 185
Schadensabwendung oder -minderung 751f.
Schadensausgleich 5
- innerbetrieblicher 299ff.
Schadensberechnung,
- abstrakte 595
- dreifache 415f.
- fiktive 669ff., 692
Schadensersatz,
- Art und Umfang 657ff.
- bei Persönlichkeitsrechtsverletzung 413ff.
- Grundlinien 657ff.
- Sachschäden 663ff.
- Personenschäden 687ff.
- Mitverschulden u. Mitverursachung 743ff.
- Regress des Versicherungsträgers 766ff.
Schadensfreiheitsrabatt 84
Schadenskosten 46f., 72f.
Schadensmitverursachung durch Hilfspersonen 753ff.
Schadensrisiken, unvermeidbare 91
Schadensschätzung 698
Schadensstreuung 90ff.
Schadensteilungsabkommen s. Teilungsabkommen
Schadensvermeidung, Anreize zur 59ff.
Schadensversicherung 54, 357ff.
Schadensverteilung unter mehreren Unfallteilnehmern 553ff.
Schadensverursachung, Art und Weise der 239ff.
Schadenszurechnungsgründe 5ff.
Schädigung durch Minderjährige s. Minderjährige
Scheidungsrecht 162
Schlägerei 245
Schmähkritik 389f., 459ff.
Schmerzensgeld s. Immaterialschadensersatz
Schock 138
Schuld 209, s. auch Verschulden
Schulunfälle 601
Schutz der Sachsubstanz 145
Schutzbereich – des Deliktsrechts 94ff., 106
Schutzbereich der Norm s. Schutzgesetz
Schutzbereichsverletzung 132
Schutzgesetz 196, 223ff.
- modaler Schutzbereich 239ff.
- persönlicher Schutzbereich 231ff.
- sachlicher Schutzbereich 236ff.
- straf- und verwaltungsrechtliche Vorschriften 227
Schutzlücken des Deliktsrechts 319ff.
Schutzrechtsverwarnung, unberechtigte 430, 440
Schutzweck der Haftungsnorm 195ff., 215ff., 520
Schwarzfahrt 551f.
Schwere der Verletzung 352
Schwimmerschalterfall 151
Seelische Entbehrung 702ff.
Selbstbehalt 84
Selbstbestimmung 139
- sexuelle 417, 603, 703, 716

327

*Sachverzeichnis*

Selbsthilfe 204
Selbstschutzmaßnahmen 149
Senioren 114, 118, 184, 346
Serienfehler 616
Sexuelle Belästigungen am Arbeitsplatz 603
Sicherheitsmaximum 618
Sittenwidrigkeit
– Begriff 254 ff.
– Ehebruch 264
– Erschleichung oder Ausnutzung eines unrichtigen Urteils 265
– Haftung für falsche Auskünfte 487
– Voraussetzungen der Haftung für sittenwidrige Schädigung 252 ff.
– Verleitung zum Vertragsbruch 263
– Vorsatz 266 ff.
Sollbeschaffenheit 627
sonstige Rechte 159 ff.
Soraya-Entscheidung 419
Sorgfalt, im Verkehr erforderliche s. Verkehrspflichten
Sorgfalt, innere und äußere 120 ff., 128
Sorgfaltsanstrengungen, optimale 65 ff.
Sorgfaltsmaßstab, reduzierter 346
Sorgfaltspflichten s. Verkehrspflichten
Sorgfaltspflichten, Warenhersteller 616 ff.
Sorgfaltspflichtverstoß, subjektiver 115
Soziale Frage 35
sozialer Rechtsstaat 29 ff.
Sozialisierung
– von Schadenskosten 47
– von Verkehrsunfallschäden 570
Sozialrecht 687
Sozialstaat 29 ff., 47 ff.
Sozialversicherung 36, 45 ff., 576, 766 ff.
Sperrung von Land- und Wasserstraßen 147
Spezialkenntnisse 118
Spielunfälle 292
Stand von Wissenschaft und Technik – Produkthaftung 622 ff.
Sterilisation 141
Stiftung Warentest 461
Strafrecht
– Beleidigungstatbestände 367 f.
– Ehrenschutz 383
Strahlen, Haftung für die Wirkungen von 522
Straßen- und Wegegesetze 173
Straßenverkehrsgesetz 516 ff., 541 ff.
Straßenverkehrssicherungspflicht 125
Straßenverkehrsunfälle 332, 541 ff.
– Haftung und Versicherung 541 ff.
– Haftungsvoraussetzungen 543 ff.
– Haftungsausschluss 551 f.
– Mitverschulden 553 ff.
Streik 462 ff.
strict liability 27
Suizid 182

Tatsache, unwahre
– Begriff 385 ff.
– Schutz bei Persönlichkeitsrechtsverletzung 405 ff.
– Schutz gem. § 824 446 ff.
Tatsachenbehauptung 385 ff.
– Widerruf, Richtigstellung, Ergänzung 407
Technische Risiken 498
Teilkaskoversicherung 54
Teilnahme am sozialen Leben, Schmerzensgeld 709
Teilungsabkommen 786 ff.
Teleologische Reduktion des § 828 Abs. 2 557
Terroranschlag 531
Tiergefahr 527, 533 f.
Tierhalterhaftung 527 f.
Todesfall 44
tödliche Verletzung, Ersatzansprüche
– Anspruchsberechtigte 725 f.
– Ersatzumfang 727 ff.
– »Angehörigenschmerzensgeld« 733 ff.
Totalschaden, wirtschaftlicher 666
Tötung eines Menschen 136
Trauer 138, 736
Trennungsprinzip 93, 354
trespass-Klage 19

Überdosierung 639
Übernahme, einverständliche 182
Übernahmeverschulden 117
Übernehmerhaftung 281 f.
Überwachungspflichten
– bei Delegation 282
– des Geschäftsherrn 287, 293 ff.
Umfang
– deliktischer Sorgfaltspflichten 183 ff.
– Schadensersatz s. Schadensersatz
Umwelteinwirkungen 522
Umwelthaftungsgesetz 516 ff.
unabwendbares Ereignis 529, 561 f.
unberechtigte Schutzrechtsverwarnung 431, 440
unberechtigte Verfahrenseinleitung 440 ff.
Unfall 1, 29 ff.
Unfallgegner, motorisierter 558 ff.
Unfallschäden 171
Unfallverhütung 61
Unfallverhütungsvorschriften 233
Unfallversicherung, gesetzliche 53, 357, 571 ff.
– Umfang des Versicherungsschutzes 578 ff.
– Leistungen 593 ff.
– Träger und Finanzierung 596 ff.
Unfallwagen 674
Unglück, Einstandspflicht für Zufall bzw. Unglück 499
Unrechtstatbestand, dreigliedriger Aufbau 112
Unterhalt, Unterhaltspflicht 136, 141 f., 351, 724 ff.
Unterlassung der Schadensabwendung oder -minderung 751 f.

Unterlassungsanspruch bei Persönlichkeitsrechtsverletzungen 405 ff.
Unternehmenshaftung 310 ff.
Unternehmer 275 ff., 280, 311, 599 ff.
Unversehrtheit, körperliche 137
Urheberpersönlichkeitsrecht 425
Urheberrecht 159
Urkundsdelikte 229
Urlaub, vertaner 720
Ursachen, mehrere 187, 191
Ursachenzusammenhang s. Kausalität
Urteil, unrichtiges s. Sittenwidrigkeit

Verantwortungsbewusstsein 342
Verbotsirrtum 123
Verdienstausfall 696 ff.
Verein 312
Verfahrenseinleitung, unberechtigte 440 ff.
verfassungsmäßig berufene Vertreter 312 ff.
Verfolgerfälle 202
Verfügungsgewalt, tatsächliche 178
Verhalten, gefährliches 126, 179 f.
verhaltenssteuernde Wirkung des Deliktsrechts 59 ff.
Verhütung von Arbeitsunfällen 597
Verkehrshindernis 171
Verkehrspflichten 124 ff., 168 ff., 225
– Delegation 281 f.
– Fürsorgepflichten 182
– Funktion 125 ff.
– historischer Ursprung 125 f., 171 ff.
– Sachgefahren 143 ff.
– Umfang und Intensität 183 ff.
– Verhaltensgefahren 179 ff.
– des Warenherstellers 616 ff.
verkehrsrichtiges Verhalten 289
Verkehrssicherheit 324
Verkehrssicherungspflichten s. Verkehrspflichten
Verkehrsstau 147, 200, 243
Verkehrstechnische Auffassung des Betriebsbegriffs 547, 557
Verkehrsteilnehmer 125
Verletztenrente 593 ff.
Verletzung
– des Körpers oder der Gesundheit 137 ff.
– der Privatsphäre 395 ff.
Verletzungshandlung, mittelbare und unmittelbare 109
Verletzungsrisiko, gesteigertes 202
Verlust des menschlichen Lebens 740 ff., s. auch tödliche Verletzung
Vermehrung der Bedürfnisse 694
Vermögensschäden 165 f., 257
– Ausgleich 660
– Diskriminierung von 131, 164
– im gewerblichen Verkehr 262, 445
– bei Persönlichkeitsrechtsverletzung 413 ff.

Vermögensschutz, deliktischer 164, 250 ff., 430 ff.
– Boykott und Streik 462 ff.
– falsche Auskünfte 483 ff.
– Insolvenzverschleppung und Gläubigergefährdung 470 ff.
– Kapitalmarkthaftung 475 ff.
– öffentliche Kritik 445 ff.
– unberechtigte Verfahrenseinleitung 440 ff.
Vermögensverhältnisse 352 ff.
Vermögensverwaltungs-Gesellschaft 238
Vermutung für die Zulässigkeit der freien Rede 455
Verrichtung, Ausführung der 283 ff.
Verrichtungsgehilfe 278 ff., 315
Verschulden 113 ff., 209
– äußere und innere Sorgfalt 120 ff.
– objektiver Fahrlässigkeitsmaßstab 114 ff.
– bei Schutzgesetzverletzung 244 ff.
– Zurechnungsfähigkeit 122
Verschuldensgrad 711 ff.
Verschuldenshaftung 7, 21 ff.
– Rückgriff auf 539
Versicherung 32 ff., 53 f., 353 ff.
Versicherungsfunktion 92
Verstoß gegen die guten Sitten 253 ff.
vertaner Urlaub 720
Vertrag mit Schutzwirkung für Dritte 325 ff., 488 f.
Vertragsbruch 263
Vertragshaftung 319 ff.
– für fehlerhafte Produkte 605 ff.
vertragsrechtliche Risikoallokation 152
Vertragsverletzung 10 ff., 258
Vertreter, verfassungsmäßig berufene 312 ff.
Vertretungsmacht 313
Vertrieb von Gütern und Dienstleistungen 181
Vertriebshändler 651
Verursachung 7, s. auch Kausalität
Verwaltungsakt 225
Verwaltungsvorschriften 227
Verwertung einer Sache 145
Verzerrung des Bildes einer Person in der Öffentlichkeit 393 f.
Volksversicherung 51
volkswirtschaftlicher Schaden 259
Vollstreckung 265
Vollstreckungsverfahren 441
Vollzugsdefizite 86 ff.
Vorfahrtsregeln, Verletzung der allgemeinen 563
Vorrang von Konstruktions- vor Instruktionspflichten 632 ff.
Vorsatz 111
– iRd § 826 266 ff.
Vorstand 312, 470 ff.
Vorteilsausgleichung 676, 732

Waffengleichheit, Prinzip der 411, 468
Wahrnehmung berechtigter Interessen 450 ff.

Wahrnehmungsfähigkeit 709
Wallraff-Fall 458
Warenhersteller 616 ff.
Warenzeichen 377
Warnung 632 ff., 641 ff.
Wasserhaushaltsgesetz 496, 516 ff., 535 f.
Wegeunfall 30, 50, 581, 584 ff., 600
Weisungsabhängigkeit 278
Wertpapierhandelsgesetz 437, 478 ff.
Werturteil 385 ff., 447
Wettbewerbsrecht 165, 259, 435 ff.
Widerrechtlichkeit der Schädigung iRd § 831 286 ff.
Widerruf ehrenrühriger Tatsachenbehauptungen 407
Wiederbeschaffungswert 664 ff.
– fiktiver 670
Wiederherstellung 659
Wildwechsel 80
wirtschaftlicher Totalschaden 666
Wohlfahrt, gesamtgesellschaftliche 88
Wohlfahrtsgewinn, privater 505

Wohlfahrtsstaat 48 ff.
wrongful life 142

Zentralverriegelung 156
Ziele des Haftungsrechts 56 ff.
Ziel-Mittel-Relation 63
Zivilprozess 265
Zufall, Einstandspflicht für Unglück bzw. Unglück 499
Zulieferer 648
Zurechnung 191 ff., 210 ff.
Zurechnungsfähigkeit 122 ff., 209
– Minderjährige 342 ff.
– Straßenverkehr 555
Zurechnungsprinzip des Unfallversicherungsrechts 586
Zusammenhang, unmittelbarer innerer 284
Zuschläge, Schadensersatz 674 ff.
Zustand krankhafter Störung der Geistestätigkeit 342, 349
zweckrationale Entscheidung 77
Zwölftafelgesetzgebung 1